Algorithmen und Datenstrukturen

Gustav Pomberger
Heinz Dobler

Algorithmen und Datenstrukturen

Eine systematische Einführung in die Programmierung

PEARSON Studium

ein Imprint von Pearson Education
München • Boston • San Francisco • Harlow, England
Don Mills, Ontario • Sydney • Mexico City
Madrid • Amsterdam

Bibliografische Information Der Deutschen Bibliothek

Die Deutsche Bibliothek verzeichnet diese Publikation in der Deutschen Nationalbibliografie; detaillierte bibliografische Daten sind im Internet über *http://dnb.ddb.de* abrufbar.

Umwelthinweis:
Dieses Produkt wurde auf chlorfrei gebleichtem Papier gedruckt.
Die Einschrumpffolie – zum Schutz vor Verschmutzung – ist aus umweltverträglichem und recyclingfähigem PE-Material.

10 9 8 7 6 5 4 3 2 1

10 09 08

ISBN 978-3-8273-7268-0

ein Imprint der Pearson Education Deutschland GmbH,
Martin-Kollar-Straße 10-12, D-81829 München/Germany

www.pearson-studium.de
Lektorat: Birger Peil, bpeil@pearson.de
Korrektorat: Brigitta Keul
Einbandgestaltung: Thomas Arlt, tarlt@adesso21.net
Herstellung: Monika Weiher, mweiher@pearson.de
Satz: mediaService, Siegen (www.media-service.tv)
Druck und Verarbeitung: Kösel, Krugzell (www.KoeselBuch.de)

Printed in Germany

Inhaltsübersicht

Inhaltsverzeichnis

Vorwort

Auf der einen Seite finden wir viele, sowohl inhaltlich als auch didaktisch ausgezeichnete Bücher zum Themenkomplex *Algorithmen und Datenstrukturen*, die allerdings meist nicht oder bestenfalls bedingt dafür geeignet sind, (Studien-)Anfänger ohne besondere Vorkenntnisse in die Kunst der systematischen Entwicklung von Software umfassend einzuführen. Diese Bücher können dafür später, im weiteren Studium und in der täglichen Praxis der Software-Entwicklung mit großem Nutzen als Nachschlagewerk und Ratgeber für die elegante und/oder effiziente Lösung schwieriger, spezieller Problemstellungen herangezogen werden.

Auf der anderen Seite finden wir Bücher, deren Schwerpunkt nicht die Grundlagen für Algorithmen und Datenstrukturen, sondern die *Einführung in die Programmierung* ist. Der Großteil dieser Bücher orientiert sich an einer speziellen Programmiersprache, behandelt mehr oder weniger relevante Details dieser Sprache und höchstens das mit dieser Sprache verbundene Programmierparadigma. Viele dieser Bücher enden meist dort, wo es spannend wird und um die Anwendung programmiersprachlicher Konzepte und Konstrukte zur Lösung interessanter und praxisrelevanter Problemstellungen und um die Diskussion der Vor- und Nachteile verschiedener Programmierparadigmen geht.

Alleine das Ziel, wichtige Grundlagen für Algorithmen und Datenstrukturen, die algorithmische Lösung typischer (Standard-)Problemstellungen und eine systematische Einführung in wichtige Programmierparadigmen unter einen Hut zu bringen, reicht als Motivation für ein neues Buch.

Unsere Motivation wurzelt allerdings tiefer: Während es eine breite Übereinstimmung darüber gibt, dass es sinnvoll ist, Studierenden der Informatik, informatiknaher aber auch technischer Studienrichtungen bereits zu Beginn ihres Studiums eine solide Programmierausbildung angedeihen zu lassen – dies wird im *ACM Computing Curricula 2001* (*CC2001*) als *programming first* bezeichnet –, gibt es über die Art und Weise, also das *Wie* einer solchen Ausbildung nicht nur keinen Konsens, sondern recht unterschiedliche Herangehensweisen.

In den letzten Jahren haben sich neben dem „klassischen" Ansatz (s. u.) vor allem zwei Strategien für die Programmierausbildung herauskristallisiert:

1. Mit der Verbreitung der objektorientierten Programmierung zu Beginn der 1980-er Jahre kam man nachvollziehbarer Weise zunehmend auf die Idee, die Programmierausbildung am Denkmodell der objektorientierten Programmierung auszurichten (im CC2001 als *objects first* bezeichnet) und den klassischen Algorithmenbegriff sowie die Auseinandersetzung mit den Grundlagen für Algorithmen und Datenstrukturen zunächst in den Hintergrund zu stellen.

2. Bertrand Meyer prägte Anfang der 1990-er Jahre den Begriff des *inverted curriculum*. Die damit verbundene Ausbildungsstrategie hat mittlerweile ebenfalls einen gewissen Verbreitungsgrad erreicht und postuliert eine Vorgehensweise, bei der damit begonnen wird, vorhandene und als Teile einer Softwarebibliothek vorliegende Bausteine zu verwenden und zu erweitern, ohne sich damit auseinanderzusetzen, wie diese aufgebaut sind und im Detail funktionieren (*Black-Box*-Sicht). Erst später wird dazu übergegangen, solche Bausteine selbst zu entwickeln, sich mit der Gestaltung ihrer inneren Struktur und den zugrunde liegenden algorithmischen Aspekten auseinanderzusetzen; also eine Art *consumer-to-producer strategy*.

Für beide Ansätze gibt es eine Reihe nachvollziehbarer Argumente. Wir haben uns damit intensiv beschäftigt und damit auch experimentiert.

Unsere langjährige Erfahrung zeigt uns allerdings, dass wir das Ziel, den Grundstock für gut ausgebildete Software-Ingenieure zu legen, die sowohl das *Programmieren im Kleinen* (d.h. den Entwurf und die Gestaltung der algorithmischen Bestandteile von Softwaresystemen) als auch das *Programmieren im Großen* (d.h. das professionelle Design der Architektur großer und komplexer Softwaresysteme) gleichermaßen beherrschen und die dahinter liegenden Probleme und Lösungsansätze dafür in allen Einzelheiten verstehen, am besten mit dem hier als *klassisch* bezeichneten Ansatz erreicht wird (im CC2001 als *imperative first* bzw. *algorithm first* bezeichnet). Dabei handelt es sich um ein in der Technik bewährtes, aufbauendes (*bottom-up*) Vorgehen, bei dem beginnend mit einfachen, elementaren Problemstellungen und Sachverhalten, Begriffen und Konzepten, bedarfsgesteuert immer komplexere Problemstellungen und Sachverhalte identifiziert, Lösungsansätze zu ihrer Meisterung diskutiert und ihre Anwendbarkeit beispielhaft illustriert werden. Damit ist gewährleistet, dass die Leserin und der Leser beim sequentiellen Durcharbeiten des Buchs zu jedem Zeitpunkt verstehen, wozu bestimmte Konzepte und Konstrukte eingeführt werden und auf welcher Basis diese ruhen.

Dem Ziel folgend, wichtige Grundlagen für Algorithmen und Datenstrukturen, die algorithmische Lösung typischer (Standard-)Problemstellungen und eine systematische Einführung in verschiedene Programmierparadigmen unter einen Hut zu bringen, wird das Buch in drei Teile gegliedert, Teil I *Algorithmen und Datenstrukturen – Grundlagen*, Teil II *Elementare Algorithmen für Standardaufgaben – eine Auswahl* und Teil III *Elementare Programmierparadigmen*. Im Vordergrund steht die Beschränkung auf das Wesentliche.

Unser Anspruch besteht also nicht „nur“ darin, eine systematische Einführung in die Grundlagen für Algorithmen und das systematische Programmieren zu verfassen sowie wichtige Standardalgorithmen zu dokumentieren, sondern dieses zusammen mit den Grundzügen elementarer Programmierparadigmen als harmonisches Ganzes in einem Buch zu vereinen.

Das Buch ist so konzipiert, dass für die Einführung in den Themenkomplex *Algorithmen und Datenstrukturen* kein spezielles Informatikwissen vorausgesetzt wird. Deshalb kann das Buch nicht nur in Informatik(-nahen) Studienfächern, sondern auch in anderen Studienfächern und sogar in höheren Schulen im Rahmen des Informatikunterrichts als grundlegendes Lehrbuch eingesetzt werden.

Es ist uns ein Anliegen, Dank zu sagen für die vielen Anregungen und Ratschläge, die wir während des Verfassens dieses Buchs von Kolleginnen und Kollegen, Mitarbeiterinnen und Mitarbeitern bekommen haben. Ganz besonders zu Dank verpflichtet sind wir Frau Dagmar Auer, für ihre gewissenhafte Durchsicht des vollständigen Manuskripts und die vielen Verbesserungsvorschläge. Wir bedanken uns beim Verlag und insbesondere bei Herrn Birger Peil für die ausgezeichnete Betreuung, seine Geduld und die gute Zusammenarbeit im Entstehungsprozess dieses Buchs und bei Frau Brigitta Keul, die mit großer Sorgfalt das Korrektorat vorgenommen hat.

Gustav Pomberger und *Heinz Dobler*
Linz und Hagenberg

Zum Buch

Das Buch ist in drei Teile mit insgesamt 13 Kapiteln gegliedert.

Teil I *Algorithmen und Datenstrukturen – Grundlagen* umfasst die Kapitel 1 bis 5.

In ***Kapitel 1*** werden grundlegende Begriffe für die Auseinandersetzung mit Algorithmen und Datenstrukturen und elementare Konstrukte zu ihrer Realisierung eingeführt. Ziel dieses Kapitels ist es, ein grundlegendes Verständnis dafür zu schaffen, was man unter einem Algorithmus versteht, woraus Algorithmen bestehen, wie sie aufgebaut sind und wie man sie beschreiben kann, welcher Nutzen mit dem Einsatz von Algorithmen einhergeht und wodurch sich Algorithmen von Programmen unterscheiden.

In ***Kapitel 2*** geht es um die Struktur und den systematischen Entwurf von Algorithmen. Ziel dieses Kapitels ist es, der Leserin und dem Leser verständlich zu machen, wie sorgfältig man bei der Gestaltung der Ablaufstruktur eines Algorithmus sein muss, welche Vorteile aus der Beschränkung auf wenige elementare Strukturbausteine resultieren und wie man auf systematische Weise von einer Aufgabenstellung zu einer qualitativ hochwertigen algorithmischen Lösung gelangt.

In ***Kapitel 3*** setzen wir uns mit Fragen zur Modellierung von Datenobjekten auseinander. Ziel dieses Kapitels ist es, das im ersten Kapitel eingeführte Konzept des Datentyps vertiefend zu behandeln, verschiedene Ausprägungen von Datenobjekten nicht nur zu motivieren, sondern auch im Detail anhand von Beispielen zu erläutern und den für das systematische Programmieren wichtigen Schritt der Abstraktion vorzunehmen, nämlich Daten zusammen mit den auf ihnen zulässigen Operationen als logische Einheit zu betrachten.

In ***Kapitel 4*** geht es darum, den aus der Mathematik bekannten Begriff der Rekursion in die Welt der Algorithmen zu übertragen, anhand von Beispielen das Vorgehen für die Entwicklung rekursiver Algorithmen darzustellen, ihre Vor- und Nachteile aufzuzeigen und schließlich die für das Verständnis wichtige, auf ihrer gegenseitigen Austauschbarkeit begründeten Verwandtschaft von Rekursion und Iteration zu erörtern.

In ***Kapitel 5*** setzen wir uns mit der Ermittlung und der Beurteilung des Laufzeitverhaltens von Algorithmen auseinander. Ziel dieses Kapitels ist es, die Leserin und den Leser dafür zu sensibilisieren, dass neben anderen Eigenschaften wie der Korrektheit und der Strukturkomplexität auch das Laufzeitverhalten eine wesentliche Qualitätseigenschaft von Algorithmen ist und ihr bzw. ihm das nötige Instrumentarium zur Laufzeitabschätzung, zur Laufzeitberechnung, zur Laufzeitmessung und zur Ermittlung der asymptotischen Laufzeitkomplexität an die Hand zu geben, um Vergleiche und Beurteilungen von Algorithmen hinsichtlich ihres Laufzeitverhaltens vornehmen zu können.

Teil II *Elementare Algorithmen für Standardaufgaben – eine Auswahl* umfasst die Kapitel 6 bis 10.

In ***Kapitel 6*** werden elementare Suchalgorithmen erörtert. Ziel des Kapitels ist es, die Leserin und den Leser mit elementaren Verfahren zur Beantwortung der Frage, ob ein bestimmtes Datenobjekt Teil eines vorhandenen Datenbestands ist, und der algorithmischen Realisierung solcher Verfahren vertraut zu machen, sowie ein Verständnis für die Funktionsweise unterschiedlicher Suchalgorithmen, ihre Anwendbarkeit in einem bestimmten Anwendungskontext und ihre Effizienz zu schaffen.

Das ***Kapitel 7*** setzt sich mit der Problematik des Sortierens von Datenbeständen auseinander. Es werden elementare und optimierte Sortieralgorithmen vorgestellt und ihre Vor- und Nachteile diskutiert. Ziel des Kapitels ist es, die Leserin und den Leser mit Problemen, mit denen man bei der Entwicklung von Sortieralgorithmen konfrontiert ist, vertraut zu machen, unterschiedliche Lösungsansätze dafür und ihre algorithmische Umsetzung so vorzustellen, dass sie und er die Qualität der Algorithmen beurteilen sowie Problemstellungen, bei denen Sortieraufgaben gelöst werden müssen, bearbeiten kann.

In ***Kapitel 8*** wenden wir uns der algorithmischen Erzeugung von Zufallszahlen zu. Ziel dieses Kapitels ist es, anhand von Beispielen aus verschiedenen Anwendungsbereichen den Bedarf an Zufallszahlenfolgen sowie wesentliche Anforderungen an sie aufzuzeigen und darauf aufbauend Lösungsansätze zur algorithmischen Erzeugung von Zufallszahlen so vorzustellen, dass damit in der Praxis auftretende Problemstellungen, bei denen Zufallszahlen benötigt werden, bearbeitet werden können.

In ***Kapitel 9*** gehen wir auf Lösungen für Aufgabenstellungen ein, die nur durch systematisches Ausprobieren aller Möglichkeiten, also durch vollständiges oder erschöpfendes Absuchen des gesamten Lösungsraums gefunden werden können. Ziel dieses Kapitels ist es, die Leserin und den Leser mit allgemeinen Verfahren und nützlichen Abwandlungen so genannter Exhaustionsalgorithmen vertraut zu machen, mit deren Hilfe Problemstellungen bearbeitet werden können, für die es notwendig ist, eine Menge potenzieller Lösungen exhaustiv zu ermitteln und zu untersuchen, ob darin eine brauchbare Lösung vorkommt.

In ***Kapitel 10*** beschäftigen wir uns mit Algorithmen auf Zeichenketten. Ziel dieses Kapitels ist es, die Leserin und den Leser mit grundsätzlichen Problemen und Lösungsansätzen für die Repräsentation und Manipulation von Zeichenketten vertraut zu machen und ihr bzw. ihm wichtige (Standard-)Algorithmen zur Mustersuche in Zeichenketten an die Hand zu geben.

Teil III *Elementare Programmierparadigmen* umfasst die Kapitel 11 bis 13.

Kapitel 11 ist der Vorstellung des aufgaben- und modulorientierten Programmierparadigmas gewidmet. Ziel dieses Kapitels ist es, der Leserin und dem Leser aufbauend auf der im zweiten Kapitel erörterten Algorithmen-Entwurfstechnik zu zeigen, wie man ausgehend von einer Systemspezifikation auf systematische Art und Weise eine in Module gegliederte aufgabenorientierte Systemarchitektur entwirft.

In ***Kapitel 12*** setzen wir uns mit dem daten- und transformationsorientierten Programmierparadigma auseinander. Ziel dieses Kapitels ist es, der Leserin und dem Leser zu zeigen, dass für eine große Klasse von Problemstellungen, bei denen ein Strom strukturierter Eingabedaten zu verarbeiten ist, die Systemarchitektur elegant mithilfe von (aus dem Compilerbau bekannten) attributierten Grammatiken entworfen und auf besonders effiziente Art und Weise, weil weitgehend automatisiert, implementiert werden kann.

In ***Kapitel 13*** beschäftigen wir uns mit dem objektorientierten Programmierparadigma. Ziel dieses Kapitels ist es, die Leserin und den Leser mit der aus softwaretechnischer Sicht wohl wichtigsten der heute verfügbaren Programmierungstechniken so weit vertraut zu machen, dass sie bzw. er das Denkmodell, das diesem Programmierparadigma zugrunde liegt und die zu seiner Anwendung erforderlichen Konzepte und Konstrukte kennt und nachvollziehen kann, wie objektorientierte Systemarchitekturen auf systematische Weise entworfen werden.

Hinweise

An vielen Stellen des vorliegenden Buchs wird *die Leserin* oder *der Leser* direkt angesprochen. Um den Text kurz und gut lesbar zu halten, verzichten wir ab dieser Stelle auf doppelte oder abwechselnde Anreden und benutzen die einfache Anredeform *Leser*. Es ist uns aber ein Anliegen, ausdrücklich zu betonen, dass wir mit dieser Form der Anrede keinerlei geschlechtspezifische Absicht verbinden. Wir wünschen uns, obwohl wir *vom Leser* sprechen, möglichst viele Leserinnen, denn es gibt leider immer noch viel zu wenige Frauen in der Informatik.

Im Sinne der Pflege der deutschen Fachsprache verwenden wir *deutsche Fachbegriffe* – wo dies möglich und sinnvoll ist – aber nicht mit Gewalt, denn in der Informatik kommen viele Fachbegriffe aus dem Englischen und es gibt nicht für jeden englischen (etwa für *Software*) einen guten deutschen Fachbegriff. Wir wollen auch ein Zeichen setzen gegen eine zunehmend um sich greifende, z. T. ungehemmte Verwendung nicht notwendiger Anglizismen und vor allem gegen das so genannte „Denglisch" (mit Wortmonstern wie z.B. ge*update*t). Weil die Kenntnis der englischen Fachtermini aber wichtig ist, nennen wir in der Regel beim ersten Auftreten eines dt. Fachbegriffs seine engl. Entsprechung.

Bei der Formulierung von Algorithmen stellt sich zwangsweise die Frage, welche Notation man zur Darstellung der Algorithmen verwenden soll. Wir verwenden in diesem Buch eine spezielle *Algorithmen-Beschreibungssprache* (*Pseudocode*), bei deren Konzeption folgende Aspekte im Vordergrund standen: die Beschränkung auf das Wesentliche, die Einfachheit und Lesbarkeit, und dass sich Algorithmen, die in dieser Notation beschrieben sind, ohne Mühe und mit wenig Aufwand in die heute in der Praxis verwendeten Programmiersprachen C bzw. C++ sowie Java und C#, aber auch in Pascal-ähnliche Programmiersprachen übertragen lassen.

Bei *Zahlen* mit einem Nachkommateil verwenden wir anstelle des Kommas einen Dezimalpunkt, weil das in den Programmiersprachen so üblich ist und wir auch in dem von uns verwendeten Pseudocode diese Konvention einhalten. Längere Ziffernfolgen werden aus demselben Grund nicht mit Tausenderpunkten versehen.

Handhabung des Buchs

Dozenten: Das vorliegende Buch ist als Lehrbuch für eine (je nach verfügbaren Semesterwochenstunden) ein- oder zweisemestrige Lehrveranstaltung zu Beginn eines Informatik(-nahen) Studiums an einer Universität oder einer Fachhochschule konzipiert. Es wird empfohlen, das Buch inhaltlich vollständig zu verwenden. Einerseits deswegen, weil die einzelnen Kapitel aufeinander aufbauen und andererseits deswegen, weil es eine Besonderheit und gleichzeitig ein Vorzug des Buchs ist, dass es sich dabei nicht nur um eine systematische Einführung in die Grundlagen für Algorithmen und eine Dokumentation wichtiger Standard-Algorithmen handelt, sondern, dass diese zusammen mit den Grundzügen elementarer Programmierparadigmen als harmonisches Ganzes in einem Werk vereinigt sind. Die Kapitel der Buchteile II und III können selbstverständlich selektiv verwendet werden. Zwangsläufig bleiben verschiedene spezielle Aspekte unerwähnt, die dann Inhalt weiterführender Spezialvorlesungen sein müssen.

Durch die Tatsache, dass das Buch so konzipiert ist, dass für die Einführung in den Themenkomplex Algorithmen und Datenstrukturen kein spezielles Informatikwissen vorausgesetzt wird, kann es auch in anderen Studienfächern und sogar in höheren Schulen im Rahmen des Informatikunterrichts als grundlegendes Lehrbuch eingesetzt werden.

Studierende: Jedes Kapitel beginnt mit einer kurzen Beschreibung des abzuhandelnden Themenkomplexes. Dazu wird dieser in den Gesamtkontext eingeordnet, die Bezüge zu anderen Kapiteln werden aufgezeigt und dargelegt, was in welcher Reihenfolge und Tiefe behandelt wird. Im Kasten Ziele sind die Lernziele aufgelistet; hier wird dargelegt, was der Leser nach Lektüre des Kapitels wissen bzw. beherrschen sollte. Am Ende eines jeden Kapitels werden die wichtigsten der behandelten Aspekte nochmals überblicksartig zusammengefasst. Um eine über das bloße Lesen hinausgehende, intensive Beschäftigung mit dem Themenkomplex zu fördern und dem Leser die Möglichkeit zur Überprüfung seines Wissensstands und seiner Lösungskompetenz zu geben, finden sich am Kapitelende jeweils einige ausgewählte Aufgabenstellungen.

Website

Die Webseite zu diesem Buch finden Sie unter *www.pearson-studium.de*. Am schnellsten gelangen Sie von dort zur Buchseite, wenn Sie in das Textfeld *Schnellsuche* die Buchnummer **7268** eingeben und danach suchen lassen.

Auf der Website finden Sie Hinweise und Dokumente in elektronischer Form, z.B. alle Abbildungen, den Code oder Codefragmente für ausgewählte Algorithmen aus dem Buch (auch in verschiedenen Programmiersprachen, z.B. in Pascal und C), den in Kapitel 13 erwähnten Compiler-Generator *Coco-2*, alle wichtigen Links und eine Fehlerliste.

In eigener Sache

Kommentare, Hinweise auf Fehler jeglicher Art, Verbesserungsvorschläge, Kritik und Lob sind willkommen. Der Leser möge diese an den Verlag, aber auch direkt per E-Mail an *Gustav.Pomberger@jku.at* oder an *Heinz.Dobler@fh-hagenberg.at* richten.

Einleitung

Dieses Buch beschäftigt sich mit der systematischen Entwicklung von Algorithmen und Datenstrukturen und befasst sich deshalb mit einem Kernproblem der Informatik[1].

Die Geschichte der Informatik ist eng mit der Entwicklung elektronischer Rechenanlagen, d.h. mit der Entwicklung von Computern, verbunden. Zwar reichen die ersten Überlegungen zum Bau von Rechenmaschinen weit zurück – in einem Brief an Johannes Kepler hat Wilhelm Schickard schon im Jahr 1623 eine solche Maschine für die vier Grundrechenarten skizziert (vgl. [Von Freitag-Löringhoff 1958]) und gegen Ende des 19. Jahrhunderts wurden erste mechanische Rechenmaschinen gebaut, die Anfang des 20. Jahrhunderts auch in größeren Stückzahlen produziert wurden. Aber erst durch die Fortschritte in der Elektronik (vor allem durch Schaltkreise und deren Integration) war es ab Mitte des vorigen Jahrhunderts möglich, die ersten Computer zu bauen, die diesen Namen auch verdienen.

Die Entwicklung immer leistungsfähigerer Computer schritt rasant voran und es ist kein Ende dieser Dynamik abzusehen: In den 1970-er Jahren wurden Großrechner (*mainframes*) und so genannte Arbeitsplatzrechner (*workstations*) gebaut. Im Jahr 1981 brachte IBM den ersten Computer, der dem Benutzer „persönlich" zur Verfügung steht, also den *persönlichen Computer* (*personal computer*, kurz *PC*) auf den Markt. Heute verfügen wir über eine Vielzahl leistungsfähiger Geräte, die mit Computerleistung ausgestattet sind: kleine handliche Digitalkameras, vielseitige Mobiltelefone und so genannte *persönliche, digitale Assistenten* (*personal digital assistants, PDAs*), um nur einige Beispiele zu nennen. Das besondere daran ist, dass ihre Rechenleistung jene der ersten Großrechner bei weitem übertrifft.

Als die Informatik in den 1960-er Jahren entstand, war sie ein neues, von der Öffentlichkeit nicht übermäßig wahrgenommenes Mitglied der technischen Wissenschaften. Dann drang der Computer sukzessive in alle Bereiche unseres Lebens ein – die Informatiker versprachen, künstliche Intelligenz zu erzeugen, und sie schufen Computernetze. Als der Computer schließlich die Vereinigung der elektronischen Medien ermöglichte und das Internet entstand, mit dem sich Text, Bild und Ton weltweit übertragen lassen, entdeckte man die hervorragende Eignung des Computers zum Geschäftemachen und erfand auch gleich die passenden Begriffe dafür: E-Commerce bzw. E-Business, E-Government, ja sogar E-Living und E-Society. Die Erfinder dieser Begriffe wollten damit zum Ausdruck bringen, dass Wirtschaft und Gesellschaft, ja sogar das alltägliche Leben durch die Entwicklungen auf dem Gebiet der E(lektronik) entscheidend beeinflusst werden.

---

1 Der Begriff *Informatik* entstand in den sechziger Jahren des vorigen Jahrhunderts in Deutschland und Frankreich aus der Zusammenfassung und Abkürzung der beiden Begriffe *Information* und *Mathematik*. Der analoge engl. Begriff *informatics* ist eher unüblich, meist wird *computer science* verwendet.

Im Vergleich zu anderen Disziplinen ist die Informatik mit ihren gut 50 Jahren eine junge Wissenschaft, die aufgrund der engen Beziehung zum Computer auch als *Wissenschaft vom Computer* bezeichnet wird, was auch durch den engl. Begriff *computer science* zum Ausdruck kommt. Diese Fokussierung auf ein *Gerät*, den Computer, ist jedoch zu eng, weshalb weitere Begriffe entstanden sind, um die Informatik besser zu charakterisieren. Heute übliche Begriffe sind *Informationstechnik* (*IT*) bzw. *Informations- und Kommunikationstechnik* (*IKT*). Die Vereinigung des Computers mit den Kommunikationsmedien oder besser gesagt, die Aufrüstung der Kommunikationsmedien durch Implantation von Computerleistung ist der Motor eines rasanten Veränderungsprozesses.

Im deutschen Sprachraum wird das mittlerweile sehr breite Gebiet der Informatik in folgende vier Teilgebiete eingeteilt:

1. die *Theoretische Informatik*,
2. die *Technische Informatik*,
3. die *Praktische Informatik* und
4. die *Angewandte Informatik*.

Während sich die *Theoretische Informatik* mit Grundlagenfragen befasst, von den technischen Gegebenheiten realer Computer abstrahiert, mathematische Modelle von Computern entwickelt und Fragen darüber nachgeht, was sich überhaupt berechnen lässt, welche Arten von Problemen überhaupt und in welcher Zeit mit Computern gelöst werden können, befasst sich die *Technische Informatik* mit den physikalisch/technischen Voraussetzungen für und den Bau von Computern und behandelt die Bestandteile, den Aufbau und die Zusammenarbeit von Computern und so genannten Peripheriegeräten; ihr Gegenstand ist also die *Hardware*. Doch um die Computerhardware „zum Leben zu erwecken", sind Programme (*Software*) erforderlich. Gegenstand der *Praktischen Informatik* ist die Programmierung, soweit sie sich auf Probleme bezieht, die primär zur Informatik selbst gehören. Die Praktische Informatik befasst sich deshalb mit verschiedenen Programmierungstechniken, Algorithmen und Datenstrukturen, Programmiersprachen und Compilern, mit Betriebssystemen und Methoden, Techniken und Prozessen zur Entwicklung großer Softwaresysteme (*Software Engineering*). Die *Angewandte Informatik* hat schließlich die Anwendungen des Computers zum Gegenstand. Da der Computer inzwischen in alle Bereiche der Wirtschaft, Wissenschaft, Kunst, ja man kann sagen in alle Bereiche des menschlichen Lebens eingedrungen ist, wurde die Angewandte Informatik ein sehr breites Gebiet, das zudem ständig wächst.

Die Software, ihre Entwicklung und Anwendung stehen im Zentrum der Informatik. Wichtige Grundlagen dafür sind Algorithmen (vereinfacht gesagt: Verfahren) und Datenstrukturen (vereinfacht gesagt: Daten mit ihren Beziehungen) sowie Konzepte, Techniken und Werkzeuge zu ihrer Realisierung, zusammengenommen als Programmierungstechniken bezeichnet. Sie bilden den Gegenstand des vorliegenden Buchs.

Das Programmieren oder anders gesagt die Entwicklung von Software ist ein komplexer, mehrstufiger Prozess, der grob skizziert die in ▶Abbildung 1 gezeigten sieben Schritte umfasst. Die Darstellung ist an das *Wasserfall-Modell* (vorgeschlagen in [Royce 1970]) angelehnt, in dem Rückkopplungen zwischen den einzelnen Schritten vorgesehen sind, weil das Programmieren kein rein linearer Prozess ist und man immer wieder zu vorgelagerten Schritten zurückkehren muss.

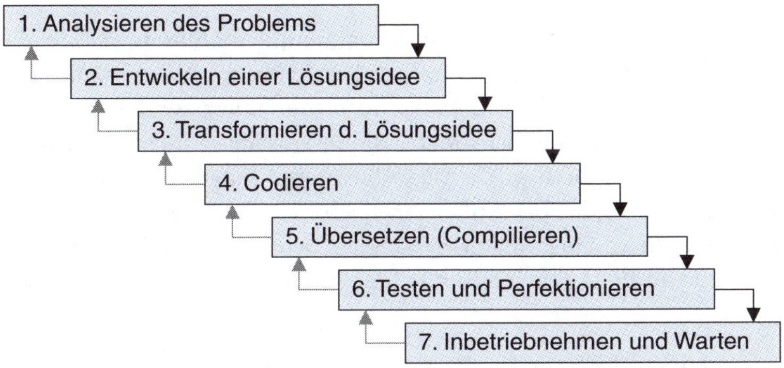

Abbildung 1: Schrittweiser Prozess der Software-Entwicklung mit Rückkopplungen

Die einzelnen Schritte aus ▶Abbildung 1 umfassen folgende Aufgaben:

1. *Analysieren des Problems.* Was ist gegeben, was ist gesucht und welche Rahmenbedingungen sind zu beachten? Abschätzen der grundsätzlichen Machbarkeit einer Lösung mit den Mitteln der Informatik.

2. *Entwickeln einer Lösungsidee.* Skizzieren der erforderlichen Schritte zur Problemlösung; man könnte auch, um die dafür notwendige Kreativität hervorzuheben, sagen: „Erfinden einer Lösungsidee".

3. *Transformation der Lösungsidee* in eine algorithmische Form. Durchdenken und Konkretisieren der in der Lösungsidee skizzierten Schritte und Formulierung als Algorithmus oder bei komplexeren Problemstellungen als System von Algorithmen.

4. *Codieren.* Transformieren der in abstrakter Form beschriebenen Algorithmen in eine spezielle, durch die Verwendung einer Programmiersprache vorgegebene Form, mit dem Ziel, dass diese vom Computer weiterverarbeitet werden kann. Dabei entsteht ein Programm oder bei komplexeren Problemstellungen ein Programmsystem.

5. *Übersetzen (Compilieren).* Automatisches Übersetzen des Programms in eine Form, die direkt vom Computer ausgeführt werden kann.

6. *Testen und Perfektionieren.* Aufdecken und Beseitigen möglichst vieler Fehler oder Mängel und Nachweis, dass mit dem Programm die Problemstellung adäquat gelöst werden kann.

7. *Inbetriebnehmen und Warten.* Einsatz, Beobachten und Weiterentwickeln des Programms.

Das vorliegende Buch behandelt die Schritte 1 bis 4 der obigen Aufzählung und konzentriert sich vor allem auf die Schritte 2 und 3.

Zwar gibt es – wie schon im Vorwort ausgeführt – mittlerweile eine Fülle von Büchern zu den beiden Themenbereichen *Einführung in die Programmierung* sowie *Algorithmen und Datenstrukturen*, doch aus Sicht und Erfahrung der Autoren ist es für Anfänger kaum möglich, zwei passende Werke aus diesen beiden Kategorien so zu wählen, dass ein nahtloser Übergang und damit ein reibungsloser Lernprozess gewährleistet ist.

Das liegt daran, dass Bücher, die in die Programmierung einführen, sich häufig nicht so sehr mit den *Konzepten* der Programmierung beschäftigen sondern sich auf die Eigenschaften einer bestimmten *Programmiersprache* (und ihrer Bibliothek) konzentrieren und diese bis in solche Details behandeln, die für Anfänger nicht mehr relevant sind, und dass Bücher, welche die Begriffe Algorithmen und Datenstrukturen im Titel tragen, oft Wissen voraussetzen, das bei Anfängern noch nicht vorhanden ist, und/oder Notationen verwenden, die Anfängern Schwierigkeiten bereiten und/oder thematisch so stark in die Breite bzw. in die (mathematische) Tiefe gehen, dass sie zuweilen abschreckend wirken.

Ziel des vorliegenden Buchs ist es, dieses Manko zu beheben und sowohl dem Anfänger als auch dem leicht Fortgeschrittenen einen Begleiter für den mitunter fordernden Lernprozess des Programmierens an die Hand zu geben, der ihn auf *klassische* Art und Weise bei den elementaren Konzepten der Programmierung beginnend über die wichtigsten Algorithmen und Datenstrukturen bis hin zu den Grundzügen der heute relevanten Programmiertechniken führt – mit ausführlichen, aufeinander aufbauenden Erläuterungen auf Basis einer konsistenten Terminologie und unter Verwendung einer einfachen und klaren Darstellungsform für Algorithmen.

TEIL I

Algorithmen und Datenstrukturen – Grundlagen

Grundbegriffe und elementare Konzepte

1

ÜBERBLICK

Motivation

» *In diesem Kapitel schaffen wir zu Beginn mit zwei bewusst sehr einfach gehaltenen Beispielen aus dem täglichen Leben ein grundlegendes Verständnis dafür, was Algorithmen sind, um dann eine Definition für diesen zentralen Begriff der Informatik zu geben. Anhand dieser Definition erläutern wir die wichtigsten Eigenschaften von Algorithmen, wobei manche dieser Eigenschaften (z.B. die Effizienz) in späteren Kapiteln ausführlicher erläutert werden.*

Im Sinne einer Einführung in die Grundlagen der Programmierung widmen wir uns dann der Frage, woraus Algorithmen bestehen, und behandeln schrittweise und aufbauend die Grundbegriffe der imperativen Programmierung – Datenobjekte mit Datentypen und Aktionen, insbesondere die Zuweisung, die Sequenz, die Verzweigungen und die Schleifen; das alles anhand von vielen kleinen Beispielen und mit einer einfachen, Text-basierten (kurz textuellen) Algorithmennotation, die in ihrem Aufbau zwar an „echte" Programmiersprachen angelehnt, aber einfacher zu erlernen und zu verwenden ist. (Solche Notationen werden auch als Pseudocode bezeichnet.) Wir zeigen dann, dass meist mehrere Algorithmen gemeinsam an der Lösung einer Aufgabe arbeiten, und erläutern anhand des Konzepts der Schnittstelle, wie diese Algorithmen untereinander und mit ihrer Umwelt kommunizieren können.

Bevor man an die Entwicklung eines Algorithmus herangehen kann, muss das zu lösende Problem genau analysiert und der zu entwickelnde Algorithmus spezifiziert werden, damit klar ist, was der Algorithmus zu tun oder zu liefern hat – ohne sich dabei in Details darüber zu verlieren, wie er das zu machen hat. Auf Basis einer solchen Spezifikation ist für die Entwicklung und die Darstellung eines Algorithmus eine Notation erforderlich. Im Laufe der Zeit sind verschiedene Notationen entwickelt worden, die im Wesentlichen in zwei Gruppen eingeteilt werden können: in grafische und in textuelle. Wir erläutern die wichtigsten Vertreter aus beiden Gruppen und schildern deren Vor- und Nachteile.

Am Ende dieses Kapitels zeigen wir, wie man von einem Algorithmus zu einem (Computer-)Programm kommt: Dafür ist eine „echte" Programmiersprache notwendig, in die der Algorithmus zuerst transformiert werden muss, bevor aus dem so entstandenen Programm(text) über – je nach gewählter Programmiersprache – einen oder mehrere Schritte eine auf einem Computer direkt ausführbare Version entsteht. Abschließend besprechen wir, worin die wesentlichen Unterschiede zwischen Algorithmen und Programmen liegen und stellen dabei auch fest, wie nützlich die Verwendung einer „abstrakten" Algorithmennotation ist. «

Ziele

Nach dem Lesen dieses Kapitels haben Sie Folgendes erreicht:

- Sie haben anhand von zwei einfachen Beispielen festgestellt, dass Algorithmen auch im Alltag vorkommen.
- Sie wissen, was Algorithmen sind und haben eine Definition für diesen wichtigen Begriff kennen gelernt.
- Sie wissen, woraus Algorithmen bestehen, und verstehen, wie diese miteinander und mit ihrer Umwelt kommunizieren.
- Sie haben eine Vorstellung davon, wie man Algorithmen spezifizieren kann, und Sie kennen mehrere Möglichkeiten, wie man sie darstellen kann.
- Sie wissen, wie man von einem Algorithmus zu einem (Computer-)Programm kommt und verstehen die wesentlichen Unterschiede zwischen Algorithmen und Programmen.

1.1 Beispiele für Algorithmen – Ein erster Blick auf den Arbeitsgegenstand

Algorithmen sind keine Besonderheit der Informatik, man begegnet ihnen häufig auch im täglichen Leben und wendet sie an, ohne sie als solche zu erkennen und sich mit ihren Eigenschaften besonders auseinander zu setzen. Was verstehen wir also unter einem *Algorithmus*[1]? – Ein Algorithmus ist im Wesentlichen eine „Anleitung zur Lösung einer Aufgabenstellung“.

Im täglichen Leben geht die Ausführung einer solchen Anleitung oft damit einher, dass selbst deren strikte Befolgung nicht (immer) zum gewünschten Erfolg führt. Man denke z.B. an eine rein grafisch dargestellte Anleitung für den Zusammenbau eines Möbelstücks, also einen „Bauplan“, nach dem man verzweifelt versucht, das gewünschte Ergebnis zustande zu bringen. Der Grund für das Scheitern liegt meist darin, dass solche Anleitungen zu wenig präzise dargestellt/formuliert, missverständlich oder unvollständig sind.

Eine Anleitung zur Lösung einer Aufgabenstellung bezeichnen wir daher erst dann als Algorithmus, wenn sie zumindest so präzise formuliert ist, dass sie keinen Interpretationsspielraum zulässt und ihre „mechanische“ Ausführung zur gewünschten Lösung führt.

Beispiel 1.1 und Beispiel 1.2, die aus dem Alltag gegriffen sind, sollen den Sachverhalt illustrieren.

---

1 Der Begriff *Algorithmus* geht auf den persischen Gelehrten Muhammed Al Chwarizimi (etwa 783 bis 850) zurück, der ein Buch über das „Rechnen mit indischen Ziffern“ geschrieben hat.

Beispiel 1.1 Addition zweier Dezimalzahlen

Wir beginnen mit einer einfachen Aufgabenstellung, der Addition zweier Zahlen. Bereits aus der Grundschule kennen wir ein einfaches Verfahren für die Addition zweier natürlicher Dezimalzahlen, die als Summanden bezeichnet werden. Die beiden Summanden werden ziffernweise, beginnend mit der Einerstelle, über die Zehnerstelle, Hunderterstelle usw. summiert, wobei es gilt, die Überträge entsprechend zu berücksichtigen.

▶Abbildung 1.1 zeigt die Addition von 321 + 9876 und stellt die Überträge sowie die Summe 10197 dar.

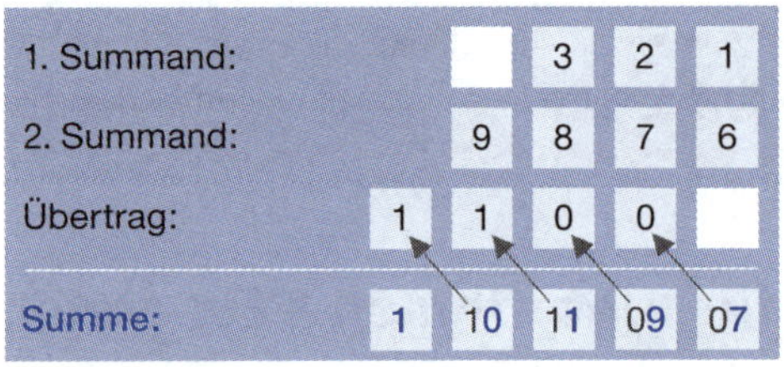

Abbildung 1.1: Addition zweier Dezimalzahlen

Ein Algorithmus für die Addition zweier positiver ganzer Zahlen aus dem Dezimalsystem kann beispielsweise folgendermaßen beschrieben werden (wobei n die maximale Anzahl der Dezimalstellen beider Summanden ist, für die Summanden in ▶Abbildung 1.1 wäre $n = 4$):

- Schritt 1: *Berechne die Einerstelle der Summe.* Bilde die Summe der beiden Ziffern der Einerstellen der Summanden. Die Einerziffer dieser Summe bildet die Einerziffer des gesuchten Ergebnisses, die Zehnerziffer wird – wenn vorhanden – als Übertrag festgehalten.
- Schritt 2 bis n: *Berechne alle weiteren Stellen der Summe.* Zur Berechnung aller weiteren Stellen der gesuchten Summe bilde die Summe der Ziffern der beiden Summanden an dieser Stelle und addiere, wenn vorhanden, den Übertrag dazu. Die Einerziffer dieser (maximal zweistelligen) Summe bildet die Ziffer des gesuchten Ergebnisses an der gerade bearbeiteten Stelle (Zehner-, Hunderter-, ...stelle), die Zehnerziffer wird – wenn vorhanden – wieder als Übertrag festgehalten.
- Schritt $n + 1$: *Komplettiere das Ergebnis.* Falls noch ein Übertrag vorhanden ist, stelle diesen als erste Ziffer dem bisher berechneten Ergebnis voran.

Wie Beispiel 1.1 zeigt, kann ein Algorithmus, wenn er in Prosa formuliert wird, selbst für einfache Aufgaben wie die Addition zweier Zahlen bereits umfangreich und kompliziert werden. Doch wird bei hinreichend präziser und vollständiger Formulierung des Algorithmus seine strikte Anwendung immer zum Erfolg führen.

Im folgenden Beispiel 1.2 gehen wir davon aus, dass die vier Grundrechenoperationen (+, −, ∗ und /) bereits in Form von Algorithmen nach dem Vorbild aus Beispiel 1.1 vorliegen.

Beispiel 1.2 Arithmetisches Mittel

Gesucht sei ein Algorithmus für die Berechnung des *arithmetischen Mittels* $\overline{x}$ (auch *Mittelwert* genannt) einer beliebigen Folge von n positiven Zahlen x_1, x_2, ... x_n. In jedem Formelbuch (z.B. in [Bartsch 2003]) findet sich dafür eine Formel in der Art:

$$\overline{x} = \frac{\sum_{i=1}^{n} x_i}{n}$$

Wenn wir annehmen, dass die Zahlenfolge von einem (hier nicht näher spezifizierten Datenträger) sequenziell gelesen werden kann, könnte ein Algorithmus für die Berechnung des arithmetischen Mittels wie folgt lauten:

- *Initialisierung des Berechnungsvorgangs*: Setze die „Summe der Elemente der Folge“ und die „Anzahl der Elemente der Folge“ gleich Null.
- *Wiederhole, solange noch ungelesene Zahlen auf dem Datenträger vorhanden sind*: Lies die nächste Zahl, erhöhe die „Anzahl der Elemente der Folge“ um eins und die „Summe der Elemente der Folge“ um den Wert der gelesenen Zahl.
- *Berechne das arithmetische Mittel*: Dividiere die „Summe der Elemente der Folge“ durch „Anzahl der Elemente der Folge“ und bezeichne das Ergebnis mit $\overline{x}$.

Wie leicht zu erkennen ist, kann dabei ein Problem auftreten: Wenn der Datenträger leer ist, also keine Zahlenfolge vorhanden ist, kommt es beim letzten Schritt (*Berechne das arithmetische Mittel*) zu einer Division durch Null, was nicht erlaubt ist, da das Ergebnis einer solchen Division nicht definiert ist. Dieser Sonderfall muss im Algorithmus berücksichtigt werden, beispielsweise durch folgende Änderung des letzten Schritts:

- *Berechne das arithmetische Mittel*: Prüfe, ob die „Anzahl der Elemente der Folge“ größer als Null ist. Wenn das zutrifft, dividiere die „Summe der Elemente der Folge“ durch „Anzahl der Elemente der Folge“ und bezeichne das Ergebnis mit $\overline{x}$, sonst gibt es kein arithmetisches Mittel.

Analysieren wir Beispiel 1.1 und Beispiel 1.2, so lässt sich daraus Folgendes ableiten:

- Zur zuverlässigen („mechanisierten“) Lösung einer Aufgabe bedarf es einer eindeutigen Vorschrift, die genau festlegt, welche *Aktionen* (Handlungen) in welcher Reihenfolge auszuführen sind. Eine hinreichend formale Beschreibung einer solchen Lösungsvorschrift nennen wir *Algorithmus*.

- Jede Aktion bedingt das Vorhandensein von *Datenobjekten*[2], auf die sie angewandt wird und/oder deren Zustandsänderungen das Ergebnis der Aktion darstellt (z.B. Übertrag und Anzahl der Elemente der Folge).
- Aktionen sind unterschiedlich komplex und setzen in der Regel die Fähigkeit der Ausführung elementarer Aktionen (z.B. Division und Addition) voraus.
- Zu jedem Datenobjekt gehört ein bestimmter *Wertebereich* (z.B. ganze Zahl oder reelle Zahl).
- Es gibt einen „Ausführenden", für den die Lösungsvorschrift (d.h. der Algorithmus) bestimmt ist; wir nennen diesen den *Prozessor*. Unter dem Prozessor verstehen wir die treibende Kraft, welche die Aktionen des Algorithmus auszuführen im Stande ist (z.B. Mensch oder Maschine). Die Vorschrift muss also für den Prozessor eindeutig interpretierbar und ausführbar sein, d.h. Art und Grad der Formalisierung sowie Detaillierung der Aktionsbeschreibung hängt vom Prozessor ab, für den der Algorithmus gedacht ist.

Nachdem wir anhand von zwei Beispielen (Summen- und Mittelwertbildung) illustriert haben, was man prinzipiell unter einem Algorithmus versteht, und auf einige elementare Eigenschaften von Algorithmen hingewiesen haben, wird im folgenden Abschnitt der Algorithmenbegriff verfeinert, eine für unsere Zwecke hinreichende Definition erarbeitet und auf die Eigenschaften von Algorithmen näher eingegangen.

1.2 Algorithmus: Begriff und Eigenschaften

Interessanterweise gibt es bis heute, also nach über einem halben Jahrhundert der intensiven Auseinandersetzung mit diesem Gebiet, keine allgemein anerkannte Definition für den Begriff Algorithmus, sondern eine Vielzahl teils sehr ähnlicher, teils aber auch sehr unterschiedlicher Definitionsvorschläge. Das zeigt sich z.B. darin, dass die Web-Suchmaschine *www.google.com* mit dem Suchkriterium „define: Algorithm" über 30 unterschiedliche Definitionen findet (Stand Dezember 2006) und das Lexikon *www.wikipedia.org* unter dem Titel „algorithm characterizations" etwa ein Dutzend weitere Charakterisierungen anbietet.

1.2.1 Begriff

Die meisten Bücher zum Thema Algorithmen geben kurze informelle Definitionen an. Robert Sedgewick etwa definiert in seinen Algorithmenbüchern (z.B. [Sedgewick 2002]) den Begriff implizit wie folgt: „Algorithms: Methods for solving problems which are suited for computer implementation". Er verrät also nicht, wie die Beschreibungen dieser Methoden aussehen, sondern nur, dass es möglich sein muss,

2 Der Begriff *Datenobjekt* ist nicht im Sinne der objektorientierten Programmierung zu verstehen, sondern als Oberbegriff für Literal, Konstante und Variable.

sie in eine Form zu bringen, die von einem Computer interpretiert und ausgeführt werden kann. Es gibt sogar Algorithmenbücher, die keine explizite Definition des Algorithmenbegriffs enthalten, z.B. [Wirth 1975].

Wir definieren den Begriff Algorithmus unter Bezugnahme auf das oben bereits Gesagte und in Anlehnung an [Rechenberg 2000], [Pomberger u. Pree 2004] sowie [Rechenberg u. Pomberger 2006].

Definition: *Algorithmus*

Ein Algorithmus (*algorithm*) ist eine vollständige, präzise und in einer Notation oder Sprache mit exakter Definition abgefasste, endliche Beschreibung eines schrittweisen Problemlösungsverfahrens zur Ermittlung gesuchter Datenobjekte (ihrer Werte) aus gegebenen Werten von Datenobjekten, in dem jeder Schritt aus einer Anzahl ausführbarer, eindeutiger Aktionen und einer Angabe über den nächsten Schritt besteht.

Ein Algorithmus heißt *terminierend*, wenn er die Werte der gesuchten Datenobjekte in endlich vielen Schritten liefert, andernfalls heißt der Algorithmus *nicht terminierend*.

In unserer Algorithmendefinition wird nicht nur festgelegt, was ein Algorithmus ist, nämlich ein schrittweises Problemlösungsverfahren, sondern auch, wie seine Beschreibung ausgeprägt sein muss, damit eine erfolgreiche Ausführung desselben möglich ist, wobei diese Ausführung bewusst nicht auf einen Computer beschränkt ist, ja nicht einmal darauf abzielt.

Im Sinne dieser Definition des Algorithmenbegriffs ist es also nicht notwendig, dass die Beschreibung eines Algorithmus so „konkret" formuliert ist, dass sie direkt von einem Computer „verstanden" werden kann. Die meisten Beschreibungen von Algorithmen sind sogar bewusst so „abstrakt" formuliert, dass sie erst nach einer entsprechenden Transformation in eine konkretere Form (in eine *Programmiersprache*) von einem Computer verarbeitet und ausgeführt werden können.

1.2.2 Eigenschaften

Mit dem Ziel, dem Leser eine systematische Einführung in die Entwicklung und Verwendung von Algorithmen zu geben, wird im Folgenden auf die in ▶Abbildung 1.2 gezeigten Eigenschaften von Algorithmen eingegangen, die zwar implizit aus der Algorithmendefinition hervorgehen, aber einer genaueren Erörterung bedürfen.

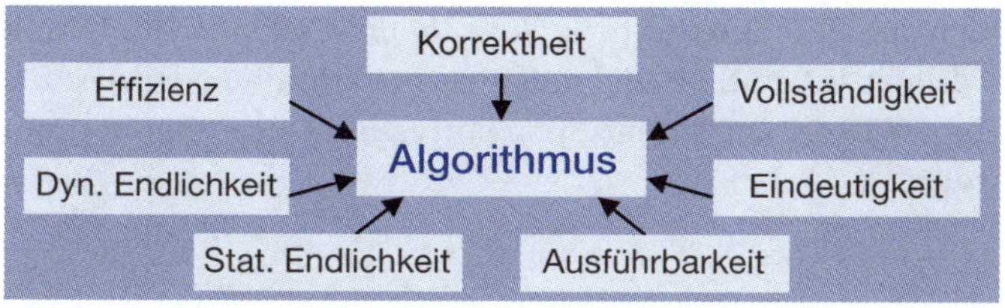

Abbildung 1.2: Eigenschaften eines Algorithmus

Korrektheit

Eine wichtige Eigenschaft, die jeder Algorithmus aufweisen muss, ist seine *Korrektheit.* Darunter verstehen wir, dass der Algorithmus die seiner Entwicklung zugrunde liegende Spezifikation erfüllt, d.h., dass er genau das und nur das Ergebnis korrekt liefert, welches in der Aufgabenstellung spezifiziert wurde.

Da Spezifikationen somit die Basis für die Entwicklung von Algorithmen darstellen, ist der Spezifikationsproblematik von Algorithmen ein eigener Abschnitt (1.5) gewidmet.

Vollständigkeit

Die Forderung, dass ein Algorithmus eine *vollständige Beschreibung* eines Lösungsverfahrens sein muss, bezieht sich nicht nur auf die offensichtliche Notwendigkeit, dass kein Schritt und keine Aktion vergessen werden darf, sondern auch auf die Berücksichtigung der relevanten Vor- und Rahmenbedingungen, die eine erfolgreiche Ausführung des Algorithmus erst möglich machen. Beispielsweise muss gewährleistet sein, dass die in der Algorithmenspezifikation als gegeben festgelegten Datenobjekte verfügbar sind und in korrekter Form vorliegen.

Da die Vor- und Rahmenbedingungen für die Algorithmenausführung in engem Zusammenhang mit der Algorithmenspezifikation stehen, wird auf die Vollständigkeitseigenschaft von Algorithmen indirekt auch im Abschnitt 1.5 noch näher eingegangen.

Eindeutigkeit und Ausführbarkeit der Aktionen

Jede Aktion muss *eindeutig interpretierbar* sein. Die Eindeutigkeit bezieht sich dabei auf den Prozessor, der den Algorithmus ausführen soll; für ihn darf es keinen Interpretationsspielraum geben. Unabhängig davon, ob grafische Symbole, Text oder eine Mischform zur Formulierung von Algorithmen verwendet wird, muss die Bedeutung der einzelnen Elemente in der Beschreibung der Schritte und der Aktionen sowie ihrer Abfolge eindeutig definiert sein.

Jede Aktion muss *ausführbar* sein, d.h. sie muss so geartet sein, dass der Prozessor, der den Algorithmus ausführen soll, auch dazu in der Lage ist, und es muss Klarheit darüber herrschen, wie sie auszuführen ist.

Statische Endlichkeit

Der Umfang, den die Beschreibung eines Algorithmus einnimmt, also seine „Größe", unabhängig davon, in welcher Notation oder Sprache diese Beschreibung abgefasst ist, muss endlich sein. Man nennt dies *statische Endlichkeit.* Die Beschreibung muss also z.B. ausgedruckt auf endlich vielen Seiten Platz finden oder darf für die Speicherung in Form einer Datei auf einem Speichermedium nur eine bestimmte Speicherkapazität erfordern.

Dynamische Endlichkeit bzw. Unendlichkeit

Ob ein Algorithmus bei seiner Ausführung nach endlich vielen Schritten anhalten (terminieren) muss – man nennt dies *dynamische Endlichkeit* –, bleibt in unserer Definition des Algorithmenbegriffs bewusst offen. Beides soll möglich sein: Ein Algorithmus, der die Werte für die gesuchten Datenobjekte oder gewünschte Effekte nach endlich vielen Schritten liefert, heißt *abbrechend* oder *terminierend*. Ein Algorithmus, bei dem das nicht der Fall ist, heißt *nicht abbrechend* oder *nicht terminierend*. Es gibt viele Aufgaben, die diese *dynamische Unendlichkeit* erfordern; man denke z.B. an Algorithmen zur Steuerung von Ampelanlagen oder Aufzügen.

Effizienz

Eine mitunter wichtige Eigenschaft von Algorithmen (die aus unserer Algorithmendefinition nicht direkt hervorgeht) ist die *Effizienz*. Darunter versteht man die Eigenschaft eines Algorithmus, seinen Zweck unter bestmöglicher Ausnutzung aller benötigten *Ressourcen* zu erfüllen. Der Begriff Ressource muss dabei weit gefasst werden und umfasst beispielsweise die benötigte Ausführungszeit und den benötigten Speicherplatz, falls es sich bei dem Prozessor um einen Computer handelt. Da der Laufzeiteffizienz von Algorithmen ein eigenes Kapitel gewidmet ist, wollen wir dieses Thema hier nicht weiter ausführen: Kapitel 5 behandelt die Effizienzeigenschaft von Algorithmen im Detail.

Nun, da wir mit den ersten beiden einfachen Beispielen eine Vorstellung von Algorithmen vermittelt, den Begriff definiert und die wesentlichen Eigenschaften derselben erläutert haben, können wir uns im nächsten Abschnitt ihren elementaren Bestandteilen zuwenden: den Datenobjekten mit ihren Datentypen und den Aktionen, die auf diesen Datenobjekten arbeiten.

1.3 Elementare Bestandteile von Algorithmen

Die ersten beiden Teile des Buchs sind dem *imperativen* oder *prozeduralen Programmierparadigma* gewidmet, weil es nicht nur historisch gesehen das erste war, das entwickelt wurde, sondern auch, weil es in vielerlei Hinsicht die Basis für andere Paradigmen bildet, die sich später (z. T. direkt aus dem imperativen) entwickelt haben.

Unter einem ***Programmierparadigma*** (*programming paradigm*) versteht man in der Informatik ein Denkmodell, das zu einer bestimmten Vorgehensweise unter Verwendung darauf abgestimmter Hilfsmittel führt, um Problemstellungen zu lösen, in unserem Fall also entsprechende Algorithmen zur Lösung gegebener Problemstellungen zu entwickeln.

Die Bezeichnung *imperativ* deutet bereits darauf hin, woraus Algorithmen, welche diesem Paradigma entstammen, bestehen: aus einer Folge von Kommandos, Befehlen oder, anders formuliert, aus Anweisungen (*statements*). Diese Anweisungen – wir haben bisher die Bezeichnung Aktionen verwendet – müssen der Reihe nach abgearbeitet werden, um eine Aufgabenstellung erfolgreich zu lösen. Wie bereits in Abschnitt 1.1

herausgearbeitet, bedingt eine Aktion das Vorhandensein von Datenobjekten, auf die sie angewandt wird und/oder deren Zustandsänderungen das Ergebnis der Aktion darstellen. Algorithmen in Form von Datenobjekten und Anweisungsfolgen bilden den Kern der imperativen Programmierung.

In den folgenden beiden Abschnitten werden wir uns zunächst mit den Datenobjekten und ihren Datentypen beschäftigen, bevor wir die Aktionen behandeln, die im Sinne der imperativen Programmierung auf den Datenobjekten arbeiten: ihre Werte verwenden, um daraus neue zu berechnen, und diese neuen Werte wieder speziellen Datenobjekten, den Variablen, zuzuweisen.

1.3.1 Datenobjekte und ihre Datentypen

Wir unterscheiden zunächst zwei Arten von Datenobjekten (*data objects*):

1. solche, deren Wert während der Ausführung eines Algorithmus verändert wird bzw. verändert werden kann; sie werden dementsprechend als ***Variable*** (*variable*) bezeichnet und
2. solche, deren Wert nicht verändert werden kann; sie werden dementsprechend als ***Konstante*** (*constant*) bezeichnet.

Zu jedem Datenobjekt, egal ob es sich dabei um eine Variable oder eine Konstante handelt, gehört ein bestimmter *Datentyp* (*data type*), und bevor wir uns näher mit den unterschiedlichen Arten von Datenobjekten beschäftigen können, müssen wir das Konzept des Datentyps erläutern.

Datentypen: Eigenschaften und Einteilung

Ein Datentyp definiert

- eine *Menge von Werten*, bei Datentypen für Zahlenobjekte, also bei numerischen Datentypen, handelt es sich dabei um einen Wertebereich, und
- eine *Menge von Operationen*, die auf ein oder mehrere Elemente der Wertemenge (in Ausnahmefällen auch unter Beteiligung eines Werts eines anderen Datentyps) angewendet werden können und die – je nach Operation – wieder ein Element dieser Menge oder einer Wertemenge eines anderen Datentyps liefern (z.B. liefert die Addition zweier natürlicher Zahlen wieder eine natürliche Zahl; ihr Vergleich liefert jedoch einen Wahrheitswert).

Der Datentyp definiert also die Wertemenge, aus der eine Variable einen Wert annehmen kann oder aus der eine Konstante stammt, und die Operationen, die auf den entsprechenden Datenobjekten erlaubt sind.

▸Abbildung 1.3 zeigt grob eine Untergliederung der Datentypen in zwei Arten und die wichtigsten Vertreter der beiden Arten, wobei der Datentyp für Zeichenketten (z.B. für Wörter, Sätze und Texte) mit der Bezeichnung *string* je nach Aufgabenstellung oder Betrachtungsweise zur einen oder anderen Art gezählt werden kann.

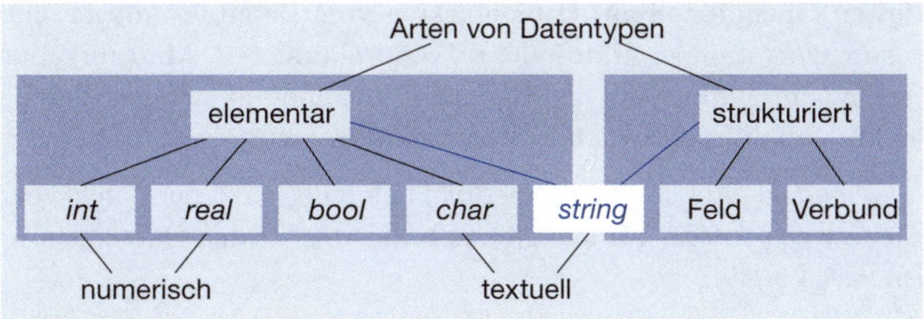

Abbildung 1.3: Einteilung der Datentypen und die wichtigsten Vertreter

Je nach Komplexität ihres Datentyps unterscheiden wir *elementare* und *strukturierte* Datenobjekte:

- Als *elementare Datenobjekte* bezeichnen wir solche, die im logischen Sinne nicht mehr weiter in einzelne Bestandteile zerlegt werden, wie z.B. eine Zahl oder ein Zeichen. Sie werden deshalb oft auch als *atomare* Datenobjekte bezeichnet.

  Hinweis: Wenn aber z.B. bei einer Zahl nicht nur ihr Wert, sondern auch die einzelnen Ziffern als eigenständige Datenobjekte benötigt werden, dann ist die Zahl in diesem Sinne kein elementares Datenobjekt mehr, sondern ein strukturiertes und muss durch einen entsprechenden Datentyp dargestellt werden.

- Als *strukturierte Datenobjekte* bezeichnen wir solche, die eine Struktur aufweisen und sich dementsprechend in einer bestimmten Art und Weise aus „kleineren Bestandteilen" zusammensetzen wie z.B. eine Liste von Zahlen, die eben aus einzelnen Zahlen besteht.

Im Folgenden werden wir vorerst nur auf die für unsere Ziele wichtigsten Datenobjekte, ihre Datentypen, ihre Struktur und Repräsentation im Computer sowie auf die wichtigsten Operationen eingehen. In diesem Abschnitt behandeln wir elementare Datenobjekte (die wir benötigen, um den Prozess der Entwicklung von Algorithmen zu erörtern), strukturierte Datenobjekte werden erst in Kapitel 3 eingeführt.

Ganze Zahlen, Datentyp *integer*

Datenobjekte, die ganze Zahlen repräsentieren, gehören ohne Zweifel zu den wichtigsten Objekten. Es gibt nahezu keinen Algorithmus, der ohne ganze Zahlen auskommt. Wir verwenden als Bezeichnung für den entsprechenden Datentyp den engl. Begriff *integer* oder kurz *int*.

Der Wertebereich von *integer* wird durch die zwei Konstanten *minInt* und *maxInt* wie folgt definiert: [*minInt*, ..., −1, 0, +1, ... *maxInt*]. Wie klein bzw. wie groß diese beiden Konstanten (*minInt* bzw. *maxInt*) sind, hängt von der Repräsentation der *integer*-Werte im Speicher eines Computers ab, genauer gesagt davon, wie viel Speicher, wie viele *Bytes*[3] dafür verwendet werden.

3 Der Begriff *Byte* ist ein Kunstwort, gleichbedeutend mit Bitkombination (vgl. z.B. [Rechenberg u. Pomberger 2006]). Meist wird unter einem Byte eine Folge von acht *Bits* (von engl. *binary digit*) verstanden, wobei ein Bit (mit den Werten 0 oder 1) die kleinste Einheit für die Darstellung von Daten in einem Computer ist. Bytes aus acht Bits werden auch als *Oktett* bezeichnet.

Die wichtigsten Operationen auf Datenobjekten vom Datentyp *integer* sind die vier arithmetischen Operationen Addition (+), Subtraktion (−), Multiplikation (∗) und ganzzahlige Division (/). Im Sinn der Mathematik handelt es sich bei diesen Operationen um Funktionen mit der Signatur *integer* × *integer* → *integer*.

Die Operation *mod* (als Abkürzung für *modulo*) liefert den Rest, der sich bei der ganzzahligen Division zweier *integer*-Werte ergibt, z.B. liefert 7 / 2 den Quotienten 3, während 7 *mod* 2 den Rest 1 ergibt.

Mit der Operation *Abs* wird der Absolutbetrag einer *integer*-Zahl ermittelt, z.B. liefert *Abs*(↓ −1) [4] dasselbe Ergebnis wie *Abs*(↓ 1), nämlich 1.

Bei manchen dieser Operationen (z.B. bei der Addition zweier großer Zahlen a und b) kann es vorkommen, dass das mathematisch korrekte Ergebnis außerhalb des möglichen Wertebereichs liegt (z.B. wenn $a + b$ größer als *maxInt* ist). Wir sprechen dann, je nachdem, ob der Zahlenbereich über- oder unterschritten wird, von Über- oder Unterlauf (*over-* oder *underflow*). Tritt ein solcher auf, ist das Ergebnis der Operation undefiniert.

Datenobjekte des Datentyps *integer* können nicht nur mittels Rechenoperationen verknüpft, sondern auch miteinander verglichen werden. Dazu werden, wie in der Mathematik, die sechs Vergleichs- oder relationalen Operatoren =, ≠, <, ≤, > und ≥ verwendet. Während die Rechenoperationen *integer*-Werte liefern, ist das Ergebnis eines Vergleichs ein Wahrheitswert (s. u.).

Mit der Operation *Real* kann der Wert eines *integer*-Datenobjekts in den Datentyp für reelle Zahlen *real* (s. u.) umgewandelt werden, so liefert z.B. *Real*(↓ 3) den Wert 3.0. Da diese Operation für einen *integer*-Wert den entsprechenden *real*-Wert liefert, wird sie auch als Typumwandlungs-Operation (*type cast operation*) bezeichnet. Für alle elementaren Datentypen gibt es entsprechende Operationen zur Typumwandlung.

Reelle Zahlen, Datentyp *real*

Für viele Aufgaben reichen Datenobjekte des Typs *integer* nicht aus. Schon bei der einfachen Aufgabe der Berechnung des arithmetischen Mittels einer Folge von ganzen Zahlen wird offensichtlich, dass auch Datenobjekte benötigt werden, die reelle Zahlen repräsentieren. So ist der Mittelwert der ersten vier Primzahlen 2, 3, 5 und 7 gleich 17 / 4, also 5.25[5]. Für Aufgaben, beispielsweise aus dem Bereich der Physik, ist es zudem oft notwendig, mit sehr kleinen oder sehr großen Werten zu operieren: in der Atomphysik etwa, um die Ladung eines Elektrons angeben, oder in der Astronomie, um die Entfernung zwischen zwei Himmelskörpern definieren zu können. Für diese Zwecke bietet die Mathematik die so genannte Exponentialschreibweise. Damit kann man sowohl sehr kleine als auch sehr große Zahlen kurz und bequem angeben; z.B. die Ladung eines Elektrons mit $1.602 \cdot 10^{-19}$ C (für die Maßeinheit der elektrischen Ladung, benannt nach Charles Coulomb) oder die Entfernung, die das Licht im Vakuum innerhalb eines Jahres zurücklegt, wobei so ein Lichtjahr als $9.46 \cdot 10^{12}$ km definiert ist.

---

4 Die Bedeutung des nach unten gerichteten Pfeils wird in Abschnitt 1.4 erläutert.

5 Da es in allen Programmiersprachen üblich ist, verwenden wir anstelle des Kommas den Dezimalpunkt zur Trennung des ganzen vom gebrochenen Teil einer reellen Zahl.

Wir verwenden als Bezeichnung für den Datentyp, der es gestattet, Datenobjekte zu definieren, die sowohl Werte zwischen zwei ganzen Zahlen als auch sehr große bzw. sehr kleine Werte anzunehmen – angelehnt an den entsprechenden Zahlenbereich der Mathematik – den engl. Begriff *real*. Nachdem diese Bezeichnung schon hinreichend kurz ist, verwenden wir *real* auch so in Algorithmen.

Wie in vielen Programmiersprachen üblich, geben wir sehr große oder sehr kleine Werte dieses Datentyps mit der so genannten *Exponentialschreibweise* oder *-notation* (kurz *E-Notation*) an, wobei der Wert hinter *E* der Exponent zur Basis 10 ist. Die beiden oben genannten physikalischen Größen notieren wir in Algorithmen also mit 1.602E-19 bzw. mit 9.46E12.

Sowohl die Genauigkeit als auch der Wertebereich des Datentyps *real* hängen von der Repräsentation der *real*-Werte im Speicher eines Computers ab, also einerseits davon, wie viel Speicher (in Bytes) insgesamt verwendet wird, und andererseits davon, wie dieser Speicher aufgeteilt wird, um den eigentlichen Wert der Zahl (die so genannte *Mantisse*) und den Exponenten anzugeben. Wir nehmen an, der Wertebereich von *real* sei durch die zwei Konstanten *smallReal* und *largeReal* wie folgt definiert:

$$[-largeReal, ..., -1.0, ..., -smallReal, 0.0, +smallReal, ..., +1.0, ..., +largeReal]$$

definiert. Unabhängig von der (konkreten) Repräsentation muss bei *real*-Werten beachtet werden, dass es nicht möglich ist, jede reelle Zahl (im Sinne der Mathematik) exakt im Speicher darzustellen. Das gilt insbesondere für die so genannten irrationalen Zahlen wie z.B. die Zahl π mit ihren unendlich vielen Dezimalstellen.

Wie beim Datentyp *integer* sind auch für Datenobjekte des Datentyps *real* die vier Grundrechenoperationen (+, −, * und /) und die Operation *Abs* für die Berechnung des Absolutbetrags definiert, nicht jedoch die *mod*-Operation, da bei einer reellwertigen Division kein Rest bleibt.

Neben einem Über- oder Unterlaufproblem, das beim Datentyp *real* genauso vorkommen kann wie beim Datentyp *integer*, können bei Rechenoperationen mit *real*-Werten so genannte Rundungsfehler (*rounding* oder *roundoff errors*) auftreten. Sie entstehen durch die ungenaue Repräsentation der *real*-Werte im Speicher. Deshalb ist es z.B. möglich, dass – auch ohne Über- oder Unterschreiten des Wertebereichs – die Multiplikation des Quotienten der Division zweier Zahlen x / y mit dem Divisor y nicht mehr den Dividenden x liefert, also $(x / y) * y \neq x$.

Wie beim Datentyp *integer* sind auch für Datenobjekte des Datentyps *real* die sechs Vergleichsoperatoren definiert, die einen Wahrheitswert liefern, wobei man bei diesen Vergleichen beachten muss, dass die allermeisten reellen Zahlen (im Sinne der Mathematik) nicht exakt durch *real*-Werte im Speicher eines Computers repräsentiert werden können. Deshalb sollte man anstelle eines direkten Vergleichs zweier Werte x und y z.B. auf Gleichheit ($x = y$) besser prüfen, ob ihr Abstand unter einer Fehlerschranke (*error bound*) mit der Bezeichnung ε (etwa mit dem Wert 0.0000001 oder kürzer 1E-7) liegt, ob also $Abs(\downarrow x - y) < \varepsilon$ ist. Ein analoges Vorgehen sollte für die

Prüfung auf Ungleichheit ($x \neq y$) angewendet werden. Verwendet man eine entsprechende Fehlerschranke, so gilt für das obige Beispiel der Division mit anschließender Multiplikation wieder $Abs(\downarrow(x / y) * y - x) < \varepsilon$.

Wird nur der ganzzahlige Anteil eines *real*-Werts benötigt, kann dieser mit der Operation *Int* ermittelt werden, so liefert z.B. $Int(\downarrow -3.1415)$ den *integer*-Wert -3 und $Int(2.7183)$ den *integer*-Wert 2, es wird also nicht aufgerundet und das Vorzeichen bleibt erhalten.

Wahrheitswerte, Datentyp *boolean*

Oft gilt es festzustellen, ob ein bestimmter Sachverhalt zutrifft oder nicht. Dann benötigt man Datenobjekte, die einen von zwei Werten (ja/nein oder wahr/falsch) annehmen können. Der Datentyp, dessen Wertemenge nur die beiden Wahrheits- oder logischen Werte wahr (*true*) und falsch (*false*) umfasst, wird boolescher Datentyp (nach dem engl. Mathematiker George Boole) genannt. Wir verwenden die Bezeichnung *boolean* oder kurz *bool* für diesen Datentyp.

Die wichtigsten Operationen auf Datenobjekten dieses Datentyps sind die *Konjunktion* (logisches und, engl. *and*), die *Disjunktion* (logisches oder, engl. *or*) und die *Negation* (logisches nicht, engl. *not*). Das Ergebnis dieser Operationen ist durch so genannte Wahrheitstafeln oder logische Matrizen definiert. Tabelle 1.1 zeigt die Ergebnisse für alle drei logischen Operationen.

Tabelle 1.1

Operationen auf dem Datentyp *boolean*

p	*q*	*p* and *q*	*p* or *q*	not *p*	not *q*
false	*false*	*false*	*false*	*true*	*true*
false	*true*	*false*	*true*	*true*	*false*
true	*false*	*false*	*true*	*false*	*true*
true	*true*	*true*	*true*	*false*	*false*

Obwohl es einsichtig und möglich ist, die beiden Werte des Datentyps *boolean* in *integer*-Werte umzuwandeln, $Int(\downarrow false)$ liefert den Wert 0 und $Int(\downarrow true)$ den Wert 1, ist es nicht zu empfehlen, die beiden Wahrheitswerte nur als Synonyme für die beiden *integer*-Zahlen 0 und 1 zu sehen, wie das (leider) von manchen Programmiersprachen nahegelegt wird. Denn das könnte dazu verleiten, *integer*-Arithmetik auch auf Wahrheitswerte anzuwenden, etwa $p + q$ (weil diese Notation in manchen Mathematikbüchern als alternative Schreibweise für *p or q* verwendet wird) oder $p * q$ (alternativ für *p and q*) oder noch schlimmer z.B. p / q zu berechnen, vor allem dann, wenn *q false* ist.

Wie für Datenobjekte der Datentypen *integer* und *real* sind die sechs Vergleichsoperationen auch für Objekte des Datentyps *boolean* definiert (es gilt z.B. *false* < *true*) und sie liefern einen Wert dieses Datentyps als Ergebnis.

Zeichen, Datentyp *character*

Kaum eine größere Aufgabenstellung kommt ohne die Verarbeitung von Texten aus. Die Bestandteile eines Texts sind Zeichen; das können Buchstaben, Ziffern, Sonderzeichen und so genannte Steuerzeichen sein. Aber nicht nur als Bestandteile eines Texts, auch für sich alleine betrachtet sind Zeichen oft benötigte Objekte, etwa wenn man das Stichwortverzeichnis eines Buchs sortieren und nach Anfangsbuchstaben gliedern möchte.

Wir verwenden für die Bezeichnung des entsprechenden Datentyps den engl. Begriff *character* oder kurz *char* und notieren die Werte dieses Datentyps unter einfachen Anführungszeichen, also z.B. 'a', 'A', '0', '?' oder für das Leerzeichen ''.

Im Computer werden Zeichen auf Zahlen abgebildet. Dazu werden so genannte *Zeichensätze* (*character sets*) verwendet, die jedes Zeichen auf eine ganze Zahl, seinen so genannten (Zeichen-)Code, mit einem Wert ≥ 0 abbilden. Heute sind vor allem zwei Arten von Zeichensätzen in Verwendung:

1. Zeichensätze, die 8 Bit (ein Byte) pro Zeichen verwenden und somit $2^8 = 256$ Zeichen erlauben: Der wichtigste Vertreter der 8-Bit-Zeichensätze hat den Namen *Latein 1* nach ISO/IEC[6] 8859, weil er die Schriftzeichen aller westeuropäischen Sprachen (mit „lateinischer Schrift") enthält.

2. Ein Zeichensatz namens *Unicode*, der 16 Bit (zwei Byte) pro Zeichen verwendet: Das ermöglicht $2^{16} = 65536$ Zeichen, womit nicht nur die lateinischen Schriftzeichen, sondern auch die osteuropäischer Sprachen und die (Bausteine für) Schriftzeichen asiatischer Sprachen untergebracht werden können.

Unicode ist im unteren Teil, in den ersten 128 Zeichen, mit den Codes von 0 bis 127, identisch mit Latein 1 und auch identisch mit dem (alten) ASCII[7] (auch unter ANSI[8] X3.4 bekannt), der nur sieben Bit verwendet. Tabelle 1.2 zeigt einen Ausschnitt daraus (jeweils den Code und das entsprechende Zeichen). Die Bezeichnungen *TAB*, *LF* und *CR* stehen für die „Steuerzeichen" Tabulator (*tabulator*), Zeilenvorschub (*line feed*) und Wagenrücklauf (*carriage return*).

---

6 Das internationale Standardisierungsgremium ISO (*International Organization for Standardization*) und die internationale technische Kommission IEC (*International Electrical Commission*) haben eine gemeinsame Arbeitsgruppe (*Joint Technical Committee* 1, JTC1) gegründet, um Doppelgleisigkeiten und konkurrierende Projekte zu vermeiden. Seitdem werden IT-Normen unter der Bezeichnung ISO/IEC und einer Nummer veröffentlicht.

7 ASCII (*American Standard Code for Information Interchange*) ist identisch mit ISO/IEC 646 und dem vom DIN (*Deutsches Institut für Normung*) unter der Nummer 66003 genormten 7-Bit-Code.

8 Das nationale Standardisierungsgremium ANSI (*American National Standards Institute*) hat ASCII im Jahr 1967 standardisiert und zuletzt 1987 aktualisiert.

Tabelle 1.2

Ausschnitt aus den Zeichensätzen Latein1 und Unicode

Code	Zeichen	Code	Zeichen	Code	Zeichen	Code	Zeichen	Code	Zeichen
...		...	...	...	...	...	...	...	...
8	*TAB*	**32**	**' '**	**48**	**'0'**	**65**	**'A'**	**97**	**'a'**
...	...	33	'!'	49	'1'	66	'B'	98	'b'
10	*LF*	...	...	...	...	...	...	...	...
...	...	43	'+'	56	'8'	89	'Y'	122	'y'
13	*CR*	44	','	57	'9'	90	'Z'	123	'z'
...	...	...	...	...	...	...	...	...	...

Eine oft benötigte Operation auf Zeichen ist die Möglichkeit, den Code eines Zeichens (im zugrunde liegenden Zeichensatz) zu ermitteln, z.B. liefert *Int*(↓'0') den Code 48. Umgekehrt ist es möglich, für eine ganze Zahl das entsprechende Zeichen zu erhalten, z.B. liefert *Char*(↓32) das Leerzeichen (*space* oder *blank*) ' '. Damit können auch die Steuerzeichen repräsentiert werden, so liefert z.B. *Char*(↓8) das Tabulatorzeichen.

Der Code eines Zeichens bildet auch die Basis für die sechs Vergleichsoperationen auf Zeichen. So gilt z.B. '0' < '1' (was auch im Sinne der Mathematik zutreffend ist) und 'a' < 'b' sowie 'A' < 'Z' (was auch im Sinne der Reihenfolge der Buchstaben in den Alphbeten unserer natürlichen Sprachen zutreffend ist; dass 'A' < 'a' gilt, also der Großbuchstabe A „kleiner als" der Kleinbuchstabe a ist, leuchtet hingegen nicht ein, denn das ist willkürlich so definiert worden).

Analog zu den booleschen Datenobjekten ist es meist nicht sinnvoll, mit Zeichencodes Berechnungen durchzuführen. Obwohl manche Programmiersprachen z.B. die Operation 'a' + 1 erlauben und dafür das (sinnvolle) Ergebnis 'b' liefern, ist das Rechnen mit Zeichencodes im Allgemeinen unsinnig (z.B. 'A' / 2). Einfache Berechnungsoperationen auf Zeichen wie die Ermittlung des Vorgänger- oder Nachfolgezeichens im Zeichensatz können indirekt über den Code erfolgen: so liefert z.B. *Char* (↓*Int*(↓'a') + 1) das Zeichen 'b'.

Zeichenketten, Datentyp *string*

Wie schon im Zusammenhang mit dem Datentyp *character* gesagt, begegnen wir häufig Aufgabenstellungen, in denen Texte gelesen, manipuliert oder geschrieben werden müssen, also Textobjekte benötigt werden. Da wir ständig, z.B. beim Lesen eines (dieses) Buchs, mit Text konfrontiert sind, ist es nicht notwendig, den Begriff Text näher zu erläutern: ein Wort, ein Satz, der Inhalt eines Romans oder nur eine – auf den ersten Blick vielleicht bedeutungslose – Aneinanderreihung von Zeichen wie asap: das alles ist Text. Einfach ausgedrückt verstehen wir unter einem Text eine Folge von Zeichen, eine so genannte *Zeichenkette*.

Wir verwenden für die Bezeichnung des entsprechenden Datentyps den englischen Begriff *string*, der auch für das deutsche Wort Schnur steht. So wie man auf einer Schnur verschiedene Gegenstände nacheinander auffädeln kann, so kann man in einer Zeichenkette verschiedene Zeichen aneinander reihen oder auf engl. *queue characters up on a string*.

Werte dieses Datentyps notieren wir unter doppelten Anführungszeichen, also z.B. "Algorithmus" oder "Hello, World!". Auf zwei Sonderfälle von Zeichenketten sei speziell hingewiesen:

1. Eine Zeichenkette, die nur aus einem Zeichen besteht, ist von diesem einzelnen Zeichen zu unterscheiden (z.B. ist die Zeichenkette "a" nicht identisch mit dem Einzelzeichen 'a').

2. Es gibt auch die Zeichenkette, die keine Zeichen enthält, die so genannte *leere Zeichenkette* (*empty string*). Diese leere Zeichenkette "" ist weder identisch mit der Zeichenkette, die ein Leerzeichen enthält (" "), noch mit dem Leerzeichen selbst ' '.

Zeichenketten werden im Computer zwar im Wesentlichen so repräsentiert, dass die einzelnen Zeichen der Zeichenkette hintereinander im Speicher angeordnet werden, aber es sind dabei noch weitere Aspekte zu beachten, auf die wir erst in Kapitel 3 näher eingehen werden, wenn die notwendigen Grundlagen dafür vorhanden sind. Bis dahin können wir Zeichenketten als elementare Datenobjekte auffassen.

Die wichtigsten Operationen auf Zeichenketten dienen der Bestimmung der Länge einer Zeichenkette, d.h. der Ermittlung der Anzahl der Zeichen in dieser, z.B. liefert *Length*(↓"Algorithmus") den Wert 11 und *Length*(↓"") den Wert 0, und erlauben den Zugriff auf die einzelnen Zeichen in der Zeichenkette, indem man die Position des jeweiligen Zeichens angibt (siehe dazu Kapitel 3).

Zusammenfassung der elementaren Datentypen

Wir haben in diesem Abschnitt die wichtigsten elementaren Datentypen vorgestellt, die für die Entwicklung von Algorithmen notwendig sind und die auch in den meisten Programmiersprachen – oft sogar mit genau diesen Bezeichnungen – vorkommen.

Tabelle 1.3 enthält eine Zusammenfassung der wichtigsten Eigenschaften dieser elementaren Datentypen: die Bezeichnung, für numerische Datentypen den Wertebereich, sonst die (Beschreibung der) Wertemenge, typische Werte und die wichtigsten Operationen, wobei die sechs Vergleichsoperationen ($=$, $\neq$, $<$, $\leq$, $>$ und $\geq$) nicht angeführt sind, da diese auf allen elementaren Datentypen automatisch definiert sind.

Tabelle 1.3

Zusammenfassung der Eigenschaften der elementaren Datentypen

Bezeichnung	Wertebereich oder -menge	Typische Werte	Operationen (neben Vergleichsoperationen)
Ganze Zahlen, *integer*, kurz *int*	[*minInt* .. *maxInt*] Werden vier Byte zur Repräsentation verwendet, gilt: *minInt* = −2147483648 und *maxInt* = 2147483647	−1, 0, 1, 17, 10000	+, −, ∗, /, *mod*, *Abs*, *Char*, *Real*
Reelle Zahlen, *real*	[−*largeReal*, ..., −*smallReal*, ..., 0.0, ..., *smallReal*, , ..., *largeReal*] Werden acht Byte zur Repräsentation verwendet, gilt: *largeReal* = 1.8E308 und *smallReal* = 2.2E−308	−0.99, −1E−3, 0.0, 3.1415, 2.007E3	+, −, ∗, /, *Abs*, *Int*
Wahrheitswerte, *boolean*, kurz *bool*	{*false*, *true*}	*false*, *true*	*and*, *or*, *not*, *Int*
Zeichen, *character*, kurz *char*	Je nach Zeichensatz, z.B. bei Latein 1 nach ISO/IEC 8859: {*Chr*(↓0), ..., *Chr*(↓255)}	*CR*, ' ', '+', '0', 'A', 'a'	*Int*
Zeichenketten, *string*	Alle Ketten aus null oder mehr Zeichen	"", "Wort", "Das ist ein Text"	*Length*

Nun, da wir die elementaren Datentypen erläutert haben – den strukturierten widmen wir uns in Kapitel 3 – können wir uns den Datenobjekten zuwenden, die auf Basis dieser Datentypen deklariert werden können, um in den Aktionen (siehe Abschnitt 1.3.2) eines Algorithmus verwendet zu werden.

Deklaration von Datenobjekten

Wir legen fest, dass jedes Datenobjekt vor seiner Verwendung deklariert werden muss.

Unter der *Deklaration*[9] eines Datenobjekts verstehen wir die Festlegung der Art des Datenobjekts (Variable oder Konstante), der Bezeichnung (*identifier*) desselben und des Datentyps, von dem das Datenobjekt sein soll.

9 Der Begriff *Deklaration* (*declaration*) ist in der Programmiersprache C und ihren Nachfolgern vom Begriff der *Definition* (*definition*) zu unterscheiden. Für unsere Zwecke ist diese Unterscheidung nicht relevant, wir verwenden Deklaration als Sammelbegriff.

Hinweis zur Namenwahl und Schreibweise: Wir verwenden für die Benennung von Datenobjekten, die keine besondere Bedeutung haben, die in der Programmierung üblichen kurzen Bezeichner, die meist nur aus einem Buchstaben bestehen (z.B. *i* und *j*). Für Datenobjekte, die in einem Algorithmus besonders wichtig sind, also eine besondere Bedeutung tragen, verwenden wir – wie für alle anderen zu benennenden Konstrukte, etwa Datentypen und Algorithmen – längere, möglichst aussagekräftige, sogenannte „sprechende", englische Bezeichnungen, weil sich das in der Programmierung bewährt hat. Für zusammengesetzte Bezeichner (z.B. *maxStringLength*) verwenden wir Groß- und Kleinschreibung, um die Lesbarkeit zu verbessern. Diese Strategie wird im Engl. *camel casing* genannt, weil die Großbuchstaben wie die Höcker eines Kamels aus den Kleinbuchstaben herausragen. Das in vielen Programmiersprachen innerhalb von Namen erlaubte Unterstreichungszeichen oder den Unterstrich (*underscore*) verwenden wir wegen der Verwechslungsgefahr nicht, denn beispielsweise ist *max_len* optisch kaum von *max-len* (einer Subtraktion) zu unterscheiden.

Deklaration von Konstanten. In der Mathematik werden sowohl z.B. 1 als auch z.B. *pi* (wir verwenden anstelle des griechischen Buchstabens π seine lateinische Übersetzung) als Konstanten bezeichnet. Das ist sinnvoll, weil es sich bei beiden um konstante (also unveränderliche oder fixe) Werte handelt, wenn auch aus unterschiedlichen Zahlenbereichen: 1 entstammt den natürlichen und *pi* den reellen Zahlen.

In der Informatik unterscheiden sich 1 und *pi* auch durch ihren Datentyp: analog zu oben ist 1 vom Datentyp *integer* und *pi* vom Datentyp *real*. Aber es gibt noch einen weiteren Unterschied: während 1 für die *integer*-Zahl selbst steht, ist *pi* nur der Name für die *real*-Zahl 3.1415... (die nicht genau der Naturkonstanten entspricht, da der Datentyp *real* für irrationale Zahlen nur eine endliche Anzahl von Nachkommastellen erlaubt). Um diese Unterscheidung bei Bedarf klar artikulieren zu können, werden – vor allem bei Programmiersprachen – zwei Begriffe verwendet:

1. Ein *Literal* (*literal*) ist der Wert selbst, also z.B. 1, 3.1415, *false*, ‘a’ und “hello“.
2. Eine *Konstante* (*constant*) im Sinne der Informatik ist ein Bezeichner für ein Literal, also z.B. *minInt*, *CR* und *pi*.

Wir legen fest, dass Konstanten im Sinne der Mathematik, wenn sie nicht nur in Form eines Literals verwendet werden sollen, mit *const* deklariert werden, indem man einen (neuen) Bezeichner mit einem Literal verbindet. Dabei übernimmt die Konstante auch den Datentyp des Literals, z.B.:

```
const maxSize = 100
const e = 2.71
```

Oft ist die Unterscheidung zwischen Literal und Konstante nicht von Bedeutung und es reicht, den bekannteren dieser beiden Begriffe, Konstante, zu verwenden, auch wenn damit eigentlich ein Literal gemeint ist.

Deklaration von Variablen. Wie in der Mathematik haben die Variablen der Informatik einen Bezeichner, der sie eindeutig identifiziert. Wird der Algorithmus, in dem die Variable vorkommt, unter Verwendung einer Programmiersprache in ein Programm transformiert und dieses weiter in eine ausführbare Form (Maschinensprache) übersetzt (vgl. Abschnitt 1.7), so wird die Variable im ausführbaren Programm nicht mehr durch ihren Namen, sondern durch die Startadresse des ihr zugewiesenen Speicherbereiches repräsentiert. Somit sind der Name und die Startadresse die eindeutigen Identifikationsmerkmale einer Variablen im Algorithmus bzw. im ausführbaren Programm.

Variablen können als „Behälter" aufgefasst werden, die über die Zeit der Ausführung eines Algorithmus hinweg unterschiedliche Werte „aufnehmen" können, wobei ein „neuer" Wert für die Variable den „alten" Wert „überschreibt" und dieser unwiederbringlich verloren geht.

Für jede Variable muss im Zuge der Deklaration ihr Datentyp definiert werden, wodurch implizit festgelegt wird, wie viel Speicher sie benötigt (s. o. bei den Datentypen). Eine Variable kann dann im Zuge der Ausführung des Algorithmus, dem sie zugeordnet ist, jeden Wert aus dem Wertebereich ihres Datentyps annehmen und alle Operationen, die für diesen Datentyp definiert sind, können mit der Variablen, genauer gesagt mit dem aktuell in ihr „enthaltenen" Wert, durchgeführt werden.

Für die Deklaration einer Variablen, also die Definition ihres Namens (z.B. *i*) und ihres Datentyps (z.B. *int*), sowie der optionalen Angabe eines Initialwerts (z.B. 17) verwenden wir die Schreibweise:

```
var i: int = 17
```

Eine weitere Variable mit anderem Namen (z.B. *r*) vom Datentyp *real* und anderem Initialwert (z.B. 4.21) könnte wie folgt vereinbart werden:

```
var r: real = 4.21
```

▶Abbildung 1.4 zeigt schematisch, wie die beiden oben deklarierten Variablen *i* und *r* im Speicher eines Computers repräsentiert werden, wobei – und das ist durchaus realistisch – angenommen wird, dass für den Datentyp *integer* vier und für den Datentyp *real* acht Byte Speicherplatz reserviert sind. Die in den Deklarationen festgelegten Initialwerte der beiden Variablen werden im Speicher eines Computers allerdings nicht dezimal, wie in der Abbildung angedeutet, sondern binär durch entsprechende Bitmuster der jeweiligen Länge dargestellt.

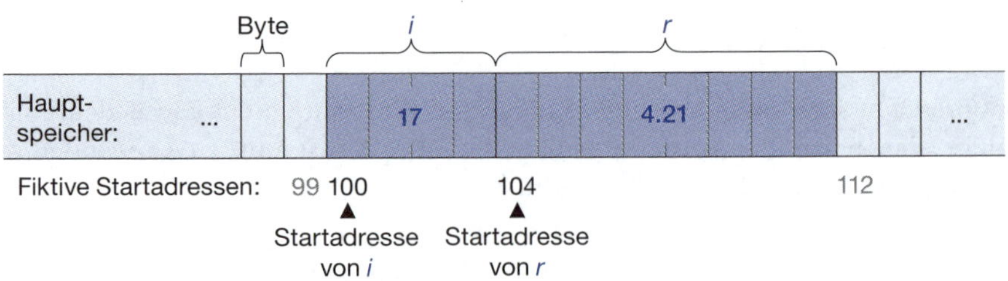

Abbildung 1.4: Variablen im Hauptspeicher eines Computers

Zusammengefasst hat eine Variable, entsprechend ihrer Deklaration, folgende drei Eigenschaften:

1. einen eindeutigen *Bezeichner* (Namen, *identifier*); diesem Bezeichner im Algorithmus, entspricht nach der Umsetzung des Algorithmus in ein ausführbares Programm, die Startadresse des der Variablen zugewiesenen Speicherbereiches im Hauptspeicher;
2. einen *Datentyp*, der definiert, welche Werte die Variable annehmen kann. Er definiert damit auch, wie viel Speicherplatz für ihre Repräsentation notwendig ist und welche Operationen mit ihr möglich sind, sowie
3. einen aktuellen *Wert*, der auch undefiniert sein kann, wenn der Variablen im Zuge der Deklaration noch kein Wert zugewiesen wurde.

Wir sind immer noch bei der Erläuterung der elementaren Bestandteile von Algorithmen: In diesem Abschnitt haben wir die (elementaren) Datentypen und die Datenobjekte, die auf Basis dieser Datentypen deklariert werden können, behandelt. Der nächste Abschnitt ist den Aktionen gewidmet, die Datenobjekte verwenden oder Variablen neue Werte zuweisen.

1.3.2 Aktionen (auch Anweisungen genannt)

Ein Algorithmus ist – wie in Abschnitt 1.2 definiert – eine vollständige, präzise und in einer Notation oder Sprache mit exakter Definition abgefasste, endliche Beschreibung eines schrittweisen Problemlösungsverfahrens zur Ermittlung gesuchter Datenobjekte (ihrer Werte) aus Werten von gegebenen Datenobjekten, in dem jeder Schritt aus einer Anzahl ausführbarer, eindeutiger Aktionen und aus einer Angabe über den nächsten Schritt besteht.

Wir behandeln im Folgenden vorerst nur die wichtigsten Aktionen – als Synonym für den Begriff *Aktion* verwenden wir auch den dafür in der Literatur oft benutzten Begriff *Anweisung* (*statement*), gelegentlich findet man dafür in der Literatur auch den (unschönen) Begriff *Befehl* (*command*). Weitere, über die im Folgenden behandelten Anweisungen hinausgehende, werden bedarfsgesteuert in den jeweiligen Kapiteln und Abschnitten eingeführt.

Wertzuweisungen, Ausdrücke und Anweisungsfolgen

Die wichtigste und elementarste Anweisung in der imperativen Programmierung ist die so genannte Wertzuweisung oder Zuweisungsanweisung - (*assignment statement*). Wir führen dazu folgende Schreibweise ein:

```
variable := expression
```

Auf der linken Seite des so genannten Zuweisungssymbols (:=) steht der Bezeichner einer (vorher deklarierten) Variablen und auf der rechten Seite ein Ausdruck (*expression*).

Ein ***Ausdruck*** besteht – so wie in der Mathematik – aus Operanden (z.B. Literalen, Konstanten oder Variablen) und Operatoren (z.B. +, −, * oder / bei einem arithmetischen Ausdruck). Er definiert eine Vorschrift zur Berechnung eines neuen Werts aus bereits vorhandenen Werten von Datenobjekten. Der Vorrang (= die Reihenfolge der Auswertung) unterschiedlicher Operatoren ist wie in der Mathematik definiert und runde Klammern können dazu verwendet werden, den Ausdruck lesbarer zu machen oder die Reihenfolge der Auswertung der Operatoren festzulegen.

Die Ausführung der Wertzuweisung erfolgt in zwei Schritten:

1. Zuerst wird der Ausdruck auf der rechten Seite ausgewertet und der daraus resultierende Wert ermittelt.
2. Dann wird dieser Wert der Variablen auf der linken Seite zugewiesen. Damit dies möglich ist, muss der Datentyp des Werts des Ausdrucks zum Datentyp der Variablen passen – wir nennen das die *Typkompatibilität* (*type compatibility*) von linker und rechter Seite der Wertzuweisung.

Durch die Zuweisung geht der alte Wert, der zuvor der Variablen zugeordnet (in ihr gespeichert) war, verloren und sie enthält nach der Ausführung der Wertzuweisung den neuen Wert.

Wenn man mehrere Anweisungen hintereinander notiert – wir haben zwar bis jetzt nur die Wertzuweisung kennen gelernt, das ist aber für alle Arten von Anweisungen möglich –, entsteht eine so genannte Anweisungsfolge (*statement sequence*). Wegen der besseren Lesbarkeit ist es üblich, jede Anweisung in eine eigene Zeile zu schreiben:

```
-- begin of statement sequence
statement 1   -- first statement in sequence
statement 2
...
statement n   -- last statement in sequence
-- end of statement sequence
```

Hinweis zu Kommentaren in Algorithmen: Wir legen fest, dass es sich um eine so genannte Kommentarzeile (*comment line*) handelt, die nicht Teil der Lösungsvorschrift ist, also keine algorithmische „Wirkung" hat, sondern dem Leser zusätzliche Information z.B. für das bessere Verständnis liefern soll, wenn eine Zeile in einer Algorithmenbeschreibung mit -- beginnt, z.B.:

```
-- this is a comment line with additional information
```

Auch der Rest einer Zeile hinter -- ist Kommentar, z.B.:

```
v := expr  -- assign value of expr to v
```

Wir formulieren alle unsere Kommentare in Englisch, weil das in der Programmierung üblich ist.

Bei der Ausführung einer Anweisungsfolge wird beginnend mit der ersten eine Anweisung nach der anderen bis zur letzten ausgeführt; man spricht von sequenzieller Ausführung.

Beispiel 1.3 zeigt eine Folge von Zuweisungen und erläutert deren Auswirkungen.

Beispiel 1.3 **Zuweisung von und an dieselbe Variable**

Angenommen, *i* ist eine Variable vom Datentyp *integer* und in einem Algorithmus finden wir hintereinander folgende zwei Zuweisungen:

```
i := 17
-- pos 1
i := i + 4
-- pos 2
```

Die erste Anweisung bewirkt, dass die Variable *i* an der mit *pos 1* markierten Stelle, also nach der Ausführung dieser Anweisung, den Wert 17 hat, egal welchen Wert sie zuvor hatte.

Die zweite Anweisung stellt aufgrund der Verwendung der Variablen *i* links und rechts des Zuweisungssymbols eine Besonderheit dar, die einer Erläuterung bedarf und deren Funktionsweise deshalb in ▶Abbildung 1.5 dargestellt ist.

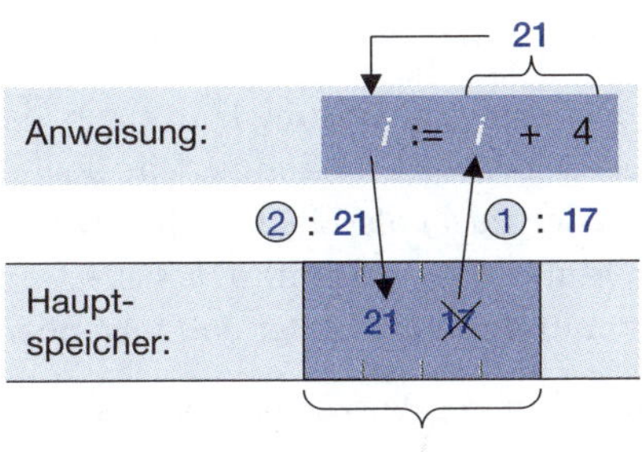

Abbildung 1.5: Funktionsweise einer besonderen Wertzuweisung

Bei der Auswertung des Ausdrucks auf der rechten Seite wird zuerst ① mit *i* auf den aktuellen Wert der Variablen zugegriffen (der ist 17) und zu diesem 4 addiert, so dass das Ergebnis der Ausdrucksauswertung 21 ist. Dieser Wert wird dann ② der Variablen *i* zugewiesen und überschreibt den alten Wert 17. An der mit *pos 2* markierten Stelle im Algorithmus hat somit die Variable *i* den (neuen) Wert 21.

Beispiel 1.3 zeigt, dass auf Variablen, wenn sie auf der rechten Seite einer Wertzuweisung in einem Ausdruck vorkommen, „lesend" zugegriffen wird, während der Zugriff auf sie, wenn sie auf der linken Seite der Wertzuweisung vorkommen, „schreibend" erfolgt.

Wir werden später zeigen, dass auch Zuweisungsanweisungen möglich sind, bei denen auf der linken Seite nicht nur eine Variable, sondern ein Ausdruck stehen kann. Allerdings muss es sich dabei um einen speziellen Ausdruck handeln, der wie eine Variable auf der linken Seite eine Speicheradresse und nicht nur einen Wert hat.

Binäre Verzweigungsanweisungen und Auswertung boolescher Ausdrücke

Für die Lösung vieler Aufgaben ist es notwendig, abhängig von der Erfüllung bzw. Nichterfüllung einer Bedingung unterschiedliche Aktionen zu veranlassen. Dieses Verhalten, nämlich die Auswahl einer Aktion aufgrund einer *Bedingung* (*condition*), wird mit der so genannten *binären Verzweigung* (*conditional statement* oder *if statement*) erreicht.

Wir führen für den Fall der *einseitigen* binären Verzweigung folgende Schreibweise ein:

```
if condition then
  statement sequence
end -- if
```

Hinweis zur Formatierung: Natürlich könnte man eine Verzweigungsanweisung auch in eine Zeile schreiben. Um die Lesbarkeit zu verbessern und um die Struktur klarzumachen, teilen wir sie aber – wie oben dargestellt – auf mehrere Zeilen auf und verwenden systematische Einrückungen. Diese Art der *Formatierung* (*formatting*), also das Aufteilen auf mehrere Zeilen mit systematischem Einrücken, verwenden wir für alle Anweisungen, die selbst wieder Anweisungen enthalten können, das sind die so genannten strukturierten oder ***Verbundanweisungen*** (*structured* oder *compound statements*).

Die Ausführung dieser Verzweigungsanweisung läuft so ab, dass zuerst der Bedingungsausdruck (*condition*) ausgewertet wird. Das muss ein boolescher Ausdruck sein, der einen Wahrheitswert (*true* oder *false*) als Ergebnis liefert. Wenn das Ergebnis *true* ist, wird die Anweisungsfolge hinter *then* ausgeführt, sonst – wenn das Ergebnis *false* ist – wird die Ausführung mit der unmittelbar hinter *end* folgenden Anweisung fortgesetzt.

Für den Fall der *zweiseitigen* binären Verzweigung verwenden wir die Schreibweise:

```
if condition then
  statement sequence 1
else
  statement sequence 2
end -- if
```

Die Ausführung dieser Anweisung läuft analog zur einseitigen binären Verzweigung ab, d.h., dass zuerst der Bedingungsausdruck ausgewertet wird. Wenn das Ergebnis *true* ist, wird die Anweisungsfolge 1 hinter *then*, also der so genannte *then*-Zweig (*then branch*), ausgeführt und die Ausführung mit der unmittelbar hinter *end* stehenden Anweisung fortgesetzt. Wenn das Ergebnis des Bedingungsausdrucks *false* ist, wird die Anweisungsfolge 2 hinter *else*, also der so genannte *else*-Zweig (*else branch*), ausgeführt und danach ebenfalls die Ausführung mit der unmittelbar hinter *end* stehenden Anweisung fortgesetzt.

Die gewählte Schreibweise benutzt spezielle Wörter (hier *if*, *then*, *else* und *end*), so genannte *Schlüsselwörter* (*keywords*), um spezielles Verhalten auszudrücken. Diese Schlüsselwörter werden häufig auch zur Benennung der entsprechenden Aktionen/Anweisungen verwendet. So wird die binäre Verzweigung oft auch als *if*-Anweisung (*if statement*) bezeichnet und – wie oben eingeführt – die Anweisungsfolgen hinter den Schlüsselwörtern *then* bzw. *else* als *then*- bzw. *else*-Zweig.

Beispiel 1.4 zeigt zwei einfache Anwendungen der binären Verzweigung mit der Angabe von sogenannten ***Zusicherungen*** (*assertions*), das sind Bedingungen, die an einer Stelle im Algorithmus gelten.

Beispiel 1.4

Verzweigungen

Die beiden einfachen Verzweigungen in Tabelle 1.4 sollen das Verständnis der *if*-Anweisungen für beide Fälle (einseitig und zweiseitig) festigen.

Tabelle 1.4

Gegenüberstellung einseitiger und zweiseitiger Verzweigung

...
`if x < 0 then`
`  x := -x`
`end -- if`
`-- assertion: x ≥ 0`
	...
	`if x < y then`
	`  min := x`
	`  max := y`
	`else -- x ≥ y`
	`  max := x`
	`  min := y`
	`end -- if`
	`-- assertion: min ≤ max`

Die *if*-Anweisung in der linken Spalte sorgt dafür, dass der Variablen *x* von einem beliebigen numerischen Datentyp der Absolutbetrag des ursprünglichen Werts zugewiesen wird.

Die *if*-Anweisung in der rechten Spalte geht davon aus, dass alle vier beteiligten Variablen (*x*, *y*, *min* und *max*) vom selben numerischen Datentyp sind, und sorgt dafür, dass nach dem *end* die Variable *min* den kleineren der beiden Werte von *x* und *y* enthält und die Variable *max* den größeren.

In Beispiel 1.4 kommt jeweils ein Vergleich in den Bedingungen vor. Das ist ein einfacher und häufiger Fall. Noch einfachere Bedingungsausdrücke bestehen nur aus booleschen Variablen. Wenn *b* eine solche Variable ist, könnte man z.B. schreiben:

```
if b then ...
```

Wenn man für die Variable einen aussagekräftigeren, für die jeweilige Situation passenden Namen wie z.B. *workIsDone* wählt, dann liest sich die *if*-Anweisung beinahe wie der Anfang eines grammatikalisch korrekten und sinnvollen engl. Satzes: *if work is done then ...*

Aber es können auch kompliziertere Bedingungen formuliert werden, die aus mehreren Teilen bestehen und die mit logischen Operatoren verknüpft sind, z.B.:

```
if (a ≠ 0) and (x / a > 17) then ...
```

Im Hinblick auf die *Auswertung* (*evaluation*) solcher logischen oder booleschen Ausdrücke unterscheidet man zwei Vorgehensweisen:

1. *Vollständige Auswertung* (*complete evaluation*): Beide Operanden (Teilausdrücke) eines logischen Operators werden ausgewertet, bevor dieser angewandt wird.

   Diese Art der Auswertung würde in obigem Beispiel für den Fall $a = 0$ zu einem Fehler bei der Division im zweiten Teilausdruck führen.

2. *Kurzschlussauswertung* (*short circuit evaluation*): Hier wird ein logischer Ausdruck von links nach rechts nur so lange ausgewertet, bis das Ergebnis des Gesamtausdrucks zweifelsfrei feststeht.

   Wenn in obigem Beispiel also a den Wert 0 hätte, würde $a \neq 0$ schon *false* liefern, weshalb der zweite Teilausdruck mit der Division nicht mehr ausgewertet werden müsste, weil das Gesamtergebnis nur mehr *false* sein kann.

Wir gehen bei logischen oder booleschen Ausdrücken mit den Operatoren *and* und *or* davon aus, dass das Kurzschlussverfahren zum Einsatz kommt, was bei den meisten Programmiersprachen auch (automatisch) der Fall ist.

Wir werden später zeigen, dass es neben den binären Verzweigungen in Form der einseitigen oder zweiseitigen *if*-Anweisung auch die Möglichkeit der mehrfachen Verzweigung gibt. Bei einer solchen kann man auf Basis eines berechneten Wertes (z.B. einer ganzen Zahl) zwischen mehr als zwei Zweigen auswählen.

Wiederholungsanweisungen (auch Schleifen genannt)

Für die Lösung vieler Aufgaben ist es notwendig, dass Anweisungsfolgen abhängig von der Erfüllung bzw. Nichterfüllung einer Bedingung wiederholt ausgeführt werden. Das algorithmische Konstrukt dafür nennt man *Wiederholungsanweisung* (*repetitive statement*) oder *Schleife* (*loop*). Davon gibt es drei Arten:

1. die *Abweisschleife* oder *while*-Schleife,
2. die *Durchlaufschleife* oder *repeat*-Schleife und
3. die *Zählschleife*- oder *for*-Schleife.

Diese drei Schleifenarten werden wir nun der Reihe nach erläutern.

Die einfachste Art ist die *Abweis*- oder *while*-Schleife, für die wir folgende Schreibweise einführen:

```
while condition do
  statement sequence
end -- while
```

Im Zuge der Ausführung der *while*-Schleife wird zuerst die Bedingung (*condition*) geprüft und wenn diese erfüllt ist, die Anweisungsfolge (*statement sequence*), man sagt dazu auch Rumpf der Schleife, ausgeführt. Diese Anweisungsfolge muss eine Auswirkung auf die Bedingung haben, denn nach der Ausführung des Schleifenrumpfs wird die Bedingung wieder geprüft und, wenn sie noch immer erfüllt ist, der Rumpf erneut ausgeführt. Das wird solange wiederholt, wie die Bedingung erfüllt bleibt. Wenn dies nicht mehr der Fall ist, wird die Schleife verlassen und die Ausführung mit der Aktion, die dem *end* folgt, fortgesetzt. Da die Bedingungsprüfung schon vor der ersten Ausführung der Anweisungsfolge *false* liefern kann, ist es möglich, dass der Schleifenrumpf überhaupt nicht ausgeführt wird, weshalb diese Schleifenform auch *Abweisschleife* genannt wird.

Beispiel 1.5 zeigt eine einfache Anwendung der *while*-Schleife.

Beispiel 1.5

Summenberechnung mit *while*-Schleife

Zur Illustration der Anwendung der Abweisschleife formulieren wir den Anweisungsteil eines Algorithmus zur Bildung der Summe der ganzen Zahlen von 1 bis n in einer *integer*-Variablen *sum*:

```
sum := 0
i := 1
while i ≤ n do
  sum := sum + i
  i := i + 1
end -- while
```

Man beachte, dass wir bei dieser Lösung eine *integer*-Hilfsvariable i (auch *Laufvariable* genannt, weil sie einen Wertebereich, hier von 1 bis n, durchläuft) verwendet haben.

Die zweite Schleifenart ist die so genannte *repeat*-Schleife, für die wir folgende Schreibweise verwenden:

```
repeat
  statement sequence
until condition
```

Die Verwendung dieses Schleifenkonstrukts bewirkt, dass der Rumpf der Schleife ausgeführt wird, bevor die Bedingung *condition* das erste Mal geprüft wird. Die Ausführung des Schleifenrumpfs wird solange wiederholt, bis diese Bedingung erfüllt ist. Die Schleife wird also abgebrochen, wenn die Bedingungsprüfung den Wert *true* liefert. Danach wird die Ausführung mit der Aktion, die unmittelbar hinter der *until*-Bedingung notiert ist, fortgesetzt. Da der Schleifenrumpf auf jeden Fall einmal ausgeführt wird, heißt die Schleife auch *Durchlaufschleife*.

Dasselbe Verhalten wie in obiger *repeat*-Schleife lässt sich auch mit einer *while*-Schleife erzielen, wenn die Anweisungsfolge verdoppelt und die Bedingung verneint wird:

```
statement sequence
while not condition do
  statement sequence
end -- while
```

Beispiel 1.6 zeigt eine einfache Anwendung der *repeat*-Schleife.

Beispiel 1.6

Summenberechnung mit *repeat*-Schleife

Die Bildung der Summe aller ganzen Zahlen von 1 bis *n* in einer *integer*-Variablen *sum* kann mit einer Durchlaufschleife und einer *integer*-Laufvariablen *i* algorithmisch wie folgt gelöst werden:

```
sum := 0
i := 1
repeat
  sum := sum + i
  i := i + 1
until i > n
```

Die dritte Schleifenart, die wir einführen, die *for*-Schleife, bietet einen Mechanismus, um eine *integer*-Laufvariable (z.B. *i*) von einem Startwert (z.B. gegeben durch einen Ausdruck *expr1*) bis zu einem Endwert (z.B. gegeben durch einen Ausdruck *expr2*) nach jedem Schleifendurchlauf um jeweils 1 hochzuzählen. Wir führen dazu folgende Schreibweise ein:

```
for i := expr1 to expr2 do
  statement sequence
end -- for
```

Die Wirkung der *for*-Schleife kann man einfach dadurch erklären, dass man sie in eine äquivalente *while*-Schleife transformiert:

```
i := expr1
h := expr2
while i ≤ h do
  statement sequence
  i := i + 1
end -- while
```

Das einzig Bemerkenswerte daran ist, dass eine *integer*-Hilfsvariable *h* verwendet wird, der vor Beginn der Schleife der Wert des Ausdrucks *expr2* zugewiesen wird, damit eventuelle Änderungen des Werts von Variablen, die in *expr2* vorkommen, die Anzahl der Schleifendurchläufe nicht beeinflussen können.

In Ausnahmefällen verwenden wir die *for*-Schleife auch, um eine Laufvariable (z.B. *i*) von einem Startwert (z.B. *expr2*) zu einem Endwert (z.B. *expr1*) um jeweils 1 herunterzuzählen:

```
for i := expr2 downto expr1 do ...
```

Der Name *Zählschleife* kommt daher, dass die Anzahl der Schleifendurchläufe von vornherein feststeht (es finden *expr2* − *expr1* + 1 Schleifendurchläufe statt, wenn dieser Wert positiv ist, sonst 0) und die Schleifendurchläufe mit der Laufvariablen quasi „abgezählt" werden.

Beispiel 1.7 zeigt eine einfache Anwendung der *for*-Schleife.

Beispiel 1.7 **Summenberechnung mit *for*-Schleife**

Das Summieren der ganzen Zahlen von 1 bis *n* in einer *integer*-Variablen *sum* kann in Form einer Zählschleife mit der *integer*-Laufvariablen *i* kurz und elegant formuliert werden:

```
sum := 0
for i := 1 to n do
  sum := sum + i
end -- for
```

Obwohl die meisten Programmiersprachen alle drei Schleifenarten in ähnlicher Weise bereitstellen, ist die *while*-Schleife alleine ausreichend, denn mit ihr kann man die beiden anderen leicht nachbilden, wie oben auch gezeigt wurde. Wir empfehlen deshalb auch, hauptsächlich diese Schleife zu verwenden. Nur in speziellen Situationen (z.B. für das Hochzählen einer Laufvariablen von 1 bis *n*) raten wir auf die *for*-Schleife zurückzugreifen. Die Verwendung der *repeat*-Schleife empfiehlt sich nur dann, wenn dies zweifelsfrei zu einer Verbesserung der Verständlichkeit des Algorithmus führt.

Abschließend sei noch darauf hingewiesen, dass wir zur Lösung der zur Illustration der Anwendung von Schleifen herangezogenen Aufgabenstellung, der Bildung der Summe der ganzen Zahlen von 1 bis *n*, in der Praxis natürlich auf die *Gaußsche Summenformel* zurückgreifen und diese einfach mittels

```
sum := n * (n + 1) / 2
```

berechnen würden.

In diesem Abschnitt haben wir die elementaren Bestandteile von Algorithmen erläutert: Datenobjekte mit ihren Datentypen und Aktionen (Anweisungen), die diese Datenobjekte verwenden. Größere Aufgabenstellungen können in der Regel nicht mehr sinnvoll mit einem einzigen Algorithmus gelöst werden: Man braucht zu ihrer Lösung eine Menge von Algorithmen, die gemeinsam an der Lösung der Aufgabe arbeiten und deshalb sowohl miteinander als auch mit ihrer „Umwelt“ in Verbindung treten müssen. Dazu benötigen sie genau definierte „Schnittstellen“ und die Möglichkeit, sich gegenseitig verwenden, sich „aufrufen“ zu können. Das sind die Themen, die im nächsten Abschnitt behandelt werden.

1.4 Algorithmen mit ihren Schnittstellen

Wir haben uns bisher damit auseinandergesetzt, was wir unter einem Algorithmus verstehen, wie Algorithmen prinzipiell aufgebaut sind und welche Konzepte und Konstrukte wir zur Formulierung von Algorithmen heranziehen wollen. Wir haben uns noch nicht damit auseinandergesetzt, wie Algorithmen mit ihrer „Umwelt“ kommunizieren, d.h. wie sie an die zu ihrer Ausführung notwendigen Daten herankommen und wie sie die von ihnen ermittelten Ergebnisse jenen, die sie benötigen, bereitstellen können.

In den folgenden Abschnitten werden wir uns der Reihe nach mit der Deklaration – insbesondere der Schnittstelle – von Algorithmen und ihrem Aufruf, mit einer speziellen Art von Algorithmen, den Funktionsalgorithmen und mit einer speziellen Art von Schnittstellen, den Geräteschnittstellen beschäftigen, bevor wir in Abschnitt 1.4.4 das Thema Schnittstellen und Aufruf von Algorithmen kompakt zusammenfassen.

Zur Motivation und zum besseren Verständnis der dafür benötigten Konzepte und Konstrukte erläutern wir diese anhand des Beispiel 1.8 (a) bis (e).

Beispiel 1.8 (a) **Zahlenlotto**

Im Lotto werden mit einer eigens konstruierten „Glücksmaschine“ 6 aus 45 mit den Zahlen 1 bis 45 eindeutig nummerierte Kugeln zufällig ausgewählt und wer die „sechs Richtigen“ zuvor in einem abgegebenen Tipp richtig erraten hat, kann sich über einen hohen Gewinn freuen.

Um die Chance, die sechs Richtigen zu erraten, abschätzen zu können, muss man wissen, wie viele Möglichkeiten es gibt, 6 Kugeln aus 45 auszuwählen. In der Statistikliteratur, z.B. in [Kreyszig 1975], finden wir dazu die Formel zur Berechnung von $C_n^{(k)}$ mit dem *Binomialkoeffizienten* (*binomial coefficient*):

$$C_n^{(k)} = \binom{n}{k} = \frac{n!}{k!(n-k)!}$$

Im Lotto gibt es $\binom{45}{6}$, gesprochen „45 über 6“ unterschiedliche „Sechser“. Will man deren Anzahl berechnen, ist neben dem Wissen, wie die *Fakultät* oder *Faktorielle* (*factorial*) einer Zahl x zu berechnen ist:

$$x! = 1 \cdot 2 \cdot \ldots \cdot (x-1) \cdot x = \prod_{i=1}^{x} i\,,$$

auch ein Algorithmus notwendig, der im Wesentlichen aus vier Schritten besteht, wobei angenommen wird, dass alle Variablen vom Datentyp *integer* sind:

```
n := …
k := …
-- 1. calculate factorial of n: nf = n!
nf := 1
for i := 1 to n do
  nf := nf * i
end -- for
-- 2. calculate factorial of k: kf = k!
kf := 1
for i := 1 to k do
  kf := kf * i
end -- for
-- 3. calculate factorial of n - k: nmkf = (n - k)!   (nmk … n minus k)
nmkf := 1
for i := 1 to n - k do
  nmkf := nmkf * i
end -- for
-- 4. calculate binomial coefficient bc = "n over k"
bc := nf / (kf * nmkf)
```

Setzt man zu Beginn des Algorithmus die Variablen *n* auf 45 und *k* auf 6, liefert seine Ausführung für den Binomialkoeffizienten (in der Variablen *bc*) das Ergebnis 8145060.

Interpretation: Nachdem z.B. Österreich gegenwärtig nur knapp über acht Mio. Einwohner zählt, könnte es passieren, dass bei einer Lottoziehung niemand einen „Sechser" hat, selbst wenn alle gespielt hätten und jeder einen anderen Tipp abgegeben hätte. Keine guten Aussichten also.

1.4.1 Algorithmen: Deklaration und Aufruf

Betrachtet man den Algorithmus im Beispiel 1.8 (a) kritisch, so fällt auf, dass er zwar einfach zu verstehen, aber auch (unnötig) lang ist: dreimal ist die Berechnung der Fakultät vollständig ausformuliert. Das lässt sich vermeiden, denn man kann Lösungen für Teilaufgaben – im Beispiel 1.8 (a) für die Berechnung der Fakultät – selbst wieder in Form eines Algorithmus formulieren, so dass dieser mehrfach verwendet werden kann.

Wir beschäftigen uns im Folgenden nicht nur damit, wie man einen eigenständigen Algorithmus bestehend aus Schnittstelle und Implementierung zur Verfügung stellt, ihn deklariert, sondern wir zeigen auch, wie man ihn verwenden, ihn aufrufen kann.

Deklaration eines Algorithmus

Für die spätere Verwendung benötigt der Algorithmus einen eindeutigen *Namen*, also eine *Bezeichnung* (z.B. *CalculateFactorial*), und die Möglichkeit, mit seiner „Umwelt" zu kommunizieren. Dafür führen wir das Konzept der *Argumente* (*arguments*) oder *Parameter* (*parameter*) ein.

Parameter sind Datenobjekte. Man unterscheidet nach der Richtung des Datenflusses, den sie realisieren, drei Arten:

1. *Eingangsparameter* (*input parameters*), symbolisiert durch ↓, liefern dem Algorithmus jene Werte, die er bei seiner Ausführung für seine Berechnungen benötigt.
2. *Übergangsparameter* (*input/output parameters*), symbolisiert durch ↕, liefern dem Algorithmus jene Werte, die er bei seiner Ausführung für seine Berechnungen benötigt, die im Laufe der letzteren verändert und am Ende wieder dem „Rufer“ (*caller*) zur Verfügung gestellt werden.
3. *Ausgangsparameter* (*output parameters*), symbolisiert durch ↑, liefern dem Rufer am Ende der Algorithmenausführung die Ergebnisse der Berechnungen des Algorithmus.

Der Name des Algorithmus zusammen mit der Liste seiner Parameter, der *Parameterliste* (*parameter list*), wird als *Schnittstelle* (*interface*) bezeichnet. Die Datenobjekte der Parameterliste – formale Parameter (*formal parameters*) genannt – müssen selbstverständlich, wie auch alle anderen Datenobjekte des Algorithmus, mit einem Datentyp verbunden werden.

Wir notieren die ***Schnittstelle*** eines Algorithmus *A*, der beispielsweise die drei Parameter *i*, *io* und *o* vom Typ *Ti* hat, wie folgt:

```
A(↓i: T1  ↕io: T2  ↑o: T3)  -- interface
```

Die Anweisungen des Algorithmus, die seine ***Implementierung*** (*implementation*) bilden, können mit den Parameterobjekten genauso arbeiten wie mit den anderen, den lokalen Datenobjekten. Allerdings sollte auf Eingangsparameter nur lesend, auf Ausgangsparameter nur schreibend zugegriffen werden. Auf Übergangsparameter und lokale Datenobjekte darf lesend und schreibend zugegriffen werden.

Wir notieren einen vollständigen Algorithmus mit Schnittstelle und Implementierung wie folgt:

```
A(↓i: T1  ↕io: T2  ↑o: T3)  -- interface
  var l: ...                -- start of implementation
begin
  -- statement sequence with statements
  --   using parameters i and io (read)
  --   using local variable l (read and write)
  --   using parameters io and o (write)
end A                       -- end of implementation
```

Ein Algorithmus muss so verfasst sein, dass für seine Verwendung die Kenntnis der Schnittstelle ausreichend ist.

Beispiel 1.8 (b) zeigt die Schnittstelle und die Implementierung eines Algorithmus, der in der Folge für die Berechnung des Binomialkoeffizienten verwendet wird.

Beispiel 1.8 (b)

Zahlenlotto (Fortsetzung)

Für einen Algorithmus *CalculateFactorial* zur Berechnung der Fakultät benötigen wir einen Eingangsparameter, z.B. x, der den Algorithmus mit jener Zahl versorgt, für welche die Fakultät berechnet werden soll, und einen Ausgangsparameter, z.B. *xf* (für *x factorial*), der das Ergebnis, also die Fakultät von x, liefert. Beide Parameter sind vom Datentyp *integer*.

Da in den drei Schleifen des Beispiel 1.8 (a) beim ersten Durchlauf jeweils $1 * 1 = 1$ berechnet wird, kann man die Formulierung des allgemeinen *CalculateFactorial*-Algorithmus auch gleich dazu benutzen, eine kleine Verbesserung einzubringen, die einen Schleifendurchlauf einspart, indem die Laufvariable i erst bei 2 zu zählen beginnt und dadurch im ersten Schleifendurchlauf bereits $1 * 2$ berechnet wird – wenn überhaupt notwendig, also $x \geq 2$ ist.

```
CalculateFactorial(↓x: int  ↑xf: int)  -- interface
  var i: int                           -- implementation
begin
  xf := 1
  for i := 2 to x do
    xf := xf * i
  end -- for
end CalculateFactorial
```

Verwendung (Aufruf) eines Algorithmus

Ein zuvor deklarierter Algorithmus kann durch *Aufruf* (*call*) aktiviert, also verwendet werden. Die entsprechende Aktion wird *Aufrufanweisung* (*call statement*) genannt. Beim Aufruf muss für jeden in der Schnittstelle angeführten Formalparameter ein vom Datentyp passender *Aktualparameter* (*actual parameter*) angegeben werden, wobei die aktuellen Parameter in der Aufrufanweisung in Anzahl, Datentyp und Reihenfolge mit den formalen Parametern in der Algorithmendeklaration (Schnittstellenbeschreibung) übereinstimmen müssen.

Wir notieren den ***Aufruf*** des Algorithmus A mit der oben dargestellten Schnittstelle wie folgt:

```
A(↓x  ↕y  ↑z)  -- call
```

Auch in der Aufrufanweisung versehen wir die (Aktual-)Parameter (hier x, y und z) zur Verbesserung der Lesbarkeit mit den entsprechenden Pfeilen.

Je nach Art des Formalparameters gibt es unterschiedliche Möglichkeiten für den korrespondierenden Aktualparameter:

- Für einen *Eingangsparameter* kann als Aktualparameter ein Ausdruck mit passendem Datentyp verwendet werden. Beim Aufruf des Algorithmus wird der Wert des Aktualparameters berechnet und dieser steht dann dem aufgerufenen Algorithmus unter dem Namen des Formalparameters zur Verfügung.
- Für *Übergangs-* und *Ausgangsparameter* muss der Aktualparameter eine Variable mit passendem Datentyp sein. Bei der Ausführung des Algorithmus wird über den Namen des Formalparameters indirekt auf den Aktualparameter zugegriffen. Damit kann der Wert des Aktualparameters sowohl gelesen als auch verändert werden.

Bei Programmiersprachen wird für die *Übergabe* eines Aktual- an einen Formalparameter (*parameter passing*) ein so genannter ***Parameterübergabemechanismus*** verwendet. *Wertübergabe* (*call by value*) und *Referenzübergabe* (*call by reference*) sind die beiden üblichen Mechanismen und entsprechen den obigen Erläuterungen, d.h. Wertübergabe bei Eingangsparametern und Referenzübergabe bei Übergangs- und Ausgangsparametern. ▶Abbildung 1.6 zeigt den Zusammenhang zwischen der Art des Parameters und der Art seiner Übergabe.

Art d. Parameters:		Eing.	Überg.	Ausg.	
Aufruf:	*A* (	↓*x*	⇕ *y*	↑*z*	... Aktualparameter
Art d. Parameterübergabe:		Wert	Referenz	Referenz	
Algorithmen-schnittstelle:	*A* (	↓*i*: *T1*	⇕ *io* : *T2*	↑*o* : *T3*	... Formalparameter

Abbildung 1.6: Zusammenhang zwischen der Art des Parameters und der Art seiner Übergabe

Beispiel 1.8 (c) entwickelt die Lösung für die Zahlenlotto-Aufgabe weiter und zeigt die Verwendung des Algorithmus aus Beispiel 1.8 (b).

Beispiel 1.8 (c) Zahlenlotto (Fortsetzung)

Auf Basis des Algorithmus *CalculateFactorial* kann der Algorithmus für die Berechnung des Binomialkoeffizienten nun stark (etwa auf ein Drittel) gekürzt werden. Anstelle der drei *for*-Schleifen wird jeweils der *CalculateFactorial*-Algorithmus mit entsprechenden Parametern aufgerufen:

```
n := ...
k := ...
CalculateFactorial(↓n  ↑nf)         -- first  call
CalculateFactorial(↓k  ↑kf)         -- second call
CalculateFactorial(↓n - k  ↑nmkf)   -- third  call
bc := nf / (kf * nmkf)
```

Hier zeigen wir drei weitere mögliche Aufrufe (nicht für das Zahlenlotto und unter der Annahme, dass *n* und *f* *integer*-Variablen sind):

```
CalculateFactorial(↓10     ↑f)  -- literal    as input parameter
CalculateFactorial(↓n      ↑f)  -- variable   as ...
CalculateFactorial(↓n + 1  ↑f)  -- expression as ...
```

▶Abbildung 1.7 zeigt für den dritten Aufruf exemplarisch die Kommunikation zwischen dem Rufer und dem Algorithmus (dem „Gerufenen"), somit den Datenfluss, der über die Aktual- und Formalparameter mittels Parameterübergabe realisiert wird.

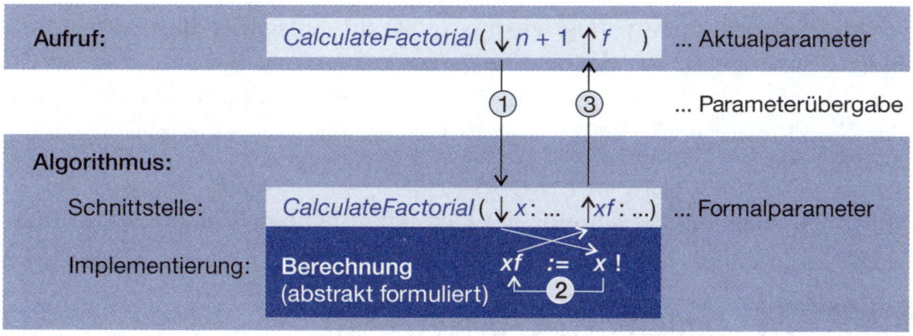

Abbildung 1.7: Kommunikation zwischen Rufer und Algorithmus

Ein Aufruf der Form *CalculateFactorial* (↓3 ↑f + 1) wäre selbstverständlich nicht erlaubt, da für den formalen Ausgangsparameter *xf* der Ausdruck $f + 1$ als Aktualparameter angegeben ist. Als Aktualparameter ist für einen Ausgangsparameter nur eine Variable erlaubt.

1.4.2 Funktionsalgorithmen

Ein Algorithmus, der genau einen Wert liefert, wie z.B. der Algorithmus *CalculateFactorial* mit Ausgangsparameter *xf*, kann auch als *Funktion* (*function*) im Sinne der Mathematik aufgefasst werden, wie z.B. $\sqrt{x}$ oder $\sin x$. Solch ein Funktionsalgorithmus bringt – neben der Analogie zur Mathematik – zwei Vorteile:

Vorteil 1: Der Ausgangsparameter *xf* im Beispiel 1.8 (b) entfällt. Dieser wird in der Schnittstelle des Algorithmus nach einem Doppelpunkt hinter der Parameterliste durch die Angabe des Datentyps des Ergebnisses ersetzt und das Ergebnis wird in einer neuen Art von Anweisung an den Verwender, also den Rufer des Algorithmus geliefert, weshalb dafür im Engl. die Bezeichnung *return* verwendet wird: die *return*-Anweisung (*return statement*).

Wir notieren eine Funktion *F* mit z.B. zwei Parametern *i1* und *i2* vom Typ *Ti,* die ein Ergebnis vom Datentyp *T* liefert, wie folgt:

```
F(↓i1: T1  ↓i2: T2): T
  var l: ...
begin
  -- statement sequence with statements
  --   using parameters i1 and i2 (read only)
  --   using local variable l (read and write)
  return exprOfTypeT
end F
```

Bei Funktionsalgorithmen wollen wir uns selbst die Einschränkung auferlegen, dass nur Eingangsparameter, also keine Übergangs- oder Ausgangsparameter, verwendet werden, d.h., dass der Algorithmus über die Algorithmenschnittstelle nur ein Ergebnis, das Funktionsergebnis liefert, also nur einen einzigen (namenlosen) Ausgangsparameter besitzt.

Beispiel 1.8 (d) zeigt die Berechnung der Fakultät mit einem Funktionsalgorithmus.

Beispiel 1.8 (d) Zahlenlotto (Fortsetzung)

Der Funktionsalgorithmus *Factorial* kann wie folgt formuliert werden:

```
Factorial(↓x: int): int
  var xf, i: int
begin
  xf := 1
  for i := 2 to x do
    xf := xf * i
  end -- for
  return xf
end Factorial
```

Im Vergleich zum Algorithmus *CalculateFactorial* aus Beispiel 1.8 (b) ist in obigem Funktionsalgorithmus eine Hilfsvariable *xf* notwendig, um das Ergebnis darin schrittweise aufzubauen und ihren Endwert am Schluss als Funktionsergebnis an den Rufer (mittels Return-Anweisung) zu liefern.

Vorteil 2: Ein Funktionsalgorithmus kann auch innerhalb von Ausdrücken verwendet werden, denn sein Aufruf, ein *Funktionsaufruf* (*function call*), kann als Operand (auch mehrfach) in einem Ausdruck vorkommen. Das spart Aufrufanweisungen und (Hilfs-) Variablen, im Beispiel 1.8 (c) also die Variablen *nf*, *kf* und *nmkf*, und verbessert die Lesbarkeit. Bei der Ausführung eines Algorithmus kann das Ergebnis eines Funktionsaufrufs also direkt für die Berechnung des Ausdrucks herangezogen werden.

Wir notieren den Aufruf der Funktion *F* mit der oben dargestellten Schnittstelle wie folgt (hier der typische Fall innerhalb eines Ausdrucks auf der rechten Seite einer Zuweisung):

```
v := ... F(↓x  ↓y) ...
```

Beispiel 1.8 (e) zeigt die Verwendung des Funktionsalgorithmus aus Beispiel 1.8 (d).

Beispiel 1.8 (e)

Zahlenlotto (Fortsetzung)

Im Vergleich zu Beispiel 1.8 (c) kann der Binomialkoeffizient nun kürzer und einfacher durch dreimaligen Aufruf der Funktion *Factorial* in einem Ausdruck ermittelt werden:

```
n := ...
k := ...
bc := Factorial(↓n) / ( Factorial(↓k) * Factorial(↓n - k) )
```

Das liest sich schon fast wie die Formel für den Binomialkoeffizienten in Beispiel 1.8 (a).

Schließlich kann man noch auf die (vernünftige) Idee kommen, die Berechnung des Binomialkoeffizienten selbst in einen Funktionsalgorithmus zu verpacken:

```
BinomialCoefficient(↓n: int  ↓k: int): int
begin
  return Factorial(↓n) / ( (Factorial(↓k) * Factorial(↓n - k) )
end BinomialCoefficient
```

Damit kann man die Chance auf einen Sechser im Lotto – genauer gesagt, die Wahrscheinlichkeit dafür – wie folgt berechnen und das Ergebnis z.B. über die Geräteschnittstelle (siehe nächster Abschnitt) *Write* bereitstellen:

```
Write( ↓"chance to win = "  ↓(1 / BinomialCoefficient(↓45 ↓6)) )
```

Exkurs zum Problem mit großen Zahlen und dem Datentyp integer: Wenn man die Algorithmen aus Beispiel 1.8 (a) bis (e) für die Berechnung der Fakultät und des Binomialkoeffizienten in ein Programm umsetzt, für die Variablen – wie in den Algorithmen – einen *integer*-Datentyp wählt und das Programm mit $n = 45$ und $k = 6$ ausführt, kommt es zu einem Überlauf, der sich je nach verwendeter Programmiersprache in einem Programmabsturz oder einem falschen Ergebnis manifestiert. Der Grund dafür liegt darin, dass 45! ungefähr den Wert 1.2E56 hat, also eine Dezimalzahl mit 57 Stellen ist und deshalb außerhalb des Wertebereichs von *integer*-Datentypen liegt, wenn diese nicht mindestens 64 Bit (acht Byte) lang sind. Die einfachste Lösung dieses Problems besteht in der Verwendung eines Datentyps für reelle Zahlen, also *real* anstelle von *integer*.

Mit den bisher eingeführten Konzepten können Algorithmen deklariert und in anderen Algorithmen benutzt (aufgerufen) werden und untereinander über Schnittstellen kommunizieren, wir nennen diese Art von Schnittstellen daher *Algorithmenschnittstellen* (*algorithm interface*).

1.4.3 Geräteschnittstellen

Wenn Algorithmen nicht nur untereinander, sondern auch mit ihrer „Umwelt" kommunizieren wollen, benötigen wir noch ein weiteres Konzept und führen dazu jenes der *Geräteschnittstellen* (*device interfaces*) ein. Unter einem *Gerät* (*device*) verstehen wir eine Einheit, über die auf Datenobjekte zugegriffen wird, d.h. die Werte von Datenobjekten „gelesen" werden können, so genannte *Eingabegeräte* (*input devices*), z.B. Tastatur oder analoger Koordinatengeber, oder auf der Werte von Datenobjekten abgelegt, d.h. über die Werte von Datenobjekten „geschrieben" werden können, so genannte *Ausgabegeräte* (*output devices*), z.B. Drucker oder Bildschirm bzw. Monitor. Natürlich gibt es auch Kombinationen beider Arten von Geräten, so genannte *Ein/Ausgabegeräte* (*input/output devices*), z.B. externe Speicher eines Computers, also etwa Festplatten, von denen gelesen und auf die geschrieben werden kann.

Zur Umsetzung dieses Konzepts führen wir zwei weitere Aktionen ein, die *Read*-Anweisung und die *Write*-Anweisung und benutzen dazu folgende, an Beispielen illustrierte Schreibweisen:

1. Die Anweisung

   ```
   Read(↓keyboard  ↑x  ↑y)
   ```

   hat die Bedeutung, dass von einem (fiktiven) Eingabegerät mit dem Namen *keyboard* die nächsten beiden Werte in einem Strom verfügbarer Werte gelesen und dem Algorithmus als aktuelle Werte der Variablen *x* und *y* zur Verfügung gestellt werden.

2. Die Anweisung

   ```
   Write(↓printer  ↓"chance to win = "  ↓chance)
   ```

   hat die Bedeutung, dass auf ein (fiktives) Ausgabegerät mit dem Namen *printer* zuerst der Text "chance to win = " und dann der aktuelle Wert der Variablen *chance* geschrieben wird.

Der Einfachheit halber beschränken wir uns auf so genannte *sequenzielle* Ein-/Ausgabe-Geräte bzw. -Medien, von denen/auf die Werte nur einer nach dem anderen gelesen/geschrieben werden kann. Wird bei *Read*/*Write*-Anweisungen auf die Angabe des zu verwenden Geräts verzichtet, gilt: *Read* liest vom *Standardeingabe-Gerät* (*standard input device*), in der Regel ist das die Tastatur, und *Write* schreibt auf das *Standardausgabe-Gerät* (*standard output device*), in der Regel ist das der Monitor.

Die Anzahl der mit *Read* bzw. *Write* zu lesenden bzw. zu schreibenden Werte ist beliebig.

Unter der Geräteschnittstelle eines Algorithmus verstehen wir die Menge aller (im Anweisungsteil enthaltenen) *Read*- und *Write*-Anweisungen.

1.4.4 Algorithmen und ihre Schnittstellen – Zusammenfassung

Wir unterscheiden zwei Arten von Schnittstellen, die so genannte *Algorithmenschnittstelle* zum Aufruf von Algorithmen und zur Kommunikation dieser untereinander, und die so genannte *Geräteschnittstelle* zur Kommunikation der Algorithmen mit Ein-/Ausgabegeräten. Jeder Algorithmus besitzt eine Algorithmenschnittstelle und kann (muss aber nicht) Geräteschnittstellen verwenden, wobei diese über den ganzen Anweisungsteil des Algorithmus verteilt sein können, was oft auch der Fall ist. Von vorrangiger Bedeutung ist die Algorithmenschnittstelle, deren wichtigste und zu beachtende Aspekte im Folgenden zusammengefasst sind.

Um den Aufruf zu ermöglichen und auszudrücken, was gegeben sein muss und was ermittelt wird, verfügt ein Algorithmus über eine ***Schnittstelle***, die seine Bezeichnung und seine Parameter (mit ihren Bezeichnungen und ihren Datentypen) festlegt. Selbstverständlich kann die Parameterliste auch leer sein, es sich also um einen Algorithmus handeln, der vom Rufer keine Daten benötigt und der die Ergebnisse nicht über die Algorithmenschnittstelle, sondern z.B. über die Geräteschnittstelle an seine Umgebung weitergibt.

Von „außen" betrachtet ist ein Algorithmus – genauer gesagt seine ***Implementierung*** – eine „schwarze Schachtel" (*black box*), in die man nicht hineinsehen kann. Wenn man den Algorithmus nur verwenden, ihn also nur aufrufen möchte, ist das auch nicht notwendig, dafür reicht es aus, seine Schnittstelle zu kennen.

▶Abbildung 1.8 zeigt schematisch den Aufbau eines Algorithmus mit der Bezeichnung *A*, dem Eingangsparameter *i*, dem Übergangsparameter *io* und dem Ausgangsparameter *o* mit den Datentypen *Ti*. Er besteht aus der Schnittstelle und seiner Implementierung mit der Deklaration der erforderlichen (lokalen) Datenobjekte im Deklarationsteil und den Aktionen im Anweisungsteil, die auf die Parameter und lokalen Datenobjekte Zugriff haben.

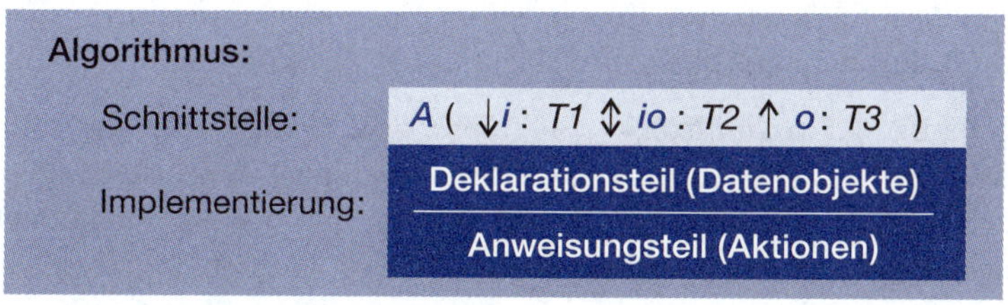

Abbildung 1.8: Algorithmus mit Schnittstelle und Implementierung

1.5 Zur Spezifikationsproblematik von Algorithmen

Bevor man an die Entwicklung eines Algorithmus gehen kann, muss die mit seiner Hilfe zu lösende Aufgabe bis ins Detail bekannt sein und verstanden werden. Außerdem muss klar sein, welche Rahmenbedingungen bei der Lösung zu beachten sind. In der Praxis sind häufig der „Auftraggeber" für die Entwicklung eines Algorithmus und der „Auftragnehmer“ unterschiedliche Personen. Daher ist ein „Vertrag“ zwischen beiden erforderlich. In der Softwareentwicklung wird solch ein Vertrag *Spezifikation* (*specification*) genannt.

Eine Spezifikation muss exakt definieren, für welche Problemstellung eine algorithmische Lösung entwickelt werden soll und in welcher Qualität. Sie muss auch bekannt machen, was dabei vorausgesetzt werden kann und worauf zu achten ist. Wichtig ist, dass eine Spezifikation nur das beschreibt, was ein Algorithmus zu leisten hat, und nicht, wie das zu geschehen hat. Tabelle 1.5 stellt die wesentlichen Unterschiede zwischen Spezifikation und Algorithmus dar.

Tabelle 1.5

Unterschiede zwischen Spezifikation und Algorithmus

Spezifikation	Algorithmus
Beschreibt das Problem und die Aufgabe, insbesondere die Schnittstelle	Ist die Lösung, also die Implementierung
Definiert das *Was*	Liefert das *Wie*
Außensicht (*black box view*)	Innensicht (*white box view*)

Im Wesentlichen besteht eine Spezifikation aus folgenden drei Teilen:

1. Beschreibung der ***Aufgabenstellung***. Diese kann z.B. durch ein Funktions- oder Zustandsschema erfolgen. Während das Funktionsschema – im Idealfall mittels mathematischer Formeln und deshalb exakt – eine Funktion definiert, die für die Eingangsgrößen die Ausgangsgrößen liefert, beschreibt das Zustandsschema einen Anfangszustand und einen durch die Ausführung des Algorithmus zu erreichenden Endzustand. Häufig wird die Aufgabenstellung aber in Prosa formuliert, mit dem Nachteil, dass darunter die Exaktheit leiden kann.

2. Beschreibung der ***Schnittstelle***. Sie muss den Namen des Algorithmus, seine Parameter und darüber hinaus die Beschreibung der Menge aller Daten umfassen, die den Algorithmus mit seiner Umgebung verbinden, z.B. welche Daten (neben den Eingangsparametern) von welchen Eingabegeräten zu lesen sind und welche Daten (neben den Ausgangsparametern) auf welchen Ausgabegeräten auszugeben sind.

3. Beschreibung so genannter ***nicht-funktionaler Anforderungen*** wie z.B. Aussagen über die Effizienz (z.B. das erwartete Laufzeitverhalten), die Zuverlässigkeit (z.B. das Ausmaß der Verfügbarkeit in einem bestimmten Zeitintervall) und die Art der Dokumentation.

Wobei üblicherweise die Beschreibung der Schnittstelle und die Angabe nicht-funktionaler Anforderungen nur bei größeren Softwareprojekten erfolgt und man sich bei einfacheren Algorithmen auf die Beschreibung der Aufgabenstellung beschränkt.

Eine gute Spezifikation soll *einfach* und damit für beide Seiten (Auftraggeber und -nehmer) verständlich sein. Sie soll *eindeutig*, also ohne Widersprüche und Mehrdeutigkeiten, *vollständig* und *kurz* sein. Das sind allerdings Forderungen, die sich z.T. widersprechen; so ist es z.B. schwierig, Vollständigkeit und Kürze unter einen Hut zu bringen.

Für komplexe Aufgabenstellungen Spezifikationen zu entwickeln, welche die genannten Eigenschaften Einfachheit, Eindeutigkeit, Vollständigkeit und Kürze aufweisen, ist mitunter sogar schwieriger als die Entwicklung eines Algorithmus, der die Aufgabe löst. Und genauso, wie bei der Entwicklung eines Algorithmus Fehler passieren können, ist es möglich, dass sich schon in die Spezifikation Fehler eingeschlichen haben. Der engl. Ausspruch *garbage in, garbage out* trifft leider auch hier zu: auf Basis einer mangelhaften Spezifikation kann kein Algorithmus entwickelt werden, der die Erwartungen des Auftraggebers erfüllt.

Beispiel 1.9 zeigt eine Spezifikation für die Lösung einer quadratischen Gleichung.

Beispiel 1.9

Spezifikation für die Lösung einer quadratischen Gleichung

Eine Spezifikation der Art: „Gesucht ist ein Algorithmus zur Lösung der Gleichung $a_2 \cdot x^2 + a_1 \cdot x + a_0 = 0$“ reicht nicht aus, um die Aufgabe zu lösen. Weder ist festgelegt, was gegeben und was gesucht ist, noch welche Nebenbedingungen und Sonderfälle auftreten können. Die Spezifikation muss wesentlich präziser gefasst werden, etwa wie folgt:

Gegeben sind drei Koeffizienten a_0, a_1 und a_2, wobei diese beliebige reelle Werte haben.

Gesucht sind alle reellen und komplexen Werte von x, für welche die Gleichung $a_2 \cdot x^2 + a_1 \cdot x + a_0 = 0$ erfüllt ist.

Nun liegt in Beispiel 1.9 eine klare und eindeutige Spezifikation vor und es kann mit dem Algorithmenentwurf begonnen werden.

Zur Illustration der unterschiedlichen Spezifikationsformen geben wir noch ein weiteres Beispiel 1.10 für eine andere Aufgabenstellung an.

Beispiel 1.10 **Spezifikation für die Berechnung des Binomialkoeffizienten**

Aufgabe: Exakte Berechnung des Binomialkoeffizienten

Gegeben: Zwei nicht negative ganze Zahlen n und k mit $n > k$

Gesucht: Der exakt berechnete Binomialkoeffizient gemäß folgender Definition

$$\binom{n}{k} = \frac{n!}{k!(n-k)!}$$

Schnittstelle: *BinomialCoefficient(↓n: int ↓k: int): int*

Fehlerfall: Wenn der Wert des Parameters n so groß ist, dass bei der Berechnung der Wertebereich des Datentyps *integer* überschritten würde, muss anstelle eines Ergebnisses eine Fehlermeldung ausgegeben werden.

Wie für Algorithmen (siehe Abschnitt 1.6) werden auch für Spezifikationen verschiedene Darstellungsarten angewendet, die hinsichtlich ihres Formalisierungsgrads eine große Bandbreite aufweisen: von Umgangssprache (stilisierter Prosa) bis zu algebraischen Spezifikationen. Die Frage, welche Art von Darstellungsform angemessen ist und wie formal eine Spezifikation sein soll, ist nicht einfach zu beantworten, denn Spezifikationen richten sich an zwei unterschiedliche Personengruppen: den Auftraggeber und den Implementierer, die in der Regel einen unterschiedlichen fachlichen Hintergrund haben.

Eine vertiefte Auseinandersetzung mit Konzepten und Methoden zur Spezifikation von Softwaresystemen ist nicht Gegenstand dieses Buchs, die hier gegebenen Hinweise sollten aber ausreichen, um den Leser für die Spezifikationsproblematik zu sensibilisieren.

In obigen Abschnitten haben wir uns – nach der Definition des Begriffs Algorithmus und der Beschreibung der wichtigsten Eigenschaften von Algorithmen – mit ihren elementaren Bestandteilen, den Schnittstellen und ihrer Deklaration beschäftigt. Mit Ausnahme der Beispiele 1.1 und 1.2 haben wir alle bisher gezeigten Algorithmen(-stücke) in einer Text-basierten, an Programmiersprachen angelehnten Notation beschrieben. Doch es gibt viele weitere Möglichkeiten zur Darstellung von Algorithmen. Im folgenden Abschnitt werden wir die wichtigsten davon präsentieren und ihre Vor- und Nachteile erörtern. Im Rest des Buchs werden wir aber hauptsächlich die bisher verwendete Notation nutzen.

1.6 Darstellungsformen für Algorithmen

Für die Darstellung von Algorithmen gibt es eine Vielzahl von Vorschlägen, die ein breites Spektrum von stilisierter Prosa über mehr oder weniger formalisierte Text-basierte Sprachen bis hin zu unterschiedlichen grafischen Notationen umfassen. Wir erläutern in diesem Abschnitt nur einige davon, sowohl grafische als auch textuelle. Grundlage für die getroffene Auswahl sind der Verbreitungsgrad und die Praxisrelevanz der Darstellungsformen sowie das Bestreben, dem Leser unterschiedliche Ansätze darzulegen.

An Beispiel 1.2, einem Algorithmus zur Berechnung des arithmetischen Mittels, werden im Folgenden unterschiedliche Darstellungsformen illustriert und ihre Vor- und Nachteile diskutiert.

1.6.1 Grafische Darstellungsformen für Algorithmen

Grafische Notationen verwenden einfache grafische Symbole, vor allem Linien, Kreise, Rechtecke und Pfeile, um die Struktur und den Aufbau eines Algorithmus möglichst klar zu machen.

Ablaufdiagramm

Schon in den frühen 1960-er Jahren ist die Idee aufgekommen, die Ablaufstruktur für einen Algorithmus grafisch so darzustellen, dass die Reihenfolge der Ausführung der einzelnen Aktionen – auch ***Kontrollfluss*** (*flow of control*) genannt – schnell und auf einen Blick erfasst werden kann. Eine solche Grafik wird *Ablaufdiagramm*, *Ablaufplan* oder *Flussdiagramm* (*flowchart*) genannt.

Für den Symbolvorrat zu solchen Beschreibungen von Algorithmen gibt es wiederum eine Reihe von Vorschlägen. Einige davon sind auch in Normen verankert, z.B. in der Deutschen Industrienorm (DIN) 66001. ▶Abbildung 1.9 zeigt die wichtigsten Symbole aus DIN 66001 mit ihrer Bedeutung.

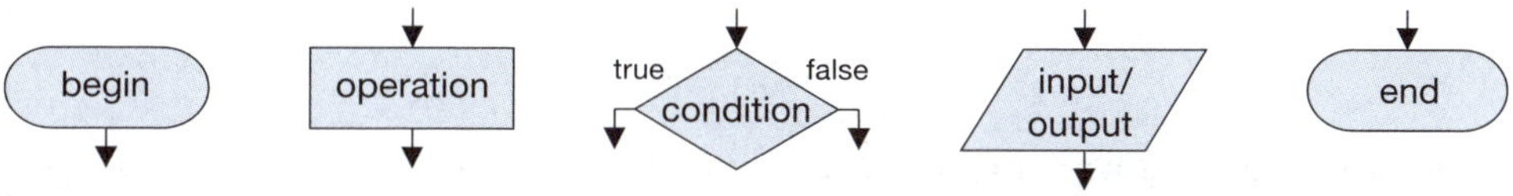

Abbildung 1.9: Die wichtigsten Symbole für Ablaufdiagramme nach DIN 66001

Beispiel 1.11 zeigt ein Ablaufdiagramm für die Mittelwertberechnung.

Beispiel 1.11 Ablaufdiagramm nach DIN 66001 für Mittelwertberechnung

▸Abbildung 1.10 zeigt das Ablaufdiagramm gemäß DIN 66001 für den Algorithmus zur Berechnung des Mittelwerts, mit dem wir uns bereits in Beispiel 1.2 zu Beginn dieses Kapitels beschäftigt haben.

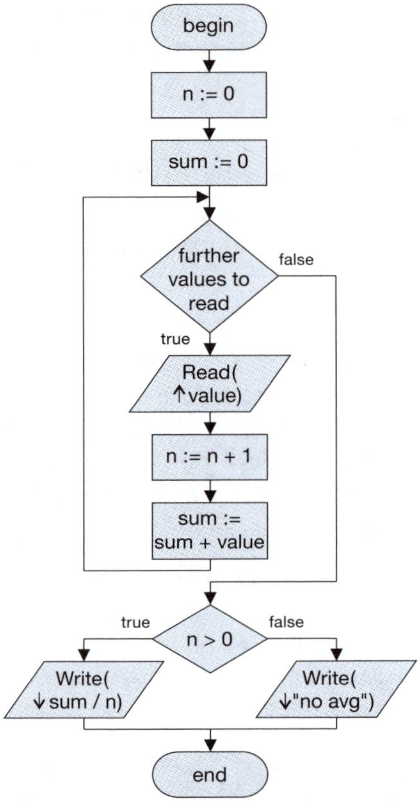

Abbildung 1.10: Ablaufdiagramm nach DIN 66001 für einen Algorithmus zur Berechnung des arithmetischen Mittels

Der **Vorteil** dieser Darstellungsform ist, dass die Ablaufstruktur klar zutage tritt und sich der Leser schnell einen Überblick über ihre Komplexität verschaffen kann.

Die **Nachteile** liegen vor allem darin, dass die Verwendung sehr aufwändig ist, da die Symbole mit unnötigem Ballast aufgebläht sind, wodurch die Erstellung und Änderung solcher Diagramme, wenn dafür keine geeigneten Werkzeuge vorhanden sind, sehr mühsam wird.

Deshalb wird in der Praxis häufig – und in Abweichung von der DIN – ein besser geeigneter Symbolvorrat verwendet (z.B. in [Rechenberg 2000]). ▶Abbildung 1.11 zeigt einen Symbolvorrat für eine solcherart reduzierte Notationsform.

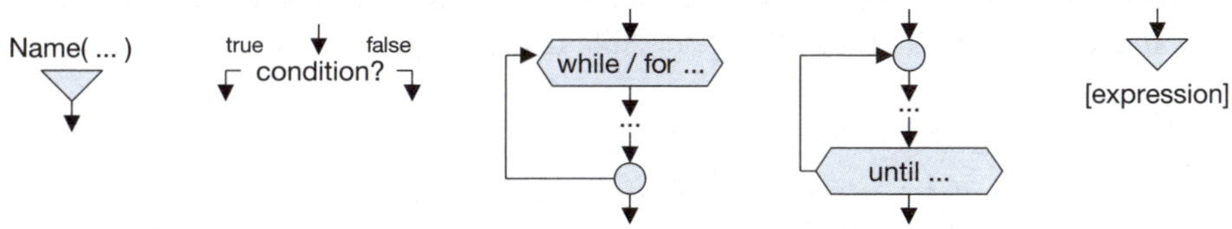

Abbildung 1.11: Symbole für die reduzierte Notation von Ablaufdiagrammen

Die Bedeutung der Symbole aus ▶Abbildung 1.11 ist intuitiv klar und braucht hier nicht weiter erläutert werden.

Beispiel 1.12 zeigt ein Ablaufdiagramm für die Mittelwertberechnung in reduzierter Notation.

Beispiel 1.12

Ablaufdiagramm in reduzierter Notation für Mittelwertberechnung

▶Abbildung 1.12 zeigt das Ablaufdiagramm für den Algorithmus zur Berechnung des Mittelwerts mit reduzierter Notation.

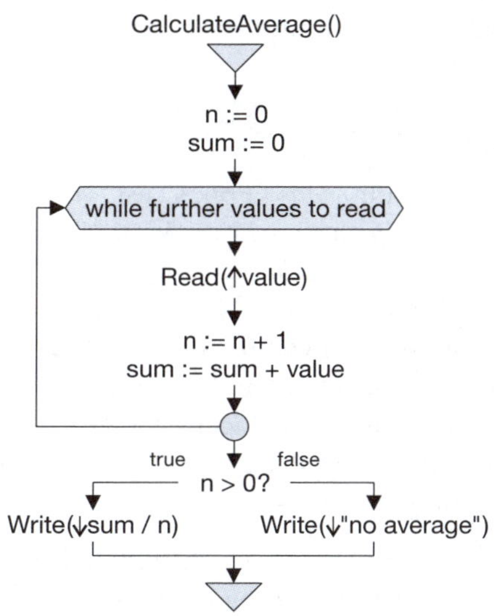

Abbildung 1.12: Ablaufdiagramm in reduzierter Notation für die Berechnung des Mittelwerts

Der **Vorteil** dieser Notation gegenüber der genormten Notation ist offensichtlich: Das Diagramm enthält keinen unnötigen Ballast und ist kürzer und kompakter. Die Ablaufstruktur tritt dennoch klar hervor und die Aktionen des Algorithmus rücken in den Vordergrund.

Dennoch bleibt auch hier der *Nachteil* bestehen, dass die Erstellung und Manipulation des Diagramms ohne geeignete Werkzeuge wesentlich aufwändiger ist als bei einer rein textuellen Darstellungsform. Darüber hinaus enthalten die meisten grafischen Notationen keine speziellen Konstrukte zur Darstellung komplexer Datenobjekte; sie konzentrieren sich primär auf die Darstellung der Ablaufstruktur.

Struktogramme (Nassi-Shneiderman-Diagramme)

Eine weitere, ebenfalls genormte Form der grafischen Notationen sind *Struktogramme*, die nach den Erfindern Ike Nassi und Ben Shneiderman auch als *Nassi-Shneiderman-Diagramme* bezeichnet werden.

Diese Darstellungsform war früher weit verbreitet. Sie wird zwar heute auch noch verwendet, aber ihre Bedeutung ist im Schwinden. ▶Abbildung 1.13 zeigt, nur um einen Eindruck zu vermitteln, die wichtigsten Symbole zur Notation von Struktogrammen.

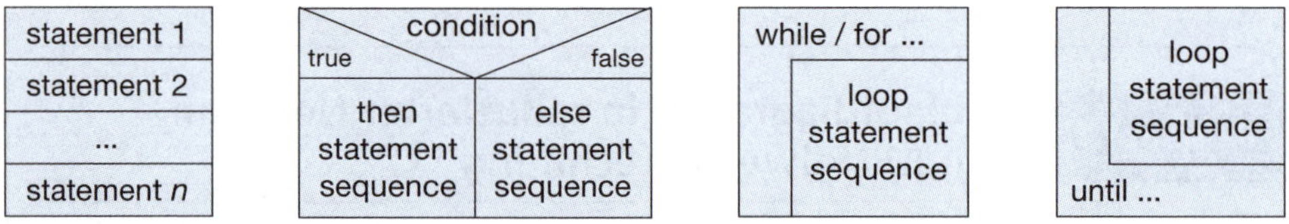

Abbildung 1.13: Die wichtigsten Symbole für Struktogramme

Wir gehen nicht näher darauf ein, verzichten auf die Darstellung des Mittelwert-Algorithmus in Form eines Struktogramms und verweisen interessierte Leser auf die Norm DIN 66261.

Unified Modeling Language (UML)

Eine grafische Notation, die heute in der Praxis weit verbreitet ist und für die auch eine gute Werkzeugunterstützung angeboten wird – fast schon so gut, wie für die Verarbeitung von Text – ist die *Unified Modeling Language* (*UML*). Allerdings werden mit UML nicht Algorithmen beschrieben. Die Notation wird vielmehr dazu verwendet, Software auf abstraktem Niveau zu modellieren, also z.B. zur Beschreibung der Architektur und der statischen Eigenschaften von Programmen (in Form von Klassen- und Objektdiagrammen), der dynamischen Eigenschaften (in Form von Aktivitäts-, Zustands- und Sequenzdiagrammen), der Einbindung in vorhandene IT-Infrastruktur und der Interaktion mit dem Benutzer.

Einige dieser Diagrammarten werden wir im dritten Teil des Buchs bei der Behandlung der *objektorientierten Programmierung* (*OOP*) in einfacher Form antreffen. Für eine detaillierte Behandlung der UML verweisen wir auf entsprechende (Lehr-) Bücher, z.B. *UML 2 für Studenten*, [Störrle 2005].

1.6.2 Text-basierte Darstellungsformen für Algorithmen

Die oben genannten Nachteile grafischer Darstellungsformen für Algorithmen haben dazu geführt, dass zunehmend dazu übergegangen wurde, mit Text-basierten oder textuellen Darstellungsformen auszukommen. Auch dafür existiert eine Vielzahl von Notationsvorschlägen, von denen wir wiederum nur einige herausgreifen und ihre Ausprägungen sowie ihre Vor- und Nachteile erörtern.

Stilisierte Prosa

Eine natürliche Sprache (z.B. Deutsch) in freier Form (*Prosa*) zur Beschreibung von Algorithmen zu verwenden, ist die am nächsten liegende Vorgehensweise. Der Entwickler hat damit unbeschränkte Ausdrucksmöglichkeiten und benötigt keine zusätzlichen Darstellungsmittel. Werden jedoch komplizierte Algorithmen auf diese Art und Weise beschrieben, kommen meist langatmige Texte ohne Struktur heraus, die schwer zu verstehen – man denke etwa an Bedienungsanleitungen technischer Geräte – und nur mit großem Aufwand zu ändern sind.

Bei der auf Donald E. Knuth zurückzuführenden Darstellungsform, der so genannten *stilisierten Prosa* (siehe [Knuth 1997]), wird ein Algorithmus benannt und seine Beschreibung – gemäß der Definition des Algorithmusbegriffs – in einzelne, nummerierte Schritte aufgeteilt, wobei jeder Schritt durch ein Stichwort gekennzeichnet wird und die in ihm auszuführenden Aktionen mit möglichst einfach zu lesendem Text stichwortartig beschrieben werden. Jeder Schritt enthält, wenn notwendig, eine Angabe über den nächsten Schritt.

Beispiel 1.13 zeigt den Algorithmus zur Mittelwertberechnung in stilisierter Prosa.

Beispiel 1.13 **Mittelwertberechnung in stilisierter Prosa**

Algorithmus *Mittelwert-Berechnung* zur Ermittlung des arithmetischen Mittels in stilisierter Prosa:

- S1. [Initialisierung]
  Setze die Anzahl der gelesenen Zahlenwerte und ihre Summe auf 0.
- S2. [Ende erreicht?]
  Wenn keine Zahl mehr zu lesen ist, gehe zu S4.
- S3. [Lesen und Vorbereitung]
  Lies den nächsten Zahlenwert ein. Erhöhe die Anzahl der gelesenen Zahlenwerte um 1 und erhöhe die Summe der gelesenen Zahlenwerte um den zuletzt gelesenen Wert. Gehe zu S2.

- S4. [Durchschnittsberechnung]
  Wenn die Anzahl der gelesenen Zahlenwerte größer 0 ist, berechne das arithmetische Mittel durch Division der Summe der Zahlenwerte durch die Anzahl der gelesenen Zahlenwerte, sonst gibt es kein arithmetisches Mittel. Ende des Algorithmus.

Hinweis: Diese Form der Beschreibung des Mittelwertalgorithmus ist sehr ähnlich der informellen Beschreibung, die wir zu Beginn dieses Kapitels in Beispiel 1.2 angegeben haben.

Die **Vorteile** dieser Darstellungsform liegen in der Freiheit und Flexibilität bei der Formulierung, in der Lesbarkeit und der bequemen Änderbarkeit des Algorithmus.

Die **Nachteile** dabei sind, dass die Ablaufstruktur des Algorithmus nur schwer erkennbar ist (was für das Verstehen des Algorithmus von großem Nachteil ist) und die Art der Darstellung eine lineare Ablaufstruktur suggeriert; darüber hinaus leidet oft die Eindeutigkeit der Aktionsbeschreibung, weil Prosatexte gelegentlich unterschiedliche Interpretationen zulassen.

Pseudocode

Will man bei der Formulierung eines Algorithmus sicherstellen, dass alle Aktionen eindeutig beschrieben sind, kommt nur die Verwendung einer formalen Sprache mit eindeutiger Bedeutung oder Semantik wie z.B. eine Programmiersprache in Frage. Das Erlernen einer Programmiersprache ist jedoch aufwändig und bei ihrer Anwendung müssen viele Details beachtet werden, die bei der Formulierung eines Algorithmus nicht unmittelbar relevant sind.

In der „goldenen Mitte“ zwischen (stilisierter) Prosa und Programmiersprachen liegen die so genannten Pseudo-Programmiersprachen oder kurz Pseudocodes. Darunter versteht man halbformale, meist an (echte) Programmiersprachen angelehnte textuelle Notationen, die vom syntaktischen Ballast der Programmiersprachen befreit sind und dem Benutzer Freiheiten lassen, die Programmiersprachen nicht erlauben, aber für den Algorithmenentwickler wichtig sind: beliebige abstrakte Formulierungen, deren konkrete Umsetzung nicht bis ins letzte Detail angegeben werden muss.

Wir verwenden in diesem Buch einen ***Pseudocode***, der stark an *Adele* (steht für die engl. Bezeichnung *algorithm description language*) aus [Rechenberg u. Pomberger 2006] angelehnt ist. Unser Pseudocode trägt keinen Namen und ist so konzipiert, dass die damit formulierten Algorithmen und Datenstrukturen ohne großen Aufwand in heute in der Lehre eingesetzte Programmiersprachen wie z.B. Pascal (vgl. [Wirth 1971a]) oder in die für die Praxis relevanten Programmiersprachen wie z.B. C (vgl. [Kernighan u. Ritchie 1988]) oder C++ (vgl. [Stroustrup 2000]), Java (vgl. [Arnold u. weitere 2005] oder [Schiedermeier 2005]) und C# (vgl. [Hejlsberg u. weitere 2006]), übertragen werden können.

Die **Vorteile** dieser Darstellungsform liegen vor allem darin, dass es auf einfache Art und Weise möglich ist, die Ablaufstruktur von Algorithmen (durch geeignete Einrückungen im Text) sichtbar zu machen, und dass die Eindeutigkeit der Aktionsbeschreibungen durch formalisierte Konstrukte mit eindeutiger Semantik für die einzelnen Aktionen sichergestellt wird. Darüber hinaus sind Algorithmen in solchen Darstellungsformen einfach zu erstellen und zu verändern.

Die **Nachteile** von Pseudocode liegen darin, dass es zu Inkonsistenzen in der Formulierung kommen kann und bei der Umsetzung in syntaktisch ähnliche Programmiersprachen mit einer Semantik, die von der Intention des Pseudocodes abweicht, schnell schwer zu lokalisierende Fehler passieren können.

Beispiel 1.14 zeigt den Algorithmus zur Mittelwertberechnung in Pseudocode.

Beispiel 1.14 **Mittelwertberechnung in Pseudocode**

Der Algorithmus zur Mittelwertberechnung in dem in diesem Buch bisher und auch weiterhin verwendeten Pseudocode sieht folgendermaßen aus:

```
CalculateAverage()
  var n, sum, value: int
begin
  n := 0
  sum := 0
  while further values to read do
    Read(↑value)
    n := n + 1
    sum := sum + value
  end -- while
  if n > 0 then
    Write(↓sum / n)
  else -- n = 0
    Write(↓"no average")
  end -- if
end CalculateAverage
```

Programmiersprache

Da Algorithmen in der Regel dazu entwickelt werden, um sie von einem Computer ausführen zu lassen und sie dazu in Form eines Programms vorliegen müssen (siehe dazu Abschnitt 1.7), wäre es naheliegend, sie gleich in einer Programmiersprache zu formulieren. Die Beherrschung einer Programmiersprache erfordert aber intensive Übung und Erfahrung, ihre Nutzung große Sorgfalt, denn dabei kommt es buchstäblich „auf Punkt und Beistrich" an, auf strikte Einhaltung einer vorgegebenen Struktur, der ***Syntax***, und das ist in der Entwicklungsphase eines Algorithmus nicht unbedingt wünschenswert.

Selbstverständlich sind Programmiersprachen unverzichtbare Mittel zur Beschreibung von Algorithmen, die auf einem Computer ausgeführt werden sollen.

Weder die Einführung in eine bestimmte Programmiersprache noch der Vergleich verschiedener Programmiersprachen bzw. eine ausführliche Diskussion ihrer Vor- und Nachteile sind Gegenstand dieses Buchs (der folgende Abschnitt führt in Tabelle 1.7 nur die wichtigsten Vor- und Nachteile an). Der Leser sollte jedoch einen Eindruck davon bekommen, worin sich Algorithmen in unterschiedlichen Darstellungsformen unterscheiden.

Beispiel 1.15 stellt anhand der Mittelwertberechnung Pseudocode den beiden Programmiersprachen Pascal und C gegenüber.

Beispiel 1.15 Mittelwertberechnung in Pascal und C

Tabelle 1.6 zeigt in der linken Spalte noch einmal zum Vergleich den Algorithmus zur Mittelwertberechnung in Pseudocode, in der mittleren Spalte die Umsetzung dieses Algorithmus mit der Programmiersprache Pascal (vgl. [Wirth 1971a]) und in der rechten Spalte seine Umsetzung mit der Programmiersprache C (vgl. [Kernighan u. Ritchie 1988]).

Tabelle 1.6

Berechnung des arithmetischen Mittels in Pseudocode, in Pascal und in C

Pseudocode	Pascal-Prozedur	C-Funktion
CalculateAverage()	PROCEDURE CalculateAverage;	void CalculateAverage() {
var	VAR	
n, sum, value: int	n, sum, value: INTEGER;	int n, sum, value;
begin	BEGIN	
n := 0	n := 0;	n = 0;
sum := 0	sum := 0;	sum = 0;
while *vals to read* do	WHILE NOT Eof(in) DO BEGIN	while (!feof(stdin)) {
Read(↑value)	ReadLn(value);	scanf("%d", &value);
n := n + 1	n := n + 1;	n++;
sum := sum + value	sum := sum + value;	sum += value;
end -- while	END; (*WHILE*)	} /*while*/
if n > 0 then	IF n > 0 THEN	if (n > 0)
Write(↓sum / n)	WriteLn(sum DIV n)	printf("%d\n", sum / n);
else -- n = 0	ELSE	else
Write(↓"no avg.")	WriteLn('no average');	printf("no average\n");
end -- if		
end CalculateAverage	END; (*CalculateAverage*)	} /*CalculateAverage*/

1.6.3 Zusammenfassung der Darstellungsformen

In diesem Abschnitt haben wir die wichtigsten grafischen und Text-basierten Darstellungsformen für Algorithmen behandelt und sie alle an ein und demselben Beispiel (Mittelwertberechnung) demonstriert, um einen direkten Vergleich zu ermöglichen. Tabelle 1.7 gibt einen abschließenden Überblick und stellt die wichtigsten Vor- und Nachteile dieser Notationen zusammen.

Tabelle 1.7

Zusammenfassung der Darstellungsformen

Art	Darstellungsform	Vorteile	Nachteile
Grafisch	Ablaufdiagramm	Klare Struktur, einfach zu verstehen, ermöglicht schnellen Überblick	Aufwändig zu erstellen und warten, Ballast durch (zu) viele (genormte) Symbole
	Struktogramm oder Nassi-Shneiderman-Diagramm	Einfach zu erstellen und zu verstehen	Eigentlicher Algorithmus in Form von Textstücken geht in der Menge von Linien unter
	Unified Modeling Language (UML)	Standardisiert, weit verbreitet und allseits akzeptiert	Keine spezielle UML-Notation (Modell) für Algorithmen
Text-basiert, textuell	Stilisierte Prosa	Große Freiheit und Flexibilität bei der Formulierung, breite Zielgruppe (gute Lesbarkeit)	Ablaufstruktur nur schwer zu erkennen, Prosatexte werden lang und sind oft mehrdeutig
	Pseudocode	Gute Darstellung der Ablaufstruktur, eindeutig durch formalisierte Konstrukte	Gefahr der Inkonsistenz, Fehlergefahr bei Übertragung in Programmiersprachen
	Programmiersprache	Exakte Definition der Syntax und Semantik	(Sehr) aufwändig zu erlernen, nur für Kenner zu verstehen

Mit der Entwicklung eines Algorithmus und seiner Darstellung in einer der oben präsentierten Notationen ist der Prozess des Programmierens noch nicht am Ziel angelangt. Es sind noch einige Schritte notwendig, bis ein Algorithmus in Form eines Programms auf einem Computer ausgeführt werden kann. Mit diesen Schritten beschäftigt sich der folgende Abschnitt.

1.7 Algorithmen und Programme

Programmieren heißt Verfahren zur computerunterstützten Lösung von Aufgabenstellungen zu entwickeln. In der Regel entsteht dabei aus der Analyse der Problemstellung und einer Lösungsidee zuerst ein Algorithmus. Wir haben uns bisher mit Algorithmen beschäftigt, deren Beschreibung letztendlich in einer abstrakten Notation oder Sprache (z.B. in Pseudocode) vorliegt. Diese Abstraktion von Details ermöglicht eine knappe Formulierung und somit die Konzentration auf das Wesentliche. Das ist nicht nur günstig für das Entwerfen der Algorithmen, sondern auch, um sie leichter verstehen, verbessern und von Mensch zu Mensch kommunizieren zu können.

In den folgenden Abschnitten zeigen wir, wie man vom Algorithmus zu einem Programm kommt und dieses dann auf einem Computer zur Ausführung bringen kann. Schließlich weisen wir auf die Unterschiede zwischen Algorithmen und Programmen hin.

1.7.1 Vom Algorithmus zum Programm

Letztendlich muss ein Algorithmus, wenn er auf einem Computer ausgeführt werden soll, in eine Form gebracht werden, die vom Computer „verstanden“ wird. Dazu werden (höhere) Programmiersprachen verwendet, die zwar so weit von den technischen Details des Computers abstrahieren, dass in ihnen verfasste Texte vom Menschen noch relativ einfach verstanden werden, aber schon so konkret sind, dass sie vom Computer verarbeitet werden können.

▶Abbildung 1.14 zeigt grob den Prozess, der von der Problemanalyse über das Finden einer Lösungsidee bis zur Formulierung eines Algorithmus führt, der dann mit dem Wissen über eine Programmiersprache in ein Programm transformiert wird.

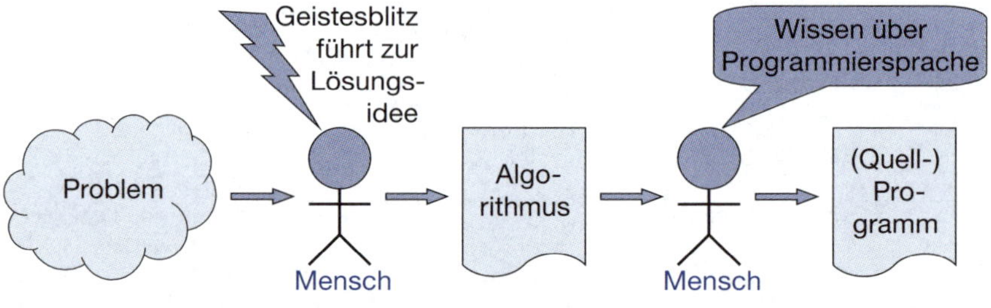

Abbildung 1.14: Von der Problemstellung über den Algorithmus zum (Quell-)Programm

Die eigentliche intellektuelle Leistung liegt im (Er-)Finden des Algorithmus, aber man darf auch die Schwierigkeit und den Aufwand, den die Transformation des Algorithmus in ein Programm erfordert, nicht unterschätzen. Die Schwierigkeiten, die dabei auftreten können, hängen von vielen Aspekten ab, hauptsächlich aber davon, inwieweit sich der Abstraktionsgrad und die Art und Weise der Beschreibung des Algorithmus von der Programmiersprache und dem Programmierparadigma, das ihr zugrunde liegt, unterscheidet.

1.7.2 Möglichkeiten für die Ausführung eines Programms

Das Ergebnis des in Abbildung 1.14 dargestellten Transformationsprozesses ist ein Programm in der gewählten Programmiersprache, man spricht bei diesem Ergebnis auch vom *Quelltext* (*source code*) des Programms oder kurz vom Quellprogramm, weil dieses meist der Ausgangspunkt und somit die Quelle für weitere Transformationen ist. Im Wesentlichen gibt es – abhängig von der gewählten Programmiersprache – drei Möglichkeiten, wie das Quellprogramm durch weitere Transformationen zur Ausführung gebracht werden kann:

1. bei Scriptsprachen durch direkte Interpretation,
2. bei „klassischen" Programmiersprachen durch Übersetzung in Maschinencode und
3. bei „modernen" Programmiersprachen durch Übersetzung in eine „Zwischensprache" (s. u.) und Interpretation auf der jeweiligen Plattform.

Im Folgenden werden diese drei Möglichkeiten näher erläutert.

Ausführung bei Verwendung von Scriptsprachen

Handelt es sich bei der gewählten Programmiersprache um eine so genannte *Scriptsprache* (*scripting language*), kann das Quellprogramm, in diesem Fall auch *Script* genannt, direkt durch ein spezielles Programm, den ***Interpretierer*** (*interpreter*), ausgeführt werden. Der Interpretierer liest gemäß den Anweisungen im Quellprogramm die Werte der Eingabe-Datenobjekte (die z.B. vom Benutzer über ein Eingabegerät bereitgestellt werden), berechnet daraus gemäß den Anweisungen im Quellprogramm die Ergebnisse und gibt diese aus. ▶Abbildung 1.15 zeigt schematisch diesen Sachverhalt.

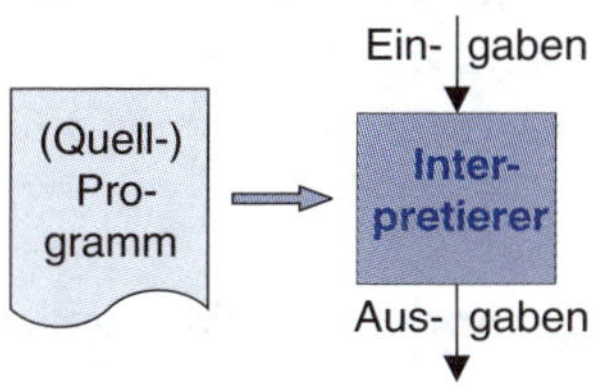

Abbildung 1.15: Interpretation von Programmen in Scriptsprachen

Ein Beispiel für eine Scriptsprache ist JavaScript (siehe z.B. [Flanagan 2006]). Der JavaScript-Interpretierer ist kein eigenständiges Programm, sondern in Web-Browser eingebaut und führt JavaScript-Programme aus, die als Elemente von Web-Seiten im Internet übertragen werden, um diesen Seiten z.B. ein dynamisches Verhalten (für bewegte Bilder) oder die Möglichkeit der direkten Reaktion auf Benutzereingaben zu verleihen.

Ausführung bei Verwendung „klassischer" Programmiersprachen

Bei „klassischen" Programmiersprachen wie z.B. Pascal, C oder C++ ist der Weg vom Quellprogramm bis zur Ausführung länger. Wie in ▶Abbildung 1.16 gezeigt, muss der Quelltext zuerst von einem *Übersetzerprogramm* (*compiler*) in die „Muttersprache" des Computers, die *Maschinensprache* (*machine language*) oder den *Objektcode* (*object code*), transformiert werden, wobei das Verhalten des Programms, seine ***Semantik*** also, erhalten bleibt und nur die Form sich ändert.

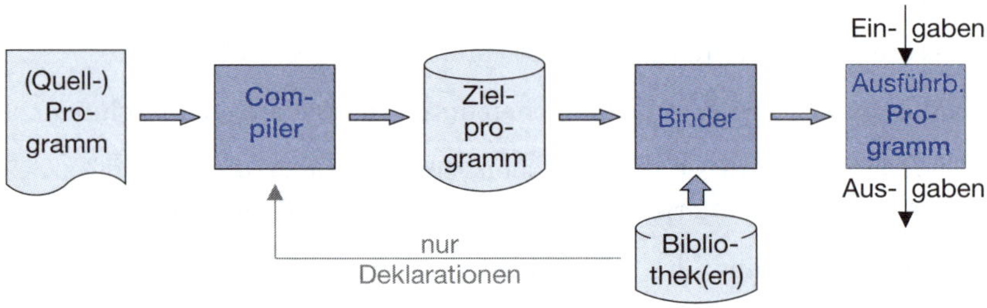

Abbildung 1.16: Übersetzung und Ausführung von Programmen in klassischen Programmiersprachen

Vom ***Compiler*** wird ein Quellprogramm in eine bestimmte Zielsprache übersetzt. Das Übersetzungsergebnis, das *Zielprogramm* (*object module*), kann aber noch nicht ausgeführt werden, da es noch unvollständig ist. Höhere Programmiersprachen stellen Dienste (z.B. für die Ein- und Ausgabe über Geräteschnittstellen) zur Verfügung, die in einer so genannten *(Laufzeit-)Bibliothek* (*runtime library*), die in Maschinensprache vorliegt, ausgelagert sind. Nachdem diese Dienste vom Zielprogramm genutzt werden, muss diese Bibliothek noch mit einem speziellen Programm, dem *Binder* (*linker*), zum Zielprogramm „dazu gebunden" werden, wodurch erst das vollständige *ausführbare Programm* (*executable program*) entsteht. Abbildung 1.16 zeigt schematisch diesen Sachverhalt. Erst das in ausführbarer Form vorliegende Programm kann zur Ausführung gebracht werden.

Ausführung bei Verwendung „moderner" Entwicklungsplattformen

„Moderne" Entwicklungsplattformen – das sind Programmiersprachen, die in eine Programmierumgebung eingebettet sind, die umfangreiche Bibliotheken, Werkzeuge und vor allem eine spezielle Ausführungseinheit umfasst – z.B. Java von Sun (*java.sun.com*) oder .NET von Microsoft (*www.microsoft.com/net*) verwenden eine Mischform der beiden oben erläuterten Varianten.

▶Abbildung 1.17 zeigt, wie ein Quellprogramm bei Verwendung einer dieser Entwicklungsplattformen vom Compiler in ein Zielprogramm übersetzt wird. Die Zielsprache ist dabei nicht die Maschinensprache eines (realen) Computers, sondern die „Muttersprache" einer so genannten ***virtuellen Maschine*** (*virtual machine*). Darunter ist ein Programm, also Software(!), im Wesentlichen ein Interpretierer, zu verstehen, der die Funktionsweise eines realen (Hardware-)Prozessors nachbildet, ohne den technologischen Beschränkungen für Hardware zu unterliegen.

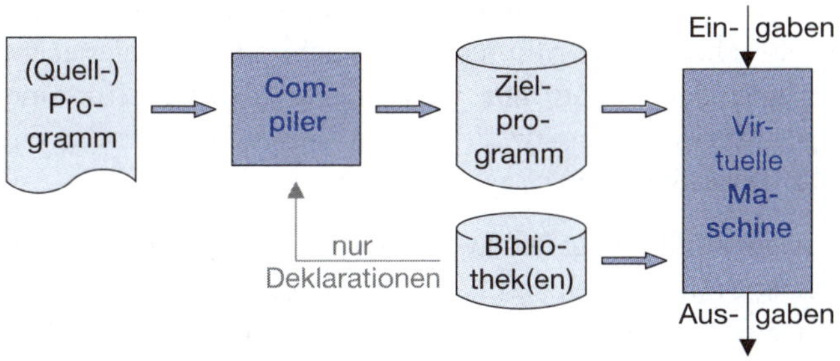

Abbildung 1.17: Übersetzung und Ausführung von Programmen mit modernen Entwicklungsplattformen

Die Sprache der virtuellen Maschine heißt bei Java *Java-Bytecode*, da Java (zumindest derzeit noch) die einzige Programmiersprache in dieser Plattform ist. In .NET heißt sie *gemeinsame Zwischensprache* (*common intermediate language*, CIL), da mit der .NET-Plattform mehrere Programmiersprachen (z.B. C# und VisualBasic.NET, eine Weiterentwicklung von BASIC) benutzt werden können, die alle in diese Zwischensprache übersetzt werden. Ein Begriff, der plattformunabhängig für die verschiedenen Sprachen der virtuellen Maschinen verwendet wird, ist ***Bytecode***.

Eine virtuelle Maschine ist aber nicht nur eine Ausführungseinheit (vergleichbar einem Prozessor in Hardware), sondern sie stellt auch den Zugriff auf umfangreiche Bibliotheken zur Verfügung und bietet Mechanismen, die sowohl die Programmierung vereinfachen, z.B. durch *automatische Speicherbereinigung* (*garbage collection*, vgl. Kapitel 3), als auch die *Sicherheit* (*security*) während der Programmausführung verbessern, z.B. durch diverse Überprüfungen zur Laufzeit, sogenannte *Laufzeitprüfungen* (*runtime checks*).

Nachdem wir nun skizziert haben, wie man einen Algorithmus in ein Programm transformieren und dieses – je nach Wahl der Programmiersprache – auf drei unterschiedliche Arten zur Ausführung bringen kann, wollen wir im folgenden Abschnitt noch auf die Unterschiede zwischen Algorithmus und Programm hinweisen.

1.7.3 Unterschiede zwischen Algorithmus und Programm

Ein Algorithmus, in einer abstrakten Notation formuliert, kann in verschiedene Programmiersprachen übersetzt werden.

Ein Programm (im Quelltext) ist ein Algorithmus, der in einer Programmiersprache formuliert ist. Je nach Art der Programmiersprache muss das Quellprogramm – wie im vorigen Abschnitt beschrieben – in eine ausführbare Form gebracht werden.

Die wesentlichen Unterschiede zwischen Algorithmus und Programm liegen in ihrer Form und ihrem Zweck: Ein Algorithmus ist ein mehr oder weniger abstrakt beschriebenes Verfahren zur Lösung einer Aufgabe, während ein Programm (in seiner ausführbaren Variante) ein Algorithmus ist, der soweit konkretisiert ist, dass er von einer bestimmten Maschine ausgeführt werden kann.

Das aus einem Algorithmus abgeleitete ausführbare Programm kann, auch wenn der Algorithmus in Bezug auf seine Spezifikation korrekt ist, fehlerhaft sein (gegebenenfalls auch nur auf einer bestimmten Maschine), wobei die Fehler entweder bei jeder Ausführung und offensichtlich auftreten oder nur selten (z.B. für bestimmte Eingaben) und eventuell sogar unbemerkt bleiben (wenn sie z.B. nur zu geringen Abweichungen vom erwarteten Ergebnis führen). Dafür gibt es viele Ursachen, die wichtigsten davon sind,

- dass bei der Transformation des Algorithmus in die konkrete Programmiersprache Fehler passieren, z.B. durch falsche Deutung der abstrakten Beschreibung, wegen unzureichender Kenntnis der Programmiersprache oder schlicht und einfach durch Unachtsamkeiten wie Tippfehler, die nicht so gravierend sind, dass sie im Zuge der Übersetzung des Quellprogramms in ein ausführbares Programm zutage treten,
- dass der verwendete Compiler fehlerhaft ist und in bestimmten Situationen falschen Code erzeugt,
- dass die verwendete Bibliothek fehlerhaft ist,
- dass die verwendete Ausführungsumgebung (das Betriebssystem oder die virtuelle Maschine) fehlerhaft ist,
- dass System- und Hardwarebeschränkungen dazu führen, dass ein korrekter Algorithmus bei der Ausführung als Programm mit einem Fehler abbricht, weil z.B. der verfügbare Speicher nicht ausreicht und
- schließlich kann es, wenn auch nur in seltenen Fällen, vorkommen, dass die Hardware des Computers fehlerhaft ist, dass z.B. ein Speicherbaustein defekt ist oder eine Datenübertragungsleitung nicht einwandfrei funktioniert.

Es genügt daher nicht, die Korrektheit eines Algorithmus zu zeigen. Vielmehr ist es notwendig, das aus dem Algorithmus resultierende ausführbare Programm ausführlich zu testen, um möglichst viele der vorhandenen Fehler zu finden. Wobei das Testen nur vorhandene Fehler aufzeigen, niemals aber den Beweis liefern kann, dass ein Programm keine Fehler mehr enthält.

Zusammenfassung

In diesem Kapitel haben wir zunächst anhand einfacher Beispiele anschaulich gemacht, was man unter einem Algorithmus grundsätzlich versteht, wozu man Algorithmen benötigt und dass Algorithmen keine Besonderheit der Informatik sind, sondern ein allgemein einsetzbares Konzept, um Wissen und Abläufe zu organisieren. (Abschnitt 1.1)

Danach haben wir eine für unsere Zwecke passende Definition des Algorithmenbegriffs vorgenommen und anhand dieser die grundsätzlichen Eigenschaften von Algorithmen (wie z.B. Eindeutigkeit und Ausführbarkeit) so ausführlich erörtert, dass der Leser Klarheit darüber haben sollte, was man unter einem Algorithmus versteht und was seine charakteristischen Eigenschaften sind. (Abschnitt 1.2)

Darauf aufbauend wurden elementare Konzepte und Begriffe (wie z.B. Datenobjekt, Datentyp und Aktion bzw. Anweisung) sowie elementare Konstrukte zur Ausarbeitung von Algorithmen (wie z.B. Deklaration von Datenobjekten, Wertzuweisung, Verzweigungs- und Wiederholungsanweisungen) eingeführt. (Abschnitt 1.3)

Es gehört zum Wesen von Algorithmen, dass sie miteinander und mit ihrer Umwelt kommunizieren, denn ihr Zweck ist, dass aus den Werten gegebener Datenobjekte die Werte gesuchter Datenobjekte ermittelt werden. Deshalb haben wir auch Aspekte der Kommunikation von Algorithmen untereinander und mit ihrer Umwelt erörtert und Konstrukte zur Gestaltung der (Kommunikations-) Schnittstellen von Algorithmen eingeführt. (Abschnitt 1.4)

Um den Leser dafür zu sensibilisieren, dass es oft schwierig ist, die Aufgabenstellung, für die eine algorithmische Lösung (ein Softwaresystem) entwickelt werden soll, so zu beschreiben, dass diese Aufgabenspezifikation vollständig, eindeutig, konsistent, widerspruchsfrei und trotzdem lesbar sowie verständlich ist, wurde in einem eigenen Abschnitt auf die Spezifikationsproblematik hingewiesen. (Abschnitt 1.5)

Durch eine Diskussion unterschiedlicher, in der Literatur und in der Praxis zu findenden Darstellungsformen von Algorithmen, ihrer Vor- und Nachteile und die Illustration ihrer Erscheinungsform anhand eines Beispiels sollte der Leser nach Lektüre dieses Abschnitts in der Lage sein, eine angemessene Darstellungsform für Algorithmen, bezogen auf einen bestimmten Anwendungskontext, zu wählen. (Abschnitt 1.6)

Eine Erörterung des Prozesses, wie man von einer Problemstellung zu einem auf einem Computer ausführbaren Programm für die Lösung dieser Problemstellung gelangt, der Unterschiede und Gemeinsamkeiten von Algorithmen und (Computer-) Programmen und unterschiedlicher Ausführungsformen solcher Programme runden das Kapitel ab. (Abschnitt 1.7)

Die für das Verständnis von Kapitel 2 (Struktur und systematischer Entwurf von Algorithmen) erforderlichen Grundlagen und Voraussetzungen sind damit geschaffen.

Aufgaben

Aufgabe 1.1 (Spannweitenberechnung, Darstellungsformen)
Gegeben ist eine Folge positiver ganzer Zahlen, die durch die Ziffer 0 (gehört nicht zur Zahlenfolge) abgeschlossen ist. Gesucht ist ein Algorithmus, der die Spannweite (= Differenz zwischen der größten und der kleinsten Zahl) dieser Zahlenfolge liefert. Wenn die Zahlenfolge leer ist, dann sei die Spannweite 0. Der Algorithmus soll in Form eines Ablaufdiagramms, in stilisierter Prosa und in Pseudocode dargestellt werden.

Aufgabe 1.2 (Sortieren dreier Zahlen)
Gegeben sind drei *integer*-Variablen (x, y, und z), die beliebige Werte enthalten. Durch eine Abfolge von binären Verzweigungen und Wertzuweisungen sind die Werte der drei Variablen so umzuordnen, dass hinterher $x \leq y \leq z$ gilt.

Aufgabe 1.3 (Euklidscher Algorithmus)
Der größte gemeinsame Teiler (*greatest common divisor*, *gcd*) zweier ganzer Zahlen a und b ist die größte Zahl, die sowohl a als auch b ohne Rest teilt (z. B. für $a = 12$ und $b = 44$ ist $gcd = 4$). Der griechische Mathematiker Euklid von Alexandria hat etwa 300 v. Chr. einen einfachen Algorithmus dazu, den später nach ihm benannten *Euklidschen Algorithmus,* angegeben. Dieser beruht auf der Lösungsidee, dass, wenn a die größere der beiden Zahlen ist,

$$Gcd(\downarrow a \quad \downarrow b) = Gcd(\downarrow a - b \quad \downarrow b)$$

gilt. Gesucht ist eine möglichst einfache Formulierung dieses Algorithmus.

Aufgabe 1.4 (Zeitrechnung)
Gesucht ist ein Algorithmus *TimeSpanSum*, der zwei Zeitspannen, die in der Form *h:m:s* (Stunden, Minuten, Sekunden) angegeben sind, einliest und deren Summe berechnet und das Ergebnis in der Form *h; m; s* ausgibt.

> *Beispiele:*
> 1:13:12 + 2:46:40 = 3; 59; 52 und 4:33:32 + 2:46:46 = 7; 20; 18.

Aufgabe 1.5 (Primfaktorenzerlegung)
Gesucht ist ein Algorithmus *PrimeFactors*($\downarrow n$: *int*), der für eine positive ganze Zahl n alle ihre Primfaktoren in aufsteigender Reihenfolge ausgibt.

> *Beispiele:* $5 = 5$, $16 = 2 \cdot 2 \cdot 2 \cdot 2$, $100 = 2 \cdot 2 \cdot 5 \cdot 5$ und $210 = 2 \cdot 3 \cdot 5 \cdot 7$.

Hinweis: Eine einfache Lösung – und eine solche ist gesucht – besteht darin, der Reihe nach solange zuerst durch 2, dann durch 3 und weiter durch die ungeraden Zahlen 5, 7, ... zu dividieren, wie das ohne Rest möglich ist und bis der Quotient den Wert 1 erreicht hat.

Aufgabe 1.6 (Potenzierungsfunktion)
Nachdem kaum eine Programmiersprache einen Potenzierungsoperator zur Berechnung von x^n für reellwertige x und ganzzahlige $n \geq 0$ zur Verfügung stellt, ist ein Algorithmus *Power* ($\downarrow x$: *real* $\downarrow n$: *int*): *real* für diese Operation gesucht.

Aufgaben

Aufgabe 1.7 (Ganzzahlige Quadratwurzel)
Die Quadratwurzel $y = \sqrt{x}$ ist mittels ganzzahliger Arithmetik (Datentyp *integer*) näherungsweise zu berechnen: Wenn x der gegebene ganzzahlige Radiand ist, soll jene ganze Zahl y berechnet werden, für die $y^2 \leq x < (y + 1)^2$ gilt. Gesucht ist ein Algorithmus *IntSquareRoot*(↓*x*: *int*): *int*, der y als Ergebnis liefert. Man kann voraussetzen, dass $x \geq 0$ und die Berechnung von $(2 \cdot x)^2$ möglich ist, also nicht zu einem Überlauf führt.

Aufgabe 1.8 (Näherungsweise Berechnung der Quadratwurzel)
Die Quadratwurzel $y = \sqrt{x}$ kann mit dem Newtonschen Näherungsverfahren für $x \geq 0$ wie folgt berechnet werden:

$$y_0 = \frac{x}{2} \text{ und } y_n = \frac{1}{2}\left(y_{n-1} + \frac{x}{y_{n-1}}\right) \text{ für } n > 0.$$

Gesucht ist ein Algorithmus *ApproxSquareRoot*(↓*x*: *real* ↓*eps*: *real*): *real*, der mit Newtons Verfahren eine Näherungslösung y_n für die Quadratwurzel von x liefert, sodass gilt $| y_n - y_{n-1} | < eps$.

Aufgabe 1.9 (Beurteilung und Verbesserung einer „Spezifikation")
„In einer automatisierten Anlage werden alle 100 ms an fünf verschiedenen Messplätzen Temperaturen gemessen. Gesucht ist ein Algorithmus, der basierend auf den letzten drei Messwerten Vorhersagen für die nächsten Messwerte berechnet. Es soll dazu von einer linearen Temperaturentwicklung an den Messplätzen ausgegangen werden. Damit in sehr kurzen Zeitintervallen die Vorhersagen überprüft werden können, soll die berechnete Temperatur um den mittleren Fehler der drei letzten Vorhersagen berichtigt werden."

Wie ist obige „Spezifikation" zu beurteilen? Ist sie z.B. vollständig? Wenn nicht, was fehlt? Wie könnte eine „bessere" Spezifikation aussehen und wie der Algorithmus, der sie implementiert?

Struktur und systematischer Entwurf von Algorithmen

2

ÜBERBLICK

Motivation

» *In Kapitel 1 haben wir uns mit den grundsätzlichen Eigenschaften von Algorithmen auseinander gesetzt und insbesondere definiert, was ein Algorithmus ist. Darauf aufbauend haben wir elementare Bausteine zur Konstruktion von Algorithmen eingeführt. Das alleine reicht aber noch nicht aus, um Algorithmen systematisch und mit einer akzeptablen Qualität entwickeln zu können. In diesem Kapitel wollen wir ausgehend von einer Diskussion über Struktureigenschaften und deren Einfluss auf die Strukturqualität von Algorithmen zeigen, wie man bei deren Entwurf vorgeht, d.h. wie man auf systematische und nachvollziehbare Art und Weise von einer Aufgabenstellung zu einer qualitativ hochwertigen algorithmischen Lösung gelangt.*

Ausgehend von den grundlegenden Konstrukten zur Gestaltung der (Ablauf-)Struktur von Algorithmen wird zuerst dargelegt, welche Folgen mit der Verwendung unbeschränkter Ablaufstrukturen im Hinblick auf die Strukturqualität von Algorithmen verbunden sind und welche Nachteile diese mit sich bringen. Nachdem der Leser Klarheit über die Nachteile der Verwendung unbeschränkter Ablaufstrukturen hat, wird gezeigt, wie man diese Nachteile – basierend auf Vorschlägen von Edsger W. Dijkstra – durch die Beschränkung auf fünf elementare Strukturmuster beseitigen und die Komplexität von Algorithmen meistern kann. Dann sind die Voraussetzungen dafür geschaffen, dass wir diskutieren können, wann ein Algorithmus als unstrukturiert zu bezeichnen ist und welche Eigenschaften vorhanden sein müssen, damit er als wohl strukturiert gelten kann. Da man in der Praxis oft unstrukturierten Algorithmen begegnet, wird auch erläutert, wie man diese systematisch in wohl strukturierte Algorithmen transformieren kann.

Damit die Qualität der Struktur von Algorithmen auch gemessen werden kann, werden Metriken (metrics) zur Feststellung der Ausprägung dieser Strukturqualität eingeführt, und es wird erläutert, welche Aussagekraft solchen Metriken zukommt bzw. welche Informationen aus ihnen gewonnen werden können.

Nachdem auch der Begriff der strukturierten Programmierung (structured programming) eingeführt ist und dem Leser klar ist, welche Eigenschaften das Ergebnis eines professionellen Algorithmen-Entwurfsprozesses aufweisen soll, kann darauf eingegangen werden, wie man einen solchen Entwurfsprozess gestalten kann. Anhand eines angemessenen Beispiels wird demonstriert, wie man auf systematische und nachvollziehbare Art und Weise von einer komplexen Aufgabenstellung zu einem System von Algorithmen für ihre Lösung gelangt. Dazu wird – zurückgehend auf Niklaus Wirths Vorschlag – das Prinzip der schrittweisen Verfeinerung (stepwise refinement) herangezogen und ein Vorgehensmodell für den systematischen Entwurf von Algorithmen vorgeschlagen. «

Ziele

Nach dem Lesen dieses Kapitels haben Sie Folgendes erreicht:

- Sie kennen die grundlegenden Konstrukte zur Strukturierung von Algorithmen und wissen, wie sich deren Verwendung auf die Strukturqualität auswirkt.
- Sie haben sich mit der Problematik unbeschränkter Ablaufstrukturen auseinander gesetzt und wissen, dass eine Beschränkung auf wenige Ablaufkonstrukte, die so genannten (*erweiterten*) *D-Diagramme*, sowohl möglich als auch sinnvoll ist, und Sie sind in der Lage, bei Bedarf unstrukturierte Algorithmen auf systematische Art und Weise in wohl strukturierte zu transformieren.
- Sie wissen, was man unter der Strukturqualität eines Algorithmus versteht, und dass man seine Strukturkomplexität mittels unterschiedlicher Metriken ermitteln kann.
- Sie kennen ein Verfahren für den systematischen Entwurf von Algorithmen(-Systemen).

2.1 Grundlegende Konstrukte zur Gestaltung der Struktur von Algorithmen

Unter einem Algorithmus verstehen wir – wie in Abschnitt 1.2 ausführlich dargelegt – im Wesentlichen ein schrittweises Problemlösungsverfahren, wobei jeder Schritt aus einer Anzahl eindeutig ausführbarer Aktionen besteht. Die einzelnen Schritte manifestieren sich sowohl in der Niederschrift des Algorithmus – wir nennen dies die *statische Struktur* des Algorithmus – als auch in der Ausführung des Algorithmus, d.h. in der zeitlichen Abfolge und Dauer der einzelnen Schritte, wir nennen dies die *dynamische Struktur* des Algorithmus.

Die wichtigsten Konstrukte zur Gestaltung der Struktur von Algorithmen und damit zur Steuerung der Reihenfolge der Ausführung der einzelnen Schritte haben wir bereits kennen gelernt:

- *binäre Verzweigungen* (in Form der *if*-Anweisung) und
- *Schleifen* (z.B. in Form der *while*-Schleife).

Mit diesen beiden Konstrukten ist es möglich, die Reihenfolge der einzelnen Schritte während der Ausführung eines Algorithmus über die sequenzielle Abfolge hinaus zu steuern. Die Ausführungsreihenfolge der Aktionen eines Algorithmus wird auch *Steuer-* oder *Kontrollfluss* (*flow of control* oder kurz *control flow*) genannt und die Konstrukte zu seiner Gestaltung werden dementsprechend als ***Kontrollstrukturen*** (*control structures*) bezeichnet.

Die Verständlichkeit eines Algorithmus oder der Aufwand, der erforderlich ist, um einen solchen zu verstehen und seine Korrektheit nachzuweisen, hängt nicht unwesentlich vom Grad der Übereinstimmung zwischen seiner statischen und dynamischen Struktur ab. Je besser die statische und die dynamische Struktur übereinstimmen, umso einfacher kann ein Algorithmus verstanden werden. Die Verständlichkeit ist ein wichtiges Qualitätsmerkmal von Algorithmen. Daher ist bei deren Entwicklung und Formulierung darauf zu achten, dass eine möglichst hohe Korrespondenz zwischen statischer und dynamischer Struktur entsteht.

2.2 Unbeschränkte Ablaufstruktur und Konsequenzen

Die ersten Computer mussten Anfang der 1950-er Jahre noch in Maschinensprache, einer Folge von Nullen und Einsen, dem so genannten *Binärcode* (*binary code*), programmiert werden. Dies war mühsam und fehleranfällig, weil die konkrete Bedeutung von solchen 0/1-Folgen vom Menschen nur schwer erfasst und verstanden werden kann.

Auf die Maschinensprachen folgten Assemblersprachen, bei denen die Lesbarkeit durch die Einführung von leicht merkbaren – deshalb im Engl. mit *mnemonics* bezeichneten – Sprachkonstrukten wie *add*, *sub*, *load* und *store* zwar verbessert wurde, die aber immer noch höchst unbefriedigend waren.

Mitte/Ende der 1950-er Jahre wurde die erste höhere Programmiersprache mit dem Ziel entwickelt, dem Programmierer eine Notation zu bieten, in der er Algorithmen in einer an die aus der Mathematik bekannten Schreibweise angelehnten Form – vor allem für arithmetische Ausdrücke – formulieren konnte: *FORTRAN* (Abkürzung für *formula translator*). FORTRAN war zwar gut für die Beschreibung von Berechnungsverfahren geeignet, aber Verfahren zur Manipulation großer und komplex strukturierter Datenmengen, die beispielsweise bei betriebswirtschaftlichen Aufgabenstellungen anzutreffen waren und sind, konnten damit nicht adäquat beschrieben werden. Für diesen Zweck wurde Anfang der 1960-er Jahre *COBOL* (Abkürzung für *common business oriented language*) entwickelt.

Trotz der unterschiedlichen Notationen und Einsatzgebiete waren beide Sprachen (FORTRAN und COBOL) in einer Hinsicht ähnlich: Der Ablauf, also die Reihenfolge der Ausführung der einzelnen Anweisungen, wurde im Wesentlichen mit (*bedingten* oder *unbedingten*) *Sprunganweisungen* (*jump* oder *goto statements*) unter Angabe des Sprungziels in Form von *Anweisungsmarken* (*labels*) gesteuert. Mit diesen Sprunganweisungen lassen sich neben Verzweigungen (z.B. *if*-Anweisungen) und Schleifen (z.B. *while*-Anweisungen) auch andere, beliebig „verzahnte", so genannte *unbeschränkte Ablaufstrukturen* realisieren.

Die Verwendung solch unbeschränkter Ablaufstrukturen zieht eine Reihe negativer Konsequenzen nach sich:

- Es gibt wenig oder keine Übereinstimmung zwischen der statischen und der dynamischen Struktur eines Algorithmus; dies wirkt sich negativ auf die Lesbarkeit und die Verständlichkeit aus.

- Es sind unendlich viele „Strukturmuster“ möglich, eine Wiedererkennung von Mustern ist praktisch unmöglich und die sich aus der Wiedererkennung ergebenden Vorteile können nicht genutzt werden.
- Die Anzahl der möglichen Wege durch einen Algorithmus steigt mit dem Quadrat der Anzahl der Schritte. Vereinfacht gesagt ist z.B. ein doppelt so langer Algorithmus viermal so schwer zu verstehen.

Beispiel 2.1 zeigt ein einfaches Beispiel einer unbeschränkten Ablaufstruktur.

Beispiel 2.1 ***n* + ½-Schleife**

Das folgende, in Pseudocode notierte Algorithmenfragment zeigt ein einfaches Beispiel einer unbeschränkten Ablaufstruktur mit zwei Sprunganweisungen, wobei die *Ai* beliebige Aktionen (*actions*) darstellen und *C* für eine beliebige Bedingung (*condition*) steht.

```
        ...
label1: A1
        if C then
          goto label2   -- conditional goto
        end -- if
        A2
        goto label1     -- unconditional goto
label2: ...
```

▶Abbildung 2.1 zeigt dieses Algorithmenfragment in Form eines Ablaufdiagramms in reduzierter Notation (vgl. Abschnitt 1.6). Durch die grafische Darstellung ist – im Gegensatz zur obigen Darstellung in Pseudocode – sofort erkennbar, dass das Codestück eine Schleife beschreibt, aus deren Mitte „herausgesprungen“ wird, sobald die Bedingung *C* erfüllt ist. Dieses Konstrukt wird deshalb auch als „*n* + ½-Schleife“ bezeichnet, weil der letzte Schleifendurchlauf nur mehr „zur Hälfte“ erfolgt.

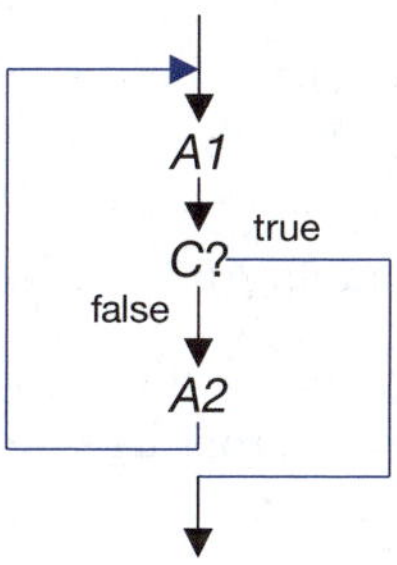

Abbildung 2.1: Ablaufdiagramm für die unbeschränkte Ablaufstruktur „*n* + ½-Schleife“

Im Informatiker-Jargon bezeichnet man Algorithmen mit unbeschränkten Ablaufstrukturen auch als *Spaghetti-Code*: Wie auf einem Teller voller Spaghetti, bei dem nicht so einfach feststellbar ist, welche Enden zu welcher Nudel gehören, ist es auch bei Algorithmen mit unbeschränkten Ablaufstrukturen höchst mühsam, den Kontrollfluss nachzuvollziehen und somit den Algorithmus zu verstehen.

Noch heute ist weltweit eine Unmenge von Spaghetti-Code im Einsatz, z.B. in FORTRAN-Bibliotheken, die gerne bei technisch-wissenschaftlichen Aufgabenstellungen genutzt werden – da viele dieser Bibliotheken frei verfügbar waren und es auch heute noch (über das Internet) sind.

Beispiel 2.2 zeigt ein typisches Exemplar von Spaghetti-Code in FORTRAN.

Das Beispiel 2.2 mit der Funktion *SNRM2* aus der Bibliothek BLAS zeigt auf eindrückliche Art und Weise, was dabei herauskommen kann, wenn man unbeschränkte Ablaufstrukturen bedenkenlos benutzt. Der Leser möge selbst versuchen, herauszufinden, welche Logik hinter diesem Algorithmus steckt. Wir bezeichnen solche Algorithmen als *unstrukturierte Algorithmen*.

Beispiel 2.2 BLAS-Funktion *SNRM2*

Eine häufig verwendete FORTRAN-Bibliothek ist *BLAS* (Akronym für *basic linear algebra system*), im Internet zu finden unter *www.netlib.org*. BLAS enthält z.B. die Funktion *SNRM2* zur Berechnung der Euklidschen Norm eines Vektors. Da dies ein Paradebeispiel für Spaghetti-Code ist, wollen wir sie hier zeigen, um die Unübersichtlichkeit solcher Algorithmenstrukturen zu illustrieren.

▶Abbildung 2.2 zeigt links den für die Struktur von *SNRM2* relevanten abstrahierten FORTRAN-Code (die Bedingungen sind durch *Ci*, die Aktionen durch *Ai* ersetzt und die farbig hinterlegten Zahlen am Beginn einer Zeile sind die Anweisungsmarken) und rechts das entsprechende Ablaufdiagramm.

FORTRAN bietet – wie im linken Teil der Abbildung 2.2 in der mit 20 markierten Zeile und farbig hervorgehoben beispielhaft zu sehen ist – eine Anweisung, die abhängig vom Wert einer Variablen (hier *NEXT*) an verschiedene Stellen im Programm verzweigen kann (*assigned goto statement*). Gerade diese Anweisung führt zu schwer zu durchschauenden Ablaufstrukturen.

Die *DO*-Schleife in FORTRAN – in Abbildung 2.2 links ummittelbar nach der Anweisungsmarke 85 und wieder farbig hervorgehoben – entspricht der Zähl- oder *for*-Schleife aus Abschnitt 1.3.

```
    ...
    IF (C1) GOTO 10

    A1
    GOTO 300

10  A2
20  GOTO NEXT (30,50,70,110)

30  A3

50  IF (C2) GOTO 200

    IF (C3) GOTO 85
    A4
    GOTO 105

100 A5
105 A6
    GOTO 115

70  IF (C4) GOTO 75

110 IF (C5) GOTO 115

    A7
    GOTO 200

115 A8
    GOTO 200

75  A9
85  A10
    DO 95 J=I,NN,INCX

      IF (C6) GOTO 100

95  A11

    GOTO 300

200 A12

    IF (C7) GOTO 20

    A13

300 A14
    ...
```

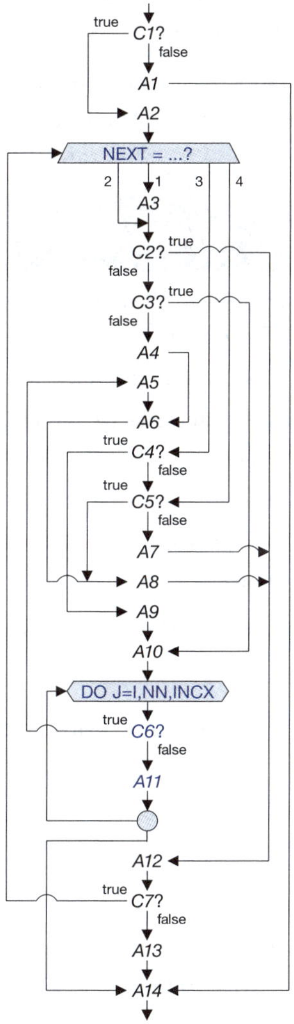

Abbildung 2.2: Abstrahierter FORTRAN-Code (links) und Ablaufdiagramm (rechts) für *SNRM2*

Obwohl schon Mitte der 1960-er Jahre vielfach Kritik an der Verwendung der Sprunganweisung aufgekommen ist, hat erst gegen Ende dieses Jahrzehnts ein Umdenken eingesetzt, nachdem Edsger W. Dijkstra in einem viel beachteten Brief mit dem Titel „Go To Statement Considered Harmful" in den *Communications of the ACM* [Dijkstra 1968] dazu aufgefordert hatte, die „primitiven" Sprunganweisungen möglichst nicht mehr zu verwenden, um dem Ziel – das wir auch in Abschnitt 2.1 erörtert haben – näher zu kommen: die konzeptionelle Kluft zwischen dem Text eines Programms (seiner statischen Struktur) und dem Prozess seiner Ausführung (seiner dynamischen Struktur) möglichst klein zu halten.

2.3 Beschränkte Ablaufstrukturen: D-Diagrammkonstrukte

Edsger W. Dijkstra hat Ende der 1960-er Jahre vorgeschlagen, sich bei der Formulierung von Algorithmen auf fünf Strukturmuster zu beschränken. Diese Strukturmuster sind nach ihm benannt und werden *Dijkstra-Diagramme*, kurz *D-Diagramme*, genannt.

Definition: *Dijkstra- oder D-Diagramme*

1. Die einfache Aktion A (z.B. die Wertzuweisung oder der Aufruf eines Algorithmus) ist ein Dijkstra- oder D-Diagramm.
2. Wenn $A1$ und $A2$ D-Diagramme sind, so sind auch
   - $A1$; $A2$ (die Hintereinander-Ausführung oder Sequenz von Aktionen),
   - *if condition then* $A1$ *end* (die einseitige binäre Verzweigung),
   - *if condition then* $A1$ *else* $A2$ *end* (die zweiseitige binäre Verzweigung) und
   - *while condition do* $A1$ *end* (die Abweis- oder *while*-Schleife)
   - D-Diagramme.
3. Nichts anderes ist ein D-Diagramm.

▶Abbildung 2.3 zeigt die fünf D-Diagrammkonstrukte in Form von Ablaufdiagrammen.

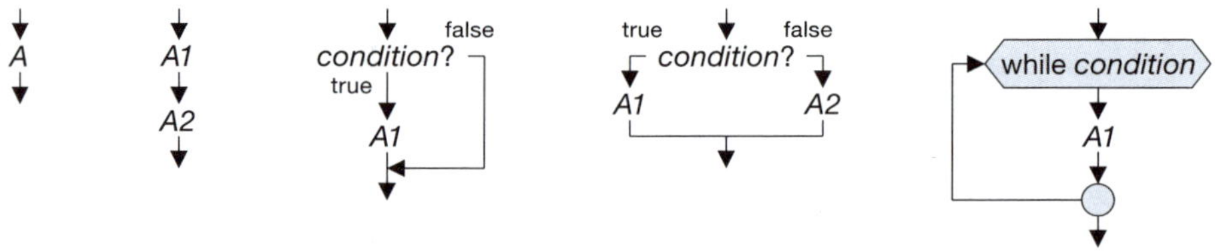

Abbildung 2.3: Die fünf D-Diagramm-Konstrukte

Folgende zwei Eigenschaften (illustriert in ▶Abbildung 2.4) zeichnen D-Diagramme aus:

1. Alle D-Diagramme sind so genannte 1:1-Konstrukte. D.h. jedes solche Konstrukt hat genau einen Eintrittspunkt (*entry point*) und genau einen Austrittspunkt (*exit point*).
2. D-Diagramme können beliebig tief „ineinander verschachtelt“ werden, wodurch sich unterschiedlich große, aber strukturell einfach zu erfassende Algorithmen konstruieren lassen, die wiederum ein D-Diagramm darstellen.

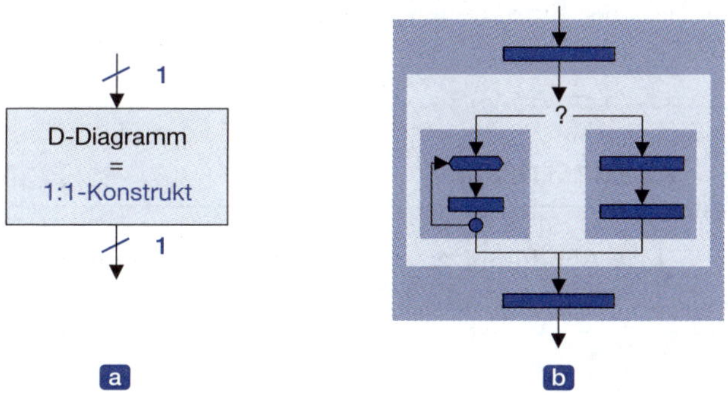

Abbildung 2.4: D-Diagramme als 1:1-Konstruktionen (a), die beliebig tief (hier dreifach) ineinander geschachtelt werden können (b)

Aus der Beschränkung auf diese fünf Konstrukte zur Gestaltung der Ablaufstruktur von Algorithmen ergeben sich folgende Vorteile:

- Eine gute Übereinstimmung zwischen der statischen und der dynamischen Struktur eines Algorithmus; dies wirkt sich positiv auf die Lesbarkeit, die Verständlichkeit und die Verifizierbarkeit eines Algorithmus aus.
- Die wenigen, einfachen Strukturmuster kann man sich leicht einprägen, so dass sich bei der Analyse von Algorithmen schnell eine „strukturelle Vertrautheit" einstellt. Dies erleichtert ebenfalls das Verstehen und Verifizieren von Algorithmen.
- Die Anzahl der möglichen Ausführungspfade steigt nicht mehr – wie bei unbeschränkten Ablaufstrukturen – mit dem Quadrat der Anweisungen. Vereinfacht gesagt ist z.B. ein doppelt so langer Algorithmus nur mehr doppelt so schwer zu verstehen.

Corrado Böhm und Giuseppe Jacopini haben schon im Jahr 1966 einen Beweis dafür geliefert, dass jeder Algorithmus, der sich aus unbeschränkten Ablaufstrukturen zusammensetzt, in einen semantisch äquivalenten Algorithmus transformiert werden kann, der nur mehr aus D-Diagrammkonstrukten besteht [Böhm u. Jacopini 1966]. Damit steht auch fest, dass jeder Algorithmus von vornherein nur unter Zuhilfenahme von D-Diagrammkonstrukten formuliert werden kann. Wir bezeichnen solche Algorithmen, die nur aus D-Diagrammkonstrukten zusammengesetzt sind, als *wohl strukturierte* Algorithmen.

2.3.1 Transformation unbeschränkter Ablaufstrukturen in D-Diagramme

Wir gehen hier nicht auf das von Corrado Böhm und Giuseppe Jacopini in ihrem Beweis skizzierte Transformationsverfahren ein, weil dieses auf einer speziellen Programmiersprache von Böhm basiert, die hier zu erläutern nicht sinnvoll ist. Stattdessen zeigen wir mögliche und allgemeine Vorgehensweisen für die Transformation unstrukturierter in wohl strukturierte Algorithmen, die von Donald E. Knuth und Gordon Oulsnam stammen.

In Beispiel 2.3 (a) bis (c) – führen wir vor, wie man diese Vorgehensweisen in einem konkreten Fall anwenden kann.

Beispiel 2.3 (a) **Kreuzstruktur**

Gegeben sei die in ▶Abbildung 2.5 dargestellte (unstrukturierte) Algorithmenstruktur, die aufgrund ihrer Form auch als *Kreuzstruktur* (*cross structure*) bezeichnet wird.

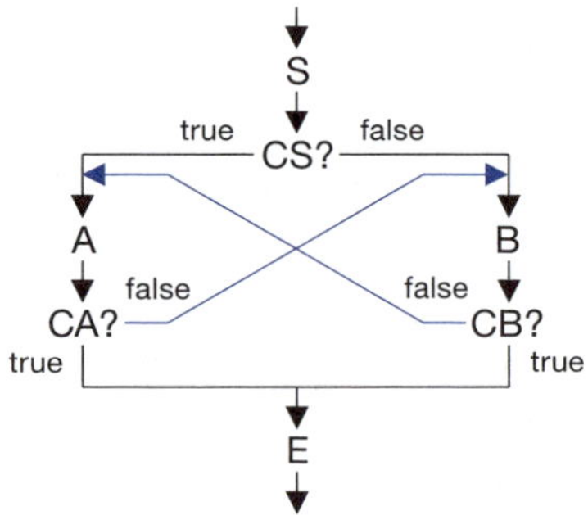

Abbildung 2.5: Kreuzstruktur

Die Kreuzstruktur kann als Grundstruktur für einen Algorithmus, der ein Zweipersonenspiel (z.B. Schach) realisiert, herangezogen werden: Nach dem Start (Aktion *S*) wird entschieden (*condition after start*, kurz *CS*), welcher der beiden Spieler (*A* oder *B*) den ersten Zug macht. Dann führt der jeweilige Spieler seinen Zug (Aktion *A* oder *B*) aus und anschließend wird geprüft (durch die Bedingungen *CA* oder *CB*), ob das Spiel durch diesen Zug beendet ist. Wenn das nicht der Fall ist, führt der jeweils andere Spieler seinen Zug aus. Das geht solange, bis eine der beiden Bedingungen (*CA* oder *CB*) erfüllt ist. Dann ist das Spiel zu Ende (Aktion *E*) und der Algorithmus endet.

Gesucht ist eine semantisch äquivalente Algorithmenstruktur, die sich nur aus D-Diagrammkonstrukten zusammensetzt, also wohl strukturiert ist.

2.3.2 Transformation nach Knuth

Die von Donald E. Knuth in [Knuth 1974] beschriebene Transformationsidee beruht darauf, dass ein Algorithmus in der Regel aus einer Menge von Aktionen und binären Verzweigungen besteht, wobei jede Aktion einen und jede Verzweigung zwei Nachfolger hat. Wenn man das Ende eines Algorithmus als eine spezielle Aktion auffasst, so ist sie die einzige, die keinen Nachfolger hat.

Werden alle Aktionen und Verzweigungen eines Algorithmus mit unbeschränkter Ablaufstruktur eindeutig (in beliebiger Reihenfolge) nummeriert, kann ein strukturell einfacher „Simulationsalgorithmus“ formuliert werden, der den ursprünglichen Algorithmus nur mittels D-Diagrammkonstrukten (einer *while*-Schleife mit darin enthaltenen *if*-Anweisungen) nachbildet bzw. es gestattet, ihn zu simulieren. Dazu wird eine *integer*-Variable (z.B. mit der Bezeichnung *next*) eingeführt, um darin jeweils die Nummer der nächsten Aktion oder Verzweigung zu speichern und damit den Ablauf zu steuern. Dadurch ergibt sich folgende D-Diagramm-konforme Algorithmenstruktur (hier in Pseudocode notiert):

```
DDiagramm() -- simulation of numbered unrestricted control structure
  var next: int
begin
  next := numberOfFirstAction
  while next ≠ numberOfLastAction do
    if next = numberOfFirstAction then
      FirstAction
      next := numberOfSecondAction
    else
      if next = numberOfSecondAction then
      ... -- simulation of all the other actions
    end -- if
  end -- while
end DDiagramm
```

Beispiel 2.3 (b) Transformation der Kreuzstruktur in ein D-Diagramm nach Knuth

Für die in Beispiel 2.3 (a) beschriebene Kreuzstruktur zeigt ▶Abbildung 2.6 im linken Teil (a) eine mögliche Nummerierung der Aktionen und Verzweigungen und im rechten Teil (b) ein Fragment des Ablaufdiagramms für den Knuthschen „Simulationsalgorithmus" dieser Kreuzstruktur, in dem nur mehr D-Diagrammkonstrukte vorkommen.

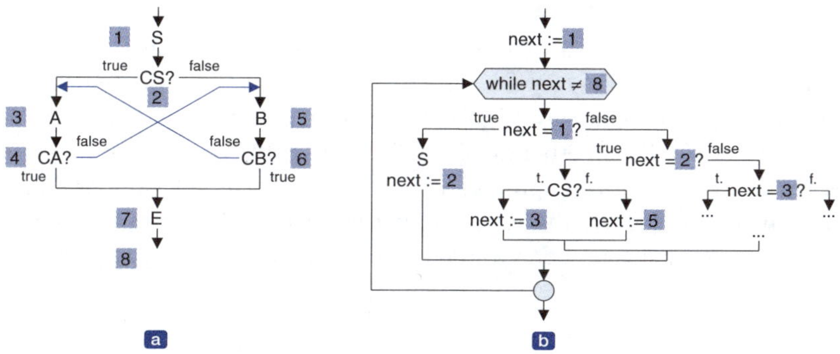

Abbildung 2.6: Nummerierte Kreuzstruktur in (a) und als D-Diagramm nach Knuth in (b)

Beispiel 2.3 (b) zeigt die Transformation der Kreuzstruktur aus Beispiel 2.3 (a) nach dem Verfahren von Knuth.

Der **Vorteil** der Transformation nach Knuth ist, dass sie einfach, ja sogar automatisierbar ist und zu einem wohl strukturierten Algorithmus führt. Der gravierende *Nachteil* ist, dass die Struktur des ursprünglichen Algorithmus völlig verloren geht. Dessen Struktur wird bei der Ausführung des „Simulationsalgorithmus“ nur mehr durch die Abfolge der Werte in der Zustandsvariablen *next* repräsentiert.

2.3.3 Transformation nach Oulsnam

Gordon Oulsnam hat in [Oulsnam 1982] zwei Verfahren für die Transformation unbeschränkter Ablaufstrukturen in D-Diagramme vorgeschlagen. Beim einen werden *boolesche Hilfsvariablen* eingeführt und beim anderen wird *Codeverdopplung* vorgenommen. Bei beiden Verfahren bleibt die Struktur des ursprünglichen Algorithmus weitgehend erhalten. Der Preis dafür ist, dass diese Transformation im Vergleich zum Verfahren von Knuth nicht mehr so einfach und nicht mehr automatisierbar ist. Zwar zeigte Oulsnam für vier typische Muster unbeschränkter Ablaufstrukturen, wie diese in D-Diagramme transformiert werden können, allerdings ist schon die Identifikation dieser vier Muster nicht immer einfach und es können darüber hinaus weitere Muster in unstrukturierten Algorithmen vorkommen.

Wir greifen auf die Idee von Oulsnam zurück und verwenden die beiden vorgeschlagenen Hilfsmittel (boolesche Hilfsvariablen und/oder Codeverdopplung), um die Transformation dann durch „scharfes Hinsehen“ durchzuführen.

Bevor wir uns in Beispiel 2.3 (c) ein zweites Mal der Transformation der Kreuzstruktur aus Beispiel 2.3 (a) widmen, zeigen wir in Beispiel 2.4 und Beispiel 2.5 einfache Anwendungen des Verfahrens von Oulsnam. Beispiel 2.4 illustriert zwei Möglichkeiten der Transformation der Durchlaufschleife.

Beispiel 2.4 Transformationen der Durchlaufschleife in D-Diagramme nach Oulsnam

Eine besonders einfache Anwendung des Verfahrens von Oulsnam haben wir – ohne darauf hinzuweisen – bereits im Abschnitt 1.3 gezeigt, um eine Durchlaufschleife (in ▶Abbildung 2.7 (a) dargestellt), die kein D-Diagramm ist, in das D-Diagramm Abweisschleife (in Abbildung 2.7 (b) dargestellt) zu transformieren; allerdings um den Preis der Verdopplung der Aktion *A*. Diese Codeverdopplung kann mithilfe einer booleschen Hilfsvariablen (hier mit der für diesen Zweck passenden Bezeichnung *looping*) vermieden werden (wie in Abbildung 2.7 (c) dargestellt).

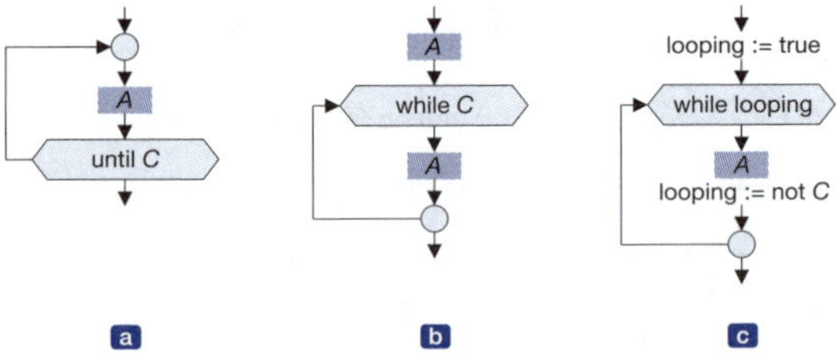

Abbildung 2.7: Transformationen der Durchlaufschleife aus (a) in D-Diagramme in (b) und (c)

Beispiel 2.5 zeigt zwei Möglichkeiten zur Transformation der $n + ½$-Schleife aus Beispiel 2.1.

Beispiel 2.5

Transformationen der $n + ½$-Schleife in D-Diagramme nach Oulsnam

Die $n + ½$-Schleife aus Beispiel 2.1 (in ▸Abbildung 2.8 (a) dargestellt), die kein D-Diagramm ist, kann wiederum mittels Codeverdopplung (in Abbildung 2.8 (b) dargestellt) oder mithilfe einer booleschen Hilfsvariablen (wie in Abbildung 2.8 (c) dargestellt) in eine wohl strukturierte, d.h. eine D-Diagramm-konforme Struktur transformiert werden.

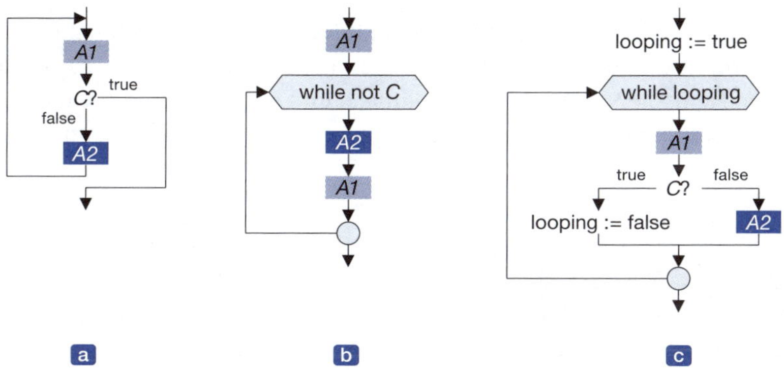

Abbildung 2.8: Transformationen der „$n + ½$-Schleife" aus (a) in D-Diagramme in (b) und (c)

Auf den ersten Blick mag die Variante mit Codeverdopplung attraktiver erscheinen. Wenn es sich bei der Aktion *A1* allerdings um ein umfangreiches Codestück handelt, sollte entweder eine boolesche Hilfsvariable verwendet oder das Codestück in einen eigenen Algorithmus ausgelagert werden, der dann an zwei Stellen aufgerufen wird.

Für komplexere Transformationsaufgaben ist es sinnvoll und im Sinne einer strukturell guten Lösung notwendig, sowohl boolesche Hilfsvariablen als auch Codeverdopplung zu verwenden, wobei Codeverdopplung nur sparsam und nur für kurze Codestücke verwendet werden sollte.

Beispiel 2.3 (c) zeigt die Kombination beider Mittel anhand der Transformation der Kreuzstruktur aus Beispiel 2.1.

Die Transformationen in Beispiel 2.3 (b), Beispiel 2.3 (c), Beispiel 2.4 und Beispiel 2.5 zeigen, wie durch Einführung sinnvoll benannter boolescher Hilfsvariablen und/oder durch maßvolle Verdopplung bestimmter Codestücke unstrukturierte Algorithmen in wohl strukturierte überführt und somit die Nachteile unbeschränkter Ablaufstrukturen beseitigt werden können. Die Beispiele zeigen auch, dass bei richtiger Anwendung der Transformationsprinzipien von Oulsnam die ursprüngliche Struktur eines Algorithmus weitgehend erhalten werden kann. Bei ungeschickter Umsetzung der Transformationsprinzipien können sich allerdings auch Fehler einschleichen, es kann die ursprüngliche Struktur (und damit die dahinter liegende Lösungsidee) verloren gehen und letztendlich ein schlechteres Ergebnis herauskommen, als bei der Anwendung des Verfahrens von Knuth, bei dem kaum Fehler passieren können. Es gibt auch Werkzeuge, so genannte Reengineering-Werkzeuge, mit denen für bestimmte Programmiersprachen, vor allem FORTRAN-Dialekte, eine automatische Umwandlung unbeschränkter Ablaufstrukturen in D-Diagramme durchgeführt werden kann (siehe z.B. [Müller 1997]).

Beispiel 2.3 (c)

Transformation der Kreuzstruktur in ein D-Diagramm nach Oulsnam

Die Kreuzstruktur aus Beispiel 2.1, in ▶Abbildung 2.9 (a) noch einmal dargestellt, lässt sich mit zwei booleschen Hilfsvariablen (z.B. mit den für diese Anwendung passenden Namen *aNext* und *looping*) einfach und strukturerhaltend in ein D-Diagramm transformieren. Das Resultat ist in Abbildung 2.9 (b) dargestellt.

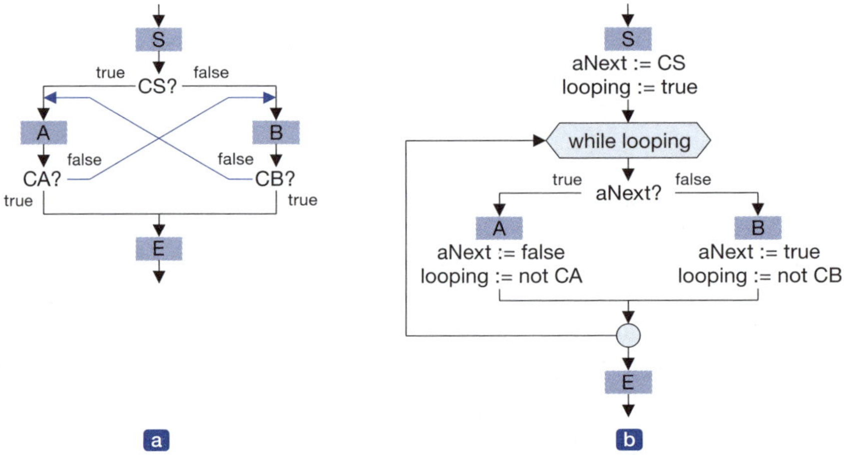

Abbildung 2.9: Kreuzstruktur in (a) als D-Diagramm in (b)

Das Ziel ist selbstverständlich, von vornherein unbeschränkte Ablaufstrukturen zu vermeiden und nur wohl strukturierte Algorithmen zu entwickeln. Aus komplexem, unverständlichem Spaghetti-Code wird in der Regel auch durch Anwendung der oben gezeigten Transformationsprinzipien (egal ob nach Knuth oder nach Oulsnam) oder durch die automatische Transformation mithilfe von Reengineering-Werkzeugen selten im Nachhinein eine qualitativ hochwertige Algorithmenstruktur gewonnen. Deshalb konzentrieren wir uns darauf, die Struktur von Algorithmen von vornherein so zu gestalten, dass das Ziel, dass der entwickelte Algorithmus mit möglichst geringem Aufwand verifiziert, an neue Anforderungen angepasst und von anderen verstanden werden kann, auch tatsächlich erreicht wird.

2.4 Erweiterte D-Diagrammkonstrukte

Während sich viele Praktiker mit der Ächtung der Sprunganweisung durch Edsger W. Dijkstra, wohl auch aus eigenen leidvollen Erfahrungen, die sie damit gemacht hatten, identifizieren konnten, ging ihnen die von Dijkstra propagierte Beschränkung auf die fünf D-Diagrammkonstrukte (siehe Definition und ▶Abbildung 2.3) zur Gestaltung der Ablaufstruktur von Algorithmen zu weit.

Es wurde argumentiert, dass es über die fünf D-Diagrammkonstrukte hinausgehend durchaus Konstrukte zur Gestaltung der Ablaufstruktur von Algorithmen gibt, die eine adäquate Umsetzung von Lösungsideen zusätzlich unterstützen und so zur Verbesserung der Lesbarkeit beitragen, ohne deren Wohlstrukturiertheit zu gefährden.

Wir schließen uns dieser Meinung an und lassen neben den fünf D-Diagrammkonstrukten noch die im Folgenden erläuterten Konstrukte zur Gestaltung der Ablaufstruktur von Algorithmen zu:

- Die Mehrfachverzweigung, bei der in Abhängigkeit vom Wert eines Ausdrucks die Auswahl eines aus mehreren Zweigen (und nicht nur aus zweien, wie bei der binären Verzweigung) getroffen werden kann. Wir notieren die Mehrfachverzweigung im Pseudocode in Form der *case*-Anweisung, wobei ein optionaler *otherwise*-Zweig alle Fälle berücksichtigt, die nicht explizit durch andere Zweige abgedeckt sind (Beispiel 2.6 zeigt eine Anwendung der *case*-Anweisung). Wesentlich ist, dass alle Zweige am Ende des Konstrukts wieder zusammengeführt und damit unbeschränkte Ablaufstrukturen verhindert werden.
- Die Durchlauf- oder *repeat*-Schleife sowie die Zähl- oder *for*-Schleife, die wir beide bereits eingeführt haben. Darüber hinaus die Endlosschleife, die wir im Pseudocode als *loop*-Schleife notieren und deren Abbruch durch eine spezielle Anweisung innerhalb der Schleife erfolgen kann. Wir notieren die Abbruchanweisung im Pseudocode als *break*-Anweisung (eine Anwendung der *loop*- und *break*-Anweisung zeigt ebenfalls Beispiel 2.6).
- Eine Anweisung für das Beenden eines Algorithmus und das Liefern eines Ergebnisses, wenn die Anweisung in einem Funktionsalgorithmus vorkommt. Wir notieren sie im Pseudocode als *return*-Anweisung mit einem Ausdruck dahinter, falls ein Funktionsergebnis zu liefern ist.
- Und schließlich eine spezielle Anweisung, um die Ausführung eines Algorithmus (z.B. nach dem Auftreten einer Fehlersituation) abzubrechen. Wir notieren sie im Pseudocode als *halt*-Anweisung (Beispiel 2.6 zeigt auch eine Anwendung der *halt*-Anweisung im Fehlerfall).

Diese zusätzlichen Konstrukte werden aus der Sicht der Praxis als nützlich und im Hinblick auf die Strukturqualität als unbedenklich angesehen und, um sie von den D-Diagrammkonstrukten abzugrenzen, als *erweiterte* D-Diagrammkonstrukte bezeichnet.

Beispiel 2.6

Kreuzstruktur als erweitertes D-Diagramm nach Knuth

Das in Abschnitt 2.4 vorgestellte Verfahren von Knuth zur Transformation unbeschränkter Ablaufstrukturen in D-Diagramme – siehe Beispiel 2.3 (b) – liefert im Wesentlichen eine Schleife, in der aufgrund des aktuellen Werts einer *integer*-Variablen *next* entschieden wird, welche Aktion auszuführen oder welche Bedingung zu prüfen ist. ▶Abbildung 2.6 (b) zeigt ein entsprechendes Algorithmenfragment in Form eines Ablaufdiagramms, in dem eine *while*-Schleife und mehrere ineinander geschachtelte binäre Verzweigungen verwendet werden, um ein (reines) D-Diagramm für die Kreuzstruktur zu erhalten.

Verwendet man eine Endlosschleife (*loop*) und eine Mehrfachverzweigung (*case*), so ergibt sich ein strukturell einfacherer Algorithmus, der ein erweitertes D-Diagramm darstellt. In Pseudocode notiert, sieht das entsprechende Algorithmenfragment für die Kreuzstruktur folgendermaßen aus, wobei die Nummern der Aktionen und Verzweigungen der ▶Abbildung 2.6 (a) entsprechen.

```
...
  next := 1
  loop
    case next of
    | 1: S; next := 2
    | 2: if CS then next := 3 else next := 5 end
    | 3: A; next := 4
    | 4: if CA then next := 7 else next := 5 end
    | 5: B; next := 6
    | 6: if CB then next := 7 else next := 3 end
    | 7: E; break   -- end the loop
    otherwise: halt -- error when (next < 1) or (next > 7)
    end -- case
  end -- loop
...
```

Hinweis: Vor allem aus Platzgründen sind in obigem Algorithmus mehrere Anweisungen sowie die *if*-Anweisungen in einer Zeile notiert.

2.5 Strukturkomplexität von Algorithmen und strukturierte Programmierung

Den Begriff *Strukturqualität* eines Algorithmus haben wir bereits verwendet, ohne diesen explizit zu definieren. Wir haben Algorithmen als wohl strukturiert bezeichnet, wenn sie sich aus D-Diagrammkonstrukten zusammensetzen, und diskutiert, welche Vorteile sich aus der Wohlstrukturiertheit gegenüber unstrukturierten, aus unbeschränkten Ablaufstrukturen zusammengesetzten Algorithmen ergeben. Um auch quantitative, abgestützte Aussagen über die Strukturqualität eines Algorithmus machen zu können oder einen Algorithmus in dieser Hinsicht mit anderen Algorithmen vergleichen zu können, benötigt man geeignete Maßzahlen, auch Metriken genannt. Diese Metriken dienen zur Ermittlung der Strukturkomplexität eines Algorithmus, die im Wesentlichen durch die Anzahl der Elemente, die Anzahl der möglichen Beziehungen zwischen den Elementen und der Verschiedenartigkeit dieser Beziehungen gegeben ist.

Es existiert eine Fülle von Metriken, die vorgeschlagen wurden, um Algorithmen im Hinblick auf ihre Strukturqualität (und andere Qualitätsaspekte) zu bewerten. Wir greifen nur einige wenige heraus, um einerseits die unterschiedliche Aussagekraft solcher Metriken zu illustrieren und diese andererseits für unsere Zwecke hinreichend zur Beurteilung der Strukturqualität von Algorithmen zur Verfügung zu haben.

2.5.1 Umfangsmetriken

Die einfachsten Metriken beziehen sich auf den Umfang, d.h. die *Größe* oder *Länge* eines Algorithmus (siehe dazu z.B. [Balzert 2001]).

Liegt ein Algorithmus in Pseudocode oder in einer Programmiersprache vor, so ist eine einfache und häufig verwendete Umfangsmetrik die Anzahl der Codezeilen (*lines of code*, kurz *LOC*). Diese Metrik liefert nur eine sehr grobe Einschätzung, die noch dazu vom Programmierstil, von der Anordnung der Anweisungen und von spezifischen Merkmalen der verwendeten Sprache abhängig ist. Sie liefert keinerlei Aussagen über die Strukturqualität. Man kann zu Recht fragen, ob diese Metrik überhaupt eine Aussagekraft hat. Dennoch ist sie in der Praxis häufig anzutreffen.

2.5.2 Metriken nach Halstead

Maurice H. Halstead hat in [Halstead 1977] fünf Metriken vorgeschlagen, die zur Beurteilung der Komplexität eines Algorithmus nicht nur seinen Umfang (in Form seiner „Länge" N, siehe Tabelle 2.2) in Betracht ziehen, sondern vor allem die „Schwierigkeit" der in ihm enthaltenen Berechnungen berücksichtigen. Dafür müssen zuvor die vier in Tabelle 2.1 genannten Eigenschaften $n1$, $N1$, $n2$ und $N2$ aus der Beschreibung eines Algorithmus ermittelt werden.

Tabelle 2.1

Eigenschaften zur Berechnung der Halstead-Metriken

	Anzahl unterschiedlicher ...	Gesamtanzahl der verwendeten ...
... Operatoren	$n1$	$N1$
... Operanden	$n2$	$N2$

Für die Ermittlung der in Tabelle 2.1 genannten Eigenschaften gelten als Operatoren nicht nur die mathematischen Operatoren (z.B. die arithmetischen +, −, *, / und die relationalen =, <, >, ...), sondern auch Symbole (z.B. := und |...:) sowie Schlüsselwörter (z.B. *if* und *while*), die Aktionen in einem Algorithmus auslösen. Als Operanden werden alle Elemente eines Algorithmus gewertet, die Daten repräsentieren (vor allem Literale, Konstanten, Variablen, aber auch Sprungmarken).

Aus den vier Eigenschaften in Tabelle 2.1 können die in Tabelle 2.2 definierten fünf Halstead-Metriken n, N, V, D, und E berechnet werden.

Tabelle 2.2

Halstead-Metriken und ihre Berechnung

Halstead-Metrik	Bezeichnung	Formel
Größe d. Alphabets (*vocabulary*)	n	$n = n1 + n2$
Länge (*length*)	N	$N = N1 + N2$
Volumen (*volume*)	V	$V = N \cdot log_2 n$
Schwierigkeit (*difficulty*)	D	$D = (n1 / 2) \cdot (N2 / n2)$
Aufwand (*effort*)	E	$E = D \cdot V$

In Beispiel 2.7 zeigen wir die Berechnung der Halstead-Metriken für den Algorithmus aus Beispiel 2.6.

Beispiel 2.7

Halstead-Metriken für den Algorithmus aus Beispiel 2.6

Für den Pseudocode-Algorithmus aus Beispiel 2.6, der nach der Methode von Knuth die Kreuzstruktur in Form eines erweiterten D-Diagramms simuliert, zeigt Tabelle 2.3 die Berechnung der vier Eigenschaften $n1$, $n2$, $N1$ und $N2$ zur Ermittlung der Halstead-Metriken.

Tabelle 2.3

Berechnung der vier Eigenschaften zur Ermittlung der Halstead-Metriken

Operatoren	Verwendungen	Operanden	Verwendungen
:=	10	1	2
loop	1	2	2
case	1	3	3
|:	7	4	2
otherwise	1	5	3

Berechnung der vier Eigenschaften zur Ermittlung der Halstead-Metriken *(Fortsetzung)*

Operatoren	Verwendungen	Operanden	Verwendungen
if	3	6	2
else	3	7	3
break	1	*next*	11
halt	1	*CS*	1
S	1	*CA*	1
A	1	*CB*	1
B	1		
E	1		
$n1 = 13$	$N1 = 32$	$n2 = 11$	$N2 = 31$

Mit den vier in Tabelle 2.3 ermittelten Eigenschaften nehmen die Halstead-Metriken gemäß den Berechnungsvorschriften in Tabelle 2.2 folgende Werte an: $n = 24$, $N = 63$, $V = 288.85$, $D = 18.32$ und $E = 5291.26$.

Die Meinungen über Nützlichkeit und Aussagekraft der Halstead-Metriken sind sehr unterschiedlich. Wie die LOC aus Abschnitt 2.5.1 können die Halstead-Metriken relativ einfach ermittelt werden. Ein Vorteil gegenüber den LOC ist, dass die Art der Formatierung eines Algorithmus keinen Einfluss auf das Berechnungsergebnis hat. Ihre Interpretation ist aber schwierig und meist nur über die Entwicklungszeit ein und desselben Algorithmus/Programms hinweg sinnvoll, z.B. um Veränderungen hinsichtlich unterschiedlicher Eigenschaften (vor allem der Schwierigkeit D, deren Kehrwert $1/D$ den Grad der Verständlichkeit ausdrückt) feststellen zu können. Ein weiterer Nachteil ist, dass auch diese Metriken keine Aussage zur Strukturqualität eines Algorithmus liefern.

2.5.3 Strukturmetriken nach McCabe

Um Algorithmen im Hinblick auf ihre Strukturqualität beurteilen und vergleichen zu können, hat Thomas J. McCabe eine einfache Metrik vorgeschlagen, die auf der Annahme beruht, dass die Komplexität eines Algorithmus primär von der Anzahl der Verzweigungen, d.h. der Ausprägung der Ablaufstruktur des Algorithmus, bestimmt wird. Zur Berechnung der Strukturkomplexität wird der Algorithmus in Form eines Ablaufdiagramms betrachtet, das ein gerichteter Graph (bestehend aus Knoten und Kanten) ist, der den Kontrollfluss repräsentiert.

McCabe hat in [McCabe 1976] die *zyklomatische Komplexität* $V(G)$ eines Kontrollflussgraphen G bestehend aus n Knoten (das sind Aktionen und/oder Abfragen), e Kanten (das sind Verbindungen zwischen den Knoten) und p Komponenten (das sind durch Kanten miteinander verbundene Teile des Graphen) mit $V(G) = e - n + 2 \cdot p$ definiert.

Wenn der Kontrollflussgraph nur aus einer Komponente besteht, was für einen einzelnen Algorithmus immer der Fall ist, lässt sich die zyklomatische Komplexität V, auch *Strukturkomplexität* genannt, auf einfache Weise gemäß der folgenden Definition ermitteln.

Definition: *Strukturkomplexität nach McCabe*

Die *Strukturkomplexität* $V(A)$ eines Algorithmus A, der nur Aktionen und binäre Verzweigungen enthält, ist definiert als:

$V(A) = 1 +$ Anzahl der binären Verzweigungen

McCabe empfiehlt, die Strukturkomplexität eines Algorithmus nicht größer als 10 werden zu lassen. Sie ist eine untere Schranke für die Anzahl der möglichen Pfade durch den Algorithmus. Sie ist also ein Maß für den Aufwand, der für das Verstehen und Testen eines Algorithmus erforderlich ist. Denn, um einen Algorithmus zu testen, müssen die Testfälle so gewählt werden, dass jeder Pfad mindestens einmal durchlaufen wird.

Die zyklomatische Komplexität $V(A)$ sagt nichts darüber aus, ob der Algorithmus A wohl strukturiert ist, d.h. nur aus D-Diagrammkonstrukten besteht, oder ob er in unserem Sinne unstrukturiert ist, d.h. auch oder nur unbeschränkte Ablaufstrukturen enthält. V ist also keine Metrik, die ausreicht, um die Strukturqualität von Algorithmen zu beurteilen.

Zur Beurteilung der Strukturqualität eines Algorithmus können wir die so genannte *essenzielle Strukturkomplexität* heranziehen. Dabei handelt es sich um eine Metrik, die berücksichtigt, ob ein Algorithmus nur D-Diagrammkonstrukte oder auch unbeschränkte Ablaufstrukturen enthält. Die essenzielle Strukturkomplexität EV wird gemäß folgender Definition ermittelt.

Definition: *Essenzielle Strukturkomplexität nach McCabe*

Die *essenzielle Strukturkomplexität* $EV(A)$ eines Algorithmus A, der nur Aktionen und binäre Verzweigungen enthält, ist die Strukturkomplexität $V(A')$ des Algorithmus A', der sich aus A durch Reduktion aller D-Diagrammanteile zu einzelnen Aktionen ergibt:

$EV(A) = V(A') = 1 +$ Anzahl der binären Verzweigungen nach Reduktion aller D-Diagrammanteile

Ein Algorithmus, der nur aus D-Diagrammkonstrukten besteht, hat somit die essenzielle Strukturkomplexität $EV = 1$.

In Beispiel 2.8 geben wir *V* und *EV* für die *n* + ½-Schleife und für zwei ineinander geschachtelte Verzweigungen an.

Beispiel 2.8 ***n* + ½-Schleife und ineinander geschachtelte Verzweigungen**

Für die *n* + ½-Schleife (in ▶Abbildung 2.10 (a) dargestellt) ergibt sich $V = EV = 2$. Für ein Algorithmenfragment mit zwei ineinander geschachtelten Verzweigungen (in ▶Abbildung 2.10 (b) dargestellt) ergibt sich $V = 3$ und $EV = 1$.

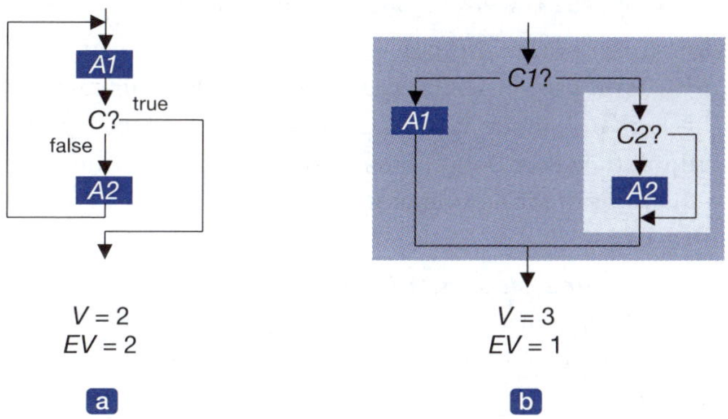

Abbildung 2.10: Strukturkomplexität *V* und essenzielle Strukturkomplexität *EV*

Wenn wir beide Strukturkomplexitätsmetriken ermitteln, haben wir ein Maß für die Strukturqualität eines Algorithmus: *V* liefert uns die Information, wie viele Testfälle mindestens erforderlich sind, damit alle Pfade des Algorithmus zumindest einmal durchlaufen werden, und *EV* liefert uns die Information, ob der Algorithmus wohl strukturiert oder unstrukturiert (und wenn ja, in welchem Ausmaß er unstrukturiert) ist. Allerdings werden wichtige Merkmale eines Algorithmus, die im Hinblick auf die Gesamtqualität ebenfalls von Bedeutung sind, etwa die Komplexität der im Algorithmus enthaltenen Ausdrücke, nicht berücksichtigt. Die McCabe-Metriken wurden deshalb in verschiedene Richtungen weiterentwickelt, diese Abwandlungen haben aber keine Verbreitung gefunden.

2.5.4 Strukturierte Programmierung

Mit dem Begriff *strukturierte Programmierung* (*structured programming*) verbindet man im Wesentlichen die Beschränkung auf (erweiterte) D-Diagrammkonstrukte bei der Gestaltung der Ablaufstruktur von Algorithmen zur Sicherstellung einer ausreichenden Strukturqualität derselben durch Beseitigung der Nachteile, die durch die Verwendung unbeschränkter Ablaufstrukturen zu gewärtigen sind.

Die strukturierte Programmierung wird oft fälschlicherweise nur als „*goto*-lose" Programmierung bzw. als Programmierung mit (erweiterten) D-Diagrammen charakterisiert. Mit strukturierter Programmierung ist aber nicht nur die klare Strukturierung durch die *Beschränkung* auf (erweiterte) D-Diagramme gemeint, zusätzlich sind folgende – über die reine Struktur eines Algorithmus weit hinausreichende – Aspekte relevant:

- *Benutzerdefinierte Datentypen* (*user-defined data types*)
  Der Benutzer – damit ist der Entwickler als Benutzer einer Algorithmennotation gemeint – hat die Möglichkeit, auf Basis vorhandener (z.B. elementarer) Datentypen neue Datentypen zu definieren. Dadurch kann der jeweilige Problembereich einfacher in den Algorithmen abgebildet werden und somit ein besseres „Datenmodell" der Realität gebaut werden (siehe dazu Kapitel 3).
- *Datenkapselung* (*information hiding*)
  Durch die Konstruktion so genannter Datenkapseln (*data capsules*) wird der Zugriff auf einzelne Daten nur mehr über spezielle Zugriffsoperationen erlaubt. Damit kann die Manipulation von Detaildaten verhindert werden und das „Zusammenpassen", also die Konsistenz voneinander abhängender Daten gewährleistet werden (vgl. Abschnitt 3.6).
- *Schrittweise Verfeinerung* (*stepwise refinement*)
  Das ist ein spezielles, schrittweises Vorgehen zum systematischen Entwurf von Algorithmen. Diesem Verfahren ist wegen seines großen Nutzens der nächste Abschnitt gewidmet.

Der Begriff der strukturierten Programmierung wurde in den 1970-er Jahren im Zuge der Diskussionen um die Sinnhaftigkeit und die Vor- und Nachteile von Sprunganweisungen geprägt. Neben Edsger W. Dijkstra haben Charles A. R. Hoare, Ole-Johan Dahl in [Dahl u. weitere 1972] und Niklaus Wirth (vgl. z.B. [Wirth 1971]) wichtige Beiträge zur strukturierten Programmierung geliefert.

2.6 Systematischer Entwurf von Algorithmen: Prinzip und Vorgehensmodell

Wir verfügen nunmehr über die grundlegenden Konzepte und Konstrukte zur Gestaltung von Algorithmen und kennen erste wichtige Ziele im Hinblick auf deren Strukturqualität. Nun wollen wir uns damit auseinandersetzen, wie man auf systematische Art und Weise von einer Aufgabenstellung zu einer algorithmischen Lösung gelangt (Lösung des Entwurfsproblems). Wir gehen dabei in bewährter Weise vor, d.h. wir beginnen mit der Erläuterung einer Lösungsidee für das Entwurfsproblem, illustrieren danach deren Anwendung anhand eines Beispiels und leiten aus den dabei gemachten Erfahrungen ein Vorgehensmodell für den systematischen Entwurf von Algorithmen ab, das die wichtigsten Schritte zusammenfasst.

2.6.1 Schrittweise Verfeinerung oder Top-down-Entwurf

Um komplexe Aufgabenstellungen algorithmisch zu lösen, ist es notwendig, von Beginn an von den Details zu abstrahieren, sich stets auf das Wesentliche des nächsten Lösungsschritts zu konzentrieren und sich erst dann den Details zuzuwenden, wenn für das Wesentliche einer (Teil-)Aufgabe eine algorithmische Lösung vorliegt. Niklaus Wirth hat dazu ein schrittweises Verfahren vorgeschlagen (siehe [Wirth 1971]), das ausgehend von einer Lösungsidee für die Gesamtaufgabe durch kontinuierliche Verfeinerungen schließlich zu einer so konkreten Formulierung des Algorithmus führt, dass dieser in eine Programmiersprache übertragen und somit von einem Computer ausgeführt werden kann.

Wirth nennt diese Vorgehensweise das ***Prinzip der schrittweisen Verfeinerung*** (*principle of stepwise refinement*) und empfiehlt: Zerlege eine Aufgabe in Teilaufgaben. Betrachte jede Teilaufgabe für sich, d.h. möglichst unabhängig von den anderen Teilaufgaben und zerlege sie weiter, bis sie so einfach geworden ist, dass man sie mithilfe elementarer Aktionen algorithmisch lösen kann.

Die Gesamtheit der Teillösungen, zusammen mit einer Vorschrift über ihr Zusammenwirken, bildet die algorithmische Lösung der Aufgabenstellung, d.h. ein Algorithmensystem. Neben der konsequenten Anwendung des Abstraktionsprinzips zur Meisterung der Komplexität der Aufgabenstellung(en) ist das Wesentliche, dass schrittweise vorgegangen wird und, dass schritthaltend mit der Zerlegung der Aufgabe in immer kleinere Teilaufgaben, Lösungen für diese Aufgaben auf immer konkreterem Niveau entwickelt werden (siehe ▶Abbildung 2.11).

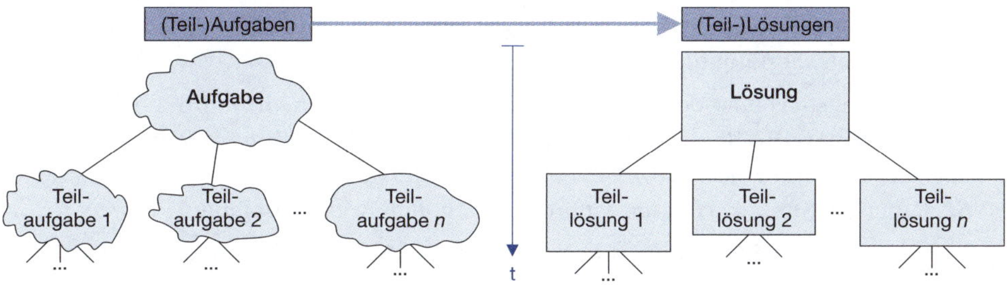

Abbildung 2.11: (Teil-)Aufgaben und ihre (Teil-)Lösungen

Die Zerlegung der Aufgaben in Teilaufgaben sowie die Entwicklung (das „Design“) der algorithmischen Lösungen für diese Teilaufgaben erfolgt (wie in ▶Abbildung 2.11 dargestellt) von der allgemeinen zur besonderen Problemstellung, vom Abstrakten zum Konkreten, d.h. von oben nach unten, deshalb wird diese Entwurfsstrategie auch als *Top-down-Entwurf* bezeichnet.

2.6.2 Anwendung des Prinzips der schrittweisen Verfeinerung

Bei der Auswahl einer beispielhaften Aufgabenstellung zur Illustration des Prinzips der schrittweisen Verfeinerung wurden folgende Aspekte berücksichtigt:

1. Die Aufgabenstellung soll für den Leser einfach zu verstehen sein.
2. Für die algorithmische Lösung der Aufgabenstellung sollen jene Konzepte und Konstrukte ausreichend sein, die bereits eingeführt wurden.

Aufgabenstellung: Studienerfolgsermittlung

Während ihres Studiums legen Studierende für jede Lehrveranstaltung eine Prüfung ab, die mit Noten von „Sehr Gut" (1) bis „Nicht Genügend" (5) beurteilt wird. Am Ende des Studiums muss eine Abschlussarbeit – je nach Studienform eine Diplom-, Bachelor- oder Masterarbeit – verfasst und eine kommissionelle Prüfung, die zwei Teilprüfungen umfasst, bestanden werden. Sowohl die Abschlussarbeit als auch die kommissionelle Abschlussprüfung werden mit Noten von 1 bis 5 beurteilt. Nur wenn alle Noten „positiv" (d.h. besser als 5) sind, ist das Studium erfolgreich beendet.

Im Zeugnis wird der Studienerfolg aber nicht mit Noten von 1 bis 5, sondern mit einer der drei Beurteilungen „Mit Auszeichnung bestanden", „Mit gutem Erfolg bestanden" oder „Mit Erfolg bestanden" ausgewiesen. Die Ermittlung des Studienerfolgs erfolgt auf Basis zweier Schranken *S1* und *S2*, für die gelten muss $1.0 \leq S1 < S2 \leq 2.5$, nach folgenden Regeln (in der angegebenen Reihenfolge):

- R.1: Wenn sowohl die Abschlussarbeit als auch die beiden kommissionellen Teilprüfungen mit 1 beurteilt wurden (Notendurchschnitt 1.0) und der Notendurchschnitt aller Lehrveranstaltungsprüfungen unter der Schranke *S1* liegt, lautet die Studienerfolgsbestätigung „Mit Auszeichnung bestanden".
- R.2: Ist höchstens eine der drei Noten für die Abschlussarbeit und die beiden kommissionellen Teilprüfungen keine 1 sondern eine 2 (Notendurchschnitt < 1.4) und liegt der Notendurchschnitt aller Lehrveranstaltungsprüfungen unter der Schranke *S2*, lautet die Studienerfolgsbestätigung „Mit gutem Erfolg bestanden".
- R.3: Sonst lautet die Studienerfolgsbestätigung „Mit Erfolg bestanden".

Gesucht ist ein Algorithmus, der die beiden Schranken sowie die Daten der Studierenden (s. u.) von einem sequenziellen Eingabegerät (siehe dazu Abschnitt 1.4) einliest, für jeden Studierenden den Studienerfolg ermittelt und diesen zusammen mit seinem Namen auf einem Ausgabegerät ausgibt.

Die Daten der Studierenden stehen unmittelbar hinter den beiden Werten für die Schranken auf dem Eingabegerät bereit und bestehen aus einem Eingabedatenstrom, der jeweils den Namen des Studierenden, die Folge der drei Noten für die Abschlussarbeit und für die beiden kommissionellen Prüfungen sowie eine beliebig lange Folge, welche die Noten zu allen Lehrveranstaltungen repräsentiert, umfasst. Jede der beiden Notenfolgen wird durch 0 abgeschlossen, d.h. das Ende einer Notenfolge wird jeweils durch die Ziffer 0 markiert. Der Eingabedatenstrom enthält nur Daten von Studierenden, die alle Lehrveranstaltungsprüfungen positiv (also mit Noten von 1 bis 4) absolviert haben.

Bevor wir mit dem Entwurf des Algorithmus beginnen, überlegen und notieren wir uns in einem *ersten Schritt*, wie in einem konkreten Anwendungsfall (in Beispiel 2.9) die gegebenen und die gesuchten Datenobjekte (d.h. ihre Werte) ausgeprägt sein können. Das ist wichtig, um sich Klarheit über die Aufgabenstellung zu verschaffen.

Beispiel 2.9 **Studienerfolg**

Für die beiden Schranken *S1* = 1.5, *S2* = 2.0 und die drei Studierenden Berger, Huber, Maier liegt folgender Eingabedatenstrom vor (Auslassungen sind durch ... gekennzeichnet):

```
1.5 2.0 Berger 2 1 1 0 2 1 3 1 1 2 3 1 … 0 Huber 1 1 1 0 1 2 1 1 2 1 1 …
0 Maier 2 1 3 0 3 1 2 2 1 4 1 ... 2 0
```

unter der Annahme, dass die Notendurchschnitte der Lehrveranstaltungen für Berger 1.67, für Huber 1.25 und für Maier 2.35 betragen, muss der Algorithmus das folgende Ergebnis (in Form von Text auf dem Ausgabegerät) liefern:

```
Berger: Mit gutem Erfolg bestanden
Huber: Mit Auszeichnung bestanden
Maier: Mit Erfolg bestanden
```

Entwurf einer algorithmischen Lösung der Aufgabenstellung

Bevor wir uns eine Lösungsidee für den gesuchten Algorithmus überlegen, müssen wir uns Klarheit über die abstrakte Form der zu verarbeitenden Eingabedaten verschaffen. Aus dem im ersten Schritt (Verständnis für die Aufgabenstellung gewinnen) gewählten Beispiel 2.9 für die Ausprägung des Eingabedatenstroms lässt sich folgende abstrakte Form ableiten (wobei der Teil innerhalb der geschwungenen Klammern null oder mehrmals vorkommen kann, vgl. Abschnitt 12.2):

l1 l2 { *sn ms1 ms2* }

Lösungsidee für die Gesamtaufgabe. Daraus ergibt sich fast von selbst folgende (in Prosa formulierte) Lösungsidee:

- Zuerst müssen die beiden Schranken *l1* und *l2* (*l* für *limit*) vom Eingabegerät gelesen werden. Das betrachten wir (im Sinne des Prinzips der schrittweisen Verfeinerung zur Meisterung der Komplexität) als Teilaufgabe, zu deren Lösung wir die Operation *ReadLimits* einführen.
- Danach gilt es, wiederholt – wie die Wiederholungsklammern { ... } in der abstrakten Form der Darstellung der Eingabedaten zeigen – folgende Aktionen auszuführen:

- den Namen des jeweils zu bearbeitenden Studierenden (*sn* für *student name*) zu lesen,
- die von ihm erzielten Noten (*ms* für *mark sequence*), die sich in zwei Gruppen *ms1* und *ms2* aufteilen, zu lesen und die jeweiligen Durchschnittswerte zu ermitteln; auch das betrachten wir wiederum als eine (im Zuge der schrittweisen Verfeinerung zu lösende) Teilaufgabe, zu deren Lösung wir die Operation *CalculateMarkAverage* einführen und
- den Studienerfolg auf Basis der vorher ermittelten Notendurchschnitte zu ermitteln (auch das ist wiederum als Teilaufgabe zu sehen, für deren Lösung wir die Operation *DetermineTotalMark* vorsehen, und auf dem Ausgabegerät auszugeben; zur Lösung dieser Teilaufgabe führen wir die Operation *WriteResult* ein.

Algorithmus für die Gesamtaufgabe. Nun gilt es, die Lösungsidee in eine algorithmische Form zu transformieren.

Das beginnt damit, dass wir einen Namen für den Algorithmus – wir nennen ihn *DetermineStudyResults* – und seine Schnittstelle festlegen. Da der gesuchte Algorithmus alle benötigten Eingabedaten von einem Eingabegerät, d.h. über die Geräteschnittstelle (siehe Abschnitt 1.4.3) beziehen und alle gesuchten Ergebnisse auf einem Ausgabegerät, d.h. ebenfalls über die Geräteschnittstelle bereitstellen soll, ist die Algorithmenschnittstelle leer.

Nun können wir die in Prosa formulierte Lösungsidee für unsere Aufgabenstellung z.B. folgendermaßen in eine algorithmische Form transformieren:

```
DetermineStudyResults()
  var limit1, limit2: real
      studentName: string
      markAverage1, markAverage2: real
      totalMark: string
begin
  ReadLimits(↑limit1  ↑limit2)
  while not EndOf(↓standardInputDevice) do
    Read(↑studentName)
    CalculateMarkAverage(↑markAverage1)
    CalculateMarkAverage(↑markAverage2)
    DetermineTotalMark(↓limit1  ↓limit2  ↓markAverage1  ↓markAverage2
                       ↑totalMark)
    WriteResult(↓studentName  ↓totalMark)
  end -- while
end DetermineStudyResults
```

Der entworfene Algorithmus ist kurz und einfach zu verstehen und spiegelt die Lösungsidee klar wider. Lediglich die in der Abbruchbedingung der *while*-Schleife verwendete Operation *EndOf*(↓ *standardInputDevice*), die wir dazu verwenden, um festzustellen, ob auf dem Eingabegerät noch ungelesene Daten vorhanden sind, finden wir nicht in der Lösungsidee festgehalten. Die im Algorithmus verwendeten internen Datenobjekte sind in der Lösungsidee zwar nicht explizit angeführt, aber implizit enthalten und auf einfache Art und Weise zu identifizieren, wenn im Zuge der Transformation der Lösungsidee in eine algorithmische Form die Schnittstellen der Operationen für die identifizierten Teilaufgaben festgelegt werden.

Im Sinne der Anwendung des Prinzips der schrittweisen Verfeinerung haben wir im Zuge des ersten Entwurfsschritts die vier Teilaufgaben *ReadLimits*, *CalculateMarkAverage*, *DetermineTotalMark* und *WriteResult* identifiziert. Mit dem Algorithmus *DetermineStudyResults* liegt eine vollständige algorithmische Lösung unserer Aufgabenstellung vor, die allerdings nur dann ausgeführt werden kann, wenn auch die Algorithmen zur Lösung der identifizierten Teilaufgaben verfügbar sind.

Zur algorithmischen Lösung der identifizierten Teilaufgaben gehen wir genauso vor wie bei der Lösung der Gesamtaufgabe. Die Reihenfolge, in der wir die Teilaufgaben lösen (und gegebenenfalls in weitere Teilaufgaben zerlegen), ist beliebig, weil das Prinzip der schrittweisen Verfeinerung ja postuliert, dass eine Teilaufgabe (möglichst) unabhängig von den anderen Teilaufgaben gelöst werden soll.

Lösungsidee für *ReadLimits*. Der Name und die Schnittstelle des Algorithmus zur Lösung dieser Teilaufgabe wurde (gemäß dem Prinzip der schrittweisen Verfeinerung) im vorangegangenen Entwurfsschritt bereits festgelegt.

Die Werte für die beiden Schranken stehen am Beginn des Eingabedatenstroms. Die Struktur der Eingabedaten ist trivial (zwei reelle Zahlen), deshalb brauchen wir auch keine abstrakte Form dafür. Da die beiden Schranken nicht beliebige reelle Werte annehmen dürfen, muss nach dem Lesen eines Werts jeweils eine Plausibilitätsprüfung vorgenommen werden. Nach dem Lesen der ersten Schranke *limit1* soll deshalb, wenn *limit1* kleiner als 1.0 ist, mit einer Fehlermeldung darauf aufmerksam gemacht und die Ausführung des Algorithmus abgebrochen werden; dazu sehen wir die Teilaufgabe *ReportError* vor. Liegt kein Fehler vor, kann die zweite Schranke *limit2* gelesen werden. Wenn diese größer 2.5 ist oder wenn *limit1* größer gleich *limit2* ist, liegt wiederum ein Eingabefehler vor, dieser muss gemeldet und die Algorithmenausführung ebenfalls beendet werden.

Algorithmus für *ReadLimits*. Eine Transformation der Lösungsidee in eine algorithmische Form könnte wie folgt aussehen.

```
ReadLimits(↑limit1: real  ↑limit2: real)
begin
  Read(↑limit1)
  if limit1 < 1.0 then
    ReportError(↓"limit1 less than 1.0") -- execution will be terminated
  end -- if
  Read(↑limit2)
  if limit2 > 2.5 then
    ReportError(↓"limit2 greater than 2.5") -- execution will be terminated
  end -- if
  -- assertion: (1 ≤ limit1) and (limit2 ≤ 2.5)
  if limit1 ≥ limit2 then
    ReportError(↓"limit1 greater than or equal to limit2")
  end -- if
end ReadLimits
```

Im Zuge dieses Verfeinerungsschrittes haben wir nur eine Teilaufgabe (*ReportError*), die noch dazu trivial ist, identifiziert. Deshalb braucht dafür keine Lösungsidee angegeben werden, wir können einen Algorithmus dafür ohne Probleme sofort angeben:

```
ReportError(↓errorMessage: string)
begin
  Write(↓"ERROR: " ↓errorMessage)
  halt -- terminate execution
end ReportError
```

Lösungsidee für *CalculateMarkAverage.* Die abstrakte Form der zu lesenden Folgen von Noten (*m* für *marks*) ist folgendermaßen ausgeprägt: { *m* } 0. Daraus folgt, dass in einer Schleife solange Noten vom Eingabedatenstrom gelesen werden müssen, bis die Ziffer 0 (Markierung des Endes einer Notenfolge) erkannt wird. Zur Vorbereitung der Berechnung des Notendurchschnitts (gesuchtes Ergebnis der Operation *CalculateMarkAverage*) müssen die gelesenen Noten gezählt und aufsummiert werden. Dies wird in der Leseschleife erledigt. Danach kann der Notendurchschnitt ermittelt werden. Zur Sicherheit prüfen wir noch, ob überhaupt Noten gelesen wurden, denn sonst würde es (weil die Anzahl der zu berücksichtigenden Noten 0 ist) zu einer Division durch 0 kommen. Tritt dies ein, so soll der Fehler durch die Operation *ReportError* behandelt werden.

Algorithmus für *CalculateMarkAverage.* Eine Transformation der Lösungsidee in eine algorithmische Form könnte wie folgt aussehen:

```
CalculateMarkAverage(↑average: real)
  var n, sum, mark: int
begin
  n := 0
  sum := 0
  Read(↑mark)
  while mark ≠ 0 do
    n := n + 1
    sum := sum + mark
    Read(↑mark)
  end -- while
  if n = 0 then
    ReportError(↓"marks missing")
  end -- if
  average := Real(↓sum) / Real(↓n)
end CalculateMarkAverage
```

Um bei der Division der Summe der Noten (*sum*) durch die Anzahl der Noten (*n*) ein exaktes Ergebnis (mit Nachkommateil) in Form eines *real*-Werts zu erhalten, werden Summe und Anzahl vor der Division in *real*-Werte umgewandelt.

Lösungsidee für *DetermineTotalMark.* Zur Ermittlung des Studienerfolgs müssen die Regeln R.1 bis R.3 aus der Aufgabenstellung der Reihe nach geprüft werden: Wenn der Durchschnitt der drei Noten für die Abschlussarbeit und die beiden kommissionellen Teilprüfungen 1.0 ist und der Notendurchschnitt aller Lehrveranstaltungsprüfungen kleiner als die Schranke *S1* ist, muss als Ergebnis „Mit Auszeichnung bestanden" geliefert werden. Sonst muss geprüft werden, ob höchstens eine der drei Noten für die

Abschlussarbeit und die beiden kommissionellen Teilprüfungen mit 2 und die restlichen mit 1 bewertet wurden. Das ist der Fall, wenn der erste Durchschnitt kleiner als 1.4 ist (denn 2 + 2 · 1 = 4 und 4 / 3 = 1.333). Wenn dies der Fall und der zweite Durchschnitt kleiner als die Schranke *S2* ist, dann muss als Ergebnis „Mit gutem Erfolg bestanden" und sonst „Mit Erfolg bestanden" geliefert werden.

Algorithmus für *DetermineTotalMark*. Eine Transformation der Lösungsidee in eine algorithmische Form könnte wie folgt aussehen:

```
DeterminetotalMark(↓l1: real  ↓l2: real  ↓average1: real  ↓average2: real
                   ↑totalMark: string)
begin
  if (average1 = 1.0) and (average2 < 11) then
    totalMark := "Mit Auszeichnung bestanden"
  else
    if (average1 ≤ 1.4) and (average2 < 12) then
      totalMark := "Mit Gutem Erfolg bestanden"
    else
      totalMark := "Mit Erfolg bestanden"
    end -- if
  end -- if
end DetermineTotalMark
```

Die Teilaufgabe *WriteResult* ist trivial, wir können den Algorithmus dafür sofort angeben.

Algorithmus für *WriteResult*:

```
WriteResult(↓name: string  ↓mark: string)
  const NL = …  -- new line character
begin
  Write(↓NL)  -- start new line
  Write(↓name  ↓": "  ↓mark)
end WriteResult
```

Zusammenfassung

Damit haben wir für alle (Teil-)Aufgaben zur Ermittlung der Studienerfolge eine algorithmische Lösung angegeben. Das Ergebnis ist eine Sammlung von Algorithmen, deren Zusammenwirken ▶Abbildung 2.12 in Form einer Aufrufhierarchie zeigt.

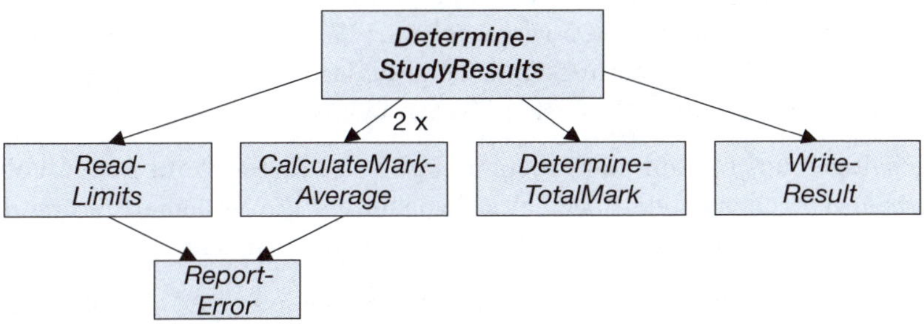

Abbildung 2.12: Zusammenwirken der (Teil-)Algorithmen zur Berechnung der Studienerfolge

Nun könnte man argumentieren, dass die Gesamtlösung kürzer und einfacher wird, wenn man die Anweisungen jener Algorithmen, die nur einmal verwendet werden (z.B. *WriteResult*), an der Stelle ihrer Verwendung (z.B. für *WriteResult* am Ende der Schleife in *DetermineStudyResults*) einsetzt. Das spart außerdem bei einer späteren Ausführung auf einem Computer die Zeit für den Aufruf. Dennoch raten wir davon ab, weil sich dadurch die Überlegungen, die während der schrittweisen Verfeinerung angestellt wurden, in der Lösung nicht mehr widerspiegeln und mehrere kurze Algorithmen besser zu verstehen und zu ändern sind als längere, durch Zusammenfassung mehrerer Algorithmen entstandene.

2.6.3 Ein Vorgehensmodell für den Entwurf von Algorithmen

Nachdem wir nun das Prinzip der schrittweisen Verfeinerung kennen gelernt und anhand einer einfachen Aufgabenstellung gezeigt haben, wie man auf systematische Art und Weise von einer Aufgabenstellung zu einer angemessenen algorithmischen Lösung gelangt, können wir die grundsätzliche Vorgehensweise zusammenfassen und ein *allgemeines Vorgehensmodell* zur Lösung algorithmischer Probleme angeben. Ein solches Vorgehensmodell hat den Zweck, den Entwurfsprozess zu systematisieren, ihn so in einzelne Schritte zu zerlegen, dass der Anwender eine Richtschnur für das korrekte Vorgehen beim Algorithmenentwurf hat.

Im Hinblick auf die algorithmische Lösung von Aufgabenstellungen gilt es, zwischen der *Programmierung im Kleinen* (gemeint ist damit die systematische Entwicklung einzelner Algorithmen bzw. kleiner überschaubarer Algorithmensysteme) und der *Programmierung im Großen* (gemeint ist damit die professionelle Entwicklung großer Softwaresysteme) zu unterscheiden. Die Programmierung im Großen ist allerdings nicht einfach eine Anwendung der Methoden und Techniken der Programmierung im Kleinen in einem größeren Maßstab, sondern erfordert darüber hinausgehende Methoden, Techniken und Vorgehensmodelle.

Für die Programmierung im Großen, also die Abwicklung großer Software-Entwicklungsprojekte mit umfangreichen, typischerweise interdisziplinär besetzten Projektteams, die über einen längeren Zeitraum hinweg an der Entwicklung von Software arbeiten, wurden eine Vielzahl von Vorgehensmodellen (von so genannten *leichtgewichtigen Prozessmodellen*, gekennzeichnet durch einen geringen Formalisierungsgrad bis hin zu so genannten *schwergewichtigen Prozessmodellen*, gekennzeichnet durch einen hohen Formalisierungsgrad) vorgeschlagen (siehe dazu z.B. [Pomberger u. Pree 2004]). Sie sind nicht Gegenstand dieses Buchs.

Wir beschäftigen uns hier mit der Programmierung im Kleinen und das im Folgenden beschriebene Vorgehensmodell bezieht sich daher auf die Systematisierung des Entwicklungsprozesses von Algorithmen bzw. kleinen Algorithmensystemen.

Fassen wir das zusammen, was wir bei der Demonstration des Algorithmenentwurfs nach dem Prinzip der schrittweisen Verfeinerung (in Abschnitt 2.6.2) explizit oder implizit durchgeführt haben und verallgemeinern es, dann ergibt sich ein **Vorgehensmodell**, das folgende Schritte postuliert:

1. Verschaffe dir Klarheit über die Aufgabenstellung
Ziehe dazu typische Beispiele für die gegebenen Objekte (Eingaben) heran, überlege und notiere die Ausprägung der aus ihnen zu ermittelnden, gesuchten Objekte (Ergebnisse). Betrachte alle implizit oder explizit in der Aufgabenstellung enthaltenen Nebenbedingungen und/oder Ausnahmesituationen. Triff entsprechende Annahmen, falls in der Aufgabenstellung bestimmte Aspekte nicht vollständig spezifiziert sind und dokumentiere die gemachten Annahmen.

2. Fälle eine Entscheidung über die Entwurfsstrategie
Wähle z.B. das Prinzip der schrittweisen Verfeinerung, wenn dieses der Aufgabenstellung angemessen ist. (Weitere Entwurfsstrategien werden im dritten Teil des vorliegenden Buchs behandelt.)

3. Finde den grundsätzlichen Aufbau der Eingabeobjekte bzw. des Eingabestroms
Bringe die Beispiele aus Schritt 1 in eine abstrakte und möglichst allgemeine Form. (Dieser Schritt erfordert ein gewisses Maß an Kreativität und analytischem Denkvermögen.)

4. Definiere die Algorithmenschnittstelle(n)
Finde einen passenden Namen für den Algorithmus zur Lösung der Gesamt- bzw. Teilaufgabe, aus dem ableitbar ist, was der Algorithmus grundsätzlich leistet, und identifiziere die benötigten Eingangs- und Ausgangsparameter des Algorithmus und ihre Datentypen.

5. Entwickle eine Lösungsidee für die jeweilige (Teil-)Aufgabe
Überlege genau, was bei der zu bearbeitenden Teilaufgabe die gegebenen und die gesuchten Datenobjekte sind und wie man aus den gegebenen die gesuchten Datenobjekte auf möglichst einfache Weise, z.B. durch Zerlegung der Aufgabe in weniger komplexe Teilaufgaben, ermitteln kann. Gelingt das nicht auf Anhieb, hilft es oft, ein einfacheres oder verwandtes Problem zu betrachten, um daraus die nötigen Hinweise auf eine Lösungsidee zu ziehen. (Auch dieser Schritt erfordert ein entsprechendes Maß an Kreativität, Fähigkeit zur Abstraktion sowie analytisches und konstruktives Denkvermögen). Dokumentiere die Lösungsidee und alle mit ihr in Zusammenhang stehenden Entwurfsentscheidungen sorgfältig und in schriftlicher Form.

6. Transformiere die Lösungsidee in eine algorithmische Form
Achte dabei darauf, dass sich die Lösungsidee in der algorithmischen Fassung möglichst genau widerspiegelt. Verwende die gewählte Notation zur Dokumentation des Algorithmus korrekt und konsistent. Dokumentiere implementierungs-/notationsbedingte Abweichungen von der Lösungsidee.

7. Überprüfe die Korrektheit der algorithmischen Form der Lösung
Überprüfe anhand typischer Eingabedaten aus Schritt 1 durch *Handsimulation* (auch *Schreibtischtest* genannt), ob der Algorithmus die erwarteten Ergebnisse tatsächlich liefert. Prüfe, ob allen Datenobjekten des Algorithmus ein Wert zugewiesen wurde, bevor sie benutzt werden. Prüfe, ob alle Ergebnisobjekte ermittelt und alle Nebenbedingungen und/oder Ausnahmesituationen entsprechend berücksichtigt worden sind.

8. Beurteile die Qualität des Algorithmus und überarbeite ihn gegebenenfalls
Ermittle die Strukturqualität (siehe dazu Abschnitt 2.5) und beurteile ihre Angemessenheit. Beurteile die Eleganz der Lösung. Schätze die Effizienz (z.B. das Laufzeitverhalten und den Speicherbedarf, siehe dazu Kapitel 5) des Algorithmus ab und beurteile, ob die Effizienz den aus der Aufgabenstellung hervorgehenden Anforderungen entspricht. Beurteile, ob eine Optimierung notwendig oder erstrebenswert ist. (Wenn kein augenscheinlicher Bedarf gegeben ist, verschwende keine Zeit für Optimierungen, denn ihre Notwendigkeit, ihr Wert oder Unwert kann oft erst im realen Einsatz des Algorithmus beurteilt werden.)

9. Transformiere den Algorithmus in ein Programm und überprüfe dessen syntaktische Korrektheit
Formuliere den Algorithmus in der zu verwendenden Programmiersprache. Dokumentiere alle durch die Programmiersprache bedingten Abweichungen von der Entwurfsfassung. Compiliere den Algorithmus in eine ausführbare Form und beseitige dabei alle vom Compiler erkannten Syntaxfehler.

10. Teste das den Algorithmus repräsentierende Programm
Überlege eine repräsentative Menge von Testfällen, so dass sichergestellt ist, dass jeder Pfad des Algorithmus durchlaufen wird und Standardsituationen, aber auch mögliche Ausnahmesituationen ausreichend getestet werden können. Dokumentiere die Testfälle und auch die dabei erwarteten Ergebnisse. Führe das Programm aus, korrigiere es, wenn beim Test Fehler gefunden werden, berücksichtige diese Korrekturen auch in der Algorithmenbeschreibung und wiederhole alle Tests nach einer Fehlerkorrektur. Beachte, dass das Ziel des Testens ist, möglichst viele Fehler zu finden.

11. Vervollständige die Dokumentation des entworfenen Algorithmen-/Programmsystems

Die systematische Anwendung dieses Vorgehensmodells soll gewährleisten, dass die für eine professionelle Programmierarbeit erforderlichen Schritte vollständig und in der richtigen Reihenfolge durchgeführt und alle für das Verstehen der Arbeitsergebnisse erforderlichen Informationen auch entsprechend dokumentiert werden. Die konsequente Anwendung des Vorgehensmodells führt auch dazu, dass zunehmend algorithmische Lösungen mit entsprechender Qualität für schwierigere Aufgaben entwickelt werden können.

Wir konzentrieren uns in diesem Buch vor allem auf die ersten acht Schritte des Vorgehensmodells.

Zusammenfassung

In diesem Kapitel haben wir uns mit Fragen zur Struktur von Algorithmen und zur Vorgehensweise beim systematischen Entwurf derselben auseinandergesetzt. Ziel dieses Kapitels war es, ein grundlegendes Verständnis dafür zu schaffen, wie sorgfältig man bei der Gestaltung der Ablaufstruktur eines Algorithmus sein muss, welche Vorteile aus der Beschränkung auf wenige elementare Strukturbausteine resultieren und wie man auf systematische Art und Weise von einer Aufgabenstellung zu einer qualitativ hochwertigen algorithmischen Lösung gelangt.

Wir haben damit begonnen, noch einmal festzuhalten, welche grundlegenden Konstrukte zur Gestaltung der Struktur von Algorithmen erforderlich sind und welchen Einfluss ihr (richtiger oder falscher) Gebrauch auf die Qualität eines Algorithmus hat. (Abschnitt 2.1)

Danach haben wir erörtert, was wir unter unbeschränkten Ablaufstrukturen von Algorithmen verstehen, welche Konsequenzen ihre Verwendung auf die Lesbarkeit, die Verständlichkeit und die Testbarkeit von Algorithmen nach sich ziehen. (Abschnitt 2.2)

Motiviert durch das Bedürfnis, die im Abschnitt 2.2 diskutierten negativen Konsequenzen der Verwendung unbeschränkter Ablaufstrukturen zu umgehen, haben wir dann wichtige Prinzipien und Konstrukte zur Gestaltung der Ablaufstruktur von Algorithmen, die so genannten D-Diagrammkonstrukte (benannt nach ihrem berühmten Erfinder, dem im Jahr 2005 verstorbenen Edsger W. Dijkstra) eingeführt und gezeigt, welche Vorteile ihre Verwendung bringt, wie man zu wohl strukturieren Algorithmen gelangt und wie man auf einfache Art und Weise auch unstrukturierte Algorithmen in wohl strukturierte transformieren kann. (Abschnitt 2.3)

Danach haben wir den (von Dijkstra vorgeschlagenen) Vorrat an Bausteinen zur Konstruktion wohl strukturierter Algorithmen noch im Sinne der Praxis erweitert (Abschnitt 2.4) und haben erörtert, wie man die Strukturqualität von Algorithmen objektivieren kann. Dazu haben wir Metriken zur Messung der Strukturqualität eingeführt und insbesondere durch die Metriken von Thomas J. McCabe ein Instrument verfügbar gemacht, das es uns gestattet, Algorithmen hinsichtlich ihrer Strukturkomplexität, also dem Ausmaß ihrer Strukturiertheit bzw. Unstrukturiertheit, zu bewerten. (Abschnitt 2.5)

Geleitet von den Zielen, die bislang festgelegten Qualitätseigenschaften von Algorithmen zu erreichen, wurde dann eine Methodik zur Unterstützung des systematischen Entwurfs von Algorithmen, die dem Prinzip der schrittweisen Verfeinerung von Niklaus Wirth folgt, angegeben und anhand eines Beispiels wurde gezeigt, wie diese Methode in der Praxis angewandt werden kann und welches Ergebnis man dabei erhält. (Abschnitte 2.6.1 und 2.6.2) Die Erfahrungen aus diesem Anwendungsszenarium wurden verallgemeinert und zu einem allgemein gültigen Vorgehensmodell für den Entwurf von Algorithmen zusammengefasst, um dem Leser ein Regelsystem für den systematischen Algorithmenentwurf an die Hand zu geben. (Abschnitt 2.6.3)

Der Leser sollte nunmehr in der Lage sein, selbstständig Systeme zur Lösung einfacher algorithmischer Aufgabenstellungen zu entwerfen.

COMPANION WEBSITE

Aufgaben

Aufgabe 2.1 (Transformation I)
Gegeben sei der folgende Algorithmus der ein erweitertes D-Diagramm repräsentiert, das aus einer Endlosschleife (*loop*) mit zwei bedingten Aussprüngen (*break*) besteht:

```
loop
  A
  if p then
    break
  end -- if
  B
  if q then
    break
  end -- if
  C
end -- loop
```

Dieses erweiterte D-Diagramm ist in ein (reines) D-Diagramm zu transformieren. Zuerst soll versucht werden, nur mittels Codeverdopplung zum Ziel zu kommen und dann mittels boolescher Hilfsvariablen.

Aufgabe 2.2 (Transformation II)
Gegeben ist folgendes Codestück:

```
    A
    if p then
L1:    B
       if q then
         goto L3
       else
         goto L5
       end -- if
    else
L2:    C
       if r then
         goto L3
       else
         goto L4
       end -- if
    end -- if
L3: D
L4: if s then
      goto L1
    else
      goto L2
    end -- if
L5: E
```

Aufgaben

Gesucht ist

a eine Ablaufdiagramm-Darstellung dieses Codestücks,

b eine transformierte Fassung dieses Codestücks, sodass ein äquivalentes D-Diagramm vorliegt (für dessen Konstruktion boolesche Hilfsvariablen und/oder Codeverdoppelung so verwendet werden, dass die Struktur des ursprünglichen Diagramms möglichst gut erhalten bleibt, weshalb das Verfahren von Knuth ausscheidet),

c die Strukturkomplexität *V* und die essenzielle Strukturkomplexität *EV* nach McCabe für beide Fassungen des Codestücks.

Hinweis: Da die Möglichkeiten für geeignete Aufgaben zur schrittweisen Verfeinerung mit den bisher behandelten Konzepten beschränkt sind, sollen für die Lösung der folgenden Aufgaben Konzepte aus Kapitel 3 herangezogen werden. Es wird daher empfohlen, die folgenden Aufgaben erst nach Lektüre von Kapitel 3 zu bearbeiten.

Aufgabe 2.3 (Schrittweise Verfeinerung: Morsen)
Gesucht ist ein Algorithmus, der einen in Form einer Zeichenkette (Datentyp *string*) übergebenen Text, der nur aus Buchstaben, Ziffern und Leerzeichen besteht, in Morsecode übersetzt und zeilenweise auf ein Ausgabegerät ausgibt. Zwischen dem Morsecode zweier Zeichen (Buchstaben oder Ziffern) ist ein Leerzeichen auszugeben, für ein Leerzeichen im Eingabetext sind drei Leerzeichen auf das Ausgabegerät zu schreiben. Eine Ausgabezeile darf maximal 60 Zeichen umfassen und der Morsecode eines Zeichens muss vollständig in einer Zeile Platz finden. Morsecode:

A = .-	B = -...	C = -.-.	CH = ----	D = -..
E = .	F = ..-.	G = --.	H = ...	I = ..
J = .---	K = -.-	L = .-..	M = --	N = -.
O = ---	P = .--.	Q = --.-	R = .-.	S = ...
T = -	U = ..-	V = ...-	W = .--	X = -..-
Y = -.--	Z = --..			
0 = -----	1 = .----	2 = ..---	3 = ...--	4 = ...-
5 = ...	6 = -....	7 = --...	8 = ---..	9 = ----.

Aufgaben

Aufgabe 2.4 (Schrittweise Verfeinerung: Kalenderblatt)
Gesucht ist ein Algorithmus, der das Kalenderblatt eines Monats ausgibt. Die Eingabedaten bestehen aus einem Monatskürzel und der Jahreszahl und liegen in folgendem Format vor:

- das *Monatskürzel* ist dreistellig und kann folgende Ausprägungen annehmen: Jan, Feb, Mar, Apr, Mai, Jun, Jul, Aug, Sep, Okt, Nov und Dez,
- die *Jahreszahl* ist vierstellig und kann von 1900 bis 2050 reichen.

Beispiel: Für die Eingabe „Apr 2008" soll folgendes Kalenderblatt ausgegeben werden:

April 2008					
Tag \ KW	14	15	16	17	18
Mo		7	14	21	28
Di	1	8	15	22	29
Mi	2	9	16	23	30
Do	3	10	17	24	
Fr	4	11	18	25	
Sa	5	12	19	26	
So	6	13	20	27	

Hinweis: Der Wochentag des Neujahrstags kann folgendermaßen berechnet werden:

$$newYearsDay = \left(year + \left\lfloor \frac{year-1}{4} \right\rfloor - \left\lfloor \frac{year-1}{100} \right\rfloor + \left\lfloor \frac{year-1}{400} \right\rfloor \right) \bmod 7$$

Wobei gilt: 0 = Sonntag, 1 = Montag, … 6 = Samstag.

Aufgabe 2.5 (Schrittweise Verfeinerung: einfache Verschlüsselung)
Entwerfen Sie (unter Zuhilfenahme des Prinzips der schrittweisen Verfeinerung) einen Algorithmus, der einen bis zu 255 Zeichen langen Text verschlüsselt, indem er die Buchstaben jedes Worts in umgekehrter Reihenfolge als „Code" ausgibt. Die Wörter im Text sind von beliebig vielen Leerzeichen umgeben. Vor dem ersten und nach dem letzten Wort können in dem zu verschlüsselnden Text ebenfalls beliebig viele Leerzeichen vorkommen. Im Code darf vor dem ersten und nach dem letzten Wort kein Leerzeichen mehr vorkommen. Die Wörter im Code sollen durch ein einziges Leerzeichen getrennt sein. Dokumentieren Sie insbesondere Ihre Entwurfsentscheidungen und die Architektur Ihrer Lösung.

Beispiel:

```
Text:   " Machen       Sie   es  gut   "
Code:   "nehcaM eiS se tug"
```

Grundkonzepte zur Modellierung von Datenobjekten

3

ÜBERBLICK

Motivation

» *Basierend auf den im ersten Kapitel eingeführten Konzepten für einfache Datenobjekte, die wir als atomare oder elementare Datenobjekte bezeichnen, wird in diesem Kapitel erörtert, dass man mit diesen elementaren Datenobjekten alleine in der Praxis nicht auskommt. Für die algorithmische Lösung komplexerer Aufgabenstellungen sind sowohl Sammlungen von Datenobjekten gleichen Typs als auch solche unterschiedlichen Typs erforderlich, dazu werden die so genannten Felder (arrays) und Verbunde (compounds, structures oder records) eingeführt.*

Den bis hierher diskutierten Datentypen (inklusive Feldern und Verbunden) ist gemeinsam, dass Variablen dieser Typen während ihrer Lebensdauer zwar ihren Wert, nicht aber ihre Struktur ändern können. Für die Lösung vieler Aufgabenstellungen benötigt man jedoch Datenobjekte, die nicht nur ihren Wert, sondern auch ihre Größe und u. U. sogar ihre Struktur ändern, die also insbesondere dynamisch wachsen und schrumpfen können – davon rührt auch die häufig verwendete Bezeichnung dynamische Datenstrukturen (dynamic data structures). Solche Datenobjekte sind Sammlungen mehrerer „kleinerer" Datenobjekte, die untereinander in Beziehung stehen, also vernetzt sind, weshalb wir für sie auch den Begriff vernetzte Datenstrukturen (linked data structures) verwenden. In diesem Kapitel führen wir die zur Realisierung solcher flexiblen Datenobjekte erforderlichen Konzepte und Konstrukte ein und erörtern die Besonderheiten von und den Umgang mit wichtigen Repräsentanten solcher Datenstrukturen, insbesondere werden verkettete Listen, Bäume und binäre (Such-)Bäume ausführlich beschrieben.

Das wichtigste Mittel zur Meisterung der Komplexität ist die Abstraktion. Das gilt sowohl für den Entwurf von Algorithmensystemen (in Kapitel 2 behandelt), als auch für die Modellierung komplexer Datenstrukturen. Deshalb führen wir in diesem Kapitel auch Konzepte zur Konstruktion und Verwendung abstrakter Datenstrukturen (abstract data structures), auch Datenkapseln (data capsules) genannt, und abstrakter Datentypen (abstract data types) ein und widmen diesen wegen ihrer Bedeutung jeweils einen eigenen Abschnitt. «

Ziele

Nach dem Lesen dieses Kapitels haben Sie Folgendes erreicht:

- Sie wissen, dass für die algorithmische Lösung komplexer Aufgaben analog zur Gestaltung der Ablaufstrukturen von Algorithmen auch entsprechende Konzepte und Konstrukte zur Modellierung der in den Algorithmen benötigten Datenobjekte erforderlich sind.
- Sie wissen, dass wir zwischen elementaren und strukturierten Datenobjekten unterscheiden, und kennen die Unterschiede zwischen diesen beiden Kategorien von Datenobjekten und den Datentypen, die zu ihrer Realisierung benötigt werden.
- Sie wissen, dass wir zudem zwischen Datenobjekten, bei denen im Zuge der Algorithmenausführung nur ihr Wert verändert werden kann (sie werden hier in elementare und strukturierte Datenobjekte unterteilt) und solchen, bei denen sich neben ihrem Wert auch ihre Größe und/oder ihre Struktur ändern kann (vernetzte Datenobjekte), unterscheiden.
- Sie wissen, was man unter Feld, Verbund, verkettete Liste, Baum, Binärbaum und binärer Suchbaum versteht, kennen Konzepte und Konstrukte zu deren Realisierung, wissen wozu man solche Datenobjekte benötigt und kennen wichtige Standardoperationen zu ihrer Erzeugung und Manipulation.
- Sie wissen, was man unter einer abstrakten Datenstruktur, einer Datenkapsel und einem abstrakten Datentyp versteht, wozu man diese benötigt und wie man sie realisieren kann.

3.1 Atomare Datenobjekte und -typen

In Kapitel 1 haben wir (neben Anderem) grundsätzliche Eigenschaften von Algorithmen erörtert und darauf aufbauend elementare Konzepte und Konstrukte zur Gestaltung derselben erläutert. In diesem Zusammenhang haben wir auch bereits einige elementare Konstrukte zur Definition von Datenobjekten eingeführt. Wir haben dabei zunächst unterschieden zwischen

1. *unveränderbaren* Datenobjekten in Form von Literalen (z.B. 17) oder Konstanten (z.B. *pi*) und
2. *veränderbaren* Datenobjekten, also Variablen (z.B. *x*), die während der Ausführung des Algorithmus, dessen Bestandteil sie sind – vor allem durch die Zuweisungsanweisung –, unterschiedliche Werte aus einer bestimmten Wertemenge (die durch ihren im Zuge der Deklaration festgelegten Datentyp bestimmt ist) annehmen können.

Eine weitere, von dieser Unterscheidung unabhängige, also zu ihr orthogonale Unterscheidungsmöglichkeit ergibt sich aufgrund der den Datenobjekten zugeordneten Datentypen, die neben einer Wertemenge auch die Menge der möglichen Operationen definieren.

In dieser Hinsicht haben wir in Abschnitt 1.3.1 bereits Datenobjekte eingeführt, die ganze Zahlen (Datentyp *integer*), reelle Zahlen (Datentyp *real*), Wahrheitswerte (Datentyp *boolean*) und Zeichen (Datentyp *char*) repräsentieren. Diesen Datenobjekten ist gemeinsam, dass sie in unserem Sinne als logisch ganze, nicht mehr weiter zerlegbare Artefakte aufgefasst werden und in diesem Sinne als atomar angesehen und deshalb auch als *atomare*, *elementare*, *einfache* oder *unstrukturierte* Datenobjekte (bzw. Datentypen) bezeichnet werden, wobei sich keine dieser Bezeichnungen gegenüber den anderen klar durchgesetzt hat.

Wir haben zwar auch schon Texte bzw. Zeichenketten (Datentyp *string*) kurz behandelt, diese zählen wir aber nicht mehr zu den elementaren Datenobjekten. Wir widmen uns den Zeichenketten weiter hinten bei der Behandlung von Feldern noch einmal ausführlicher.

Analog zur Gestaltung der Ablaufstruktur von Algorithmen benötigt man bei der algorithmischen Lösung komplexer Aufgaben auch Konzepte und Konstrukte zur Gestaltung (wir sagen dazu auch *Modellierung*) der zu manipulierenden Datenobjekte. Neben den elementaren Datenobjekten sind dafür vor allem die so genannten *strukturierten* und *dynamischen* oder *vernetzten* Datenobjekte notwendig. In den folgenden Abschnitten behandeln wir Konzepte und Konstrukte für solche Datenobjekte und -typen mit dem Ziel, möglichst adäquate Mittel für eine realitätskonforme Modellierung der in Algorithmen benötigten Daten bereitzustellen.

3.2 Strukturierte Datenobjekte und -typen

In vielen Algorithmen ist es sinnvoll, wenn nicht gar notwendig, eine Menge einzelner Datenobjekte in einer Variablen zusammenzufassen, weil sie z.B. logisch zusammen gehören und daher eine logische (wenn auch strukturierte) Einheit bilden. Bei derartigen Datenobjekten unterscheiden wir zwischen solchen, deren einzelne Elemente alle denselben Datentyp haben – wir nennen diese ***Felder*** (*arrays*) – und solchen, deren Elemente unterschiedliche Datentypen haben können – wir nennen diese ***Verbunde*** (*compounds*).

3.2.1 Felder

Bevor wir unterschiedliche Ausprägungen von Feldern im Detail behandeln, wollen wir eine Definition für dieses Konzept geben.

Definition: *Feld*

Ein *Feld* (*array*) ist ein Datenobjekt, das eine Sammlung einer fixen Anzahl von Elementen repräsentiert, die alle denselben Datentyp haben und auf die über einen *Index* zugegriffen werden kann.

Felder verwenden wir in verschiedenen Ausprägungen, sowohl als *eindimensionale Felder*, wenn wir z.B. Vektoren (im Sinne der Mathematik) benötigen, als auch als *mehrdimensionale Felder*, wenn wir z.B. Matrizen (wieder im Sinne der Mathematik) benötigen.

Eindimensionale Felder

Ein *eindimensionales Feld* (*one-dimensional array*) *a* fasst eine fixe Anzahl von Elementen desselben Datentyps, des so genannten *Elementdatentyps* (*element data type*), so zu einer Einheit – in der diese Elemente durchnummeriert sind – zusammen, dass über einen *Index i* auch auf die einzelnen Elemente zugegriffen werden kann. Dazu wird der *Indexoperator* [] auf das Feld *a* mit dem Index *i* angewandt: *a*[*i*] liefert das Element mit dem Index *i* im Feld *a*. Der Wertebereich, aus dem dieser Index stammen muss, wird als *Indexbereich* (*index range*) bezeichnet. Dabei handelt es sich um einen Unterbereich der ganzen Zahlen, der durch den kleinsten (ersten, *first*) und den größten (letzten, *last*) Indexwert angegeben wird.[1]

In der von uns verwendeten Notation zur Beschreibung von Algorithmen sieht die Deklaration einer eindimensionalen Feldvariable *a* folgendermaßen aus:

```
var a = array [first:last] of ElementType
```

Dabei müssen *first* und *last* Literale oder Konstanten sein und es muss *first* ≤ *last* gelten. Das Feldobjekt *a* hat dann *last* – *first* + 1 Elemente. Die eckigen Klammern, die den Indexbereich in der Deklaration einschließen, dürfen nicht mit dem Indexoperator in Ausdrücken verwechselt werden, sie dienen in der Deklaration nur der Abgrenzung des Indexbereichs von den restlichen Bestandteilen.

Beispiel 3.1 zeigt eine einfache Deklaration einer Feldvariablen.

Beispiel 3.1 **Deklaration einer Feldvariablen**

▶Abbildung 3.1 zeigt, wie eine Feldvariable *a* (also ein Feldobjekt) mit zehn Elementen vom Datentyp *integer* und einem Indexbereich von 1 bis 10 deklariert wird.

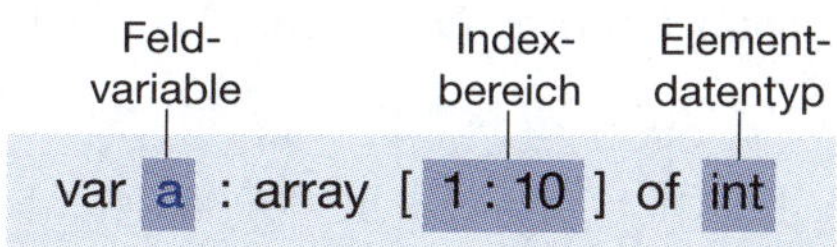

Abbildung 3.1: Deklaration einer Feldvariablen

1 Es gibt zwar Programmiersprachen, Pascal etwa, bei denen neben ganzen Zahlen z.B. auch Zeichen zum Indizieren von Feldern erlaubt sind, da dies in den meisten Sprachen aber nicht möglich ist, wollen wir nur ganze Zahlen als Index zulassen. Das ist ohne Beschränkung der Allgemeinheit möglich, denn jeder Indexdatentyp muss auch in Sprachen wie Pascal auf die ganzen Zahlen abgebildet werden können.

Es gibt Programmiersprachen (Beispiele s. u.), bei denen anstelle eines Indexbereichs die Anzahl der Elemente eines Felds anzugeben ist. Wir wollen das in unserem Pseudocode durch eine Deklaration nach folgendem Muster

```
var a = array [n] of ElementType
```

nachbilden, wobei *n* ein Literal oder eine Konstante (jeweils ganzzahlig) mit $n > 0$ sein muss. Je nach Programmiersprache wird dann dem ersten Element des Felds der Index 0 (z.B. in C/C++, Java und C#) oder der Index 1 (z.B. in BASIC, MatLab und Smalltalk) zugeordnet. Aufgrund dieser Eigenschaften werden Felder in solchen Programmiersprachen entweder als *null-basierend* (*zero-based*) oder als *eins-basierend* (*one-based*) bezeichnet.

In ▶Abbildung 3.2 ist dargestellt, wie man sich die Repräsentation der Feldvariablen *a* aus Abbildung 3.1 im Hauptspeicher eines Computers vorstellen kann: Wie jede andere Variable hat sie eine Startadresse und ab dieser Adresse liegen die einzelnen Elemente des Felds unmittelbar hintereinander im Speicher. Mit dem Indexoperator und einem Index *i* (wobei in diesem Fall $1 \leq i \leq 10$ gelten muss) kann mittels des Ausdrucks *a*[*i*] ein beliebiges, in diesem Fall – weil eins-basierend – das *i*-te Element des Felds adressiert werden.

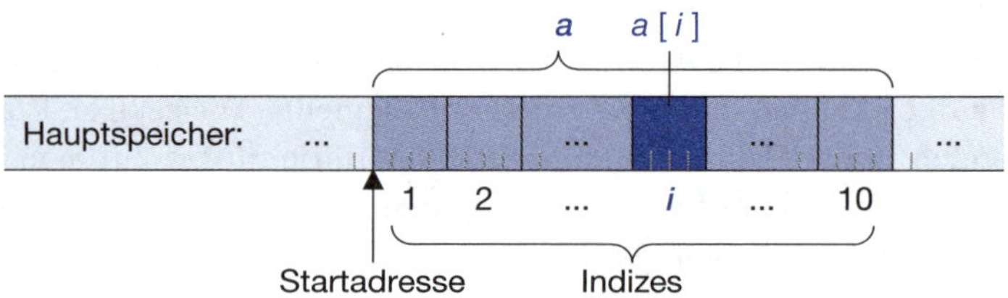

Abbildung 3.2: Anordnung der Elemente einer Feldvariablen aus Beispiel 3.1 im Speicher

Hinweis: Die in Abbildung 3.2 gezeigte, sequenzielle und lückenlose Anordnung der einzelnen Feldelemente im Speicher ermöglicht z.B. einem Compiler die einfache Abbildung der Indexoperation *a*[*i*] auf maschinennahe Konzepte (Speicheradressen), denn aus der Startadresse *AddrOf*(↓*a*) des Felds, einem Index *i*, der Untergrenze des Indexbereichs *first* und dem Speicherbedarf eines Elements in Byte *elementSize* = *SizeOf* (↓*ElementType*) kann die Adresse von *a*[*i*] durch Anwendung der so genannten *Speicherabbildungsfunktion* (*memory addressing function*) berechnet werden:

$$AddrOf(\downarrow a[i]) = AddrOf(\downarrow a) + (i - first) \cdot elementSize$$

Diese Speicherabbildungsfunktion ermöglicht den effizienten Zugriff – nämlich in konstanter Zeit, also unabhängig vom Wert des Index – auf jedes Element des Felds.

Werden mehrere Feldobjekte mit den gleichen Eigenschaften, also mit gleichem Elementdatentyp und identischem Indexbereich, benötigt, ist es ratsam, dafür einen eigenen Datentyp vorzusehen. Beispiel 3.2 zeigt, wie wir – hier in Pseudocode, aber bei vielen Programmiersprachen ist das in ähnlicher Weise möglich – mit dem *type*-Konstrukt einen neuen, so genannten *benutzerdefinierten Datentyp* (*user-defined data type*) einführen können, der dann genauso verwendet werden kann wie die elementaren (Standard-)Datentypen, mit denen wir bisher gearbeitet haben (z.B. *integer* und *real*).

Beispiel 3.2

Deklaration und Verwendung eines benutzerdefinierten Felddatentyps

Wenn für die Lösung einer Aufgabe mit Koordinaten aus dem dreidimensionalen Raum gerechnet werden muss, ist es sinnvoll, dafür beispielsweise einen Datentyp *Position3D* gemäß folgender Typdeklaration vorzusehen:

```
type Position3D = array [1:3] of real
```

Dieser benutzerdefinierte Felddatentyp kann nun zur Deklaration von Variablen und in Formalparameterlisten verwendet werden, z.B.:

```
var p1, p2: Position3D
Distance(↓a: Position3D ↓b: Position3D): real
```

Benutzerdefinierte Datentypen wie *Position3D* in Beispiel 3.2 sind selbstverständlich nicht auf die Verwendung für Felder beschränkt, sondern können auch zur Definition anderer Datenobjekte herangezogen werden.

Felder haben eine fixe, durch ihre Deklaration definierte Anzahl von Feldelementen. Beispielsweise wird durch die Deklaration des Datentyps *Position3D* in Beispiel 3.2 festgelegt, dass alle Datenobjekte dieses Typs Felder sind, die drei Elemente vom Typ *real* enthalten.

Oft tritt die Situation ein, dass in einem konkreten Anwendungsfall nur ein Teil der (durch die Deklaration festgelegten) Elemente eines Felds tatsächlich benötigt wird. In solchen Fällen muss man Vorsorge treffen, dass der aktuelle „Füllstand" des betreffenden Feldobjekts jederzeit festgestellt werden kann.

Beispiel 3.3 zeigt nicht nur, wie man solche *teilweise gefüllten Felder* (*partially filled arrays*) deklariert, sondern auch wie man mit ihnen und mit Feldern generell arbeitet.

Beispiel 3.3

Deklaration und Verwendung eines teilweise gefüllten Felds

Für die Speicherung aller Noten (*marks* oder *grades*), die ein Student während seines Studiums erzielt hat, kann man (um daraus z.B. das Studienergebnis entsprechend der Aufgabenstellung in Abschnitt 2.5 zu berechnen) ein Feld *marks* heranziehen, in dem höchstens *max* Noten gespeichert werden können. Die aktuelle Anzahl der eingetragenen Noten muss dann in einer zusätzlichen Variablen n verwaltet werden, wobei zu jedem Zeitpunkt $0 \leq n \leq max$ gelten muss. Das führt zu folgenden Deklarationen:

```
const max = ...   -- maximum number of marks
var marks: array [1:max] of int
    n: int   -- mark counter, marks[1:n] filled
```

Das Einlesen der Noten von einem Datenstrom, der von einem Eingabegerät (*input device*) zur Verfügung gestellt wird, kann dann wie folgt formuliert werden (wobei wir davon ausgehen, dass nicht mehr als *max* Noten im Datenstrom enthalten sind):

```
n := 0  -- no marks up to now
while not end of file do
  n := n + 1
  Read(↑marks[n])  -- assume reading a value in the range from 1 to 5
end -- while
```

Nach der Ausführung des obigen Codestücks ergibt sich der in ▶Abbildung 3.3 dargestellte Zustand eines teilweise gefüllten Felds: der dunklere Bereich des Felds enthält bereits Noten, der hellere Bereich ist (noch) frei.

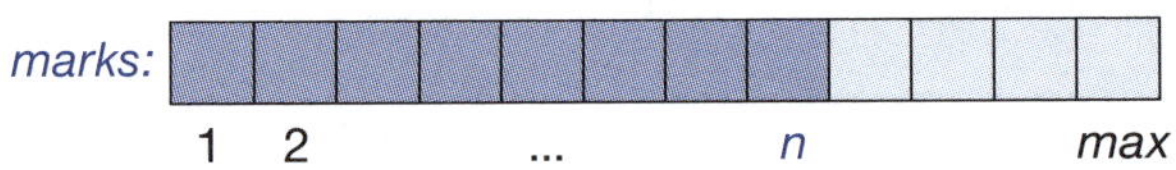

Abbildung 3.3: Teilweise gefülltes Notenfeld *marks*

Zur Berechnung des Notendurchschnitts (*average* vom Datentyp *real*) kann dann das Feld *marks* und der aktuelle Füllstand *n* wie folgt herangezogen werden (wobei wir davon ausgehen, dass $n > 0$ gilt):

```
sum := 0
for i := 1 to n do
  sum := sum + marks[n]
end -- for
average := Real(↓sum) / Real(↓n)
```

Unter der Annahme, dass es einen Algorithmus *Sort* gibt, der die Noten im Feld *marks* aufsteigend sortiert (siehe Kapitel 7), können wir beispielsweise auch den *Median* (*median*), also den Wert in der Mitte des sortierten Bereichs, auf einfache Weise ermitteln:

```
Sort(↕marks  ↓1  ↓n)
if n mod 2 = 1 then   -- odd number of marks:
                      -- there is an element in the middle
  median := marks[(n + 1) / 2]
else  -- even number of marks:
      --  use average of elements left and right of the middle
  median := ( marks[n / 2] + marks[(n / 2) + 1] ) / 2
end -- if
```

Wollen wir auch noch die *Häufigkeiten* (*frequencies*) der einzelnen Noten berechnen, können wir dies durch Verwendung eines zweiten Felds *freqs*, das Platz für die Speicherung der Häufigkeiten der fünf Noten bietet und die jeweilige Note als Index in *freqs* benutzt (siehe ▶Abbildung 3.4, die zeigt, wie sich beispielsweise die Häufigkeit der Note 1 ergibt):

```
  var freqs: array [1:5] of int
begin
  -- initialize frequencies to zero
  for i := 1 to 5 do
    freqs[i] := 0
  end -- for
  -- count each mark in frequencies array
  for i := 1 to n do
    mark := marks[i]
    freqs[mark] := freqs[mark] + 1
  end -- for
```

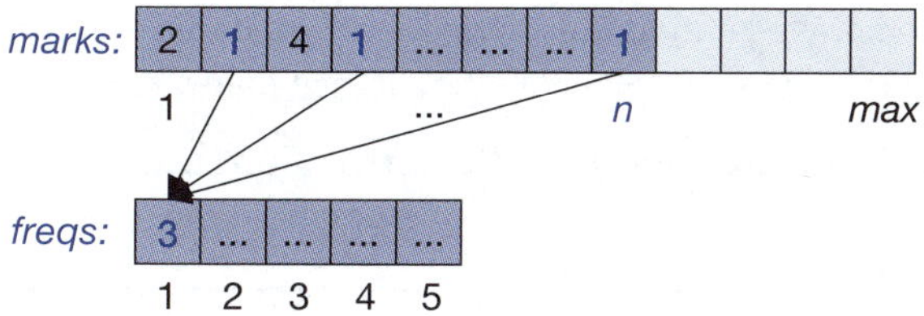

Abbildung 3.4: Noten und ihre Häufigkeiten

Zeichenketten

Bei der Behandlung der Datentypen in Abschnitt 1.3.2 haben wir für Datenobjekte, die Texte oder Zeichenketten repräsentieren, zwar schon den Datentyp *string* eingeführt, die Details seiner Realisierung aber noch offen gelassen. Dies wollen wir im Folgenden nachholen und damit gleichzeitig weitere Möglichkeiten des Einsatzes eindimensionaler Felder aufzeigen.

Zeichenketten sind Folgen von einzelnen Zeichen. Deshalb bietet es sich an, Zeichenketten als Felder mit dem Elementtyp Zeichen (*char*) zu realisieren. Dazu benötigt man die maximal erlaubte Anzahl der Zeichen, für die das Feld Platz bieten soll, und kann dann den Datentyp *string* folgendermaßen definieren:

```
const max = ...
type string = array [1:max] of char
```

Nachdem man auch unterschiedlich lange Zeichenketten darstellen möchte, muss ihre aktuelle Länge separat verwaltet werden, was eine zusätzliche Variable vom Datentyp *integer* erforderlich macht. Für die Repräsentation einer Zeichenkette wären daher – analog zu den teilweise gefüllten Feldern in Beispiel 3.3 – zwei Variablen erforderlich, z.B.:

```
var s: string
    sLen: int  -- holds current length of s, 0 ≤ sLen ≤ max
```

Das ist umständlich und fehleranfällig, da bei Operationen auf Zeichenketten immer beide Variablen (z.B. *s* und *sLen*) betroffen wären und konsistent gehalten werden müssten.

Um das zu vermeiden, wurden bei der Entwicklung von Programmiersprachen spezielle Zeichenketten-Repräsentationen entwickelt. Zwei Arten davon, nämlich Pascal- und C-Zeichenketten, werden im Folgenden erörtert, um dem Leser einen Eindruck über typische Repräsentationsformen zu vermitteln.

Pascal-Zeichenketten *Pascal-Zeichenketten* werden in der Programmiersprache Pascal verwendet (vgl. [Wirth 1971a]) und sind durch folgende Typdeklaration definiert:

```
type PascalString = array [0:255] of char
```

Dabei ist festgelegt, dass das Element mit dem Index 0 nicht Teil der Zeichenkette ist, sondern ihre aktuelle Länge repräsentiert. Es wird daher auch als *Längenbyte* bezeichnet. Durch das Längenbyte können nur Werte zwischen 0 und 255 repräsentiert werden, die maximale Länge von Pascal-Zeichenketten beträgt daher 255 Zeichen.

Beispiel 3.4 zeigt die Deklaration und die Verwendung einer Pascal-Zeichenketten-Variablen sowie ihre Repräsentation im Hauptspeicher eines Computers.

Beispiel 3.4 Pascal-Zeichenkette und ihre Repräsentation im Speicher

Das folgende Pseudocode-Fragment deklariert eine Pascal-Zeichenketten-Variable *ps* und weist ihr einen Wert zu:

```
  var ps: PascalString
begin
  ps := "Hello"
```

▶Abbildung 3.5 zeigt die Repräsentation des Zeichenkettenobjekts *ps* im Hauptspeicher eines Computers, wobei die Fragezeichen beliebige Zeichen bedeuten, die nicht mehr zur aktuellen Zeichenkette gehören.

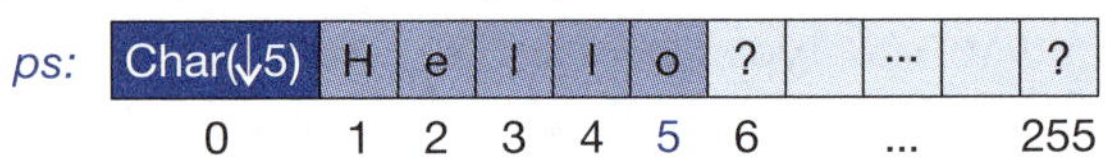

Abbildung 3.5: Repräsentation der Zeichenkette "Hello" als Pascal-Zeichenkette im Speicher

Der Vorteil von Pascal-Zeichenketten liegt darin, dass die aktuelle Länge einfach und effizient mit der Funktion

```
Length(↓ps: PascalString): int
begin
  return Int(↓ps[0])
end Length
```

zu ermitteln ist. Der wesentliche Nachteil von Pascal-Zeichenketten liegt (wegen des Längenbytes) in der Beschränkung auf die maximale Länge von 255 Zeichen; ein weiterer in der Verschwendung von Speicherplatz für die Repräsentation kurzer Zeichenketten.

C-Zeichenketten *C-Zeichenketten* werden in der Programmiersprache C verwendet (vgl. [Kernighan u. Ritchie 1988]) und sind durch folgende Deklarationen definiert:

```
const max = ...
type CString = array [0:max] of char
```

Dabei ist festgelegt, dass eine C-Zeichenkette durch ein spezielles Zeichen, das sogenannte *Terminierungszeichen* mit dem Code 0, also *Char*(↓0), abgeschlossen und in C mit '\0' notiert wird. Deshalb werden C-Zeichenketten im Engl. auch als *null-terminated strings* bezeichnet. Das Terminierungszeichen kann deshalb innerhalb der Zeichenkette nicht vorkommen.

Beispiel 3.5 zeigt die Deklaration und die Verwendung einer C-Zeichenketten-Variablen sowie ihre Repräsentation im Hauptspeicher eines Computers.

Beispiel 3.5

C-Zeichenkette und ihre Repräsentation im Speicher

Das folgende Pseudocode-Fragment deklariert eine C-Zeichenketten-Variable *cs* und weist ihr einen Wert zu:

```
  var cs: CString
begin
  cs := "Hello"
```

▶Abbildung 3.6 zeigt die Repräsentation des Zeichenkettenobjekts *cs* im Hauptspeicher eines Computers, wobei die Fragezeichen beliebige Zeichen bedeuten, die nicht mehr zur aktuellen Zeichenkette gehören.

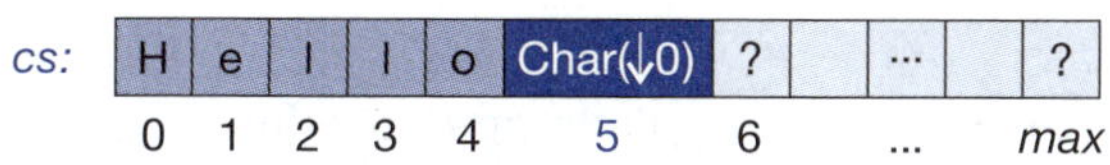

Abbildung 3.6: Repräsentation der Zeichenkette "Hello" als C-Zeichenkette im Speicher

Der Vorteil von C-Zeichenketten liegt darin, dass ihre Länge nicht beschränkt ist, denn die maximale Länge (*max* in der obigen Deklaration) kann beliebig groß gewählt werden. Der wesentliche Nachteil ist, dass die Ermittlung der Länge aufwändig ist, denn dafür muss das Terminierungszeichen (beispielsweise auf folgende Weise) gesucht werden:

```
Length(↓cs: CString): int
  var i: int
begin
  i := 0
  while cs[i] ≠ Char(↓0) do
    i := i + 1
  end -- while
  return i
end Length
```

Hinweis: In objektorientierten Programmiersprachen (z.B. in C++, Java und C#) werden Zeichenketten durch „echte“ Objekte[2] spezieller Zeichenketten-Klassen (z.B. der Klasse *java.lang.String* in Java) dargestellt. (Kapitel 13 behandelt die Grundlagen der objektorientierten Programmierung.) Die interne Repräsentation dieser Zeichenkettenobjekte bleibt dem Benutzer zwar verborgen, es werden aber auch Zeichenfelder verwendet, nur ist das für den Benutzer nicht mehr relevant. Diese Zeichenkettenobjekte beseitigen durch geschickte Realisierung beide Nachteile der oben behandelten Zeichenketten-Repräsentationen: die Zeichenketten können somit beliebig lang werden (wie bei C-Zeichenketten) *und* ihre Länge kann effizient ermittelt werden (wie bei Pascal-Zeichenketten).

Zwei- und mehrdimensionale Felder

Die Nützlichkeit bzw. Notwendigkeit zwei- und mehrdimensionaler Felder (*two-* und *multi-dimensional arrays*) braucht nicht weiter argumentiert werden; bei vielen Aufgabenstellungen finden wir z.B. Matrizenobjekte, etwa für eine Entscheidungstabelle oder ein Schachbrett.

Beispiel 3.6 zeigt die Verwendung eines zweidimensionalen Felds.

Beispiel 3.6

Zweidimensionales Feld (Matrix) und Repräsentation im Speicher

Für die Lösung einer Mathematikaufgabe benötigt man eine Matrix mit vier Zeilen und drei Spalten, eine 4x3-Matrix. Den zweidimensionalen Felddatentyp *Matrix* und eine Variable *m* von diesem Typ können wir wie folgt festlegen:

```
type Matrix = array [1:4, 1:3] of real
var m: Matrix
```

▶Abbildung 3.7 (a) zeigt eine schematische Darstellung der Matrix *m*, wie man sie z.B. in Mathematikbüchern findet, während in (b) illustriert wird, wie man sich die Repräsentation der Variablen *m* im Hauptspeicher eines Computers vorstellen kann. Nachdem der Hauptspeicher konzeptuell eine lineare, also eindimensionale, Anordnung von Bytes ist, muss die Matrix, also das zweidimensionale Feld, linearisiert (in eine Dimension transformiert) werden. Da es in den meisten Programmiersprachen so gehandhabt wird, gehen wir davon aus, dass die Zeilen (*rows*) der Matrix nacheinander im Speicher angeordnet werden, die Matrix wird also *zeilenweise* im Speicher abgelegt (*row major order*).

2 Damit sind Objekte im Sinne der objektorientierten Programmierung (OOP) gemeint, deren Datentyp eine Klasse ist und die über Datenkomponenten und Methoden verfügen (siehe dazu Kapitel 13).

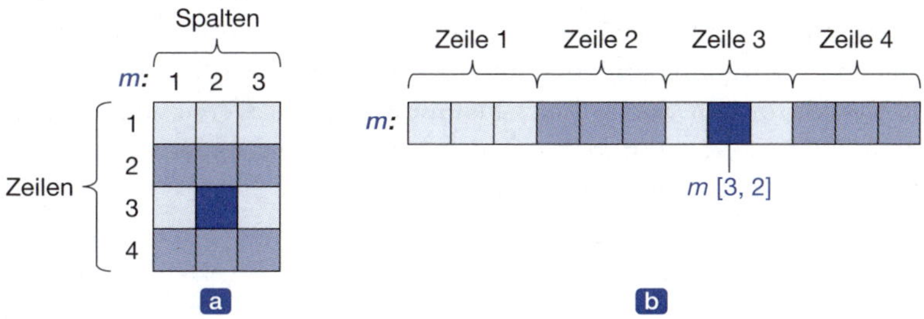

Abbildung 3.7: Anordnung der Elemente eines zweidimensionalen Felds (a) im Speicher (b)

Wenn eine Bearbeitung aller Elemente einer Matrix erforderlich ist, erfolgt dies typischerweise mittels zweier ineinander geschachtelter Zählschleifen. Das folgende Codestück zeigt, wie die Matrix *m* mit dem Wert 0.0 initialisiert werden könnte:

```
for i := 1 to 4 do    -- for all rows
  for j := 1 to 3 do  -- for all columns
    m[i, j] := 0.0
  end -- for
end -- for
```

Da es für den Elementtyp keinerlei Einschränkungen gibt, kann ein zweidimensionales Feld – was Abbildung 3.7 (b) nahe legt – auch als eindimensionales Feld interpretiert werden, dessen Elemente eindimensionale Felder sind, also ein „Feld von Feldern".

Hinweis: Wie bei eindimensionalen Feldern muss auch bei zweidimensionalen für den Zugriff auf ein Element durch Anwendung der *Speicherabbildungsfunktion* (*memory addressing function*) die Speicheradresse dieses Elements berechnet werden.

Für eine Matrix *m* mit der Deklaration

```
var m: array [first1:last1, first2:last2] of ElementType
```

kann aus der Startadresse *AddrOf*(↓*m*), den beiden Indizes *i* und *j*, den beiden Untergrenzen der Indexbereiche *first1* und *first2*, dem Speicherbedarf eines Elements in Byte *elementSize* = *SizeOf*(↓*ElementType*) sowie dem Speicherbedarf einer ganzen Zeile *rowSize* = (*last1* – *first1* + 1) · *elementSize* die Adresse von *m*[*i*, *j*] wie folgt berechnet werden:

$$AddrOf(\downarrow m[i,j]) = AddrOf(\downarrow m) + (i - first1) \cdot rowSize + (j - first2) \cdot elementSize$$

Diese Speicherabbildungsfunktion gewährleistet – wie bei eindimensionalen Feldern – einen effizienten Zugriff (in konstanter Zeit) auf alle Elemente der Matrix, unabhängig von den Werten der beiden Indizes.

Die Anzahl der Dimensionen eines Feldobjekts ist in der Regel nicht begrenzt, so dass neben den ein- und zweidimensionalen Feldobjekten, die wir bisher betrachtet haben, in den meisten Programmiersprachen auch Feldobjekte mit drei und mehr Dimensionen möglich sind. Da sich weder die Deklaration noch die Verwendung solcher mehrdimensionalen Felder grundsätzlich von den ein- und zweidimensionalen unterscheidet, brauchen wir darauf nicht näher einzugehen.

3.2.2 Verbunde

In der Praxis finden wir häufig Aufgabenstellungen, bei deren algorithmischer Lösung wir, wenn der Algorithmus möglichst realitätsnah gestaltet werden soll, auf Datenobjekte stoßen, die mehrere Elemente unterschiedlichen Datentyps zu einem logischen Ganzen zusammenfassen, wie in Beispiel 3.7 gezeigt. Deshalb ist es naheliegend, auch dafür ein Konzept und ein Konstrukt zur Umsetzung vorzusehen.

Beispiel 3.7 **Getrennte Speicherung von Studierendendaten**

Für ein Softwaresystem zur Verwaltung der Daten von Studierenden müssen deren Daten wie z.B. die Identifikationsnummer (*id*), der Name (*name*) und – vorerst – das Alter (*age*) verfügbar sein. Dazu könnte man (mit den bisher eingeführten Möglichkeiten) z.B. folgende drei Felder vorsehen:

```
const max = ...
var studentIds:   array [1:max] of int
    studentNames: array [1:max] of string
    studentAges:  array [1:max] of int
```

Durch die in Beispiel 3.7 gezeigte Lösungsvariante werden zusammengehörende Eigenschaften auf mehrere Datenobjekte verteilt. Die Zusammengehörigkeit geht dabei verloren und ist aus der dazugehörigen Algorithmenbeschreibung nicht mehr so ohne Weiteres erkennbar.

Um diesen Nachteil zu vermeiden, führen wir das Konzept des Verbunds ein, für das wir eine Definition angeben, bevor wir uns mit den Details und den dafür notwendigen Konstrukten beschäftigen.

Definition: *Verbund*

Ein *Verbund* (*compound, record* oder *structure*) ist ein Datenobjekt, das eine fixe Anzahl von Komponenten, deren Datentyp beliebig ist, so zusammenfasst, dass man auf das Datenobjekt als Ganzes und über die entsprechenden Bezeichner auch auf die einzelnen Komponenten zugreifen kann.

Verbunde verwenden wir immer dann, wenn wir für eine algorithmische Lösung ein Objekt aus der Problemdomäne modellieren müssen, das mehrere für den Algorithmus relevante Eigenschaften aufweist, die deshalb zusammengefasst werden sollen.

Ein Verbund (*compound*) *c* fasst benannte Komponenten so zu einer Einheit zusammen, dass auf ihn sowohl als Ganzes, als auch auf die einzelnen Komponenten separat zugegriffen werden kann. Für den Zugriff auf eine Verbundkomponente wird der *Komponentenselektionsoperator* . (Punkt) auf den Verbund *c* mit einem Komponentennamen *n* angewandt: *c.n* bezeichnet die Komponente mit dem Namen *n* des Verbunds *c*.

In der von uns verwendeten Notation zur Beschreibung von Algorithmen sieht die Deklaration einer Verbundvariable folgendermaßen aus:

```
var c = compound
      a: AnyType
      b: SameOrAnyOtherType
      ...
      z: SameOrYetAnotherType
    end -- compound
```

▶Abbildung 3.8 zeigt, wie man sich die Repräsentation der Komponenten des oben deklarierten Verbunds *c* im Hauptspeicher eines Computers vorstellen kann. Wie die Elemente eines Feldobjekts liegen die Komponenten eines Verbundobjekts lückenlos hintereinander im Speicher, können aber – je nach Datentyp – unterschiedlichen Speicherbedarf aufweisen.

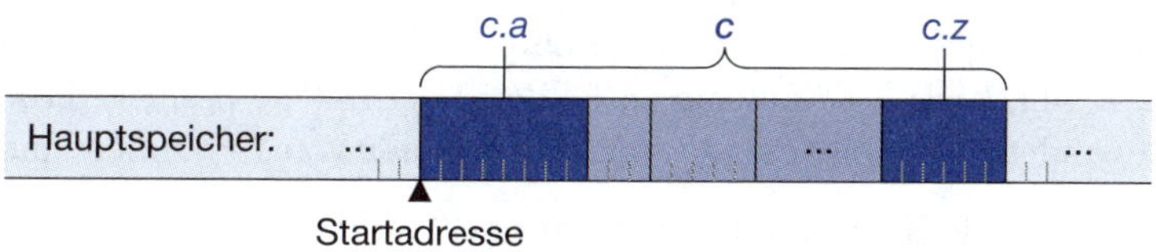

Abbildung 3.8: Anordnung der Komponenten eines Verbunds im Speicher

Hinweis: Wie ein Feld hat auch ein Verbund, wie in Abbildung 3.8 gezeigt, eine Startadresse. Da die einzelnen Komponenten aber unterschiedliche Datentypen haben und somit unterschiedlichen Speicherplatz beanspruchen können, existiert keine Speicherabbildungsfunktion zur effizienten Berechnung der Adresse der *i*-ten Komponente von Verbunden analog zu jener von Feldern; der Zugriff auf die einzelnen Komponenten ist nur über ihre Namen möglich.

Beispiel 3.8 zeigt eine Anwendung des Verbundkonzepts für die in Beispiel 3.7 noch separiert voneinander gespeicherten Daten von Studierenden.

Beispiel 3.8

Speicherung von Studierendendaten in einem Verbund

Für das in Beispiel 3.7 erwähnte Softwaresystem zur Verwaltung der Daten von Studierenden ist es sinnvoll, einen benutzerdefinierten Verbundtyp *Student* wie folgt einzuführen:

```
type Student = compound
        id: int
        name: string
        age: int
    end -- compound
```

Diesen Datentyp können wir nun verwenden, um Variablen für die einzelnen Studierenden zu deklarieren und ihre Komponenten mit entsprechenden Werten zu füllen:

```
  var s1, s2, … : Student  -- two students
begin
  s1.id := 2006099
  s1.name := “Max Mustermann”
  s1.age := 19
  s2.id := …
```

Da es hinsichtlich des Datentyps einer Komponente eines Verbunds keinerlei Einschränkungen gibt, kann (in Analogie zu Feldern) der Datentyp einer Verbundkomponente selbst wieder ein Verbund sein, so dass „Verbunde von Verbunden“ möglich sind.

Beispiel 3.9 zeigt, wie man damit die Daten von Studierenden praxisgerechter speichern kann.

Beispiel 3.9

Verbund in Verbund

Wir können nun die nicht praxisgerechte Definition des in Beispiel 3.8 eingeführten Datentyps *Student* verbessern, denn es war keine gute Idee, wie in dieser Typdeklaration festgelegt, das Alter eines Studierenden zu speichern, da sich dieses permanent ändert. Es ist vielmehr naheliegend, eine Komponente für das Geburtsdatum vorzusehen.

Da Kalenderdaten öfter benötigt werden, ist es sinnvoll, dafür wiederum einen eigenen (Verbund-)Datentyp *Date* einzuführen und diesen bei der Definition des Datentyps *Student* zu verwenden, um statt der Alterskomponente eine Komponente für das Geburtsdatum (*dateOfBirth*) vorzusehen:

```
type Date = compound
       day, month, year: int
     end -- compound
     Student = compound
       ...
       dateOfBirth: Date
     end -- compound
var s: Student
```

Die folgenden drei Beispiele für komponentenbezogene Wertzuweisungen zeigen, wie der Komponentenselektionsoperator – analog zum Indizierungsoperator – mehrfach angewendet werden kann, um auf „ineinander geschachtelte" Komponenten zugreifen zu können:

```
s.dateOfBirth.day   :=    1
s.dateOfBirth.month :=    4
s.dateOfBirth.year  := 1987
```

3.2.3 Gegenüberstellung und Kombination von Feldern und Verbunden

Feld- und Verbundtypen gestatten es, strukturierte Datenobjekte zu bilden. Gemeinsam ist solchen Datenobjekten, dass sie mehrere Elemente/Komponenten so zu einer Einheit zusammenfassen, dass auf diese sowohl als Ganzes als auch auf die einzelnen Bestandteile zugegriffen werden kann.

Tabelle 3.1 stellt die beiden Konzepte einander gegenüber und zeigt wesentliche Unterschiede zwischen Feldern und Verbunden.

Sowohl Feld- als auch Verbundobjekte – jeweils für sich alleine betrachtet – ermöglichen es, bestimmte Sachverhalte in Algorithmen besser zu modellieren, als dies mit elementaren Datenobjekten alleine möglich wäre.

Tabelle 3.1

Unterschiede von Feldern und Verbunden

Unterscheidungsmerkmal	Felder	Verbunde
Datentyp der Bestandteile	*Elemente* müssen gleichen Datentyp haben	*Komponenten* können unterschiedliche Datentypen haben
Zugriff auf die Bestandteile	Mit Index i und Indexoperator: $a[i]$	Mit Name n und Komponentenselektionsoperator: $c.n$

Das Potenzial der Verfügbarkeit strukturierter Datenobjekte entfaltet sich aber erst, wenn Felder und Verbunde miteinander kombiniert werden. Das ist möglich, da es weder bezüglich des Elementtyps eines Felds noch bezüglich der Komponententypen in einem Verbund Einschränkungen gibt. Somit sind Felder von Verbunden und Verbunde mit Feldkomponenten möglich – und das in beliebig tiefer Schachtelung.

Beispiel 3.10 zeigt die Möglichkeit der Schachtelung von Feldern und Verbunden anhand der Speicherung mehrerer Studenten mit ihren Noten.

Beispiel 3.10 Mehrere Studenten mit ihren Noten

Für das in Beispiel 3.8 und Beispiel 3.9 erwähnte Softwaresystem zur Verwaltung der Daten von Studierenden ist es notwendig, auch die Noten der Studierenden zu speichern. Dazu kann beispielsweise – wie das Codestück unten zeigt – eine Komponente *marks*, die ein Feldobjekt repräsentiert, vorgesehen werden (vgl. auch Beispiel 3.3). Um eine einfache Verarbeitung der Daten aller Studierenden zu ermöglichen, ist es außerdem sinnvoll, ein Feld *students* mit dem Elementdatentyp *Student* vorzusehen.

```
const maxMarks = ...
      maxStudents = ...

type Student = compound
       id: int
       name: string
       dateOfBirth: Date
       marks: array [1:maxMarks] of int
       nMarks: int -- number of marks
     end -- compound

var students: array [1:maxStudents] of Student
    nStudents: int -- number of Students
```

Das folgende Codestück zeigt anhand einer Zuweisung, wie man Index- und Komponentenselektionsoperator kombinieren kann, um ausgehend von der Variablen *students* auf alle Bestandteile dieses strukturierten Datenobjekts zuzugreifen, beispielsweise auf die zweite Note des ersten Studenten.

```
students[1].marks[2] := 3
```

▶Abbildung 3.9 zeigt den hierarchischen Aufbau der Variablen *students*. Daraus ist ersichtlich, dass es sich um ein Feld von Verbunden des Datentyps *Student* handelt, wobei in jedem dieser Verbunde auch Felder (z.B. in Form des Datentyps *string*) als Komponenten vorkommen. Auf den untersten Ebenen der Hierarchie kommen nur mehr elementare Datentypen vor (hier z.B. *char* als Elemente von *string* und *int*).

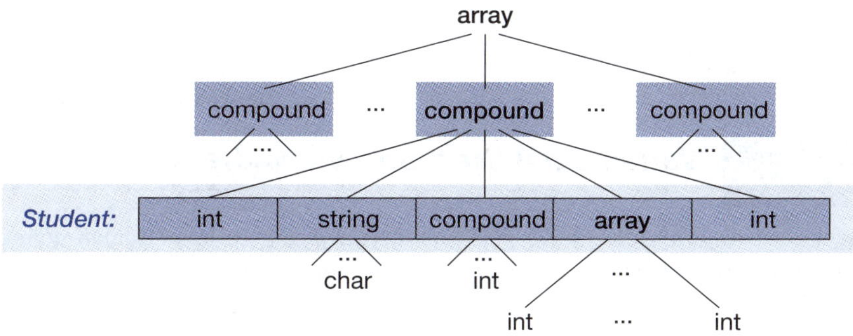

Abbildung 3.9: Hierarchischer Aufbau der Variablen *students*

3.3 Vernetzte oder dynamische Datenobjekte und -typen

Den elementaren und strukturierten Datentypen, die wir bisher behandelt haben, ist gemeinsam, dass Variablen dieser Datentypen während ihrer Lebensdauer ihren Wert, aber nicht ihre Struktur ändern können. Folglich bleibt die Größe des Speicherplatzes, den sie benötigen, konstant.

In der Praxis begegnen wir Aufgabenstellungen, in denen Datenobjekte vorkommen, die charakterisiert sind durch die Veränderung ihres Werts *und* ihrer Struktur, also Datenobjekte, die aus Komponenten bestehen, die miteinander in Beziehung stehen, also vernetzt sind. Wir nennen diese deshalb *vernetzte Datenstrukturen*, um hervorzuheben, dass der Struktur des Datenobjekts besondere Bedeutung zukommt. Solche Datenobjekte können zur Laufzeit eines Algorithmus, also dynamisch, wachsen und schrumpfen und/oder es kann sich die Beziehungsstruktur zwischen ihren Komponenten ändern, weshalb sie auch als *dynamische Datenstrukturen* bezeichnet werden. Das heißt, dass sowohl die Größe als auch die Struktur und der Inhalt der Datenstruktur veränderbar sind. Wichtige Repräsentanten solcher Datenobjekte mit Strukturcharakter sind *verkettete Listen* und *Bäume*, vor allem *Binärbäume*; sie werden später in eigenen Abschnitten ausführlich behandelt.

Bevor wir uns den verschiedenen Ausprägungen vernetzter Datenobjekte bzw. ihrer Datentypen widmen, müssen die dafür notwendigen Konzepte eingeführt werden: *Zeiger(datentypen)* und die dynamische *Speicherallokation* sowie *-freigabe*.

3.3.1 Zeiger und Zeigerdatentypen

Wie in Abschnitt 1.3 erläutert, werden alle Variablen, die in einem Algorithmus vorkommen (nach der Transformation des Algorithmus in ein Programm einer bestimmten Programmiersprache und seiner Übersetzung in eine ausführbare Version bei der Ausführung), im Speicher eines Computers repräsentiert: Für jede Variable wird dazu ab einer bestimmten Startadresse so viel Speicher zur Verfügung gestellt, wie aufgrund ihres Datentyps erforderlich ist. Beispiel 3.11 zeigt das anhand einer Variablen vom Datentyp *integer*.

Beispiel 3.11 Variable mit Wert und Startadresse

Gegeben sei die Variable *intVar* vom Datentyp *integer*, welcher gemäß dem folgenden Codestück der Wert 17 zugewiesen wurde:

```
  var intVar: int
begin
  intVar := 17
```

▶Abbildung 3.10 zeigt die Repräsentation von *intVar* im Hauptspeicher eines Computers. Der aktuelle Wert ist durch die Zuweisung entstanden; die Startadresse 2468 ist hypothetisch.

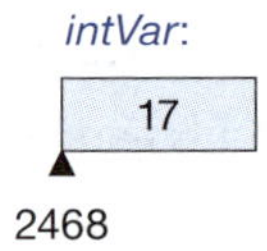

Abbildung 3.10: Variable *intVar* im Speicher, mit Wert und Startadresse

Nun ist eine (Start-)Adresse selbst wieder ein Datum, das in einer Variablen gespeichert werden kann. Aber von welchem Datentyp soll diese Variable sein?

Da Adressen stets positive ganze Zahlen sind, könnten sie in Variablen vom Datentyp *integer* gespeichert werden. Dadurch würde aber ihre besondere Eigenschaft verloren gehen und sie könnten nicht mehr dazu verwendet werden, über die in ihnen gespeicherten Adressen „indirekt" auf die Werte an den entsprechenden Stellen im Speicher „zuzugreifen" und diese verändern zu können. Deshalb ist ein neuer Datentyp für solche „Adressvariablen" zweckmäßig und wir führen dazu das Konzept der *Zeiger* und *Zeigerdatentypen* ein. Bevor wir uns mit den Details dieses Konzepts beschäftigen und die dafür notwendigen Konstrukte einführen, geben wir Definitionen für diese beiden zentralen Begriffe an.

Definition: *Zeiger und Zeigerdatentyp*

Ein *Zeiger* (*pointer*) ist ein Datenobjekt, dessen Datentyp ein Zeigerdatentyp ist.

Ein *Zeigerdatentyp* (*pointer data type*) ist ein benutzerdefinierter Datentyp, der in unserer Algorithmennotation durch das vorangestellte Symbol → als solcher gekennzeichnet wird und bei dessen Deklaration der Datentyp jener Datenobjekte anzugeben ist, auf die durch einen Zeiger dieses Zeigerdatentyps verwiesen werden kann. Dieser „referenzierte" Datentyp wird als *Basisdatentyp* (*base data type*) bezeichnet.

Wir deklarieren einen Zeigerdatentyp oder kurz *Zeigertyp* (*pointer type*) und eine Zeigervariable dieses Typs gemäß obiger Definition wie folgt:

```
type PointerType = →BaseType
var p: PointerType
```

Der oben deklarierten (Zeiger-)Variablen *p* vom Typ *PointerType* kann nur die Adresse eines Datenobjekts des Basisdatentyps *BaseType* oder der spezielle Wert *null* zugewiesen werden. Wobei der spezielle Wert *null* (als „ungültige Adresse") ausdrückt, dass mit dem Zeiger, dem er zugewiesen wurde, (noch) kein Datenobjekt (des Typs *BaseType*) verbunden ist.

Sobald einer Zeigervariablen *p* eine „gültige Adresse" (ungleich *null*) zugewiesen wurde, kann mit dem *Dereferenzierungsoperator* → über diesen Zeiger indirekt auf die entsprechende Stelle im Speicher – also auf ein Datenobjekt des Typs *BaseType* – zugegriffen werden. Wir notieren das im Pseudocode mit *p*→.

Beispiel 3.12 zeigt zur Erläuterung dieses Konzepts, wie ein Zeiger auf eine Variable gebildet wird. Zeigervariablen, die „normale" Variablen referenzieren wie in Beispiel 3.12, sind allerdings wenig sinnvoll, denn auf solche Variablen kann direkt zugegriffen werden. Wir benutzen sie hier dennoch, weil so auf leicht verständliche Art und Weise die Idee und die Mechanismen, die hinter dem Zeigerkonzept stecken, erklärt werden können.

Beispiel 3.12 Zeiger auf Variable

Für die *integer*-Variable *intVar* aus Beispiel 3.11 zeigt das folgende Codestück, wie einer Zeigervariablen *ptrToIntVar* vom Basisdatentyp *integer* die Adresse von *intVar* zugewiesen und mittels Dereferenzierungsoperationen indirekt damit gearbeitet werden kann.

```
  type IntPtr = →int
  var intVar: int
      ptrToIntVar: IntPtr
begin
  intVar := 17  -- direct access to intVar
  ptrToIntVar := AddrOf(↓intVar)
  Write(ptrToIntVar)    -- writes value of ptrToIntVar, e.g., 2468
  Write(ptrToIntVar→)   -- indirect access to intVar, writes 17
  ptrToIntVar→ := 21    -- indirect access to intVar,
                        --   equivalent to intVar := 21
```

▶Abbildung 3.11 zeigt den Zustand im Hauptspeicher eines Computers nach der Ausführung des obigen Codestücks: In (a) wird der tatsächliche Speicherinhalt wiedergegeben und (b) zeigt die grafische Notation (einen Pfeil), die wir verwenden, um darzustellen, auf welches Datenobjekt eine Zeigervariable zeigt (zur Repräsentation von Zeigern). Der tatsächliche Adresswert ist aus abstrakter Sicht nämlich unerheblich. Aus dem Pfeilsymbol erklärt sich auch die Bezeichnung Zeiger sowie die Verwendung des Zeichens → für die Deklaration eines Zeigertyps und den Dereferenzierungsoperator.

Abbildung 3.11: Zeigervariable, die auf „normale" Variable zeigt

In Abbildung 3.11 sind die Speicherbereiche für die *integer*- und die Zeigervariable deshalb gleich lang gezeichnet, weil für Datenobjekte des Datentyps *integer* in den meisten Programmiersprachen ebenso viel Bytes (meist vier) verwendet werden, wie für Zeigervariablen. Natürlich können mit Zeigervariablen Datenobjekte beliebigen (Basis-)Datentyps referenziert werden, d.h. auch solche, die weniger Speicherplatz (z.B. *char*) oder mehr Speicherplatz (z.B. *real* oder der Verbunddatentyp *Student* aus Abschnitt 3.2) benötigen.

Wir sind nun in der Lage, die Referenzübergabe von Parametern (*call by reference*), auf die wir schon hingewiesen haben, im Detail zu erläutern. Bisher haben wir nur davon gesprochen, dass bei Ausgangs- und Übergangsparametern eine Referenzübergabe zur Anwendung kommt („bei der Ausführung des Algorithmus wird über den Namen des Formalparameters *indirekt* auf den Aktualparameter zugegriffen"), sind aber nicht darauf eingegangen, wie dieser indirekte Zugriff tatsächlich realisiert wird. Die Realisierung erfolgt durch Zeiger.

Beispiel 3.13 zeigt anhand eines Algorithmus zum Vertauschen der Werte zweier Variablen die technische Realisierung der Referenzübergabe durch Zeiger, wie sie üblicherweise von Compilern (bei Verwendung von Programmiersprachen wie Pascal oder C++) umgesetzt wird.

Beispiel 3.13 Realisierung der Referenzübergabe durch Zeiger

Ein Algorithmus *Swap* zum Vertauschen der Werte zweier *integer*-Variablen könnte in Pseudocode wie folgt aussehen:

```
Swap(⇕a: int  ⇕b: int)
  var h: int
begin
  h := a; a := b; b := h
end Swap
```

und folgendermaßen verwendet werden:

```
  var x, y: int
begin
  x := 17; y := 4
  Swap(⇕x  ⇕y)
```

Transformiert man diesen Algorithmus in ein Programm (d.h. notiert man ihn in einer bestimmten Programmiersprache, z.B. in Pascal oder in C++), übersetzt ihn in eine lauffähige Version und führt ihn aus, dann ergibt sich der in ▶Abbildung 3.12 dargestellte Sachverhalt: die beiden formalen Übergangsparameter *a* und *b* werden zur Laufzeit durch Zeiger realisiert. Die Abbildung stellt den Zustand der Aktual- und Formalparameter im Hauptspeicher unmittelbar nach dem Aufruf des Algorithmus *Swap* dar.

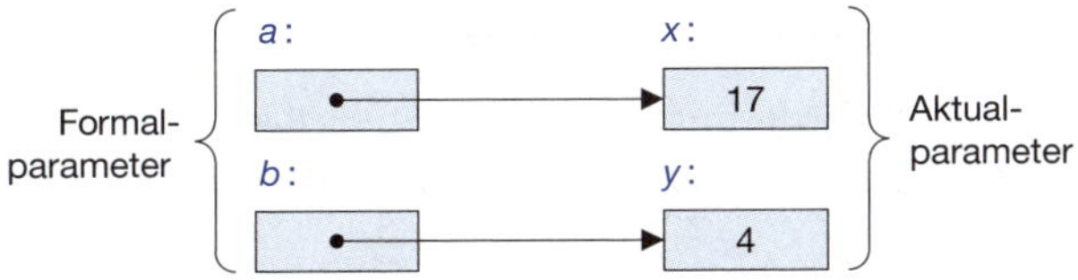

Abbildung 3.12: Formal- und Aktualparameter nach dem Aufruf des Algorithmus *Swap*

Der Algorithmus *Swap* könnte auch so gestaltet werden, dass anstelle der beiden Übergangsparameter vom Datentyp *integer* zwei Eingangsparameter des entsprechenden Zeigerdatentyps verwendet werden:

```
type IntPtr = →int

SwapViaPointers(↓aPtr: IntPtr  ↓bPtr: IntPtr)
  var h: int
begin
  h := a→; a→ := b→; b→ := h
end SwapViaPointers
```

Diesen Algorithmus könnten wir dann zum Vertauschen zweier Zahlen wie folgt verwenden:

```
  var x, y: int
begin
  ...
  SwapViaPointers( ↓AddrOf(↓x)  ↓AddrOf(↓y) )
```

Hinweis: Aus verständlichen Gründen raten wir allerdings von dieser Form der Algorithmengestaltung ab, denn die Algorithmenschnittstelle suggeriert, dass der Algorithmus keine Ergebnisobjekte hat. Trotzdem ist es nützlich, die Realisierung der Referenzübergabe (*call by reference*) mittels Zeiger zu kennen, weil es Programmiersprachen gibt (z.B. C und Java), die nur eine Wertübergabe (*call by value*) erlauben. Bei diesen Sprachen muss, wenn der Programmierer eine Referenzübergabe vornehmen möchte, diese von ihm selbst – wie oben gezeigt – implementiert, also mittels Zeigern nachgebildet, also simuliert werden.

Wir haben in Beispiel 3.13 die Ausprägung eines Algorithmus zum Vertauschen der Werte zweier Variablen herangezogen, um das Konzept der Referenzübergabe von Parametern zu illustrieren.

3.3.2 Allokieren und Freigeben von Speicher

Für eine sinnvolle Anwendung des Konzepts der Zeiger-(Datentypen), insbesondere wenn es darum geht, Datenstrukturen wachsen und schrumpfen zu lassen, ist es notwendig, dem Programmierer die Möglichkeit zu geben, Datenobjekte „zur Laufzeit" zu erzeugen und sie mit anderen bereits existierenden Datenobjekten zu einer vernetzten oder dynamischen Datenstruktur zu verbinden bzw. Datenobjekte daraus wieder zu entfernen. Damit dies möglich ist, muss während der Ausführung eines Algorithmus, also dynamisch, die *Allokation*[3] *von Speicher* (*memory allocation*) erlaubt sein, und dieser muss später auch wieder freigegeben[4] werden können.

Zur Umsetzung dieser Anforderung dient ein ***dynamischer Speicherbereich***, auch *Halde* (*heap*) genannt, und wir benötigen zwei Algorithmen, um diesen Speicherbereich zu verwalten:

1. Einen *Algorithmus für das* ***Allokieren*** des für ein zu erzeugendes Datenobjekt benötigten Speicherbereichs. Wir verwenden dazu den Funktionsalgorithmus *New* mit folgender Schnittstelle:

   ```
   New(↓Type): →Type
   ```

   Der Algorithmenname *New* drückt aus, dass ein neues Exemplar eines Datenobjekts vom Datentyp *Type* (den wir deshalb als Eingangsparameter dem Algorithmus zur Verfügung stellen) erzeugt wird, d.h. ein Speicherbereich in der Größe *SizeOf* (↓ *Type*) in der Halde allokiert wird. Als Ergebnis liefert *New* die Startadresse des allokierten, aber noch nicht initialisierten Bereichs. Wenn in der Halde kein hinreichend großer zusammenhängender Speicherbereich für das zu erzeugende Datenobjekt mehr frei ist, liefert *New* als Ergebnis den Zeigerwert *null*. (Zur Erinnerung: Der spezielle Wert *null* drückt aus, dass mit der Zeigervariablen, der er zugewiesen wird, noch kein Datenobjekt verbunden, d.h. kein Speicherbereich allokiert ist.)

2. Einen *Algorithmus für das* ***Freigeben*** eines Speicherbereichs (in der Halde) im Zuge des Entfernens (oft auch Löschen genannt) eines dynamisch erzeugten Datenobjekts aus einer vernetzten Datenstruktur. Wir verwenden dazu den Algorithmus *Dispose* mit folgender Schnittstelle:

   ```
   Dispose(↓p: →Type)
   ```

   Der Algorithmus *Dispose* bekommt als Eingangsparameter den Zeiger *p* auf das zu entfernende Datenobjekt. Nach der Ausführung von *Dispose* steht in der Halde der an der durch *p* angegebenen Adresse beginnende Speicherbereich der Größe *SizeOf*(↓ *Type*) wieder als freier Speicherbereich zur Verfügung. Die Ausführung von *Dispose* bewirkt allerdings nicht, dass dem Zeiger *p* der Wert *null* zugewiesen wird (*p* ist „nur" ein Eingangsparameter).

3 Das zugehörige Verb lautet zwar allozieren, nachdem sich in der Informatik aber die Schreibweise *allokieren* (abgeleitet aus dem Engl. *to allocate*) eingebürgert hat, verwenden wir diese auch im Rahmen des vorliegenden Buchs.

4 Wir gehen davon aus, dass sich der Programmierer selbst um die Freigabe von allokiertem Speicher kümmern muss wie das z.B. bei Pascal und C der Fall ist, dass also keine *automatische Speicherbereinigung* (*garbage collection*) erfolgt, die z.B. in Java und C# durchgeführt wird.

Da ein mit *New* erfolgreich allokierter Speicherbereich bis auf den Namen alle Eigenschaften einer „normalen“ Variablen hat, nämlich eine Startadresse, einen Datentyp und einen aktuellen Wert (der definiert ist, wenn nach der Allokation des Speicherbereichs eine Wertzuweisung erfolgt ist), bezeichnet man solch einen Speicherbereich auch als *anonyme Variable*. Nachdem man diese nicht direkt über einen Namen ansprechen kann, muss der Zugriff indirekt über einen Zeiger, welcher ihre Adresse enthält, erfolgen (wir nennen das auch *Dereferenzierung*).

Beispiel 3.14 zeigt, wie anonyme Variablen erzeugt und wieder freigegeben werden können.

Beispiel 3.14

Allokieren, Verwenden und Freigeben von anonymen Variablen

Das folgende Codestück zeigt, wie Speicherplatz für ein *integer*-Datenobjekt (eine anonyme *integer*-Variable) allokiert, dieses dann über die Zeigervariable *intPtr* indirekt manipuliert wird, und wie der Speicherbereich schließlich wieder freigegeben wird.

```
  var intPtr: →int  -- no explicitly defined data type necessary
begin
  intPtr := New(↓int)
  if intPtr = null then
    Write(↓"Error: heap overflow")
    halt
  end -- if
  Write(↓intPtr)    -- writes address of reserved memory area
  intPtr→ := 17
  Write(↓intPtr→) -- writes 17
  Dispose(↓intPtr)
  intPtr := null    -- assign correct actual value
```

▶Abbildung 3.13 zeigt in (a) den Zustand nach der Speicherallokation mittels *New* und der Ausführung aller Anweisungen bis zum Aufruf des Algorithmus *Dispose*, in (b) den Zustand, unmittelbar nachdem der allokierte Speicherbereich mittels *Dispose* wieder freigegeben und in (c) den Zustand, nachdem die Zeigervariable auf *null* gesetzt wurde.

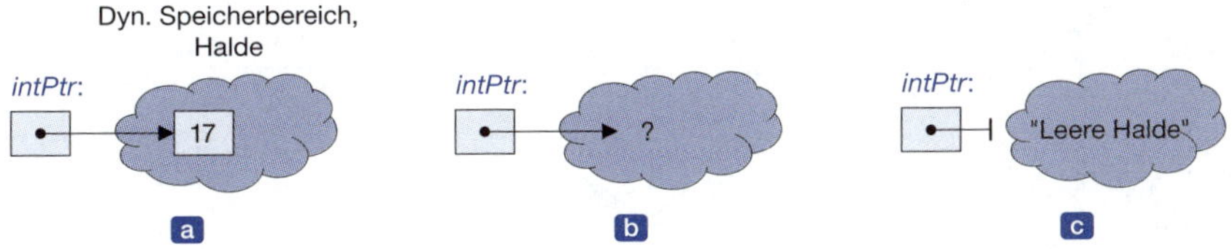

Abbildung 3.13: Zustände nach dem Allokieren und Freigeben von Speicher im dynamischen Speicherbereich

Hinweis: Der in ▶Abbildung 3.13 (b) dargestellte Zustand wird als *baumelnder Zeiger* (*dangling pointer*) bezeichnet. Eine Verwendung eines Zeigers in diesem Zustand führt zu schwer zu lokalisierenden Fehlern.

Dynamische Felder

Primär wird die Möglichkeit der dynamischen Speicherverwaltung zwar zur Realisierung von vernetzten Datenstrukturen genutzt, wie in den folgenden Abschnitten über verkettete Listen und Bäume gezeigt wird, aber auch Felder können damit in einem gewissen Sinn dynamisch gestaltet werden.

Während für „normale" Felder die Anzahl der Elemente durch die Angabe des Indexbereichs in Form von Literalen oder Konstanten bei der Deklaration fixiert werden muss (deshalb auch die Bezeichnung *statische Felder*), können mit Zeigertypen, die als Basisdatentypen Felder mit oben offenen Indexbereichen haben, und einer speziellen Version des Speicher-Allokationsalgorithmus *New* so genannte *dynamische Felder* (*dynamic arrays*) realisiert werden, deren Größe (Anzahl der Elemente) erst zur Laufzeit festgelegt wird. Diese neue Version des *New*-Algorithmus erlaubt es, Speicher für mehrere, im Speicher unmittelbar hintereinander liegende, Exemplare des Basisdatentyps zu allokieren.

Beispiel 3.15 zeigt eine einfache Anwendung dynamischer Felder für die Realisierung von C-Zeichenketten, deren Länge erst zur Laufzeit feststeht; vgl. auch Beispiel 3.5.

Beispiel 3.15 Dynamisches Feld für eine C-Zeichenkette

Das folgende Codestück zeigt ein einfaches Beispiel eines dynamischen Felds für die Realisierung einer C-Zeichenkette. Hier wird die maximale Anzahl der Elemente (Zeichen) zur Laufzeit eingelesen, bevor Speicher für ein Feld mit dieser Größe allokiert wird. Der Zugriff auf das Feld erfolgt über eine Zeigervariable.

```
  type CStringPtr: →array [0:] of char  -- no upper limit for index
                                        -- range
  var maxStrLen: int  -- number of elements in dynamic array
      csp: CStringPtr
begin
  Read(↑maxStrLen)
  csp := New(↓char ↓maxStrLen) -- allocate SizeOf(↓char) * maxStrLen bytes
  csp→[0] := Char(↓0)          -- initialize to empty string
  ...  -- operate with csp, at least assign a string to csp
  -- write actual string
  i := 0
  while csp→[i] ≠ Chr(↓0) do
    Write(csp→[i])
    i := i + 1
  end -- while
  Dispose(↓csp)
  csp := null
```

3.4 Verkettete Listen

In der Einleitung des Abschnitts 3.3 haben wir darauf hingewiesen, dass *verkettete Listen* (*linked lists*) zu den wichtigen Repräsentanten vernetzter Datenstrukturen gehören. Nun stellt sich die Frage, wann und wozu wir verkettete Listen benötigen. Um diese Frage zu beantworten, wollen wir noch einmal auf die bereits bekannten Felder zurückkommen.

3.4.1 Von Feldern zu verketteten Listen

Eindimensionale Felder fassen Elemente gleichen Datentyps in einer sequenziellen Anordnung von Speicherzellen so zusammen, dass ein effizienter Zugriff (in konstanter Zeit) auf die einzelnen Elemente des Feldobjekts über einen Index möglich ist. Darin liegt auch der große Vorteil von Feldobjekten. Der Nachteil, dass die Anzahl der Elemente bei statischen Feldern bekannt sein muss, lässt sich zwar – wie im vorigen Abschnitt gezeigt – mit dynamisch erzeugten Feldern beseitigen, aber auch dynamische Felder können voll werden.

Einen weiteren und gravierenden Nachteil weisen aber alle Felder auf: Das Entfernen bzw. das Einfügen eines Datenobjekts in einem Feld verursacht, wie in ▶Abbildung 3.14 (a) bzw. (b) gezeigt, großen Aufwand, da die Datenobjekte, die hinter der Entfern- oder Einfügeposition liegen, durch elementweises Umkopieren um eine Stelle nach vorne (beim Entfernen) bzw. nach hinten (beim Einfügen) verschoben werden müssen. (Die einzuhaltende Reihenfolge der Operationen ist durch Nummern in Abbildung 3.14 angegeben.)

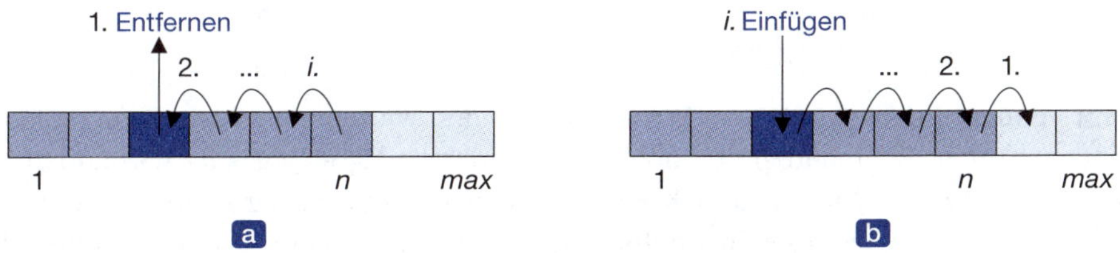

Abbildung 3.14: Entfernen und Einfügen von Elementen in einem Feld

Mittels verketteter Listen ist es möglich – wie bei eindimensionalen Feldern – eine sequenzielle Anordnung von so genannten *Knoten* (*nodes*) im Speicher zu bilden und dabei die oben erwähnten Nachteile von Feldern zu umgehen.

Definition: *Verkettete Liste*

Eine *verkette Liste* (*linked list*) ist entweder leer oder sie repräsentiert eine sequenzielle Anordnung von *Knoten* (*nodes*) gleichen Datentyps, deren Reihenfolge explizit durch *Verkettung* (*linkage*) festgelegt ist.

Diese Verkettung wird durch in den Knoten enthaltene Zeiger realisiert, die

- bei *einfach-verketteten Listen* (*singly-linked lists*) auf den jeweils nächsten Knoten, den *Nachfolger* (*successor*), und
- bei *doppelt-verketteten Listen* (*doubly-linked lists*) auch auf den jeweils vorangehenden Knoten, den *Vorgänger* (*predecessor*),

verweisen.

Der wesentliche Unterschied im Vergleich zu Feldern liegt also darin, dass sich die Reihenfolge der Knoten nicht (implizit) aus deren lückenloser Aneinanderreihung im Speicher (mit daraus resultierenden aufsteigenden Startadressen wie bei Feldelementen), sondern durch die explizite *Verkettung* ergibt.

▶Abbildung 3.15 zeigt in abstrakter Form in (a) eine einfach-verkettete und in (b) eine doppelt-verkettete Liste.

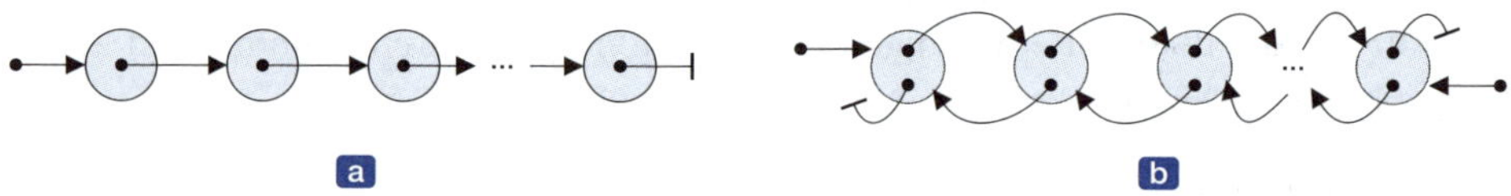

Abbildung 3.15: Einfach- und doppelt-verkettete Listen

Damit können die Nachteile von Feldern vermieden werden: Die Liste kann (solange im dynamischen Speicherbereich noch genügend freier Speicherplatz vorhanden ist) beliebig ausgedehnt werden und Knoten können effizient entfernt und hinzugefügt werden, da nur Zeiger in jenen Knoten, die in der Umgebung der Entfern- oder Einfügestelle liegen, verändert werden müssen, also kein Verschieben der restlichen Knoten erforderlich ist. Auch ein Umreihen der Knoten ist ohne großen Aufwand durch Ändern der Zeigerwerte möglich.

Einfach- und doppelt-verkettete Listen können knotenweise von vorne und doppelt-verkettete auch von hinten her durchlaufen und manipuliert werden. Ein effizienter „direkter" Zugriff (in konstanter Zeit) auf einen beliebigen Knoten einer verketteten Liste ist – im Gegensatz zum Index-basierten Zugriff auf Elemente von Feldern – aber nicht möglich. Das ist der wesentliche Nachteil verketteter Listen. Darüber hinaus erfordert die Verwaltung verketteter Listen nicht nur komplexere Algorithmen, sondern durch die dynamische Speicherverwaltung für das Allokieren und Einfügen sowie das Entfernen und Freigeben eines Knotens zusätzlichen Zeitaufwand, und die Zeiger, die in den Knoten enthalten sind, um die Verkettung zu bewerkstelligen, verursachen zusätzlichen Speicherbedarf.

Bevor wir uns in den folgenden beiden Abschnitten mit der konkreten Realisierung verketteter Listen auseinander setzen, fassen wir die wesentlichen Unterschiede zwischen Feldern und verketteten Listen in Tabelle 3.2 zusammen.

Tabelle 3.2

Gegenüberstellung von Feldern und verketteten Listen

Unterscheidungs-merkmal	Eindimensionales Feld	Verkettete Liste
Größe und Struktur	Fix	Veränderlich
Zugriff auf *i*-tes Element bzw. *i*-ten Knoten	Effizient, in konstanter Zeit mit Indizierungsoperation	Ineffizient, da (z.B. in einer Schleife) *i*-ter Knoten gesucht werden muss
Löschen und Einfügen	Ineffizient, da restliche Datenobjekte elementweise verschoben werden müssen	Effizient, da die Struktur (Verkettung) nur lokal verändert werden muss

3.4.2 Einfach-verkettete Listen

Was wir generell unter einer vernetzten oder dynamischen Datenstruktur verstehen, haben wir am Beginn des Abschnitts 3.3 bereits erörtert. Wir können ihre spezielle Ausprägung in Form einer einfach-verketteten Liste – in Anlehnung an die allgemeine Definition einer verketteten Liste – nun auch rekursiv definieren. Rekursiv heißt vereinfacht ausgedrückt: auf sich selbst zurückgreifend. (Der Leser sei darauf hingewiesen, dass Kapitel 4 dem Thema Rekursion und rekursiven Algorithmen gewidmet ist.)

Rekursive Definition: *Einfach-verkettete Liste*

Eine *einfach-verkettete Liste* (*singly-linked list*) ist entweder leer (d.h. sie hat keine Knoten) oder sie besteht aus einem ausgezeichneten Knoten, dem *Kopf* der Liste (*head*), der mit einer einfach-verketteten Liste, dem *Rest* der Liste oder *Schwanz* (*tail*), mittels eines Zeigers verbunden ist.

Die rekursive Definition einer einfach-verketteten Liste legt nahe, dass wir für ihre Realisierung einen so genannten *rekursiven Datentyp* (*recursive data type*) verwenden. Rekursiv heißt dieser Datentyp, da in seiner Deklaration auf ihn selbst zurückgegriffen wird. Wir nennen ihn *ListPtr* und deklarieren ihn wie folgt:

```
type ListPtr = →compound   -- pointer to first node = head of list
       tail: ListPtr        -- pointer to tail of list
       … -- any data
     end -- compound
```

Wegen der Möglichkeit dieser rekursiven Definition werden verkettete Listen auch *rekursive Datenobjekte* oder *-strukturen* genannt. (Die Rekursion ermöglicht auch die einfache Anwendung rekursiver Algorithmen zu ihrer Bearbeitung, wie wir in Kapitel 4 zeigen werden.)

Um aber schon vom Datentyp her zwischen „einzelnen" Knoten und einer „ganzen" Liste unterscheiden zu können, wie es auch in der allgemeinen Definition für verkettete Listen gemacht wurde, wollen wir einfach-verkettete Listen wie folgt deklarieren:

```
type ListNodePtr = →ListNode
     ListNode = compound
       next: ListNodePtr
       data: int
     end -- compound
     ListPtr = ListNodePtr   -- synonym for ListNodePtr,
                             -- but ListPtr is for pointers to head node
var  list: ListPtr
```

Wir haben den Zeigertyp *ListPtr* so definiert, dass Zeiger dieses Typs Datenobjekte des Typs *ListNode* referenzieren. Der Datentyp für die Knoten der Liste (*ListNode*) ist klarerweise ein Verbunddatentyp, der

- eine Komponente *next* zur Realisierung der Verbindung eines Knotens mit seinem Nachfolgerknoten und
- eine Komponente *data* zur Aufnahme der Knotendaten (in der Deklaration oben ist das „nur" ein *integer*-Wert, weil das für unsere Demonstrationszwecke ausreicht, in der Praxis können das auch mehrere Datenkomponenten beliebiger Datentypen sein)

vorsieht. Für die Repräsentation der bzw. den Zugriff auf die Liste, d.h. auf ihren ersten Knoten (Kopf), führen wir die Variable *list* ein, die deshalb vom Datentyp *ListPtr* sein muss. Vom Kopf aus kann man jeweils über die Komponente *next* zu den restlichen Knoten der Liste gelangen.

▶Abbildung 3.16 zeigt die einfach-verkettete Liste *list* mit ihren Knoten gemäß obiger Deklarationen, die im dynamischen Speicherbereich angelegt wurden.

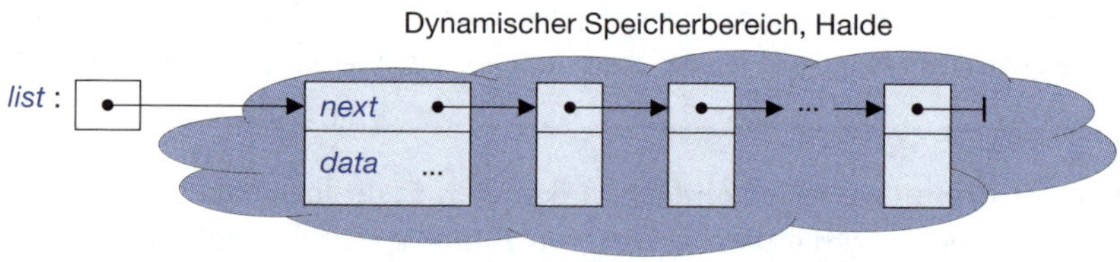

Abbildung 3.16: Einfach-verkettete Liste *list* mit ihren Knoten im dynamischen Speicherbereich

In den meisten Anwendungsfällen ist es angebracht, bevor die eigentliche Listenverarbeitung beginnt, eine sinnvolle Initialisierung der Liste, z.B. als leere Liste, vorzunehmen. Ein Algorithmus, der eine leere Liste liefert, kann z.B. folgendermaßen aufgebaut sein:

```
EmptyList(): ListPtr
begin
  return null
end EmptyList
```

Durch Aufruf von *EmptyList* kann die Listenvariable *list* initialisiert werden:

```
list := EmptyList()
```

Damit eine Liste mit Knoten „bevölkert“ werden kann, benötigt man einen Algorithmus, der einen Knoten erzeugt. Zwar bietet die dynamische Speicherverwaltung mit dem Aufruf des Funktionsalgorithmus *New*(↓*ListNode*) bereits die Möglichkeit, Speicherplatz für einen neuen Knoten anzulegen, es ist jedoch zweckmäßig, dass wir einen speziellen (Funktions-)Algorithmus *NewListNode* definieren, der nicht nur die Speicherallokation übernimmt, sondern auch prüft, ob der dynamische Speicher voll ist (und in diesem Fall eine Fehlermeldung ausgibt und die Ausführung beendet) bzw., wenn der benötigte Speicherplatz erfolgreich allokiert werden konnte, alle Komponenten des neu erzeugten Knotens initialisiert.

```
NewListNode(↓data: int): ListNodePtr
  var n: ListNodePtr
begin
  n := New(↓ListNode)
  if n = null then
    Write(↓"Error: heap overflow")
    halt
  end -- if
  n→next := null
  n→data := data
  return n
end NewListNode
```

Einfügen eines Knotens vorne

Oft ist es erforderlich, einen Knoten *n* in eine einfach-verkettete Liste *list* vorne, d.h. als neuen ersten Knoten, einzufügen (siehe ▶Abbildung 3.17; durch die Nummerierung der neu einzurichtenden Zeiger wird ausgedrückt, in welcher Reihenfolge die entsprechenden Wertzuweisungen erfolgen müssen).

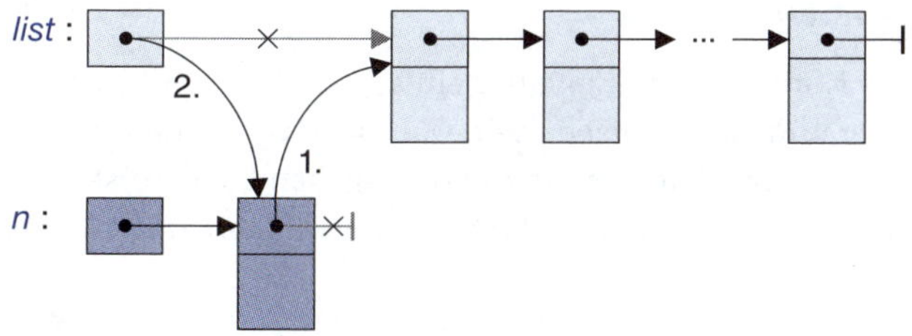

Abbildung 3.17: Einfügen eines Knotens vorne *n* in die Liste *list*

Ein Algorithmus *Prepend* zum Einfügen eines Knotens *n* vorne in eine einfach-verkettete Liste *list* (wie in Abbildung 3.17 exemplarisch dargestellt) lautet folgendermaßen:

```
Prepend(↕list: ListPtr  ↓n: ListNodePtr)
begin
  n→next := list    -- 1. append old list to new node
  list := n         -- 2. new list = ( n, old list )
end Prepend
```

Beispiel 3.16 zeigt, wie man mittels *Prepend* eine einfach-verkettete Liste mit zehn Knoten aufbauen kann, welche die Werte von 1 bis 10 enthalten.

Beispiel 3.16

Aufbau einer einfach-verketteten Liste mit zehn Knoten durch Einfügen vorne

Zur Illustration des bisher zu einfach-verketteten Listen Gesagten, geben wir ein Codestück an, durch das eine einfach-verkettete Liste von Knoten des Typs *ListNode* mit zehn Knoten, deren Datenkomponenten die Werte 1, 2, … bis 10 in der angegebenen Reihenfolge enthalten, erzeugt wird:

```
  var n: ListNodePtr
begin
  list := EmptyList()
  i := 10
  while i > 0 do
    n := NewListNode(↓i)  -- create and initialize new node
    Prepend(↕list  ↓n)  -- insert node as new front node
    i := i - 1
  end -- while
```

Natürlich kann man in obigem Codestück auch ohne die Hilfsvariable *n* auskommen, indem man das Erzeugen eines neuen Knotens in die Aktualparameterliste für den Aufruf des Algorithmus *Prepend* verlagert:

```
    Prepend(↕list  ↓NewListNode(↓i))  -- insert new node in front of list
```

Anfügen eines Knotens hinten

Das Anfügen eines Knotens *n* am Ende der einfach-verketteten Liste *list* ist im allgemeinen Fall schwieriger und aufwändiger als das Einfügen vorne. Das Listenende ist nur über die Verweiskette identifizierbar, d.h. es muss ausgehend vom ersten Knoten der letzte Knoten (*last*) gesucht werden, um dahinter den Knoten *n* anzufügen ▶Abbildung 3.18.

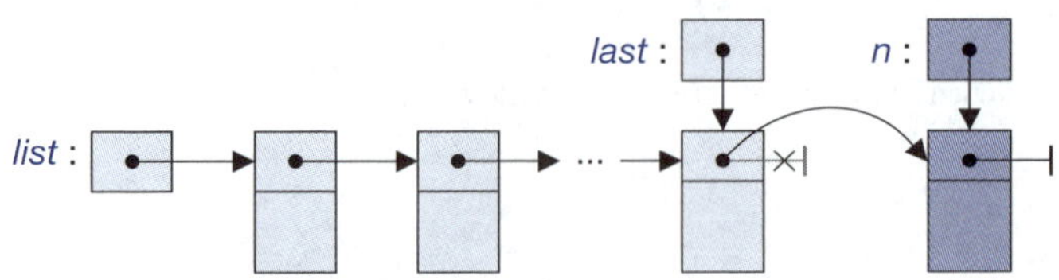

Abbildung 3.18: Anfügen eines Knotens *n* am Ende der Liste *list*

Ein Algorithmus *Append* zum Anfügen eines Knotens *n* hinten an eine einfach-verkettete Liste *list* (wie in Abbildung 3.18 dargestellt) lautet folgendermaßen:

```
Append(↕list: ListPtr  ↓n: ListNodePtr)
  var last: ListNodePtr
begin
  if list = null then  -- list is empty
    list := n
  else  -- list ≠ null, list is not empty
    -- search last node
    last := list
    while last→next ≠ null do
      last := last→next
    end -- while
    -- append n to last node
    last→next := n  -- new list = ( old list, n )
  end -- if
end Append
```

Beispiel 3.17 zeigt nun, wie man mittels *Append* eine einfach-verkettete Liste mit zehn Knoten aufbauen kann, welche die Werte von 1 bis 10 enthalten.

Beispiel 3.17

Aufbau einer einfach-verketteten Liste mit zehn Knoten durch Anfügen hinten

Nachdem in Beispiel 3.16 eine einfach-verkettete Liste von Knoten des Typs *List-Node* mit zehn Knoten, deren Datenkomponenten die Werte 1, 2, ... bis 10 in der angegebenen Reihenfolge enthalten, durch Einfügen von Knoten vorne erzeugt wurde, geben wir nun ein (kürzeres) Codestück an, das dieselbe Liste aufbaut, indem die Knoten hinten angefügt werden:

```
list := EmptyList()
for i := 1 to 10 do
  Append(↕list ↓NewListNode(↓i))  -- insert new node as last node
end -- for
```

Beide Strategien (vorne ein- bzw. hinten anfügen) liefern zwar dasselbe Ergebnis, die zweite ist jedoch wesentlich langsamer, da jedes Mal erneut und von vorne weg das Ende der Liste gesucht werden muss, bevor ein Knoten angefügt werden kann.

Hinweis: Wenn es häufig notwendig ist, Knoten hinten an eine Liste anzufügen, ist es sinnvoll, einen zusätzlichen Zeiger auf den letzten Knoten der Liste zu verwalten. Damit kann man die *Append*-Operation genauso effizient implementieren wie die *Prepend*-Operation.

Eine häufig vorkommende Operation ist das Suchen eines bestimmten Knotens. Die unten angegebene Funktion *FirstNodeWith* ist ein Algorithmus, der, wenn die einfach-verkettete Liste *list* einen Knoten, der in seiner Datenkomponente den gesuchten Wert *x* enthält, einen Zeiger auf diesen Konten (genauer gesagt: auf den ersten Knoten in der Verweiskette, für den die Bedingung zutrifft) als Ergebnis liefert (vgl. *sequenzielle Suche* in Kapitel 6). Kommt der gesuchte Wert *x* in *list* nicht vor, liefert *FirstNodeWith* als Ergebnis *null*.

```
FirstNodeWith(↓list: ListPtr  ↓x: int): ListNodePtr
  var n: ListNodePtr
begin
  n := list
  while (n ≠ null) and (n→data ≠ x) do
    n := n→next
  end -- while
  return n
end FirstNodeWith
```

Sortierte Listen und sortiertes Einfügen

Eine besondere Art von Listen sind solche, bei denen die Datenkomponenten der Knoten in einer bestimmten Weise geordnet sind. Beispielsweise sprechen wir von einer *aufsteigend sortierten Liste*, wenn für jeden Knoten gilt, dass der Wert in seiner Datenkomponente kleiner oder gleich dem Wert in der Datenkomponente des nachfolgenden Knotens ist (siehe ▶Abbildung 3.19).

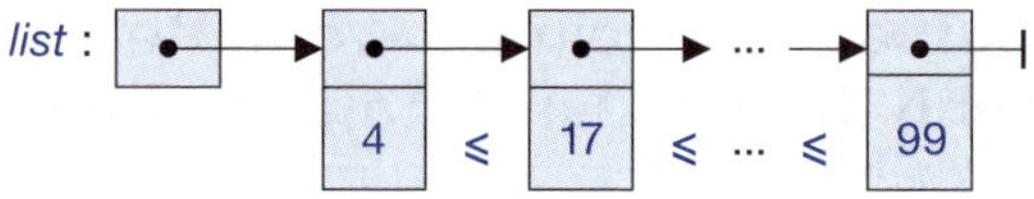

Abbildung 3.19: Aufsteigend sortierte Liste *list*

Sortierte Listen haben den Vorteil, dass bei der Suche eines Knotens der Suchvorgang (frühzeitig) abgebrochen werden kann, wenn man auf einen Knoten trifft, dessen Datenkomponente einen Wert enthält der größer oder kleiner (je nach Sortierung) als der gesuchte Wert ist.

Der unten angegebene Funktionsalgorithmus *IsSorted* prüft, ob eine einfach-verkettete Liste aufsteigend sortiert ist.

```
IsSorted(↓list: ListPtr): bool
  var n: ListNodePtr
begin
  if (list = null) or (list→next = null) then
    return true
  else  -- list has at least two nodes
    n := list
    while (n→next ≠ null) and (n→data ≤ n→next→data) do
      n := n→next
    end -- while
    return n→next = null
  end -- if
end IsSorted
```

Zwar können unsortierte verkettete Listen durch Umreihen der Knoten in sortierte transformiert werden, die einfachste und effizienteste Art, eine sortierte Liste herzustellen, besteht allerdings darin, beginnend mit der leeren Liste neue Knoten von vornherein an der richtigen Stelle einzufügen. Die korrekte Einfügeposition für einen Knoten *n* in der aufsteigend sortierten Liste wird ermittelt, indem der Vorgänger (*predecessor*, kurz *pred*) und der Nachfolger (*successor*, kurz *succ*) für den neuen Knoten ermittelt werden. Wenn die Einfügeposition gefunden ist, kann der Knoten *n* in die Liste *list* eingefügt werden, wie beispielhaft in ▶Abbildung 3.20 dargestellt.

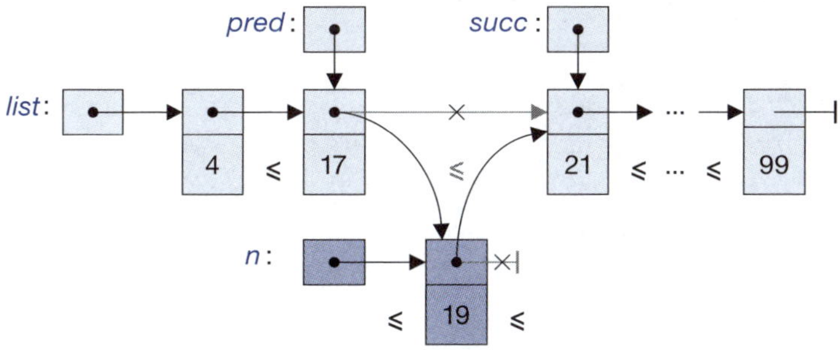

Abbildung 3.20: Einfügen eines Knotens *n* in die aufsteigend sortierte Liste *list*

Für das Einfügen eines Knotens *n* in eine aufsteigend sortierte, einfach-verkettete Liste *list* können wir folgenden Algorithmus *SortedInsert* heranziehen:

```
SortedInsert(↕list: ListPtr  ↓n: ListNodePtr)
  var pred, succ: ListNodePtr
begin
  -- 1. look for insertion position
  pred := null
  succ := list
  while (succ ≠ null) and (n→data > succ→data) do
    pred := succ
    succ := succ→next
  end -- while
  -- 2. insert node between pred and succ
  if pred = null then  -- prepend new node
    list := n
  else -- pred ≠ null
    pred→next := n
  end -- if
  n→next := succ
end SortedInsert
```

Löschen eines Knotens und der gesamten verketteten Liste

Nach den erörterten drei Möglichkeiten, einen Knoten in eine verkettete Liste einzufügen (vorne, hinten oder an der richtigen Stelle in einer sortierten Liste), wollen wir zeigen, wie der erste Knoten, dessen Datenkomponente einen bestimmten Wert *x* enthält, aus der Liste *list* entfernt und gelöscht werden kann. Dazu muss nicht nur dieser Knoten *n*, sondern auch sein unmittelbarer Vorgänger *pred* ermittelt werden, wie in ▶Abbildung 3.21 dargestellt.

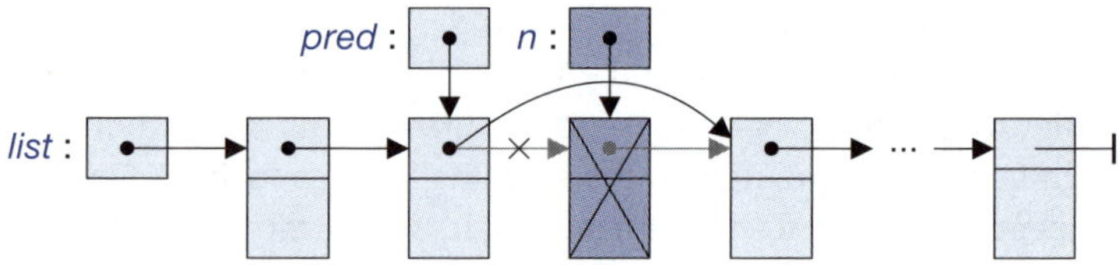

Abbildung 3.21: Entfernen eines Knotens *n* aus der Liste *list*

Dazu formulieren wir (in Analogie zum Funktionsalgorithmus *FirstNodeWith* für die Suche) einen Algorithmus *DeleteNodeWith*:

```
DeleteNodeWith(↕list: ListPtr  ↓x: int)
  var pred, n: ListNodePtr
begin
  -- 1. look for node n to delete
  pred := null
  n := list
  while (n ≠ null) and (n→data ≠ x) do
    pred := n
    n := n→next
  end -- while
  -- 2. delete node n
  if n ≠ null then  -- node found
    if pred = null then  -- node to delete is first node in list
      list := n→next
    else
      pred→next := n→next
    end -- if
    Dispose(↓n)
  end -- if
end DeleteNodeWith
```

Wollen wir aus einer Liste alle darin enthaltenen Knoten entfernen und den von ihnen belegten Speicher wieder freigeben, so können wir dies, indem wir beispielsweise folgenden Algorithmus *DisposeList* dazu heranziehen:

```
DisposeList(↕list: ListPtr)
  var next: ListNodePtr
begin
  while list ≠ null do
    next := l→next  -- save pointer to next node
    Dispose(↓list)
    list := next
  end -- while
end DisposeList
```

Über die in diesem Abschnitt gezeigten hinaus sind weitere nützliche Operationen auf einfach-verketteten Listen denkbar, die in Anlehnung an die hier vorgestellten Algorithmen auf einfache Art und Weise realisiert werden können. Viele dieser Operationen können auch oder sogar einfacher mittels rekursiver Algorithmen implementiert werden, weil wir – wie eingangs erläutert – die verketteten Listen als rekursive Datenstrukturen auffassen können. Beispiele für rekursive Listenalgorithmen finden sich im Kapitel 4.

3.4.3 Doppelt-verkettete Listen

Ein Nachteil einfach-verketteter Listen liegt darin, dass ihre Knoten nur in einer Richtung, nämlich von vorne nach hinten, besucht werden können.

Doppelt-verkettete Listen sind eine Erweiterung der einfach-verketteten, in der jeder Knoten nicht nur über einen Zeiger mit dem nächsten (*next*), sondern auch mit dem vorangehenden (*previous*, kurz *prev*) Knoten verbunden ist. Dazu muss der Verbunddatentyp *ListNode* für die Knoten um eine Komponente erweitert werden:

```
type ListNodePtr = →ListNode
     ListNode = compound
       prev, next: ListNodePtr
       data: int
     end -- compound
```

Anmerkung: Es wäre durchaus überlegenswert, den Typnamen so zu wählen, dass daraus hervorgeht, ob wir es mit einfach- oder doppelt-verketteten Listen zu tun haben, indem wir z.B. zwischen *DoublyLinkedListNode(Ptr)* und *SinglyLinkedList-Node(Ptr)* unterscheiden. Da es selten vorkommt, dass beide Listenarten gleichzeitig verwendet werden, und die spezifischen Namen lang sind, wollen wir bei den kurzen und allgemeinen Typnamen *ListNode(Ptr)* bleiben, denn aus dem Kontext ist klar, für welche Art von Knoten/Liste diese Typen verwendet werden.

Um aus der doppelten Verkettung Nutzen ziehen zu können, müssen wir den Datentyp *List*, den wir für die Realisierung einer doppelt-verketteten Liste verwenden, so definieren, dass aus dem bisherigen Zeigerdatentyp *ListPtr* (Zeiger auf den ersten Knoten der einfach-verketteten Liste) ein Verbunddatentyp wird, der über zwei Komponenten verfügt: einen Zeiger auf den ersten (*first*) und einen Zeiger auf den letzten (*last*) Knoten, gemäß folgender Deklaration:

```
type List = compound
       first, last: ListNodePtr
     end -- compound
```

Beim Versuch der Implementierung der elementaren Listenoperationen (vor allem *Prepend*, *Append* und *SortedInsert*) auf Basis des obigen *List*-Datentyps stellt man aber schnell fest, dass diese wegen der zu berücksichtigenden Sonderfälle und der Tatsache, dass viele der beteiligten Zeiger (*first*, *last*, *prev* im ersten und *next* im letzten Knoten) den Wert *null* annehmen können, kompliziert und umfangreich werden.

Ein einfacher Trick, der dafür sorgt, dass die Listenverarbeitungsalgorithmen vereinheitlicht werden können, besteht darin, einen eigenen Listenkoten als ***Anker*** (*anchor*) zu verwenden, von dem aus die Liste verwaltet wird. ▶Abbildung 3.22 illustriert die Repräsentation einer solchen doppelt-verketteten Liste. Wie in (a) dargestellt, enthält die leere Liste bereits einen Knoten: den Ankerknoten, dessen *prev*- und *next*-Komponenten auf ihn selbst verweisen. Bei einer nicht leeren Liste – wie in (b) dargestellt – können

1. ausgehend von der *prev*-Komponente des Ankerknotens alle Listenknoten über deren *prev*-Komponente von hinten her besucht werden, so dass man wieder beim Anker landet, und

2. ausgehend von der *next*-Komponente des Ankerknotens alle Listenknoten über deren *next*-Komponente von vorne weg besucht werden, so dass man ebenfalls wieder beim Anker landet.

Diese Art der Verkettung bietet also die Möglichkeit, die Listenknoten im Kreis zu besuchen, man nennt deshalb solche Listen auch *zirkuläre Listen* (*circular lists*). Diese Eigenschaft kann zwar auch bei einfacher Verkettung erreicht werden, indem die *next*-Komponente des letzten Knotens auf den ersten verweist, ist dort aber wenig nützlich.

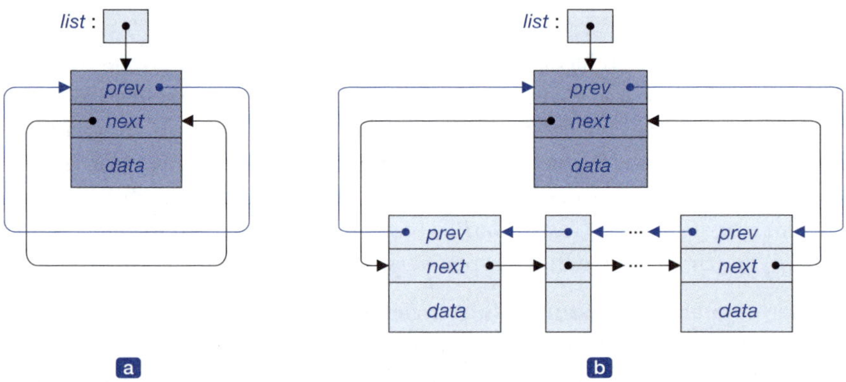

Abbildung 3.22: Realisierung doppelt-verketteter Listen mit einem Ankerknoten

Als Datentyp für eine doppelt-verkettete Liste mit Ankerknoten verwenden wir – wie bei einer einfach-verketteten Liste – wieder einen Zeigerdatentyp mit dem Basisdatentyp *ListNode* (wie oben angegeben mit der zusätzlichen *prev*-Komponente), also:

```
type ListPtr = ListNodePtr
```

Die Implementierung dieser Listenform erfordert eine Änderung des Funktionsalgorithmus *NewNode* für das Anlegen eines initialisierten Knotens:

```
NewNode(↓data: int): ListNodePtr
  var n: ListNodePtr
begin
  n := New(↓ListPtr)
  if n = null then ...   -- report heap overflow error and terminate
  n→prev := n
  n→next := n
  n→data := data
  return n
end NewNode
```

Nachdem eine leere Liste aus dem Ankerknoten besteht, muss der Funktionsalgorithmus *EmptyList* wie folgt abgeändert werden:

```
EmptyList(): ListPtr
begin
  return NewNode(↓0)   -- anchor node with dummy data
end EmptyList
```

Im Vergleich zur einfach-verketteten Liste ist der Algorithmus *Prepend* für das Einfügen eines Knotens *n* vorne in die Liste *list* etwas länger, jener für das Anfügen (*Append*) hinten etwas kürzer. Beide erledigen ihre Aufgabe aber schnell und in konstanter Zeit. Sie sind außerdem einheitlich, weil sich der eine aus dem anderen ergibt, indem man an allen Stellen die Komponentenbezeichnungen *prev* und *next* miteinander vertauscht. Tabelle 3.3 stellt die beiden Algorithmen einander gegenüber.

Tabelle 3.3

Algorithmen *Prepend* und *Append* für doppelt-verkettete Listen mit Anker

Prepend	Append

Prepend(↕list: ListPtr
        ↓n: ListNodePtr)
begin
  n→prev := list
  n→next := list→next
  list→next := n
  n→next→prev := n
end Prepend
	Append(↕list: ListPtr
	        ↓n: ListNodePtr)
	begin
	  n→next := list
	  n→prev := list→prev
	  list→prev := n
	  n→prev→next := n
	end Append

Auch der Algorithmus für das Einfügen eines Knotens *n* in eine sortierte Liste *list* wird im Vergleich zur einfach-verketteten Liste kürzer und einfacher, da nur mehr der Nachfolger (*successor*, kurz *succ*) des einzufügenden Knotens gesucht werden muss. Die Effizienz steigt nur unwesentlich. Der für doppelt-verkettete Listen entsprechend angepasste Algorithmus *SortedInsert* lautet dann:

```
SortedInsert(↕list: ListPtr  ↓n: ListNodePtr)
  var succ: ListNodePtr
begin
  -- 1. look for insertion position
  succ := list→next
  while (succ ≠ list) and (n→data > succ→data) do
    succ := succ→next
  end -- while
  -- 2. insert node before succ
  n→prev := succ→prev
  n→next := succ
  succ→prev→next := n
  succ→prev := n
end SortedInsert
```

Beim Suchen eines bestimmten Knotens in der Liste kann die Komponente *data* im Anker als so genannter ***Wächter*** (*sentinel*) herangezogen werden: Der gesuchte Wert wird zu Beginn im Ankerknoten abgelegt, damit garantiert ist, dass er dort nach einem vollen Durchlauf gefunden wird – unabhängig davon, ob von vorne weg nach dem ersten oder von hinten her nach dem letzten Auftreten gesucht wird. Damit kann die Abbruchbedingung in der *while*-Schleife vereinfacht werden, denn der Test, ob $n \neq null$ ist, kann entfallen, wodurch sich die Suchzeiten in langen Listen reduzieren (vgl. *sequenzielle Suche* in Kapitel 6).

```
FirstNodeWith(↓list: ListPtr  ↓x: int): ListNodePtr
  var n: ListNodePtr
begin
  list→data := x   -- initialize sentinel
  n := list→next
  while n→data ≠ x do
    n := n→next
  end -- while
  if n = list then   -- x found in anchor
    return null
  else
    return n
  end -- if
end FirstNodeWith
```

Viele der Algorithmen für die Bearbeitung einfach-verketteter Listen können praktisch unverändert für doppelt-verkettete Listen mit Anker übernommen werden (z.B. der Funktionsalgorithmus *IsSorted* aus Abschnitt 3.4.1).

Die zusätzlichen Möglichkeiten (vor allem das Durchlaufen der Liste auch von hinten her) und die einfacheren und z. T. effizienteren Algorithmen legen nahe, verkettete Listen nur in Form doppelt-verketteter Listen mit Anker zu implementieren.

3.5 Bäume, Binärbäume und binäre Suchbäume

In der Praxis begegnen wir oft Aufgabenstellungen, in denen hierarchisch strukturierte Sachverhalte oder Objekte vorkommen; beispielsweise der hierarchische Aufbau einer Organisation oder die (hierarchische) Strukturierung eines Dokuments, z.B. die Struktur des vorliegenden Buchs. Es versteht sich daher von selbst, dass wir uns im Sinne einer möglichst realitätsnahen Modellierung wünschen, beim Entwurf von Algorithmen Datenobjekte modellieren zu können, die solche hierarchisch organisierten Sachverhalte oder Objekte repräsentieren. In der Informatik nennen wir hierarchisch strukturierte Objekte *Bäume* (*trees*).

3.5.1 Bäume

In der Literatur findet man eine Vielzahl unterschiedlicher Definitionen für den Baum-Begriff. In Anlehnung an die Definition von Niklaus Wirth in [Wirth 1975] und in Analogie zur Definition der verketteten Liste definieren wir einen Baum wie folgt:

Rekursive Definition: *(Allgemeiner) Baum*

Ein (*allgemeiner*) *Baum* (*tree*) ist entweder leer, oder er repräsentiert eine Menge von *Knoten* (*nodes*), gleichen Datentyps in der es genau einen ausgezeichneten Knoten, die *Wurzel* (*root*), und eine endliche Menge disjunkter Bäume, die so genannten *Teilbäume* (*subtrees*) gibt, die mit der Wurzel verbunden sind.

Aus dieser Definition und ihrem Vergleich mit der Definition für verkettete Listen in Abschnitt 3.4.2 geht hervor, dass Bäume den verketteten Listen ähnlich sind: Wie Listen bestehen auch Bäume aus Knoten und wie bei Listen hat auch bei Bäumen jeder Knoten höchstens einen *Vorgänger* (*predecessor*). Während bei Listen jeder Knoten höchstens einen *Nachfolger* (*successor*) hat, kann jeder Baumknoten aber beliebig viele Nachfolger aufweisen.

▶Abbildung 3.23 zeigt die Struktur eines Baums mit wichtigen Eigenschaften und weiteren Begriffen. Die Knoten eines Baums werden nach ihrer Position im Baum Wurzel (wie schon in der Definition erwähnt), *Blätter* (*leaves*), das sind Knoten ohne Nachfolger, oder *innere Knoten* (*inner nodes*) genannt. Jeder Knoten ist einer bestimmten *Ebene* (*level*) im Baum zugeordnet, die Wurzel der Ebene 0. Die *Höhe* (*height*) eines Baums wird bestimmt durch die Länge des Wegs, d.h. durch die Anzahl der Verbindungen von der Wurzel bis zum Blatt auf der höchsten Ebene.

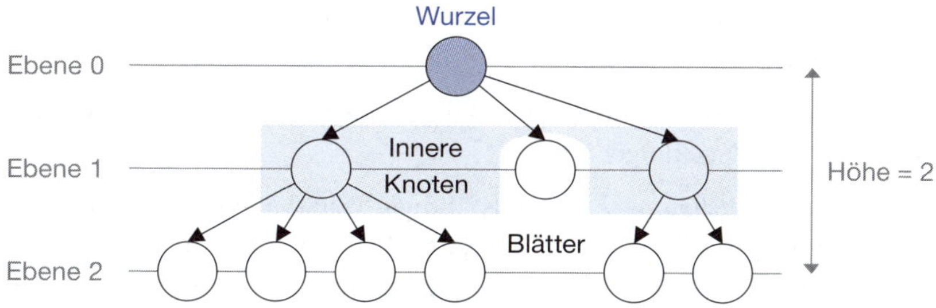

Abbildung 3.23: Baumstruktur und zugeordnete Begriffe

Wie in ▶Abbildung 3.24 an einem Beispiel gezeigt, lässt sich jeder allgemeine Baum, auch Mehrwegbaum genannt, dargestellt in (a), unabhängig davon, wie viele Nachfolger seine Knoten haben, durch einen äquivalenten Baum so repräsentieren, dass jeder Knoten höchstens zwei Nachfolger hat. Solche Bäume werden Binärbäume genannt, siehe nächster Abschnitt. Abbildung 3.24 (b) und (c) zeigen zwei unterschiedliche Darstellungsweisen des aus dem Mehrwegbaum von (a) abgeleiteten Binärbaums. Die Repräsentation eines allgemeinen Baums in Form eines Binärbaums heißt ***kanonische Baumdarstellung***.

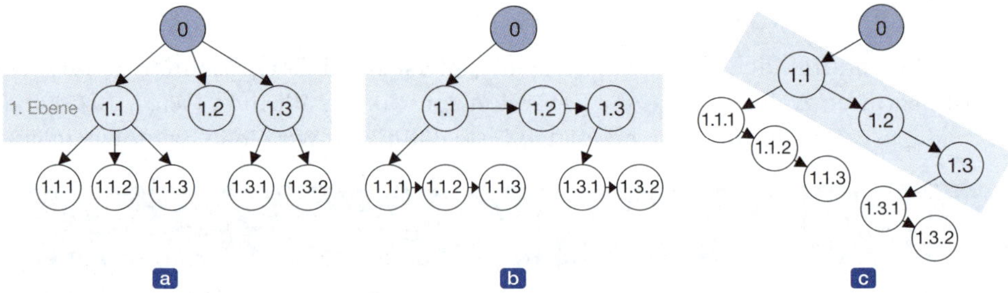

Abbildung 3.24: Repräsentation eines allgemeinen Baums in (a) als Binärbaum in (b) und (c)

Da sich jeder Mehrwegbaum in einen äquivalenten Binärbaum transformieren lässt, mit dem Vorteil, dass die Knoten des Binärbaums alle eine einheitliche Struktur aufweisen, ist es ausreichend, dass wir uns im Folgenden nur noch mit dieser speziellen Baumform beschäftigen.

3.5.2 Binärbäume

Den Begriff Binärbaum können wir wie folgt definieren.

Definition: *Binärbaum*

Ein *Binärbaum*er (*binary tree*) ist ein spezieller Baum, in dem jeder Knoten maximal zwei Nachfolger hat.

Es ist üblich, die beiden Nachfolger als *linken* (*left*) und *rechten* (*right*) Nachfolger bzw. die in diesen Knoten wurzelnden Teile des Binärbaums als linken und rechten *Teilbaum* (*subtree*) zu bezeichnen.

Je nach Anzahl und Position der Knoten im Binärbaum unterscheidet man verschiedene Arten, von denen nur die beiden wichtigsten erwähnt sind:

1. Ein *vollständiger Binärbaum* ist ein Baum, in dem jeder Knoten entweder keinen oder genau zwei Nachfolger hat.
2. Ein *perfekter Binärbaum* ist ein vollständiger Binärbaum, in dem alle Blätter auf ein und derselben Ebene liegen. Die Anzahl der Knoten eines perfekten Binärbaums beträgt $2^k - 1$ für k = Höhe + 1.

Aufgrund der Rekursion in der Baumdefinition, ist es naheliegend – analog zu verketteten Listen – einen rekursiven Datentyp *TreePtr* zur Deklaration von Baumobjekten einzuführen:

```
type TreePtr = →compound      -- pointer to root of tree
       left, right: TreePtr   -- pointers to left and right subtrees
       ... -- any data
     end -- compound
```

Wie bei verketteten Listen wollen wir aber auch für das Arbeiten mit Binärbäumen wieder zwei Datentypen verwenden: einen Datentyp *TreeNode*, der den Aufbau der einzelnen Knoten festlegt (mit dem dazugehörigen Zeigerdatentyp *TreeNodePtr*) und den Datentyp *TreePtr* zur Referenzierung, d.h. zum Zugriff auf den „gesamten" Baum mit seinen Knoten. Und wie bei den Listen verwenden wir als Datenkomponente „nur" einen *integer*-Wert, weil das für unsere Demonstrationszwecke ausreichend ist:

```
type TreeNodePtr = →TreeNode
     TreeNode = compound
       left, right: TreeNodePtr
       data: int
     end -- compound
     TreePtr = TreeNodePtr    -- synonym for TreeNodePtr,
                              -- TreePtr is pointer to root node

var  tree: TreePtr
```

Anmerkung: Auch hier wäre es durchaus wieder überlegenswert (wie schon bei den verketteten Listen), die Typnamen so zu wählen, dass aus ihnen hervorgeht, dass wir es „nur" mit einem Binärbaum zu tun haben, also *BinaryTreeNode*(*Ptr*) und *BinaryTreePtr*. Da jeder allgemeine Baum (mittels kanonischer Baumdarstellung) auch als Binärbaum repräsentiert werden kann, verwenden wir die allgemeineren Typnamen *Tree*(*Node*)(*Ptr*).

▶Abbildung 3.25 zeigt exemplarisch einen perfekten Binärbaum mit seinen Knoten, die im dynamischen Speicherbereich angelegt wurden.

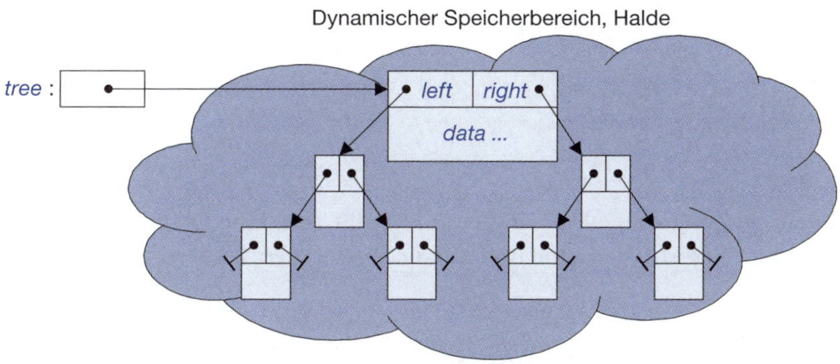

Abbildung 3.25: Perfekter Binärbaum im dynamischen Speicherbereich

Analog zu verketteten Listen sind auch für Binärbäume die Algorithmen *EmptyTree* zur Initialisierung einer Baumvariablen und *NewNode* zur Erzeugung eines neuen Baumknotens notwendig. Wir verzichten auf eine detaillierte Darstellung dieser Algorithmen für Binärbäume, da sie sich von den oben angeführten ähnlich oder gleich benannten Algorithmen für Listen im Wesentlichen nur durch die Datentypen, nicht aber im Prinzip unterscheiden.

Aus einem Wurzelknoten *n* und zwei Teilbäumen (bzw. Knoten) *l* und *r* kann mit dem unten angegebenen Algorithmus *BinTreeOf* ein Binärbaum gebildet werden. Der Algorithmus enthält als Kommentare die *Zusicherung* (*assertion*), die erfüllt sein muss, um den Binärbaum korrekt bilden zu können:

```
BinTreeOf(↓n: TreeNodePtr  ↓l: TreePtr  ↓r: TreePtr): TreePtr
begin
  -- assertion: (n ≠ null) and (n→left = null) and (n→rigth = null) and
  --            (n ≠ l) and (n ≠ r) and
  --            ( (l = null) or (r = null) or (l ≠ r) )
  n→left := l
  n→right := r
  return n
end BinTreeOf
```

Mit dem Algorithmus *BinTreeOf* können beliebig komplexe Bäume *von unten nach oben* (*bottom-up*) also von den Blättern ausgehend, konstruiert werden. Beispiel 3.18 führt vor, wie ein einfacher Binärbaum mittels *BinTreeOf* aufgebaut werden kann.

Beispiel 3.18

Aufbau eines einfachen Binärbaums

Ein Binärbaum mit dem Wert 1 im Wurzelknoten und den Werten 2 im linken bzw. 3 im rechten Nachfolger der Wurzel kann auf folgende Art und Weise aufgebaut und der Baumvariablen *tree* zugewiesen werden:

```
  var l, r: TreePtr
      n: TreeNodePtr
begin
  l := BinTreeOf(↓NewNode(↓2)  ↓null  ↓null)  -- left subtree
  r := BinTreeOf(↓NewNode(↓3)  ↓null  ↓null)  -- right subtree
  n := NewNode(↓1)  -- root node
  tree := BinTreeOf(↓n  ↓l  ↓r)
```

Nachdem auch ein einzelner Knoten ein Baum ist (siehe Definition), kann derselbe Baum ohne Hilfsvariable und kürzer wie folgt erzeugt werden:

```
tree := BinTreeOf(
          ↓NewNode(↓1)  -- root
          ↓NewNode(↓2)  -- left subtree
          ↓NewNode(↓3)  -- right subtree
        ) -- BinTreeOf
```

3.5.3 Binäre Suchbäume

Bevor wir uns mit den Eigenschaften und der Verwendung von binären Suchbäumen beschäftigen, müssen wir definieren, was unter diesem Begriff zu verstehen ist.

Definition: *Binärer Suchbaum*

Ein *binärer Suchbaum* (*binary search tree:*) ist ein Binärbaum, dessen Knoten so angeordnet sind, dass, wenn *data* die Datenkomponente eines betrachteten Knotens repräsentiert, die Werte der Datenkomponenten aller linken Nachfolger des betrachteten Knotens kleiner und die aller rechten Nachfolger größer oder gleich dem Wert von *data* sind.

▶Abbildung 3.26 zeigt die oben festgelegte Eigenschaft eines binären Suchbaums aus der Sicht der Wurzel: Die Wurzel enthält einen Wert, der größer ist als alle Werte, die in den Knoten des linken Teilbaums vorkommen, und der Wert in der Wurzel ist kleiner oder gleich (falls Werte mehrfach vorkommen) allen Werten, die in den Knoten des rechten Teilbaums vorkommen. Wenn diese Eigenschaft nicht nur auf die Wurzel des Baums, sondern auch auf die Wurzeln aller Teilbäume zutrifft, dann ist der Baum ein binärer Suchbaum. Diese Eigenschaft kann – wie unten gezeigt – zur effizienten Suche und zum raschen Einfügen eines bestimmten Knotens genutzt werden.

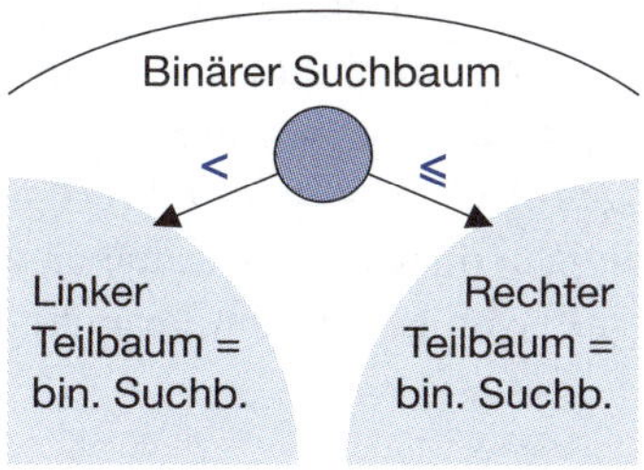

Abbildung 3.26: Binärer Suchbaum

Die Ausprägung eines binären Suchbaums hängt davon ab, in welcher Reihenfolge die Knoten bei der Bildung des Baums eingefügt werden. Die Anzahl der möglichen Ausprägungen eines binären Suchbaums für n darin zu speichernde Werte (und somit Knoten) ist durch die *Catalansche* Zahl $C(n)$, benannt nach dem belgischen Mathematiker Eugène C. Catalan, bestimmt:

$$C(n) = \frac{1}{n+1}\binom{2n}{n}$$

Beispiel 3.19 zeigt drei binäre Suchbäume für die ersten vier Primzahlen.

Beispiel 3.19 Binäre Suchbäume für die ersten vier Primzahlen

Für die ersten vier Primzahlen gibt es $C(4) = 14$ mögliche binäre Suchbäume. ▸Abbildung 3.27 zeigt drei davon, wobei auffällt, dass die in (c) dargestellte Ausprägung einer einfach-verketteten Liste entspricht, d.h. ein so genannter *degenerierter* Suchbaum ist, wodurch die Eigenschaft des effizienten Auffindens eines bestimmten Knotens verloren gegangen ist.

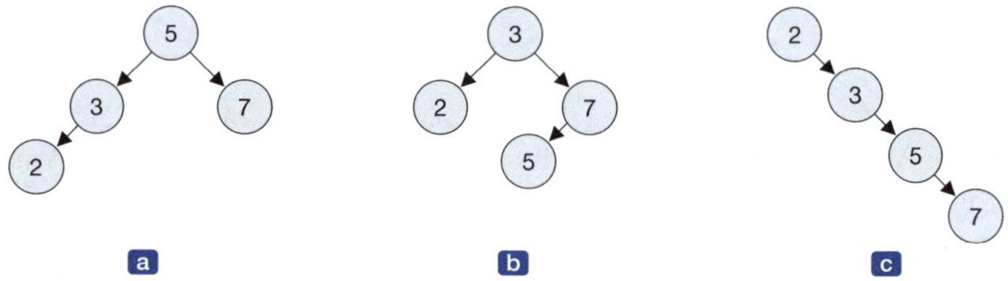

Abbildung 3.27: Auswahl möglicher Anordnungen der ersten vier Primzahlen in binären Suchbäumen

Der Vorteil, der sich aus der speziellen Knotenanordnung ergibt, wird offensichtlich, wenn man den Algorithmus *NodeWith* zur Suche eines bestimmten Werts *x* in der *data*-Komponente eines Knotens des binären Suchbaums *tree* entwickelt: Ausgehend von der Wurzel des Baums wird in einer *while*-Schleife solange in den linken oder rechten Teilbäumen abgestiegen, bis der gesuchte Wert gefunden oder kein Teilbaum mehr vorhanden ist. Wenn der Suchbaum einigermaßen ausbalanciert ist, findet man den gesuchten Wert, indem nur wenige Knoten besucht werden müssen (vgl. *binäre Suche* in Kapitel 6).

```
NodeWith(↓tree: TreePtr ↓x: int): TreeNodePtr
  var n: TreeNodePtr
begin
  n := tree
  while (n ≠ null) and (n→data ≠ x) do
    if x < n→data then
      n := n→left
    else  -- x ≥ n→data
      n := n→right
    end -- if
  end -- while
  return n
end NodeWith
```

Da wir den Begriff des binären Suchbaums rekursiv definiert haben – also zur Begriffsdefinition der Begriff selbst herangezogen wurde – wäre es naheliegend, auch einen Suchalgorithmus zu entwickeln, der sich selbst aufruft, also rekursiv ist. Wir führen daher im nächsten Kapitel das Konzept der rekursiven Algorithmen ein und geben dann auch eine rekursive Variante des Algorithmus *NodeWith* an.

Während bei der Suche eines bestimmten Knotens in einer verketteten Liste ein Knoten nach dem anderen untersucht werden muss, wird bei einem (perfekten) binären Suchbaum mit jedem Suchschritt (entspricht einem Schleifendurchlauf) im Suchalgorithmus *NodeWith* die Anzahl der noch zu untersuchenden Knoten auf die Hälfte reduziert. Deshalb erfordert die Suche nach einem bestimmten Knoten im schlimmsten Fall (d.h. wenn der gesuchte Knoten in der Datenstruktur nicht enthalten ist) in einer verketteten Liste mit n Knoten n Suchschritte, in einem (perfekten) binären Suchbaum mit $n = 2^k - 1$ Knoten jedoch nur k Suchschritte, also weniger als $ld\ n$ Schleifendurchläufe. Das bedeutet, dass sich bei Verwendung von verketteten Listen die Anzahl der erforderlichen Suchschritte verdoppelt, wenn sich die Listenlänge verdoppelt (d.h., dass die Laufzeit linear mit der Listenlänge steigt, vgl. dazu Kapitel 5), während sich bei Verwendung von (perfekten) binären Suchbäumen die erforderliche Anzahl von Suchschritten bei einer Verdoppelung der Knotenanzahl nur um einen weiteren Suchschritt erhöht (d.h., dass die Laufzeit nur mit dem Logarithmus der Knotenanzahl, also logarithmisch und damit deutlich weniger als linear ansteigt).

Eine wesentliche Eigenschaft vernetzter Datenstrukturen wie beispielsweise binärer Suchbäume besteht darin, dass sie wachsen und schrumpfen können. Es gilt also, neue Knoten an den richtigen Stellen einzufügen, bestimmte Knoten zu suchen und gegebenenfalls sie auch wieder zu entfernen.

Wir wollen zunächst, analog zum *SortedInsert*-Algorithmus für verkettete Listen, einen Algorithmus *Insert* (hier können wir das Attribut *Sorted* im Algorithmennamen weglassen, denn bei einem binären Suchbaum handelt es sich per definitionem um eine sortierte Datenstruktur) entwickeln, der in einem binären Suchbaum *tree* einen Knoten n an der richtigen Stelle (als neues Blatt) so in den Baum einfügt, dass die Suchbaum-Eigenschaft erhalten bleibt. Dazu muss zuerst die Einfügeposition für den neuen Knoten gesucht werden, z.B. analog zum oben angeführten Algorithmus *NodeWith*, wobei wir uns beim Absteigen in die Teilbäume zusätzlich den jeweiligen Vorgängerknoten (*predecessor*, kurz *pred*) merken, so dass der Knoten n als neues Blatt unter dem letzten Vorgänger (*pred*) eingefügt werden kann.

```
Insert(↕tree: TreePtr  ↓n: TreeNodePtr)
  var pred: TreeNodePtr   -- predecessor of ...
      st:  TreePtr        -- ... current subtree
begin
  if tree = null then  -- empty tree
    tree := n
  else  -- tree is not epmty
    pred := null
    st := tree
    while st ≠ null do
      pred := st
      if n→data < st→data then
        st := st→left
      else  -- n→data ≥ st→data
        st := st →right
      end -- if
    end -- while
```

```
      -- pred is predecessor of node n
      if n→data < pred→data then   -- insert n as left son
        pred→left := n
      else  -- n→data ≥ pred→data, so insert n as right son
        pred→right := n
      end -- if
    end -- if
  end Insert
```

Mit wiederholten Aufrufen des *Insert*-Algorithmus können wir einen binären Suchbaum von der Wurzel ausgehend zu den Blättern hin, also von oben nach unten (*top-down*) aufbauen. Da wir den Begriff des binären Suchbaumes rekursiv definiert haben – also zur Begriffsdefinition der Begriff selbst herangezogen wurde – wäre es naheliegend, dies auch bei der Entwicklung des Algorithmus *Insert* auszunutzen und eine rekursive Lösung dafür anzugeben, die dann wesentlich einfacher sein müsste als die hier angegebene iterative Lösung. Wir führen daher im folgenden Kapitel das Konzept der rekursiven Algorithmen ein und geben dann auch eine rekursive Variante des Algorithmus *Insert* an.

Beispiel 3.20 zeigt, wie man mittels *Insert* verschiedene binäre Suchbäume aufbauen kann.

Werden beim Aufbau des binären Suchbaums die Knoten in einer Reihenfolge, die der Sortierung des Inhalts ihrer Datenkomponente *data* entspricht, eingefügt, entsteht zwar ein binärer Suchbaum, allerdings einer, bei dem jeder Knoten nur einen rechten (bei aufsteigender Sortierung) bzw. nur einen linken (bei absteigender Sortierung) Nachfolger hat, siehe ▶Abbildung 3.27 (c). Solche Bäume werden – wie bereits erwähnt – als *degenerierte Bäume* bezeichnet, da sie letztendlich eine einfach-verkettete Liste bilden.

Beispiel 3.20 Konstruktion zweier binärer Suchbäume

Die beiden in Abbildung 3.27 (a) und (b) dargestellten binären Suchbäume können durch Verwendung des Algorithmus *Insert,* wie in Tabelle 3.4 gezeigt, gebildet werden.

Tabelle 3.4

Konstruktion zweier binärer Suchbäume für die ersten vier Primzahlen

-- build binary search tree -- for (a) tree := EmptyTree() Insert(↕tree ↓NewNode(5)) Insert(↕tree ↓NewNode(3)) Insert(↕tree ↓NewNode(2)) Insert(↕tree ↓NewNode(7))	-- build binary search tree -- for (b) tree := EmptyTree() Insert(↕tree ↓NewNode(3)) Insert(↕tree ↓NewNode(2)) Insert(↕tree ↓NewNode(7)) Insert(↕tree ↓NewNode(5))

Zwar können alle oben vorgestellten Baumalgorithmen auch bei degenerierten Bäumen verwendet werden, aber der Effizienzvorteil binärer Suchbäume geht durch die Degeneration verloren. Deshalb empfiehlt es sich, beim Aufbau eines binären Suchbaums darauf zu achten, dass Degenerationen vermieden werden. Dafür gibt es im Wesentlichen zwei Möglichkeiten:

1. Man muss die Knoten mit dem Algorithmus *Insert* in zufälliger Reihenfolge einfügen (keine auf- oder absteigenden *data*-Werte). Dabei entsteht ein Baum, dessen Höhe nur um einen konstanten Faktor von der optimalen Höhe – bei *n* Knoten ist das *ld n* – abweicht.

2. Man entwickelt einen speziellen *Insert*-Algorithmus, der bei einer ungünstigen Einfügereihenfolge die Knoten des Baums automatisch so umordnet, dass Degeneration vermieden wird. Dieses Vorgehen nennt man *Balancieren* und die dadurch entstehenden Bäume heißen *balancierte* oder *ausgeglichene binäre Suchbäume*, die nach ihren Erfindern Georgii M. Adelson-Velsky und Yevgeniy M. Landis auch *AVL-Bäume* genannt werden (siehe dazu z.B. [Adelson-Velsky u. Landis 1962]). Bei AVL-Bäumen unterscheiden sich die Höhen der Teilbäume eines jeden Knotens höchstens um den Wert 1.

Neben den AVL-Bäumen werden auch balancierte (nicht mehr notwendigerweise binäre) Suchbäume verwendet, deren Knoten zwei oder drei (so genannte 2-3-Bäume) bzw. zwei, drei oder vier Teilbäume (so genannte 2-3-4-Bäume) referenzieren können. Dadurch wird zwar zusätzliche Flexibilität beim Balancieren gewonnen, allerdings wird Speicherplatz verschwendet, wenn z.B. ein 4-Baum-Knoten keinen oder nur einen Teilbaum hat.

Die effizienteste Form balancierter binärer Suchbäume – sowohl hinsichtlich Speicherplatz als auch Laufzeit – basiert auf solchen 2-3-4-Bäumen: die so genannten *Rot-Schwarz-Bäume* (*red-black trees*), die erstmals 1972 von Rudolf Bayer unter der engl. Bezeichnung *symmetric binary B-trees* eingeführt und 1978 von Leonidas J. Guibas und Robert Sedgewick (siehe [Sedgewick 1988]) ausführlich beschrieben wurden. Sie erfordern einen erweiterten Datentyp *TreeNode*, da eine Komponente für die „Einfärbung" der Knoten und eine Komponente für den Verweis auf den Vorgänger des Knotens erforderlich sind. Wir gehen hier auf die algorithmischen Details dieser Algorithmen aus Platzgründen nicht weiter ein und verweisen den interessierten Leser dazu auf die Literatur, beispielsweise auf [Sedgewick 2002].

3.6 Datenkapselung und abstrakte Datenstrukturen

Die algorithmische Lösung umfangreicherer Aufgabenstellungen umfasst in der Regel mehrere Algorithmen, die zusammen ein ***Algorithmensystem*** bilden. Ein typisches Beispiel finden wir in Abschnitt 2.7 als Ergebnis des schrittweisen Verfeinerungsprozesses bei systematischer Algorithmenentwicklung.

Die Algorithmen eines solchen Algorithmensystems kommunizieren miteinander über die in ihren Schnittstellen festgelegten Parameter. Oft tritt der Fall ein, dass bestimmte Datenobjekte von zwei oder mehreren Algorithmen eines Systems verwendet und/oder manipuliert werden. Dann müssen sie über den Parametermechanismus zwischen diesen Algorithmen hin- und hergereicht werden. Dies bläht die Schnittstellen der betroffenen Algorithmen auf und vermindert u. U. die Effizienz des Gesamtsystems, weil der Austausch dieser Datenobjekte einen Aufwand erfordert, der sich z.B. negativ auf die Laufzeit auswirkt.

Wie in ▶Abbildung 3.28 schematisch dargestellt, wäre es denkbar, dass solche Datenobjekte aus den Algorithmen herausgelöst und diesen in Form so genannter *gemeinsamer* oder *globaler Variablen* (*common* oder *global variables*) zur Verfügung gestellt werden, so dass alle Algorithmen direkt auf sie zugreifen können.

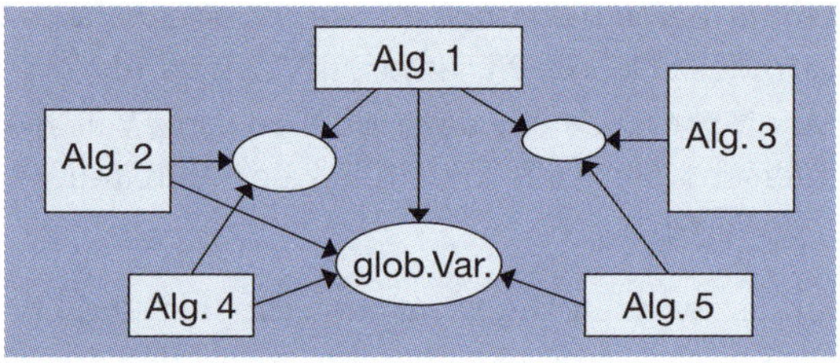

Abbildung 3.28: Algorithmen und globale Variablen

Die Verwendung globaler Datenobjekte ist jedoch mit negativen Konsequenzen verbunden, von denen hier nur die gravierendsten genannt werden:

- Gefahr der Inkonsistenz: Wenn mehrere globale Datenobjekte logisch zusammenhängen (z.B. ein Feld $a[1{:}max]$ und die aktuelle Anzahl seiner Elemente n), müssen diese Datenobjekte konsistent gehalten werden (z.B. erfordert der Eintrag eines zusätzlichen Werts in das Feld a, dass auch der Wert des Datenobjekts n verändert, d.h. die Anzahl seiner Elemente um 1 erhöht wird).
- Undurchsichtiger Datenfluss: Nachdem alle Algorithmen auf alle globalen Datenobjekte lesend und schreibend zugreifen können, ist nur schwer nachzuvollziehen, wann und von welchem Algorithmus der Inhalt der globalen Datenobjekte verwendet oder verändert wurde. Deshalb sind Algorithmensysteme mit globalen Variablen oft schwer zu verstehen und nur mit großem Aufwand zu testen.
- Hoher Änderungsaufwand: Wenn die Repräsentation eines der globalen Datenobjekte (ihre Datenstrukturen) verändert werden soll (z.B. wenn sich herausstellt, dass statt eines Felds eine verkettete Liste besser geeignet wäre), sind Änderungen an all jenen Algorithmen erforderlich, die auf dieses globale Datenobjekt zugreifen.

Um solche negativen Konsequenzen hintanzuhalten, hat David L. Parnas in [Parnas 1972] vorgeschlagen, auf die Verwendung globaler Datenobjekte zu verzichten und statt dessen diese Datenobjekte in so genannte ***Datenkapseln*** (*data capsules*) zu verpacken, um sie so vor ihrer Umgebung, also den Algorithmen, von denen bisher auf sie direkt zugegriffen werden konnte, geheim zu halten. Dieses Konzept heißt daher ***Geheimnisprinzip*** (*principle of information hiding*).

Den Algorithmen ist der direkte Zugriff auf die gekapselten Daten verwehrt, auf sie kann nur mehr indirekt über so genannte *Zugriffsoperationen* (*access routines*) zugegriffen werden. Nur die Zugriffsoperationen „kennen" den genauen Aufbau der gekapselten Datenobjekte. Eine missbräuchliche Verwendung der Datenobjekte ist damit ausgeschlossen und wenn ihre Struktur verändert werden soll, schlägt sich dies nicht in den sie verwendenden Algorithmen, sondern nur in den Zugriffsoperationen (die zusammen mit den Datenobjekten eine Einheit, die Datenkapsel bilden) nieder.

In Abschnitt 2.7 wurde anhand des Prinzips der schrittweisen Verfeinerung gezeigt, wie für komplexe Aufgabenstellungen systematisch algorithmische Lösungen entwickelt werden können, indem ausgehend von einer grundsätzlichen, d.h. abstrakten Lösung der Gesamtaufgabe durch fortgesetzte Verfeinerungen die bei der Lösung der Gesamtaufgabe vorausgesetzten (d.h. abstrahierten) Lösungen der Teilaufgaben immer mehr konkretisiert werden, bis schließlich für alle Teilaufgaben eine algorithmische Lösung vorliegt. Eine ähnliche Vorgehensweise empfiehlt sich auch bei der Modellierung der Datenobjekte: Zuerst wird nur festgelegt, welche Operationen auf den Datenobjekten möglich sein sollen, d.h. von ihrem konkreten Aufbau wird abstrahiert. Daher wird dieser Ansatz als *Datenabstraktion* (*data abstraction*) bezeichnet. Die Entscheidung darüber, welche die beste konkrete Repräsentation dieser Datenobjekte ist, wird erst dann getroffen, wenn alle anderen Details gelöst sind.

Definition: *Abstrakte Datenstruktur (ADS)*

Eine *abstrakte Datenstruktur* (*abstract data structure*), kurz ADS, ist ein algorithmischer Baustein, der über eine spezielle Schnittstelle eine Menge von (abstrakten) Zugriffsoperationen zur Verfügung stellt, mit denen eine Menge gekapselter, d.h. abstrakter Datenobjekte (deren konkrete Realisierung dem Benutzer einer Zugriffsoperation verborgen bleibt) einzeln oder als Ganzes manipuliert werden kann.

▶Abbildung 3.29 zeigt schematisch das Konzept der abstrakten Datenstruktur: Eine Sammlung von Datenobjekten (die vor der Außenwelt verborgen sind) und von Zugriffsoperationen (die in Form von Algorithmen realisiert sind, deren Schnittstelle der Außenwelt bekannt gemacht wird und deren Implementierung vor der Außenwelt verborgen bleibt). In Kapitel 11 werden wir zeigen, dass *Module* (*modules*) adäquate Möglichkeiten bieten, abstrakte Datenstrukturen zu implementieren.

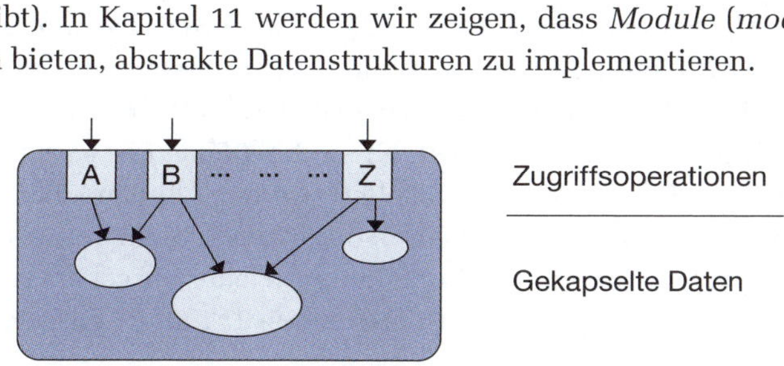

Abbildung 3.29: Konzept der abstrakten Datenstruktur (ADS)

3.6.1 Kellerspeicher (*stack*) als abstrakte Datenstruktur

Zur Illustration der Bildung einer Datenkapsel betrachten wir einen *Kellerspeicher* oder *Stapel* (*stack*). Wie in ▶Abbildung 3.30 dargestellt, repräsentiert ein Kellerspeicher ein *Behälter*-Datenobjekt (*container*), in das andere Datenobjekte nur von „oben" eingefügt (eingekellert) und nur von „oben" wieder entnommen (ausgekellert) werden können, d.h. das jeweils zuletzt eingefügte Datenobjekt wird als erstes wieder entnommen (*last in / first out*, kurz *LIFO*).

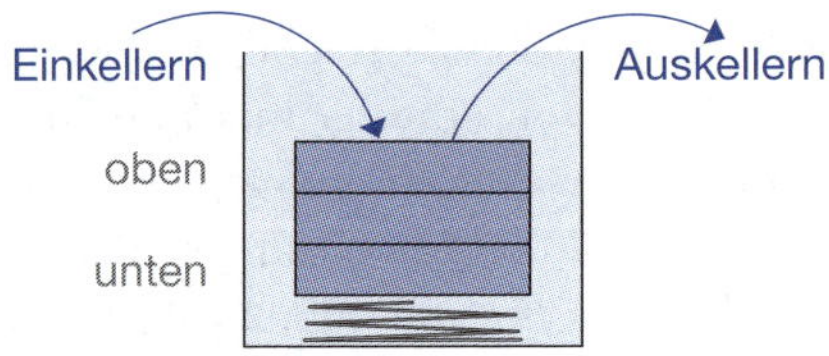

Abbildung 3.30: Konzept des Kellerspeichers

Einen Kellerspeicher für *integer*-Werte können wir beispielweise durch eine abstrakte Datenstruktur realisieren. Dazu ist es notwendig, die für die Verwaltung des Kellerspeichers erforderlichen Zugriffsoperationen mit geeigneten Parametern in der Schnittstelle für die abstrakte Datenstruktur, wir nennen sie *IntStackADS*, festzulegen. Für das Einkellern eines Datenobjekts (in unserem Falle eines *integer*-Werts) sehen wir beispielsweise eine Operation *Push* und für das Auskellern eine Operation *Pop* vor, und um feststellen zu können, ob der Kellerspeicher leer ist, die Operation *IsEmpty*. Im Sinne der Abstraktion und des Geheimnisprinzips trennen wir (textuell) die Schnittstellenbeschreibung von der Implementierungsbeschreibung.

Die Schnittstelle (*interface*) von *IntStackADS* legt fest, welche Operationen auf der abstrakten Datenstruktur möglich und erlaubt sind und sieht dementsprechend folgendermaßen aus:

```
interface of IntStackADS
  Push(↓e: int)
  Pop(↑e: int)
  IsEmpty(): bool
end IntStackADS
```

Wenn in einem Algorithmus die Schnittstelle *IntStackADS* bekannt ist, dann kann dieser mit einem Kellerspeicher arbeiten, ohne dass er wissen muss, wie die konkrete Datenstruktur, welche diesen Kellerspeicher realisiert, aufgebaut ist (gemäß Geheimnisprinzip). Das folgende Codestück zeigt, wie mittels *Push* die Werte 1, 2 und 3 eingekellert und mittels *Pop* wieder ausgekellert werden. Entsprechend dem Kellerspeicher-Prinzip (*last in / first out*) werden in der *while*-Schleife mittels *Pop* die Werte in der umgekehrten Reihenfolge der Einkellerung wieder ausgekellert und demnach wird durch die *Write*-Operation in der *while*-Schleife 3, 2 und 1 ausgegeben.

```
  var e: int
begin
  Push(↓1)
  Push(↓2)
```

```
Push(↓3)
while not IsEmpty() do
  Pop(↑e)
  Write(↓e)
end -- while
```

Bezüglich der konkreten Implementierung der abstrakten Datenstruktur ist der Entwickler von *IntStackADS* frei; er könnte dazu ein Feld, eine verkettete Liste oder sonst etwas heranziehen. Wir wollen – um die Größe des Kellerspeichers nicht unnötig zu beschränken – die Datenobjekte wie in ▶Abbildung 3.31 dargestellt in einer einfach-verketteten Liste mit dem Namen *stack* verwalten.

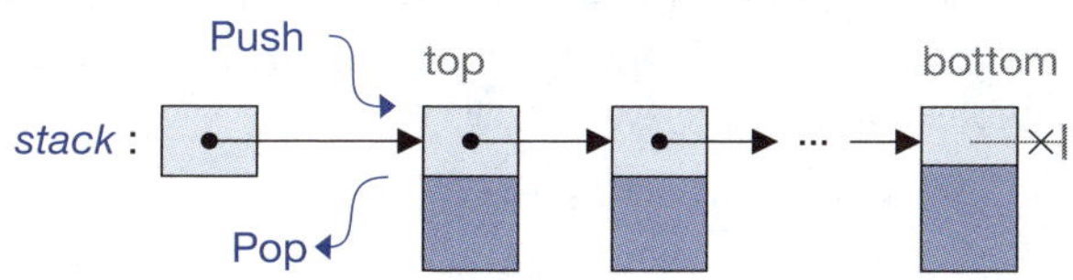

Abbildung 3.31: Kellerspeicher in Form einer einfach-verketteten Liste *stack*

Zur Implementierung (*implementation*) der abstrakten Datenstruktur *IntStackADS* verwenden wir eine Zeigervariable *stack* vom Datentyp *ListPtr*, die als leere Liste initialisiert wird. Der Implementierungsteil von *IntStackADS* sieht dann beispielweise folgendermaßen aus:

```
implementation of IntStackADS

  type ListNodePtr = ...  -- see details for both types
       ListPtr = ...      -- in section 3.4.2

  var stack: ListPtr

  NewNode(↓data: int): ListNodePtr ...  -- see implementation of both
  EmptyList(): ListPtr ...              -- algorithms in section 3.4.2

  Push(↓e: int)
    var n: ListNodePtr
  begin  -- construct new node n and prepend it to list
    n := NewNode(↓e)
    n→next := stack
    stack := n
  end Push

  Pop(↑e: int)
    var n: ListNodePtr
  begin
    if IsEmpty() then
      Write(↓"Error: stack is empty")
      halt
    else  -- stack not empty
      n := stack
      e := n→data
      stack := n→next
      Dispose(↓n)
    end -- if
  end Pop
```

```
  IsEmpty(): bool
  begin
    return stack = EmptyList()
  end IsEmpty
init
  stack := EmptyList()
end StackADS
```

Sollte sich bei der Verwendung der abstrakten Datenstruktur *IntStackADS* herausstellen, dass die maximale Anzahl der Elemente gering und die Effizienz durch das häufige Anlegen/Freigeben der Listenknoten unbefriedigend ist, kann die Implementierung jederzeit von der verketteten Liste auf ein Feld umgestellt werden, ohne dass in den Algorithmen, in denen die abstrakte Datenstruktur verwendet wird, eine Änderung vorgenommen werden muss.

3.7 Abstrakte Datentypen

Oft ist es wünschenswert oder gar notwendig, dass in einem Algorithmus mehrere Exemplare einer abstrakten Datenstruktur zur Verfügung stehen. Um dies zu ermöglichen, ist es naheliegend, das Konzept der abstrakten Datenstruktur dahingehend zu erweitern.

Definition: *Abstrakter Datentyp (ADT)*

Ein *abstrakter Datentyp* (*abstract data type*), kurz ADT, definiert eine Menge von Datenobjekten, die alle dieselbe abstrakte Datenstruktur haben und auf die nur mittels (abstrakter) Zugriffsoperationen zugegriffen werden kann.

Wie in ▶Abbildung 3.32 dargestellt, legen wir fest, dass für abstrakte Datentypen die Schnittstelle der dazugehörenden abstrakten Datenstruktur um zwei (Standard-) Operationen erweitert wird. Eine dieser beiden Operationen (in der Abbildung mit * bezeichnet) dient der Erzeugung eines Exemplars des abstrakten Datentyps und die andere (mit † bezeichnete) Operation dient der Beseitigung eines nicht mehr benötigten Exemplars.

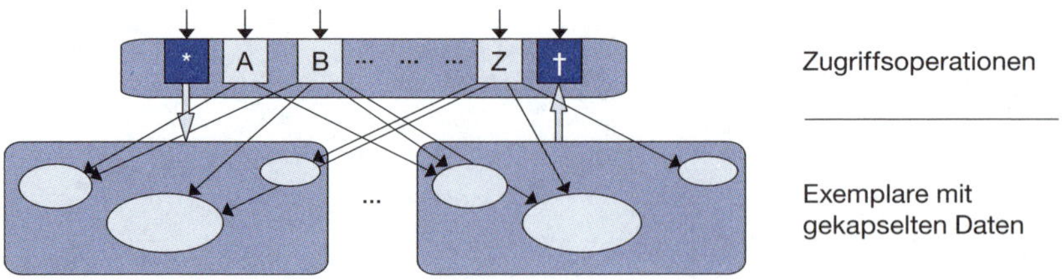

Abbildung 3.32: Konzept des abstrakten Datentyps (ADT)

Wie aus dem Beispiel einer Warteschlange in Form eines abstrakten Datentyps im nächsten Abschnitt zu erkennen ist, erfordert die Realisierung eines abstrakten Datentyps im Vergleich zu der einer abstrakten Datenstruktur nur geringfügig mehr Aufwand, weshalb stets überlegt werden soll, ob es nicht zweckmäßig ist, statt einer abstrakten Datenstruktur von vorneherein einen abstrakten Datentyp zu realisieren.

3.7.1 Warteschlange (*queue*) als abstrakter Datentyp

Zur Illustration der Verwendung abstrakter Datentypen betrachten wir eine Warteschlange. Wie in ▶Abbildung 3.33 dargestellt, repräsentiert eine *Warteschlange* (*queue*) ein *Behälter*-Datenobjekt (*container*), in das nur „hinten" Datenobjekte eingefügt und nur „vorne" wieder entfernt werden können; d.h. das erste eingefügte Datenobjekt wird auch als erstes wieder aus dem Behälter-Datenobjekt entfernt (*first in / first out*, kurz *FIFO*).

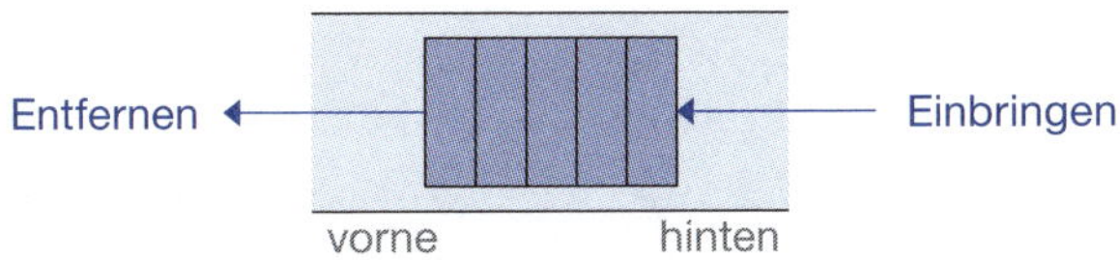

Abbildung 3.33: Konzept der Warteschlange

Wenn es im Zuge der algorithmischen Lösung einer bestimmten Aufgabenstellung erforderlich ist, dass beliebig viele Warteschlangen, deren Datenobjekte *integer*-Werte repräsentieren, verwaltet werden müssen, dann können wir dies durch die Verwendung eines abstrakten Datentyps ermöglichen. Dazu ist es notwendig, die für die Verwaltung der Warteschlangenobjekte erforderlichen Zugriffsoperationen mit geeigneten Parametern, in der Schnittstelle eines abstrakten Datentyps, wir nennen diesen *IntQueueADT*, festzulegen. Für das Einbringen eines Datenobjekts (in unserem Falle eines *integer*-Werts) sehen wir beispielsweise eine Operation *Enqueue* und für das Entfernen eine Operation *Dequeue* vor. Darüber hinaus benötigen wir Operationen zum Erzeugen und Beseitigen von Wartenschlangenobjekten, wir nennen diese Operationen *NewQueue* und *DisposeQueue*, und zur Prüfung, ob ein Warteschlangenobjekt noch „leer" oder bereits „voll" ist, sehen wir die Operationen *IsEmpty* bzw. *IsFull* vor.

Da (im Sinne eines abstrakten Datentyps) mehrere Warteschlangenobjekte erzeugt und manipuliert werden können, benötigen alle Zugriffsoperationen einen Parameter zur Angabe des zu manipulierenden Warteschlangenobjekts. Da es sich bei diesem Datenobjekt um eine abstrakte Datenstruktur handelt, deren konkreter Aufbau verborgen bleiben soll, benötigen wir dafür einen entsprechenden Datentyp, wir nennen diesen *IntQueue*. Die Schnittstelle von *IntQueueADT* sieht dementsprechend folgendermaßen aus:

```
interface of IntQueueADT
  type IntQueue  -- only name of type in the interface
  NewQueue(): IntQueue
  Enqueue(↕q: IntQueue ↓e: int)
```

```
  Dequeue(↕q: IntQueue  ↑e: int)
  IsEmpty(↓q: IntQueue): bool
  IsFull(↓q: IntQueue): bool
  DisposeQueue(↕q: IntQueue)
end IntQueueADT
```

Wenn in einem Algorithmus die Schnittstelle *IntQueueADT* bekannt ist, kann dieser mit Warteschlangenobjekten arbeiten, ohne dass er wissen muss, wie die konkrete Datenstruktur, die diese realisiert, aufgebaut ist (der Typ *IntQueue* ist in der Schnittstelle von *IntQueueADT* nicht näher spezifiziert, gemäß Geheimnisprinzip). Das folgende Codestück zeigt, wie mittels *Enqueue* die Werte 1, 2 und 3 in ein Warteschlangenobjekt *q* eingebracht und danach mittels *Dequeue* wieder entfernt werden, weshalb dann durch die *Write*operation die Werte 1, 2 und 3 (d.h. in der Reihenfolge ihrer Einbringung) ausgegeben werden.

```
  var q: IntQueue
      e: int
begin
  q := NewQueue()
  Enqueue(↕q  ↓1)
  Enqueue(↕q  ↓2)
  Enqueue(↕q  ↓3)
  while not IsEmpty(↓q) do
    Dequeue(↕q  ↑e)
    Write(↓e)
  end -- while
  DisposeQueue(↕q)
```

Bezüglich der konkreten Implementierung des abstrakten Datentyps ist der Entwickler von *IntQueueADT* frei; er könnte beispielsweise eine doppelt-verkettete Liste heranziehen. Wir wollen aber – um eine besonders geschickte Verwendung eines Felds zu zeigen – die Elemente eines Warteschlangenobjekts, wie in ▶Abbildung 3.34 dargestellt, in einem Feld verwalten. Dazu wird für jedes Exemplar des abstrakten Datentyps ein Feld *elements* der Größe n mit dem Indexbereich von 0 bis $n - 1$ und zwei Indizes *first* und *free* verwendet. Der Index *first* gibt die Position des vordersten Elements in der Wartschlange an und der Index *free* die Position des nächsten freien Elements im Feld.

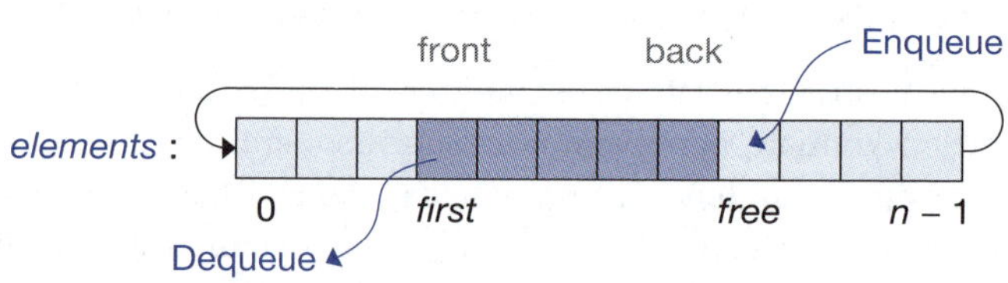

Abbildung 3.34: Warteschlange mittels Ringpuffer

Durch das Einbringen und Entfernen von Elementen wandert der den aktuellen Zustand der Warteschlange repräsentierende zusammenhängende Bereich (in Abbildung 3.34 dunkelblau dargestellt) im Feld nach hinten. Ist das Feld groß genug, wird zu jenem Zeitpunkt, zu dem das Ende der Warteschlange am Ende des Felds anlangt (*free* = $n - 1$), im Feld vorne wieder Platz frei sein (*first* > 0). Verbindet man das Ende des Felds „virtuell“ mit dem Anfang des Felds, entsteht ein so genannter ***Ringpuffer*** (*ring* oder *circular buffer*), in dem sich das Warteschlangenobjekt endlos weiterbewegen kann. Damit kann ein Warteschlangenobjekt mit maximal $n - 1$ Elementen im Feld untergebracht werden – ein Feldelement muss frei bleiben, um den Anfang vom Ende des belegten Bereichs unterscheiden zu können.

Eine Implementierung des abstrakten Datentyps *IntQueueADT*, in welcher der in der Schnittstelle nicht näher spezifizierte und daher abstrakte Typ *IntQueue* nun entsprechend der gewählten Realisierungsstrategie definiert werden muss, sieht beispielsweise folgendermaßen aus:

```
implementation of IntQueueADT

  const n = ...
  type IntQueue = →compound
         elements: array [0:n - 1] of int
         first, free: int
       end -- compound

  NewQueue(): IntQueue
    var q: IntQueue
  begin
    q := New(↓IntQueue)
    if q = null then ...  -- report heap overflow error and terminate
    q→first:= 0
    q→free := 0
    return q
  end NewQueue

  Enqueue(↕q: IntQueue  ↓e: int)
  begin
    if IsFull(↓q) then
      ...  -- report queue overflow error and terminate
    else
      q→elements[q→free] := e
      q→free := q→free + 1
      if q→free = n then  -- continue with first array element
        q→free := 0
      end -- if
    end -- if
  end Enqueue

  Dequeue(↕q: IntQueue  ↑e: int)
  begin
    if IsEmpty(↓q) then
      ...  -- report queue underflow error and terminate
    else
      e := q→elements[q→first]
      q→first := (q→first + 1) mod n  -- mod operation instead of branch
    end -- if
  end Dequeue

  IsEmpty(↓q: IntQueue): bool
  begin
    return q→first = q→free
  end IsEmpty
```

```
IsFull(↓q: IntQueue): bool
begin
  return  (q→first = q→free + 1) or
          ((q→first = 0) and (q→free = n - 1))
end IsFull

DisposeQueue(↕q: IntQueue)
begin
  Dispose(↓q)
  q := null
end DisposeQueue

end IntQueueADT
```

Sollte sich bei der Verwendung der Exemplare des abstrakten Datentyps *IntQueue* herausstellen, dass die Einschränkung auf eine maximale Länge der Warteschlange zu restriktiv ist, kann die Implementierung jederzeit von dem Feld auf eine doppelt-verkettete Liste (ev. mit Ankerknoten) umgestellt werden, ohne dass in den Algorithmen, in denen der abstrakte Datentyp verwendet wird, eine Änderung vorgenommen werden muss.

Zusammenfassung

In diesem Kapitel haben wir uns mit Fragen zur Modellierung von Datenobjekten auseinander gesetzt. Ziel dieses Kapitels war es, das im ersten Kapitel eingeführte Konzept des Datentyps vertiefend zu behandeln, verschiedene Ausprägungen von Datenobjekten nicht nur zu motivieren, sondern auch im Detail anhand von Beispielen zu erläutern und den für das systematische Programmieren wichtigen Schritt der Abstraktion vorzunehmen, nämlich Daten zusammen mit den auf ihnen zulässigen Operationen als logische Einheit zu betrachten.

Basierend auf den im ersten Kapitel eingeführten elementaren Konzepten für Datenobjekte und Datentypen haben wir zuerst noch einmal hervorgehoben, dass wir zwischen unveränderbaren und veränderbaren Datenobjekten, also Konstanten und Variablen, unterscheiden müssen, und haben dann erörtert, was wir unter atomaren (oder elementaren, unstrukturierten) Datenobjekten und Datentypen verstehen. (Abschnitt 3.1)

Danach wurde erörtert, dass man mit atomaren Datenobjekten alleine in der Praxis nicht auskommt, sondern dass es für die Bewältigung komplexerer Aufgabenstellungen oft sinnvoll ist, eine Menge einzelner Datenobjekte zusammenzufassen, weil sie logisch zusammen gehören und daher eine logische und strukturierte Einheit bilden (Abschnitt 3.2). Es wurde herausgearbeitet, dass wir dabei sowohl Sammlungen von Datenobjekten gleichen Typs, die Felder (Abschnitt 3.2.1), als auch solchen unterschiedlichen Typs, die Verbunde (Abschnitt 3.2.2), und Kombinationen aus beiden (Abschnitt 3.2.3) begegnen und gezeigt, wie wir solche Datenobjekte und benutzerdefinierte Datentypen dafür realisieren und mit ihnen arbeiten können.

Den in den ersten beiden Abschnitten diskutierten Datenobjekten ist gemeinsam, dass während ihrer Lebensdauer ihr Wert, nicht aber ihre Struktur verändert werden kann. Für viele Aufgabenstellungen benötigt man jedoch Datenobjekte, die aus Einheiten bestehen, die miteinander in Beziehung stehen, also vernetzt werden und dynamisch wachsen und schrumpfen können. Deshalb haben wir den vernetzten oder dynamischen Datenstrukturen einen eigenen Abschnitt (Abschnitt 3.3) gewidmet. In Abschnitt 3.3.1 haben wir das grundlegende Konzept des Zeiger (datentyp)s eingeführt, danach sind wir auf die für das Wachsen und Schrumpfen von Datenstrukturen wichtige Frage des Allokierens und des Freigebens von Speicherplatz eingegangen. (Abschnitt 3.3.2)

Im Anschluss daran – nachdem die erforderlichen Grundlagen erörtert waren – sind wir auf die wichtigsten Repräsentanten vernetzter oder dynamischer Datenstrukturen, nämlich auf verkettete Listen (Abschnitt 3.4) und Bäume (Abschnitt 3.5) ausführlich eingegangen und haben anhand von Beispielen gezeigt, wie diese wichtigen Datenstrukturen in der Praxis verwendet werden können und was es dabei zu beachten gibt.

Das Mittel zur Meisterung der Komplexität ist die Abstraktion. Das gilt für den Entwurf von Algorithmensystemen gleichermaßen wie für die Modellierung komplexer Datenstrukturen. Deshalb haben wir die beiden letzten Abschnitte dieses Kapitels einer Diskussion der Bildung und Verwendung von abstrakten Datenstrukturen (Abschnitt 3.6) und abstrakten Datentypen (Abschnitt 3.7) gewidmet.

Der Leser sollte nunmehr in der Lage sein, im Zuge der systematischen Entwicklung von Algorithmen auftretende Entscheidungsprobleme im Hinblick auf die Wahl der richtigen Datenstrukturen zu lösen und Datenobjekte in Algorithmen den realen Erfordernissen entsprechend angemessen zu modellieren und zu verwalten.

Aufgaben

Aufgabe 3.1 (Auswertung von Polynomen)
Ein Polynom n-ten Grads ist wie folgt definiert:

$$P(x) = a_n \cdot x^n + a_{n-1} \cdot x^{n-1} + a_{n-2} \cdot x^{n-2} + \ldots + a_1 \cdot x + a_0.$$

Gegeben sind ein Feld $a[0{:}max]$ mit $max \geq 1$, das an den Positionen $0 \,..\, n \leq max$ die Folge reellwertiger Koeffizienten a_i eines Polynoms enthält und eine reelle Zahl x. Gesucht ist ein Funktionsalgorithmus *Polynom*(↓*a*: *RealArray* ↓*n*: *int* ↓*x*: *real*): *real*, der den Wert von $P(x)$ berechnet und als Ergebnis liefert.

Eine erste Fassung dieses Algorithmus soll nach der obigen Definition vorgehen und die Potenzen von x durch Verwendung eines als vorhanden vorauszusetzenden Algorithmus *Power* (↓*x*: *real* ↓*n*: *int*): *real* ermitteln.

Eine zweite Fassung soll das Polynom nach dem *Horner-Schema* (benannt nach dem britischen Mathematiker William George Horner) auswerten:

$$P(x) = (\ldots ((a_n \cdot x + a_{n-1}) \cdot x + a_{n-2}) \cdot x \ldots + a_1) \cdot x + a_0.$$

Hinweis: Das Horner-Schema ist nicht nur einfacher, weil es keine Potenzen benötigt, es liefert auf Computern genauere Ergebnisse und das noch dazu schneller.

Aufgabe 3.2 (*The Missing Element*)
Gegeben ist ein Feld $a[1{:}n]$ mit $n \geq 1$, das eine Folge ganzer Zahlen aus dem Wertebereich 1 bis $n + 1$ enthält. Bis auf eine Zahl kommen alle Zahlen aus diesem Wertebereich genau einmal vor, z. B. für $n = 4$: (3, 2, 4, 5), es fehlt also die Zahl 1. Gesucht ist Funktionsalgorithmus *MissingElement*(↓*a*: *IntArray* ↓*n*: *int*): *int*, der die fehlende Zahl als Ergebnis liefert.

Hinweis: Man kann diese Aufgabe mit einem Hilfsfeld h mit Elementen vom Datentyp *boolean* lösen, wobei im ersten Schritt alle Elemente von 1 bis $n + 1$ mit *false* initialisiert werden, im zweiten Schritt jedes Element in h, dessen Index in a vorkommt auf *true* gesetzt wird und im dritten Schritt der Index jenes Elements gesucht wird, das noch den Wert *false* enthält. – Es geht aber auch ohne Hilfsfeld und noch dazu viel schneller!

Aufgabe 3.3 (Anagramme)
Zwei Zeichenketten sind Anagramme, wenn sie dieselben Zeichen enthalten (*Beispiele*: "WEIN" und "WIEN", "LAMPE" und "PALME"). Gesucht ist ein Funktionsalgorithmus *Anagram*(↓*s1*: *string* ↓*s2*: *string*): *bool*, der feststellt ob die zwei Zeichenketten *s1* und *s2* Anagramme sind.

Aufgaben

Aufgabe 3.4 (Plateau-Problem)
Gegeben ist ein Feld $a[1{:}n]$ mit $n \geq 1$, das eine Folge von aufsteigend sortierten positiven ganzen Zahlen (Datentyp *integer*) enthält. Ein *Plateau* ist eine Folge von gleichen Werten. Gesucht ist ein Algorithmus *Plateau*(↓*a*: *IntArray* ↓*n*: *int* ↑*p*: *int*), der die Länge p des längsten Plateaus in a berechnet und dazu das Feld a nur einmal durchläuft.

Beispiel:
Für $a = (1, 2, 2, 3, 4, 4, 6, 7, 7, 7, 8, 9, 9)$ und $n = 13$ muss der Algorithmus $p = 3$ liefern.

Aufgabe 3.5 (Exponentielle Glättung)
Gegeben ist eine Folge reeller Zahlen (Datentpy *real*) in einem Feld $a[1{:}n]$ mit $n \geq 1$. Gesucht ist ein Algorithmus *ExpSmooth*(↓*a*: *RealArray* ↓*n*: *int* ↓*s*: *real* ↑*aes*: *RealArray*), der für die Werte in a eine exponentielle Glättung (*exponential smoothing*) mit dem Glättungsfaktor $0.1 \leq s \leq 0.3$ vornimmt und das Ergebnis in einem neuen Feld $aes[1{:}n]$ liefert. Die Elemente der geglätteten Zahlenfolge in *aes* sind wie folgt zu berechnen:

$$aes[1] = 0.0$$

$$aes[i] = \sum_{j=0}^{i-2} s \cdot (1-s)^j \cdot a[i-j-1] \quad \text{für } 2 \leq i \leq n.$$

Aufgabe 3.6 (Vergleich von Feldern)
Gegeben sind folgende Deklarationen:

```
const max = ...
type IntArray = array [1:max] of int
```

Gesucht ist ein Funktionsalgorithmus *SameElements*(↓*a*: *IntArray* ↓*na*: *int* ↓*b*: *IntArray* ↓*nb*: *int*): *bool*, der für die beiden teilweise gefüllten Felder a und b feststellt, ob sie dieselben Elemente enthalten, ob also jedes Element von a auch in b vorkommt und umgekehrt.

Beispiel:
Für die beiden Felder $a = (1, 2, 3)$ mit $na = 3$ und $b = (3, 2, 2, 1)$ mit $nb = 4$ soll *SameElements* das Ergebnis *true* liefern.

Aufgabe 3.7 (Invertieren eines Felds)
Gegeben ist ein Feld $a[1{:}max]$ mit $max \geq 1$, das an den Positionen $1 .. n \leq max$ gültige Elemente eines beliebigen Datentyps T enthält. Gesucht ist Algorithmus *Invert*(⇕*a*: *TArray* ↓*n*: *int*), der die Reihenfolge der Elemente im Feld umkehrt.

Beispiel:
Für ein Feld mit *integer*-Elementen (T = *integer*) soll aus $a = (1, 2, 2, 3)$ das Feld $a = (3, 2, 2, 1)$ werden.

Aufgaben

Aufgabe 3.8 (Matrizenmultiplikation)
Gesucht ist die Deklaration eines Datentyps *Matrix* zur Repräsentation von 3×3-Matrizen vom Elementtyp *real* sowie ein Algorithmus *MatMult*(↓*a*: *Matrix* ↓*b*: *Matrix* ↑*c*: *Matrix*) zur Multiplikation dieser Matrizen. Matrizenmultiplikation ist wie folgt definiert: Das Element c_{ik} des Matrizenprodukts $C = A \cdot B$ ergibt sich als skalares Produkt $a^i \cdot b_k$ des Zeilenvektors a^i mit dem Spaltenvektor b_k:

$$(c_{ik})_{(m,\,p)} = (a_{ik})_{(m,\,n)} \cdot (b_{ik})_{(n,\,p)}$$

Voraussetzung: Spaltenzahl von A = Zeilenzahl von B.

Aufgabe 3.9 (Entfernen und Einfügen von Elementen in Feldern)
Gegeben ist ein Feld *a*[1:*max*] mit $max \geq 1$, das an den Positionen 1 .. $n \leq max$ gültige Elemente eines beliebigen Datentyps *T* enthält. Gesucht sind zwei Algorithmen (vgl. ▶Abbildung 3.14):

1. ein Algorithmus *RemoveElementAt*(↕*a*: *TArray* ↕*n*: *int* ↓*i*: *int*), der das Element an der Stelle *i* (mit $1 \leq i \leq n$) aus dem Feld *a* entfernt, in dem die restlichen Elemente um eine Stelle nach vorne verschoben werden und *n* um 1 vermindert wird.

2. ein Algorithmus *InsertElementAt*(↕*a*: *TArray* ↕*n*: *int* ↓*i*: *int* ↓*e*: *T*), der ein neues Element *e* vom Datentyp *T* an der Stelle *i* (mit $1 \leq i \leq n + 1 < max$) in das Feld *a* einfügt, in dem die restlichen Elemente um eine Stelle nach hinten verschoben werden und *n* um 1 erhöht wird.

Aufgabe 3.10 (Einfach-verkettete Liste: Anzahl der Konten)
Gegeben ist eine einfach-verkettete Liste *list* auf Basis der Deklarationen aus Abschnitt 3.4.2. Gesucht ist ein Funktionsalgorithmus *NrOfNodes*(↓*list*: *ListPtr*): *int*, der die Anzahl der Knoten der Liste als Ergebnis liefert.

Aufgabe 3.11 (Einfach-verkettete Liste: Ausgeben von hinten nach vorne, iterativ)
Gegeben ist eine einfach-verkettete Liste *list* auf Basis der Deklarationen aus Abschnitt 3.4.2. Gesucht ist ein (iterativer) Algorithmus *WriteNodesInReverseOrder*(↓*list*: *ListPtr*), der die Werte der Knoten-Komponente *data* in zur Liste umgekehrter Reihenfolge, d.h. von hinten beginnend nach vorne, ausgibt.

Aufgabe 3.12 (Einfach-verkettete Liste: Invertieren, iterativ)
Gegeben ist eine einfach-verkettete Liste *list* auf Basis der Deklarationen aus Abschnitt 3.4.2. Gesucht ist ein (iterativer) Algorithmus *Invert*(↕*list*: *ListPtr*), der die Reihenfolge der Knoten in der Liste umdreht; d.h. der letzte Knoten in der Ausgangsliste wird der erste Knoten in der Ergebnisliste usw.

Aufgaben

Aufgabe 3.13 (Doppelt-verkettete Liste: Ausgeben von hinten nach vorne, iterativ)
Gegeben ist eine doppelt-verkettete Liste *list* auf Basis der Deklarationen aus Abschnitt 3.4.3. Gesucht ist ein (iterativer) Algorithmus *WriteNodesInReverseOrder* (↓*list*: *ListPtr*), der die Werte der Knoten-Komponente *data* in zur Liste umgekehrter Reihenfolge, d.h. von hinten beginnend nach vorne, ausgibt. Vergleichen Sie Ihre Lösung mit jener für einfach-verkettete Listen (Aufgabe 3.11).

Aufgabe 3.14 (Doppelt-verkettete Liste: Invertieren, iterativ)
Gegeben ist eine doppelt-verkettete Liste *list* auf Basis der Deklarationen aus Abschnitt 3.4.2. Gesucht ist ein (iterativer) Algorithmus *Invert*(↕*list*: *ListPtr*), der die Reihenfolge der Knoten in der Liste umdreht, d.h. der letzte Knoten in der Ausgangsliste wird der erste Knoten in der Ergebnisliste usw. Vergleichen Sie Ihre Lösung mit jener für einfach-verkettete Listen (Aufgabe 3.12).

Aufgabe 3.15 (Binärbaum: Anzahl der Knoten)
Gegeben ist ein Binärbaum *tree* auf Basis der Deklarationen aus Abschnitt 3.5.2. Gesucht sind folgende Funktionsalgorithmen:

- *NrOfNodes*(↓*tree*: *TreePtr*): *int*, der die Anzahl der Knoten im Baum liefert,
- *NrOfInnerNodes*(↓*tree*: *TreePtr*): *int*, der die Anzahl der Knoten liefert, die noch mindestens einen Nachfolger haben (sogenannte *innere Knoten*) und
- *NrOfLeaves*(↓*tree*: *TreePtr*): *int*, der die Anzahl der Knoten liefert, die keine Nachfolger mehr haben (sogenannte Blätter).

Aufgabe 3.16 („Grafische" Ausgabe eines Binärbaums)
Gegeben ist ein Binärbaum *tree* auf Basis der Deklarationen aus Abschnitt 3.5.2. Gesucht ist ein (iterativer) Algorithmus *WriteTreeGraphically*(↓*tree*: *TreePtr*), der die Werte in der *data*-Komponente der Knoten „graphisch" in Baumform ausgibt, wobei die Wurzel ganz links auf „mittlerer Höhe" und die Blätter ganz rechts stehen sollen (d.h. ein um 90 Grad nach links gedrehter Baum). Zur Darstellung der Äste im Baum verwenden Sie das Zeichen '<'.

Beispiel: Ein Binärbaum mit einer Wurzel deren *data*-Komponente den Wert 5 hat, die als linken Sohn einen Knoten mit dem Wert 2 und als rechten Sohn einen Knoten mit dem Wert 7 in der *data*-Komponente hat, soll wie folgt ausgegeben werden:

```
      7
5  <
      2
```

Aufgaben

Aufgabe 3.17 (ADS: Kellerspeicher mit Feld)
Gesucht ist *IntStackADS*, eine abstrakte Datenstruktur (ADS) für einen Kellerspeicher (*stack*) auf Basis eines Felds mit dem Elementdatentyp *integer*. Entwickeln Sie alle notwendigen Algorithmen (*Init*, *IsEmpty*, *Push*, *Pop*) für die Verwaltung des Kellerspeichers.

Aufgabe 3.18 (ADT: Kellerspeicher mit Feld)
Gesucht ist *IntStackADT*, ein abstrakter Datentyp (ADT) für einen Kellerspeicher (*stack*) auf Basis eines Felds mit dem Elementdatentyp *integer*. Entwickeln Sie alle notwendigen Algorithmen (*NewStack*, *IsEmpty*, *Push*, *Pop, DisposeStack*) für die Verwaltung des Kellerspeichers.

Rekursive Algorithmen

4

ÜBERBLICK

Motivation

» *In diesem Kapitel geht es darum, den aus der Mathematik bekannten Begriff der Rekursion (recursion) in die Welt der Algorithmen zu übertragen, anhand von Beispielen das Vorgehen für die Entwicklung rekursiver Algorithmen darzustellen, ihre Vor- und Nachteile aufzuzeigen und schließlich darauf einzugehen, dass Rekursion und Iteration (iteration) verwandt sind, denn es gilt der Satz, dass sich jeder rekursive durch einen iterativen Algorithmus (und umgekehrt) ersetzen lässt.*

Rekursion ist ein Konzept, dessen Bedeutung weit über die Mathematik und Informatik hinausreicht. Der amerikanische Wissenschaftsautor Douglas R. Hofstadter hat im Jahr 1979 ein viel beachtetes Buch veröffentlicht, für welches er 1980 den Pulitzer-Preis für das beste Sachbuch erhielt und das 2006 neu aufgelegt worden ist, siehe [Hofstadter 2006]. In diesem Buch setzt sich Hofstadter auf fast 1000 Seiten intensiv mit dem Thema Rekursion oder Selbstbezüglichkeit (self-referentiality), wie dieses Konzept in der deutschen Ausgabe auch genannt wird, auseinander. Er widmet sich darin nicht nur den Anwendungen in der Mathematik, z.B. jener des österreichischen Mathematikers Kurt Gödl zum Beweis seines Unvollständigkeitssatzes ([Gödl 1931]), sondern auch jenen in der Musik, z.B. anhand von Werken des deutschen Organisten und Komponisten Johann Sebastian Bach und jenen in der Malerei und Grafik, z.B. anhand von Werken des niederländischen Künstlers Maurits Cornelis Escher. Hofstadter zeigt auch, wo in der Natur Rekursion zu beobachten ist, und dass dieses Konzept auch im Sprachgebrauch häufig Verwendung findet. Damit schafft er eine Verbindung von Rekursion zum täglichen Leben.

Wir beginnen das Kapitel mit der auf bekannte Beispiele aus der Mathematik gestützten Definition des Begriffs der Rekursion, seiner algorithmischen Interpretation und dem Aufzeigen typischer Aufgabenstellungen, die man mit rekursiven Algorithmen auf elegante Art und Weise lösen kann.

Um dem Leser die Arbeitsweise, d.h. den inneren Ablauf rekursiver Algorithmen zu erläutern und die Voraussetzungen für die Terminierung rekursiver Algorithmen näher zu bringen, wird danach auf die in diesem Zusammenhang erforderlichen Konzepte und ihre wichtigsten Aspekte eingegangen.

Nach einer Erörterung der Vorgehensweise beim Entwurf rekursiver Algorithmen gehen wir darauf ein, dass jeder rekursive in einen iterativen Algorithmus und umgekehrt transformiert werden kann, dass es aber – in Abhängigkeit vom jeweiligen Anwendungskontext – sehr wohl darauf ankommt, welche der beiden Realisierungsformen für Wiederholung gewählt wird. In den dafür vorgesehenen Abschnitten wird auch gezeigt, wie man auf systematische Art und Weise einen rekursiven Algorithmus in einen iterativen und umgekehrt transformieren kann. Es wird weiters darauf eingegangen, dass und wie die zur Erläuterung des Rekursionsprinzips herangezogenen Aufgabenstellungen auch iterativ gelöst werden können und welche Konsequenzen beide Lösungsformen im Hinblick auf wichtige Eigenschaften (wie z.B. Speicherbedarf, Laufzeit, Verständlichkeit) haben.

Wir sind auf den Begriff der Rekursion bereits im vorhergehenden Kapitel im Zusammenhang mit rekursiven, vernetzten oder dynamischen Datenstrukturen (bei verketteten Listen und Bäumen) gestoßen. In diesem Kapitel werden daher, nachdem nun die Voraussetzungen dafür geschaffen sind, wichtige rekursive (Standard-)Algorithmen zur Bearbeitung solcher Datenstrukturen erörtert.

Die Behandlung des Rekursionsprinzips erfolgt deshalb so ausführlich, weil sein Verständnis und seine Anwendung erfahrungsgemäß vielen Anfängern Probleme bereitet, was man durch folgenden – nicht ganz ernst zu nehmenden – Satz zum Ausdruck bringen könnte: „Um Rekursion verstehen zu können, muss man erst einmal Rekursion verstanden haben.“ «

Ziele

Nach dem Lesen dieses Kapitels haben Sie Folgendes erreicht:

- Sie wissen, was man unter einer rekursiven (Begriffs-)Definition und unter einem rekursiven Algorithmus versteht.
- Sie sind in der Lage zu erkennen, ob für die algorithmische Lösung einer Aufgabenstellung eine auf Rekursion beruhende Lösungsidee angebracht ist und wie man diese auf systematische Art und Weise in einen rekursiven Algorithmus transformiert.
- Sie kennen die Voraussetzungen für das Funktionieren rekursiver Algorithmen, ihren Ablauf und die Voraussetzungen, die erfüllt sein müssen, damit rekursive Algorithmen terminieren.
- Sie wissen, wie man durch systematisches Vorgehen rekursive Algorithmen in iterative Algorithmen und umgekehrt transformieren kann.
- Sie kennen die Vor- und Nachteile rekursiver Algorithmen.
- Sie kennen wichtige rekursive Standardalgorithmen zur Bearbeitung rekursiver, vernetzter oder dynamischer Datenstrukturen.

4.1 Begriff Rekursion und Standardbeispiele

Der Begriff *Rekursion* (auch *Rekursivität* oder *Rekurrenz*, *recursion*) wird verwendet, wenn man ausdrücken will, dass sich etwas direkt oder indirekt auf sich selbst bezieht (vgl. Selbstbezüglichkeit in [Hofstadter 2006]). Der Begriff ist vom lat. Wort *recurrere* abgeleitet, was „(in sich) zurücklaufend" bedeutet.

Rekursion ist ein wichtiges Konzept der Mathematik, das oft – und manchmal alternativ zu umständlichen nicht rekursiven Ansätzen – elegante und kurze Formulierungen ermöglicht.

Eine der ältesten Anwendungen dieses Konzepts ist das Rad oder die Spirale des griechischen Mathematikers und Philosophen Theodorus von Kyrene (ca. 465 v. Chr.) – auch unter der Bezeichnung *Wurzelschnecke* bekannt, weil damit die Quadratwurzeln aller natürlichen Zahlen ≥ 2 konstruiert werden können. ▶Abbildung 4.1 (a) zeigt die ersten drei Entwicklungsstufen dieses grafischen Objekts.

Die Wurzelschnecke entsteht, indem man mit einem ersten rechtwinkligen Dreieck T_1 beginnt, dessen beide Katheten die Länge 1 haben, seine Hypotenuse hat nach dem Satz von Pythagoras die Länge $\sqrt{1^2+1^2} = \sqrt{2}$. Im zweiten Dreieck T_2 hat eine Kathete wieder die Länge 1 und die zweite die Länge der Hypotenuse des ersten Dreiecks. Die Hypotenuse des zweiten Dreiecks hat somit die Länge

$$\sqrt{1^2+\left(\sqrt{2}\right)^2} = \sqrt{3}.$$

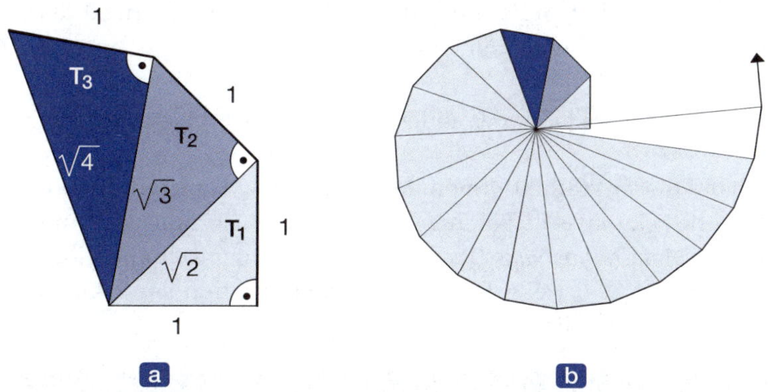

Abbildung 4.1: Rad oder Spirale des Theodorus

Allgemein formuliert haben die Katheten des Dreiecks der n-ten Entwicklungsstufe die Längen 1 bzw. die Länge der Hypotenuse des Dreiecks mit der Entwicklungsstufe $n-1$, also $\sqrt{n}$ und die Hypotenuse hat die Länge $\sqrt{n+1}$. Diese Konstruktion ist rekursiv oder selbstbezüglich, denn ein „neues" Dreieck bezieht sich auf ein „altes" und die aneinander grenzenden Katheten bilden bei hinreichend vielen Entwicklungsstufen eine Spirale oder Schnecke, siehe Abbildung 4.1 (b).

Rekursion auf grafischen Objekten kann auch verwendet werden, um andere faszinierendere geometrische Muster als die Spirale des Theodorus zu erzeugen. Für solche hat Benoit Mandelbrot 1975 den Begriff *Fraktal* geprägt (siehe z.B. [Mandelbrot 1982]). Der Begriff ist vom lat. Wort *fractus* abgeleitet; lat. *frangere* steht für „brechen, etwas in Stücke brechen", was darauf hindeutet, dass man ein Fraktal in immer kleinere, ähnliche Bestandteile zerlegen kann. Bekannte Beispiele sind neben der Mandelbrot-Menge („Apfelmännchen") auch die Kochsche Schneeflocke und die Hilbert-Kurve.

Wir beginnen dieses Kapitel nun aber damit, dass wir das Rekursionsprinzip und seine algorithmische Umsetzung zunächst anhand einiger bekannter Beispiele wie der Berechnung der Fakultät einer natürlichen Zahl n, der Bildung der Fibonacci-Zahlen und der Auswertung der Ackermann-Funktion vorstellen und zeigen, wie sich rekursive Algorithmen im Vergleich zu iterativen Algorithmen hinsichtlich ihrer Laufzeiteffizienz verhalten.

4.1.1 Fakultätsberechnung

Die *Fakultät* (*factorial*), manchmal auch als Faktorielle bezeichnet, ist eine wichtige Funktion, die in der Mathematik z.B. in Potenzreihen für die näherungsweise Berechnung von Funktionen, etwa für die Exponentialfunktion e^x, verwendet wird. Sie spielt aber auch in der Statistik, speziell in der Kombinatorik, eine Rolle, da sie beispielsweise die Anzahl aller möglichen linearen Anordnungen, die so genannten *Permutationen*, einer Menge von Elementen repräsentiert. Wir sind bereits im Abschnitt 1.4 im Zuge des Zahlenlotto-Beispiels auf die Fakultät gestoßen: sie wurde dort für die Berechnung des Binomialkoeffizienten herangezogen.

Die Fakultät einer natürlichen Zahl $n > 0$, üblicherweise ausgedrückt durch $n!$, repräsentiert das Produkt der Zahlen von 1 bis n, also

$$n! = 1 \cdot 2 \cdot \ldots \cdot (n-1) \cdot n = \prod_{i=1}^{n} i \quad \text{oder anders geschrieben} \quad n! = n \cdot (n-1) \cdot \ldots \cdot 2 \cdot 1.$$

Wie man anhand dieser Produktformeln leicht erkennen kann, gilt für alle natürlichen Zahlen $n > 1$ die rekursive Beziehung $n! = n \cdot (n-1)!$, und wenn man zusätzlich festlegt, dass als *Rekursionsbasis* (*recursion basis*, in deutsch auch Rekursionsanker oder -boden genannt) $1! = 1$ gilt, ist die rekursive Definition der Fakultät einer natürlichen Zahl $n > 0$ vollständig.

Rekursive Definition: *Fakultät*

Die Fakultät einer natürlichen Zahl $n > 0$ wird wie folgt gebildet:

$1! = 1$ und

$n! = n \cdot (n-1)!$ für $n > 1$.

Hinweis: In rekursiven Definitionen der Fakultät einer natürlichen Zahl n wird in der Literatur anstelle von $1! = 1$ manchmal auch $0! = 1$ als Basis festgelegt, um den Definitionsbereich der Fakultätsfunktion auf alle natürlichen Zahlen zu erweitern, was zu der einfachen Funktionssignatur $!: \mathbb{N} \rightarrow \mathbb{N}$ führt. Mit 0! wird im Sinne der Kombinatorik auch zum Ausdruck gebracht, dass es genau eine Möglichkeit gibt, null Elemente anzuordnen. Wir benutzen jedoch die Definition auf Basis von $1! = 1$, da diese exakt der oben angegebenen Produktformel für die Fakultät entspricht, die nicht ohne Weiteres auf 0! erweitert werden kann.

Wenn wir annehmen, dass ein Algorithmus auch sich selbst aufrufen kann, dann legt die rekursive Definition der Fakultät nahe, dass wir einen Algorithmus zur Berechnung der Fakultät einer beliebigen natürlichen Zahl n ebenfalls rekursiv formulieren können. Beispielsweise indem wir einen Funktionsalgorithmus *Factorial* mit einem Eingangsparameter n vom Datentyp *integer*, der als Ergebnis die Fakultät von n als *integer*-Wert liefert, rekursiv formulieren. Dazu muss geprüft werden, ob $n \leq$[1] 1 ist und wenn dies der Fall ist, kann der Algorithmus beendet und als Ergebnis der Wert 1 geliefert werden. Ist das nicht der Fall, also wenn $n > 1$ ist, muss die Fakultät für $n - 1$ berechnet werden, bevor als Ergebnis das Produkt aus n mal dieser Fakultät geliefert werden kann:

1 Wir verwenden im Algorithmus *Factorial* den Operator $\leq$ anstelle von $=$ aus der Definition, um auch für den Parameter $n = 0$ den Wert 1 zu liefern, wie durch den alternativen Rekursionsboden $0! = 1$ nahegelegt wird, vor allem aber, um für fehlerhafte Parameter $n < 0$ eine so genannte Endlosrekursion zu vermeiden.

```
Factorial(↓n: int): int
begin
  if n ≤ 1 then
    return 1
  else  -- n > 1
    return n * Factorial(↓n - 1)
  end -- if
end Factorial
```

Der Algorithmus *Factorial* ruft sich direkt selbst auf und ist deshalb ein *direkt rekursiver Algorithmus.*

▶Abbildung 4.2 zeigt den Aufrufgraph für die Berechnung von 3!, die insgesamt drei Aufrufe, zwei davon rekursiv, erfordert. Die Berechnung von $n!$ erfordert insgesamt n Aufrufe. Nachdem der Aufrufgraph als lineare Anordnung ausgeprägt ist, heißt diese Art von Rekursion auch *lineare Rekursion* (*linear recursion*).

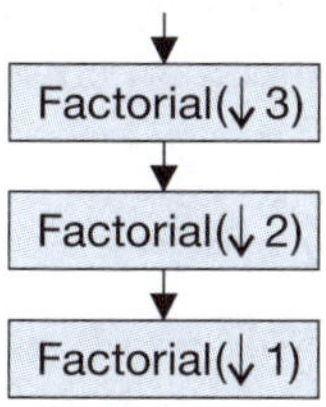

Abbildung 4.2: Aufrufgraph für die Berechnung von 3!

Wie schon in Abschnitt 1.4 gezeigt, kann die Berechnung der Fakultät selbstverständlich auch auf Basis der nicht rekursiven Definition als Produkt der Werte von 1 bis n mit einer Schleife, also iterativ erfolgen. Der Algorithmus *FactorialIterative* (angelehnt an den Funktionsalgorithmus in Abschnitt 1.4.2) zeigt eine entsprechende Umsetzung:

```
FactorialIterative(↓n: int): int
  var f, i: int
begin
  f := 1
  for i := 2 to n do
    f := f * i
  end -- for
  return f
end FactorialIterative
```

Wie leicht zu erkennen ist, sind bei der iterativen Berechnung von $n!$ mit dem Algorithmus *FactorialIterative* für Werte $n > 1$ genau $n - 1$ Schleifendurchläufe erforderlich.

Exkurs zur Effizienz der Berechnung der Fakultätsfunktion: Werden die beiden (rekursive und iterative) Algorithmenvarianten in einer Programmiersprache, z.B. in C, formuliert und in ausführbare Programme übersetzt, kann man durch Zeitmessung (siehe dazu auch Kapitel 5) den Berechnungsaufwand (also die Laufzeit) ermitteln. Dabei stellt sich heraus, dass die iterative Variante für die Berechnung nur 60 bis 70 % der Laufzeit der rekursiven Variante benötigt, weil der Aufwand für die rekursiven Aufrufe entfällt (siehe dazu auch Abschnitt 4.2). Für kleine Werte von n (etwa bis $n = 12$, je nach Wertebereich des *integer*-Datentyps) kann die Fakultät mittels Rekursion oder etwas effizienter mittels Iteration in zufrieden stellender Zeit berechnet werden.

Exkurs zur näherungsweisen Berechnung der Fakultätsfunktion: Nachdem die Fakultätsfunktion schnell wächst – so ist z.B. 20! eine Zahl mit 19 und 70! schon eine Zahl mit 100 Dezimalstellen – genügen für größere n oft Näherungswerte (vom Datentyp *real*). Ein solcher kann mit einer geschlossenen Formel, die nach ihrem Erfinder, dem schottischen Mathematiker James Stirling, als *Stirling-Formel* bezeichnet wird, in vom Wert von n unabhängiger Zeit ermittelt werden:

$$n! \approx \sqrt{2\pi n}\left(\frac{n}{e}\right)^n$$

Wobei $e = 2.718...$ die *Eulersche Zahl* (benannt nach dem schweizerischen Mathematiker Leonhard Euler) ist, die auch die Basis für den natürlichen Logarithmus *ln* (als Abkürzung für lat. *logarithmus naturalis*) bildet. Schon für $n > 10$ ist der Fehler durch die Stirling-Formel kleiner als 1 %. Für $n > 1000$ kann man die Fakultät noch einfacher und effizienter aus der von der Stirling-Formel hergeleiteten Beziehung $ln(n!) \approx n \cdot ln(n) - n$ berechnen, wobei der Fehler wieder kleiner als 1 % ist.

4.1.2 Bildung der Fibonacci-Zahlen

Der italienische Mathematiker Leonardo von Pisa hat sich u. a. damit beschäftigt, die Entwicklung einer Kaninchenpopulation mathematisch zu erfassen. In seinem im Jahr 1202 erschienenen Werk *Liber abaci* (auf deutsch etwa *Buch der Rechenkunst*, engl. Übersetzung in [Sigler 2002]) hat er das so genannte *Kaninchenproblem* eher kurz und beiläufig formuliert. Es lautet in deutscher Übersetzung wie folgt:

> *„Ein Mann hielt in einem ringsum eingezäunten Bereich ein Paar Kaninchen (ein Männchen und ein Weibchen), um herauszufinden, wie viele Paare daraus in einem Jahr entstehen. Dabei ist es die Natur eines Kaninchenpaars, jeden Monat ein neues Paar auf die Welt zu bringen, und sie gebären erstmals im zweiten Monat nach ihrer Geburt.“*

Er hat im Zuge der Lösung dieses Kaninchenproblems eine interessante und für viele andere Zwecke nutzbare Folge von Zahlen entdeckt:

1, 1, 2, 3, 5, 8, 13, 21, 34, 55, 89, 144, 233, ...

Wobei die Zahlen in dieser Folge im Kontext des Kaninchenproblems die Anzahl der Kaninchenpaare Anfang des 1., 2., 3., … Monats angeben.

Obwohl es mittlerweile Belege dafür gibt, dass diese Zahlenfolge schon viel früher im indischen Kulturkreis (bis zu 450 v. Chr.) verwendet wurde, geht ihr heutiger Name auf Leonardo zurück und trägt dem Umstand Rechnung, dass er der Sohn von Guglielmo Bonaccio war, lat. *filius Bonacci*, weshalb sie *Fibonacci* heißt.

Rekursive Definition: *Fibonacci-Zahlen*

Die Fibonacci-Zahlen f_i für die natürlichen Zahlen i von 0 bis n bilden eine unbeschränkte Zahlenfolge, die nach der Berechnungsvorschrift

$f_0 = 0, f_1 = 1$ und

$f_n = f_{n-1} + f_{n-2}$ für $n > 1$

gebildet wird.

Hinweis: In rekursiven Definitionen der Fibonacci-Zahlen in der Literatur wird f_0 manchmal auch weggelassen und dafür zusätzlich zu f_1 auch $f_2 = 1$ definiert. Das führt dann auch zur oben angegebenen Folge der Anzahl der Kaninchenpaare.

Analog zur Fakultätsfunktion ist es wegen der rekursiven Definition der Fibonacci-Zahlenfolge naheliegend, dass wir einen Algorithmus zur Bildung dieser Zahlenfolge ebenfalls rekursiv formulieren, beispielsweise indem wir einen Funktionsalgorithmus *Fibonacci* mit einem Eingangsparameter n vom Datentyp *integer* formulieren, der als Ergebnis die n-te Fibonacci-Zahl als *integer*-Wert liefert. Dazu muss geprüft werden, ob $n \leq$[2] 1 ist. Wenn dies der Fall ist, kann der Algorithmus beendet und als Ergebnis der Wert n geliefert werden. Ist dies nicht der Fall, müssen die beiden Fibonacci-Zahlen für $n - 1$ und für $n - 2$ berechnet werden, bevor als Ergebnis ihre Summe geliefert werden kann. Im rekursiven Zweig des Algorithmus kommen also zwei rekursive Aufrufe vor.

```
Fibonacci(↓n: int): int
begin
  if n ≤ 1 then
    return n
  else  -- n > 1
    return Fibonacci(↓n - 1) + Fibonacci(↓n - 2)
  end -- if
end Fibonacci
```

▶Abbildung 4.3 zeigt den Aufrufgraph, der sich bei der Ausführung des Algorithmus *Fibonacci* (in der Abbildung mit *Fib* abgekürzt) bei der Berechnung von f_5 ergibt: sie erfordert insgesamt 15 Aufrufe, 14 davon rekursiv. Nachdem der Aufrufgraph keine lineare Anordnung von Aufrufen mehr ist, wie das bei der rekursiven Berechnung der Fakultät mittels *Factorial* noch der Fall war, spricht man hier von *nicht-linearer* oder *Baumrekursion* (*tree recursion* oder *fat recursion*).

2 Wir verwenden im Algorithmus *Fibonacci* den Operator $\leq$ anstelle von $=$ aus der Definition, um auch für den Parameter $n = 0$ den Wert 1 zu liefern; aber auch aus dem Grund, für fehlerhafte Parameter $n < 0$ eine so genannte Endlosrekursion zu vermeiden.

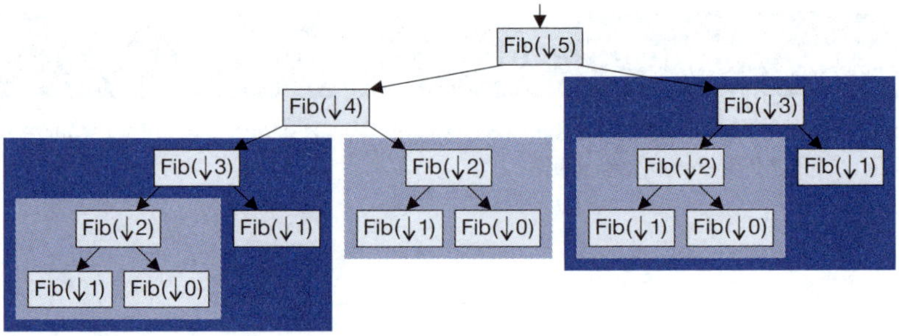

Abbildung 4.3: Aufrufgraph für die Berechnung von f_5

Wie aus Abbildung 4.3 zu ersehen ist, werden manche Berechnungen mehrfach durchgeführt. So wird f_2 dreimal und f_3 zweimal berechnet. Tabelle 4.1 zeigt für den Bereich $0 \leq n \leq 10$ die Fibonacci-Zahlen und die sich bei ihrer rekursiven Berechnung mit dem oben angegebenen Algorithmus *Fibonacci* ergebende Anzahl von Aufrufen.

Tabelle 4.1

Fibonacci-Zahlen und Anzahl der Aufrufe zu ihrer rekursiven Berechnung

n	0	1	2	3	4	5	6	7	8	9	10
Fibonacci(↓ *n*)	0	1	1	2	3	5	8	13	21	34	55
Aufrufe	1	1	3	5	9	15	25	41	67	109	177

Wie aus Tabelle 4.1 zu ersehen ist, folgt auch die Anzahl der erforderlichen Aufrufe (*calls* kurz *c*) einem Bildungsgesetz, das ähnlich jenem der Fibonacci-Zahlen ist, nämlich:

$$c_0 = 1,\ c_1 = 1 \qquad \text{und}$$

$$c_n = c_{n-1} + c_{n-2} + 1 \qquad \text{für } n > 1,$$

wobei durch den im Vergleich zur Fakultätsdefinition zusätzlichen Summanden 1 der erste, also der nicht durch Rekursion bewirkte Aufruf, jener „von außen" also, berücksichtigt ist. Die Anzahl der erforderlichen Aufrufe wächst, wie ▶Abbildung 4.4 zeigt, ebenso exponentiell wie die Werte der Fibonacci-Funktion selbst.

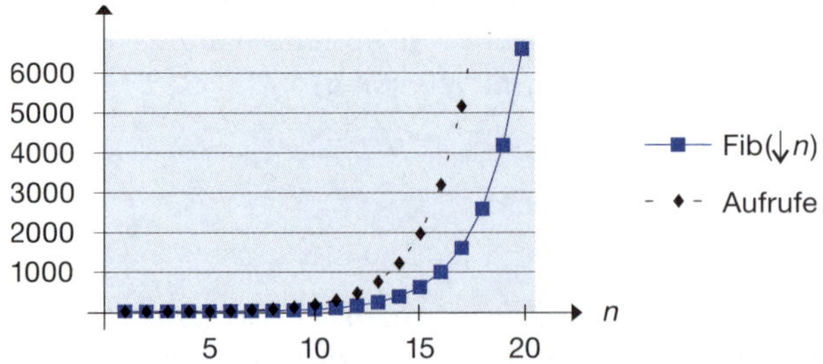

Abbildung 4.4: Fibonacci-Zahlen und Anzahl der Aufrufe bei ihrer rekursiven Berechung in Abhängigkeit von n

Schon für Werte $n > 10$ ist die rekursive Berechnung der Fibonacci-Zahlen ineffizient, für größere n (etwa ab 20) aber so aufwändig, dass eine iterative Berechnung der rekursiven eindeutig vorzuziehen ist. Dazu werden die Fibonacci-Zahlen der Reihe nach, also $f_0, f_1, f_2, \ldots$ berechnet, so dass die Werte, die für die Berechnung einer neuen Fibonacci-Zahl benötigt werden, schon zur Verfügung stehen. Je nach Einsatzzweck ist eine der beiden im Folgenden behandelten iterativen Varianten besser geeignet.

Iterative Variante 1: Werden für die Lösung einer Aufgabe häufig Fibonacci-Zahlen benötigt und steht genügend Speicher zur Verfügung, so ist es – wie im Pseudocodestück unten gezeigt – am effizientesten, alle Fibonacci-Zahlen bis zu einer Obergrenze *max* im Voraus zu berechnen (z.B. mit dem Algorithmus *PrecomputeFibonacciNumbers*) und sie in einer globalen Feldvariablen *fib* zu speichern. Sowohl bei der Vorausberechnung als auch später kann man bei Bedarf auf dieses Feld zugreifen: f_n findet sich in *fib*[*n*].

```
const max = ...
var fib: array [0:max] of int

PrecomputeFibonacciNumbers()
  var i: int
begin
  fib[0] := 0   -- f0 = 0
  fib[1] := 1   -- f1 = 1
  for i := 2 to max do
    fib[i] := fib[i - 1] + fib[i - 2]   -- implementation of fn = fn-1 + fn-2
  end -- for
end PrecomputeFibonacciNumbers
```

Iterative Variante 2: Werden nur wenige Fibonacci-Zahlen benötigt und/oder steht der Speicher für das globale Feld *fib* aus Variante 1 nicht zur Verfügung, so reichen – wie im Funktionsalgorithmus *FibonacciIterative* unten gezeigt – neben einer Laufvariablen *i* (wie in der Variante 1) und der Ergebnisvariablen *fn* zwei Hilfsvariablen (*fnm2* und *fnm1*), um bei Bedarf die *n*-te Fibonacci-Zahl auf effizientere Art und Weise als in der rekursiven Form zu berechnen.

```
FibonacciIterative(↓n: int): int
  var fnm2, fnm1, fn, i: int   -- read fnm2 as factorial for n minus 2, ...
begin
  if n ≤ 1 then
    return n
  else -- n > 1
    fnm2 := 0   -- f0 = 0
    fnm1 := 1   -- f1 = 1
    for i := 2 to n do
      fn := fnm1 + fnm2   -- implementation of fn = fn-1 + fn-2
      -- now prepare for possible next iteration
      fnm2 := fnm1
      fnm1 := fn
    end -- for
    return fn
  end -- if
end FibonacciIterative
```

Exkurs zur näherungsweisen Berechnung der Fibonacci-Zahlen: Während die rekursive Berechnung von Fibonacci-Zahlen – wie oben erwähnt – schon für $n > 20$ sehr ineffizient wird, trifft dies auf die iterative Berechnung in beiden hier gezeigten Varianten nicht mehr zu, sie ist hinreichend effizient. Abgesehen von den bisher behandelten rekursiven und iterativen Berechnungsmöglichkeiten können die Fibonacci-Zahlen auch sehr effizient mit einer geschlossenen Formel (im Sinne der Mathematik in $\mathbb{R}$ exakt, auf einem Computer mit Variablen des Datentyps *real* nur näherungsweise) berechnet werden, die vom französischen Mathematiker Jacques P. M. Binet im Jahr 1843 veröffentlicht wurde:

$$f_n = \frac{1}{\sqrt{5}}\left[\left(\frac{1+\sqrt{5}}{2}\right)^n - \left(\frac{1-\sqrt{5}}{2}\right)^n\right]$$

Der erste Term in Binets Formel entspricht dem so genannten *goldenen Schnitt* Φ, mit:

$$\Phi = \frac{1+\sqrt{5}}{2} \approx 1.61803\ldots$$

Der goldene Schnitt hat vor allem in der Architektur der Antike für die Gestaltung „idealer Proportionen“ häufig Anwendung gefunden. Der zweite Term in Binets Formel entspricht seinem negativen Reziprokwert Ψ.

Johannes Kepler hat schon zu Beginn des 17. Jahrhunderts entdeckt, dass sich Φ nicht nur durch obigen Ausdruck und die Beziehung $\Phi^2 = \Phi + 1$, sondern auch als Grenzwert des Quotienten zweier benachbarter Fibonacci-Zahlen ergibt:

$$\Phi = \lim_{n \to \infty} \frac{f_{n+1}}{f_n}$$

Die Anzahl der Knoten in einem Aufrufgraphen des oben angegebenen rekursiven Algorithmus *Fibonacci* (z.B. in ▶Abbildung 4.3) ist gleich der Anzahl der Aufrufe und entspricht Φ^n. Im Sinne der Mathematik ist interessant, dass das Zusammenwirken der beiden irrationalen Zahlen Φ und Ψ in Binets Formel immer ein ganzzahliges Ergebnis in $\mathbb{R}$ liefert.

4.1.3 Ackermann-Funktion

Zwar sind die beiden Funktionen (Fakultät und Fibonacci), die wir bisher als Beispiele für rekursive Definitionen und rekursive Algorithmen angeführt haben, wichtig, weil sie von praktischer Bedeutung sind, doch zeigen sie die Nützlichkeit des Konzepts der Rekursion noch nicht in ausreichendem Maße. Zudem lassen sich – wie wir gezeigt haben – beide Funktionen auch auf einfache Art und Weise und noch dazu wesentlich effizienter iterativ berechnen.

Die Ackermann-Funktion, auf die wir im Folgenden kurz eingehen wollen, ist zwar mit praxisbezogenem Blick auf unsere Ziele nicht besonders relevant, sie eignet sich jedoch gut zur Illustration der Nützlichkeit der Rekursion und ist außerdem aus der

Sicht der Theoretischen Informatik, genauer gesagt der Berechenbarkeitstheorie (siehe z.B. [Asteroth u. Baier 2002]) interessant.

Im Jahr 1926 stellte der deutsche Mathematiker David Hilbert die Vermutung auf, dass jede berechenbare Funktion *primitiv-rekursiv* sei, was im Wesentlichen bedeutet, dass sich jede Funktion aus einfachen Grundfunktionen durch Komposition und primitive Rekursion (mit nur einer rekursiven Verwendung) bilden lässt und man vor der Berechnung schon angeben könnte, wie aufwändig diese ist. Im selben Jahr hat der deutsche Mathematiker Wilhelm Ackermann aber eine rekursive Funktion angegeben, deren Ergebniswerte abhängig von zwei Parametern extrem schnell anwachsen, und mit deren Hilfe er die Vermutung Hilberts widerlegen konnte (vgl. [Ackermann 1928]).

Diese Ackermann-Funktion wird in der heute üblichen Formulierung, die von der ungarischen Mathematikerin Rózsa Péter aus dem Jahr 1955 stammt und daher auch Ackermann-Péter-Funktion genannt wird, wie folgt definiert.

Rekursive Definition: *Ackermann(-Péter)-Funktion*

Die Ackermann(-Péter)-Funktion für natürliche Zahlen $x \geq 0$ und $y \geq 0$ wird wie folgt definiert:

$Ackermann(0, y) = y + 1$,

$Ackermann(x, 0) = Ackermann(x - 1, 1)$ und

$Ackermann(x, y) = Ackermann(x - 1, Ackermann(x, y - 1))$.

Die direkte Umsetzung dieser rekursiven Definition führt zu folgendem, statisch kurzen und somit „harmlos“ wirkenden rekursiven Algorithmus:

```
Ackermann(↓x: int ↓y: int): int
begin
  if x ≤ 0 then
    return y + 1
  else
    if y ≤ 0 then
      return Ackermann(↓x - 1 ↓1)
    else  -- (x > 0) and (y > 0)
      return Ackermann(↓x - 1 ↓Ackermann(↓x ↓y - 1))
    end -- if
  end -- if
end Ackermann
```

Weil als Parameter im zweiten rekursiven Aufruf selbst ein rekursiver Aufruf vorkommt, spricht man von *verschachtelter Rekursion* (*nested* oder *compound recursion*). Bildlich gesprochen bedeutet das, dass sich hinter einem Knoten des Aufrufgraphen der Ackermann-Funktion selbst wieder ein Aufrufgraph verbirgt.

Tabelle 4.2 gibt für kleine Werte von x und y das Ergebnis der Ackermann-Funktion, genauer gesagt des Funktionsalgorithmus *Ackermann*(↓x ↓y), und in Klammern dahinter für einige Wertepaare die Anzahl der dabei entstehenden Aufrufe an.

Hinweis: Schon im Zuge der Berechnung der Ackermann-Funktion mit $x = 4$ und $y = 1$ kann es bei Verwendung bestimmter Programmiersprachen (z.B. bei Borland Pascal 7.0 oder Java 1.5 mit den Standardeinstellungen) zu einem Überlauf- des Laufzeitkellers (*stack overflow*) kommen. Wir werden dieses Problem im Abschnitt 4.2 näher erläutern.

Tabelle 4.2

Ergebnisse der Ackermann-Funktion und Anzahl der Aufrufe

	$y = 0$	$y = 1$	$y = 2$	$y = 3$	$y = 4$	y
$x = 0$	1 (1)	2 (1)	3 (1)	4 (1)	5 (1)	$y + 1$
$x = 1$	2 (2)	3 (4)	4 (6)	5 (8)	6 (10)	$y + 2$
$x = 2$	3 (5)	5 (14)	7 (27)	9 (44)	11 (65)	$2 \cdot y + 3$
$x = 3$	5 (15)	13 (106)	29 (541)	61 (2432)	125 (10307)	$2^{y+3} - 3$
$x = 4$	13 (107)	65533 ($\approx 2.86 \cdot 10^9$)	$2^{65536} - 3$ $\approx 2 \cdot 10^{19728}$	...		...
$x = 5$	65533 ($\approx 2.86 \cdot 10^9$)	...	...	...	...	...

Wie aus Tabelle 4.2 zu ersehen ist, liefert die Ackermann-Funktion bis $x = 2$ relativ kleine Ergebniswerte, mit $x = 3$ allerdings schon Potenzen zur Basis 2 mit dem Exponenten $y + 3$ und mit $x = 4$ Potenzen von Potenzen, so genannte *Potenztürme* (*power towers*) in der Form

$$Ackermann(4, y) = 2^{2^{\cdot^{\cdot^{2}}}} - 3,$$

wobei die Zahl 2 im Potenzturm insgesamt $y + 3$ mal vorkommt.

Anmerkung zur Laufzeiteffizienz des Algorithmus zur Berechnung der Ackermann-Funktion: Die Berechnung der Ergebnisse der Ackermann-Funktion erfolgt letztendlich nur durch fortgesetztes Addieren des Werts 1. Da die Berechnungsergebnisse und in noch höherem Maße die Anzahl der Aufrufe schnell anwachsen, ist die rekursive Berechnung im Hinblick auf die Laufzeiteffizienz äußerst problematisch. Man könnte allerdings mit verschiedenen Tricks, z.B. der direkten Berechnung für $x < 3$ und dem Zwischenspeichern von Ergebnissen, eine Verbesserung der Laufzeiteffizienz erzielen. Gerade wegen des hohen Berechnungsaufwands wird die Ackermann-Funktion aber oft (als sogenanntes *Benchmark-Programm*) verwendet, um die Leistungsfähigkeit von Computern, die Laufzeitcharakteristik von Programmiersprachen und deren Compiler auf bestimmten Rechnersystemen zu untersuchen und miteinander zu vergleichen.

4.1.4 Primzahlentest

Die bisher angegebenen Beispiele (zur Berechnung der Fakultät, der Fibonacci-Zahlen und der Ackermann-Funktion) haben wir herangezogen, um das Prinzip rekursiver Definitionen und *direkt* rekursiver Algorithmen zu illustrieren. Wir wollen nun noch das Prinzip der *indirekten* Rekursion erörtern und ziehen dazu ein einfaches Beispiel heran: den Test, ob eine gegebene Zahl eine Primzahl ist.

Gesucht sei ein boolescher Funktionsalgorithmus *IsPrim*, der für eine ungerade Zahl $x \geq 3$ (als Eingangsparameter vom Datentyp *integer*) feststellt, ob x eine Primzahl ist und je nachdem *true* oder *false* als Ergebnis liefert. Dies können wir auf einfache Art und Weise, indem wir die Zahl x durch alle Primzahlen p, mit $p \leq \sqrt{x}$ (also $p = 3, 5, 7, 11, \ldots \sqrt{x}$), dividieren und feststellen, ob keine der Divisionen den Rest 0 ergibt. Ein Algorithmus, der diese Lösungsidee umsetzt, lautet beispielsweise wie folgt:

```
IsPrim(↓x: int): bool
  var p: int  -- short for prime number
begin
  -- assertion: (x is odd) and (x ≥ 3)
  p := 3
  while (p * p ≤ x) and (x mod p ≠ 0) do
    p := NextPrim(↓p)
  end -- while
  -- assertion: ( (p * p ≤ x) and (x is not prim) ) or
                ( (p * p > x) and (x is     prim) )
  return p * p > x
end IsPrim
```

In diesem Algorithmus verwenden wir zur Bildung der benötigten Primzahlenfolge $3, 5, 7, 11, \ldots \sqrt{x}$ eine Operation *NextPrim*, die uns die auf eine Primzahl p folgende Primzahl liefert; *NextPrim*(↓p) liefert also die kleinste Primzahl, die größer als p ist.

Eine algorithmische Lösung der Operation *NextPrim* lässt sich auf einfache Art und Weise dadurch realisieren, dass wir den (ungeraden) Wert von p solange um 2 erhöhen, bis der neue Wert eine Primzahl repräsentiert. Um zu prüfen, ob ein Wert eine Primzahl ist, können wir den bereits formulierten Algorithmus *IsPrim* heranziehen. Der Algorithmus, der diese Lösungsidee umsetzt, lautet also wie folgt:

```
NextPrim(↓p: int): int
  var np: int  -- short for next prime
begin
  -- assertion: (p ≥ 3) and (p is prim)
  np := p
  repeat
    np := np + 2
  until IsPrim(↓np)
  return np
end NextPrim
```

Die beiden Algorithmen *IsPrim* und *NextPrim* rufen sich also wechselseitig auf, wodurch eine *indirekte Rekursion* entsteht.

Hinweis: Die Verwendung der indirekten Rekursion ist hier zwar an den Haaren herbeigezogen, weil es zur Bildung von Primzahlen bzw. zum Primzahlentest aus der Mathematik bekannte Verfahren gibt, mit denen die Aufgabe wesentlich eleganter und effizienter gelöst werden kann (ein besonders einfaches ist etwa das *Sieb des Erathostenes*, eines griechischen Mathematikers, 300 v. Chr.). Aber der mit *IsPrim* und *NextPrim* realisierte Primzahlentest ist einfach zu verstehen und deshalb gut geeignet, um zu zeigen, was man unter indirekter Rekursion versteht, wobei in diesem Beispiel nur zwei Algorithmen beteiligt sind.

Die indirekte Rekursion ist in vielen Anwendungsgebieten, z.B. im Compilerbau für die Syntaxanalyse mit rekursivem Abstieg, sehr wertvoll (vgl. Kapitel 12). Indirekte Rekursionen lassen sich durch Einsetzen auf direkte Rekursionen zurückführen.

4.2 Ausführung und Terminierung rekursiver Algorithmen

Nach der Lektüre des letzten Abschnitts sollte Klarheit darüber herrschen, was man unter dem Begriff Rekursion und unter einem rekursiven Algorithmus versteht. Für ein tieferes Verständnis rekursiver Algorithmen ist es aber erforderlich, mehr über ihre Ausführung und ihre Terminierung zu wissen.

Für eine vertiefende Erläuterung von Ausführung und Terminierung rekursiver Algorithmen ist es notwendig, auch auf einige „technische Details" bei der Ausführung von Programmen einzugehen. Wir behandeln diese technischen Details aber nur insoweit, als sie für das Verständnis der Ausführung rekursiver Algorithmen relevant sind.

Wir wählen dazu eine möglichst allgemeine Form der Darstellung und ziehen zur Erläuterung das einfache Beispiel 4.1 (a) heran, das die bereits bekannte Aufgabe der Berechnung der Fakultät aus Abschnitt 4.1.1 behandelt.

Beispiel 4.1 (a) **Ablauf der rekursiven Fakultätsberechnung**

Zur Berechnung der Fakultät einer natürlichen Zahl sei der im Folgenden angeführte rekursive Algorithmus *CalculateFactorial* gegeben, der für eine Zahl n den Wert ihrer Fakultät *nf* liefert:

```
CalculateFactorial(↓n: int  ↑nf: int)
  var nm1f: int  -- for n - 1 factorial = (n - 1)!
begin
  if n ≤ 1 then
    nf := 1
  else  -- n > 1
    CalculateFactorial(↓n - 1  ↑nm1f)
    nf := n * nm1f
  end -- if
end CalculateFactorial
```

Wenn der Wert des Eingangsparameters $n > 1$ ist, ruft sich der Algorithmus *CalculateFactorial* selbst auf, um gemäß der rekursiven Definition die Fakultät für die Zahl $n - 1$ zu berechnen, deren Wert dann multipliziert mit n das gesuchte Ergebnis repräsentiert. Durch den Parameterübergabemechanismus (Wertübergabe für den ersten Parameter) wird beim (rekursiven) Aufruf dem Formalparameter n der Wert des Aktualparameters, hier der Wert des Ausdrucks $n - 1$, zugewiesen. Der Aufruf liefert dann (wegen Referenzübergabe für den zweiten Parameter) als Wert des aktuellen Ausgangsparameters *nm1f* die Fakultät für $n - 1$.

Im Ausdruck auf der rechten Seite der Zuweisungsanweisung, die im *else*-Zweig unmittelbar auf den rekursiven Aufruf folgt, wird die Fakultät *nf* durch Multiplikation von *n* mit *nm1f* berechnet. Um das zu bewerkstelligen, muss nach dem rekursiven Aufruf im *else*-Zweig die Variable *n* den gleichen Wert haben, wie vor dem rekursiven Aufruf (bei dem der Wert des Eingangsparameters *n* um 1 vermindert wurde).

Daher erhebt sich die Frage, durch welchen Mechanismus dieser Werterhalt bewerkstelligt wird.

Um die im Beispiel 4.1 (a) aufgeworfene Frage, wie der Wert von Parametern und Variablen über rekursive Aufrufe hinweg erhalten werden kann, zu beantworten, müssen wir erörtern, wie – nicht nur rekursive, sondern beliebige – Algorithmen, die in eine Programmiersprache übersetzt wurden und als ausführbare Programme vorliegen, prinzipiell auf einem Computer ausgeführt werden.

Ein wichtiger Sachverhalt in diesem Zusammenhang ist, dass beim Aufruf (der Aktivierung) eines Algorithmus ein so genannter ***Aktivierungssatz*** (*activation record*) im Speicher des ausführenden Computers angelegt wird. Ein Aktivierungssatz ist ein Speicherbereich, in dem neben Verwaltungsinformationen (die für uns hier nicht weiter von Interesse sind) für jedes Datenobjekt des aufgerufenen Algorithmus, d.h. für jeden Parameter und jede Variable, der infolge ihres Datentyps erforderliche Speicherplatz reserviert wird. (Für Konstanten und Literale ist kein Speicherplatz im Aktivierungssatz notwendig, da diese direkt im Objektcode oder in einem speziellen Speicherbereich, dem Konstantenspeicher, repräsentiert werden.)

Beispiel 4.1 (b) erläutert den Aufbau des Aktivierungssatzes für den Algorithmus zur rekursiven Fakultätsberechnung aus Beispiel 4.1 (a).

Beispiel 4.1 (b) Aktivierungssatz für rekursive Fakultätsberechnung

Für den in Beispiel 4.1 (a) angeführten rekursiven Algorithmus *CalculateFactorial* mit folgender Schnittstelle und lokaler Variablen:

```
CalculateFactorial(↓n: int  ↑nf: int)
  var nm1f: int
begin ...
```

stellt ▶Abbildung 4.5 schematisch den Aktivierungssatz dar, der beim Aufruf des Algorithmus mit

```
CalculateFactorial(↓17  ↑x)
```

angelegt wird, wobei der Inhalt von Datenobjekten, denen noch kein Wert zugewiesen wurde, durch ein Fragezeichen ausgedrückt wird.

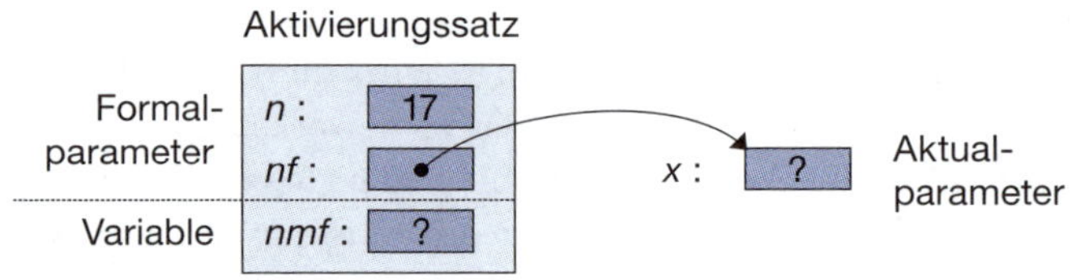

Abbildung 4.5: Aktivierungssatz für den Algorithmus *CalculateFactorial*

Während der formale Eingangsparameter *n* und die Variable *nmf* Werte vom Datentyp *integer* aufnehmen können, handelt es sich bei dem formalen Ausgangsparameter *nf* um einen Zeiger auf einen *integer*-Wert, welcher die Adresse des entsprechenden Aktualparameters enthält, da für *nf* der Parameterübergabemechanismus Referenzübergabe verwendet wird (vgl. Abschnitt 3.3.1).

Die Aktivierungssätze, wie in ▶Abbildung 4.6 (a) verallgemeinert dargestellt, werden in einem speziellen Kellerspeicher (vgl. Abschnitt 3.6), der als ***Laufzeitkeller*** (*runtime stack*) bezeichnet wird, verwaltet.

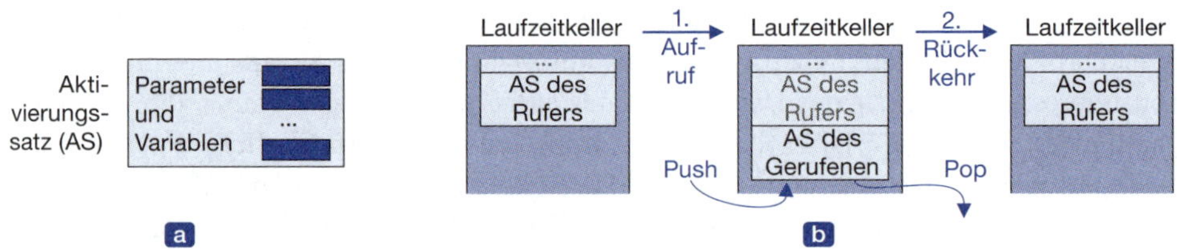

Abbildung 4.6: Aktivierungssatz und Verwaltung von Aktivierungssätzen auf dem Laufzeitkeller

Die Verwaltung der Aktivierungssätze am Laufzeitkeller erfolgt, wie in Abbildung 4.6 (b) dargestellt, in zwei Schritten:

1. Bei der Aktivierung eines Algorithmus, also beim Aufruf einer Prozedur oder einer Funktion, wird (vom *Laufzeitsystem*[3]) automatisch ein neuer Aktivierungssatz erzeugt und in den Laufzeitkeller eingekellert (symbolisiert durch die *Push*-Operation). Der Algorithmus hat während seiner Ausführung Zugriff auf das zuletzt eingekellerte Element im Laufzeitkeller, d.h. auf die in seinem Aktivierungssatz enthaltenen Datenobjekte (Parameter und Variable).

2. Wenn die Ausführung eines Algorithmus endet, wird (wiederum vom Laufzeitsystem) sein Aktivierungssatz automatisch aus dem Laufzeitkeller ausgekellert, also entfernt (symbolisiert durch die *Pop*-Operation). Damit ist nach der Beendigung eines aufgerufenen Algorithmus wieder der Aktivierungssatz des aufrufenden Algorithmus jener, auf den direkt zugegriffen werden kann. Der (durch die

3 Das *Laufzeitsystem* (*runtime system*) ist eine Sammlung von so genannten *Systemroutinen*. Diese stellen Basisfunktionalität für die Ausführung eines Programms zur Verfügung, indem sie sich neben der Verwaltung des Laufzeitkellers z.B. auch um Fehlererkennung und -meldung sowie um die Kommunikation mit dem Betriebssystem kümmern.

Pop-Operation) im Laufzeitkeller freigewordene Speicherbereich kann für den Aktivierungssatz des nächsten (bei Rekursion wieder desselben) aufgerufenen Algorithmus verwendet werden.

Der oben geschilderte Ablauf gilt für iterative wie für rekursive Algorithmen. Die Besonderheit bei der Ausführung rekursiver Algorithmen liegt lediglich darin, dass rekursive Aufrufe dazu führen, dass mehrere Aktivierungssätze für ein und denselben Algorithmus – also mit gleichem Aufbau, weil für die gleichen Parameter und Variablen – gleichzeitig im Laufzeitkeller liegen können. Der rekursive Algorithmus kann aber nur auf den jeweils aktuellen Aktivierungssatz, d.h. auf das zuletzt eingekellerte Element im Laufzeitkeller, zugreifen.

Eine genauere Analyse dieses Systems der automatischen Verwaltung von Aktivierungssätzen auf dem Laufzeitkeller liefert folgende Bewertung:

- Der **Vorteil** dieses Verfahrens liegt darin, dass der Speicherbereich, den der Laufzeitkeller belegt, sehr gut ausgenützt wird, da unterschiedliche Datenobjekte darin über die Laufzeit hinweg denselben Speicher zugeteilt bekommen und zudem sichergestellt ist, dass nach Beendigung eines (rekursiven) Aufrufs die Datenobjekte des aufrufenden Algorithmus (Parameter und lokale Variable) wieder jenen Zustand haben, den sie vor dem Aufruf eines Algorithmus hatten.
- Der **Nachteil** dieses Verfahren liegt darin, dass für jeden rekursiven wie nichtrekursiven Algorithmenaufruf ein Aktivierungssatz auf den Laufzeitkeller gelegt und anschließend wieder entfernt werden muss. Das verursacht einen Verwaltungsaufwand und zudem kann es passieren, dass bei einem Aufruf der neue Aktivierungssatz nicht mehr im Laufzeitkeller Platz findet (insbesondere wenn, wie das in der Regel der Fall ist, der Speicherbereich, der für den Laufzeitkeller zur Verfügung steht, relativ klein ist). Man spricht dann davon, dass der Laufzeitkeller *übergeht* (*stack overflow*). Üblicherweise wird in diesem Fall die Programmausführung mit einer entsprechenden Fehlermeldung abgebrochen.

Nunmehr sollte klar sein, wie die Verwaltung der Datenobjekte bei der Ausführung von (rekursiven) Algorithmen organisiert ist (nämlich kellerartig) und was bei der Ausführung von (rekursiven) Algorithmen geschieht. Es bleibt noch die Frage, wann und wie ein rekursiver Algorithmus terminiert.

Um die Terminierung der Ausführung eines rekursiven Algorithmus zu garantieren, muss jeder solcher Algorithmus folgende Grundstruktur aufweisen:

```
RecursiveAlgorithm(...)
begin
  if condition then
    non-recursive computations
  else
    computations involving recursive calls
  end -- if
end RecursiveAlgorithm
```

Der Algorithmus muss mindestens einen nicht-rekursiven Zweig aufweisen. Es muss also eine Bedingung (im Algorithmusgerüst als *condition* bezeichnet) geben, die im Verlauf der Ausführung unbedingt erfüllt sein muss, denn nur dann ist sichergestellt, dass der nicht-rekursive Zweig des Algorithmus ausgeführt wird. Andernfalls terminiert der Algorithmus nicht, d.h. er ruft sich unendlich oft selbst auf – besser gesagt, er ruft sich solange selbst auf, bis der Laufzeitkeller übergeht. Bei der Formulierung eines rekursiven Algorithmus muss daher stets darauf geachtet werden, dass dieser einen nicht-rekursiven Zweig hat, und es muss sorgfältig überlegt werden, ob dieser Zweig bei endlicher *Rekursionstiefe* auch sicher zur Ausführung gelangt.

Das bisher zur Ausführung und zur Terminierung rekursiver Algorithmen Gesagte ergänzen wir noch, indem wir im folgenden Beispiel 4.1 (c) zeigen, was sich ereignet, wenn wir den in Beispiel 4.1 (a) angegebenen Algorithmus ausführen.

Beispiel 4.1 (c) Ablauf der rekursiven Fakultätsberechnung

▸Abbildung 4.7 zeigt für den in Beispiel 4.1 (a) angegebenen Algorithmus *CalculateFactorial* den ersten Teil des Ablaufs der Berechnung der Fakultät von 3, nämlich die dabei ausgeführte Aufruffolge. In der Abbildung ist jeweils der Zustand des Laufzeitkellers mit den darin enthaltenen Aktivierungssätzen unmittelbar nach dem Aufruf des Algorithmus dargestellt. Wenn einem Datenobjekt noch kein Wert zugewiesen wurde, d.h. sein Zustand noch undefiniert ist, wird das in der Abbildung durch ein Fragezeichen ausgedrückt.

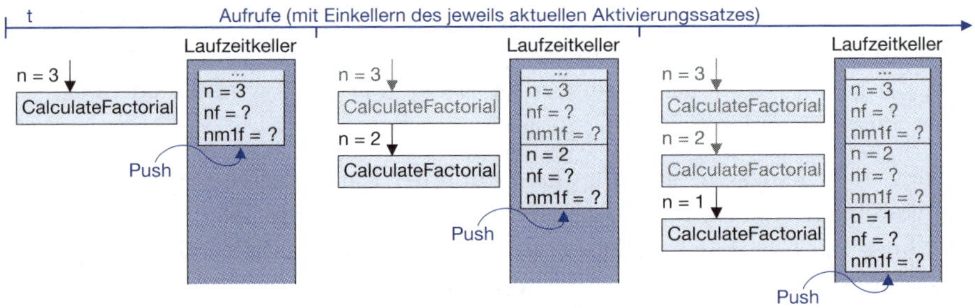

Abbildung 4.7: Aufrufe von *CalculateFactorial* und Zustände des Laufzeitkellers

▸Abbildung 4.8 zeigt den zweiten Teil der Berechnung der Fakultät von 3, nämlich die Rückkehr nach Beendigung eines Aufrufs von *CalculateFactorial*. In der Abbildung ist jeweils der Zustand des Laufzeitkellers unmittelbar vor der Rückkehr dargestellt. Der Ausgangsparameter *nf* hat dementsprechend zu diesem Zeitpunkt einen Wert, nämlich den der Fakultät des jeweiligen Eingangsparameters *n*. Ob die Variable *nm1f* einen definierten Wert hat, hängt davon ab, ob der *then*- oder der *else*-Zweig des Algorithmus durchlaufen wurde: nur im *else*-Zweig (für $n > 1$) bekommt sie durch den rekursiven Aufruf einen Wert, weil sie dort als aktueller Ausgangsparameter vorkommt.

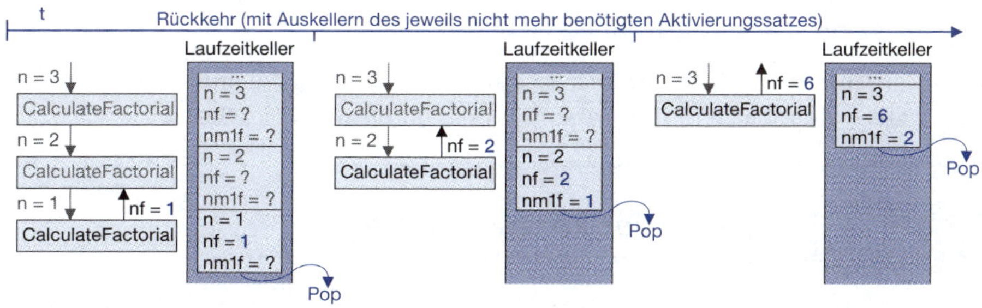

Abbildung 4.8: Rückkehr aus *CalculateFactorial* und Zustände des Laufzeitkellers

4.3 Vorgehen beim Entwurf rekursiver Algorithmen

Bisher haben wir nur recht einfache Beispiele für rekursive Algorithmen angegeben, die zudem (mit Ausnahme des Algorithmus für die Ackermann-Funktion) genauso gut und vor allem effizienter auch als iterative, also mit Schleifen versehene Algorithmen entworfen hätten werden können. Grundsätzlich gilt zwar, wie schon in der Einleitung zu diesem Kapitel erwähnt, dass sich jeder rekursive Algorithmus durch einen iterativen ersetzen lässt und umgekehrt (wir widmen uns diesem Thema ausführlich in Abschnitt 4.4), es zeigt sich aber, dass es viele Aufgabenstellungen gibt, für die es oft (viel) einfacher ist, rekursive Lösungen zu finden, als iterative. Bevor wir darauf anhand eines Beispiels näher eingehen, beschreiben wir ein allgemeines Vorgehen für die Entwicklung rekursiver Algorithmen.

Häufig kann man zu einer geeigneten Aufgabenstellung eine rekursive Lösungsidee finden, indem man in zwei Schritten vorgeht:

1. Finden der *Rekursionsbasis*: Man betrachtet die „einfachsten" Ausprägungen der Aufgabe und versucht, dafür mit einfachen Mitteln nicht-rekursive Lösungen zu finden. Wenn das gelingt, können diese Lösungen als Rekursionsbasis dienen. Wenn es aber schon für die einfachsten Fälle nicht gelingt, eine Lösung für die Aufgabe anzugeben, dann ist die Aufgabe höchstwahrscheinlich zu ungenau spezifiziert oder möglicherweise algorithmisch unlösbar.

2. Finden des *Rekursionsschritts*: Man betrachtet die „allgemeine" Ausprägung der Aufgabe und versucht, diese in zwei oder mehrere Teilaufgaben so zu zerlegen, dass dafür Lösungen gefunden werden können, die letztendlich (auf rekursive Weise) auf die Lösungen der „einfachen" Ausprägungen aus Schritt 1, also auf die Rekursionsbasis, zurückgeführt werden können. Danach muss es nur noch gelingen, aus den so gefundenen (rekursiven) Teillösungen eine Gesamtlösung zu konstruieren.

Meist ist es dann einfach, eine auf diese Art und Weise gefundene rekursive Lösungsidee in einen rekursiven Algorithmus zu transformieren.

Wir wollen die Anwendung des bisher Gesagten in Beispiel 4.2 anhand einer geeigneten Aufgabe durch die Herleitung einer rekursiven Lösung illustrieren.

Beispiel 4.2 Anzahl der kürzesten Wege

Gegeben sei der Stadtplan einer virtuellen Stadt, deren Straßenzüge von Norden nach Süden bzw. von Westen nach Osten verlaufen. Wie in ▶Abbildung 4.9 dargestellt, gibt es in dieser Stadt in Nord-Süd-Richtung $m \geq 1$ und in West-Ost-Richtung $n \geq 1$ Häuserzeilen. Der Stadtplan repräsentiert eine $m \times n$-Matrix.

Gesucht ist die Anzahl W der kürzesten Wege vom nord-westlichsten Punkt A zum süd-östlichsten Punkt B der Stadt.

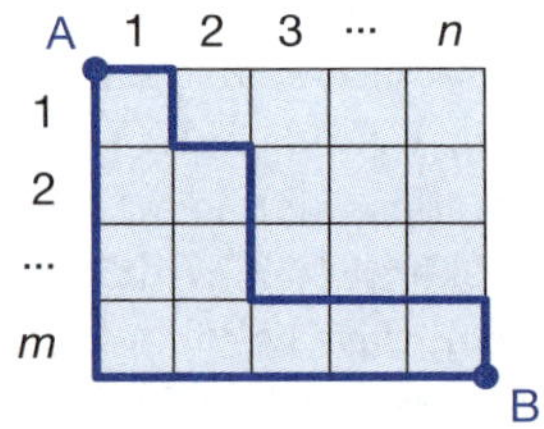

Abbildung 4.9: Stadtplan ($m \times n$-Matrix) und zwei kürzeste Wege von A nach B

Da die Anzahl der kürzesten Wege nur von der Größe der Stadt abhängt, ist W eine Funktion von m und n und wir schreiben dafür $W(m, n)$. In Abbildung 4.9 sind zwei der möglichen kürzesten Wege durch blaue Linien markiert: einer, der durch die Stadt und einer der entlang des Stadtrands führt.

Zur Entwicklung einer Lösungsidee stellen wir folgende Überlegungen an:

1. Wenn die Stadt aus nur einem Häuserblock besteht, um den Straßen herumführen, also $m = 1$ und $n = 1$ ist, wie in ▶Abbildung 4.10 (a) dargestellt, so ist die Lösung offensichtlich: $W(1, 1) = 2$.

2. Wenn sich die Häuser der Stadt nur in eine Himmelsrichtung erstrecken, von Westen nach Osten (dann ist $m = 1$) oder von Norden nach Süden (dann ist $n = 1$), wie in Abbildung 4.10 (b) dargestellt, dann ist die Lösung ebenfalls offensichtlich: entweder $W(1, n) = n + 1$ oder $W(m, 1) = m + 1$.

3. Wenn sich die Stadt jedoch in beide Richtungen ausdehnt, also $m > 1$ und $n > 1$ ist, wie in Abbildung 4.10 (c) dargestellt, dann ist die Lösung nicht mehr offensichtlich. Wir können eine (rekursive) Lösung dafür (gemäß dem oben beschriebenen allgemeinen Vorgehen) aber auf den Überlegungen in 1. und 2. aufbauen, indem wir die Stadt systematisch solange in kleinere Teile zerlegen, bis eine der obigen Überlegungen zutrifft und daher eine Teillösung ermittelt werden kann. Aus den Teillösungen müsste sich dann eine Gesamtlösung konstruieren lassen: Wir teilen beispielsweise fortgesetzt die Stadt so in zwei einander teilweise überlappende kleinere Teile auf, dass wir einmal im Süden eine Häuserzeile (m wird um 1 kleiner) und einmal im Osten eine Häuserzeile (n wird um 1 kleiner) abtrennen. Wenn wir nun davon ausgehen, dass die Anzahl der kürzesten Wege im ersten kleineren Stadtteil (also von A nach $B1$) und die Anzahl der kürzesten Wege im zweiten kleineren Stadtteil (also von A nach $B2$) rekursiv ermitteln können, so können wir die Anzahl der kürzesten Wege in der ganzen Stadt (also von A nach B) berechnen, denn die Wege in den beiden kleineren Stadtteilen sind unterschiedlich (haben unterschiedliche Endpunkte) und sowohl von $B1$ als auch von $B2$ gibt es nur noch eine Möglichkeit nach B zu gelangen. Damit gilt $W(m, n) = W(m-1, n) + W(m, n-1)$.

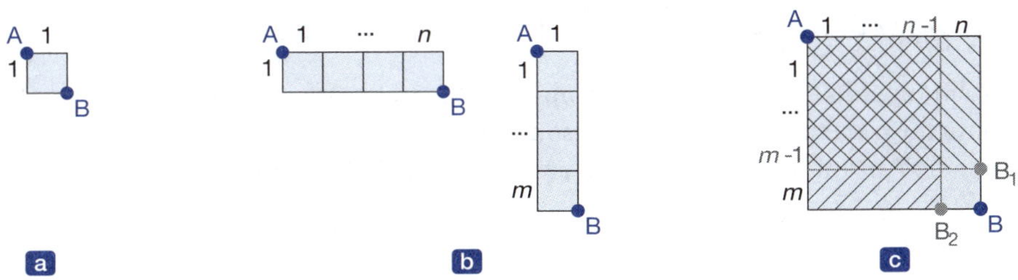

Abbildung 4.10: Ausdehnungsvarianten einer Stadt

Wenn wir also alle in Abbildung 4.10 dargestellten Ausdehnungsvarianten berücksichtigen, ergeben sich zusammenfassend dafür folgende Berechnungsformeln:

a $W(1, 1) = 2$,

b $W(1, n) = n + 1$ bzw. $W(m, 1) = m + 1$ und

c $W(m, n) = W(m-1, n) + W(m, n-1)$.

In einer Transformation dieser teilweise rekursiven Berechnungsformeln in einen rekursiven Algorithmus wird a. eliminiert, weil das nur ein Sonderfall von b. ist. Die beiden Ausprägungen von b. können zusammengefasst werden, so dass sich der folgende, statisch kurze, rekursive Algorithmus ergibt:

```
W(↓m: int ↓n: int): int
begin
  if (m = 1) or (n = 1) then
    return m + n
  else
    return W(↓m - 1 ↓n) + W(↓m ↓n - 1)
  end -- if
end W
```

Nachdem $W(m, n) = W(n, m)$ ist, ergibt sich durch Auftragen der Ergebnisse der *W*-Funktion über einer $m \times n$-Fläche ein symmetrisches, steil ansteigendes „Gebirge", wie in ▶Abbildung 4.11 dargestellt.

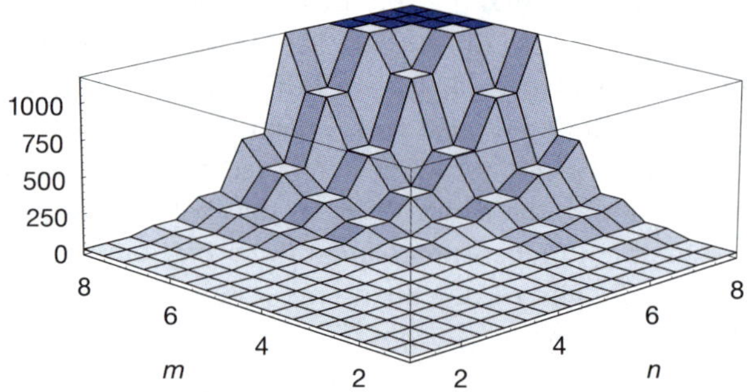

Abbildung 4.11: Ergebnisse der *W*-Funktion für alle Werte von m und n zwischen 1 und 8

▶Abbildung 4.12 zeigt, dass nicht nur die Ergebniswerte der *W*-Funktion stark, nämlich exponentiell, anwachsen, sondern – wegen der Baumrekursionsform – auch die Anzahl der erforderlichen rekursiven Aufrufe exponentiell wächst.

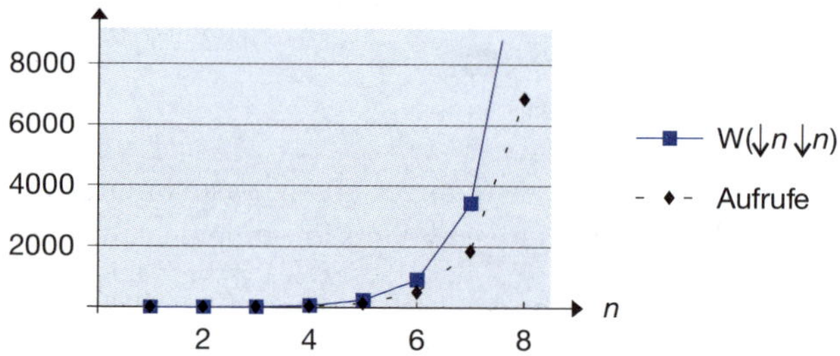

Abbildung 4.12: Ergebnisse der *W*-Funktion und Anzahl der Aufrufe bei ihrer rekursiven Berechnung für Wertepaare (n, n)

Die Anzahl der Aufrufe lässt sich folgendermaßen rekursiv berechnen:

$$WCalls(m, n) = 1 \quad \text{für } m = 1 \text{ oder } n = 1 \text{ und}$$

$$WCalls(m, n) = 1 + WCalls(m - 1, n) + WCalls(m, n - 1) \quad \text{sonst,}$$

wobei der zusätzliche Summand 1 im Vergleich zur *W*-Formel den ersten, den nicht durch Rekursion bewirkten Aufruf, den „von außen" also, berücksichtigt.

Der *Vorteil* der rekursiven Lösung ist, dass sie einfach zu finden war; der *Nachteil* ist ihre Ineffizienz.

Exkurs zur iterativen Berechnung der Anzahl der kürzesten Wege: Eine viel effizientere, iterative Lösung für die Ermittlung der Anzahl der kürzesten Wege W in einer Stadt der Ausdehnung $m \times n$ ergibt sich z.B. durch die Lösungsidee, eine Wegbeschreibung in Form einer Folge von Buchstaben anzugeben. Verwendet man darin den Buchstaben S, um anzugeben, dass eine Teilstrecke nach Süden, und den Buchstaben O, um anzugeben, dass eine Teilstrecke nach Osten genommen werden soll, so besteht jede Wegbeschreibung aus $m + n$ Buchstaben, wobei m mal S und n mal O enthalten sein muss, um vom Startpunkt A zum Zielpunkt B zu gelangen. Um zu erfahren, wie viele unterschiedliche Wegbeschreibungen möglich sind, muss die Anzahl der Kombinationen von $m + n$ Elementen zur mHten Ordnung ohne Wiederholungen berechnet werden:

$$W(m,n) = C_{m+n}^{(m)} = \binom{m+n}{m} = \frac{(m+n)!}{m! \cdot n!} = \frac{(n+m)!}{n! \cdot m!} = \binom{n+m}{n} = C_{n+m}^{(n)} = W(n,m)$$

Damit hat man eine geschlossene, nicht-rekursive Formel zur Berechnung von W mithilfe des Binomialkoeffizienten. Wenn nun im Zuge seiner Berechnung die Fakultäten iterativ ermittelt werden, hat man einen effizienten und iterativen Algorithmus zur Berechnung von W.

4.4 Rekursion und Iteration

Nachdem wir an den bisher herangezogenen Beispielen (mit Ausnahme der Ackermann-Funktion, für die das nicht gilt) gesehen haben, dass es neben rekursiven jeweils auch offensichtliche iterative Lösungswege gibt, wollen wir in diesem Abschnitt die Rekursion und die Iteration einander gegenüberstellen und Verfahren angeben, wie man rekursive in iterative Algorithmen und umgekehrt transformieren kann.

4.4.1 Verwandtschaft von Rekursion und Iteration

Grundsätzlich gilt, dass man jeden rekursiven in einen iterativen Algorithmus und jeden iterativen in einen rekursiven Algorithmus transformieren kann und dass sich für jede Aufgabenstellung auf mehr oder weniger natürliche Art und Weise eine iterative und eine rekursive Lösungsidee entwickeln lässt.

Im allgemeinen Fall, d.h. wenn wir einen beliebigen rekursiven in einen iterativen Algorithmus transformieren, ist ein eigener Kellerspeicher notwendig, der die Rolle des vom Laufzeitsystem verwalteten Laufzeitkellers bei rekursiven Algorithmen übernimmt.

Nur ein Spezialfall der Rekursion kann durch Iteration ohne Verwendung eines eigenen Kellerspeichers ersetzt werden; dieser Spezialfall wird als *primitive Rekursion* bezeichnet, ein Beispiel dafür, die *Endrekursion* (*tail recursion*), geben wir weiter unten an.

Jede Iteration kann hingegen durch eine primitive Rekursion ersetzt werden, ohne dass sich die Laufzeitkomplexität (siehe Kapitel 5) des Algorithmus ändert.

Trotz dieser aus der gegenseitigen Ersetzbarkeit begründeten Verwandtschaft von Rekursion und Iteration gibt es gravierende Unterschiede zwischen beiden Konzepten.

Die wesentlichen *Vorteile* rekursiver gegenüber iterativen Algorithmen sind:

- rekursive algorithmische Lösungen sind oft natürlicher und einfacher zu finden als iterative, insbesondere bei rekursiven Aufgabenstellungen,
- die Korrektheit rekursiver Lösungen ist oft einfacher zu prüfen (z.B. mittels mathematischer Induktion) als die iterativer Lösungen, und
- rekursive Lösungen sind im Allgemeinen statisch kürzer und – auch weil verständlicher – änderungsfreundlicher.

Doch hat die Rekursion gegenüber der Iteration auch *Nachteile*, insbesondere sind dies:

- die geringere Effizienz und
- der höhere Speicherbedarf (im Laufzeitkeller).

Eine Faustregel, an die man sich halten kann, lautet: Rekursive Lösungen sind immer dann in Erwägung zu ziehen, wenn die Aufgabenstellung bereits rekursive Elemente aufweist, und zu vermeiden, wenn es eine offensichtliche iterative Lösung gibt.

4.4.2 Entrekursivierung: Von Rekursion zu Iteration

Wir wollen zuerst ein vereinfachtes Verfahren zur Transformation eines rekursiven in einen iterativen Algorithmus angeben, bevor wir das Entrekursivieren an einem Beispiel und mit einigen Verbesserungen des vereinfachten Verfahrens vorführen.

Der Einfachheit halber (aber ohne Beschränkung der Allgemeinheit) gehen wir von einem rekursiven Algorithmus aus, der nur einen rekursiven Aufruf hat:

```
RecursiveAlgorithm(formalParameters)
begin
  ...
    RecursiveAlgorithm(actualParameters)
    statement  -- return position: first statement after recursive call
  ...
end RecursiveAlgorithm
```

Dieser rekursive kann in einen iterativen Algorithmus transformiert werden, indem man den rekursiven Aufruf „simuliert“. Wie bereits erwähnt, ist dafür im Allgemeinen ein eigener Kellerspeicher notwendig, um die aktuellen Werte von Parametern und Variablen zu sichern. Wir nehmen an, dass ein solcher Kellerspeicher in Form einer abstrakten Datenstruktur (ADS) mit passendem Elementdatentyp und den Operationen *InitStack*, *Push*, *Pop* sowie *IsEmpty*, wie in Abschnitt 3.6 beschrieben, zur Verfügung steht und dass am Beginn des iterativen Algorithmus, der den rekursiven nachbilden soll, dieser Kellerspeicher so initialisiert wird, dass er leer ist. Dann besteht die Simulation eines rekursiven Aufrufs aus folgenden vier Schritten, die einer sequenziellen Abfolge von Anweisungen im iterativen Algorithmus entsprechen:

1. Zuerst müssen die aktuellen Werte der Parameter (Eingangs- und Übergangsparameter) und der lokalen Variablen eingekellert werden.

2. Dann muss der Parameterübergabemechanismus durch entsprechende Wertzuweisungen nachgebildet werden, d.h. den formalen Eingangs- und Übergangsparametern müssen die Werte der aktuellen Eingangs- und die Adressen (wegen der Referenzübergabe) der aktuellen Übergangsparameter zugewiesen werden.

3. Schließlich muss der rekursive Aufruf durch einen Sprung an den Anfang des iterativen Algorithmus (d.h. zu der unmittelbar auf die Anweisungen zur Initialisierung des eigenen Kellerspeichers folgende Anweisung) nachgebildet werden.

4. Nach Beendigung des simulierten Aufrufs müssen die im Schritt 2 eingekellerten Werte für Parameter und Variablen (in umgekehrter Reihenfolge) wieder ausgekellert und die Werte der formalen Übergangs- und Ausgangsparameter den aktuellen Übergangs- und Ausgangsparametern des simulierten Aufrufs zugewiesen werden, bevor die Ausführung mit der nächsten Anweisung hinter dem simulierten rekursiven Aufruf (durch einen Sprung dorthin) fortgesetzt wird.

Für die beiden Sprunganweisungen (in Schritt 3, um an den Anfang des Algorithmus zu springen, und in Schritt 4) sind zwei *Sprungmarken* (*labels*) notwendig: eine Sprungmarke *S* (für engl. *start*), die den Anfang des Algorithmus markiert, und eine Sprungmarke *R* (für *return position*), welche die Rücksprungstelle hinter dem rekursiven Aufruf markiert.

```
IterativeAlgorithm(formalParameters)
begin
    InitStack()
S:  -- start of algorithm
    ...
    -- begin of simulation of recursive call
    Push(↓...)                  -- 1. push parameters and variables onto stack
    formalParameters :=         -- 2. simulation of parameter passing
        actualParameters        --    assign values of actual to formal paramters
    goto S                      -- 3. simulation of recursive call, goto start
R:  Pop(↑...)                   -- 4. pop parameters and variables from stack
                                -- end of simulation of recursive call
    statement  -- return pos.: first stat. after (simulated) recursive call
    ...
    if not IsEmpty() then
      goto R  -- goto return position
    end -- if
end IterativeAlgorithm
```

Solange der Kellerspeicher nicht leer ist, sind noch nicht alle rekursiven Aufrufe erledigt, der (iterative) Algorithmus darf daher nicht zu seinem Rufer zurückkehren, sondern er muss an die Rücksprungstelle hinter den simulierten rekursiven Aufruf springen.

Das Beispiel 4.3 zeigt, wie ein rekursiver Algorithmus mit mehr als einem rekursiven Aufruf entrekursiviert werden kann und dass dies auch ohne Sprunganweisungen möglich ist. Die Vorgehensweise dabei basiert auf der in Abschnitt 2.3 beschriebenen Methode von Donald E. Knuth zur Transformation unbeschränkter Ablaufstrukturen in erweiterte D-Diagramme.

Beispiel 4.3 Entrekursivierung des Algorithmus *w* zur Ermittlung der Anzahl kürzester Wege

In Abschnitt 4.3 haben wir im Beispiel 4.2 zur Ermittlung der Anzahl der kürzesten Wege in einer Stadt (mit einer $m \times n$-Wegematrix) einen rekursiven Funktionsalgorithmus *W* entwickelt. Dieser Algorithmus soll nach dem oben skizzierten Verfahren entrekursiviert werden – obwohl wir mittlerweile wissen, dass es eine einfache, auf einer anderen Lösungsidee (Binomialkoeffizient) basierende, iterative und effiziente Möglichkeit gibt, die Anzahl der kürzesten Wege zu berechnen.

In dem im Beispiel 4.2 angegebenen rekursiven Algorithmus *W* sind zwei rekursive Aufrufe enthalten, die allerdings beide innerhalb einer Anweisung vorkommen. Deshalb bringen wir den Algorithmus zuerst in eine Form, bei der beide Aufrufe in separaten Anweisungen vorkommen:

```
WRecursive(↓m: int ↓n: int): int
  var w1, w2, result: int
begin
  if (m = 1) or (n = 1) then
    result := m + n
  else
    w1 := WRecursive(↓m - 1 ↓n     )
    w2 := WRecursive(↓m     ↓n - 1)
    result := w1 + w2
  end -- if
  return result
end WRecursive
```

Zur Transformation dieses rekursiven Algorithmus in einen iterativen Algorithmus greifen wir auf das oben angegebene Verfahren zur Simulation des rekursiven Verhaltens zurück. In Abweichung davon wollen wir dabei aber ohne Sprunganweisungen auskommen; es gilt zu berücksichtigen, dass wir mehr als einen rekursiven Aufruf vorfinden, das heißt:

1. Die Sprunganweisungen (*goto*-Anweisungen) werden durch eine *repeat*-Schleife mit einer darin enthaltenen Mehrfachverzweigung (*case*-Anweisung, vgl. Abschnitt 2.4) ersetzt und das Sprungziel wird durch eine *integer*-Variable *label* nachgebildet.
2. Nachdem zwei rekursive Aufrufe zu simulieren sind, sind auch zwei Rücksprungadressen erforderlich. Dies bedingt, dass bei der Simulation eines rekursiven Aufrufs auch die jeweilige Rücksprungadresse eingekellert werden muss, um später die Rückkehr an die richtige Stelle zu ermöglichen.

Das erreichen wir, indem wir zu Beginn des iterativen Algorithmus nach Initialisierung des Kellerspeichers als „Adresse“ für die erste Anweisung $S = 0$ einkellern und in der *repeat*-Schleife jeweils eine „Adresse“ (Rücksprungadressen $R1 = 1$ oder $R2 = 2$) zur Identifikation der als Nächstes auszuführenden Anweisung auskellern und der Variablen *label* zuweisen. Damit kann in der *case*-Anweisung unter Heranziehung des aktuellen Werts von *label* die Sprunganweisung nachgebildet werden. Auf diese Weise erhalten wir aus dem ursprünglichen rekursiven Algorithmus zur Ermittlung der Anzahl kürzester Wege folgenden iterativen Algorithmus:

```
WIterative(↓m: int ↓n: int): int
  const S = 0; R1 = 1; R2 = 2
  var label, w1, w2, result: int
begin
  InitStack()
  Push(↓S)
  repeat
    Pop(↑label)
    case label of
S:    if (m = 1) or (n = 1) then
        result := m + n
      else
        Push(↓m ↓n ↓w1 ↓w2 ↓R1)  -- \
        m := m - 1               --  \
        Push(↓S) -- goto S       --   | first call
      end -- if                  --  /
R1:   Pop(↑w2 ↑w1 ↑n ↑m)         -- /
      w1 := result
      Push(↓m ↓n ↓w1 ↓w2 ↓R2)    -- \
      n := n - 1                 --  \ second
      Push(↓S) -- goto S         --  / call
R2:   Pop(↑w2 ↑w1 ↑n ↑m)         -- /
      w2 := result
      result := w1 + w2
    end - case
  until IsEmpty()
  return result
end WIterative
```

Wie im Pseudocode des iterativen Algorithmus vorgesehen, darf erst dann, wenn der Kellerspeicher leer ist, der Algorithmus beendet und durch Lieferung des Ergebnisses (in der Variablen *result*) mit der *return*-Anweisung die Kontrolle wieder an den rufenden Algorithmus übergeben werden.

Spezialfall 1: Nur eine rekursive Aufrufstelle (lineare Rekursion)

Ein häufig anzutreffender Spezialfall eines rekursiven Algorithmus, der sich einfacher als bisher gezeigt in einen iterativen transformieren lässt, liegt vor, wenn der Algorithmus nur an einer Stelle einen rekursiven Aufruf enthält. Das folgende Algorithmenschema zeigt den Sachverhalt (*A*, *B*, und *C* stehen für beliebige Aktionen):

```
RecursiveAlgorithm1(…)
  …
begin
  if condition then
    A
  else
    B
    RecursiveAlgorithm1(…)
    C
  end -- if
end RecursiveAlgorithm1
```

Da sich der Aufrufgraph in diesem Fall als lineare Anordnung manifestiert, spricht man – wie oben erwähnt – von *linearer Rekursion*. Für sie lässt sich eine einfache iterative Formulierung angeben.

In ▶Abbildung 4.13 ist der Ablauf des oben angegebenen rekursiven Algorithmus schematisch dargestellt, wobei auch die Aktionen für das Ein- bzw. das Auskellern der Aktivierungssätze, welche durch den rekursiven Aufruf bzw. durch die Rückkehr daraus implizit erfolgt, dargestellt sind.

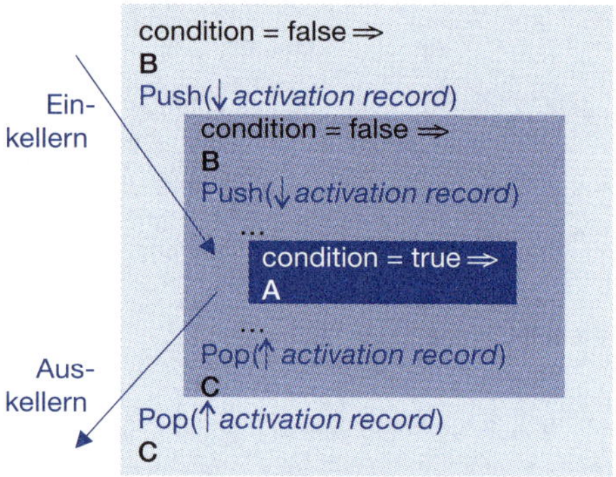

Abbildung 4.13: Schematischer Ablauf eines rekursiven Algorithmus mit nur einer rekursiven Aufrufstelle

Den aus Abbildung 4.13 ersichtlichen Sachverhalt berücksichtigend, ist es einfach, einen iterativen Algorithmus zu formulieren, der alle dort vorkommenden Aktionen (nun mit explizitem Ein- und Auskellern der relevanten Werte in einem eigenen Kellerspeicher) in derselben Reihenfolge durchführt. Wir benötigen dazu zwei Schleifen:

```
IterativeAlgorithm1(...)
  ...
begin
  InitStack()
  while not condition do
    B
    Push(↓...)  -- parameters and variables
  end -- while
  A
  while not IsEmpty() do
    Pop(↑...)  -- parameters and variables
    C
  end -- if
end IterativeAlgorithm1
```

In der ersten Schleife wird wiederholt die Aktion *B* und das Einkellern der Werte gemäß dem rekursiven Aufruf nachgebildet. Nach dem Verlassen der ersten Schleife wird die Aktion *A* ausgeführt, bevor in der zweiten Schleife wiederholt die Werte ausgekellert werden und im Anschluss die Aktion *C* ausgeführt wird.

Spezialfall 2: Nur ein rekursiver Aufruf und der am Ende (Endrekursion)

Ein weiterer betrachtenswerter Spezialfall liegt vor, wenn der rekursive Aufruf die letzte Aktion des Algorithmus bildet; dies wird auch als *Endrekursion* (*tail recursion*) bezeichnet. Das folgende Algorithmenschema zeigt diesen Sachverhalt:

```
RecursiveAlgorithm2(…)
  …
begin
  if condition then
    A
  else
    B
    RecursiveAlgorithm2(…)
  end -- if
end RecursiveAlgorithm2
```

Weil nach einem rekursiven Aufruf keine Aktionen mehr auszuführen sind, ist es nicht notwendig, Werte von Parametern oder lokalen Variablen auf einem eigenen Kellerspeicher zu retten. Für eine iterative Fassung eines Algorithmus dieser Gestalt kommt man deshalb mit nur einer Schleife aus:

```
IterativeAlgorithm2(…)
  …
begin
  while not condition do
    B .
  end -- while
  A
end IterativeAlgorithm2
```

Diese iterative Fassung des Algorithmus ist sowohl hinsichtlich der Laufzeit als auch des Speicherbedarfs effizienter als die rekursive Fassung. Sie benötigt nur einen Aktivierungssatz auf dem Laufzeitkeller.

Hinweis: Es gibt auch Compiler (vor allem für so genannte funktionale Programmiersprachen wie LISP), die Endrekursion erkennen und bei der Übersetzung automatisch die Rekursion in eine Schleife transformieren.

4.4.3 Rekursivierung: Von Iteration zu Rekursion

Der Vollständigkeit halber und nicht des praktischen Werts wegen wollen wir abschließend zeigen, dass man jeden Algorithmus, der Schleifen enthält, auch in ein System rekursiver Algorithmen transformieren kann.

Wir betrachten dazu das einfache, aber allgemein gültige Beispiel eines iterativen Algorithmus, der eine *while*-Schleife enthält (denn alle anderen Schleifenarten können durch eine *while*-Schleife nachgebildet werden):

```
IterativeAlgorithm(…)
  …
begin
  A
```

```
  while condition do
    B
  end -- while
  C
end IterativeAlgorithm
```

Die *while*-Schleife, in der die Aktion B wiederholt ausgeführt wird, können wir durch einen Algorithmus, der sich wiederholt selbst aufruft, ersetzen. Dieser rekursive Algorithmus prüft lediglich, ob die Bedingung für die Ausführung der *while*-Schleife noch erfüllt ist und wenn das der Fall ist, führt er die Aktion B aus und ruft sich danach wieder selbst auf:

```
Algorithm(…)
begin
  A
  RecursiveAlgorithm(…)
  C
end Algorithm
```

```
RecursiveAlgorithm(…)
begin
  if condition then
    B
    RecursvieAlgorithm(…)
  end -- if
end RecursiveAlgorithm
```

Enthält ein Algorithmus mehrere Schleifen, wird für jede dieser Schleifen analog zu obigem Muster eine Transformation vorgenommen und am Ende des Transformationsprozesses liegt ein System rekursiver Algorithmen vor, deren Aktionsfolgen keinerlei Wiederholungsanweisungen mehr enthalten.

4.5 Rekursive Algorithmen auf rekursiven Datenstrukturen

Wir sind auf den Begriff der Rekursion bereits im vorhergehenden Kapitel gestoßen, insbesondere in den Abschnitten 3.4 und 3.5, in denen wir uns mit vernetzten oder dynamischen Datenstrukturen wie verketteten Listen und Bäumen auseinander gesetzt haben. Wir haben dort, ohne auf das Prinzip der Rekursion näher einzugehen, rekursive Definitionen nach folgendem Muster (für X = Liste oder Baum) vorgenommen: Ein(e) X ist entweder leer oder er/sie besteht aus einem Knoten, auf den ein oder mehrere X folgen. Wegen der rekursiven Definition haben wir diese Datenstrukturen auch rekursive Datenstrukturen genannt und zu ihrer Realisierung rekursive Datentypen, die nach folgendem Schema aufgebaut waren, herangezogen:

```
type XPtr = →compound
       …: XPtr  -- any links
       …: …   -- any data
     end -- compound
```

Aufgrund der rekursiven Definition dieser Datenstrukturen ist es naheliegend, dass auch die Operationen auf diesen Datenstrukturen mittels rekursiver Algorithmen auf einfache und natürliche Art und Weise realisiert werden können.

In den folgenden Abschnitten gehen wir daher darauf ein, wie wir elegant wichtige Operationen auf verketteten Listen und binären (Such-)Bäumen durch rekursive Algorithmen realisieren können, und vergleichen diese mit den iterativen Varianten aus Kapitel 3.

4.5.1 Rekursive Algorithmen auf verketteten Listen

Auf Basis des von uns in Kapitel 3 zur Realisierung von einfach-verketteten Listen verwendeten Datentyps

```
type ListPtr = →compound
       next: ListPtr
       ...: ...  -- any data, e.g., of type int
     end -- compound
```

können wir für die Suche nach dem ersten Knoten in einer Liste *list*, der einen bestimmten Wert *x* enthält, folgenden rekursiven Algorithmus *FirstNodeWith* heranziehen:

```
FirstNodeWith(↓list: ListPtr  ↓x: int): ListPtr
begin
  if list = null then
    return null
  else  -- list ≠ null
    if list→data = x then
      return list
    else  -- list→data ≠ x
      return FirstNodeWith(↓list→next  ↓x)
    end -- if
  end -- if
end FirstNodeWith
```

Auch das Bearbeiten aller Knoten einer Liste (der Reihe nach, von vorne nach hinten bzw. sogar von hinten nach vorne, ohne der Notwendigkeit einer doppelten Verkettung) können wir mittels Rekursion elegant lösen. Die beiden rekursiven Algorithmen *Forward* und *Backward* in Tabelle 4.3 zeigen das Bearbeiten aller Knoten einer Liste *list* (hier beispielhaft mit der Ausgabe der Werte in der Komponente *data*) in beiden Reihenfolgen.

Tabelle 4.3

Durchlaufen von einfach-verketteten Listen und Ausgabe der Knotenwerte

`Forward(↓list: ListPtr)`
`begin`
`  if list ≠ null then`
`    Write(↓list→data)`
`    Forward(↓list→next)`
`  end -- if`
`end Forward`
	`Backward(↓list: ListPtr)`
	`begin`
	`  if list ≠ null then`
	`    Backward(↓list→next)`
	`    Write(↓list→data)`
	`  end -- if`
	`end Backward`

Während der linke Algorithmus *Forward* die Werte in der Reihenfolge des Auftretens ihrer Knoten in der Liste ausgibt, durchläuft der rechte Algorithmus *Backward* die Knoten zwar auch von vorne nach hinten, gibt ihre Werte aber in umgekehrter Reihenfolge (d.h. beginnend mit dem letzten und endend mit dem ersten Knoten) aus. Das ist möglich, weil die Aktivierungssätze im Laufzeitkeller in der Variablen *list* jeweils einen Zeiger auf einen Knoten der Liste enthalten, diese Aktivierungssätze in umgekehrter Reihenfolge ausgekellert werden und vor dem Auskellern jeweils der Wert der Komponente *data* des aktuellen Knotens ausgegeben wird. (Um dieses Verhalten mit einem iterativen Algorithmus nachzubilden, wäre beispielsweise ein Hilfsfeld notwendig, das beim Durchlaufen von vorne weg mit Zeigern auf die einzelnen Knoten gefüllt und nach dem Erreichen des Endes der Liste verwendet wird, um die Werte von hinten her auszugeben.)

Ein Vergleich der oben angegebenen rekursiven mit den entsprechenden iterativen Algorithmen aus Abschnitt 3.4 zeigt, dass eine rekursive Fassung der Bearbeitungsalgorithmen für verkettete Listen im Allgemeinen keinen wesentlichen Vorteil bringt.[4] Die Nachteile überwiegen: wegen des zusätzlichen Aufwands für die rekursiven Aufrufe und die Verwaltung der Aktivierungssätze sinkt die Effizienz und bei langen Listen kann es zu einem Überlauf des Laufzeitkellers kommen.

Fazit: Für die Bearbeitung verketteter Listen sind iterative Algorithmen den rekursiven eindeutig vorzuziehen. Sie sind in der Regel weder länger noch komplizierter als die rekursiven, können effizienter ausgeführt werden und benötigen weniger Speicherplatz.

4.5.2 Rekursive Algorithmen auf binären (Such-)Bäumen

Auf Basis des von uns in Kapitel 3 zur Realisierung von Binärbäumen verwendeten Datentyps

```
type TreePtr = →compound
      left, right: TreePtr
       ...: ...  -- any data, e. g., of type int
     end -- compound
```

können wir die zur Baumbearbeitung erforderlichen Operationen durch rekursive Algorithmen realisieren.

4 Eine Ausnahme stellt hier nur der Algorithmus *Backward* da, weil er es ohne Hilfsdatenstruktur erlaubt, die Knoten einer einfach-verketteten Liste von hinten her zu bearbeiten. Ist das öfter bzw. für längere Listen notwendig, ist es besser bzw. sogar notwendig, eine doppelte Verkettung der Knoten durchzuführen, denn dann kann diese Operation mit einem iterativen Algorithmus wesentlich effizienter durchgeführt werden.

Wir beginnen mit drei Operationen, die so genannte *Baumdurchläufe* (*tree walks*) realisieren. Dafür haben wir in Abschnitt 3.4 noch keine iterativen Formulierungen angegeben, weil diese – wie weiter unten gezeigt wird – recht kompliziert sind. Rekursive Algorithmen, die alle Knoten eines Binärbaums in definierter Reihenfolge durchlaufen, sind hingegen kurz und einfach. In Tabelle 4.4 sind die drei wichtigsten Algorithmen zum systematischen Durchlaufen von Binärbäumen angegeben.

Tabelle 4.4

Algorithmen für Baumdurchläufe

PreOrder	InOrder	PostOrder

`PreOrder(↓tree: TreePtr)`
`begin`
`  if tree ≠ null then`
`    Write(↓tree→data)`
`    PreOrder(↓tree→left)`
`    PreOrder(↓tree→right)`
`  end -- if`
`end PreOrder`
	`InOrder(↓tree: TreePtr)`
	`begin`
	`  if tree ≠ null then`
	`    InOrder(↓tree→left)`
	`    Write(↓tree→data)`
	`    InOrder(↓tree→right)`
	`  end -- if`
	`end InOrder`
		`PostOrder(↓tree: TreePtr)`
		`begin`
		`  if t ≠ null then`
		`    PostOrder(↓tree→left)`
		`    PostOrder(↓tree→right)`
		`    Write(↓tree→data)`
		`  end -- if`
		`end PostOrder`

Der einzige Unterschied zwischen den drei Algorithmen liegt in der Reihenfolge der Bearbeitung der Knoten des Baums:

- Mit dem Algorithmus *PreOrder* wird zuerst der Wurzelknoten, dann der linke und danach der rechte Teilbaum bearbeitet. (In dieser Weise muss ein Binärbaum, in dem z.B. die Daten der Baugruppen eines technischen Produkts gespeichert sind, durchlaufen werden, wenn man zuerst die einer Baugruppe gemeinsamen Daten und danach die Daten ihrer Teile bearbeiten möchte.)
- Mit dem Algorithmus *InOrder* wird zuerst der linke Teilbaum, dann der Wurzelknoten und zum Schluss der rechte Teilbaum bearbeitet. (In dieser Weise muss ein binärer Suchbaum durchlaufen werden, wenn man z.B. die Inhalte der Datenkomponenten in aufsteigend sortierter Reihenfolge ausgeben möchte.)
- Mit dem Algorithmus *PostOrder* wird zuerst der linke, danach der rechte Teilbaum und erst zum Schluss der Wurzelknoten bearbeitet. (In dieser Weise muss ein binärer Suchbaum, in dem z.B. die Operanden und Operatoren eines arithmetischen Ausdrucks gespeichert sind, durchlaufen werden, wenn man den Ausdruck auswerten, d.h. sein Ergebnis ermitteln möchte.)

Ohne Beschränkung der Allgemeinheit nehmen wir in diesen drei Algorithmen der Einfachheit halber an, dass die Bearbeitung eines Knotens bloß in der Ausgabe des Werts seiner Komponente *data* besteht. In einem speziellen Anwendungsfall braucht man also nur die *Write*-Operation in den drei Algorithmen durch eine spezielle Anweisungsfolge ersetzen.

Beispiel 4.4 zeigt das Ergebnis von drei Durchläufen eines Binärbaums mit den drei Algorithmen aus Tabelle 4.4.

Beispiel 4.4 Drei Durchläufe eines Binärbaums

Für den in ▶Abbildung 4.14 dargestellten Binärbaum mit drei Knoten

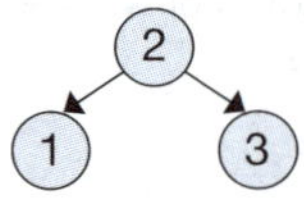

Abbildung 4.14: Binärbaum mit drei Knoten

liefern die drei in Tabelle 4.4 angegebenen Algorithmen den Wert der Komponente *data* der Knoten in der Reihenfolge

- *PreOrder*: 2, 1, 3,
- *InOrder*: 1, 2, 3 und
- *PostOrder*: 1, 3, 2.

Falls es sich – wie in diesem Beispiel – um einen binären Suchbaum handelt, liefert der Algorithmus *InOrder* die in den Knoten des Baums gespeicherten Werte in aufsteigender Reihenfolge.

Analysiert man etwa anhand von Beispiel 4.4 den Ablauf der drei Algorithmen aus Tabelle 4.4, so stellt man fest, dass für jedes Blatt im Baum zwei rekursive Aufrufe mit dem Eingangsparameter *null* (also einem leeren Teilbaum) erfolgen, die keinen Nutzen bringen. Durch eine zusätzliche Abfrage vor jedem der beiden rekursiven Aufrufe in jedem der drei Algorithmen nach folgendem Muster:

```
if tree→... ≠ null then
  ...Order(↓tree→...)
end -- if
```

kann man etwa die Hälfte aller Aufrufe einsparen und da eine Abfrage weniger Aufwand als ein Aufruf erfordert, sinkt beispielsweise die Laufzeit eines auf diesen modifizierten Algorithmen basierenden C-Programms um ca. 35 % gegenüber den ursprünglichen Versionen (wenn man nur den Aufwand für den Durchlauf ohne den Aufwand für die Behandlung der Knoten erfasst).

Die in Tabelle 4.4 angegebenen Algorithmen für Baumdurchläufe sind Beispiele, in denen sich der Wert der Rekursion eindrücklich manifestiert. Zwar können die rekursiven Fassungen mit dem in Abschnitt 4.4.2 erläuterten Verfahren in iterative Fassungen transformiert werden, diese sind aber länger, komplizierter und die sich aus der Aufgabenstellung auf natürliche Weise ergebende Struktur geht dabei völlig verloren.

Aber auch der Versuch, von vorne herein iterative Algorithmen zu entwickeln, führt zu keinen befriedigenden Ergebnissen. Alle iterativen Lösungsvarianten sind wesentlich umfangreicher, schwieriger zu finden und zu verstehen.

Der Versuch, eine iterative Lösung für den *Pre-Order*-Durchlauf zu finden, soll dies illustrieren. Eine mögliche Lösungsidee für den Algorithmus *PreOrderIterative* besteht darin, dass vor dem Absteigen in den linken Teilbaum der Zeiger auf den rechten Teilbaum – wenn vorhanden – auf einen eigenen Kellerspeicher gelegt wird, so dass nach der Bearbeitung eines Knotens jeweils ein Zeiger auf einen noch zu bearbeitenden rechten Teilbaum als zuletzt eingekellertes Element auf dem Kellerspeicher liegt oder dieser leer ist und daher alle Knoten bearbeitet sind, d.h. der ganze Baum durchlaufen ist.

Im Folgenden zeigen wir die algorithmische Umsetzung dieser Lösungsidee, wobei wir – wie schon in Abschnitt 4.4.2 – wieder annehmen, dass ein solcher Kellerspeicher in Form einer abstrakten Datenstruktur (ADS) mit passendem Elementdatentyp und den Operationen *InitStack*, *Push*, *Pop* sowie *IsEmpty*, wie in Abschnitt 3.6 beschrieben, zur Verfügung steht:

```
PreOrderIterative(↓tree: TreePtr)
begin
  InitStack()
  while tree ≠ null do
    Write(tree→data)
    if tree→right ≠ null then
      Push(↓tree→right)
    end -- if
    if tree→left ≠ null then
      tree := tree→left
    else
      if not IsEmpty() then
        Pop(↑tree)
      else
        tree := null   -- to terminate the loop
      end -- if
    end -- if
  end -- while
end PreOrderIterative
```

Beispiel 4.5 zeigt einen Schnappschuss des Zustands des Kellerspeichers während der Ausführung des Algorithmus *PreOrderIterative* für einen etwas größeren Binärbaum.

Im Vergleich zum Algorithmus *PreOrderIterative* sind iterative Fassungen für die *In-Order*- und *Post-Order*-Baumdurchläufe noch umfangreicher und komplizierter.

Beispiel 4.5

Iterativer Pre-Order-Baumdurchlauf

Wendet man den Algorithmus *PreOrderIterative* beispielsweise auf den im linken Teil der ▸Abbildung 4.15 dargestellten Binärbaum an, so ergibt sich, nachdem die ersten vier Knoten in der durch die schwarze Nummerierung angegebenen Reihenfolge behandelt wurden, also der dunkelblau dargestellte Knoten jener ist, der aktuell bearbeitet wird, der im rechten Teil dargestellte Zustand im Kellerspeicher. Die Einträge des Kellerspeichers zu diesem Zeitpunkt verweisen auf die noch nicht behandelten Wurzeln aller rechten Teilbäume. Diese Teilbäume werden im Zuge der weiteren Ausführung des Algorithmus in der durch die hellgrauen Nummern angegebenen Reihenfolge bearbeitet.

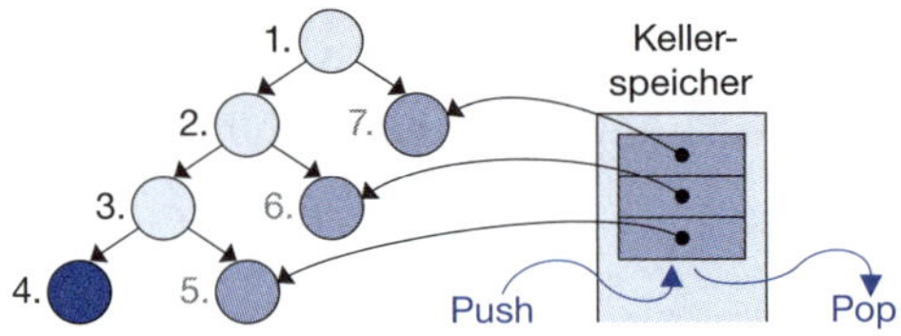

Abbildung 4.15: Schnappschuss des Zustands bei iterativem *Pre-Order*-Baumdurchlauf

Der Aufwand für die Entwicklung iterativer Baumdurchlauf-Algorithmen lohnt sich allerdings nicht: Wird der notwendige Kellerspeicher in Form einer abstrakten Datenstruktur (ADS, wie in Abschnitt 3.6 beschrieben) realisiert, verursachen die Aufrufe der Operationen *Push*, *Pop* und *IsEmpty* in der iterativen Fassung um ca. 30 % mehr Aufwand (reiner Durchlauf, ohne Bearbeitung der Knoten) als die rekursiven Aufrufe in der rekursiven Fassung. Erst wenn anstelle der Aufrufe der Kelleroperationen ihre Implementierungen direkt eingesetzt werden (wovon wir ausdrücklich abraten), ergibt sich ein kleiner Geschwindigkeitsvorteil von etwa 10 % gegenüber der rekursiven Fassung. Nur hinsichtlich des Speicherbedarfs bringen die iterativen Baumdurchlauf-Algorithmen einen Vorteil, da ein Eintrag im Kellerspeicher (nur ein Zeiger) weniger Speicherplatz benötigt als ein Aktivierungssatz (im Laufzeitkeller) der rekursiven Variante.

Eine wichtige Operation, die ein weiteres Beispiel für die Nützlichkeit der Rekursion darstellt, ist das Einfügen eines Knotens in einen binären Suchbaum. Wir können dafür unter Ausnutzung des Rekursionsprinzips folgenden einfachen Algorithmus angeben:

```
Insert(↕tree: TreePtr  ↓n: NodePtr)
begin
  if tree = null then
    tree := n
  else
    if n→data < tree→data then
      Insert(↕tree→left  ↓n)
    else
      Insert(↕tree→right  ↓n)
```

```
    end -- if
  end -- if
end Insert
```

Vergleicht man diesen rekursiven Algorithmus mit dem für diese Operation in Abschnitt 3.5.3 angegebenen iterativen Algorithmus, so stellt man fest, dass die rekursive Formulierung nur etwa halb so lang und wesentlich einfacher zu verstehen ist. Sie ist allerdings weniger effizient und benötigt mehr Speicherplatz im Laufzeitkeller.

Fazit: Für die Bearbeitung von binären (Such-)Bäumen sind rekursive Algorithmen den iterativen Algorithmen vorzuziehen. Sie sind kürzer und einfacher, ihre Effizienz ist nur unwesentlich geringer als jene der iterativen Algorithmen und sie benötigen nur unwesentlich mehr Speicherplatz.

Zusammenfassung

In diesem Kapitel haben wir uns mit dem Rekursionsprinzip und der Entwicklung rekursiver Algorithmen auseinander gesetzt. Ziel dieses Kapitels war es, den aus der Mathematik bekannten Begriff der Rekursion in die Welt der Algorithmen zu übertragen, anhand von Beispielen den Prozess der Entwicklung rekursiver Algorithmen mit ihren Vor- bzw. Nachteilen aufzuzeigen und schließlich die für das Verständnis wichtige, auf ihrer gegenseitigen Austauschbarkeit begründeten Verwandtschaft von Rekursion und Iteration zu erörtern.

Basierend auf Beispielen aus der Mathematik wurde ausgehend von rekursiv definierten Begriffen die Entwicklung rekursiver Algorithmen motiviert, darauf eingegangen, was man unter direkter und indirekter Rekursion versteht, außerdem wurden die Vor- und Nachteile rekursiver Algorithmen im Vergleich zu iterativen Fassungen solcher Algorithmen diskutiert. (Abschnitt 4.1)

Danach wurde zur Schärfung des Verständnisses des Rekursionsprinzips der Aufbau rekursiver Algorithmen, ihr Ablauf und die Voraussetzungen für die Terminierung derselben anhand eines Beispiels erörtert und gezeigt, wie sich der Zustand im Zuge der Algorithmenausführung entwickelt, so dass der Algorithmus schließlich terminiert und das gewünschte Ergebnis liefert. (Abschnitt 4.2)

In Abschnitt 4.3 wurde – nachdem die erforderlichen Grundlagen beschrieben waren – allgemein und anhand eines umfangreichen Beispiels gezeigt, wie man bei der Entwicklung rekursiver Algorithmen vorgeht.

Nachdem der Satz gilt, dass sich jeder rekursive Algorithmus in einen iterativen transformieren lässt und umgekehrt, wurde in Abschnitt 4.4 auf die Verwandtschaft der Konzepte Rekursion und Iteration näher eingegangen und gezeigt, wie man solche Transformationen systematisch vornehmen kann.

Schließlich wurden im Abschnitt 4.5 noch eine Reihe wichtiger Standardalgorithmen für die Bearbeitung rekursiver, vernetzter oder dynamischer Datenstrukturen – im Besonderen verketteter Listen und binärer (Such-)Bäume – angegeben, anhand derer die Nützlichkeit der Rekursion besonders einsichtig wird.

COMPANION WEBSITE

Aufgaben

Aufgabe 4.1 (Rekursion und Iteration)
Die Berechnung des Tschebyschew-Polynoms ist wie folgt rekursiv definiert

$$T_0(x) = 1$$
$$T_1(x) = x$$
$$T_n(x) = 2 \cdot x \cdot T_{n-1}(x) - T_{n-2}(x) \qquad \text{für } n > 1$$

Gesucht ist ein Algorithmus *T*(↓*n*: *int* ↓*x*: *real*): *real* zur Berechnung des Tschebyschew-Polynoms: einmal in einer rekursiven Fassung und einmal in einer iterativen Fassung, wobei diese nicht durch Entrekursivierung (der rekursiven Fassung) entstehen soll (d.h. gesucht ist eine „natürliche“ iterative Lösung). Vergleichen Sie die beiden Fassungen, indem Sie in einer Tabelle die jeweilige Anzahl der notwendigen Multiplikationen für die Werte $n = 0, 1, \ldots 10$ eintragen.

Aufgabe 4.2 (Rekursion: Addition von Dualzahlen)
Gesucht ist ein Funktionsalgorithmus *AddDual* zum Addieren von zwei Dualzahlen. Gegeben sind folgende Deklarationen:

```
const size = 8
type Bit = bool
     Dual = array [0:size - 1] of Bit
```

Die Stelle 2^i einer Dualzahl steht dabei immer an der *i*-ten Position im Feld *Dual*, d.h., Dualzahlen werden in einem Datenobjekt vom Typ *Dual* in „umgekehrter Reihenfolge“ abgespeichert. Entwickeln Sie den Funktionsalgorithmus *AddDual*(↓*a*: *Dual* ↓*b*: *Dual*): *int*, der die beiden Dualzahlen *a* und *b* addiert und das Ergebnis als *integer*-Wert liefert.

Aufgabe 4.3 (Transformation)
Gegeben sind ein rekursiver Algorithmus *Rec*(↓*n*: *int*) und ein iterativer Algorithmus *Iter*(↓*n*: *int*). Gesucht ist eine iterative Fassung für den rekursiven Algorithmus und eine rekursive Fassung für den iterativen Algorithmus.

```
Rec(↓n)
begin
  A
  if n > 0 then
    Rec(↓n - 1)
  end -- if
end Rec
```

```
Iter(↓n)
begin
  A
  for i := 1 to n do
    B
  end -- for
  C
end Iter
```

Aufgabe 4.4 (Zusammenpassen von Zeichenketten)
In vielen Systemen ist es notwendig, zu überprüfen, ob Zeichenketten zu einem bestimmten Muster „passen“. Manche Systeme bieten die Möglichkeit, in der Musterkette Platzhalter (*Joker*) vorzusehen, die für eine beliebig lange (auch leere) Zeichenfolge stehen können. Wir wollen als Platzhaltersymbol das Zeichen '*' verwenden. Sowohl das Muster (*p* für *pattern*) als auch die Zeichenkette (*s* für *string*) sind vom Datentyp *string* und beide werden durch das Zeichen '$' abgeschlossen.

Aufgaben

Beispiele:

p	*s*	**Bemerkung**
ABC$	ABC$	*p* und *s* passen zusammen
ABC$	AB$	*p* und *s* passen nicht zusammen
ABC$	ABCD$	*p* und *s* passen nicht zusammen
*$	*beliebig, auch leer*	*p* und *s* passen zusammen
A*C$	ABBBBC$	*p* und *s* passen zusammen
A*C$	AC$	*p* und *s* passen zusammen

Hinweis: Beachten Sie, dass das Jokerzeichen beliebig oft, auch am Anfang und am Ende des Musters und auch mehrfach vorkommen kann.

Gesucht ist ein rekursiver Algorithmus *Matching*(↓*p*: *string* ↓*s*: *string*): *bool*, der ermittelt, ob eine Zeichenkette *s* dem Muster *p* entspricht (d.h. ob *p* und *s* zusammenpassen).

Aufgabe 4.5 (Fraktal: Kochsche Glockenkurve)
Die Kochsche Glockenkurve wird folgendermaßen erstellt: Ausgehend von einem gleichseitigen Dreieck mit den Eckpunkten A-B-C wird die dem Punkt C gegenüberliegende Seite gedrittelt. Die Teilungspunkte werden mit C1 und C2 bezeichnet. Die Strecke C1-C2 wird entfernt. Mit den Dreiecken A-C-C1 und B-C-C2 verfährt man in derselben Weise bezüglich der Seiten A-C und B-C. Durch die immer weitere Unterteilung der Dreiecke ergibt sich im Grenzübergang die Kochsche Kurve.

Gesucht ist ein rekursiver Algorithmus *Koch*(↓*n*: *int* ...), der die Kochsche Glockenkurve der Ordnung *n* zeichnet. Der Algorithmus soll einen Typ *Point* (mit *x*- und *y*-Koordinate) für die interne Repräsentation eines Punkts und eine Operation *DrawTriangle*(↓*a*: *Point* ↓*b*: *Point* ↓*c*: *Point*) zum Zeichnen eines Dreiecks mit den drei Eckpunkten *a*, *b* und *c* verwenden.

Aufgabe 4.6 (Binärer Suchbaum aus sortiertem Feld)
Entwickeln Sie einen rekursiven Funktionsalgorithmus *BinarySearchTreeOf*(↓*a*: *ArrayType* ↓*first*: *int* ↓*last*: *int*): *TreePtr*, der aus einem aufsteigend sortierten Feld (ohne mehrfach vorkommende Werte) einen balancierten binären Suchbaum erzeugt und diesen als Ergebnis liefert. Als Parameter werden das sortierte Feld *a*, der Anfangsindex *first* und der Endindex *last* übergeben. Der Binärbaum wird auf Basis der Deklarationen aus Abschnitt 3.5.2 erstellt. Für das Feld gilt folgende Deklaration:

```
type ArrayType = array [1:max] of int
```

Hinweis: Einen balancierten binären Suchbaum erhält man, indem man als Wurzel mit dem mittleren Element des Felds startet und mit der linken und rechten Hälfte des Felds genauso verfährt.

COMPANION WEBSITE WWW.PEARSON-STUDIUM.DE

Aufgaben

Aufgabe 4.7 (Einfach-verkettete Liste: Ausgeben von hinten nach vorne, rekursiv)
Gegeben ist eine einfach-verkettete Liste *list* auf Basis der Deklarationen aus Abschnitt 4.5.1. Gesucht ist ein rekursiver Algorithmus *WriteNodesInReverseOrder*(↓*list*: *ListPtr*), der die Werte der Knoten-Komponente *data* in zur Liste umgekehrter Reihenfolge, d.h. von hinten beginnend nach vorne, ausgibt.

Aufgabe 4.8 (Einfach-verkettete Liste: Invertieren, rekursiv)
Gegeben ist eine einfach-verkettete Liste *list* auf Basis der Deklarationen aus Abschnitt 4.5.2. Gesucht ist ein rekursiver Algorithmus *Invert*(↕*list*: *ListPtr*), der die Reihenfolge der Knoten in der Liste umdreht; d.h., der letzte Knoten in der Ausgangsliste wird der erste Knoten in der Ergebnisliste usw.

Aufgabe 4.9 (Ausprägung eines Binärbaums)
Gegeben ist ein Binärbaum *tree* auf Basis der Deklarationen aus Abschnitt 4.5.2. Gesucht ist ein Funktionsalgorithmus *IsBinarySearchTree*(↓*tree*: *TreePtr*): *bool*, der auf Basisgrund der Werte der *data*-Komponente der Knoten feststellt, ob es sich bei *tree* um einen binären Suchbaum handelt.

Laufzeitkomplexität von Algorithmen

5

ÜBERBLICK

Motivation

» *In Kapitel 1, genauer gesagt im Abschnitt 1.2.2, haben wir uns mit wichtigen Eigenschaften von Algorithmen wie Korrektheit, Vollständigkeit, Eindeutigkeit und Ausführbarkeit der Aktionen sowie mit statischer bzw. dynamischer Endlichkeit und Effizienz auseinander gesetzt. Im Hinblick auf die Behandlung von Fragen zum Thema Effizienz von Algorithmen mussten wir in Kapitel 1 den Leser auf dieses Kapitel verweisen, weil es dafür notwendig ist, mehr über Algorithmen und deren Datenstrukturen zu wissen, als im Rahmen des ersten Kapitels vermittelt werden konnte.*

In Kapitel 2, genauer gesagt im Abschnitt 2.5, haben wir uns bereits mit Fragen zur Komplexität von Algorithmen auseinander gesetzt und die so genannte Strukturkomplexität eingeführt. Anhand von Beispielen haben wir erläutert, wie deren Ermittlung erfolgt und welche Folgerungen über die Qualität von Algorithmen aus ihrer Strukturkomplexität abgeleitet werden können.

Nun ist es zweckmäßig – nachdem wir in den Kapiteln 3 und 4 bereits viele, zum Teil umfangreiche und komplizierte Algorithmen erörtert haben –, dass wir uns mit einem weiteren wichtigen Aspekt der Komplexität von Algorithmen, der Laufzeitkomplexität, näher auseinander setzen. Es versteht sich von selbst, dass das Laufzeitverhalten eines Algorithmus ein wichtiges Qualitätsmerkmal ist. Einerseits kann es sein, dass aufgrund des Einsatzgebiets (z.B. bei Echtzeitsystemen, eingebetteten Systemen oder Suchmaschinen) für einen Algorithmus die Erfüllung einer vorgegebenen Laufzeitanforderung garantiert werden muss, andererseits können für die algorithmische Lösung einer Aufgabenstellung mehrere unterschiedliche Algorithmen vorliegen und man möchte diese hinsichtlich ihres Laufzeitverhaltens, also ihrer Laufzeitqualität, beurteilen und vergleichen. In beiden Fällen müssen wir in der Lage sein, das Laufzeitverhalten von Algorithmen, je nach Fragestellung und Zielsetzung, in unterschiedlicher Genauigkeit (und daher mit unterschiedlichem Aufwand) zu ermitteln und zu beschreiben. «

Ziele

Nach dem Lesen dieses Kapitels haben Sie Folgendes erreicht:

- Sie wissen, was man unter Komplexität im Sinne der Informatik versteht.
- Sie wissen, was man unter der Effektivität und der Effizienz von Algorithmen versteht.
- Sie wissen, dass neben der Strukturkomplexität auch die Laufzeitkomplexität eine wichtige Qualitätseigenschaft von Algorithmen ist.
- Sie verfügen über das nötige Instrumentarium zur Grobanalyse des Laufzeitverhaltens von Algorithmen, zur Laufzeitberechnung und zur Laufzeitmessung.
- Sie wissen, was man unter der asymptotischen Laufzeitkomplexität von Algorithmen und der so genannten O-Notation versteht und sind darauf aufbauend in der Lage, Algorithmen hinsichtlich ihres Laufzeitverhaltens zu beurteilen und zu vergleichen.
- Sie kennen wichtige Laufzeitkomplexitätsklassen von Algorithmen und wissen, was sich dahinter verbirgt.
- Sie sind dafür sensibilisiert, dass in Abhängigkeit von der Lösungsidee das Laufzeitverhalten unterschiedlicher Algorithmen zur Lösung einer bestimmten Aufgabe drastisch variieren kann.

5.1 Komplexität von Algorithmen: Begriffe und Abgrenzung

Unter dem Begriff *Komplexität* (*complexity*) verstehen wir im Sinne der Informatik den für die Ausführung – manchmal auch den für das Verstehen bzw. für die Korrektheitsprüfung – eines Algorithmus erforderlichen Aufwand. Und unter Aufwand verstehen wir in erster Linie den Speicherbedarf und die Rechenzeit, auch Laufzeit (*running time*) genannt, die ein Algorithmus bzw. ein auf ihm basierendes Programm zu seiner Ausführung benötigt. Deshalb sprechen wir üblicherweise auch von der *Speicherkomplexität* und der *Laufzeitkomplexität* eines Algorithmus.

Wie eingangs erwähnt, haben wir uns in Kapitel 2 bereits mit einer weiteren Ausprägung der Komplexität eines Algorithmus beschäftigt: mit der so genannten *Strukturkomplexität*. Sie ist ein Maß für den Aufwand, der erforderlich ist, um einen Algorithmus zu verstehen und zu testen.

Wir begegnen auch dem Begriff der *Problemkomplexität*. Darunter verstehen wir die Laufzeitkomplexität, die jener Algorithmus mit dem geringsten Rechenaufwand zur Lösung einer Aufgabenstellung, die zu einer bestimmten Problemklasse gehört, aufweist. Deshalb wird die Problemkomplexität auch als *minimale Laufzeitkomplexität* bezeichnet. Für viele Standardprobleme (z.B. das Suchen und das Sortieren) ist die Problemkomplexität, also die minimale Laufzeitkomplexität bekannt und wir geben sie in den jeweiligen Kapiteln (6 und 7) an.

Wir wollen uns in diesem Kapitel aber – wie bereits der Kapitelüberschrift zu entnehmen ist – mit der Laufzeitkomplexität von Algorithmen auseinander setzen, weil die *Laufzeiteffizienz* (s. u.) ein besonders wichtiges Qualitätsmerkmal von Algorithmen ist. Eine Auseinandersetzung mit Fragen zur Problemkomplexität ist primär Aufgabe der Mathematik und der Theoretischen Informatik und unterbleibt daher in diesem Buch. Auch auf die Speicherkomplexität gehen wir nicht weiter ein: aus Platzgründen und weil sie im Vergleich zur Laufzeitkomplexität – dank des Fortschritts bei den Speichertechnologien und den daraus resultierenden, heute verfügbaren großen Speichern – nur von untergeordneter Bedeutung ist.

Laufzeitkomplexität und ihre Relevanz

Wenn wir uns mit dem Verhalten von Algorithmen auseinander setzen, dann ist es zweckmäßig, dass wir zwischen *funktionalem* (*functional*) und *nicht-funktionalem* (*non-functional*) *Verhalten* (*behavior*) unterscheiden. In Analogie dazu sprechen wir, wenn wir die Aufgabenspezifikation für einen Algorithmus oder ein Softwaresystem betrachten, von *funktionalen* und *nicht-funktionalen Anforderungen* (*requirements*). Die beiden Arten des Verhaltens eines Algorithmus können wie folgt charakterisiert werden:

- Das *funktionale Verhalten* eines Algorithmus bezieht sich auf dessen Leistung bzw. seine Ergebnisse, d.h. welche Funktionalität durch ihn für die Lösung einer bestimmten Aufgabe zur Verfügung gestellt wird, also das *Was*.
- Das *nicht-funktionale Verhalten* eines Algorithmus bezieht sich darauf, *wie*, also unter welchen Bedingungen der Algorithmus seine Leistung erbringt, z.B. in welcher Zeit (mit welcher Laufzeit) er die Ergebnisse liefert.

Wenn es um die Laufzeit(-Komplexität) von Algorithmen geht, begegnen wir häufig auch dem Begriff der (Laufzeit-)Effizienz (s. o.): Damit kann zum Ausdruck gebracht werden, dass ein Algorithmus entweder ein günstiges (dann ist er *effizient*) oder ein ungünstiges (dann ist er *ineffizient*) Laufzeitverhalten aufweist.

Hinweis zur Vermeidung von Begriffsverwirrungen: Es passiert immer wieder, dass über die beiden Begriffe *Effizienz* (*efficiency*) und *Effektivität* (*effectiveness*) bzw. die beiden dazugehörigen Adjektive *effizient* (*efficient*) und *effektiv* (*effecitve*) Unklarheit herrscht. Deshalb wollen wir hier anführen, was man darunter versteht:

- Unter der ***Effektivität*** eines Algorithmus versteht man seine *Wirksamkeit*, also den Grad der durch die Aufgabenstellung (oder die Erwartung des Benutzers) geforderten Zielerreichung. Ein Algorithmus ist effektiv oder wirksam, wenn mit seiner Hilfe die Aufgabenstellung möglichst gut gelöst wird, und zwar unabhängig davon, wie viel Aufwand oder Zeit dafür notwendig ist.
- Unter der ***Effizienz*** eines Algorithmus versteht man seine *Wirtschaftlichkeit*, also das Verhältnis von Mitteleinsatz zum Grad der Zielerreichung, wobei Speicherplatz und Laufzeit die wesentlichen Betriebsmittel eines Algorithmus darstellen. Ein Algorithmus ist effizient, wenn durch ihn die Aufgabenstellung mit möglichst wenig Aufwand gelöst wird. Effizienz setzt natürlich Effektivität voraus.

Zwar nimmt die Leistungsfähigkeit der Prozessoren beständig zu, der Aufwand für die Ansteuerung unterschiedlicher Peripheriegeräte, die Verwaltung von Netzwerkverbindungen, ständig wachsende Sicherheitserfordernisse und schließlich so komfortable und optisch eindrucksvolle grafische Benutzerschnittstellen (z.B. unter Macintosh OS X oder Microsoft Vista) führen jedoch dazu, dass ein Gutteil des Zuwachses der Prozessorleistung wieder „aufgefressen" wird. Und nachdem auch für immer komplexere Problemstellungen Software entwickelt und bereitgestellt werden muss, ist und bleibt Zeit weiterhin eine knappe Ressource.

Deshalb war, ist und wird auch in Zukunft das Zeitverhalten eines Algorithmus ein wichtiges Kriterium bei der Entwicklung oder bei seiner Auswahl sein. Wir beschäftigen uns im Folgenden näher mit der Laufzeitkomplexität von Algorithmen.

Problemgröße n

Wenn wir von der Laufzeitkomplexität eines Algorithmus sprechen, dann meinen wir damit das Laufzeitverhalten in Abhängigkeit von einer bestimmten Größe: Das Laufzeitverhalten eines Algorithmus hängt in den meisten Fällen von einer, manchmal auch von mehreren Größen ab, die wesentliche Aspekte der vom Algorithmus behandelten Problemstellung in ihrem Umfang charakterisiert/en. Je nach Aufgabenstellung sind solche Größen z.B.

- die Anzahl der Elemente eines Felds oder einer Matrix, die zu bearbeiten sind;
- der Grad eines Polynoms (damit die Anzahl seiner Koeffizienten), das zu berechnen ist;
- die Anzahl der Knoten einer vernetzten oder dynamischen Datenstruktur (etwa einer verketteten Liste oder eines Binärbaums), die zu bearbeiten sind; oder
- die Länge einer Zeichenkette bzw. eines Texts, die/der zu untersuchen oder zu manipulieren ist.

Für die weiteren Erörterungen nehmen wir an, dass es sich entweder von vornherein um *eine* solche Größe in Form einer natürlichen Zahl handelt oder dass es möglich ist, aus mehreren Einzelgrößen eine, all diese Einzelgrößen zusammenfassende Gesamtgröße zu ermitteln. Wir nennen diese (Gesamt-)Größe, nachdem sie umfangbezogene Aspekte der Problemstellung charakterisiert, die *Problemgröße* (*problem size*) und bezeichnen sie mit n.

Mit der Problemgröße kann der Zeitaufwand t, der für die Ausführung eines Algorithmus erforderlich ist, folgendermaßen ausgedrückt werden: $t = f(n)$. Es besteht also eine funktionale Abhängigkeit zwischen der Problemgröße n und der Laufzeit t.

Zweck und Interpretation

Die Laufzeitkomplexität von Algorithmen ermitteln wir,

- um Vorhersagen über die zu erwartende Laufzeit eines Algorithmus (im günstigsten, im ungünstigsten und im durchschnittlichen Fall) machen zu können,
- um Algorithmen hinsichtlich ihres Laufzeitverhaltens miteinander vergleichen zu können und

- um – unter Berücksichtigung der Problemkomplexität, also der minimalen Laufzeitkomplexität – den Wert bzw. das Potenzial von Optimierungen beurteilen zu können.

„Laufzeit“ bedeutet im Zusammenhang mit der Ermittlung der Laufzeitkomplexität nicht immer die tatsächliche Laufzeit, z.B. in Sekunden, weil diese davon abhängig ist, auf welchem Computer, ausgestattet mit welchem Prozessor und mit welcher Systemsoftware, der Algorithmus, genauer gesagt, ein auf diesem Algorithmus basierendes Programm, ausgeführt wird. Oft interessiert stattdessen die Anzahl der ausgeführten Anweisungen oder nur die Anzahl der erforderlichen Schleifendurchläufe, wenn der Kern des Algorithmus durch eine Schleife gebildet wird, oder gar nur die Anzahl der Aufrufe eines bestimmten Teilalgorithmus.

Bevor wir uns ausführlich damit auseinander setzen, wie wir die Laufzeitkomplexität eines Algorithmus ermitteln, gehen wir noch darauf ein, wie wir die Laufzeit eines bereits in ausführbarer Form vorliegenden Algorithmus, d.h. eines auf ihm basierenden Programms, messen können.

5.2 Laufzeitmessung und Programmprofil

Eine Möglichkeit, die wohl jedem sofort in den Sinn kommt, um das Zeitverhalten eines Algorithmus exakt zu bestimmen, besteht darin, die tatsächliche Laufzeit eines Programms, das diesen Algorithmus implementiert, zu messen. Doch was auf den ersten Blick so einleuchtend und auch einfach erscheint, ist leider mit nicht zu vernachlässigendem Aufwand oder sogar mit Schwierigkeiten verbunden und liefert unter Umständen nur schwer zu interpretierende Ergebnisse.

Um die Laufzeit eines Algorithmus messen zu können, muss dieser zuerst in eine Form gebracht werden, die eine direkte Ausführung auf einem Computer ermöglicht. So wie in Abschnitt 1.7 erläutert, erfordert das eine Transformation des Algorithmus in ein ausführbares Programm. Nach dieser Transformation kann das Programm ausgeführt werden, und dann stellt sich die Frage, wie man die Laufzeit am besten ermitteln kann. Bei sehr kurzen Laufzeiten (bis zu wenigen Sekunden) scheidet die händische Zeitmessung mit einer Stoppuhr aus, weil sie zu ungenau wäre. Man kann sich damit behelfen, dass das Programm so mit zusätzlichen Anweisungen angereichert, man sagt auch *instrumentiert* wird, dass der ausführende Computer selbst als Stoppuhr fungiert. Das erfordert eine Möglichkeit, die Uhrzeit abzufragen, die jeder Computer in einer speziellen Hardwarekomponente, einem so genannten *Zeitgeber* (*timer*), mitführt.

Wenn wir annehmen (und diese Annahme entspricht auch der Praxissituation), dass *CurrentTime* eine Operation ist, mit der auf diesen Zeitgeber zugegriffen werden kann, und welche die Zeit zum Zeitpunkt des Aufrufs in Form eines Werts vom Datentyp *Time* liefert, könnte die Zeitmessung, wie im folgenden Codestück dargestellt, vorgenommen werden:

```
  var startTime, stopTime: Time
      duration: Duration
begin
  startTime := CurrentTime()
```

```
Algorithm()  -- call of algorithm to measure
stopTime := CurrentTime()
duration := stopTime - startTime
```

Ein Problem dabei ist, insbesondere bei sehr kurz laufenden Algorithmen, dass unter Umständen die Genauigkeit der gelieferten *Time*-Werte unzureichend ist. Dieses Problem kann man zwar dadurch beseitigen, dass man den Aufruf des Algorithmus in eine Schleife verpackt und ihn mehrfach (z.B. eintausendmal) unmittelbar hintereinander aufruft, die Gesamtdauer ermittelt (ev. noch den Aufwand für die „leere" Schleife subtrahiert) und durch den Wiederholungsfaktor dividiert, um die durchschnittliche Dauer zu berechnen, und diese als seine Laufzeit heranzieht. Es bleibt aber hinsichtlich der exakten Zeitmessung ein weiteres Problem bestehen, dass nämlich viele Betriebssysteme (z.B. Linux oder Microsoft Windows) mehrere Programme in Form so genannter *Prozesse* (*processes* oder *tasks*) gleichzeitig ausführen können (*multi-processing* oder *-tasking*). Selbst wenn der Benutzer nur ein (Anwendungs-)Programm startet, laufen „im Hintergrund" je nach Betriebssystem und Konfiguration des Rechners eine für den Benutzer meist unbekannte Zahl von (System-)Prozessen. Das sich durch die Zeitmessung ergebende Bild entspricht daher nicht exakt der tatsächlichen Laufzeit des Algorithmus, denn in der zwischen den beiden Aufrufen von *CurrentTime* verstrichenen Zeit wurden nicht nur der Algorithmus, sondern auch noch andere Prozesse, d.h. Algorithmen, ausgeführt. Noch komplizierter wird die Situation, wenn – wie das immer häufiger der Fall wird – Prozessoren mit mehreren Rechenkernen (*multi-core*) zum Einsatz kommen, die es ermöglichen, Teile eines Programms z.B. in Form so genannter *leichtgewichtiger Prozesse* oder „Ausführungsfäden" (*threads*) (echt) parallel auszuführen.

Je nach Betriebssystem und verwendeter Programmiersprache bzw. Bibliothek lässt sich mit mehr oder weniger Programmieraufwand zwar die um den zeitlichen Einfluss anderer Prozesse oder um mehrere Rechenkerne bereinigte Ausführungszeit ermitteln, doch die Aussagekraft dieses Messergebnisses ist dennoch beschränkt, weil darin Aspekte enthalten sind, die nicht dem Algorithmus direkt zugerechnet werden können. Das sind vor allem:

- der *Einfluss der Hardware* und ihrer Konfiguration, z.B. die Art des Prozessors und seine Taktfrequenz, die Größe der *Zwischenspeicher* (*caches*) und bei PCs der Ort des Grafikspeichers (separat auf der Grafikkarte oder im Hauptspeicher),
- der *Einfluss des Betriebssystems*, z.B. welche Sicherheitseinstellungen getroffen wurden oder ob wegen der aktuellen Last virtueller Speicher verwendet werden musste und wie viel,
- der *Einfluss der Programmiersprache* bzw. der verwendeten *Bibliotheken*, ob z.B. für die eingesetzte Programmiersprache bereits Operationen bzw. durch die genutzten Bibliotheken Funktionalität zur Verfügung steht, die im Algorithmus benötigt wird und die man andernfalls selbst realisieren müsste, was sich wiederum auf die Laufzeiteffizienz auswirken kann und
- der *Einfluss des Compilers* und der verwendeten Optionen, z.B. ob bei der Übersetzung Optimierungen durchgeführt oder Laufzeitprüfungen, etwa für die Feldindizes, aktiviert wurden.

Zusammenfassend kann also festgestellt werden, dass die Laufzeitmessung allein kein erschöpfendes Instrument für die Laufzeitanalyse von Algorithmen ist. Zumal auch oder gerade deswegen, weil man oft bereits während des Entwurfs eines Softwaresystems und unabhängig von einer bestimmten Programmiersprache/Bibliothek, des verwendeten Betriebssystems oder Prozessors, also noch vor seiner endgültigen Implementierung und Installation auf einem bestimmten Computer, Aussagen zur Laufzeitqualität eines Algorithmus machen möchte. Darüber hinaus liefert eine „globale“ Messung der Laufzeit eines Algorithmus noch keine Erkenntnis darüber, in welchen Teilen des Algorithmus welcher Anteil der Laufzeit verbraucht wird.

Mittels empirischer Untersuchungen (siehe z.B. [Hennessy u. Patterson 2006]) wurde festgestellt, dass der Großteil der Laufzeit eines Algorithmus meist in einem kleinen Teil des Algorithmus verbraucht wird. Diese Erkenntnis wird durch zwei häufig verwendete und einander ergänzende „Daumenregeln“, die in ▸Abbildung 5.1 gemeinsam grafisch dargestellt sind, quantifiziert:

1. Die so genannte 90/10-Regel besagt, dass ungefähr 90 % der Laufzeit in ca. 10 % des Programmcodes verbraucht wird.
2. Die so genannte 1:50-Kurve drückt aus, dass nur etwa 1 % des Programmcodes für bis zu 50 % der gesamten Laufzeit verantwortlich ist – und somit gemäß der 90/10-Regel ungefähr 9 % des Codes für weitere 40 % der Laufzeit.

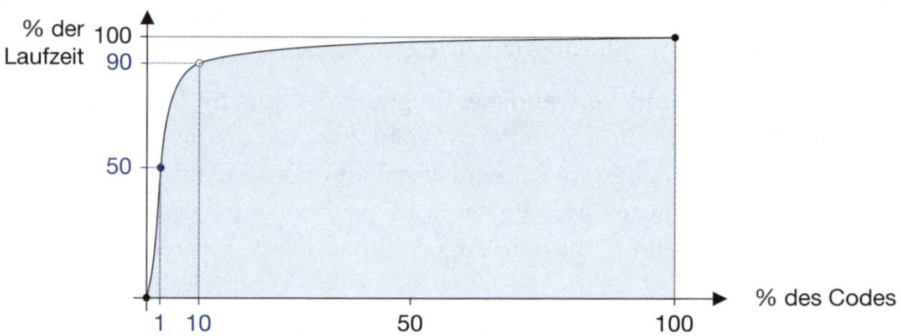

Abbildung 5.1: Laufzeit und Programmcode

Um über das Laufzeitverhalten eines Algorithmus oder einzelner Teile Klarheit zu bekommen, kann man, wenn der Algorithmus in Form eines Programms vorliegt, Werkzeuge und Techniken benutzen, um ein so genanntes *Programmprofil* (*profile*) zu erstellen. Das Programmprofil liefert Informationen darüber, welche Teile des Programms in einem konkreten Anwendungsfall wie oft ausgeführt werden und welcher Anteil an der Gesamtlaufzeit daraus resultiert. Aus dem Programmprofil lassen sich also die so genannten *heißen Stellen* (*hot spots*) eines Programms ermitteln. Es kann im Wesentlichen auf zwei Arten ermittelt werden:

1. durch so genannte ***Instrumentierung***: Dabei wird für jeden zu messenden Bereich im Programm (z.B. für jede Prozedur, für jede Schleife oder für jeden Zweig einer binären Verzweigung) eine spezielle Variable benutzt, in der zur Laufzeit Informationen über die Häufigkeit der Ausführung des entsprechenden

Programmteils und des damit verbundenen Zeitbedarfs gesammelt werden können. In [Dobler u. Huber 1991] wird z.B. ein solches Werkzeug (*tool*) für die dynamische Analyse von Modula-2-Programmen beschrieben. Der Nachteil von Instrumentierung ist, dass dies, wenn kein Werkzeug existiert oder verwendet wird, mit (Programmier-) Aufwand verbunden ist, und dass durch die Instrumentierung das Laufzeitverhalten beeinflusst wird;

2. durch den ***Einsatz statistischer Verfahren***: Dabei wird in regelmäßigen und sehr kurzen Abständen (z.B. eintausendmal pro Sekunde) nur festgehalten, an welcher Stelle im Programm sich der Ablauf gerade befindet. Bei hinreichend langer Laufzeit kann daraus ebenfalls ein Programmprofil ermittelt werden, ohne dass das Laufzeitverhalten wesentlich beeinträchtigt wird. Dieses Verfahren wird auch als *Profilierung* (*profiling*) bezeichnet und das wohl bekannteste Werkzeug dafür ist *gprof* von GNU (www.gnu.org).

Alle genannten Maßnahmen zur Zeitmessung erfordern entweder, dass der Code des Messobjekts verändert (erweitert) wird und/oder eine entsprechende Werkzeugkette (*tool chain*) zur Verfügung steht sowie dass das Messobjekt bereits in einer Programmiersprache oder gar in ausführbarer Form vorliegt. Selbstverständlich muss dann noch ein Computer für die Ausführung zur Verfügung stehen.

Oft muss oder will man jedoch schon bevor alle diese Voraussetzungen erfüllt sind – im Entwurfsstadium von Algorithmensystemen – Aussagen über die zu erwartende Laufzeitqualität mit unterschiedlichen Detaillierungsgraden machen. Dann müssen die Algorithmen in der jeweils vorliegenden Fassung, z.B. in Pseudocode, hinsichtlich ihres Laufzeitverhaltens analysiert werden.

Wir werden uns in den folgenden Abschnitten ausgehend von einer Feinanalyse mit dem Ziel der Berechnung der exakten Laufzeit, über eine Grobanalyse bis hin zur Ermittlung des prinzipiellen Laufzeitverhaltens eines Algorithmus, seiner asymptotischen Laufzeitkomplexität, auseinander setzen.

5.3 Feinanalyse und Laufzeitberechnung

Wie mit der Definition des Begriffs Algorithmus im ersten Kapitel erläutert, ist ein Algorithmus ein schrittweises Problemlösungsverfahren, bei dem jeder Schritt aus einer Anzahl ausführbarer, eindeutiger Aktionen besteht. Letztendlich manifestiert sich die Ausführung eines Algorithmus in der Durchführung dieser Aktionen.

Unter ***Feinanalyse*** verstehen wir die Betrachtung eines Algorithmus auf der Ebene einzelner Aktionen. Dabei interessieren uns vor allem die Häufigkeit der Ausführung der Aktionen und der Zeitaufwand, der dafür benötigt wird. Aktionen im algorithmischen Sinne, wie wir sie in Kapitel 1 eingeführt haben, setzen sich in der Regel aus mehreren kleineren Aktionen (eine Schleife z.B. aus Aktionen zur Prüfung der Abbruchbedingung, Zuweisungen etc.) und/oder elementaren Operationen (eine Zuweisung z.B. aus arithmetischen Operationen) zusammen.

Wenn wir für einen Algorithmus ermitteln, wie oft die in ihm enthaltenen Aktionen ausgeführt werden, und den Zeitaufwand für jede dieser Aktionen bzw. Operationen kennen, dann lässt sich seine Laufzeit berechnen. Der Zeitaufwand, der für die Ausführung dieser Aktionen bzw. Operationen benötigt wird, hängt in erster Linie von den Prozessoreigenschaften des Computers ab, auf dem der Algorithmus ausgeführt wird, aber auch von anderen Faktoren, beispielsweise vom Compiler, mit dem das Quellprogramm übersetzt wurde. Nur in seltenen Fällen finden wir Datenblätter, in denen der für eine bestimmte Rechnerausstattung in Kombination mit der verwendeten Programmiersprache erforderliche Zeitaufwand für die Elementaroperationen und wichtige Aktionen dokumentiert ist. Dieser kann allerdings mit relativ einfachen Messprogrammen, so genannten *Benchmark-Programmen*, bezogen auf eine Programmiersprache, einen bestimmten Compiler und ein(e) Betriebssystem/Hardware-Plattform ermittelt werden. Wobei die Ergebnisse aber mit all den „Unwägbarkeiten" der Laufzeitmessung behaftet sind, die im vorigen Abschnitt erwähnt wurden.

Um von den unterschiedlichen Taktfrequenzen der Prozessoren und den extrem kurzen (absoluten) Zeiten für die Ausführung von Aktionen/Operationen (bei Prozessor-Taktfrequenzen im GHz-Bereich liegen diese Zeiten im Bereich von Nanosekunden) zu abstrahieren, ist es hilfreich, mit einem relativen Zeitaufwand, so genannten Gewichten, zu arbeiten. Tabelle 5.1 zeigt den relativen Zeitaufwand für einige elementare Aktionen und Operationen mit *integer*-Datenobjekten (mit einer Länge von 16 Bit). Die Werte wurden mit einem Pascal-Programm unter Verwendung des Pascal-Compilers von Borland in der Version 7.0 (ohne Laufzeitprüfungen) auf einem Rechner mit dem Betriebssystem Microsoft Windows XP, ausgerüstet mit einem Intel-Prozessor (Pentium 4 mit 2 GHz), ermittelt.

Tabelle 5.1

Elementare Aktionen und Operationen mit *integer*-Datenobjekten und ihr relativer Zeitaufwand bezogen auf die Zuweisung

Elementare Aktion/Operation	Relativer Zeitaufwand
Zuweisung (= Basis)	1.0
Addition oder Subtraktion	1.4
Multiplikation	2.3
Division	8.0
Vergleich (inkl. Sprung bei *if* oder *while*)	1.5
Indizierung einer Matrix	4.2

Natürlich kann mit solchen Benchmark-Programmen auch der absolute Zeitaufwand ermittelt werden: Die Zuweisung eines 16-Bit-*integer*-Werts in einem mit dem Borland-Compiler übersetzten Pascal-Programm dauert auf dem oben beschriebenen Rechner 3.9 ns. Oder anders gesagt: In einer Sekunde sind mit dieser Hardware/Software-Konfiguration etwas über 256 Millionen solcher Zuweisungen möglich. Durch die Anwendung der Gewichte aus Tabelle 5.1 lassen sich daraus auch die absoluten Zeiten für die anderen elementaren Aktionen/Operationen berechnen.

Auf Basis der Feinanalyse eines Algorithmus lässt sich mit den Werten aus Tabelle 5.1 sowohl seine relative Laufzeit als auch – durch Multiplikation mit dem tatsächlichen Zeitaufwand für eine Zuweisung – seine absolute Laufzeit berechnen. Beispiel 5.1 zeigt die Laufzeitberechnung anhand zweier einfacher Algorithmen.

Beispiel 5.1

Berechnung der Laufzeit von Algorithmen zur Matrizenmanipulation

Gegeben sei ein zweidimensionales Feld *matrix* mit *n1* Zeilen und *n2* Spalten vom Datentyp *T* (z.B. mit *T* = *integer*, so dass die Werte aus Tabelle 5.1 anwendbar sind) gemäß folgender Deklarationen:

```
const n1 = ...; n2 = ...
type T = ...
var matrix: array [1:n1, 1:n2] of T
```

Die Aufgabe besteht darin, zeilenweise jedes Element dieser Matrix zu bearbeiten (z.B. soll den Elementen ein bestimmter Wert zugewiesen werden), wobei es hier nur um die korrekte Ermittlung der Werte für die beiden im Algorithmus verwendeten Indizes für den Feldzugriff gehen soll.

Ein kurzer und einfacher Algorithmus für diese Aufgabe, bezeichnen wir ihn mit *A1*, besteht aus zwei ineinander geschachtelten Zählschleifen:

```
for i := 1 to n1 do
  for j := 1 to n2 do
    matrix[i, j] := ...
  end -- for
end -- for
```

Angenommen, es würde in der benutzten Programmiersprache kein Konstrukt für *for*-Schleifen, sondern nur ein Konstrukt für *while*-Schleifen zu Verfügung stehen, dann müssten bei der Transformation des Algorithmus in ein Programm die beiden *for*-Schleifen in äquivalente *while*-Schleifen transformiert werden – so wie das in der Regel auch ein Compiler für eine höhere Programmiersprache machen würde, wenn er eine *for*-Schleife vorfände.

Tabelle 5.2 zeigt das Ergebnis der Feinanalyse und die Berechnung der relativen Laufzeit für den transformierten Algorithmus *A1*, wobei die Spalte *Anzahl* die Häufigkeit der Ausführung der jeweiligen Zeile des Algorithmus enthält, die Spalte *Gewicht* den relativen Zeitaufwand der damit verbundenen Aktionen laut Tabelle 5.1 angibt (so erfordert z.B. die Aktion $j := j + 1$ eine Addition und eine Zuweisung und deshalb 1.0 + 1.4 = 2.4 relative Zeiteinheiten) und die Spalte *Gesamt* das Produkt aus *Anzahl* mal *Gewicht* (zur Verbesserung der Übersichtlichkeit auf die vier vorkommenden Faktoren aufgeteilt) enthält.

Tabelle 5.2

Feinanalyse und Laufzeitberechnung (relative Laufzeit) für Algorithmus $A1$

Algorithmus $A1$	**Anzahl**	**Gewicht**	**Gesamt = Anzahl · Gewicht**			
			$n1 \cdot n2$	$n1$	$n2$	**konst.**
`i := 1`	1	1.0				1.0
`while i ≤ n1 do`	$n1 + 1$	1.5		1.5		1.5
`  j := 1`	$n1$	1.0		1.0		
`  while j ≤ n2 do`	$n1 \cdot (n2 + 1)$	1.5	1.5	1.5		
`    matrix[i, j] := ...`	$n1 \cdot n2$	4.2	4.2			
`    j := j + 1`	$n1 \cdot n2$	2.4	2.4			
`  end -- while`						
`  i := i + 1`	$n1$	2.4		2.4		
`end -- while`						
Summen		·	8.1	6.4	0.0	2.5

Somit ist die relative Laufzeit t des Algorithmus *A1* in Abhängigkeit von der Größe der Matrix:

$$t_{A1}(n1, n2) = 8.1 \cdot n1 \cdot n2 + 6.4 \cdot n1 + 2.5$$

Zum Vergleich wollen wir nun einen zweiten Algorithmus *A2* angeben, der die Aufgabe mit nur einer *while*-Schleife löst. Diese verwendet eine Laufvariable i, die von 1 bis zur Gesamtzahl der Elemente (*number of elements*, kurz *noe*) der Matrix läuft und dafür sorgt, dass zwei zusätzliche Variablen die jeweilige Zeilennummer (l für *line*) und die jeweilige Spaltennummer (c für *column*) für den Elementzugriff angeben.

Tabelle 5.3 zeigt das Ergebnis der Feinanalyse und die Berechnung der relativen Laufzeit für Algorithmus *A2*.

Somit ist die relative Laufzeit t des Algorithmus *A2* in Abhängigkeit von der Größe der Matrix:

$$t_{A2}(n1, n2) = 12 \cdot n1 \cdot n2 + 1.0 \cdot n1 + 7{,}8$$

Tabelle 5.3

Feinanalyse und Laufzeitberechnung (relative Laufzeit) für Algorithmus $A2$

Algorithmus $A2$	Anzahl	Gewicht	Gesamt = Anzahl · Gewicht			
			$n1 \cdot n2$	$n1$	$n2$	konst.
`l := 1`	1	1.0				1.0
`c := 1`	1	1.0				1.0
`i := 1`	1	1.0				1.0
`noe := n1 * n2`	1	3.3				3.3
`while i ≤ noe do`	$n1 \cdot n2 + 1$	1.5	1.5			1.5
`  matrix[l, c] := ...`	$n1 \cdot n2$	4,2	4.2			
`  if c = n2 then`	$n1 \cdot n2$	1.5	1.5			
`    l := l + 1`	$n1$	2.4		2.4		
`    c := 1`	$n1$	1,0		1.0		
`  else`						
`    c := c + 1`	$n1 \cdot n2 - n1$	2.4	2.4	−2.4		
`  end -- if`						
`  i := i + 1`	$n1 \cdot n2$	2.4	2.4			
`end -- while`						
Summen			12.0	1.0	0.0	7.8

Bei dieser Aufgabe handelt es sich um ein Beispiel, bei dem die Laufzeit von *zwei* Einflussgrößen ($n1$ und $n2$) abhängt. Wie in Abschnitt 5.1 geschildert und um die beiden Algorithmen *A1* und *A2* hinsichtlich ihres Laufzeitverhaltens einfacher vergleichen zu können, definieren wir an ihrer Stelle die neue Problemgröße n als Quadratwurzel aus dem Produkt von $n1$ und $n2$. Nachdem die Laufzeiten beider Algorithmen nur für große n lang werden, reicht es, den quadratischen Faktor in den neuen Laufzeitfunktionen $t'(n)$ zu berücksichtigen, da die restlichen Terme dann nicht mehr signifikant sind. Somit ergeben sich zwei einfachere Formeln für die relativen Laufzeiten der beiden Algorithmen:

$$t_{A1}'(n) = 8.1 \cdot n \qquad \text{und}$$

$$t_{A2}'(n) = 12 \cdot n$$

Somit zeigen die Ergebnisse der Laufzeitberechnung, dass der Algorithmus *A2* zur Lösung der Aufgabe für große *n* um etwa 50 % mehr Zeit benötigt als Algorithmus *A1*.

Dieses Ergebnis lässt sich mit einer Zeitmessung überprüfen: Ein Pascal-Programm, das beide Algorithmen implementiert und das mit dem Pascal-Compiler von Borland in der Version 7.0 übersetzt wurde, liefert für eine Matrix mit *n1* = *n2* = 100 (= *n*) und zehntausend Wiederholungen (um signifikante Laufzeiten zu erhalten) für *A1* (mit *for*-Schleifen) eine Laufzeit von 1.37 s und für *A2* einen Laufzeit von 2.09 s auf einem Rechner mit Windows XP und Intel-Pentium-4-Prozessor mit einer Taktfrequenz von 2 GHz.

Für umfangreiche Algorithmensysteme ist die Feinanalyse und eine darauf basierende Laufzeitberechnung – zumal wenn sie, wie in Beispiel 5.1 gezeigt, händisch durchgeführt werden muss – aus Aufwandsgründen nicht praktikabel. Das ist in der Praxis auch nicht erforderlich, denn eine so detaillierte Feinanalyse wird man nur dann vornehmen, wenn z.B. aus Sicherheitsgründen sehr harte Laufzeitanforderungen gegeben sind und dann genügt es meist auch, Feinanalysen nur bei jenen Teilen des Algorithmensystems vorzunehmen, bei denen aufgrund des Programmprofils feststeht, dass sie wegen ihrer Ausführungshäufigkeit oder -dauer die kritischen Teile des Systems repräsentieren.

Oft genügt es, um die Qualität der „Performanz" eines Algorithmus ausreichend beurteilen zu können, dass man das prinzipielle Laufzeitverhalten kennt. Dazu reicht eine Grobanalyse der Laufzeiteigenschaften aus. Wie man eine solche vornimmt, darauf gehen wir im nächsten Abschnitt ein.

5.4 Grobanalyse

Im Gegensatz zur Feinanalyse, bei der jedes die Laufzeit beeinflussende Detail erfasst wird, konzentrieren wir uns bei der Grobanalyse darauf, jene Teile eines Algorithmus zu identifizieren und zu analysieren, von denen das Laufzeitverhalten *signifikant* beeinflusst wird. Wir betrachten dann z.B. die innerste und deshalb am häufigsten auszuführende Schleife und versuchen, ausgehend von der Anzahl der Durchläufe und der Arbeit, die dabei geleistet werden muss – diese beiden Aspekte hängen wiederum von der Ausprägung der Problemgröße ab – Aussagen über das prinzipielle Laufzeitverhalten herzuleiten.

Die ***Grobanalyse*** ist also gekennzeichnet durch das Abstrahieren von Details und von einer Hinwendung zu größeren Einheiten (Schleifen, Teilalgorithmen etc.) und ermöglicht es, mit vertretbarem Aufwand, größere und komplexere Algorithmen hinsichtlich ihres Laufzeitverhaltens zu untersuchen. Die Grobanalyse können wir daher zur Laufzeitvorhersage auch bereits heranziehen, wenn noch nicht alle Details eines Algorithmus ausformuliert sind, z.B. nach der Entwurfsphase und noch vor der Transformation des Algorithmus in ein Programm.

Die Ergebnisse der Grobanalyse hängen – wie schon bei der Feinanalyse – wiederum im Wesentlichen von einer Problemgröße n ab. Die Laufzeit eines Algorithmus hängt aber meist nicht nur von der Größe (angegeben durch n), sondern auch vom Inhalt oder der Ausprägung zu verarbeitender Datenobjekte ab. Wenn wir z.B. einen Suchalgorithmus betrachten, mit dem in einer verketteten Liste nach dem Vorkommen eines bestimmten Werts gesucht wird, dann kann es sein, dass wir im günstigsten Fall den gesuchten Wert auf Anhieb finden, weil er bereits im ersten Listenelement vorkommt, im ungünstigsten Falle aber die ganze Liste durchlaufen werden muss, wenn er nicht oder erst im letzten Listenelement vorkommt.

In solchen Fällen betrachten wir bei der Grobanalyse daher folgende drei Ausprägungen:

1. den *günstigsten Fall* (*best case*), bei dem der Algorithmus mit einer minimalen Anzahl von Arbeitsschritten auskommt,
2. den *ungünstigsten Fall* (*worst case*), der eine maximale Anzahl von Arbeitsschritten des Algorithmus erfordert,
3. den *durchschnittlichen Fall* (*average case*), dessen Anzahl von Arbeitsschritten den typischen, über viele Anwendungen hinweg betrachteten und gemittelten, also den „durchschnittlichen" Anwendungsfall repräsentieren. Dieser durchschnittliche Fall kann, wie leicht einzusehen ist, oft nur auf Basis von Annahmen und mithilfe von Wahrscheinlichkeitsrechnungen ermittelt werden.

Nur bei wenigen Algorithmen kommt man ohne eine Unterscheidung dieser drei Fälle aus und nur dann genügt es, die Problemgröße n als alleiniges Einflussmerkmal zu berücksichtigen. Mit Beispiel 5.2 illustrieren wir vorerst zwei derartige einfache Algorithmen, bevor wir in Beispiel 5.3 eine Aufgabe und ihre algorithmische Lösung behandeln, für deren Grobanalyse zwischen den drei oben genannten Fällen unterschieden werden muss.

Wenn nun ein Algorithmus so beschaffen ist, dass sein Laufzeitverhalten nicht nur von einer oder mehreren Einflussgrößen abhängt, sondern auch vom Inhalt bestimmter Datenobjekte, dann muss dies – wie bereits oben erwähnt – auch bei der Laufzeit-Grobabschätzung entsprechend berücksichtigt werden.

Wie bei der Feinanalyse mit Laufzeitberechnung wollen wir nun auch die Vorgehensweise bei der Grobanalyse wieder anhand eines geeigneten Beispiels demonstrieren und zeigen, wie wir das Laufzeitverhalten für den günstigsten, den ungünstigsten und den durchschnittlichen Fall ermitteln können.

Beispiel 5.2 Laufzeit-Grobanalyse für zwei Algorithmen mit zwei ineinander geschachtelten Schleifen

Die Bearbeitung aller Elemente einer Matrix wird, wie schon in Beispiel 5.1 gezeigt, meist mit zwei ineinander geschachtelten Zählschleifen erfolgen. Das folgende Codestück zeigt diese Lösungsvariante für eine $n \times n$-Matrix:

```
for i := 1 to n do
  for j := 1 to n do
    A(↓matrix[i, j])
  end -- for
end -- for
```

Es ist offensichtlich, dass der Algorithmus A in der inneren Schleife n^2 mal aufgerufen wird und damit die Laufzeit bei dieser Lösungsvariante mit dem Quadrat der Matrizengröße n ansteigt.

Eine ähnliche, ebenfalls häufige Lösungsvariante für die Bearbeitung von Dreiecksmatrizen mit zwei ineinander geschachtelten Schleifen, bei der die innere Schleife aber nicht immer den vollen Wertebereich von 1 bis n durchläuft, sondern im einen Fall (wenn die untere bzw. linke Dreiecksmatrix bearbeitet werden soll) nur von 1 bis i und im anderen Fall (wenn die obere bzw. rechte Dreiecksmatrix bearbeitet werden soll) von i bis n, wird in folgendem Codestück gezeigt:

```
for i := 1 to n do
  for j := 1 to i do  -- or i to n do
    A(↓matrix[i, j])
  end -- for
end -- for
```

Wie ▶Abbildung 5.2 verdeutlicht, bewirkt diese Lösungsvariante, dass der Algorithmus A in der inneren Schleife im ersten Fall (a) $1 + 2 + \ldots + n$ und im zweiten Fall (b) $n + (n - 1) + \ldots + 1$ mal, in beiden Fällen also $n \cdot (n + 1) / 2$ mal (vgl. Gaußsche Summenformel in Abschnitt 4.4) ausgeführt wird und somit die Laufzeit – wie in der ersten Lösungsvariante – mit dem Quadrat der Matrizengröße n wächst.

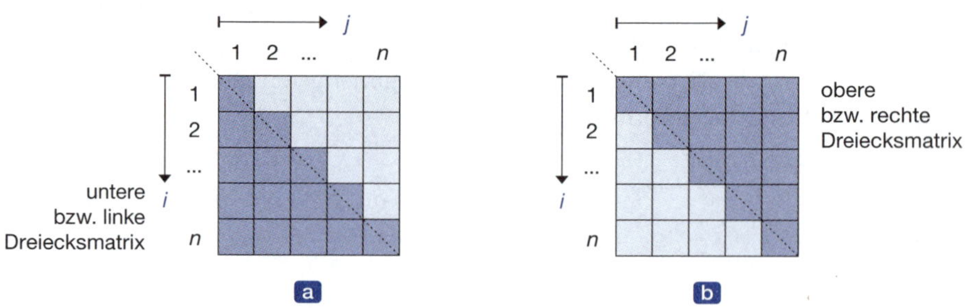

Abbildung 5.2: Zwei Arten von Dreiecksmatrizen mit ihren Elementen

Beispiel 5.3 illustriert die Grobanalyse eines Algorithmus zur Suche des Maximums in einem *integer*-Feld, dessen Elemente nur aus einem kleinen Wertebereich stammen.

Beispiel 5.3

Laufzeit-Grobanalyse eines Algorithmus zur Ermittlung der Position des größten Elements in einem Feld

Gegeben sei ein Feld *a* vom Datentyp *ArrayType* gemäß folgender Deklarationen:

```
const maxN = ...
type ArrayType = array [1:maxN] of int
var a: ArrayType
    n: int
```

Die ersten *n* Elemente (mit $1 \leq n \leq maxN$) des Felds enthalten *integer*-Werte, aber nur aus der Wertemenge {1, 2, 3}.

Gesucht ist ein Algorithmus *MaxPos*, der die Position des ersten Auftretens des größten Elements in einem solchen Feld ermittelt und diese als Funktionswert liefert; also *i* als Ergebnis liefert, wenn das Feld, wie in ▸Abbildung 5.3 beispielhaft dargestellt, befüllt ist.

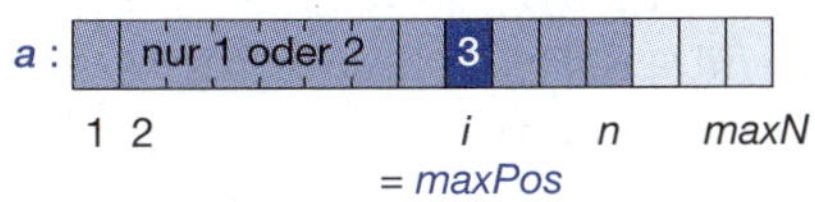

Abbildung 5.3: Beispiel für ein vom Algorithmus *MaxPos* zu analysierendes Feld

Eine Lösungsidee für einen solchen Algorithmus ist schnell entwickelt: Es wird angenommen, dass sich das größte Element mit dem Wert *max* an der ersten Stelle im Feld befindet, weshalb die Ergebnisvariable *maxPos* mit 1 initialisiert wird. Dann wird mittels einer Schleife (Laufvariable *i*) im Rest des Felds (d.h. ab Position 2) solange nach einem größeren Wert ($a[i] > max$) gesucht, bis entweder das Ende des gefüllten Bereichs des Felds erreicht ist ($i > n$) oder der größtmögliche Wert ($max = 3$) gefunden wurde.

Die Transformation der Lösungsidee führt zu folgendem Algorithmus:

```
MaxPos(↓a: ArrayType  ↓n: int): int
  var max, maxPos, i: int
begin
  max := a[1]
  maxPos := 1
  i := 2
  while (i ≤ n) and (max < 3) do
    if a[i] > max then
      max := a[i]
      maxPos := i
    end -- if
    i := i + 1
  end -- while
  retun maxPos
end MaxPos
```

Mittels Grobanalyse soll nun das prinzipielle Laufzeitverhalten dieses Algorithmus für den günstigsten, den ungünstigsten und den durchschnittlichen Fall ermittelt werden. Dabei interessiert uns in erster Linie die Anzahl der erforderlichen Suchschritte in Abhängigkeit von der Problemgröße n, also dem Füllstand des Felds. Wenn wir die Anzahl der erforderlichen Suchschritte kennen und den Aufwand für einen Suchschritt abschätzen können, kennen wir auch das prinzipielle Laufzeitverhalten des Algorithmus. Eine Abschätzung des Aufwands für einen Suchschritt ist unter Umständen aber gar nicht mehr erforderlich, denn für die Auswahl des Algorithmus mit der besten Laufzeitqualität, wenn mehrere Algorithmen mit ähnlicher Ausprägung der Suchschritte vorhanden sind, genügt es bereits, die Algorithmen hinsichtlich der Anzahl der erforderlichen Suchschritte miteinander zu vergleichen.

Die erforderliche Anzahl von Suchschritten manifestiert sich in unserem Beispiel in der Anzahl der erforderlichen Durchläufe durch die den Algorithmus kennzeichnende *while*-Schleife. Wenn wir die Anzahl der erforderlichen Suchschritte abhängig vom Füllstand mit $s(n)$ bezeichnen, so können wir $s(n)$ wie folgt definieren:

$$s(n) = 1 + \text{Anzahl der Schleifendurchläufe}$$

Der Aufruf des Algorithmus ist, auch wenn die Schleife nicht durchlaufen wird (es handelt sich ja um eine Abweisschleife, die nicht notwendigerweise durchlaufen wird), selbstverständlich als Suchschritt zu verstehen. Es wird also mindestens ein Suchschritt durchgeführt.

1. Ermittlung des Laufzeitverhaltens im *günstigsten* Fall: Die minimale Anzahl von Schleifendurchläufen ist tatsächlich 0. Wenn das erste Feldelement den Wert 3 enthält oder nur ein Element des Felds gefüllt ist ($n = 1$), dann steht das Ergebnis der Suche von vornherein fest und die *while*-Schleife (Abweisschleife) wird gar nicht erst betreten, d.h.:

$$s_{min}(n) = 1.$$

Das Laufzeitverhalten ist daher im günstigsten Fall unabhängig von der Problemgröße n. Wir sagen, die Laufzeit ist im günstigsten Falle konstant.

2. Ermittlung des Laufzeitverhaltens im *ungünstigsten* Fall: Die maximale Anzahl von Schleifendurchläufen ist $n - 1$. Sie ist dann erforderlich, wenn der maximal mögliche Wert 3 erst an der letzten Stelle n des gefüllten Bereichs oder gar nicht vorkommt. Die Anzahl der erforderlichen Suchschritte ist in diesem Fall also:

$$s_{max}(n) = 1 + n - 1 = n.$$

Das Laufzeitverhalten ist daher im ungünstigsten Falle proportional zur Problemgröße n, d.h. die Laufzeit wächst linear mit dem Füllstand des Felds.

3. Ermittlung des Laufzeitverhaltens im *durchschnittlichen* Fall: Die durchschnittliche Anzahl von Schleifendurchläufen ist nicht so einfach zu ermitteln. Dazu ist es notwendig, eine (einigermaßen zutreffende) Annahme über die Verteilung der drei Werte 1, 2 und 3 im Feld zu treffen.

Wir nehmen an, dass die drei Werte gleich verteilt im Feld vorkommen, dass also die Wahrscheinlichkeit, dass ein beliebiges Element des Felds einen der drei Werte annimmt, jeweils 1/3 ist. Auf Basis dieser Annahme können nun zwei Situationen unterschieden werden:

Situation 1: Der maximale Wert 3 kommt im Feld mindestens einmal vor, wobei nur sein erstes Auftreten relevant ist und man, wie in Tabelle 5.4 dargestellt, dann sowohl die Wahrscheinlichkeit für das erste Auftreten an der Stelle i als auch die sich dabei ergebende Anzahl von Schleifendurchläufen angeben kann.

Tabelle 5.4

Wahrscheinlichkeit und Anzahl der Schleifendurchläufe für das (erste) Auftreten des maximalen Werts 3 in unterschiedlichen Positionen

Erstes Auftreten von 3 in ...	Wahrscheinlichkeit	Schleifendurchläufe
... Position 1	$\frac{1}{3}$	0
... Position 2	$\frac{2}{3} \cdot \frac{1}{3}$	1
... Position i	$\left(\frac{2}{3}\right)^{i-1} \cdot \frac{1}{3}$	$i-1$

Situation 2: Der maximal mögliche Wert 3 ist im Feld nicht enthalten. Die Wahrscheinlichkeit für diesen Fall beträgt

$$\left(\frac{2}{3}\right)^n$$

und die Anzahl der erforderlichen Schleifendruchläufe ist dann $n-1$.

Wenn man nun, um alle Möglichkeiten zu berücksichtigen, die beiden oben unterschiedenen Situationen 1 und 2 zusammenführt, muss man die Anzahl der Schleifendurchläufe mit ihrer jeweiligen Wahrscheinlichkeit gewichten und die Summe darüber bilden. Dadurch ergibt sich folgende Anzahl erforderlicher Schleifendurchläufe, wobei die Summenformel auch in eine geschlossene Form umgewandelt wird:

$$\left(\sum_{i=1}^{n}\left(\frac{2}{3}\right)^{i-1} \cdot \frac{1}{3} \cdot (i-1)\right) + \left(\frac{2}{3}\right)^n \cdot (n-1) = 2 - 3 \cdot \left(\frac{2}{3}\right)^n$$

Berechnet man diese Formel für einige Werte der Problemgröße n, so zeigt sich (siehe dazu Tabelle 5.5 und ▶Abbildung 5.4), dass die durchschnittlich erforderliche Anzahl der Schleifendurchläufe selbst bei langen Feldern nicht mehr als 2 beträgt – das gilt natürlich nur, wenn die Verteilung der Werte im Feld (wie von uns angenommen) einer Gleichverteilung entspricht.

Tabelle 5.5

Anzahl der durchschnittlich erforderlichen Schleifendurchläufe für Felder mit n Elementen

n	Durchschnittliche Anzahl von Schleifendurchläufen
1	0.000
2	0.667
5	1.605
10	1.947
20	1.999
100	2.000

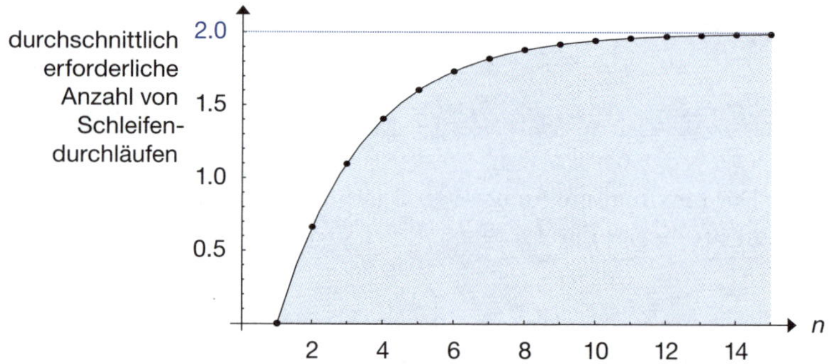

Abbildung 5.4: Anzahl der durchschnittlich erforderlichen Schleifendurchläufe für Felder mit n Elementen

Die durchschnittlich erforderliche Anzahl von Suchschritten $s_{avg}(n)$ ist also:

$$s_{avg}(n) = 1+\left(2-3\cdot\left(\frac{2}{3}\right)^n\right) = 3-3\cdot\left(\frac{2}{3}\right)^n$$

Das Laufzeitverhalten ist daher im durchschnittlichen Fall nur wenig schlechter als im günstigsten Fall, d.h. die Laufzeit wächst auch mit zunehmendem Füllstand des Felds nur unwesentlich. Wenn wir also davon ausgehen können, dass die drei möglichen Werte gleich verteilt im Feld vorkommen, dann ist das Laufzeitverhalten im Durchschnitt viel besser als im schlechtesten Fall.

Wie bereits in Beispiel 5.3 gezeigt wurde, in dem wir eine Grobanalyse zur Laufzeitabschätzung eines relativ einfachen Algorithmus durchgeführt haben, ist es meist nicht allzu schwierig, das Laufzeitverhalten für den günstigsten und den ungünstigsten Fall der Algorithmenanwendung zu ermitteln. Die Ermittlung des Laufzeitverhaltens für den „typischen“ Anwendungsfall – wir haben diesen den „durchschnittlichen“ Fall genannt – hingegen kann sich schwierig gestalten, weil es oft nicht einfach ist, zutreffende Annahmen über die Verteilung zu verarbeitender Daten, die Häufigkeit des Auftretens spezieller Konstellationen etc. zu machen.

5.5 Asymptotische Laufzeitkomplexität und *O*-Notation

Oft will man nur wissen, wenn n die Problemgröße ist, welche die Laufzeit beeinflusst, wie sich das Wachsen der Problemgröße n auf das Laufzeitverhalten auswirkt oder welcher Algorithmus für große n ein günstigeres Laufzeitverhalten aufweist (z.B. um Algorithmen, die ein und dieselbe Aufgabe lösen, einfach und schnell miteinander vergleichen zu können). Man spricht dann von der *Ordnung des Wachstums* der Laufzeit oder der *asymptotischen Laufzeitkomplexität* eines Algorithmus und diese wird durch die so genannte *O*-Notation (siehe Definition unten) beschrieben.

Die **O-Notation** wurde schon 1892 vom deutschen Zahlentheoretiker Paul Bachmann eingeführt, um die Wachstumsgeschwindigkeit oder Größenordnung komplexer Ausdrücke wie z.B. $1^k + 2^k + \ldots + n^k$ für konstante k und wachsende n durch möglichst einfache Funktionen, hier n^{k+1}, auszudrücken. Sie wurde später im deutschen Sprachraum von Edmund Landau, ebenfalls ein Zahlentheoretiker, bekannt gemacht, weshalb sie manchmal auch als *Landau-Notation* bezeichnet wird.

In der Literatur finden sich viele, in ihrem mathematischen Formalisierungsgrad und in ihrer Aussagekraft leicht unterschiedliche Definitionen für die *O*-Notation. Wir lehnen uns in der folgenden an jene von Donald E. Knuth in [Knuth 1976] an, die so z.B. auch in [Cormen und weitere 2007] verwendet wird.

Definition: *O-Notation*

Wenn f und g Funktionen sind, die natürliche Zahlen auf positive reelle Zahlen abbilden, wenn also f und g: $\mathbb{N} \rightarrow \mathbb{R}^+$, so ist f von der Ordnung g, wenn f ein Element folgender Menge von Funktionen ist:

$O(g(n)) = \{ f(n) \mid$ es gibt positive Konstanten n_0 und c, so dass für alle $n \geq n_0$ gilt:

$$0 \leq f(n) \leq c \cdot g(n) \}$$

Man schreibt auch $f(n) \in O(g(n))$ oder kürzer und weniger exakt $f(n) = O(g(n))$[1].

1 Im Sinne der Mathematik ist die Schreibweise $f(n) = O(g(n))$ selbstverständlich Unsinn, weil $O(g(n))$ die Menge aller Funktionen repräsentiert, die nicht stärker als $f(n)$ wachsen. Diese einfache Schreibweise hat sich aber in der Informatik eingebürgert, weshalb wir sie auch verwenden werden.

Die Definition der *O*-Notation drückt, wie in ▸Abbildung 5.5 dargestellt, im Wesentlichen aus, dass die Funktionswerte von *g* multipliziert mit einem konstanten Faktor *c* ab einem bestimmten n_0 eine obere Schranke für die Funktionswerte von *f* bilden. Wobei man an möglichst „kleinen“ und „einfachen“ Funktionen *g* mit möglichst geringen konstanten Faktoren *c* interessiert ist, um eine Schranke für *f* zu bilden.

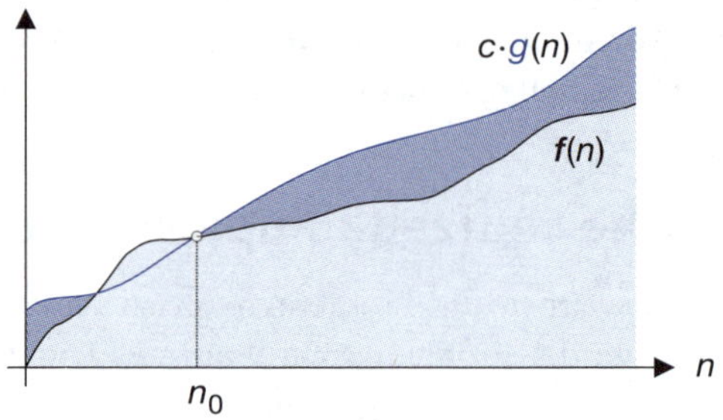

Abbildung 5.5: Funktionsdiagramme zur Veranschaulichung von „*f* ist von der Ordnung *g*“, also $f(n) \in O(g(n))$

Da die betrachteten Funktionen monoton wachsen und an allen Stellen Werte größer 0 liefern – im Kontext von Algorithmen handelt es sich um Funktionen, welche die Laufzeit von Algorithmen in Abhängigkeit von einer Problemgröße *n* definieren – gilt für den Quotienten $f(n) / g(n) \leq c$ für alle $n \geq n_0$. Deshalb kann man die beiden Funktionen so miteinander in Beziehung setzen (durch Division) und den *Grenzwert* (lat. *limes*) über den Quotienten bilden, für diesen gilt:

$$\lim_{n \to \infty} \frac{f(n)}{g(n)} \leq c$$

Von der Betrachtung des Grenzwerts *n* gegen unendlich leitet sich die Bezeichnung ***asymptotische Laufzeitkomplexität*** her.

Neben der *O*-Notation, die eine obere Schranke für das Wachstum der Laufzeit eines Algorithmus definiert, wollen wir der Vollständigkeit halber darauf hinweisen, dass noch verwandte Notationen existieren (siehe dazu beispielsweise [Knuth 1976] oder [Wegener 2005]). Die gebräuchlichsten sind die Ω-Notation, die eine untere Schranke, und die Θ-Notation, die einen nach oben und nach unten hin beschränkten Bereich beschreiben (siehe Tabelle 5.6).

Zur Beschreibung des Laufzeitverhaltens von Algorithmen wird fast ausnahmslos die *O*-Notation herangezogen, weshalb wir in der Folge nur noch auf sie näher eingehen.

Die asymptotische Laufzeitkomplexität, beschrieben mittels *O*-Notation, liefert keine Information über die tatsächliche Laufzeit eines Algorithmus, sie drückt vielmehr aus, wie sich die Laufzeit eines Algorithmus im Verhältnis zur Problemgröße entwickelt – und das in Form einer oberen Schranke. Die tatsächliche Laufzeit muss deshalb darunter liegen. Die asymptotische Laufzeitkomplexität kann (im Vergleich mit anderen

Analysemethoden) schnell und einfach, oft schon durch die Untersuchung der Grobstruktur eines Algorithmus ermittelt werden und ist für den Vergleich von Algorithmen und die Beurteilung der prinzipiellen Laufzeitqualität eines Algorithmus meist ausreichend.

Tabelle 5.6

Notationen zur Definition der Ordnung bzw. von Schranken für das Wachstum von Funktionen

Notation	Definition	Interpretation
O-Notation	$f(n) = O(g(n))$ bedeutet $\lim_{n\to\infty} \frac{f(n)}{g(n)} \le c$	f ist *höchstens* von der Ordnung g g definiert obere Schranke für f
Ω-Notation	$f(n) = \Omega(g(n))$ bedeutet $\lim_{n\to\infty} \frac{g(n)}{f(n)} \le c$	f ist *mindestens* von der Ordnung g g definiert untere Schranke für f
Θ-Notation	$f(n) = \Theta(g(n))$ bedeutet $c_1 \le \lim_{n\to\infty} \frac{f(n)}{g(n)} \le c_2$	f ist *genau* von der Ordnung g g definiert eine Bandbreite für f

Beispiel 5.4 illustriert, wie für den Algorithmus *A1* aus Beispiel 5.1 die asymptotische Laufzeitkomplexität ermittelt wird.

Beispiel 5.4

Ermittlung der asymptotischen Laufzeitkomplexität eines Algorithmus zur Matrizenmanipulation

In Beispiel 5.1 haben wir für den Algorithmus *A1*, der alle Elemente einer $n1 \times n2$-Matrix mittels zweier ineinander geschachtelter Schleifen manipuliert, durch Detailanalyse auf Basis der Tabelle 5.1 die relative Laufzeit (bezogen auf eine Zuweisung)

$$t_{A1}(n1, n2) = 8.1 \cdot n1 \cdot n2 + 6.4 \cdot n1 + 2.5$$

ermittelt. Wir haben also die Laufzeit als Funktion der beiden Matrizendimensionen $n1$ und $n2$ angegeben.

Der Einfachheit halber (und ohne Beschränkung der Allgemeinheit) reduzieren wir die zwei Einflussgrößen (*n1* und *n2*) auf eine Problemgröße n (d.h. wir nehmen z.B. an, dass die beiden Matrizendimensionen gleich groß sind) und wir betrachten nicht mehr die relative Laufzeit t in Abhängigkeit von *n1* und *n2*, sondern die Funktion f, die das Laufzeitverhalten abhängig von der Problemgröße n beschreibt. Somit erhalten wir für f:

$$f(n) = 8.1 \cdot n^2 + 6.4 \cdot n + 2.5 = n^2 \cdot (8.1 + 6.4 / n + 2.5 / n^2)$$

Daraus ist ersichtlich, dass der Wert der Konstanten c gemäß Definition der O-Notation auf jeden Fall größer als 8.1 sein muss. Für diese Funktion f gilt also, wie in ▶Abbildung 5.6 dargestellt, schon für $n_0 = 4$, dass $f(n) \leq c * g(n)$ mit $c = 10$ und $g(n) = n^2$ ist. Somit gilt $f(n) = O(n^2)$ oder anders ausgedrückt: $f(n)$ ist von der Ordnung n^2.

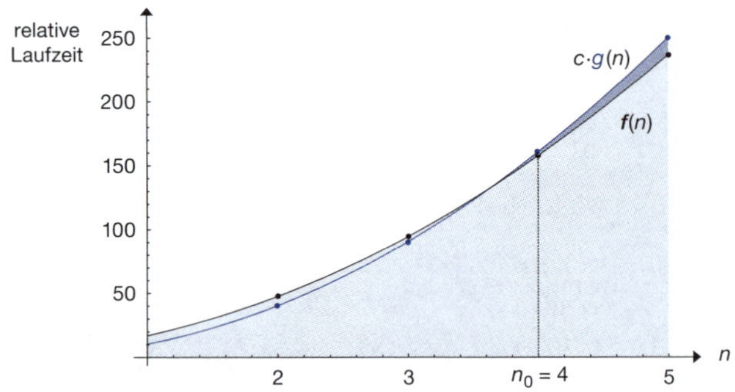

Abbildung 5.6: Obere Schranke g für Algorithmus $A1$ mit Laufzeitverhalten f

Es hat sich eingebürgert, dass Algorithmen entsprechend ihrer asymptotischen Laufzeitkomplexität in sieben Komplexitätsklassen eingeteilt werden, die aufgrund ihrer Bedeutung – mit einer Ausnahme – auch spezielle Bezeichnungen erhalten haben. Tabelle 5.7 stellt diese Komplexitätsklassen im Überblick dar.

Um einen besseren Eindruck über die Komplexitätsklassen zu geben und sie vergleichen zu können, sind in ▶Abbildung 5.7 die Komplexitätsklassen aus Tabelle 5.7 (mit Ausnahme der konstanten Klasse) grafisch dargestellt. Nachdem sich die Wachstumskurven stark unterscheiden, sind sie in zwei Gruppen dargestellt: Abbildung 5.7 (a) zeigt den Verlauf des Wachstums für die logarithmische, die lineare und die Komplexitätsklasse $O(n \log n)$ und der Bildteil (b) zeigt den Verlauf des Wachstums für die quadratische, die kubische und die exponentielle Komplexitätsklasse. Die farbliche Hinterlegung stellt einen Bezug zwischen (a) und (b) her und zeigt damit, wie stark sich die beiden Gruppen von Komplexitätsklassen voneinander unterscheiden.[2]

2 Mit linearen Skalen in den beiden Achsen der ▶Abbildung 5.5 ist nur für kleine Werte von n (bis 12) eine Darstellung möglich, in der noch alle Kurven klar zu erkennen sind. Für größere n wäre eine logarithmische Einteilung (zumindest) auf der y-Achse notwendig, dann geht allerdings der beabsichtigte Eindruck verloren.

Tabelle 5.7

Laufzeitkomplexitätsklassen

Asymptotische Laufzeitkomplexität	Bezeichnung	Erläuterung am Beispiel der Verdoppelung der Problemgröße und typische Algorithmen mit dieser Ordnung
$O(1)$	konstant	Laufzeit ist unabhängig von der Problemgröße, optimaler Fall, der praktisch nicht auftritt
$O(log\, n)$	logarithmisch	Verdoppelung der Problemgröße bewirkt Anstieg der Laufzeit um *log* 2, also um eine Konstante (um 1 für *logarithmus dualis*), sehr günstig und daher erstrebenswert, z.B. *binäre Suche* (siehe Kapitel 6)
$O(n)$	linear	Verdoppelung der Problemgröße bewirkt Verdoppelung der Laufzeit, immer noch zufrieden stellend, z.B. *sequenzielle Suche* (siehe Kapitel 6)
$O(n\, log\, n)$	–	Fast so gut wie linear, weil *log* n im Verhältnis zu n klein ist, z.B. gute Sortierverfahren wie *Quicksort* (siehe Kapitel 7)
$O(n^2)$	quadratisch	Verdoppelung der Problemgröße bewirkt Vervierfachung der Laufzeit, ungünstig, z.B. schlechte Sortierverfahren wie *Bubblesort* (siehe Kapitel 7)
$O(n^3)$	kubisch	Verdoppelung der Problemgröße bewirkt Verachtfachung der Laufzeit, sehr unbefriedigend, z.B. einfache *Matrizenmultiplikation*
$O(k^n)$	exponentiell	Verdoppelung der Problemgröße bedeutet Quadrierung (weil $k^{2n} = (k^n)^2$) der Laufzeit, katastrophal, z.B. *Backtracking*- oder *Exhaustionsalgorithmen* (siehe Kapitel 9)

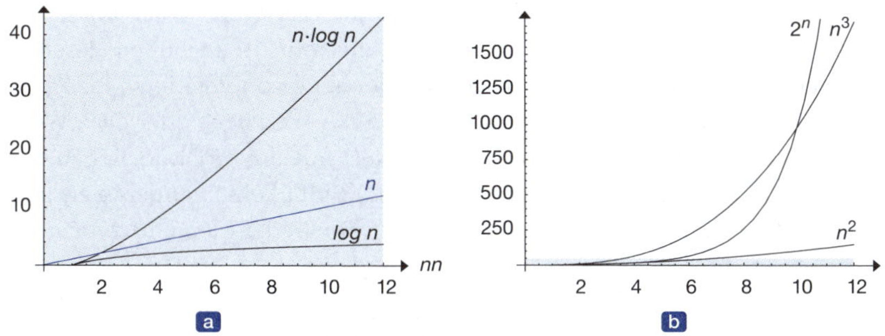

Abbildung 5.7: Wachstumskurven der Komplexitätsklassen

Zur Veranschaulichung des Nutzens der Bestimmung der asymptotischen Laufzeitkomplexität und der darauf basierenden Algorithmenauswahl geben wir in Beispiel 5.5 eine Aufgabenstellung an, für die mehrere Lösungsvarianten mit unterschiedlichen asymptotischen Laufzeitkomplexitäten entwickelt worden sind (weitere Beispiele in dieser Art zeigen wir im Teil II dieses Buchs, vor allem in Kapitel 7 bei den Sortieralgorithmen).

Beispiel 5.5 Problem der maximalen Teilsumme

John Bentley beschreibt in [Bentley 2000] mehrere Algorithmen unterschiedlicher Laufzeitkomplexität zur Lösung einer Problemstellung, die 1977 in einem von Ulf Grenander abgehaltenen Seminar (gemäß [Grenander 2007]) im Zuge der Beschäftigung mit der Suche von Mustern in digitalisierten Bildern (also in zweidimensionalen Objekten) auftrat und die zum Zweck des Studiums verschiedener Lösungsvarianten auf eindimensionale Objekte transformiert wurde. Wir geben im Folgenden die Aufgabenstellung an und analysieren drei ausgewählte Algorithmen zur Lösung des so genannten *Problems der maximalen Teilsumme*.

Gegeben sei ein teilweise gefülltes Feld *a* vom Datentyp *ArrayType* mit $1 \leq n \leq maxN$ ganzzahligen Elementen gemäß den folgenden Deklarationen:

```
const maxN = ...
type ArrayType = array [1:maxN] of int
var a: ArrayType
    n: int
```

Gesucht ist ein Algorithmus *MaxSum*, der die größtmögliche Summe der Werte von Elementen eines zusammenhängenden Bereichs des Felds *a* berechnet.

Die Aufgabe ist deshalb nicht trivial, weil entsprechend dem Datentyp (*integer*) die Feldelemente sowohl positive als auch negative Werte haben können und es deshalb beim Antreffen eines negativen Werts zu entscheiden gilt, ob es zielführend ist, diesen in den betrachteten Bereich einzubeziehen, ob also genügend positive Werte links und/oder rechts vom negativen Wert vorkommen.

Zur Illustration zeigt ▶Abbildung 5.8 ein Beispiel eines solchen Felds, in dem *n* Elemente mit Werten (sowohl positiven als auch negativen) gefüllt sind. Für dieses Feld muss der Algorithmus *MaxSum* als Ergebnis den Wert 50 für die größtmögliche Summe der Werte von Elementen eines zusammenhängenden Bereichs liefern. Dieser Wert wird durch die Summe der Elemente von Position 4 bis 7 gebildet – man könnte auch sagen, *a*[4:7] repräsentiert die „Wertfolge" oder das „Wertmuster" (im Sinne der Mustersuche nach Grenander) mit der größtmöglichen Summe eines zusammenhängenden Bereichs im Feld *a*. Es gibt keinen anderen zusammenhängenden Bereich des Felds, der eine größere Summe der Elementwerte aufweist.

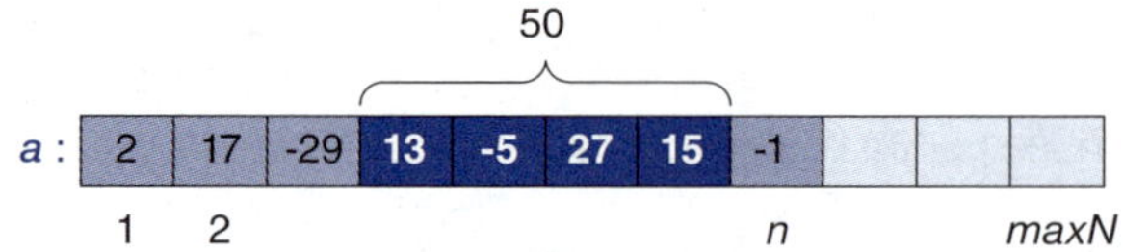

Abbildung 5.8: Beispiel zur Illustration des Problems der maximalen Teilsumme

Grenander, der sich in dem oben erwähnten Seminar mit seinen Studierenden ursprünglich mit diesem „Mustersuch"-Problem beschäftigte, entwickelte laut [Bentley 2000] zuerst den unten beschriebenen Algorithmus *MaxSum1*, der mit zwei

Laufvariablen *first* und *last* mittels zweier Zählschleifen die Anfangs- und Endindizes ($1 \le first \le last \le n$) aller möglichen zusammenhängenden Bereiche von $a[1{:}n]$ ermittelt und in einer dritten (der innersten) Zählschleife die Summe *sum* der Elemente für den jeweiligen Bereich *a[first:last]* bildet. Wenn die Summe der Werte des gerade analysierten Bereichs größer ist als das bisherige Maximum, das durch die Variable *maxSum* repräsentiert wird, also ein neues Maximum gefunden worden ist, dann wird *maxSum* entsprechend verändert (das wird durch einen Aufruf des Hilfsalgorithmus *Max* erledigt, der das Maximum seiner beiden Parameter liefert).

```
MaxSum1(↓a: ArrayType  ↓n: int): int
  var maxSum, sum, first, last, i: int
begin
  maxSum := 0
  for first := 1 to n do
    for last := first to n do
      sum := 0
      for i := first to last do
        sum := sum + a[i]
      end -- for
      maxSum := Max(↓maxSum ↓sum)
    end -- for
  end -- for
  return maxSum
end MaxSum1
```

Die durch den Algorithmus *MaxSum1* implementierte Lösungsidee ist zwar einfach und naheliegend, aber der Algorithmus ist hinsichtlich seiner Laufzeitqualität sehr unbefriedigend. Seine asymptotische Laufzeitkomplexität ist nämlich, weil der Algorithmus drei ineinander geschachtelte Zählschleifen enthält, von denen jede zumindest einmal von 1 bis n läuft (wobei der Füllstand des Felds n zweifelsohne die Problemgröße im Sinne des oben Gesagten ist), von der Ordnung n^3, also $O(n^3)$.

Hinweis: Die oben angeführte Argumentation für das kubische Verhalten der Laufzeit von *MaxSum1* entspricht im Wesentlichen jener aus dem Beispiel 5.2, in dem für die Bearbeitung von Dreiecksmatrizen gezeigt wurde, dass es sich dabei um quadratische Verfahren handelt.

Grenander entwickelte laut [Bentley 2000] aus *MaxSum1* eine effizientere Version, den unten beschriebenen Algorithmus *MaxSum2*. Diese Version baut darauf auf, dass (bei gleichem Startindex) die Wertesumme eines neuen Bereichs *a[first:last]* aus der Wertesumme des unmittelbar davor betrachteten Bereichs *a[first:last –* 1] berechnet und damit die innere Schleife eliminiert werden kann.

```
MaxSum2(↓a: ArrayType  ↓n: int): int
  var maxSum, sum, first, last: int
begin
  maxSum := 0
  for first := 1 to n do

    sum := 0
    for last := first to n do
      sum := sum + a[last]
```

```
      maxSum := Max(↓maxSum ↓sum)
    end -- for
  end -- for
  return maxSum
end MaxSum2
```

Das im Algorithmus *MaxSum2* implementierte Berechnungsverfahren entspricht im Wesentlichen jenem, das in *MaxSum1* verwendet wird, kommt aber mit zwei ineinander geschachtelten Schleifen aus. Das ergibt eine asymptotische Laufzeitkomplexität von $O(n^2)$. Dies ist zwar eine wesentliche Verbesserung der Laufzeitqualität, aber gemäß Tabelle 5.7 wird die quadratische Laufzeitkomplexität auch noch als ungünstig bewertet – sofern sie nicht der Problemkomplexität, also der minimal möglichen Laufzeitkomplexität entspricht, die sich durch keine noch so „geniale" Lösungsidee mehr reduzieren lässt; dies ist in unserem Beispiel allerdings nicht der Fall, wie wir gleich zeigen werden.

Michael Shamos entwickelte schon 1977 einen wesentlich effizienteren Algorithmus, dessen asymptotische Laufzeitkomplexität $O(n \log n)$ ist. Wir geben diesen Algorithmus aber nicht an, weil das zugrunde liegende Verfahren nicht so einfach zu verstehen ist und schon kurz danach Jay Kadane, dem Shamos seine Lösung geschildert hatte, einen noch besseren Algorithmus vorschlug, dessen Laufzeitkomplexität sogar $O(n)$ ist.

Kadanes Algorithmus beruht auf folgender Lösungsidee: Wenn durch die Hinzunahme des Werts eines Elements $a[i]$ die Wertesumme jenes Bereichs, der in i endet, negativ wird, ist es zweckmäßig, ab dieser Stelle einen neuen Bereich für die weitere Analyse beginnen zu lassen. Das Feld wird nur einmal von vorne nach hinten durchlaufen. Dazu werden die Laufvariable i, welche die Position angibt, bis zu der das Feld bereits analysiert wurde, und zwei Variablen *maxSum* und *maxSumEndingHere* mit folgender Bedeutung benutzt:

1. Die Variable *maxSum* repräsentiert – wie schon in den Algorithmen *MaxSum1* und *MaxSum2* – die größtmögliche Wertesumme zum jeweils aktuellen Analysezeitpunkt.
2. Die Variable *maxSumEndingHere* repräsentiert die größte Wertesumme der Elemente jener Bereiche, die an der aktuellen Analyseposition i enden.

▶Abbildung 5.1 zeigt ein Beispiel zur Illustration der Lösungsidee von Kadane, wobei die Werte für die beiden oben erläuterten Variablen angegeben sind und die Analyse bis zur Stelle i im Feld fortgeschritten ist.

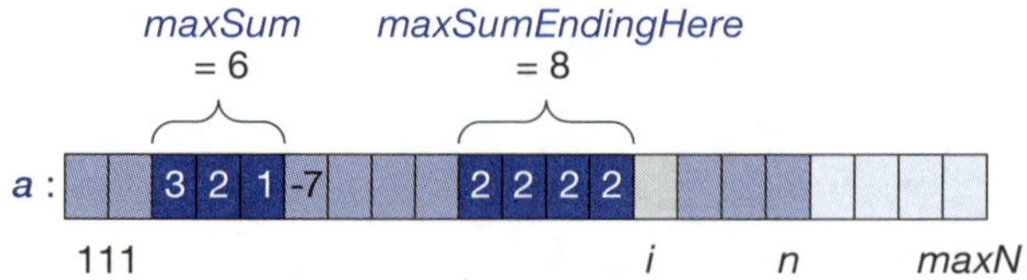

Abbildung 5.9: Beispiel zur Illustration der Lösungsidee von Kadane

Wir benennen Kadanes Algorithmus mit *MaxSum3*; der Code dafür lautet:

```
MaxSum3(↓a: ArrayType ↓n: int): int
  var maxSum, maxSumEndingHere, i: int
begin
  maxSum := 0
  maxSumEndingHere := 0
  for i := 1 to n do
    -- assertion: maxSum and maxSumEndingHere are calculated for a[1:i-1]
    maxSumEndingHere := Max(↓(maxSumEndingHere + a[i]) ↓0)
    maxSum := Max(↓maxSum ↓maxSumEndingHere)
  end -- for
  return maxSum
end MaxSum3
```

Die *for*-Schleife bildet den die Laufzeitkomplexität des Algorithmus *MaxSum3* bestimmenden Kern. Demnach steigt die Laufzeit proportional zur Problemgröße n, dem Füllstand des zu analysierenden Felds. Der Algorithmus ist hinsichtlich seines Laufzeitverhaltens optimal, denn jedes Feldelement wird nur einmal betrachtet. Es kann keinen Algorithmus mit geringerer asymptotischer Laufzeitkomplexität zur Lösung dieser Problemstellung geben, denn bei einem solchen, z.B. mit einer Laufzeitkomplexität $O(\log n)$, würde nicht jedes Element in die Berechnung des Ergebnisses mit einbezogen werden können.

Wir haben in Beispiel 5.5 drei Algorithmen zur Lösung ein und derselben Aufgabenstellung mit extrem unterschiedlichen Laufzeitkomplexitäten – $O(n^3)$, $O(n^2)$ und $O(n)$ – beschrieben und man kann bei diesen zu recht behaupten, dass der schnellste Algorithmus nicht schwerer zu verstehen ist als der langsamste. Das Beispiel sollte den Programmierneuling auch dafür sensibilisieren, dass es sich auszahlt, bei Algorithmen, deren asymptotische Laufzeitkomplexität quadratisch oder noch schlechter ist, nach alternativen Lösungsideen zu suchen, es sei denn, man weiß, dass es sich dabei um die Problemkomplexität handelt – für die Aufgabenstellung aus Beispiel 5.5 ist es, wie schon dort angedeutet, nicht sinnvoll, nach einer Lösungsidee zu suchen, die zu einem Algorithmus mit einer geringeren Laufzeitkomplexität als $O(n)$ führt.

Anmerkung: Immer wieder wird behauptet, dass man sich um die Laufzeiteffizienz eines Algorithmus nicht allzu viele Gedanken machen müsse, denn die Leistungsfähigkeit der Computer verdoppelt sich gemäß dem „Gesetz" von Gordon Moore (*Moores law*, siehe [Moore 1965]) etwa alle 18 Monate. Während Moores Gesetz bis heute im Wesentlichen gilt, kann es nicht als Ausrede für ineffiziente Algorithmen(auswahl) dienen. Denn nur für Algorithmen mit (sehr) günstiger Laufzeitkomplexität (konstant, logarithmisch oder linear) ergibt sich in etwa eineinhalb Jahren die Möglichkeit, dass bei einer Verdoppelung der Problemgröße der Algorithmus in derselben Zeit die Lösung liefern kann – vorausgesetzt man kann und will sich die jeweils neueste Rechnertechnologie leisten.

Zusammenfassung

In diesem Kapitel haben wir uns mit der Ermittlung und der Beurteilung des Laufzeitverhaltens von Algorithmen auseinander gesetzt. Ziel dieses Kapitels war es, den Leser dafür zu sensibilisieren, dass neben anderen Eigenschaften wie die der Korrektheit und der Strukturkomplexität auch das Laufzeitverhalten eine wesentliche Qualitätseigenschaft von Algorithmen ist und ihm das nötige Instrumentarium zur Laufzeitabschätzung, zur Laufzeitberechnung, zur Laufzeitmessung und zur Ermittlung der asymptotischen Laufzeitkomplexität an die Hand zu geben, um Vergleiche und Beurteilungen von Algorithmen hinsichtlich ihres Laufzeitverhaltens (in unterschiedlichen Detaillierungsgraden) vornehmen zu können.

Ausgehend davon, was man unter dem Begriff Komplexität allgemein in der Informatik versteht, wurde kurz erläutert, was die wichtigsten Komplexitätsarten von Algorithmen sind (Strukturkomplexität, Speicherkomplexität, Laufzeitkomplexität und Problemkomplexität), und argumentiert, warum davon in diesem Buch neben der Strukturkomplexität nur die Laufzeitkomplexität im Detail behandelt wird. Das Kapitel begann dementsprechend mit der Definition des Begriffs Laufzeitkomplexität, damit zusammenhängender Begriffe, einer Erörterung der Bedeutung der Laufzeitkomplexität von Algorithmen und wofür diese herangezogen wird. (Abschnitt 5.1)

Danach wurde darauf eingegangen, wie man die Laufzeit von Algorithmen, die bereits in ausführbarer Form vorliegen, messen kann, und es wurde der Wert sowie die Güte solcher Messungen erörtert. (Abschnitt 5.2)

In Abschnitt 5.3 wurden Sinn und Zweck einer Feinanalyse zur Laufzeitberechnung beschrieben und anhand eines Beispiels demonstriert, wie man auf systematische Art und Weise das Laufzeitverhalten eines Algorithmus im Detail analysieren und beschreiben kann.

Da für umfangreiche Algorithmensysteme eine Feinanalyse und eine darauf basierende Laufzeitberechnung in der Praxis aus Aufwandsgründen nicht bewerkstelligt werden kann und es oft genügt, um die Qualität der „Performanz" eines Algorithmus ausreichend beurteilen zu können, dass man das prinzipielle Laufzeitverhalten kennt, wurde in Abschnitt 5.4 ein Verfahren zur Grobanalyse des Laufzeitverhaltens von Algorithmen vorgestellt und seine praktische Umsetzung anhand von Beispielen erklärt.

Abschließend wurde in Abschnitt 5.5 der Begriff der asymptotischen Laufzeitkomplexität definiert, die so genannte *O*-Notation eingeführt und geschildert, wozu man diese benötigt. Anhand von Beispielen wurde gezeigt, wie man die asymptotische Laufzeitkomplexität eines Algorithmus bestimmt. Darüber hinaus wurde eine Einteilung von Algorithmen in verschiedene (Laufzeit-)Komplexitätsklassen vorgenommen und erläutert, was sich hinter diesen Komplexitätsklassen verbirgt und welche Qualitätsurteile damit verbunden sind. In diesem Abschnitt wurde – zur Sensibilisierung des Lesers – auch illustriert, dass die Laufzeitqualität der algorithmischen Lösung einer Aufgabe in Abhängigkeit von der Lösungsidee extrem variieren kann. (Beispiel 5.5)

Aufgaben

Aufgabe 5.1 (Feinanalyse I)
Zur Berechnung der n-ten Potenz einer Zahl x (also x^n) für $n \geq 0$ schlägt Herbert Schlau folgenden Algorithmus vor:

```
SchlauPower(↓x: real  ↓n: int): real
  var p: real
      i: int
begin
  p := 1.0
  for i := 1 to n do
    p := p * x
  end -- for
  return p
end SchlauPower
```

Herberts Freund Hugo Listig meint, es wieder einmal besser zu wissen als Herbert und schlägt folgenden, komplizierteren Algorithmus vor:

```
ListigPower(↓x: real  ↓n: int): real
  var p: real
      i: int
begin
  p := 1.0
  while n > 0 do
    if n mod 2 ≠ 0 then
      p := p * x
    end -- if
    n := n / 2
    x := x * x
  end -- while
  return p
end ListigPower
```

Für die beiden Algorithmen soll eine Feinanalyse (in Abhängigkeit von der Problemgröße n) durchgeführt werden. Die ermittelten Ausführungszeiten für die beiden Algorithmen sind für $n = 0, 1, 10$ und 100 tabellarisch darzustellen und zu interpretieren.

COMPANION WEBSITE

Aufgaben

Aufgabe 5.2 (Feinanalyse II)
Der Algorithmus *WriteInt*(↓ *x*: *int* ↓ *n*: *int*) gibt eine ganze Zahl *x* mit der Feldweite *n* auf einem Ausgabegerät aus.

```
WriteInt(↓x: int  ↓n: int)
  var i, j: int
      digits: array [0:9] of char
begin
  i:= 0
  repeat
    i := i + 1
    digits[i] := Chr(↓Int(↓'0') + x mod 10)
    x := x / 10
  until x = 0
  for j := i + 1 to n do
    Write(' ')
  end -- for
  while i > 0 do
    Write(digits[i])
    i := i - 1
  end -- while
end WriteInt
```

Bestimmen Sie die Laufzeit von *WriteInt* in Abhängigkeit von *x* und *n*.

Hinweis: Die Lösung dieser Aufgabe erfordert vier Laufzeitformeln für folgende Fälle:

1. a) $s < n$ (es sind führende Leerzeichen auszugeben), a1) $x = 0$ und a2) $x > 0$
2. b) $s \geq n$ (es sind keine führenden Leerzeichen auszugeben), b1) $x = 0$ und b2) $x > 0$

wobei *s* die Anzahl der Stellen der Zahl *x* ist.

Aufgabe 5.3 (Grobanalyse)
Gegeben sind zwei positive ganze Zahlen *a* und *b* durch ihre binäre Darstellung als Bit-Vektoren der Länge $n + 1$ in der Form *array* [0:*n*] *of bool*, wobei das Bit mit dem niedrigsten Wert an der Position 0 des Felds steht. *Beispiel*: Die Zahl 14 wird durch den Bit-Vektor 0111 repräsentiert.

Gesucht ist ein möglichst effizienter Funktionsalgorithmus *Compare*(↓ *n*: *int* ↓ *b1*: *BitVector* ↓ *b2*: *BitVector*): *int*, der die beiden (gleich langen) Bit-Vektoren *b1* und *b2* vergleicht und einen *integer*-Wert liefert. Das Ergebnis soll für $b1 < b2$ der Wert –1, für $b1 = b2$ der Wert 0 und für $b1 > b2$ der Wert 1 sein.

Wie viele Vergleiche von Elementen der Bit-Vektoren werden in Abhängigkeit von *n* mindestens, höchstens und durchschnittlich ausgeführt? Nehmen Sie dabei an, dass die Werte 0 und 1 gleich häufig in den Bit-Vektoren auftreten.

Aufgaben

Aufgabe 5.4 (Optimale Bereiche für Algorithmen I)
Die Algorithmen A, B und C lösen alle drei dasselbe Problem, allerdings haben sie unterschiedliche asymptotische Laufzeitkomplexitäten:

A: $1000 \cdot n$,
B: $50 \cdot n^2$ und
C: 2^n

Berechnen Sie für welche Wertebereiche von n welcher Algorithmus am schnellsten ist. Stellen Sie die Ergebnisse auch grafisch (als Diagramm) dar und interpretieren Sie diese.

Aufgabe 5.5 (Optimale Bereiche für Algorithmen II)
Die Algorithmen A, B und C lösen alle drei dasselbe Problem, allerdings haben sie unterschiedliche asymptotische Laufzeitkomplexitäten:

A: $1000 \cdot n$,
B: $10 \cdot n^2$ und
C: 2^n

Ein Rechner *R1* benötigt 1 ms für die Abarbeitung eines Schritts. Berechnen Sie für jeden der drei Algorithmen A, B und C die maximale Problemgröße, die auf dem Rechner *R1* in 1 s, in 1 min und in 1 h bearbeitet werden kann und stellen Sie die Ergebnisse in Form einer Tabelle dar.

Die Fortschritte in der Technologie ermöglichen den Bau eines Rechners *R2*, der zehnmal so schnell ist wie *R1*. Erstellen Sie für den Rechner *R2* die gleiche Tabelle wie vorher für den Rechner *R1* und beurteilen Sie, um wie viel der neue Rechner *R2* die maximal lösbare Problemgröße erhöht hat. Was leiten Sie daraus ab?

TEIL II

Elementare Algorithmen für Standardaufgaben – eine Auswahl

Suchalgorithmen

6

ÜBERBLICK

Motivation

» *Sinn und Zweck der Speicherung von Datenbeständen ist es, später auf sie als Ganzes oder auf Teile davon zugreifen zu können. In diesem Zusammenhang ist es meist erforderlich, nach jenen Datenobjekten des gespeicherten Datenbestands zu suchen, die ein bestimmtes Kriterium erfüllen. Die Suche nach Datenobjekten, z.B. zum Zweck der Informationsbeschaffung, ist ein zentraler Bestandteil nahezu eines jeden Softwaresystems. Es besteht daher ein besonderes Interesse an möglichst effizienten (Standard-)Suchverfahren.*

Ausgehend von typischen Problemstellungen, zu deren Lösung man Suchalgorithmen (searching algorithms) benötigt, wird zuerst dargelegt, welche Anforderungen an Suchalgorithmen typischerweise gestellt werden.

Danach wird, ausgehend von den notwendigen Voraussetzungen für ihre Anwendung (im Wesentlichen sind das die Ausprägung der Datenstruktur und die Reihenfolge der Elemente darin), auf die Lösungsidee, die Transformation der Lösungsidee in einen Algorithmus und die daraus resultierende Laufzeiteffizienz von drei elementaren Suchverfahren eingegangen.

Begonnen wird mit der Erörterung des einfachsten Suchverfahrens, der sequenziellen Suche (sequential search), das auf allen Datenstrukturen ohne besondere Anforderungen an die Reihenfolge der Elemente möglich ist, das jedoch eine unbefriedigende Laufzeiteffizienz aufweist.

Um zu zeigen, wie man die Laufzeiteffizienz verbessern kann, wird danach auf ein weiteres elementares Suchverfahren, das so genannte binäre Suchen (binary search), in verschiedenen Varianten (wie z.B. die Suche in sortierten Feldern oder in binären Suchbäumen) eingegangen und gezeigt, dass dafür auf einfache Weise sowohl iterative als auch rekursive Algorithmen formuliert werden können.

Zu guter Letzt wird die Idee des Hashing (engl. to hash steht für zerhacken, im Sinne der Informatik gibt es keine gute dt. Übersetzung für den engl. Begriff) erläutert: Dabei geht es im Wesentlichen um die Abbildung von Schlüsselwerten auf ganze Zahlen mittels so genannter Hash-Funktionen und es wird gezeigt, wie die daraus resultierenden Hash-Codes (auch Hash-Adressen genannt) als Indizes in Feldern, den so genannten Hash-Tabellen, verwendet werden können, um ein besonders effizientes Suchen von Datenobjekten zu ermöglichen. Dabei wird auf die im Zusammenhang mit der Anwendung dieses Suchverfahrens auftretenden Problemstellungen, nämlich die Wahl einer geeigneten Hash-Funktion und die Behandlung so genannter Kollisionen, eingegangen. «

Ziele

Nach dem Lesen dieses Kapitels haben Sie Folgendes erreicht:

- Sie wissen, was man unter einem Suchalgorithmus im Sinne der Informatik versteht.
- Sie kennen typische Anwendungsfälle für Suchalgorithmen und wissen, welche Aspekte für die Auswahl eines geeigneten Algorithmus relevant sind.
- Sie kennen drei elementare Suchverfahren, die sequenzielle Suche, die binäre Suche und die hashing-basierte Suche.
- Sie wissen, wie die sequenzielle Suche auf unterschiedlichen Datenstrukturen (wie Feldern oder verketteten Listen) vor sich geht, und wissen, welche Laufzeitkomplexität damit verbunden ist.
- Sie kennen die Voraussetzungen, die erfüllt sein müssen, damit binäre Suchverfahren auf unterschiedlichen Datenstrukturen (wie Feldern oder Binärbäumen) anwendbar sind, verstehen ihren Ablauf und kennen ihre Laufzeitkomplexität.
- Sie kennen die Idee des Hashing und wissen, was man unter hashing-basierter Speicherung und Suche von Datenobjekten versteht und wie man diese algorithmisch realisiert. Sie sind mit den beiden wesentlichen Problemstellungen des Hashing, der Auswahl und der Auswirkung einer Hash-Funktion sowie der Auswahl und der Auswirkung einer bestimmten Kollisionsbehandlungsstrategie vertraut, kennen ihr Zusammenwirken und die Laufzeitkomplexität dieses Verfahrens.

6.1 Anwendungsgebiete und Anforderungen

Algorithmen werden primär dazu benutzt, Datenobjekte zu manipulieren. Aber auch dann, wenn Algorithmen zur Steuerung von Hardware (z.B. im Maschinen- oder Industrieanlagenbau) eingesetzt werden, spielen Datenobjekte und damit der Zugriff auf ihren Inhalt eine zentrale Rolle. In der Praxis haben wir es daher mit mehr oder weniger komplexen Datenstrukturen zu tun und oft geht es darum, festzustellen, ob ein bestimmter Wert oder eine bestimmte Wertemenge darin enthalten ist oder nicht. Deshalb ist es notwendig, sich damit auseinanderzusetzen, wie man in (komplexen) Datenstrukturen selektiv und effizient auf die Inhalte ihrer Komponenten zugreifen kann. Wir sprechen in diesem Zusammenhang von *Suchalgorithmen* (*searching algorithms*).

In Beispiel 6.1 (a) sind drei typische Aufgabenstellungen angegeben, für deren Bearbeitung insbesondere effiziente Suchalgorithmen wünschenswert sind.

Beispiel 6.1 (a)

Typische Anwendungsbereiche für Suchalgorithmen

Die folgenden Aufgabenstellungen sind willkürlich ausgewählt und illustrieren unterschiedliche Anwendungsbereiche von Suchalgorithmen:

1. *Sozialversicherung*: Für die Verwaltung und die eindeutige Identifikation ihrer Versicherten verwenden Versicherungsunternehmen in der Regel numerische Identifikationsschlüssel, so genannte Sozialversicherungsnummern. Möchte oder muss ein Versicherter eine Leistung in Anspruch nehmen, müssen jene Daten, aus denen seine Anspruchsberechtigung hervorgeht, unter Heranziehung seiner Sozialversicherungsnummer in einer meist sehr umfangreichen *Datenbasis aller Versicherten* auf effiziente Art und Weise gesucht, überprüft und später für die Abrechnung verwendet werden können.

2. *Dokumentenanalyse*: Für die Erstellung, die Bearbeitung oder die Analyse großer Dokumente (z.B. eines Buchs) ist es hilfreich, ein Stichwortverzeichnis (einen so genannten *Index*) zur Verfügung zu haben. Über den Index, der in seiner einfachsten Form alle wesentlichen Begriffe, die im Dokument vorkommen, zusammen mit den Seitennummern, an denen sie zu finden sind, enthält, sollen auf effiziente Weise alle Informationen, die das Dokument zu einem im Index enthaltenen Eintrag enthält, gesucht werden können.

3. *Compilerbau*: Bei der Übersetzung eines Programmtextes muss ein Compiler alle in diesem Text vorkommenden Namen oder Bezeichner mit ihrer jeweiligen Klassifikation, also ob es sich um eine Konstante, einen Datentyp, eine Variable, eine Prozedur oder Funktion handelt, und mit allfälligen weiteren Informationen (z.B. den Wert bei Konstanten, den Datentyp bei Variablen) so speichern, dass beim Antreffen eines Bezeichners im Zuge des Übersetzungsprozesses effizient festgestellt werden kann, ob dieser (z.B. aus einer Deklaration) bereits bekannt ist und wofür er steht. Es hat sich eingebürgert, die von Compilern für diesen Zweck verwendete Datenstruktur als Symboltabelle zu bezeichnen, obwohl nicht immer Tabellen, also Felder, zur Realisierung verwendet werden.

Allen drei im Beispiel 6.1 (a) angeführten Aufgabenstellungen ist gemeinsam, dass Suchoperationen auf umfangreichen Datenbeständen, die komplexe Datenobjekte enthalten, durchgeführt werden müssen. Im Allgemeinen haben solche Datenobjekte mehrere (z. T. charakteristische) Merkmale, auch Attribute genannt, von denen im Kontext einer bestimmten Suchaufgabe einem die Schlüsselrolle zukommt: das ist jenes Merkmal, nach dessen Ausprägung (Wert) gesucht werden soll. Man nennt dieses Merkmal deshalb in der Regel auch ***Schlüssel*** (*key*), nach ihm wird ein Datenbestand durchsucht.

Diese Gegebenheit wird in den folgenden Deklarationen schematisch dargestellt. Die angeführten Kommentare bringen zum Ausdruck, dass auf Objekten des Datentyps *KeyType* zumindest die Vergleichsoperation zur Prüfung auf Gleichheit (mittels Operator =) erlaubt sein muss, damit bei der Suche entschieden werden kann, ob das gesuchte Objekt gefunden ist; für sortierte Behälter (siehe Abschnitt 6.3) muss darüber hinaus die Vergleichsoperation „kleiner“ (mittels Operator <) möglich sein[1].

```
type KeyType = ...      -- type which allows operation =
                        -- and operation < for "sorted" containers
     ObjectType = compound
       key: KeyType
       data1: DataType1    -- any type
       data2: DataType2    -- any type
       ...
       dataN: DataTypeN    -- any type
     end -- compound
```

Wie wir in Kapitel 3 erörtert haben, stehen zur Bildung komplexer Datenstrukturen im Wesentlichen die Kombination dreier Arten von Datentypen zur Verfügung: Felder, Verbunde und Zeiger, letztere zur Bildung dynamischer oder vernetzter Datenstrukturen wie verkettete Listen und (Binär-)Bäume. Will man von der konkreten Ausprägung der jeweils verwendeten Datenstruktur abstrahieren, spricht man oft nur von einem ***Behälter*** (*container* oder *collection*), wie in folgendem Codestück angedeutet:

```
type ElementType = ObjectType
     ContainerType = array, list, tree, or ... with elements of ElementType
var c: ContainerType
```

Die *Art des Behälters* (insbesondere, ob mittels Indizierung ein „direkter Zugriff“ auf seine Elemente möglich ist) und die *Anordnung der Datenobjekte* in Bezug auf das Schlüsselattribut (ob sie sortiert sind oder nicht), sind entscheidend für die Auswahl eines effizienten Suchverfahrens. Im Folgenden gehen wir auf drei grundlegende Suchverfahren im Detail ein.

6.2 Sequenzielle Suche

Die *sequenzielle* oder *lineare Suche* (*sequential* oder *linear search*) ist das einfachste aber auch das ineffizienteste Suchverfahren. Es hat jedoch den Vorteil, dass es bei jeder Art von Behältern, unabhängig von der verwendeten Datenstruktur und der Anordnung der Elemente (also insbesondere auch bei unsortierten Behältern) anwendbar ist.

Bei der sequenziellen Suche betrachtet man die Elemente des Behälters konzeptuell – unabhängig von der tatsächlichen Realisierung – als eine lineare Anordnung (Sequenz) und durchsucht diese elementweise, d.h. ein Element nach dem anderen, bis das gesuchte Element gefunden oder kein weiteres zu untersuchendes Element mehr vorhanden ist.

1 In manchen Fällen reicht auch die Verfügbarkeit des Operators < (bzw. des Operators >) aus, nämlich genau dann, wenn man aus *not* $(a < b)$ *and* (*not* $b < a$) schließen kann, dass $a = b$ ist.

6.2.1 Sequenzielle Suche in Feldern

Gegeben sei folgender Datentyp zur Deklaration von Feldern:

```
const min = …; max = …   -- min ≤ max
type ArrayType = array [min:max] of ElementType
```

Der unten angegebene, iterative Algorithmus *FirstIndexOf* sucht in dem durch die beiden Grenzindizes[2] *first* und *last* (mit $min \leq first \leq last \leq max$) festgelegten Teilbereich des Felds *a* „von vorne weg" sequenziell nach dem Index des ersten Elements, das in seiner Komponente *key* den gesuchten Schlüsselwert *x* enthält. Der Algorithmus liefert als Ergebnis den Wert $min - 1$, falls kein solches Element gefunden werden konnte.

```
FirstIndexOf(↓a: ArrayType  ↓first: int  ↓last: int  ↓x: KeyType): int
  var i: int
begin
  i := first
  while (i ≤ last) and (a[i].key ≠ x) do
    i := i + 1
  end -- while
  if i ≤ last then
    return i
  else
    return min - 1
  end -- if
end FirstIndexOf
```

▶Abbildung 6.1 stellt die Funktionsweise des Algorithmus *FirstIndexOf* grafisch dar.

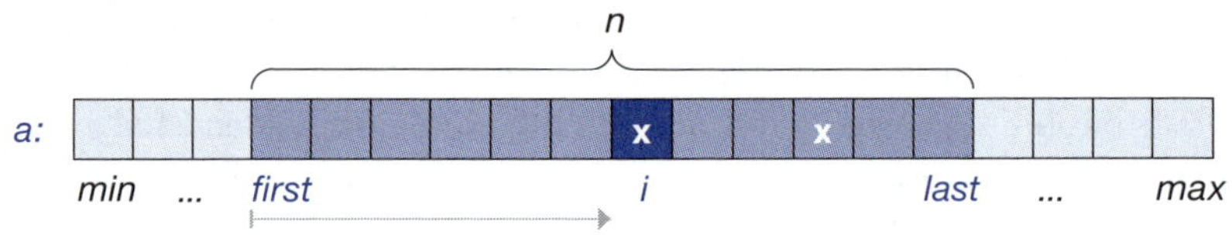

Abbildung 6.1: Sequenzielle Suche nach dem Index des ersten Elements mit dem Schlüsselwert *x* in einem Teilbereich eines Felds

Nachdem *FirstIndexOf* im Erfolgsfall einen gültigen Index *i* (mit $min \leq first \leq i \leq last \leq max$) liefert und nicht nur die Information, ob ein entsprechendes Element enthalten ist oder nicht, kann über diesen Index mit $a[i]$ auf den gesamten Inhalt des gefundenen Elements zugegriffen werden, d.h. alle Komponenten (inkl. der Schlüsselkomponente) können verwendet und gegebenenfalls manipuliert werden.

Sollen alle Elemente eines Felds $a[min{:}max]$, deren Schlüsselkomponente den Wert *x* enthält, gesucht und bearbeitet werden, dann können wir dies durch wiederholten Aufruf des Algorithmus *FirstIndexOf* bewerkstelligen:

2 Wir weichen hier von der bisher geübten Praxis ab, nur die Anzahl *n* der Elemente zu übergeben und das Feld von vorne weg zu bearbeiten, und benutzen Grenzindizes, um flexibler einsetzbare Algorithmen zu bekommen.

```
  var i: int
begin
  i := FirstIndexOf(↓a  ↓min  ↓max  ↓x)
  while i ≠ min - 1 do
    -- do anything with element a[i]
    i := FirstIndexOf(↓a  ↓i + 1  ↓max  ↓x)
  end -- while
  ...
```

Benötigen wir einen Algorithmus, durch den ein Feld *a* nicht von „vorne nach hinten“, sondern umgekehrt, also „von hinten nach vorne” durchsucht wird, so lässt sich ein solcher auf einfache Art und Weise aus *FirstIndexOf* ableiten (dies sei dem Leser überlassen).

6.2.2 Sequenzielle Suche in verketteten Listen

Zur Speicherung der Daten in einer verketteten Liste ist es am einfachsten, den bisher verwendeten Datentyp *ElementType* um einen Zeiger *next* auf das nächste und bei doppelt-verketteten Listen zusätzlich noch um einen Zeiger *prev* auf das vorhergehende Element bzw. Knoten, wie wir die Elemente in Listen nennen, zu erweitern. Im Sinne konsistenter Bezeichnungen (im Vergleich zu Kapitel 3) bezeichnen wir den aus dieser Erweiterung resultierenden Datentyp zur Deklaration der Listenknoten wieder *ListNode*.

Gegeben seien folgende Datentypen zur Deklaration verketteter Listen:

```
type ListNodePtr = →ListNode
     ListNode = compound
       next [, prev]: ListNodePtr
       key: KeyType
       dataI: DataTypeI
     end -- compound
     ListPtr = ListNodePtr
```

Der unten angegebene, iterative Algorithmus *FirstNodeWith* sucht in einer einfach- oder doppelt-verketteten Liste *list* sequenziell nach dem ersten Knoten, der in der Komponente *key* den gesuchten Wert *x* enthält. Der Algorithmus liefert als Ergebnis den Wert *null*, falls kein solcher Knoten gefunden werden konnte.

```
FirstNodeWith(↓list: ListPtr  ↓x: KeyType): ListNodePtr
  var n: ListNodePtr
begin
  n := list
  while (n ≠ null) and (n→key ≠ x) do
    n := n→next
  end -- while
  return n
end FirstNodeWith
```

▸Abbildung 6.2 stellt die Funktionsweise des Algorithmus *FirstNodeWith*[3] grafisch für den Fall der einfachen Verkettung dar. In der Abbildung wird auch angedeutet, dass *list* nicht unbedingt auf das erste Element der Liste verweisen muss, d.h. mit dem Algorithmus kann auch nur der hintere Teilbereich einer Liste durchsucht werden.

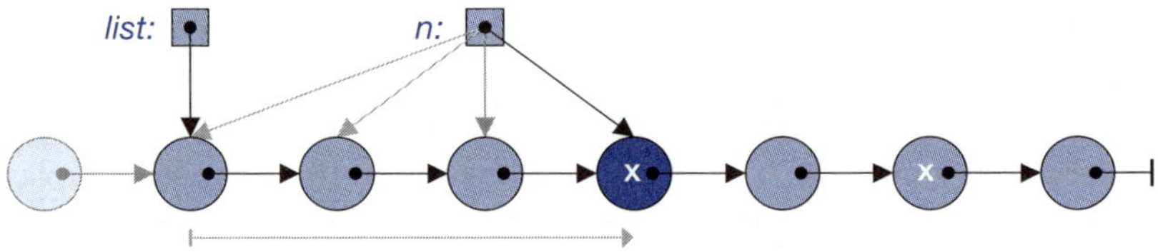

Abbildung 6.2: Sequenzielle Suche in einer verketteten Liste nach dem ersten Knoten mit dem Schlüsselwert *x*

Ein von *FirstNodeWith* gelieferter, gültiger Zeiger *n* (≠ *null*) erlaubt mit *n*→... den Zugriff auf den gesamten Inhalt des gefundenen Knotens, d.h. alle Komponenten (inkl. der Schlüsselkomponente) können verwendet und gegebenenfalls manipuliert werden. Eine wiederholte Anwendung des Algorithmus ermöglicht es – wie im vorherigen Abschnitt für Felder gezeigt –, alle Knoten einer Liste, deren Schlüsselkomponente den gesuchten Wert *x* enthält, zu suchen und zu bearbeiten.

Liegt eine doppelt-verkettete Liste vor, kann mit einem ähnlichen Algorithmus – seine Formulierung überlassen wir dem Leser – auch das letzte Auftreten eines Knotens mit einem bestimmten Schlüsselwert auf einfache Weise gesucht werden.

6.2.3 Sequenzielle Suche in Binärbäumen

Obwohl es in der Praxis nur selten notwendig sein wird, kann man auch in (Binär-) Bäumen sequenziell suchen, wobei die Reihenfolge, in der die Elemente durchsucht werden, von der Art des für die Suche verwendeten Baumdurchlaufs (vgl. Abschnitt 4.5.2) bestimmt wird.

Gegeben seien folgende Datentypen zur Deklarationen von Binärbäumen (im Sinne konsistenter Bezeichnungen im Vergleich zu Kapitel 3 nennen wir den Datentyp zur Deklaration der Baumknoten wieder *TreeNode*):

```
type TreeNodePtr = →TreeNode
     TreeNode = compound
       left, right: TreeNodePtr
       key: KeyType
       dataI: DataTypeI
     end -- compound
     TreePtr = TreeNodePtr
```

3 In Abschnitt 3.4.2 haben wir bereits einen iterativen Algorithmus *FirstNodeWith* angegeben, der allerdings nicht zwischen Schlüssel- und anderen Datenwerten unterscheidet, und in Abschnitt 4.5.1 findet sich eine rekursive Variante davon.

Der unten angegebene rekursive[4] Algorithmus *FirstInOrderNodeWith* sucht in einem Binärbaum *tree* in der durch den *In-Order*-Durchlauf (siehe dazu Abschnitt 4.5.2) gegebenen Reihenfolge sequenziell nach dem ersten Knoten, der in der Komponente *key* den gesuchten Wert *x* enthält. Der Algorithmus liefert als Ergebnis den Wert *null*, falls kein solcher Knoten gefunden werden konnte.

```
FirstInOrderNodeWith(↓tree: TreePtr  ↓x: KeyType): TreeNodePtr
  var n: TreeNodePtr
begin
  if tree ≠ null then
    -- 1. look in left subtree
    n = FirstInOrderNodeWith(↓tree→left  ↓x)
    if n ≠ null then
      return n
    end -- if
    -- 2. look in root node
    if tree→key = x then
      return tree
    end -- if
    -- 3. look in right subtree
    n = FirstInOrderNodeWith(↓tree→right  ↓x)
    if n ≠ null then
      return n
    end -- if
  end -- if
  return null
end FirstInOrderNodeWith
```

Wie bei der sequenziellen Suche in Feldern und Listen kann die Reihenfolge der sequenziellen Suche auch in Bäumen abgeändert werden. Dazu muss nur eine andere Baumdurchlaufstrategie gewählt werden, z.B. *Pre-Order* oder *Post-Order* (vgl. Abschnitt 4.5.2). Eine Formulierung der entsprechenden Algorithmen überlassen wir dem Leser.

6.2.4 Sequenzielle Suche in beliebigen Behältern mittels Iteratoren

Wie zu Beginn dieses Abschnitts erwähnt, sind sequenzielle Suchalgorithmen auf allen Behältern mit beliebiger Anordnung der Elemente möglich. Für Programmiersprachen wie C++ (vgl. [Stroustrup 2000]) und Entwicklungsplattformen wie Java (vgl. z.B. [Schiedermeier 2005]) oder Microsoft .NET (vgl. z.B. [Mössenböck u. weitere 2006]) existieren umfangreiche Klassenbibliotheken (siehe Kapitel 13), die verschiedene Arten von Behältern bieten, wobei jeder dieser Behälter auch einen so genannten ***Iterator*** (*iterator*) zur Verfügung stellt. Bei diesen Iteratoren handelt es sich konzeptuell um eine Art von Zeiger, der es gestattet, mittels einer einfachen und für alle Arten von Behältern identischen Schnittstelle, über die Elemente des jeweiligen

4 Während wir für die sequenzielle Suche in Feldern und Listen iterative Algorithmen angegeben haben, geben wir für die sequenzielle Suche in einem Binärbaum einen rekursiven Algorithmus an. Wie wir in Abschnitt 4.5.2 gezeigt haben, gibt es zwar iterative Algorithmen für Baumdurchläufe, diese sind aber komplizierter und in der Regel nicht wesentlich effizienter.

Behälters mit einer Schleife zu „iterieren“. Das besondere daran ist, dass man dazu die konkrete Realisierung (Datenstruktur) des Behälters nicht kennen muss. Ein Iterator entkoppelt also die Algorithmen von den Behältern, auf denen sie arbeiten.

Ein Algorithmus *FirstIteratorTo* für die sequenzielle Suche eines Elements in einem Behälter, dessen Schlüsselkomponente den Wert *x* enthält und für den ein Iterator *it* zur Verfügung steht, lässt sich mit den Mitteln, die wir bisher kennen gelernt haben, wie folgt formulieren:

```
FirstIteratorTo(↓it: IteratorType  ↓x: KeyType): IteratorType
begin
  while IsValid(↓it) and (ElementAt(↓it).key ≠ x) do
    it := Next(↓it)
  end -- while
  return it
end FirstIteratorTo
```

Der Algorithmus *FirstIteratorTo* liefert als Ergebnis einen Iterator: Wenn dieser gültig ist, zeigt er auf das erste gefundene Element im Behälter, das den Schlüsselwert *x* enthält; wenn der Iterator nicht gültig ist, konnte kein Element mit dem Schlüsselwert *x* gefunden werden. Folgendes Codestück zeigt, wie man für einen beliebigen Behälter *c* mittels *IteratorFor* einen Iterator erzeugt und diesen für den Aufruf des obigen Algorithmus nutzt:

```
  var c: ContainerType
      x: KeyType
      it: IteratorType
begin
  ...
  it := FirstIteratorTo(↓IteratorFor(↓c)  ↓x)
  if IsValid(↓it) then ...  -- x found in c
  ...
```

6.2.5 Laufzeitkomplexität der sequenziellen Suche

Im Sinne einer *Grobanalyse* des Laufzeitverhaltens (vgl. Abschnitt 5.4) der sequenziellen Suche konzentrieren wir uns auf die Ermittlung der Anzahl der erforderlichen Suchschritte. Ein Suchschritt umfasst hier im Wesentlichen den Vergleich des gesuchten Schlüsselwerts *x* mit dem Wert der Schlüsselkomponente eines Behälterelements. Unabhängig von der Art des Behälters, in dem sequenziell gesucht wird, gilt für die Anzahl der erforderlichen Suchschritte in Abhängigkeit von der Anzahl der durchsuchten Elemente *n* des Behälters das Folgende:

- Im *günstigsten Fall*: Die minimale Anzahl von Suchschritten ist $s_{min}(n) = 1$. Dieser Fall tritt ein, wenn der zu durchsuchende Bereich des Behälters nur ein Element umfasst oder der gesuchte Schlüsselwert gleich im ersten besuchten Element gefunden wird.
- Im *ungünstigsten Fall*: Die maximale Anzahl von Suchschritten ist $s_{max}(n) = n$. Dieser Fall tritt ein, wenn der gesuchte Schlüsselwert in keinem der Elemente vorkommt oder erst im letzten besuchten Element gefunden wird.

- Im *typischen* oder *durchschnittlichen Fall*: Wenn wir annehmen, dass alle n zu durchsuchenden Elemente des Behälters unterschiedliche Schlüsselwerte enthalten und nach jedem Schlüsselwert genau einmal gesucht wird, ergibt sich folgende Gesamtanzahl von Suchschritten

$$s_{total}(n) = 1 + 2 + \ldots + n = \sum_{i=1}^{n} i = \frac{n \cdot (n+1)}{2}.$$

  Wenn wir weiter annehmen, dass nach jedem Schlüsselwert mit der gleichen Wahrscheinlichkeit gesucht wird, so beträgt die durchschnittliche Anzahl von Suchschritten

$$s_{avg}(n) = \frac{1}{n} \cdot \frac{n \cdot (n+1)}{2} = \frac{n+1}{2}.$$

  Für große n gilt also: $s_{avg}(n) \approx \frac{n}{2}$.

Die *asymptotische Laufzeitkomplexität* (vgl. Abschnitt 5.5) der sequenziellen Suche ist demnach $O(n)$, sie ist also *linear*. Das bedeutet z.B., dass die Suche in einem Behälter mit doppelt so vielen Elementen doppelt so viele Suchschritte erfordert.

Hinweis zur Optimierung: Wie in Abschnitt 3.4.3 für doppelt-verkettete Listen mit Ankerelement gezeigt, lässt sich eine Verbesserung der Effizienz der sequenziellen Suche durch Benutzung eines so genannten *Wächters* (*sentinel*) erzielen – ein Wächter kann auch in einem teilweise gefüllten Feld eingesetzt werden – das hat zwar keine Auswirkung auf die Anzahl der Suchschritte bzw. auf die asymptotische Laufzeitkomplexität, kann aber die tatsächliche Laufzeit um bis zu 30 % reduzieren.

Eine sequenzielle Suche in Behältern mit wenigen (etwa $n < 10$) Elementen ist selbst bei häufiger Anwendung auch in der Praxis effizient genug. Für Suchoperationen in umfangreicheren Behältern scheidet eine sequenzielle Suche normalerweise aus, weil wir Suchverfahren kennen, die hinsichtlich ihres Laufzeitverhaltens wesentlich besser sind.

6.3 Binäre Suche

Eine deutliche Verbesserung des Laufzeitverhaltens gegenüber jenem der sequenziellen Suche erreichen wir durch ein Suchverfahren, das nach dem Prinzip *Teile und Herrsche* (*divide and conquer*) arbeitet: das *binäre Suchen* (*binary search*).

Eine Voraussetzung für die Anwendung dieses Suchverfahrens ist allerdings, dass die Elemente im Behälter sortiert (vgl. Kapitel 7) angeordnet sind und ein direkter Zugriff auf das „mittlere" Element möglich ist. Der Algorithmus zur binären Suche arbeitet nach folgendem Prinzip: Es wird geprüft, ob der gesuchte Schlüsselwert mit dem des mittleren Elements übereinstimmt. Wenn das nicht der Fall ist, kann wegen der Sortierung der Behälterelemente durch den Vergleich des gesuchten Schlüsselwerts mit dem Wert der Schlüsselkomponente des gerade betrachteten Elements festgestellt werden, ob in der „linken Hälfte“ oder in der „rechten Hälfte“ des Behälters analog (evtl. rekursiv) weitergesucht werden muss. Dadurch vermindert sich nach jedem nicht erfolgreichen Suchschritt die Anzahl der noch zu durchsuchenden Elemente um die Hälfte, was zu einer drastischen Reduktion der Suchschritte im Vergleich zur sequenziellen Suche führt. Details zur Laufzeitkomplexität geben wir am Ende dieses Abschnitts an.

Aus der skizzierten Lösungsidee folgt, dass die binäre Suche auf sortierten Feldern und sortierten Binärbäumen, den so genannten binären Suchbäumen, nicht aber auf sortierten verketteten Listen sinnvoll ist, weil in verketteten Listen das mittlere Element nicht direkt erreichbar ist.

6.3.1 Binäre Suche in sortierten Feldern

Wie bei der Diskussion sequenzieller Suchalgorithmen sei wiederum folgender Datentyp zur Deklaration von Feldern gegeben:

```
const min = ...; max = ...   -- min ≤ max
type ArrayType = array [min:max] of ElementType
```

Der unten angegebene iterative Algorithmus *IndexOf* sucht in einem durch die beiden Grenzindizes[5] *first* und *last* (mit $min \leq first \leq last \leq max$) festgelegten Teilbereich des aufsteigend sortierten Felds a, basierend auf der oben skizzierten Lösungsidee für das binäre Suchen, nach dem Index eines Elements, das in seiner Komponente *key* den gesuchten Schlüsselwert x enthält. Der Algorithmus liefert als Ergebnis den Wert $min - 1$, falls kein solches Element gefunden werden konnte.

Der Algorithmus *IndexOf* geht gemäß dem oben formulierten Prinzip der binären Suche so vor, dass der jeweils betrachtete Bereich des Felds durch die beiden Indizes *first* und *last* definiert wird. Solange dieser Bereich nicht leer ist, also $first \leq last$ gilt, wird der Index *mid* seines mittleren Elements berechnet. Dann wird dieses mittlere Element untersucht und wenn der gesuchte Wert darin nicht vorkommt, die linke oder die rechte Hälfte des Bereichs (jeweils ohne das mittlere Element) weiter behandelt, je nachdem ob der gesuchte Wert kleiner oder größer als der Schlüsselwert des mittleren Elements ist. Die Grenzen des neuen, nur mehr halb so großen Bereichs werden durch entsprechende Anpassung eines der beiden Indizes *first* oder *last* festgelegt.

```
IndexOf(↓a: ArrayType  ↓first: int  ↓last: int  ↓x: KeyType): int
  var mid: int
begin
  while first ≤ last do
    mid := (first + last) / 2
    if x = a[mid].key then
      return mid
```

5 Wie bei der sequenziellen Suche weichen wir hier wieder von der bisher geübten Praxis (z.B. bei der Behandlung teilweise gefüllter Felder in Kapitel 3) ab, nur die Anzahl n der Elemente zu übergeben und das Feld von vorne weg zu bearbeiten, um mittels Grenzindizes einen flexibler einsetzbaren Algorithmus zu gewinnen.

```
    else
      if x < a[mid].key then
        last := mid - 1
      else -- x > a[mid].key
        first := mid + 1
      end -- if
    end -- if
  end -- while
  return min - 1
end IndexOf
```

Beispiel 6.2 zeigt die Abfolge der Suchschritte, die bei der Anwendung des Algorithmus *IndexOf* notwendig sind, um den gesuchten Wert in einem sortierten Feld zu lokalisieren.

Beispiel 6.2

Binäre Suche in sortiertem Feld

▶Abbildung 6.3 zeigt ein (mit den ersten sieben Primzahlen gefülltes) aufsteigend sortiertes Feld mit dem Element-, gleichzeitig auch Schlüsseldatentyp *integer* und illustriert den Ablauf der binären Suche, wenn nach einem Element, das den Wert 11 enthält, gesucht wird. Es werden drei Suchschritte benötigt, um festzustellen, dass das gesuchte Element an der Indexposition 5 im Feld zu finden ist.

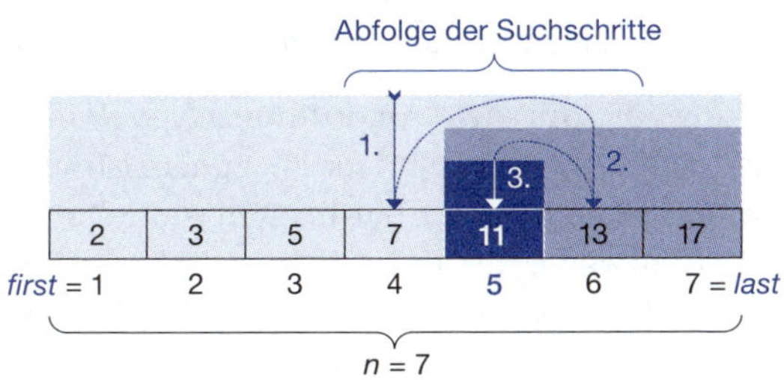

Abbildung 6.3: Abfolge der Suchschritte bei der binären Suche in einem sortierten Feld (Ermittlung des Index eines Elements, das den Wert 11 enthält)

Wie bereits durch den Namen des Algorithmus ausgedrückt wird (das Präfix *First* fehlt im Vergleich zu den sequenziellen Suchalgorithmen), kann die binäre Suche nicht direkt dazu herangezogen werden, das erste Element im Feld, welches den gesuchten Wert als Schlüssel enthält, zu identifizieren. Wenn das Feld mehrere Elemente mit dem gesuchten Schlüsselwert enthält – diese sind dann wegen der Sortierung unmittelbar hintereinander angeordnet, bilden also einen zusammenhängenden Bereich – hängt der Ergebnisindex davon ab, wo sich dieser Bereich im Feld befindet und kann sich auf jedes Element dieses Bereichs beziehen.

Die binäre Suche in sortierten Feldern ist, wie wir in Abschnitt 6.3.3 zeigen, ein besonders effizientes Suchverfahren. Allerdings ist für das zuvor notwendige Sortieren des Felds (vgl. Kapitel 7) nicht unerheblicher Aufwand erforderlich. Abgesehen davon ist das Einfügen und Entfernen von Elementen in (sortierten) Feldern – wie wir in Kapitel 3 erläutert haben – ineffizient, weil dabei stets Elemente verschoben werden müssen. Mithilfe dynamischer oder vernetzter Datenstrukturen (verkettete Listen und Bäume) lässt sich dieser Nachteil vermeiden. Für eine effiziente Suche eignen sich vor allem binären Suchbäume.

6.3.2 Binäre Suche in binären Suchbäumen

In Analogie zur Diskussion sequenzieller Suchalgorithmen sei folgender Datentyp zur Deklaration von Binärbäumen gegeben:

```
type TreeNodePtr = →TreeNode
     TreeNode = compound
       left, right: TreeNodePtr
       key: KeyType
       dataI: DataTypeI
     end -- compound
     TreePtr = TreeNodePtr
```

Wenn ein auf Basis dieser Deklarationen und ein nach den Werten der Schlüsselkomponente (*key*) sortierter binärer Suchbaum (vgl. Abschnitt 3.5.3) *tree* vorliegt, dann können wir einen einfachen rekursiven[6] Algorithmus *NodeWith* angeben, mit dem ein Knoten, dessen Komponente *key* den gesuchten Wert *x* enthält, gefunden werden kann und der im Erfolgsfall als Ergebnis den Zeiger auf diesen Knoten liefert. Der Algorithmus liefert als Ergebniswert *null*, falls kein entsprechender Knoten gefunden wird.

Grundprinzip der Lösungsidee für den Algorithmus *NodeWith* ist, dass im jeweils betrachteten Baum *tree*, sofern dieser nicht leer ist, zunächst der Wurzelknoten untersucht wird und wenn der gesuchte Wert darin nicht enthalten ist, die Suche durch einen rekursiven Aufruf entweder im linken (*tree→left*) oder im rechten Teilbaum (*tree→rigth*) fortgesetzt wird, je nachdem, ob der gesuchte Wert *x* kleiner oder größer als der Wert der Komponente *key* im Wurzelknoten ist.

```
NodeWith(↓tree: TreePtr  ↓x: KeyType): TreeNodePtr
begin
  if tree ≠ null then
    if tree→key = x then
      return tree
    end -- if
    if x < tree→key then
      return NodeWith(↓tree→left  ↓x)
    else  -- x > tree→key
      return NodeWith(↓tree→right  ↓x)
    end -- if
  end -- if
  return null
end NodeWith
```

6 Eine iterative Variante des Algorithmus *NodeWith* haben wir in Abschnitt 3.5.3 angegeben, allerdings ohne Unterscheidung von Schlüssel- und sonstigen Datenkomponenten.

Beispiel 6.3 zeigt die Abfolge der Suchschritte bei Anwendung des Algorithmus *NodeWith,* um den Knoten mit dem gesuchten Wert in einem binären Suchbaum zu lokalisieren.

Beispiel 6.3 **Binäre Suche in binärem Suchbaum**

▶Abbildung 6.4 zeigt einen (balancierten) binären Suchbaum, dessen Knoten in der Komponente *key* die ersten sieben Primzahlen enthalten, und illustriert den Ablauf der Suche nach einem Knoten mit dem Wert 11 in der Schlüsselkomponente. Es werden drei Suchschritte benötigt, um den gesuchten Knoten zu lokalisieren.

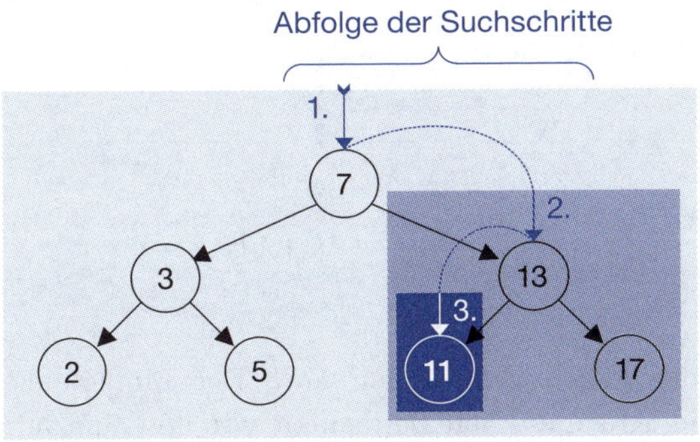

Abbildung 6.4: Abfolge der Suchschritte in einem binären Suchbaum (Suche des Knotens mit dem Wert 11)

Während bei der binären Suche in einem sortierten Feld für den Fall, dass es mehrere Elemente gibt, die den gesuchten Wert enthalten, im Allgemeinen keine Aussage darüber getroffen werden kann, welcher Index davon als Ergebnis geliefert wird, ist bei der binären Suche in einem binären Suchbaum garantiert, dass als Ergebnis der Zeiger auf jenen Knoten geliefert wird, der dem Wurzelknoten am nächsten ist.

6.3.3 Laufzeitkomplexität der binären Suche

Wie bereits bei der Erörterung der Laufzeitkomplexität der sequenziellen Suchverfahren konzentrieren wir uns auch hier auf die Ermittlung der Anzahl der erforderlichen Suchschritte.

Eine *Grobanalyse* (vgl. Abschnitt 5.4) der binären Suchverfahren für sortierte Felder und balancierte binäre Suchbäume (mit n Elementen bzw. Knoten) liefert folgende Ergebnisse im Hinblick auf die jeweils erforderliche Anzahl von Suchschritten:

- Im *günstigsten Fall*: Die minimale Anzahl von Suchschritten ist $s_{min}(n) = 1$. Dieser Fall tritt ein, wenn der zu durchsuchende Bereich des Behälters nur ein Element umfasst oder der gesuchte Wert auf Anhieb im mittleren Element des Felds bzw. im Wurzelknoten des Suchbaums gefunden wird.

- Im *ungünstigsten Fall*: Die maximale Anzahl von Suchschritten ist, wie in Tabelle 6.1 exemplarisch und für den allgemeinen Fall angegeben, $s_{max}(n) = \lfloor ld\, n \rfloor + 1$ (*ld* steht für *logarithmus dualis*, also den Logarithmus zur Basis 2). Dieser Fall tritt ein, wenn der gesuchte Wert nicht im zu durchsuchenden Behälter enthalten ist oder erst im letzten besuchten Element/Knoten gefunden wird.

Tabelle 6.1

Maximale Anzahl von Suchschritten bei Anwendung binärer Suchverfahren

n	$s_{max}(n)$
1 (= 2^0)	1
2 (= 2^1), 3	2
4 (= 2^2), 5, 6, 7	3
8 (= 2^3), … 15	4
2^k, … $2^{k+1} - 1$	$k + 1$ für $k > 1$

- Im *typischen* oder *durchschnittlichen Fall*: Der Einfachheit halber und ohne Beschränkung der Allgemeinheit betrachten wir den Spezialfall eines sortierten Felds oder eines balancierten binären Suchbaums mit $n = 2^k - 1$ (für $k > 1$) Elementen/Knoten und nehmen an, dass die n Elemente/Knoten des Behälters in ihren Schlüsselkomponenten unterschiedliche Werte enthalten.

  Beispiel 6.4 illustriert für zwei Datenstrukturen, welche die obigen Annahmen erfüllen, die Ermittlung der Gesamtzahl der Suchschritte für alle Elemente.

  Verallgemeinern wir das Berechnungsergebnis aus Beispiel 6.4 (wieder mit $n = 2^k - 1$ und n unterschiedlichen Schlüsselwerten), so erhalten wir:

$$s_{total}(n) = \sum_{i=1}^{k} \left(i \cdot 2^{i-1}\right) = (k-1) \cdot 2^k + 1$$

  Unter der Annahme, dass nach jedem Element des Behälters mit der gleichen Wahrscheinlichkeit gesucht wird, beträgt die durchschnittliche Anzahl von Suchschritten also:

$$s_{avg}(n) = \frac{(k-1) \cdot 2^k + 1}{2^k - 1}$$

  Für große n (etwa für $n > 1000$ und damit für $k \geq 10$), gilt somit:

$$s_{avg}(n) \approx k - 1 \approx ld\, n$$

Beispiel 6.4 Gesamtzahl der Suchschritte für alle Elemente eines Behälters bei binärer Suche

▶Abbildung 6.5 zeigt zwei Exemplare von für binäre Suche geeigneten Behältern: einen (balancierten) binären Suchbaum und darunter ein sortiertes Feld. Beide Behälter haben $n = 2^4 - 1 = 15$ Knoten/Elemente, welche die Werte 1 bis 15 (was aber für unsere Betrachtung nicht relevant ist) in ihren Schlüsselkomponenten enthalten. Für jeden Knoten bzw. für jedes Element wird im obersten Balken der Abbildung (mit blauen Ziffern) angegeben, wie viele Suchschritte zu dessen Lokalisierung mittels binärer Suche erforderlich sind.

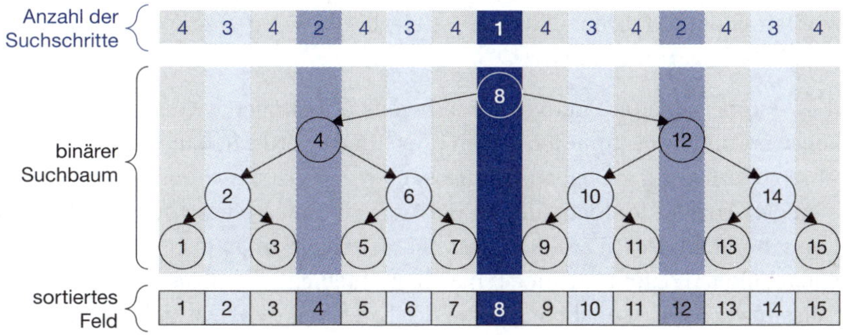

Abbildung 6.5: Anzahl der erforderlichen Suchschritte bei binärer Suche für jedes Element des Felds bzw. für jeden Knoten des binären Suchbaums

Die Gesamtzahl der Suchschritte s_{total}, die notwendig sind, um jedes Element bzw. jeden Knoten der beiden Behälter aus ▶Abbildung 6.5 zu lokalisieren, beträgt somit:

$$s_{total}(15 = 2^4 - 1) = 1 + 2 \cdot 2 + 3 \cdot 4 + 4 \cdot 8$$

$$= 1 \cdot 2^0 + 2 \cdot 2^1 + 3 \cdot 2^2 + 4 \cdot 2^3 = 49.$$

Dieses Ergebnis bedeutet, dass sich das Laufzeitverhalten binärer Suchverfahren im ungünstigsten Fall (s. o.) nur unwesentlich vom durchschnittlichen Fall unterscheidet: nur etwa ein Suchschritt mehr wird benötigt.

Zur Bestimmung der *asymptotischen Laufzeitkomplexität* (vgl. Abschnitt 5.5) binärer Suchverfahren ziehen wir das Ergebnis der Grobanalyse für den schlechtesten Fall heran: sie beträgt demnach $O(ld\ n) = O(log\ n)$, ist also *logarithmisch*. Das bedeutet z.B., dass die Suche in einem Behälter mit 1000 Elementen nur ca. 10 Suchschritte benötigt und in einem Behälter mit doppelt so vielen Elementen nur einen Suchschritt mehr.

Das Laufzeitverhalten binärer Suchverfahren ist also gemäß der in Kapitel 5 angegebenen Laufzeitkomplexitätsklassen als sehr günstig zu bewerten. Die binäre Suche ist daher für viele Suchaufgaben die Methode der Wahl: sie ist einfach und effizient. Wenn die Menge der Datenobjekte unverändert bleibt, empfiehlt es sich, ein Feld zu ihrer Speicherung zu verwenden. Müssen häufig neue Datenobjekte hinzugefügt oder entfernt werden, ist die Verwendung eines (balancierten) binären Suchbaums angebracht.

6.4 Hashing-basierte Suche

Bei den bisher erörterten Suchverfahren, der sequenziellen und der binären Suche, hängt der Aufwand für die Lokalisierung eines gesuchten Elements von der Anzahl n der Elemente im Behälter ab. Während die asymptotische Laufzeitkomplexität von sequenziellen Suchverfahren $O(n)$ ist, ist sie bei binären Suchverfahren wesentlich günstiger, sie beträgt nur $O(log\ n)$.

Obwohl es sich bei binären Suchverfahren bereits um effiziente Verfahren handelt, ist es wünschenswert und in bestimmten Fällen unbedingt erforderlich, noch effizientere Suchverfahren zur Verfügung zu haben. Wünschenswert wäre ein Suchverfahren, das unabhängig von der Anzahl der Elemente im Behälter mit einer asymptotischen Laufzeitkomplexität von annähernd $O(1)$ arbeitet, dessen Laufzeitverhalten also *konstant* ist – so wie es bei einem Feld a möglich ist, auf ein beliebiges Element über dessen Index i in konstanter Zeit, also insbesondere unabhängig von der Länge des Felds, mittels $a[i]$ zuzugreifen.

Das so genannte ***Hashing***, manchmal auch als *Streuspeicherung* (*scatter storage*) bezeichnet, ist ein Verfahren, mit dem die Forderung nach einer asymptotischen Laufzeitkomplexität von $O(1)$ – unter bestimmten, aber durchaus realistischen Umständen – erfüllt werden kann. Über Hashing-Verfahren und verschiedene Variationen davon gibt es eine Menge von Publikationen, einen guten Überblick darüber findet man z.B. in [Knuth 1997]. Wir gehen hier auf das Grundsätzliche dieses Verfahrens soweit ein, dass der Leser nach der Lektüre mit den wesentlichen Aspekten ausreichend vertraut ist. Über ganz spezielle Ausprägungen des Verfahrens sei der Leser auf die einschlägige Literatur verwiesen.

6.4.1 Grundprinzip des Hashing

Hashing basiert auf der Idee, dass man bereits beim Speichern von Datenobjekten in einem Behälter dafür Sorge trägt, dass die einzelnen Datenobjekte in Abhängigkeit von einem Suchschlüssel schnell, möglichst auf Anhieb, gefunden werden können. Das ließe sich auf einfache Weise dadurch erreichen, dass man den Behälter als Feld (*array*) von Datenobjekten konzipiert und den Suchschlüssel als Feldindex sowohl bei der Speicherung als auch bei der Suche eines bestimmten Datenobjekts verwendet. Diese Vorgehensweise würde dazu führen, dass wir eine spezielle Art von Feld *ht* (für Hash-Tabelle, mit Elementen vom Datentyp *ObjectType*) verwenden, in dem die Elemente so nach den Werten ihrer Suchschlüssel (vom Datentyp *KeyType*) angeordnet sind, dass mit einer speziellen Art von Indizierung (z.B. durch $ht[[x]]$ notiert) direkt auf das gesuchte Element (mit dem Schlüssel x) zugegriffen werden kann.

Die Schlüsselwerte direkt als Index für ein Feld zu verwenden, ist jedoch in der Regel nicht so ohne weiteres möglich, weil der Datentyp *KeyType* als Datentyp für einen Feldindex ungeeignet und/oder der Wertebereich dieses Datentyps so groß ist, dass es unmöglich wäre, ein Feld mit dieser Elementanzahl anzulegen.

Um dies zu illustrieren, geben wir in Beispiel 6.1 (b) für die Aufgabenstellungen aus Beispiel 6.1 (a) die potenzielle Anzahl der Schlüsselwerte und eine Abschätzung für den daraus resultierenden Speicherbedarf entsprechender Felder an.

Beispiel 6.1 (b)

Potenzielle Anzahl von Schlüsselwerten und Speicherplatzbedarf für entsprechende Felder

Für die Aufgabenstellungen aus Beispiel 6.1 (a) ergäben sich folgende minimale Speicherplatzbedarfe für Felder, deren Indexbereich dem vollen Wertebereich der Schlüssel entspräche:

- *Sozialversicherung*: In Österreich sind die Sozialversicherungsnummern numerisch, sie bestehen aus zehn Dezimalziffern (Format: *XXXYTTMMJJ*, mit *XXX* = dreistellige laufende Nummer, *Y* = eine Prüfziffer und *TTMMJJ* = sechsstelliges Geburtsdatum). Ein Feld, in dem für jedes zu speichernde Datenobjekt nur ein einziges Byte für die Datenkomponente jeder potenziell möglichen Sozialversicherungsnummer vorgesehen wäre, hätte einen Speicherbedarf von 10^{10} / $(1024 \cdot 1024) \approx 9537$ MB ≈ 1 GB, wobei weniger als ein Promille davon tatsächlich genutzt würde, weil es nur knapp über $8 \cdot 10^6$ Österreicher gibt.
- *Dokumentenanalyse* und *Compilerbau*: Wenn man nur die 26 Buchstaben des Alphabets verwendet, um damit Wörter in einem Dokument oder Bezeichner in einem Programm mit einer Länge von bis zu zehn Buchstaben zu bilden, gibt es bereits mehr als 26^{10} unterschiedliche Kombinationen. Ein Feld mit dieser Anzahl von Elementen – wiederum mit nur einem Byte für die Datenkomponente pro Element – würde jeden derzeit verfügbaren Hauptspeicher „sprengen“: über 128 TB wären dafür notwendig.

Wie für die Aufgabenstellungen in Beispiel 6.1 (b) gezeigt, ist es in der Regel nicht möglich, die Schlüsselwerte direkt als Indizes zu verwenden, sie müssen vielmehr in eine verwendbare Form transformiert werden. ▶Abbildung 6.6 illustriert, dass wir bei dieser Transformation wie folgt vorgehen können:

1. Wir entwickeln eine Funktion, die jedes Element der Schlüsselmenge K (Definitionsbereich) in eine natürliche Zahl abbildet und erhalten somit eine Teilmenge von $\mathbb{N}$ (Bildbereich). Eine solche Funktion h: $K \rightarrow \mathbb{N}$ wird als *Hash-Funktion* (*hash function*) bezeichnet (wir gehen auf den Grund für diese Bezeichnung weiter unten ein).
2. Auf Basis des Mengengerüsts der konkreten Aufgabenstellung legen wir fest, wie groß das Feld zur Aufnahme der zu speichernden Datenobjekte sein soll. Das Feld wird wegen seiner speziellen Organisationsform *Hash-Tabelle* (*hash table*) genannt.

Der von der Hash-Funktion gelieferte Wert muss dann nur noch so transformiert werden, dass das Transformationsergebnis einen Wert aus dem Indexbereich *I* (typischerweise 0 .. $m - 1$, wenn *m* die Anzahl der Feldelemente ist) repräsentiert.

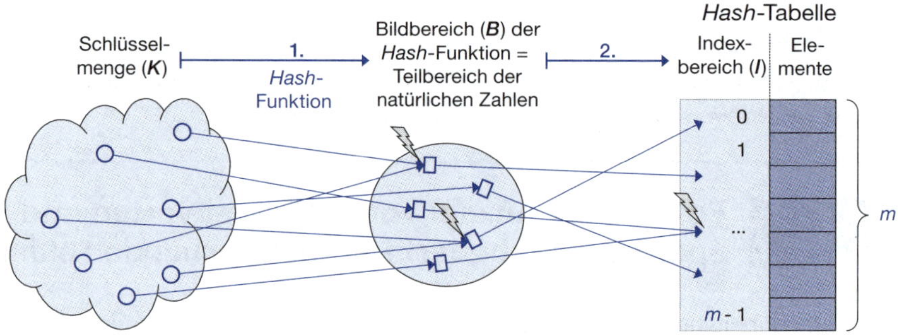

Abbildung 6.6: Schrittweise Transformation von Schlüsselwerten in Indizes einer Hash-Tabelle

Weil man bei der Anwendung des Hashings vom Index eines Elements der Hash-Tabelle auf den Inhalt des Elements (den Wert der *key*-Komponente) schließen kann, spricht man auch von *assoziativem Speicher* (*associative storage*).

Wir gehen im Folgenden zuerst auf relevante Aspekte bei der Auswahl von Hash-Funktionen ein, setzen uns dann mit der Problematik des Auftretens von Kollisionen bei ihrer Anwendung auseinander und diskutieren schließlich Strategien zur Behandlung von Kollisionen. Darüber hinaus werden wir auch die Aspekte der Laufzeiteffizienz behandeln.

6.4.2 Hash-Funktionen und Kollisionen

Nachdem es sich in der Praxis eingebürgert hat, beide erforderlichen Transformationen (vgl. Abbildung 6.6) bei der Implementierung einer ***Hash-Funktion*** (*hash function*) so zusammenzufassen, dass zuerst aus dem Schlüssel *k* ($\in K$) eine natürliche Zahl *kNum* ($\in \mathbb{N}$) berechnet und diese unmittelbar in den Indexwert *hc* ($\in I$) transformiert wird, wollen wir das im Folgenden auch so darstellen und beide Transformationen als Teilaufgaben einer Hash-Funktion *h* betrachten. Daraus folgt die Signatur $h: K \rightarrow I$. Somit liefert $h(\downarrow k)$, die Anwendung der Funktion *h* auf einen Schlüsselwert *k*, den zu ermittelnden Index *hc* der Hash-Tabelle *ht*, der auch als *Hash-Code* (*hash code*) oder Hash-Adresse bezeichnet wird.

Eine Hash-Funktion kann dann als „gut“ bewertet werden, wenn sie folgende Anforderungen erfüllt:

1. Sie muss eine *gleichmäßige Verteilung* der Schlüsselwerte über den gesamten Indexbereich gewährleisten und im Sinne der Mathematik *surjektiv* sein. Hat die Schlüsselmenge in einem konkreten Anwendungsfall die Kardinalität *n*, sollen auf jeden Index etwa n / m Schlüssel abgebildet werden, wobei *m* die Größe der Hash-Tabelle ist. Die Abbildung der Schlüssel auf Indizes soll möglichst „zufällig“ sein, so dass ähnliche Schlüsselwerte auf wertmäßig stark unterschiedliche Indizes abgebildet werden, also keine „Muster“ im Bildbereich entstehen.

Auf diese gewünschten Eigenschaften von Hash-Funktionen geht auch der Name zurück: engl. *hashing* steht für Zerhacken der Schlüsselwerte durch die Hash-Funktion, so dass ein Mischmasch, ein „Haschee" entsteht.

2. Sie muss *effizient berechenbar* sein. Der Berechnungsaufwand darf nur von der Ausprägung des Schlüssels und nicht von n abhängen. Für die Berechnung sollen nur wenige elementare Grundoperationen erforderlich sein.

Das folgende Codestück bildet einen allgemeinen Rahmen für die Implementierung beliebiger Hash-Funktionen:

```
h(↓k: KeyType): int  -- resulting hash codes are in the range 0 .. m - 1
  var kNum, hc: int
begin
  -- 1. compute kNum from k
  ...
  -- 2. compute hc from kNum
  ...
  return hc
end h
```

Für die erste Teilaufgabe, also die Abbildung eines Schlüssels k auf eine natürliche Zahl ($kNum$), wurden im Laufe der Zeit eine Vielzahl von Funktionen vorgeschlagen und ihre Güte wurde meist empirisch anhand konkreter Anwendungsfälle (Schlüsselmengen) untersucht.

Beispiel 6.5 zeigt drei solche Funktionen mit unterschiedlicher Güte und Komplexität, die für die Lösung der ersten Teilaufgabe einer Hash-Funktion verwendet werden können.

Beispiel 6.5 Funktionen zur Abbildung von Schlüsselwerten auf Zahlen

Im Folgenden sind beispielhaft drei Funktionen angeführt, mit denen Schlüsselwerte k vom Datentyp *string* (also Zeichenketten, weil diese in der Praxis sehr häufig als Schlüssel Verwendung finden) in natürliche Zahlen $kNum$ (vom Datentyp *integer*) transformiert werden können.

Dabei sei k eine Zeichenkette der Länge $kLen$, so dass auf die einzelnen Zeichen mittels $k[1]$, $k[2]$, ... $k[kLen]$ zugegriffen werden und von diesen Zeichen mittels *Int* ihr Zeichencode (als *integer*-Wert) ermittelt werden kann.

1. Eine einfache Transformationsfunktion, die nur für längere Zeichenketten gute Ergebnisse liefert, wäre eine Funktion, welche die Summe aller Zeichencodes (analog einer Ziffernsumme von Zahlen) bildet:

$$kNum = Int(\downarrow k[1]) + Int(\downarrow k[2]) + \ldots + Int(\downarrow k[kLen])$$

2. Eine Transformationsfunktion, die auch für kürzere Zeichenketten gute Ergebnisse liefert, effizient berechenbar ist und zu einer breiten „zufälligen" Streuung der Ergebnisse führt, kann man beispielsweise so konstruieren, dass in ihr nur das einzige bzw. die ersten zwei Zeichen sowie die Länge des Suchschlüssels und zudem noch die Faktoren 7 und 17 (weil sich diese beiden Primzahlen in Versuchen als besonders günstig erwiesen haben) herangezogen werden:

$$kNum = (Int(\downarrow k[1]) \cdot 7 + 1) \cdot 17 \text{ für } kLen = 1 \text{ und}$$

$$kNum = (Int(\downarrow k[1]) \cdot 7 + Int(\downarrow k[2]) + kLen) \cdot 17 \text{ für } kLen \geq 2.$$

3. Eine Transformationsfunktion, die in der Methode *hashCode* der Java-Klasse *java.lang.String* (vgl. [Schiedermeier 2005]) verwendet wird, die ähnlich der ersten aufgebaut ist, aber in der die Zeichencodes der Reihe nach mit fallenden Potenzen von 31 multipliziert werden, um eine breite Streuung der Ergebnisse (vor allem bei kurzen Zeichenketten) zu erreichen, lautet:

$$kNum = Int(\downarrow k[1]) \cdot 31^{kLen-1} + Int(\downarrow k[2]) \cdot 31^{kLen-2} + \ldots + Int(\downarrow k[kLen])$$

Diese Funktion kann unter Anwendung des bekannten *Horner-Schemas* (siehe z.B. [Bartsch 2003]) auf einfache und effiziente Weise mit einer Schleife und ohne Exponentialoperation implementiert werden:

```
kNum := 0
for i := 1 to kLen do
  kNum := 31 * kNum + Int(↓k[i])
end -- for
```

Überläufe des Wertebereichs des Datentyps *integer* können bei der Berechnung dieser Funktionen ignoriert werden. Die Ergebnisse in *kNum* sind dann zwar im Sinne der Mathematik nicht korrekt, für die Zwecke des Hashing aber sehr gut geeignet.

Für die zweite Teilaufgabe, also die Transformation des Ergebnisses *kNum* aus der ersten Transformation (Transformation des Suchschlüssels in einen numerischen Wert) in einen Wert *hc* des Indexbereichs $[0 \mathinner{..} m-1]$ der Hash-Tabelle, haben sich folgende zwei Methoden bewährt:

1. Die *Divisions-* oder *Modulo-Methode* mit $hc = kNum \bmod m$:

Sie ist zwar einfach, liefert aber nur dann gute Ergebnisse im Sinne der Gleichverteilung, wenn *m* eine Primzahl ist, die nicht zu nahe bei einer Zweierpotenz liegt. Hinsichtlich der Streuung ist diese Methode ungünstig, weil ähnliche Schlüssel (mit ähnlichen *kNum*-Werten) durch die Restbildung meist auf benachbarte Indizes abgebildet werden.

2. Die *Multiplikationsmethode* mit $hc = \lfloor (kNum \cdot a - \lfloor kNum \cdot a \rfloor) \cdot m \rfloor$:

Bei Anwendung dieser Methode ist die Wahl von m unkritisch (m kann sogar eine Zweierpotenz sein) und für a kann ein beliebiger Wert $0 < a < 1$ gewählt werden. Donald E. Knuth erläutert in [Knuth 1997], dass die beste Wahl des Werts von a von diversen Eigenschaften der Schlüsselmenge abhängt und schlägt vor, für a den Wert

$$\Phi^{-1} = \Psi = \frac{1-\sqrt{5}}{2} = 0.618033980...$$

heranzuziehen. Damit werden meist gute Ergebnisse erzielt. Wegen Φ und Ψ spricht man hierbei auch von Fibonacci-Hashing (vgl. Abschnitt 4.1.2).

Selbstverständlich können für diese Transformation auch andere (selbst entwickelte oder von anderen vorgeschlagene und erprobte) Transformationsfunktionen herangezogen werden. Der interessierte Leser sei dazu auf spezielle Literatur verwiesen, beispielsweise wieder auf [Knuth 1997].

Wie in ▶Abbildung 6.6 angedeutet, wird in der Regel die potenzielle Kardinalität der Schlüsselmenge K jene des Indexbereichs I der Hash-Tabelle weit übersteigen, also $|K| >> |I|$ sein. Deshalb muss es bei der Anwendung einer Hash-Funktion auch dazu kommen, dass unterschiedliche Suchschlüssel (z.B. $k1$ und $k2$ mit $k1 \neq k2$) auf denselben Hash-Code abgebildet werden: $h(\downarrow k1) = h(\downarrow k2)$. Diese Situationen nennt man ***Kollision*** (*collision*). In Abbildung 6.6 sind solche Kollisionen durch Blitzsymbole visualisiert.

Hinweis: Ist die Menge der tatsächlich auftretenden Suchschlüssel relativ klein und sind alle Elemente von vornherein bekannt, kann man dafür so genannte *perfekte* Hash-Funktionen bilden, die kollisionsfrei sind, indem unterschiedliche Suchschlüssel auf unterschiedliche Hash-Codes abgebildet werden. Mit etwas mehr Aufwand lassen sich *minimale perfekte* Hash-Funktionen erzeugen: sie bilden die n Elemente der Schlüsselmenge auf das Intervall $[0 .. n - 1]$ ab, wodurch Lücken (frei bleibende Elemente) in den entsprechenden Hash-Tabellen vermieden werden. In der Praxis kommen (minimale) perfekte Hash-Funktionen z.B. im Compilerbau zum Einsatz, um sehr effizient feststellen zu können, ob es sich bei einem von einem Programmierer in einem Quelltext verwendeten Namen (Bezeichner) um ein Schlüsselwort der jeweiligen Programmiersprache handelt. Ein bekanntes Werkzeug zur Erzeugung (minimaler) perfekter Hash-Funktionen in Form von C- oder C++-Quelltext ist *gperf*, ein Teil des GNU-Projekts (siehe *www.gnu.org*).

6.4.3 Kollisionsbehandlung durch Verkettung

Eine einfache und effiziente Möglichkeit, mit Kollisionen umzugehen, besteht darin, alle Datenobjekte, deren Schlüsselwerte auf denselben Hash-Code (= Hash-Adresse, d.h. Index in der Hash-Tabelle) abgebildet werden, in einer einfach-verketteten Liste zu sammeln und diese im entsprechenden Element der Hash-Tabelle zu verankern. Dieses Verfahren wird auch als *offenes Hashing* (*seperate chaining*) bezeichnet, weil die Hash-Tabelle durch die Erweiterung mittels Listen für beliebig viele Einträge „offen" ist.

Auf Basis folgender Deklarationen

```
type ListNodePtr = →ListNode
     ListNode = compound
       next: ListNodePtr
       key: KeyType
       ...
     end -- compound
     ListPtr = ListNodePtr

const m = ...
var ht: array [0:m - 1] of ListPtr
```

müssen zu Beginn alle Elemente der Hash-Tabelle *ht* mit *null* initialisiert werden. Damit wird ausgedrückt, dass die Hash-Tabelle leer ist.

Beim Eintrag (Speicherung) eines Datenobjekts wird aus dem Suchschlüssel der Hash-Code *hc* ermittelt, ein Knoten für das Datenobjekt erzeugt und dieser in *ht*[*hc*] verankert. Ist in *ht*[*hc*] bereits ein Knoten oder eine Liste von Knoten verankert (d.h., dass es zu einer Kollision bei der Schlüsseltransformation gekommen ist), so muss diese(r) mit dem neuen Knoten verbunden werden.

Bei der Suche nach einem Datenobjekt geht man ebenso vor: Aus dem Suchschlüssel wird der Hash-Code *hc* ermittelt. Ist *ht*[*hc*] = *null,* steht fest, dass das gesuchte Datenobjekt nicht im Datenbestand ist. Ist *ht*[*hc*] ≠ *null*, kann in der an dieser Stelle verankerten Liste (sequenziell) nach dem Datenobjekt gesucht werden.

▶Abbildung 6.7 zeigt eine Hash-Tabelle, die mit sechs Datenobjekten befüllt ist, welche aufgrund von Kollisionen in drei Listen, die in der Hash-Tabelle verankert sind, gespeichert wurden.

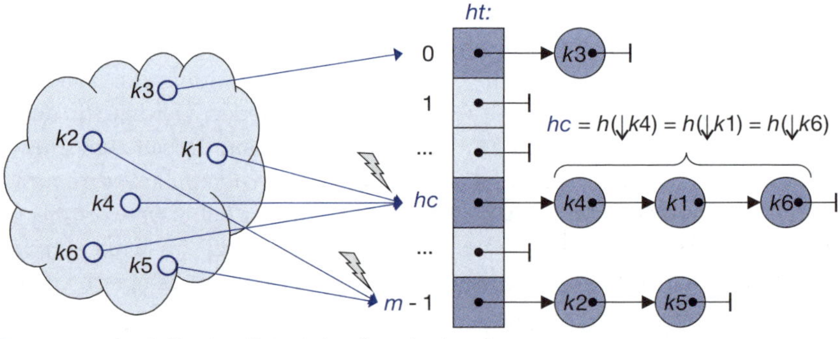

Abbildung 6.7: Hash-Tabelle mit Kollisionsbehandlung durch Verkettung

Ein Algorithmus *NodeWith* zur effizienten Suche nach einem Datenobjekt, dessen Schlüsselkomponente den Wert *x* enthält, ist dementsprechend einfach:

```
NodeWith(↓x: KeyType): ListNodePtr
  var n: ListNodePtr
begin
  n := ht[h(↓x)]
  while (n ≠ null) and (n→key ≠ x) do
```

```
    n := n→next
  end -- while
  return n
end NodeWith
```

Nach der Ermittlung des Hash-Codes wird ausgehend vom Eintrag in der Hash-Tabelle mittels sequenzieller Suche (wie im Algorithmus *FirstNodeWith* aus Abschnitt 6.2.2) nach einem passenden Knoten in der jeweiligen Liste gesucht.

Neben der Güte der verwendeten Hash-Funktion beeinflusst die Größe der Hash-Tabelle (m) die Effizienz des Suchens beim offenen Hashing ganz wesentlich. Eine gute Hash-Funktion verteilt die Schlüssel der n einzutragenden Datenobjekte auf die m Listen so, dass sich eine durchschnittliche Listenlänge von n / m ergibt und dass diese Listen alle etwa gleich lang sind. Wie bei binären Suchbäumen spricht man hier auch von Degeneration, wenn diese Eigenschaften (bei weitem) nicht gegeben sind. Der Faktor $\alpha = n / m$ wird als *Auslastung*, Belegungs- oder Füllfaktor (*load factor*) bezeichnet.

Gute Hash-Funktionen gewährleisten bei einer Kollisionsbehandlungsstrategie mittels Verkettung eine durchschnittliche Anzahl von $s_{avg} = 1 + \alpha / 2$ Suchschritten (vgl. [Johnson 1961]). Daraus ergeben sich bei einer Auslastung von 0.5 = 50 % durchschnittlich 1.25 und bei 100 % durchschnittlich 1.5 Suchschritte. Die asymptotische Laufzeitkomplexität für die Suche in auf Hashing basierenden Datenbeständen mit einer Kollisionsbehandlungsstrategie durch Verkettung ist somit $O(1)$, also *konstant*, d.h. die asymptotische Laufzeitkomplexität kann als ideal bezeichnet werden.

Nicht nur für das Einfügen und Suchen, sondern auch für das Entfernen eines Eintrags in einem derart organisierten Datenbestand lässt sich ein besonders einfacher und effizienter Algorithmus angeben (wegen seiner Einfachheit wird die Formulierung dem Leser überlassen).

Hinweis: Erlaubt der Datentyp der Schlüsselkomponente die Vergleichsoperation <, kann eine weitere Effizienzsteigerung bei der Suche erzielt werden, indem die Listen nach den Werten der Schlüsselkomponenten sortiert, bzw. anstelle der Listen binäre Suchbäume verwendet werden. Wenn die Listen aber so lang werden, dass eine solche Verbesserung als zweckmäßig erscheint, ist es einfacher, zuerst m zu vergrößern und/oder eine bessere Hash-Funktion zu verwenden.

6.4.4 Kollisionsbehandlung durch offene Adressierung

Während bei der Kollisionsbehandlungsstrategie durch Verkettung (vgl. vorigen Abschnitt) die Datenobjekte nicht direkt in der Hash-Tabelle, sondern außerhalb in verketteten Listen gespeichert werden, werden beim Einsatz der Kollisionsbehandlungsstrategie *offene Adressierung*[7] (*open addressing*) die Datenobjekte in der Hash-Tabelle selbst gespeichert. Der Vorteil ist also, dass man ohne weitere Datenstrukturen auskommt.

7 *Offene Adressierung* hat nichts mit dem Begriff des *offenen Hashings* zu tun, den wir im Zusammenhang mit der Kollisionsbehandlung durch Verkettung verwendet haben. Leider stehen diese sehr ähnlichen Begriffe für unterschiedliche Kollisionsbehandlungsstrategien.

Auf Basis folgender Deklarationen

```
type ObjectType = compound
        key: KeyType
        ...
    end -- compound

const m = ...
var ht: array [0:m - 1] of ObjectType
```

müssen zu Beginn alle Elemente der Hash-Tabelle *ht* (zumindest in ihrer Schlüsselkomponente) als „noch nicht belegt" initialisiert werden, denn sowohl beim Speichern als auch beim Suchen muss zwischen „belegten" und „nicht belegten" Elementen unterschieden werden können. Ist der Schlüsseldatentyp z.B. *string*, so eignet sich beispielsweise die leere Zeichenkette "" zur Initialisierung der *key*-Komponenten aller Feldelemente.

Für die Behandlung von Kollisionen gibt es im Wesentlichen drei Strategien, die wir im Folgenden erläutern.

(1) Strategie der linearen Sondierung

Stellt man bei dem Versuch, ein Datenobjekt mit dem Schlüssel *k* an der Stelle $h(\downarrow k)$ der Hash-Tabelle zu speichern, fest, dass diese Position bereits durch ein anderes Datenobjekt belegt ist (Kollision), so wird versucht, das zu speichernde Datenobjekt an der nächsten Position, also an der Position $h(\downarrow k) + 1$ in der Hash-Tabelle zu speichern. Ist auch diese Position belegt, verfährt man analog, bis eine freie Position in der Hash-Tabelle gefunden ist oder man feststellt, dass die Hash-Tabelle bereits voll ist. Das gleiche Vorgehen wendet man auch bei der Suche nach einem Datenobjekt an. Dieser Vorgehensweise entsprechend wird diese Kollisionsbehandlungsstrategie *lineares Sondieren* (*linear probing*) genannt.

▶Abbildung 6.8 (a) zeigt eine Hash-Tabelle, die mit drei Datenobjekten (ohne Kollisionen) befüllt ist. In (b) und (c) wird dargestellt, wie Datenobjekte im Kollisionsfall gespeichert werden.

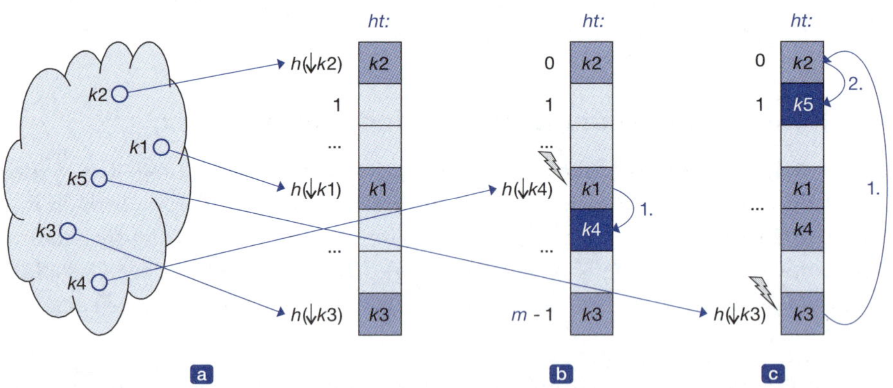

Abbildung 6.8: Drei Entwicklungsstufen einer Hash-Tabelle beim Einfügen mit linearem Sondieren

Ein Algorithmus *IndexOf* zur effizienten Suche nach einem Datenobjekt, dessen Schlüsselkomponente den Wert x enthält, ist wiederum einfach zu formulieren:

```
IndexOf(↓x: KeyType): int
  var hc, i: int
begin
  hc := h(↓x)
  i := 0  -- number of collisions/probes so far
  while (not Empty(↓ht[hc]) and (i < m) do
    if ht[hc].key = x then
      return hc
    end -- if
    hc := (hc + 1) mod m
    i := i + 1
  end -- while
  -- assertion: x not found, ht[hc] is empty or hash table is full (i = m)
  return -1
end IndexOf
```

Das lineare Sondieren lässt sich einfach beschreiben, indem eine neue Hash-Funktion h' definiert wird, die neben dem Schlüssel k noch die Anzahl i der bei der aktuellen Einfüge- oder Suchoperation aufgetretenen Kollisionen als Argument hat:

$$h'(\downarrow k \downarrow i) = (h(\downarrow k) + i) \; mod \; m$$

Robert Morris zeigt in [Morris 1968] – wegen des Umfangs des Beweises verzichten wir darauf, diesen hier wiederzugeben –, dass (bei Verwendung guter Hash-Funktionen) bei einer Kollisionsbehandlungsstrategie mit linearer Sondierung die durchschnittliche Anzahl erforderlicher Versuche das $n + 1$. Datenobjekt zu speichern oder ein Datenobjekt zu suchen

$$s_{avg} = (1 - \alpha / 2) / (1 - \alpha)$$

ist. Auch hier bezeichnet $\alpha = n / m$ wieder den Füllfaktor (mit einem Maximum von 1 = 100 %). Daraus folgt, dass die mittlere Anzahl von Suchschritten nicht von der Größe des Datenbestands (der Anzahl der Elemente der Hash-Tabelle), sondern nur vom Füllfaktor abhängt. Bei gleichem Füllfaktor finden wir also das gesuchte Objekt im Durchschnitt in einem Datenbestand mit einer Million Objekten genau so schnell, wie in einem Datenbestand mit zehn Objekten. Die durchschnittliche Anzahl von Suchschritten steigt, wie ►Abbildung 6.9 zeigt, stark an, wenn der Füllfaktor mehr als 75 % beträgt. Da man den Füllfaktor über die Größe der Hash-Tabelle aber steuern kann, sollte man dafür Sorge tragen, dass 75 % nicht überschritten werden.

Die asymptotische Laufzeitkomplexitätt für die Suche in mittels Hashing organisierten Datenbeständen mit einer Kollisionsbehandlungsstrategie der linearen Sondierung ist somit ebenfalls $O(1)$, also *konstant.*

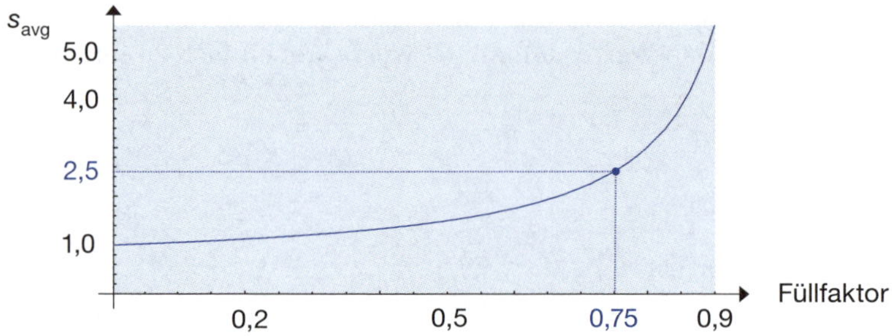

Abbildung 6.9: Durchschnittliche Anzahl von Suchschritten in Abhängigkeit vom Füllfaktor

Lineares Sondieren führt unter Umständen dazu, dass sich Einträge in einigen Bereichen der Hash-Tabelle ballen, sich also so genannte *Cluster* bilden (*clustering*). Dem kann entgegengewirkt werden, indem man die Abstände bei der Suche nach freien Elementen im Kollisionsfall um eine Konstante $c > 1$, die keinen gemeinsamen Teiler mit m haben sollte, vergrößert:

$$h'(\downarrow k \downarrow i) = (h(\downarrow k) + c \cdot i) \; mod \; m$$

(2) Strategie der quadratischen Sondierung

Bedient man sich bei der Sondierung der nächsten freien Speicherungsposition bzw. der in Frage kommenden nächsten Suchposition zusätzlich zu einem konstanten Faktor c_1 (wie beim linearen Sondieren) eines zweiten konstanten Faktors c_2, der mit dem Quadrat der Anzahl der bisher aufgetretenen Kollisionen multipliziert wird, ergibt sich folgende Funktion:

$$h'(\downarrow k \downarrow i) = (h(\downarrow k) + c_1 \cdot i + c_2 \cdot i^2) \; mod \; m$$

Man spricht dann von quadratischem Sondieren. Dadurch kann die Gefahr der Clusterbildung weiter reduziert werden.

(3) Strategie des doppelten Hashings

Die besten Resultate im Hinblick auf die Effizienz bei offener Adressierung erzielt man, wenn man eine zweite Hash-Funktion h_2 heranzieht, die von der ersten unabhängig ist. Dann kann man mittels folgender Funktion die jeweils nächste Sondierposition ermitteln:

$$h'(\downarrow k \downarrow i) = (h(\downarrow k) + h_2(\downarrow k) \cdot i) \; mod \; m$$

Die Wahrscheinlichkeit für eine so genannte Doppelkollision – also $h(\downarrow x) = h(\downarrow y)$ und $h_2(\downarrow x) = h_2(\downarrow y)$ – ist dann kleiner als $1 / m^2$. Es ist allerdings nicht einfach, zwei gute und voneinander unabhängige Hash-Funktionen zu finden.

Unabhängig davon, wie die Folge der Sondierpositionen ermittelt wird (linear, quadratisch oder mittels doppeltem Hashing), ist das Entfernen eines Datenobjekts aus dem Datenbestand bei offener Adressierung nicht trivial, da das Element an der Entfernposition nicht einfach als „unbelegt“ gekennzeichnet werden darf, sondern speziell als „entfernt“ markiert werden muss, um eventuell darauf basierende Sondierketten nicht zu unterbrechen.

Hinweis 1: Die Effizienz (sowohl die Speicherplatz- als auch die Laufzeiteffizienz) lässt sich bei offener Adressierung dadurch verbessern, dass man die Datenobjekte (insbesondere wenn sie sehr speicherintensiv sind) nicht in der Hash-Tabelle unterbringt, sondern diese nur Zeiger auf die Datenobjekte gemäß folgender Deklarationen enthält:

```
type NodePtr = →Node
     Node = compound
       key: KeyType
       ...
     end -- compound

const m = ...
var ht: array [0:m - 1] of NodePtr
```

Damit kann ohne nennenswerten Speicherbedarf die Hash-Tabelle sehr groß gewählt und damit der Füllstand klein gehalten werden. Dadurch sinkt gemäß der oben angegebenen Formel von Morris die Anzahl der erforderlichen Suchschritte.

Hinweis 2: Wenn die zu erwartende Größe des zu speichernden Datenbestands und damit die Größe der erforderlichen Hash-Tabelle nicht mit hinreichender Sicherheit abgeschätzt werden kann, empfiehlt es sich, die Hash-Tabelle als dynamisches Feld zu allokieren (vgl. Abschnitt 3.3.2) und nach dem Überschreiten eines Grenzwerts für den Füllfaktor (z.B. 75 % bei offener Adressierung) eine *Reorganisation* vorzunehmen: Dazu wird eine neue, größere Hash-Tabelle allokiert, alle Einträge aus der alten werden mit einer an die neue Größe angepassten Hash-Funktion in die neue übernommen (was besonders effizient möglich ist, wenn Hinweis 1 befolgt wurde) und der Speicherbereich der alten Hash-Tabelle wird freigegeben.

Abschließend ist zum Thema Hashing zu sagen, dass es das schnellste aller bekannten Suchverfahren ist – allerdings nur dann, wenn eine geeignete Hash-Funktion verwendet wird und die Hash-Tabelle für den jeweiligen Anwendungsfall angemessen dimensioniert ist.

Zusammenfassung

In diesem Kapitel haben wir uns mit elementaren Suchalgorithmener auseinandergesetzt. Ziel des Kapitels war es, den Leser mit elementaren Verfahren zur Beantwortung der Frage, ob ein bestimmtes Datenobjekt Teil eines vorhandenen Datenbestands ist, und der algorithmischen Realisierung solcher Verfahren vertraut zu machen sowie ein Verständnis für die Funktionsweise unterschiedlicher Suchalgorithmen, ihre Anwendbarkeit in einem bestimmten Anwendungskontext und ihre Effizienz zu schaffen.

Ausgehend von typischen Aufgabenstellungen, für deren Bearbeitung unter anderem Suchalgorithmen benötigt werden, und davon, welche Anforderungen an Suchalgorithmen sich daraus ableiten lassen (Abschnitt 6.1), haben wir drei grundlegende Suchverfahren vorgestellt und ihre Eigenschaften und die Voraussetzungen für ihren Einsatz erörtert.

In Abschnitt 6.2 haben wir uns mit der einfachsten, aber auch ineffizientesten Strategie zur Suche eines bestimmten Datenobjekts in einem gegebenen Datenbestand auseinandergesetzt: der so genannten sequenziellen Suche. In Abhängigkeit von der Organisationsform des zu untersuchenden Datenbestands haben wir Suchalgorithmen für die sequenzielle Suche in Feldern, in verketteten Listen, in Binärbäumen und in beliebigen Behältern mittels Iteratoren vorgestellt und ihre Laufzeitkomplexität analysiert.

Ausgehend von der Tatsache, dass sequenzielle Suchalgorithmen eine unbefriedigende Laufzeitkomplexität aufweisen, sind wir dann in Abschnitt 6.3 auf eine Lösungsidee für Suchverfahren mit wesentlich besserer Laufzeiteffizienz eingegangen, auf die Idee der so genannten binären Suchverfahren. Wir haben dazu zunächst das Grundprinzip und die Voraussetzungen zu ihrer Anwendung erörtert. Danach sind wir wiederum in Abhängigkeit von der Organisationsform des zu untersuchenden Datenbestands auf binäre Suchalgorithmen für die Suche in sortierten Feldern und in binären Suchbäumen eingegangen. Abschließend haben wir uns mit der Laufzeitkomplexität binärer Suchverfahren auseinander gesetzt.

Bei den in den Abschnitten 6.2 und 6.3 vorgestellten Suchverfahren hängt der Aufwand für die Lokalisierung des gesuchten Elements von der Anzahl der Elemente des Behälters, in dem gesucht werden soll, ab. Oft möchte man jedoch unabhängig von der Größe des Behälters in möglichst kurzer Zeit ein Datenobjekt lokalisieren. In Abschnitt 6.3 sind wir auf ein Verfahren eingegangen, dessen Laufzeitverhalten sehr günstig und im Wesentlichen konstant (also unabhängig von der Anzahl der Elemente im Behälter) ist, die so genannte hashing-basierte Suche. Nach der Erörterung der Lösungsidee für ein solches Verfahren sind wir auf die speziellen Aspekte, welche die Lösungsidee für dieses Verfahren nach sich zieht, im Detail eingegangen, nämlich die Auswahl bzw. Festlegung so genannter Hash-Funktionen und Strategien zur Behandlung so genannter Kollisionen.

Aufgaben

Aufgabe 6.1 (Letztes Auftreten eines Werts in einer verketteten Liste)
Gegeben ist eine einfach verkettete Liste *list* auf Basis der Deklarationen aus Abschnitt 6.2.2. Gesucht ist ein Funktionsalgorithmus *LastNodeWith*(↓*list*: *ListPtr* ↓*x*: *KeyType*): *ListNodePtr*, der mit sequenzieller Suche den letzten Knoten in *list* mit dem Schlüsselwert *x* liefert.

Aufgabe 6.2 (Häufigkeit eines Werts in einem Feld)
Gegeben ist ein unsortiertes Feld *a* auf Basis der Deklarationen aus Abschnitt 6.2.1. Gesucht ist, unter der Annahme, dass das Feld (a) nicht sortiert und (b) sortiert ist, ein Funktionsalgorithmus *NrOfMatches*(↓*a*: *ArrayType* ↓*first*: *int* ↓*last*: *int* ↓*x*: *KeyType*): *int*, der mittels sequenzieller Suche die Häufigkeit des Auftretens von *x* in *a* liefert.

Aufgabe 6.3 (Erstes Auftreten eines Werts in einem sortierten Feld)
Gegeben ist ein sortiertes Feld *a* auf Basis der Deklarationen aus Abschnitt 6.2.1. Gesucht ist ein Funktionsalgorithmus *FirstIndexOf*(↓*a*: *ArrayType* ↓*first*: *int* ↓*last*: *int* ↓*x*: *KeyType*): *int*, der mittels binärer Suche die Position des ersten Auftretens von *x* in *a* liefert.

Aufgabe 6.4 (Entfernen eines Elements aus einer Hash-Tabelle bei Verkettung)
Gegeben ist eine Hash-Tabelle *ht* mit Kollisionsbehandlung durch Verkettung auf Basis der Deklarationen aus Abschnitt 6.4.3. Gesucht ist ein Funktionsalgorithmus *Delete*(↓*x*: *KeyType*): *ListNodePtr*, der ein Datenobjekt mit dem Schlüsselwert *x* aus der Hash-Tabelle *ht* entfernt und den Zeiger auf dieses Datenobjekt als Ergebnis liefert.

Aufgabe 6.5 (Reorganisation bei Verkettung)
Gegeben ist eine Hash-Tabelle *ht* mit Kollisionsbehandlung durch Verkettung auf Basis der Deklarationen aus Abschnitt 6.4.3. Um die Hash-Tabelle *ht* flexibler zu gestalten, ist die Feld-Deklaration so abzuändern, dass ein dynamisches Feld (siehe Abschnitt 3.3.2, Beispiel 3.15) benutzt wird. Gesucht ist ein Algorithmus *Reorganize*, der bei hoher Auslastung eine Reorganisation der Hash-Tabelle durchführt, indem eine größere Hash-Tabelle angelegt wird, die Einträge aus der zu klein gewordenen in die größere übernommen und die kleinere Hash-Tabelle dann freigegeben wird.

Aufgabe 6.6 (Entfernen eines Elements aus einer Hash-Tabelle bei offener Adressierung)
Gegeben ist eine Hash-Tabelle *ht* mit Kollisionsbehandlung durch offene Adressierung auf Basis der Deklarationen aus Abschnitt 6.4.4. Gesucht ist ein Funktionsalgorithmus *Delete*(↓*x*: *KeyType*): *ObjectType*, der ein Datenobjekt mit dem Schlüsselwert *x* aus der Hash-Tabelle *ht* entfernt und dieses Datenobjekt als Ergebnis liefert. Überlegen Sie, welche Auswirkungen Ihr Algorithmus *Delete* auf den Algorithmus *IndexOf* in Abschnitt 6.4.4 zur Suche nach einem Datenobjekt in der Hash-Tabelle *ht* hat.

Aufgabe 6.7 (Reorganisation bei offener Adressierung)
Gegeben ist eine Hash-Tabelle *ht* mit Kollisionsbehandlung durch offene Adressierung auf Basis der Deklarationen aus Abschnitt 6.4.4. Um die Hash-Tabelle *ht* flexibler zu gestalten, ist die Feld-Deklaration so abzuändern, dass ein dynamisches Feld (siehe Abschnitt 3.3.2, Beispiel 3.15) benutzt wird. Gesucht ist ein Algorithmus *Reorganize* zur Reorganisation der Hash-Tabelle *ht* (vgl. Aufgabe 6.5).

Sortieralgorithmen

7

ÜBERBLICK

Motivation

» Sinn und Zweck der Speicherung von Datenbeständen ist es, später auf sie als Ganzes oder auf Teile davon zugreifen zu können. Sowohl für die Verwaltung eines Datenbestands als Ganzes als auch für den (effizienten) Zugriff auf einzelne seiner Elemente ist es oft zweckmäßig, den Datenbestand nach bestimmten Kriterien zu ordnen oder – anders ausgedrückt – im Hinblick auf ein bestimmtes Sortierkriterium zu sortieren.

Donald E. Knuth berichtet in [Knuth 1997], dass die Geschichte der Sortierverfahren bis in das 19. Jahrhundert zurück reicht. So hat z.B. Hermann Hollerith für die Auswertung der US-Volkszählung 1860 eine Sortiermaschine für Lochkarten entwickelt, die mittels Aufteilung der Lochkarten in verschiedene Fächer, durch Fachverteilung oder Fächersortieren (bucket sort) arbeitete (vgl. [Austrian 1982]).

Das Sortieren von Datenbeständen ist neben dem Suchen von Datenobjekten (behandelt in Kapitel 6) eine derjenigen Aufgaben, die es in nahezu jedem größeren Softwaresystem zu erledigen gilt. Die ersten, auf Computern auszuführenden Sortieralgorithmen wurden schon 1945 von John von Neumann entwickelt. Er verwendete dabei das von ihm erfundene Mischsortierverfahren (merge sort). Die Programmoriginale dazu finden wir in [Von Neumann 1963]. Sortierverfahren, ihre algorithmische Umsetzung und ihre Laufzeitverbesserung sind seit den Anfängen der Informatik Gegenstand intensiver Auseinandersetzungen. Im Lauf der Zeit wurden – wie wir in diesem Kapitel zeigen – eine Vielzahl von Verfahren mit sehr unterschiedlichen Eigenschaften, insbesondere hinsichtlich ihrer Effizienz, entwickelt.

Ausgehend von typischen Problemstellungen, zu deren Lösung man Sortieralgorithmen benötigt, wird in Abschnitt 7.1 dargelegt, in welche Kategorien wir Sortieralgorithmen einteilen können und welche Voraussetzungen die Datenobjekte des zu sortierenden Datenbestands erfüllen müssen. Danach erörtern wir eine wichtige Eigenschaft von Sortierverfahren, über die manche von ihnen verfügen: die so genannte Stabilität (stability).

Wir beginnen die Diskussion unterschiedlicher Sortieralgorithmen mit zwei einfachen oder elementaren Verfahren: dem so genannten Auswahl- (selection) und dem so genannten Einfügesortieren (insertion sort), die auch vom Menschen zur Ordnung von Dingen (z.B. von Spielkarten in einer Hand) angewendet werden und damit einen einfachen Einstieg in die Diskussion der algorithmischen Behandlung des Sortierproblems ermöglichen. Diese beiden Verfahren gestatten es uns außerdem zu motivieren, dass aufgrund ihrer unbefriedigenden Laufzeiteigenschaften noch weitere, bessere Lösungsansätze ins Auge gefasst werden müssen.

Danach wird das von Donald L. Shell vorgeschlagene und auf das Einfügesortierverfahren zurückgehende Shell-Sortieren (Shellsort) vorgestellt und gezeigt, wie man durch Anwendung der Idee der teilweisen Vorsortierung das Laufzeitverhalten des Einfügesortierens verbessern kann.

Obwohl es wegen seines schlechten Laufzeitverhaltens für die Praxis nicht geeignet ist, wird als nächstes ein weiteres elementares Verfahren behandelt. Es gehört zur Familie der Austauschsortierverfahren (exchange sort methods) und ist unter der engl. Bezeichnung Bubblesort (zu dt. etwa Bläschensortieren) bekannt geworden. Der Grund, weshalb wir uns damit auseinandersetzen, liegt darin, dass dieses Verfahren durch die Anwendung der Strategie des Vorsortierens von Shell (in einer etwas abgewandelten Form) von Stephen Lacey und Richard Box zu einem effizienten Verfahren mit der engl. Bezeichnung Combsort (dt. etwa Kammsortieren) ausgebaut wurde und dessen Effizienz jene des Shell-Sortierens in manchen Fällen sogar noch übertrifft.

Danach wird das auf Charles Antony Richard Hoare zurückgehende und besonders effiziente Verfahren, das unter der engl. Bezeichnung Quicksort (zu dt. etwa Schnellsortieren) bekannt geworden ist, vorgestellt. Da der Quicksort-Algorithmus in seltenen Fällen aber „degenerieren" und dadurch langsam werden kann, wird im Anschluss daran ein Verfahren zur Sortierung von Feldern gezeigt, das eine „garantiert gute", wenn auch in der Regel etwas schlechtere Laufzeiteffizienz als der Quicksort-Algorithmus aufweist: das so genannte Heap-Sortieren (Heapsort), das eine spezielle Datenstruktur, den so genannten Heap – nicht zu verwechseln mit dem dynamischen Speicher oder Halde (ebenfalls heap) – verwendet, der auch abseits des Sortierens Einsatz findet.

Abschließend geben wir noch einen Überblick über weitere Sortierverfahren und gehen der Frage nach, was die minimale Laufzeitkomplexität, auch Problemkomplexität (problem complexity) genannt, ist, die man bei vergleichsbasierten Sortierverfahren überhaupt erzielen kann. Darauf Bezug nehmend kann die Qualität der Laufzeiteffizienz der zuvor behandelten Algorithmen beurteilt werden. «

Ziele

Nach dem Lesen dieses Kapitels haben Sie Folgendes erreicht:

- Sie wissen, was man unter einem Sortieralgorithmus im Sinne der Informatik versteht.
- Sie kennen typische Anwendungsbereiche für Sortieralgorithmen und wissen, was man unter der Stabilität eines Sortierverfahrens versteht.
- Sie wissen, dass man üblicherweise Sortierverfahren in zwei Kategorien einteilt, in interne und externe Sortierverfahren und wodurch sich diese unterscheiden.
- Sie kennen die Lösungsidee und algorithmische Umsetzung elementarer Sortierverfahren (Auswahlsortieren, Einfügesortieren und *Bubblesort*), sowie im Hinblick auf die Laufzeiteffizienz optimierte Sortierverfahren (*Shellsort*, *Combsort*, *Quicksort* und *Heapsort*) und sind in der Lage, ihre Vor- und Nachteile einzuschätzen.
- Sie kennen – zur Abrundung des Überblicks über Sortierverfahren – die Grundprinzipien einiger spezieller Ausprägungen dieser Verfahren (Mischsortieren, indirektes Sortieren und Fächersortieren) und können beurteilen, in welchem Anwendungskontext diese nutzbringend eingesetzt werden können.
- Sie wissen, wie schnell man prinzipiell sortieren kann und wie sich im Hinblick auf dieses Optimum die diskutierten Verfahren einordnen lassen.

7.1 Anwendungsgebiete und Anforderungen

Es versteht sich von selbst, dass im Zuge der Informationsverarbeitung das Ordnen von Datenbeständen wie beispielsweise das Sortieren eines Adressbuchs oder eines Bildarchivs eine Aufgabe ist, die immer wieder zu erledigen ist. Deshalb ist es notwendig, sich damit auseinanderzusetzen, wie man Datenbestände effizient nach bestimmten Kriterien sortieren kann.

Über *Sortieralgorithmen* (*sorting algorithms*) existiert eine Fülle von Literatur. Man braucht aber nur wenige Sortieralgorithmen zu kennen, um zu verstehen, mit welchen Problemstellungen man bei ihrer Entwicklung konfrontiert ist, wie man diese löst und welche Eigenschaften daraus für die Algorithmen resultieren.

Beispiel 7.1 zeigt einige typische Anwendungsbereiche auf, in denen insbesondere effiziente Sortieralgorithmen benötigt werden.

Beispiel 7.1

Typische Anwendungsbereiche für Sortieralgorithmen

Die folgenden Aufgabenstellungen sind willkürlich ausgewählt und illustrieren unterschiedliche Anwendungsbereiche, in denen Sortieralgorithmen benötigt werden:

- *Listenerzeugung* (für menschliche Leser): Wenn es darum geht, in einem (größeren) Datenbestand einen bestimmten Eintrag zu finden, dann ist das in einem sortierten Datenbestand in der Regel schneller möglich, als in einem unsortierten Datenbestand. Man denke an Telefon- oder Wörterbücher. Aber beispielsweise auch in Tabellenkalkulationsprogrammen verwenden die Benutzer häufig die Sortierfunktionen, um die Daten in ihren Tabellen nach unterschiedlichen Kriterien neu anzuordnen und um in ihren Tabellen effizient suchen zu können.
- *Duplikatermittlung*: Die Ermittlung gleicher Elemente, so genannter *Duplikate* (*duplicates*), in zwei oder mehreren Datenbeständen kann dann effizient durchgeführt werden, wenn die Datenobjekte in den einzelnen Datenbeständen zuvor sortiert wurden. Durch die Sortierung liegen Duplikate in den Datenbeständen unmittelbar hintereinander und können deshalb schnell identifiziert werden.
- *Computergrafik*: Eine Teilaufgabe im Rahmen der Erstellung einer Computergrafik besteht darin, dreidimensionale (kurz 3D, also mit x-, y- und z-Koordinaten versehene) grafische Objekte auf einem zweidimensionalen (kurz 2D) Ausgabegerät (z.B. einem Bildschirm, mit x- und y-Koordinaten) darzustellen oder zu *rendern*, wie das in der Fachsprache genannt wird. Dazu können 3D-Objekte in viele kleine Polygone zerlegt werden, für die aufgrund ihres z-Werts (*Tiefenwert*, *depth value*) feststellbar ist, welche von ihnen sichtbar gemacht werden müssen (weil sie „vorne" liegen) bzw. welche durch andere überdeckt werden und deshalb unsichtbar gemacht werden müssen (weil sie „hinten" liegen). Dazu ist eine Sortierung entsprechend ihrer Tiefenwerte (*depth sorting*) hilfreich.

Die in Beispiel 7.1 angeführten Problemstellungen sollen zeigen, dass man es in der Praxis mit der Sortierung mehr oder weniger komplexer Datenobjekte zu tun hat. Das entspricht der Situation, die wir bereits in Kapitel 6 im Hinblick auf die Diskussion von Suchverfahren beschrieben haben. Die zu sortierenden Datenobjekte haben mehrere Komponenten (auch Attribute genannt), von denen in Abhängigkeit von der zu erledigenden Aufgabe eine für das Sortieren als Schlüsselkomponente oder -attribut, kurz ***Schlüssel*** (*key*), herangezogen wird. Die restlichen Komponenten haben keinen Einfluss auf die Anordnung der Datenobjekte im Zuge der Sortierung.

Diese Gegebenheit wird in den folgenden Deklarationen schematisch dargestellt. Die angeführten Kommentare bringen zum Ausdruck, dass der Datentyp des Sortierschlüssels (*KeyType*) zumindest die Vergleichsoperation <[1] erlauben muss, damit bei der Sortierung entschieden werden kann, wie die Datenobjekte aufgrund der Werte ihrer Sortierschlüssel anzuordnen sind.

```
type KeyType = …        -- type providing at least operator <
     DataTypeI = …      -- any types
     ObjectType = compound
       key: KeyType
       dataI: DataTypeI
     end -- compound
```

Die Aufgabe des Sortierens besteht darin, die Datenobjekte (gespeichert in einer geeigneten Datenstruktur, einem Behälter) so umzuordnen, dass sie eine Folge bilden, für die gilt, dass die Elemente der Folge bezüglich ihrer Schlüsselwerte *auf-* (*ascending*) oder *absteigend* (*descending*) *sortiert* sind.

Sortierverfahren werden aufgrund des Speicherorts der zu sortierenden Datenobjekte in zwei Kategorien eingeteilt:

- *Interne* Sortierverfahren: Das sind solche, bei denen sich die zu sortierenden Datenobjekte in einer geeigneten Datenstruktur im *Hauptspeicher* des Rechners befinden.
- *Externe* Sortierverfahren: Das sind solche, bei denen sich die zu sortierenden Datenobjekte (beispielsweise aufgrund ihrer Anzahl und/oder Größe) auf *externen Speichermedien* (z.B. auf Festplattenspeichern) befinden. Bei externen Sortierverfahren ist auch von Bedeutung, auf welche Art der Zugriff auf die zu sortierenden Objekte möglich ist (so ist z.B. bei Magnetbändern nur sequenzielles Lesen und Schreiben möglich).

Für unsere Ziele ist es ausreichend, wenn wir uns vorerst auf die Diskussion interner Sortierverfahren für Datenbestände beschränken, die in Form von Feldern (*arrays*) organisiert sind. In Abschnitt 7.8 zeigen wir, wie das Sortieren von Datenbeständen, die in anderer Form (z.B. in verketteten Listen) organisiert sind, auf diesen Fall zurückgeführt werden können.

Wir behandeln hier *vergleichsbasierte interne Sortierverfahren* (*comparsion-based internal sorting methods*) auf Feldern und verwenden dabei die folgenden Datentypen:

```
const min = …; max = …   -- min ≤ max
type ElementType = ObjectType   -- alias name
type ArrayType = array [min:max] of ElementType
```

1 Eine für das Sortieren geeignete Operation < muss für zwei beliebige Werte a und b garantieren, dass entweder $a < b$, $a = b$ oder $b < a$ gilt. Diese Eigenschaft bezeichnet man als *Trichotomie*. Eine Ordnungsrelation mit dieser Eigenschaft liefert eine totale Ordnung der Daten. Die Relation < muss transitiv sein, aus $a < b$ und $b < c$ muss also folgen, dass $a < c$ ist. Auf der Basis von < lassen sich die andern fünf Vergleichsoperatoren definieren. Für den Operator = haben wir das bereits in Kapitel 6 gezeigt, den für das Sortieren wichtigen Operator ≤ gewinnt man aus folgender Äquivalenz: $a \leq b \Leftrightarrow not\ (b < a)$.

Damit wir auch teilweise gefüllte Felder oder zusammenhängende Bereiche innerhalb eines Felds sortieren können, legen wir die Schnittstelle unserer Sortieralgorithmen wie folgt fest:

```
...Sort(⇕a: ArrayType ↓first: int ↓last: int)
```

Wir setzen voraus, dass $min \leq first \leq last \leq max$ gilt und dass der durch die Grenzindizes *first* und *last* definierte Bereich des Felds *a* mit der Länge n (= $last - first + 1$) korrekte Datenobjekte (d.h. zumindest solche mit korrekten Schlüsselwerten) enthält.

▶Abbildung 7.1 zeigt ein Feld *a* nach der Anwendung eines Sortieralgorithmus. Für alle Paare unmittelbar benachbarter Datenobjekte mit Index $first \leq i < last$ gilt: $a[i].key \leq a[i + 1].key$.

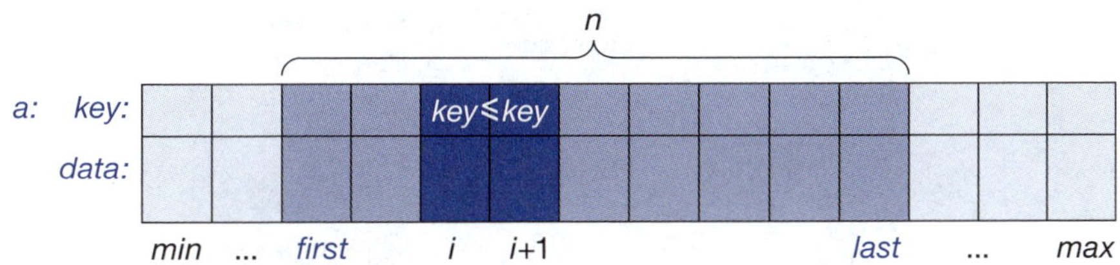

Abbildung 7.1: Sortierter Bereich eines Felds mit den Grenzindizes *first* und *last*

Mit dem unten angegebenen Algorithmus *IsSorted* kann geprüft werden, ob ein Feld *a* im Bereich *a*[*first*:*last*] in Bezug auf den Sortierschlüssel *key* aufsteigend sortiert ist.

```
IsSorted(↓a: ArrayType ↓first: int ↓last: int): bool
  var i: int
begin
  i := first
  while (i < last) and (a[i].key ≤ a[i + 1].key) do
    i := i + 1
  end -- while
  return i = last
end IsSorted
```

Stabilität

Ein Sortierverfahren wird als *stabil* (*stable*) bezeichnet, wenn die relative Reihenfolge von Datenobjekten mit gleichem Schlüsselwert durch den Sortiervorgang unverändert bleibt, sonst wird es als *instabil* (*unstable*) bezeichnet. Die *Stabilität* (*stability*) ist eine Eigenschaft, die nur wenige Sortierverfahren aufweisen, die aber für bestimmte Anwendungen essenziell ist.

Beispiel 7.2 zeigt die Anwendung eines stabilen Sortierverfahrens im Rahmen eines Tabellenkalkulationsprogramms.

Beispiel 7.2 Sortieren von Prüfungsergebnissen nach Namen und Noten

Gegeben ist eine Tabelle von Prüfungsergebnissen mit Namen und Noten, die nach den Namen alphabetisch sortiert ist. Wenn diese Tabelle (z.B. in einem Tabellenkalkulationsprogramm) mit einem stabilen Sortierverfahren nach Noten sortiert wird, ist durch die Stabilität des Verfahrens gewährleistet, dass in der daraus resultierenden Tabelle innerhalb eines Notenbereichs die Namen der Studierenden wieder in alphabetischer Reihenfolge aufscheinen (siehe ▶Abbildung 7.2).

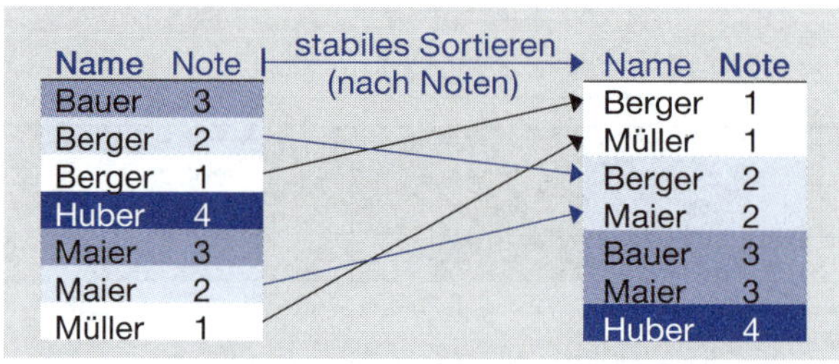

Abbildung 7.2: Sortieren von Prüfungsergebnissen nach Noten mit einem stabilen Sortierverfahren

Mittels Pfeilen ist in Abbildung 7.2 illustriert, dass die relative Reihenfolge von Studierenden mit gleichen Noten erhalten bleibt, gleichfarbige Pfeile sich also nicht überkreuzen. So ist z.B. Berger in beiden Listen vor Müller, denn beide haben die Note 1.

Weiteres Vorgehen und Systematik der Effizienzangaben

Wir gehen bei der Diskussion unterschiedlicher Lösungsansätze für das Sortierproblem so vor, dass wir mit einfachen, leicht zu findenden Lösungsideen beginnen und das Laufzeitverhalten darauf beruhender „elementarer" Sortieralgorithmen analysieren. Dann zeigen wir, wie man die Laufzeiteffizienz dieser Verfahren sukzessiv verbessern kann (und geben an, von wem die Lösungsidee dazu stammt), bis wir schließlich zu Sortierverfahren gelangen, deren Laufzeitverhalten sich nicht mehr signifikant verbessern lässt.

Bei den Sortierverfahren, die auf Schlüsselvergleichen basieren, ist der Aufwand (die Laufzeit) im Wesentlichen durch die Anzahl der erforderlichen Schlüsselvergleiche und durch die Anzahl der Zuweisungen von Datenobjekten determiniert. Zu elementaren Sortieralgorithmen, für die eine Grobanalyse noch relativ einfach möglich ist, geben wir die Anzahl der jeweils erforderlichen Vergleiche und Zuweisungen an, zu den anderen Verfahren nur mehr die asymptotische Laufzeitkomplexität mittels O-Notation (vgl. Kapitel 5).

7.2 Auswahlsortieren

Die Lösungsidee des *Auswahlsortierens* (*selection sort* oder *minimum sort*, kurz *minsort*) besteht darin, dass zu Beginn das „kleinste“ Element aus dem zu sortierenden Feld ermittelt und mit dem ersten Element vertauscht wird (mittels *Swap*-Operation, siehe Beispiel 3.13). Danach wird mit dem zweiten Element und dem Rest des Felds wiederum so verfahren.

Wenn man nach dieser Strategie vorgeht, ergibt sich nach einiger Zeit der in ▶Abbildung 7.3 dargestellte Zustand: Der vordere Bereich des Felds enthält die „kleinen“ Elemente in aufsteigend sortierter Reihenfolge, der hintere Bereich (ab Position *i*) die „großen“ Elemente, allerdings noch unsortiert. Mit jedem Sortierschritt wächst somit der sortierte Bereich und schrumpft der unsortierte Bereich um jeweils ein Element.

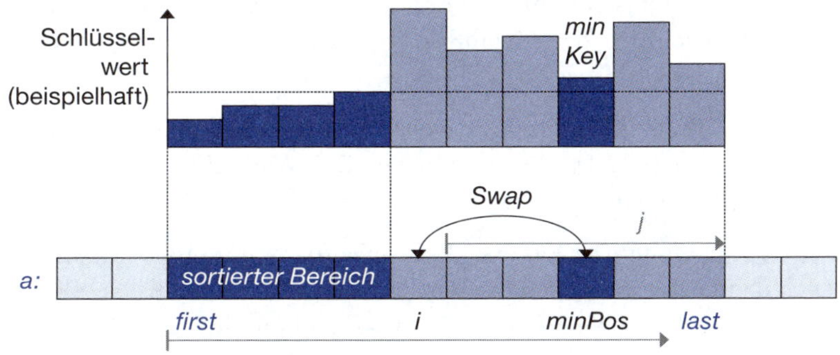

Abbildung 7.3: Schnappschuss eines Zustands während des Auswahlsortierens

Transformiert man die Lösungsidee des Auswahlsortierens in einen Algorithmus, der zum Vertauschen von Feldelementen eine Operation *Swap* verwendet, die ihre Aufgabe – wie in Beispiel 3.13 gezeigt – mit einer Hilfsvariablen und drei Zuweisungen erledigt, so erhalten wir den Algorithmus *SelectionSort* mit folgender Implementierung:

```
SelectionSort(↕a: ArrayType ↓first: int ↓last: int)
  var minPos, i, j: int
      minKey: KeyType
begin
  for i := first to last - 1 do
    minPos := i
    minKey := a[minPos].key
    for j := i + 1 to last do
      if a[j].key < minKey then
        minPos := j
        minKey := a[minPos].key
      end -- if
    Swap(↕a[i] ↕a[minPos])
  end -- for
end SelectionSort
```

Diese (Standard-)Variante des Auswahlsortierens ist ein *instabiler* Sortieralgorithmus. Nimmt man etwas Zusatzaufwand zur Laufzeit in Kauf, lässt sich auch eine stabile Variante formulieren.

Die Grobanalyse des Laufzeitverhaltens des Algorithmus *SelectionSort* ist einfach, da die Anzahl der auszuführenden Aktionen unabhängig von den Schlüsselwerten ist. Somit sind keine Annahmen über die Ausprägung der Schlüsselwerte oder ihrer Verteilung notwendig. Es muss also nicht zwischen günstigstem, ungünstigstem und durchschnittlichem Fall unterschieden werden. Für das Sortieren von n (= *last* – *first* + 1) Elementen mittels Auswahlverfahren liefert die Grobanalyse folgende Ergebnisse:

- Die benötigte *Anzahl der Schlüsselvergleiche* beträgt im ersten Schleifendurchlauf $n - 1$, im zweiten $n - 2$ usw., insgesamt also $(n - 1) + (n - 2) + \ldots + 2 + 1 = n \cdot (n - 1) / 2 \approx n^2 / 2$. Hinsichtlich der Anzahl der benötigten Schlüsselvergleiche ist dieses Verfahren also von der Ordnung n^2.
- Die *Anzahl der Zuweisungen* von Feldelementen ergibt sich direkt aus den $n - 1$ Vertauschungen (eine je Durchlauf durch die äußere Schleife) und beträgt deshalb $3 \cdot (n - 1)$. Hinsichtlich der Anzahl der benötigten Zuweisungen, ist dieses Verfahren also von der Ordnung n.

Der Algorithmus *SelectionSort* für das Auswahlsortieren hat somit eine asymptotische Laufzeitkomplexität $O(n^2)$. Das ist ungünstig. Das Auswahlsortieren ist daher für große n nicht zu empfehlen.

Hinweise zur Optimierung: Der Rat, das Auswahlsortieren für große n nicht zu verwenden, gilt auch dann noch, wenn Vertauschungen von Elementen mit sich selbst eliminiert werden, indem wir folgende Verbesserung in der algorithmischen Umsetzung vornehmen:

```
...
if i ≠ minPos then
  Swap(↕a[i] ↕a[minPos])
end -- if
...
```

Diese Optimierung wirkt sich nur auf die Anzahl der Zuweisungen aus (der Vergleich zweier *integer*-Werte wird nicht als Schlüsselvergleich gezählt) und bringt auch hier nur eine geringe Einsparung – außer bei einem bereits sortierten Feld. Eine weitere, von Edward H. Friend in [Friend 1956] vorgeschlagene Optimierung mit der Bezeichnung *quadratische Auswahl* (*quadratic selection*) führt durch die Wiederverwendung von Wissen, das aus bereits durchgeführten Minimum-Suchoperationen gewonnen wurde, zu einer asymptotischen Laufzeitkomplexität von $O(n \cdot \sqrt{n})$. Die entsprechende Implementierung ist jedoch so aufwändig, dass wir darauf verzichten, sie hier genauer zu beschreiben.

7.3 Einfügesortieren

Die Lösungsidee für das so genannte *Einfügesortieren* (*insertion sort*) ist naheliegend, weil dieses Verfahren in der Regel auch vom Menschen für das systematische Anordnen von Gegenständen herangezogen wird.

So wird z.B. beim Kartenspielen (▶Abbildung 7.4), wenn eine neue Spielkarte in eine „Hand" bereits sortierter Spielkarten einzufügen ist, die neue Karte mit den bereits in der Hand befindlichen Karten (von rechts oder links beginnend) solange verglichen, bis die richtige Einfügeposition gefunden ist. Im Zuge des Vergleichens kann auch gleich Platz für die neue Karte geschaffen werden.

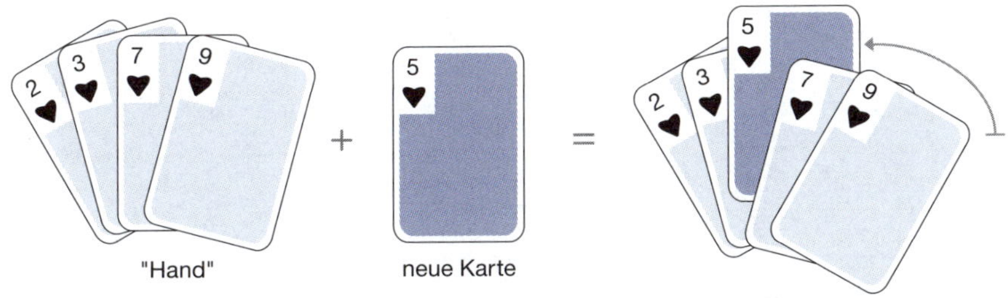

Abbildung 7.4: Einsortieren einer Spielkarte (von rechts) in eine Hand von Spielkarten

Hugo D. Steinhaus hat bereits in [Steinhaus 1958] eine algorithmische Formulierung dieses Verfahrens angegeben. Es kann umgelegt auf ein zu sortierendes Feld wie folgt beschrieben werden: Zu Beginn betrachtet man das erste Element des Felds als bereits sortierten Bereich und man sortiert das zweite Element, je nach seinem Schlüsselwert, vor oder hinter dem ersten ein. Der sortierte Bereich wird damit um ein Element vergrößert. Mit dem nächsten Element verfährt man ebenso, man fügt es im sortierten Bereich an der richtigen Stelle ein.

Wenn man nach dieser Strategie vorgeht, so ergibt sich nach einiger Zeit der in ▶Abbildung 7.5 dargestellte Zustand: Der vordere Bereich des Felds (bis zur Position *i*) ist bereits sortiert, der hintere Bereich ist noch unsortiert. Im nächsten Sortierschritt wird das erste Element (an der Position $i + 1$) des unsortierten Bereichs herausgenommen (in einer Hilfsvariablen *e* zwischengespeichert) und seine korrekte Position ($j + 1$) im bereits sortierten Bereich ermittelt, wobei die Elemente an den Positionen *i* bis $j + 1$ jeweils um eine Stelle nach rechts kopiert werden, um Platz für das einzufügende Element (zwischengespeichert in der Hilfsvariablen *e*) zu schaffen.

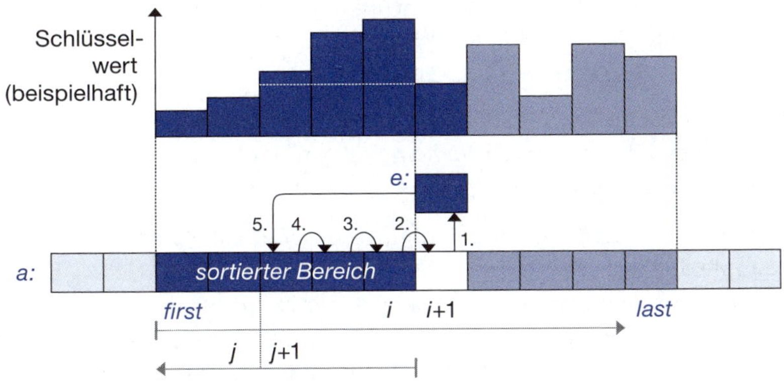

Abbildung 7.5: Schnappschuss eines Zustands während des Einfügesortierens

Transformiert man die Lösungsidee des Einfügesortierens in einen Algorithmus, so erhalten wir den Algorithmus *InsertionSort* mit folgender Implementierung:

```
InsertionSort(↕a: ArrayType  ↓first: int  ↓last: int)
  var i, j: int
      e: ElementType
begin
  for i := first TO last - 1 do
    e := a[i + 1]
    j := i
    while (j ≥ first) and (e.key < a[j].key) do
      a[j + 1] := a[j]
      j := j - 1
    end -- while
    a[j + 1] := e
  end -- for
end InsertionSort
```

Der oben angegebene Algorithmus für das Einfügesortieren ist *stabil*: Elemente mit gleichem Schlüsselwert behalten ihre relative Anordnung zueinander, weil sie in dieser Reihenfolge wieder in den sortierten Bereich einsortiert werden.

Die Grobanalyse des Laufzeitverhaltens des Algorithmus *InsertionSort* ist nicht mehr so einfach wie jene von *SelectionSort*, da die Anzahl der auszuführenden Aktionen nicht nur von der Anzahl n (= $last - first + 1$) der Elemente des Felds, sondern auch von der Verteilung der Schlüsselwerte abhängt. Wir betrachten nur die beiden Extremfälle im Detail:

- Im *günstigsten Fall*, wenn bereits ein aufsteigend sortiertes Feld vorliegt, beträgt die Anzahl der Vergleiche $n - 1$ und die Anzahl der Zuweisungen $2 \cdot (n - 1)$ – es werden nur jene Zuweisungen gezählt, die sich auf Feldelemente beziehen, denn die *while*-Schleife wird nie betreten und es werden keine Elemente bewegt.
- Im *ungünstigsten Fall*, wenn ein absteigend sortiertes Feld vorliegt, beträgt die Anzahl der Vergleiche $(n - 1) + n \cdot (n - 1) / 2$ und die Anzahl der Zuweisungen ist doppelt so groß, nämlich $2 \cdot (n - 1) + n \cdot (n - 1) / 2$, denn die *while*-Schleife wird bei jedem Durchlauf durch die *for*-Schleife betreten und jedes Mal bis $j = first - 1$ durchlaufen, da die betrachteten Elemente ganz vorne (an der Position *first*) einzusortieren sind. Die Anzahl der Vergleiche und der Zuweisungen liegt somit jeweils bei etwa $n^2 / 2$.

Aus dem oben betrachteten Verhalten im günstigsten und im ungünstigsten Fall lässt sich folgern, dass im *durchschnittlichen Fall* jeweils etwa $n^2 / 4$ Vergleiche und Zuweisungen notwendig sind.

Der Algorithmus *InsertionSort* für das Einfügesortieren hat somit eine asymptotische Laufzeitkomplexität von $O(n^2)$. Trotz der ungünstigen asymptotischen Laufzeitkomplexität ist das Einfügesortieren für kleine n (etwa bis 9) den anderen Verfahren (wegen des geringen Verwaltungsaufwands) hinsichtlich des Laufzeitverhaltens überlegen. Für große n ist das Einfügesortieren jedoch nicht zu empfehlen.

Hinweis zur Optimierung: Diese Bewertung des Laufzeitverhaltens ändert sich auch durch eine Optimierung, die man am Algorithmus *InsertionSort* vornehmen kann, nicht grundsätzlich. Donald E. Knuth weist in [Knuth 1997] darauf hin, dass John W. Mauchly schon 1946 in einem Vortrag über das Sortieren mittels Computern vorgeschlagen hat, die Suche nach der Einfügeposition im vorderen, sortierten Bereich mittels binärer Suche (vgl. Kapitel 6) durchzuführen. Hugo D. Steinhaus hat in [Steinhaus 1958] eine algorithmische Formulierung angegeben, die im ersten Teil (der *while*-Schleife) des folgenden Codestücks (dieses ersetzt den Rumpf der *for*-Schleife im Algorithmus *InsertionSort*) wiedergegeben ist. Die beiden Indizes *f* und *l* definieren darin den jeweils betrachteten Teil des sortierten Bereichs *a*[*f*:*l*].

```
...
e := a[i + 1]
-- 1. binary serach for e.key
f := first
l := i
while f ≤ l do
  mid := (f + l) / 2
  if e.key < a[mid].key) then
    l := mid - 1
  else
    f := mid + 1
  end -- if
end -- while
-- 2. shift elements right and insert e
for j := i downto f do
  a[j + 1] := a[j]
end -- for
a[f] := e
...
```

Durch die binäre Suche nach der Einfügeposition geht zwar die Stabilität des Einfügeverfahrens verloren, sie bringt aber eine deutliche Reduktion der Anzahl der Vergleiche von etwa $n^2 / 4$ auf etwa $n \cdot ld\ n$. Die Anzahl der Zuweisungen im zweiten Teil (der *for*-Schleife) des obigen Codestücks bleibt jedoch unverändert bei etwa $n^2 / 4$. Diese Optimierung, auch als *binäres Einfügen* (*binary insertion*) bezeichnet, verringert zwar – wie Laufzeitmessungen zeigen – für größere *n* die Laufzeit um 25 bis 50 % (je nach Verhältnis des Aufwands für Vergleich und Zuweisung), sie wirkt sich aber nicht prinzipiell auf die asymptotische Laufzeitkomplexität des Einfügesortierens aus, diese bleibt quadratisch. Deshalb kann das Einfügesortieren für große *n* trotz dieser Optimierung nicht empfohlen werden.

7.4 Shell-Sortieren

Wie im vorhergehenden Abschnitt argumentiert, bringt die Optimierung des Einfügesortierens durch binäres Einfügen (auch für große *n*) keine signifikante Verbesserung, da die Anzahl der erforderlichen Zuweisungen unverändert hoch bleibt. Das liegt daran, dass für jedes Element, das von seiner Zielposition im sortierten Feld weit entfernt ist, eine entsprechend große Zahl von Elementen jeweils um eine Position nach hinten kopiert werden muss, um vorne Platz für das einzufügende Element zu schaffen (vgl. Abbildung 7.5)[2].

Um bei der Anzahl der erforderlichen Zuweisungen eine signifikante Reduktion zu erzielen, müssen die Distanzen, um die Elemente verschoben werden müssen, verringert werden. Donald L. Shell hat in [Shell 1959] ein Verfahren dafür vorgeschlagen, das unter der Bezeichnung *Shell-Sortieren* (*Shell sort*) bekannt geworden ist.

Die Grobanalyse des Einfügesortierens für den günstigsten Fall, also für ein vollständig sortiertes Feld, hat ergeben, dass man in diesem Fall mit $n - 1$ Vergleichen und mit $2 \cdot n - 2$ Zuweisungen auskommt. D.h., dass in diesem Fall das Verfahren von der Ordnung n ist. Weitere Analysen (siehe z.B. [Sedgewick 2002]) haben gezeigt, dass auch für „fast sortierte" Felder das Einfügesortieren eine annähernd lineare Laufzeitkomplexität aufweist, also günstig bleibt.

Auf Basis ähnlicher Überlegungen hat Shell seinen Algorithmus so konstruiert, dass dieser in mehreren Schritten eine so gute „Vorsortierung" des Felds herstellt, dass eine abschließende „Endsortierung" mittels Einfügesortieren mit nur mehr linearem Aufwand möglich ist. Die Besonderheit der Shellschen Lösungsidee liegt darin, dass bei jedem Vorsortierungsschritt selbst wieder das Einfügeverfahren angewendet wird und zwar auf allen n Elementen des Felds, aber so, dass diese Teilfeldern zugeordnet werden, deren Elemente einen (diesen Vorsortierschritt kennzeichnenden) Abstand h ($< n$) voneinander haben. Dadurch ergeben sich h disjunkte Teilfelder in der Form, dass für die Indizes von zwei benachbarten Elementen i und j in jedem Teilfeld $|i - j| = h$ gilt. Die Elemente dieser Teilfelder werden mit dem Einfügeverfahren sortiert, wobei die Elemente im ursprünglichen Feld gegebenenfalls um jeweils h Positionen verschoben werden, weshalb man auch von *h-Sortierung* (*h-sorting*) spricht.

Ein geeigneter h-Wert für den ersten Schritt der Vorsortierung ist z.B. $h = n / 2$. Die weiteren Schritte der Vorsortierung arbeiten mit abnehmenden h-Werten, indem das h vor jedem Schritt z.B. halbiert wird. Die Endsortierung erfolgt mit dem Standard-Einfügesortieren, wobei alle unmittelbar benachbarten Elemente (also mit $h = 1$) betrachtet werden. Somit ist klar, dass durch jede abnehmende Folge von h-Werten, die in 1 endet, eine korrekte Sortierung gewährleistet wird.

Bevor wir den Algorithmus für das Shell-Sortieren angeben, illustrieren wir in Beispiel 7.3 seine Funktionsweise. Wir verwenden dazu der Übersichtlichkeit wegen ein Feld mit nur neun Elementen (in der Praxis würden wir allerdings für kleine n bis etwa 9 mit dem Standard-Einfügeverfahren das Auslangen finden).

2 Donald E. Knuth zeigt in [Knuth 1997], dass jedes Sortierverfahren, welches die Feldelemente immer nur um eine Position bewegt, im besten Fall eine asymptotische Laufzeitkomplexität von $O(n^2)$ haben kann, da jedes der n Elemente während des Sortierens im Durchschnitt $n / 3$ Positionen „reisen" muss.

Beispiel 7.3 Shell-Sortieren eines Felds

▶Abbildung 7.6 zeigt den Sortiervorgang nach dem Verfahren von Shell. Sortiert wird ein Feld, das $n = 9$ Elemente (*integer*-Schlüsselwerte mit Indizes von 1 bis 9) in zufälliger Reihenfolge enthält. Wie von Shell vorgeschlagen, wird bei der Vorsortierung mit einer Distanz $h = 4$ ($= n / 2$) begonnen und dann jeweils mit halbiertem Distanzwert fortgefahren. Die in den einzelnen (Vor-)Sortierschritten jeweils behandelten Teilfelder sind farblich (durch Blautöne bzw. weiß) gekennzeichnet.

Im ersten Vorsortierungsschritt werden vier Teilfelder mit $h = 4$ sortiert. Das erste Teilfeld besteht aus den drei Elementen mit den Indizes 1, (+ 4 =) 5 und (+ 4 =) 9, das zweite Teilfeld besteht aus den Elementen mit den Indizes 2 und 6 (ein weiteres Element existiert wegen der Distanz 4 nicht mehr) usw. Die durch die (Vor-)Sortierungsschritte erfolgten Veränderungen der Inhalte der Feldelemente (mittels Einfügeverfahren) sind in der Abbildung durch Pfeile sichtbar gemacht. Wie ▶Abbildung 7.6 zeigt, wird bereits im ersten Vorsortierungsschritt die Vorsortierung der Elemente im gesamten Feld stark verbessert. Die „weiteste Reise“ um 8 ($= 2 \cdot h$) Positionen legt das Element 3 zurück, das von der Position 9 an die Position 1 kommt.

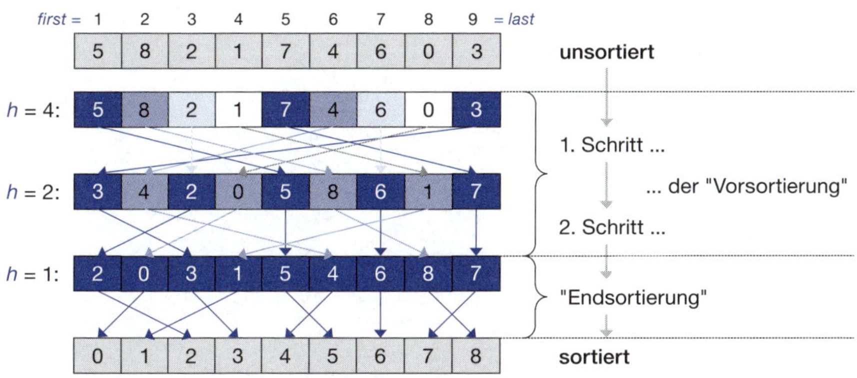

Abbildung 7.6: Funktionsweise des Sortierverfahrens nach Shell

Im zweiten Vorsortierungsschritt mit $h = 2$ gibt es nur mehr zwei Teilfelder zu sortieren. Das erste Teilfeld umfasst die fünf Elemente mit ungeraden Indizes, das zweite die vier Elemente mit geraden Indizes. Durch das Sortieren dieser beiden Teilfelder kommt es wieder zu Umreihungen, wobei sich die Positionen der Elemente aber nicht mehr so stark verändern wie im ersten Schritt: die „längsten Reisen“ gehen über 4 ($= 2 \cdot$ h) Positionen.

In der Endsortierung mit $h = 1$ wird das gesamte Feld nochmals bearbeitet. Im Zuge dieses letzten Sortierschrittes kommt es zwar (wieder mittels Einfügeverfahren) noch zu einigen Umreihungen, die „Reisestrecken“ sind aber kurz (ein bis zwei Stellen).

Für das Sortieren des in Abbildung 7.6 angegebenen Felds benötigen wir nach der Lösungsidee von Shell 27 Vergleiche und 53 Zuweisungen, also insgesamt 80 Operationen.

Hinweis: Der tatsächliche Beitrag der Shellschen Lösungsidee zur Verbesserung der Laufzeiteffizienz beim Sortieren zeigt sich selbstverständlich erst bei einer größeren Anzahl zu sortierender Elemente. Das gewählte Beispiel in Abbildung 7.6 dient lediglich zur Illustration der Lösungsidee. Für die hier gewählte Feldgröße mit nur neun Elementen wäre die Einfügesortierung völlig ausreichend und mit insgesamt 67 Operationen für diesen Fall sogar effizienter als die Shell-Sortierung.

Die Lösungsidee von Shell kann man auf einfache Weise, weil man sich dabei auf den Algorithmus für das Einfügesortieren beziehen kann, in den Algorithmus *ShellSort* mit folgender Implementierung transformieren:

```
ShellSort(↕a: ArrayType  ↓first: int  ↓last: int)
  var n, h, i, j: int
      e: ElementType
begin
  n := last - first + 1
  h := n / 2
  while h > 0 do
    for i := first to last - h do
      e := a[i + h]
      j := i
      while (j ≥ first) and (e.key < a[j].key) do
        a[j + h] := a[j]
        j := j - h
      end -- while
      a[j + h] := e
    end -- for
    h := h / 2
  end -- while
end ShellSort
```

Der Rumpf der äußeren *while*-Schleife im Algorithmus *ShellSort*, also die *for*-Schleife, entspricht im Wesentlichen der Implementierung des Algorithmus *InsertionSort* (aus dem vorherigen Abschnitt) und ergibt sich, indem die Schrittweite 1 durch die Schrittweite h ersetzt wird. Beim letzten Durchlauf durch die äußere *while*-Schleife (mit $h = 1$) leistet der Algorithmus *ShellSort* das gleiche wie der Algorithmus *InsertionSort*.

Da im Rahmen der Vorsortierung Teilfelder behandelt werden, deren Elemente $h > 1$ Positionen voneinander entfernt liegen und über diese Entfernung auch verschoben werden können, ist das Shell-Sortieren *instabil*, obwohl das Verfahren, auf dem es aufbaut (Einfügesortieren), stabil ist.

Wie schon erwähnt, kann zur Vorsortierung jede Folge von h-Werten verwendet werden, wenn im letzten Durchlauf mit $h = 1$ sortiert wird, also auch die im Algorithmus *ShellSort* verwendete und von Shell ursprünglich vorgeschlagene Folge von h-Werten mit $n / 2$, $n / 4$, $n / 8$, ... 1. Das Laufzeitverhalten des Shell-Sortierens hängt allerdings von der Ausprägung der h-Folge ab. Deshalb hat man sich mit der Frage, welche h-Folge zu einem besonders günstigen[3] Verhalten führt, intensiv auseinandergesetzt. Besonders von Donald E. Knuth findet man dazu in [Knuth 1997] eine Reihe von Überlegungen und daraus resultierende Ergebnisse.

Die im Algorithmus *ShellSort* verwendete Standardfolge (wie die Distanzfolge nach Shell genannt wird) führt allerdings zu keinen besonders guten Ergebnissen. Insbesondere wenn n eine Zweierpotenz ist, sich also eine Folge von h-Werten der Gestalt 2^k für $k \geq 0$ (also die Folge ... 32, 16, 8, 4, 2, 1) ergibt, denn dies bewirkt, dass Elemente mit ungeraden Indizes erst zum Schluss mit Elementen an geraden Positionen verglichen werden.

Neben der absteigenden Folge von Fibonacci-Zahlen (..., 13, 8, 5, 3, 2, 1, vgl. Kapitel 3) führen u. a. die im Folgenden angeführten Folgen von h-Werten zu einem besseren Laufzeitverhalten als die Standardfolge:

- Thomas N. Hibbard schlägt in [Hibbard 1963] die h-Folge $2^k - 1$ für $k \geq 1$ (also ..., 31, 15, 7, 3, 1) vor und Abram A. Papernov zeigt gemeinsam mit Grigory V. Stasevich in [Papernov u. Stasevich 1965], dass die h-Folge $2^k + 1$ für $k \geq 0$ (also ..., 33, 17, 9, 5, 3, 1) ähnlich gute Ergebnisse liefert wie die Hibbard-Folge.
- Für große n (ab 1000) schlägt Robert Sedgewick in [Sedgewick 1986] vor, die h-Folge gemäß folgender Definition (für $s \geq 0$) zu bilden:

  $$h_s = 9 \cdot 2^s - 9 \cdot 2^{s/2} + 1 \qquad \text{für gerade } s \text{ und}$$

  $$h_s = 8 \cdot 2^s - 6 \cdot 2^{(s+1)/2} + 1 \qquad \text{für ungerade } s.$$

  Das ergibt: ..., 505, 209, 109, 41, 19, 5, 1.
- Für kleinere n (unter 1000) schlägt Donald E. Knuth in [Knuth 1997] vor, eine h-Folge gemäß folgender rekursiver Definition zu bilden:

  $$h_0 = 1 \qquad \text{und}$$

  $$h_{s+1} = 3 \cdot h_s + 1 \qquad \text{für } s \geq 1.$$

  Das ergibt: ..., 1093, 364, 121, 40, 13, 4, 1. Diese h-Folge ist nach [Sedgewick 2002] auch für größere n aber gut geeignet.

3 Von einem optimalen Laufzeitverhalten kann man nicht sprechen, denn niemand kennt bisher das Optimum oder weiß, mit welcher h-Folge es zu erreichen wäre.

Hier ein Codestück, das die h-Folge nach Knuth erzeugt und für die h-Sortierung verwendet:

```
...
h := 1
repeat
  h := 3 * h + 1
until h > n
repeat
  h := h / 3
  -- do h-sorting (for loop from ShellSort)
until h = 1
...
```

Tabelle 7.1 zeigt einen Vergleich des Einfügesortierens (sowohl mit linearer als auch mit binärer Suche nach der Einfügestelle) mit dem Shell-Sortieren für drei unterschiedliche h-Folgen (nach Shell, nach Knuth und nach Sedgewick). Angegeben ist jeweils die erforderliche Anzahl von Operationen (Summe der Anzahl der Vergleiche und der Anzahl der Zuweisungen) für die Sortierung von Feldern der Länge n, die zufällig angeordnete Schlüsselwerte enthalten. Das Minimum in jeder Zeile ist hervorgehoben. Die Werte in dieser Tabelle untermauern die getroffenen Feststellungen bezüglich der Effizienz der einzelnen Verfahren.

Tabelle 7.1

Anzahl der Operationen (Vergleiche + Zuweisungen) für das Sortieren von Feldern mit zufällig angeordneten Schlüsselwerten

n	**Einfügesortieren**		**Shell-Sortieren, mit h-Folge nach ...**		
	linear	binär	... Shell	... Knuth	... Sedgewick
10	68	**62**	91	70	68
100	5875	3514	2267	**1755**	1766
1000	494206	256193	38612	34121	**33096**
10000	49948308	25098196	637679	528478	**487875**

Hinweis: Eine „optimale“ h-Folge kann nur „empirisch-experimentell“ gesucht werden. Diese Suche ist aufwändig und schwierig. Zu große Abstände zwischen den Gliedern der h-Folge bewirken zu weite Verschiebungen der Elemente im Feld und zu geringe Abstände erfordern zu viele Durchläufe, siehe z.B. [Incerpi u. Sedgewick 1983] und [Incerpi u. Sedgewick 1987/88].

Unabhängig von der verwendeten h-Folge ist das Bemerkenswerte des Shell-Sortierens, dass trotz mehrerer Sortierläufe eine so drastische Verbesserung des Laufzeitverhaltens gegenüber dem des Einfügeverfahrens erzielt wird, obwohl bei diesem nur ein Sortierlauf über alle n Elemente durchgeführt wird. Die Zeitersparnis ergibt sich daraus, dass bei den einzelnen Sortierläufen die Elemente (im jeweils sortierten Teilfeld) nur „kurze Reisen" zurücklegen müssen.

Die Analyse der Laufzeitkomplexität des Shell-Sortierens ist äußerst anspruchsvoll und noch nicht im vollen Umfang gelungen. Es wurde bis heute keine Funktion publiziert, die das Laufzeitverhalten vollständig beschreibt. Donald L. Shell hat in [Shell 1959] die Vermutung aufgestellt, dass die asymptotische Laufzeitkomplexität bei $O(n^{1.226})$ liege. Abram A. Papernov und Grigory V. Stasevich ist es in [Papernov u. Stasevich 1965] gelungen zu zeigen, dass die Hibbard-Folge höchstens $O(n^{1.5})$ Vergleiche benötigt, Robert Sedgewick hat für die von ihm angegebene Folge in [Sedgewick 1986] gezeigt, dass diese eine asymptotische Laufzeitkomplexität von $O(n^{1.333})$ ermöglicht, und mittlerweile wurde mit Experimenten belegt, dass mit guten h-Folgen (z.B. jener von Knuth) eine asymptotische Laufzeitkomplexität von $O(n^{1.25})$ erreicht werden kann. Eine h-Folge, die eine asymptotische Laufzeitkomplexität von $O(n \cdot log\ n)$ – das wäre das Optimum (vgl. Abschnitt 7.9) – aufweist, scheint jedoch nicht zu existieren.

7.5 Austauschsortieren (*Bubblesort*) und *Combsort*

Eine Familie besonders einfacher Sortierverfahren beruht auf der Lösungsidee, dass solange systematisch benachbarte Elemente miteinander verglichen und bei Bedarf vertauscht werden, bis der Datenbestand (in unserem Fall in einem Feld organisiert) sortiert ist. Da das Vertauschen benachbarter Elemente die zentrale Operation dieses Verfahrens ist, nennt man es *Austauschsortieren* (*exchange sort*)[4].

Austauschsortieren ist zwar ineffizient, aber wohl die elementarste Art und Weise, Gegenstände (Artefakte) in eine bestimmte Ordnung zu bringen. Wenn beispielsweise ein Zahlenfeld in eine aufsteigende Ordnung gebracht werden soll, so beginnt man damit, dass man das Feld von vorne nach hinten durchwandert und dabei (falls erforderlich) durch Vertauschung des jeweils betrachteten Elements mit seinem (rechten) Nachbarelement das größte Element des Felds bis an das Ende wandern lässt. Danach wiederholt man den Vorgang für das um ein Element verkürzte (noch unsortierte) Feld.

Wenn man nach dieser Strategie verfährt, so ergibt sich nach einiger Zeit der in ▶Abbildung 7.7 dargestellte Zustand: Der hintere Bereich des Felds enthält die „größeren" Elemente und ist (vom Element an der Position $i + 1$ bis zum letzten Element) aufsteigend sortiert. Der vordere Bereich enthält die „kleineren" Elemente und ist noch unsortiert. Mit jedem weiteren Sortierschritt wächst der sortierte Bereich und schrumpft der unsortierte Bereich um ein Element, bis das gesamte Feld sortiert ist.

4 Zwar kommt auch im Auswahlsortieren (vgl. Abschnitt 7.2) der Austausch zweier Elemente vor, diese sind in der Regel aber nicht benachbart, und es steht die Auswahl des kleinsten Elements im Vordergrund.

Das größte Element aus dem unsortierten Bereich wandert zwar relativ schnell (in einem Durchlauf) nach hinten, kleine Elemente im hinteren Bereich des Felds benötigen aber viele Durchläufe, um nach vorne zu gelangen. Diese steigen – bildlich gesprochen – nur langsam, wie „eine Luftblase in einem Wasserglas", auf – daher auch die engl. Bezeichnung *Bubblesort.*

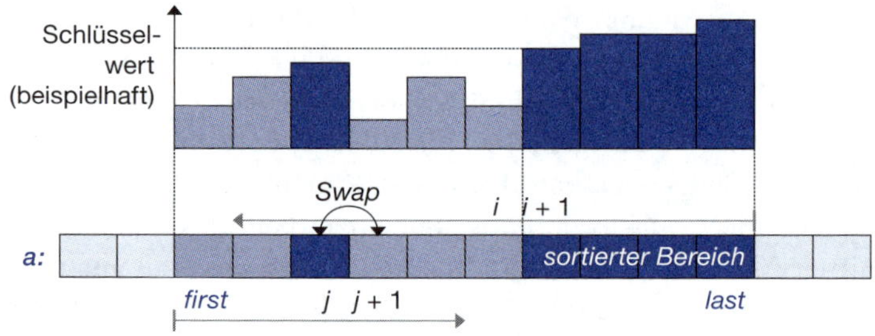

Abbildung 7.7: Schnappschuss eines Zustands während des Austauschsortierens

Die Transformation der Lösungsidee in einen Algorithmus ist einfach und wir erhalten einen Algorithmus, den wir *BubbleSort1* nennen. Dabei verwenden wir zum Vertauschen von Feldelementen eine Operation *Swap*, die ihre Aufgabe – wie in Beispiel 3.13 gezeigt – mit einer Hilfsvariablen und drei Zuweisungen erledigt:

```
BubbleSort1(↕a: ArrayType  ↓first: int  ↓last: int)
  var i, j: int
begin
  for i := last downto first + 1 do
    for j := first to i - 1 do
      if a[j].key > a[j + 1].key then
        Swap(↕a[j] ↕a[j + 1])
      end -- if
    end -- for
  end -- for
end BubbleSort1
```

Der Algorithmus ist einfach, statisch kurz und das Sortierverfahren, das er implementiert, ist *stabil.*

Unterziehen wir den Algorithmus *BubbleSort1* einer Grobanalyse hinsichtlich seines Laufzeitverhaltens, dann ergibt sich:

- Die erforderliche *Anzahl von Schlüsselvergleichen* ist im ersten Schleifendurchlauf (mit $i = last$) $n - 1$, im zweiten $n - 2$ usw., insgesamt also $(n - 1) + (n - 2) + \ldots + 2 + 1 = n \cdot (n - 1) / 2 \approx n^2 / 2$.
- Die erforderliche *Anzahl der Zuweisungen* hängt von der Anzahl der erforderlichen Vertauschungen ab und diese wieder von der Anordnung der Schlüsselwerte: im günstigsten Fall, für ein bereits sortiertes Feld, ist sie 0, im ungünstigsten Fall, für ein umgekehrt sortiertes Feld, das zu invertieren ist, sind $n \cdot (n - 1) / 2$ Vertauschungen und somit $3 \cdot n \cdot (n - 1) / 2 \approx 1.5 \cdot n^2$ Zuweisungen erforderlich. Hinsichtlich der Anzahl der erforderlichen Zuweisungen weist der Algorithmus also die Ordnung n^2 auf (mit einem Faktor 1.5, der im Vergleich zum Einfügesortieren mit dem Faktor 0.5 also ungünstiger ist).

Die asymptotische Laufzeitkomplexität von *BubbleSort1* ist jedenfalls $O(n^2)$ und daher unbefriedigend.

Wenn in der inneren *for*-Schleife des Algorithmus *BubbleSort1* keine Vertauschung mehr erfolgt, wird die äußere *for*-Schleife dennoch weiter durchlaufen, was aber nicht notwendig wäre, denn ab diesem Zeitpunkt stünde fest, dass das Feld sortiert ist. Wenn wir dies entsprechend berücksichtigen, erhalten wir den Algorithmus *BubbleSort2*. Er besteht aus einer inneren Schleife, die dafür sorgt, dass das jeweils größte Element an das Ende des (noch unsortierten) Feldteils wandert. Eine *boolean*-Variable *noSwaps*, die Auskunft darüber gibt, ob es noch zu Vertauschungen gekommen ist, wird verwendet, um die äußere Schleife zu steuern. Diese wird nur solange durchlaufen, wie es noch zu Vertauschungen in der inneren Schleife gekommen ist.

```
BubbleSort2(↕a: ArrayType  ↓first: int  ↓last: int)
  var noSwaps: bool
      i: int
begin
  repeat
    noSwaps := true
    for i := first to last - 1 do
      if a[i].key > a[i + 1].key then
        noSwaps := false
        Swap(↕a[i] ↕a[i + 1])
      end -- if
    end -- for
  until noSwaps
end BubbleSort2
```

Der Algorithmus *BubbleSort2* ist zwar für (fast) sortierte Felder effizienter als *BubbleSort1*, hat aber im durchschnittlichen Fall ein (noch) schlechteres Laufzeitverhalten.

Es versteht sich deshalb von selbst, dass *BubbleSort* für den praktischen Einsatz nicht in Frage kommt. Der Grund, warum wir das Verfahren dennoch vorgestellt haben, liegt darin, dass es wohl zur Allgemeinbildung eines Informatikers gehört, dieses Verfahren zu kennen, aber vor allem deshalb, weil die Variante *BubbleSort2* die Basis für ein effizienteres Verfahren bildet.

Schon 1980 hat Wlodzimierz Dobosiewicz in [Dobosiewicz 1980] Ideen zu einer verbesserten Variante des Austauschsortierens präsentiert und einige Jahre später haben Stephen Lacey und Richard Box in [Lacey u. Box 1991] gezeigt, dass die Idee der Vorsortierung von Donald L. Shell (siehe vorhergehenden Abschnitt) in ähnlicher Weise und mit ebenso guten Ergebnissen auch auf das Austauschsortieren angewendet werden kann.

Lacey und Box entwickelten einen Algorithmus, der eine Vorsortierung in mehreren Schritten auf Teilfeldern von Elementen durchführt, die einen Abstand $gap < n$ zueinander haben und dabei jeweils nur einen Durchlauf der inneren, der *for*-Schleife von *BubbleSort2* erfordern. Die Distanz 1 der zu vergleichenden Elemente wird durch die Distanz *gap* ersetzt (siehe Algorithmus unten). Im finalen Sortierschritt wird das gesamte Feld mit *gap* = 1 wieder mittels *BubbleSort2* sortiert. Die Folge der *gap*-Werte hat somit die gleiche Funktion wie die *h*-Folge des Shell-Sortierens. Lacey und Box haben, gestützt auf Ergebnisse aus Versuchsreihen, empfohlen, als Startwert für *gap* den Quotient *n* / 1.3 und für die weiteren *gap*-Werte jeweils den alten *gap*-Wert dividiert durch 1.3 zu verwenden. Dies wirkt sich günstig auf das Laufzeitverhalten aus.

Die engl. Bezeichnung *comb sort* für diesen Algorithmus leitet sich von *comb* (dt. *Kamm*) ab und soll andeuten, dass das zu sortierende Feld mit einem immer „feineren Kamm durchgekämmt" wird, wobei der Abstand der „Zähne des Kamms" durch den Wert von *gap* repräsentiert wird.

Bevor wir den Algorithmus *CombSort* im Detail angeben, illustrieren wir in Beispiel 7.4 seine Funktionsweise wiederum an einem Feld mit nur neuen Elementen. Wir weisen nochmals darauf hin, dass für kleine *n* (etwa bis *n* = 9) das Standard-Einfügeverfahren die bessere Wahl wäre.

Beispiel 7.4 Sortieren eines Felds mittels *CombSort*

Analog zu ▶Abbildung 7.6 zur Illustration der Arbeitsweise des *ShellSort* zeigt ▶Abbildung 7.8 die Arbeitsweise des *CombSort*. Das zu sortierende Feld enthält die *integer*-Schlüsselwerte von 0 bis 8 in zufälliger Reihenfolge (mit Indizes von 1 bis 9). Wie oben vorgeschlagen, wird mit dem *gap*-Wert 6 (≈ *n* / 1.3) begonnen und die weiteren *gap*-Werte werden durch Division mit 1.3 gewonnen. Die in den Sortierschritten jeweils behandelten Teilfelder sind farblich (durch Blautöne bzw. weiß) hervorgehoben.

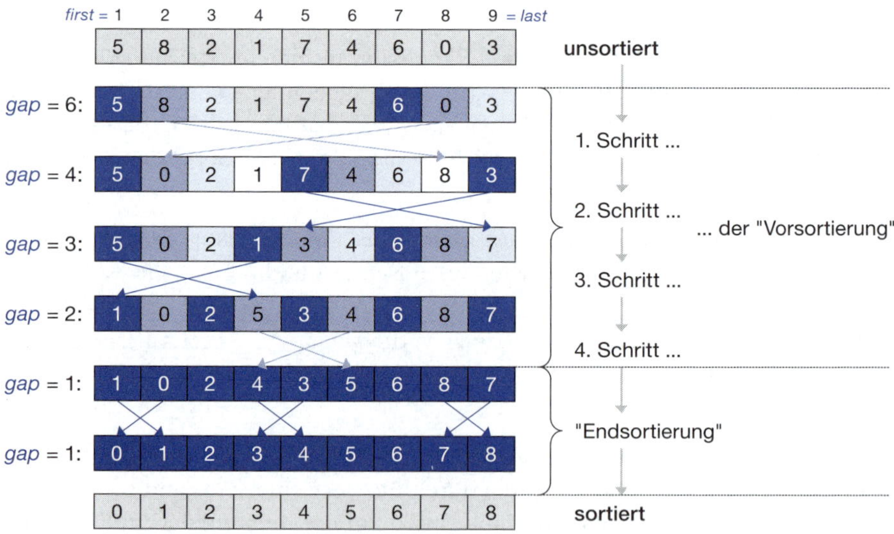

Abbildung 7.8: Funktionsweise von *CombSort*

Im ersten Schritt der Vorsortierung (mit *gap* = 6) sind drei Teilfelder betroffen: die Teilfelder bestehen aus den zwei Elementen an den Positionen 1 und 7, 2 und 8 sowie 3 und 9. Wie in Abbildung 7.8 durch Pfeile dargestellt ist, sind im ersten Schritt der Vorsortierung (mit einem Durchlauf durch die innere Schleife von *BubbleSort2*) nur die Elemente des zweiten Teilfelds zu vertauschen.

Im zweiten Schritt der Vorsortierung (mit *gap* = 4) gibt es vier Teilfelder mit zwei bzw. drei Elementen, die betrachtet werden müssen. In der gewählten Ausprägung des Datenbestands kommt es nur zur Vertauschung der letzten beiden Elemente des ersten Teilfelds (7 und 3) und auch bei den weiteren Vorsortierungsschritten (mit *gap* = 3 und 2) werden jeweils nur zwei Elemente vertauscht.

Im finalen Sortierschritt (mit *gap* = 1) wird das gesamte Feld betrachtet. Für das Sortieren (wieder mittels *BubbleSort2*) sind nur mehr zwei Durchläufe erforderlich (ohne Vorsortierung wären es acht gewesen): Im ersten kommt es noch zu drei Vertauschungen und im zweiten wird nur mehr festgestellt, dass keine weiteren Vertauschungen mehr notwendig sind, das Feld also sortiert ist.

Wie aus Abbildung 7.8 zu erkennen ist, wird der Abstand der zu vertauschenden Elemente immer kleiner. Das Verfahren *CombSort* in der hier geschilderten Fassung benötigt 37 Vergleiche und 21 Zuweisungen, in Summe also 58 Operationen. Zum Vergleich: *BubbleSort2* hätte 133 Operationen benötigt, *ShellSort* hat für dasselbe Feld (in Beispiel 7.3) 80 Operationen benötigt und bei Verwendung des Einfügesortierens wären 67 Operationen notwendig gewesen.

Aus der Lösungsidee von Lacey und Box können wir die folgende algorithmische Fassung von *CombSort* ableiten:

```
CombSort(↕a: ArrayType  ↓first: int  ↓last: int)
  var noSwaps: bool
      n, gap, i: int
begin
  n := last - first + 1
  gap := n
  repeat
    gap := gap * 10 / 13
    if gap = 0 then
      gap := 1
    end -- if
    noSwaps := true
    for i := first to last - gap do
      if a[i].key > a[i + gap].key then
        noSwaps := false
        Swap(↕a[i] ↕a[i + gap])
      end -- if
    end -- for
  until (gap = 1) and noSwaps
end CombSort
```

Da im Rahmen der Vorsortierung Teilfelder gebildet werden, deren Elemente *gap* > 1 Positionen voneinander entfernt liegen und über diese Entfernung auch verschoben werden, ist *CombSort* ein *instabiles* Verfahren, obwohl das Basisverfahren (Austauschsortieren) stabil ist.

Analog zu den *h*-Folgen für das Shell-Sortieren (siehe vorhergehenden Abschnitt), kann für *CombSort* jede *gap*-Folge verwendet werden, die mit dem Wert 1 endet, insbesondere also obige, die mittels fortgesetzter Division von *n* durch 1.3 gebildet wird. Weitere Untersuchungen von Lacey und Box haben ergeben, dass es vorteilhaft ist, die *gap*-Werte 10 und 9, falls sie sich überhaupt ergeben, durch 11 zu ersetzen. Dafür kann durch folgende Erweiterung am Beginn der *repeat*-Schleife in obigem Algorithmus Vorsorge getroffen werden:

```
...
gap := gap * 10 / 13
if gap = 0 then
  gap := 1
else
  if (gap = 9) or (gap = 10) then
    gap := 11
  end -- if
end -- if
...
```

Tabelle 7.2 zeigt einen Vergleich des Austauschsortierens (*BubbleSort1* und *BubbleSort2*) mit *CombSort* mit zwei *gap*-Folgen: der ursprünglich beschriebenen Standardfolge und jener (ebenfalls oben beschriebenen Folge), in der anstelle von 9 und 10 der Wert 11 verwendet wird. Angegeben ist jeweils die erforderliche Anzahl von Operationen (Summe der Anzahl der Vergleiche und der Anzahl der Zuweisungen) für die Sortierung von Feldern der Länge *n*, die zufällig angeordnete Schlüsselwerte enthalten. Das Minimum in jeder Zeile ist hervorgehoben. Die Tabelle untermauert die bisher gemachten Aussagen hinsichtlich der Laufzeiteffizienz der einzelnen Verfahren.

Tabelle 7.2

Anzahl der Operationen (Vergleiche + Zuweisungen) für das Sortieren von Feldern mit zufällig angeordneten Schlüsselwerten

n	Austauschsortieren		*CombSort* mit *gap*-Folge	
	BubbleSort1	*BubbleSort2*	Standard	9/10 ⇒ 11
10	111	120	**80**	**80**
100	13323	17085	**1960**	2017
1000	1236321	1714842	36206	**33791**
10000	124872474	173997561	508219	**494365**

Der Vergleich von Tabelle 7.1 mit Tabelle 7.2 zeigt, dass für große n (etwa ab 2000) der Algorithmus *CombSort* bereits bei Verwendung der Standardfolge für *gap* eine bessere Laufzeiteffizienz aufweist als der Algorithmus *ShellSort* bei Verwendung der h-Folgen von Shell und Knuth. Erst bei Verwendung der h-Folge von Sedgewick ist die Laufzeiteffizienz des *ShellSort* ein wenig besser als die des *CombSort*. Das ist deshalb bemerkenswert, weil der Basisalgorithmus für den *CombSort* (nämlich *BubbleSort2*) wesentlich ineffizienter ist als der Basisalgorithmus für den *ShellSort* (nämlich *InsertionSort*).

Die Komplexitätsanalyse des *CombSort* gestaltet sich ebenso schwierig wie die des *ShellShort*. Man hat herausgefunden, dass die asymptotische Laufzeitkomplexität des *CombSort* ähnlich der des *ShellSort* $O(n^{1.3})$ ist.

7.6 Quicksort

Charles Antony Richard Hoare hat in [Hoare 1962] einen Sortieralgorithmus vorgestellt, der zu Recht die engl. Bezeichnung *quicksort* trägt, weil er in den meisten Fällen im Vergleich zu allen anderen Sortierverfahren das günstigste Laufzeitverhalten aufweist.

Der Algorithmus von Hoare basiert – wie der binäre Suchalgorithmus – auf der Strategie *Teile und Herrsche* (*divide and conquer*):

- Das *Teilen* besteht darin, dass man aus dem zu sortierenden Feld a mit $n > 1$ Elementen ein beliebiges Element (manchmal auch *Pivotelement* genannt) mit dem Schlüsselwert x auswählt und die Feldelemente so umordnet, dass zwei Teilfelder entstehen: eines, das nur Elemente mit Schüsselwerten kleiner oder gleich x, und ein zweites, das nur Elemente mit Schüsselwerten größer oder gleich x enthält (siehe ▶Abbildung 7.9).
- Das *Herrschen* besteht darin, dieses Verfahren des Aufteilens (rekursiv) auf die beiden Teilfelder anzuwenden, bis keine weitere Teilung mehr möglich ist. Dadurch ergibt sich letztendlich und ohne weitere Operationen ein sortiertes Gesamtfeld.

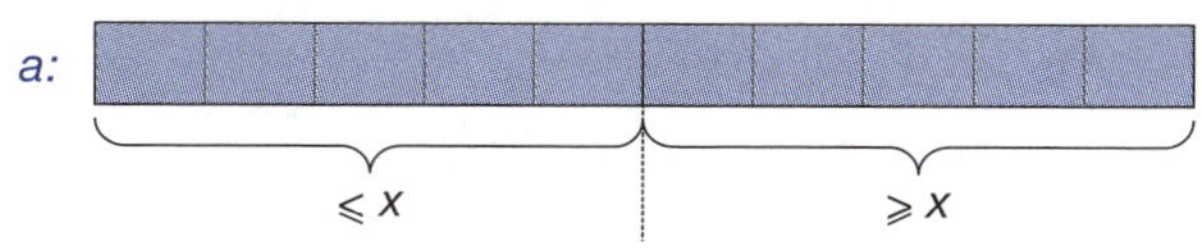

Abbildung 7.9: Ergebnis der Feldteilung in Abhängigkeit von einem Schlüsselwert x

Das Aufteilen des Felds a mit n zu sortierenden Elementen (mit den Indizes von *first* bis *last*) ist also die zentrale Aufgabe dieses Sortierverfahrens. Dazu muss – wie bereits erwähnt – zuerst ein beliebiger, im Feld vorkommender Schlüsselwert x ausgewählt werden, z.B. der Schlüsselwert des mittleren Elements mit dem Index $mid = (last - first) / 2$. Die Aufteilung kann dann gemäß der Lösungsidee von Hoare so erfolgen, dass man zwei Indizes i und j, wobei i mit *first* und j mit *last* initialisiert wird, gegeneinander, also zur Mitte hin, laufen lässt und zwar i solange als $a[i].key < x$ ist und j solange als $a[j].key > x$ ist[5]. In der Regel wird dann die in ▶Abbildung 7.10 (a) dargestellte Situation eintreten. Durch Vertauschen der so gefundenen Elemente $a[i]$

und *a*[*j*] gelangen diese Elemente in das richtige Teilfeld. Danach wird solange weiter nach diesem Schema fortgefahren und es werden dabei gegebenenfalls weitere Elemente vertauscht, bis sich die beiden Indizes *i* und *j* „überkreuzen", also *j* < *i* wird. Dann ist der erste Aufteilungsschritt abgeschlossen. Abbildung 7.10 (b) illustriert sein Ergebnis. Mit den so gewonnenen Teilfeldern *a*[*first*:*j*] und *a*[*i*:*last*] verfährt man auf dieselbe Art und Weise, bis keine weitere Aufteilung mehr möglich und das Feld daher sortiert ist.

Das Entscheidende im Hinblick auf die Laufzeiteffizienz ist, dass bei jedem Teilungsschritt zwei annähernd gleich große Teilfelder entstehen (Balancierung). Das hängt aber von der Wahl von *x* ab.

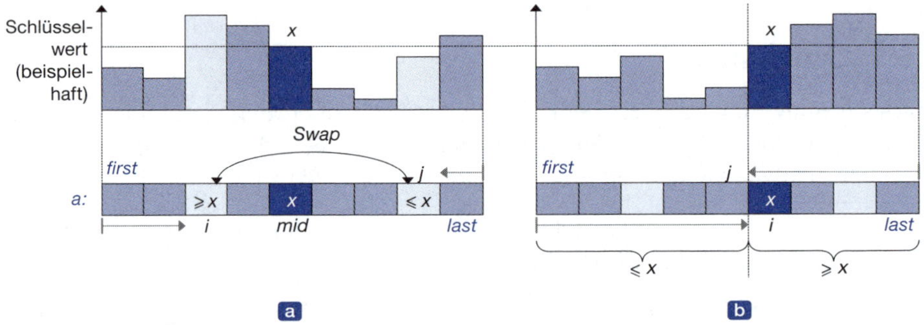

Abbildung 7.10: Zerlegung eines zu sortierenden Felds in zwei Teilfelder nach der Lösungsidee für den Quicksort

Ausgehend von der Lösungsidee ergibt sich der folgende Algorithmus *QuickSort1* (die „Standardversion" nach Hoare):

```
QuickSort1(↕a: ArrayType  ↓first: int  ↓last: int)
  var x: KeyType
      i, j: int
begin
  if first < last then
    -- 1. divide: split up array in two subarrays (often called partition)
    x := a[(first + last) / 2].key
    i := first
    j := last
    repeat
      while a[i].key < x do
        i := i + 1
      end -- while
      while x < a[j].key do
        j := j - 1
      end -- while
```

5 Natürlich könnte man Elemente, deren Schlüsselwert gleich *x* ist, an ihrer jeweiligen Stelle belassen, die Abbruchbedingungen also zu *a*[*i*].*key* ≤ *x* bzw. *a*[*j*].*key* ≥ *x* erweitern. Versuche und mathematische Untersuchungen (vgl. [Sedgewick 1975]) haben aber ergeben, dass die Aufteilung zu besseren Ergebnissen (im Sinne der Balancierung) führt, wenn auch Elemente mit Schlüsselwerten gleich *x* vertauscht werden, insbesondere dann, wenn Schlüsselwerte mehrfach vorkommen.

```
      if i ≤ j then
        Swap(↕a[i] ↕a[j])
        i := i + 1
        j := j - 1
      end -- if
    until i > j
    -- 2. conquer: sort subarrays
    QuickSort1(↕a  ↓first  ↓j)
    QuickSort1(↕a  ↓i  ↓last)
  end -- if
end QuickSort1
```

Weil je nach Wahl des Schlüsselwerts *x* auch ein weiträumiges Vertauschen der Elemente im Feld erfolgt, handelt es sich bei *Quicksort* prinzipiell um ein *instabiles* Verfahren.

Analyse des Laufzeitverhaltens

Beim *Quicksort*-Verfahren handelt es sich wohl um jenes Sortierverfahren, mit dem sich die Fachwelt am intensivsten auseinandergesetzt hat. Ausführliche Analysen und Erörterungen zu seinem Laufzeitverhalten finden sich z.B. in [Knuth 1997], und die Dissertation von Robert Sedgewick (siehe [Sedgewick 1975]) befasst sich ausschließlich mit diesem Verfahren. Wir beschränken uns hier darauf, auf die wesentlichen Ergebnisse der Analyse des Laufzeitverhaltens einzugehen.

Die Anzahl der Vergleiche bei einem Durchlauf durch alle Teilfelder ist im Wesentlichen durch die inneren Schleifen für *i* und *j* bestimmt und damit proportional zu *n*. Die Anzahl der durch die notwendigen Vertauschungen bedingten Zuweisungen liegt wesentlich unter der Anzahl der erforderlichen Vergleiche, wir vernachlässigen sie deshalb bei der Grobanalyse des Laufzeitverhaltens des *Quicksort*-Algorithmus:

- Im *günstigsten Fall* wird bei jedem Durchlauf jedes Teilfeld in zwei gleich große Teilfelder zerlegt, also werden *ld n* Durchläufe benötigt (siehe ▶Abbildung 7.11). Daraus folgt, dass in diesem Fall die Gesamtanzahl der erforderlichen Vergleiche ungefähr $n \cdot ld\ n$ beträgt, weil die Anzahl der erforderlichen Vergleiche je Durchlauf durch das gesamte Feld ungefähr *n* ist. Für diesen Fall ergibt sich damit für den *Quicksort*-Algorithmus die asymptotische Laufzeitkomplexität $O(n \cdot log\ n)$.

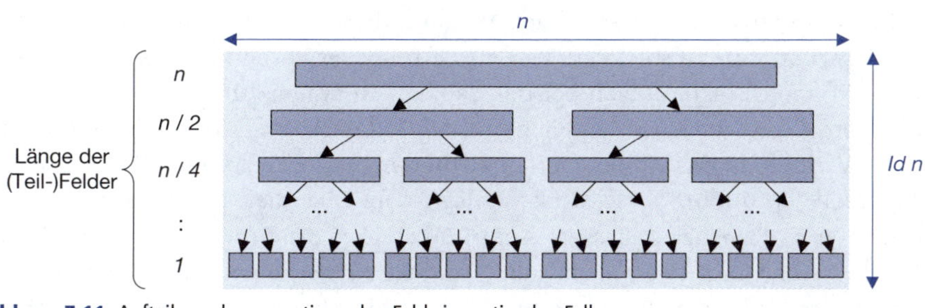

Abbildung 7.11: Aufteilung des zu sortierenden Felds im optimalen Fall

- Im *ungünstigsten Fall* wird bei jedem Durchlauf jedes Teilfeld aus n Elementen in Teilfelder der Länge *1* und $n - 1$ zerlegt, also werden ungefähr n Durchläufe benötigt. Daraus folgt, dass in diesem Fall die Gesamtanzahl der erforderlichen Vergleiche ungefähr $n \cdot n$ beträgt. Für diesen Fall der „Degeneration" ergibt sich damit für den *Quicksort*-Algorithmus die asymptotische Laufzeitkomplexität $O(n^2)$. Das ist ein prinzipieller Makel von *Quicksort*, wenn auch der ungünstigste Fall in der Realität so gut wie nie vorkommt.
- Für den *durchschnittlichen Fall* haben Analysen gezeigt, dass man mit $c \cdot n \cdot log\, n$ Vergleichen rechnen muss (für $1.4 \leq c \leq 2$), was wieder einer asymptotischen Laufzeitkomplexität von $O(n \cdot log\, n)$ – wie im günstigsten Fall – entspricht (vgl. [Sedgewick 2002]).

Überlegungen zur Optimierung der Standardversion

In der Literatur finden wir eine Vielzahl von Optimierungsvorschlägen zur Standardversion des *Quicksort*, von denen wir im Folgenden nur einige wiedergeben. Da die Standardversion (von uns oben mit *QuickSort1* benannt) im Vergleich zu anderen Sortierverfahren schon ein ausgezeichnetes Laufzeitverhalten aufweist, das bereits nahe an die minimale Laufzeitkomplexität (Problemkomplexität, vgl. Abschnitt 7.9) herankommt, ist naturgemäß das Optimierungspotenzial bei diesem Verfahren nicht mehr besonders groß.

Eine erste Verbesserung, die wir auch schon in Abschnitt 7.2 für das Auswahlverfahren (im Algorithmus *SelectionSort*) vorgenommen haben, besteht darin, Vertauschungen nur dann durchzuführen, wenn es sich tatsächlich um unterschiedliche Elemente handelt. Damit können 5 bis 10 % der Zuweisungen eingespart werden. Dazu muss dem Aufruf der *Swap*-Operation im Algorithmus *QuickSort1* ein Vergleich vorangestellt werden (wir bezeichnen diese Algorithmenversion mit *QuickSort2*):

```
...
if i ≠ j then
  Swap(⇕a[i] ⇕a[j])
end -- if
...
```

Robert Sedgewick schlägt in seiner Dissertation [Sedgewick 1975] vor, für kurze Teilfelder nicht mehr *Quicksort* zu verwenden, sondern diese mittels Einfügeverfahren (Algorithmus *InsertionSort*) zu sortieren, weil das Einfügeverfahren für kurze Felder günstig ist. Damit können Einsparungen bei der Laufzeit in einem Ausmaß von bis zu 20 % erreicht werden. Ab welcher Feldlänge (= *Untergrenze*, engl. *lower bound*) statt des *Quicksort*-Verfahrens das Einfügeverfahren herangezogen werden soll, lässt sich nur experimentell ermitteln. Sedgewick schlägt vor, dies bei Feldlängen von 5 bis 25 Elementen in das Auge zu fassen. Aufgrund eigener Erfahrungen raten wir dazu, für die Grenze *lowerBound* Werte zwischen 7 und 9 zu verwenden und rekursive Aufrufe nur für längere Teilfelder durchzuführen. Aus dem Algorithmus *QuickSort2* erhalten wir bei Umsetzung dieses Verbesserungsvorschlages den Algorithmus *QuickSort3*:

```
...
-- 2. sort subarrays
if (j - first + 1) ≤ lowerBound then
  InsertionSort(↕a ↓first ↓j)
else
  QuickSort3(↕a ↓first ↓j)
end -- if
if (last - i + 1) ≤ lowerBound then
  InsertionSort(↕a ↓i ↓last)
else
  QuickSort3(↕a ↓i ↓last)
end -- if
...
```

Tabelle 7.3 zeigt einen Vergleich der oben vorgestellten Sortieralgorithmen *ShellSort, CombSort, QuickSort1* (Standardversion), *QuickSort2* und *QuickSort3* (mit *lowerBound* = 7). Angegeben ist jeweils die erforderliche Anzahl von Operationen (Summe der Anzahl der Vergleiche und der Anzahl der Zuweisungen) für die Sortierung von Feldern der Länge *n*, die zufällig angeordnete Schlüsselwerte enthalten. Das Minimum in jeder Zeile ist hervorgehoben.

Tabelle 7.3 zeigt, dass bei Verwendung des *Quicksort*-Algorithmus für größere *n* nur etwa halb so viele Operationen erforderlich sind wie bei Verwendung des *ShellSort*- bzw. *CombSort*-Algorithmus. Ebenso ist aus der Tabelle abzulesen, dass die Umsetzung der beiden oben beschriebenen Verbesserungsvorschläge (*QuickSort2* und *QuickSort3*) tatsächlich zu einer Reduktion in der Anzahl der erforderlichen Operationen führt.

Tabelle 7.3

Anzahl der Operationen (Vergleiche + Zuweisungen) für das Sortieren von Feldern, mit zufällig angeordneten Schlüsselwerten

n	*ShellSort*	*CombSort*	*QuickSort1*	*QuickSort2*	*QuickSort3*
10	91	80	76	73	**68**
100	2267	1960	1521	1455	**1383**
1000	38612	36206	20312	19535	**18840**
10000	637679	508219	280910	273287	**266864**

Weitere Verbesserungen, die sich jedoch nur auf die Laufzeit und nicht mehr auf die Anzahl der Vergleiche und/oder Zuweisungen auswirken, können durch folgende Optimierungen erzielt werden:

- Die Prüfung, ob noch mindestens zwei Elemente im zu sortierenden Feld vorhanden sind (*first* < *last*), kann aus dem Algorithmus entfernt und an den Rufer delegiert werden. Dadurch können unnötige rekursive Aufrufe eingespart werden. (Vgl. Abschnitt 4.5.2, wo diese Optimierung auch für rekursive Baumdurchläufe vorgeschlagen wird.)

- Die rekursive Version von *Quicksort* kann durch eine iterative Version ersetzt werden (wie in Abschnitt 4.4.2 gezeigt). Sedgewick weist in [Sedgewick 2002] auf jene Details hin, die bei dieser Transformation zu beachten sind (z.B. Beseitigung der Endrekursion).

Hinweis: John Bentley beschreibt in [Bentley 1993] eine neue Version der Funktion *qsort* für die C-Standardbibliothek (vgl. [Kernighan u. Ritchie 1988]) und weist auf viele weitere Möglichkeiten und auch Fallstricke bei der Verbesserung des Laufzeitverhaltens von *Quicksort* in einer konkreten Implementierung hin.

Beispiel 7.5 zeigt anhand des bereits zur Illustration der Funktionsweise der Algorithmen *ShellSort* und *CombSort* verwendeten Felds mit neun Elementen die Funktionsweise des Algorithmus *QuickSort*. Man beachte die sich beim Zerlegungsprozess (bei dieser Elementanordnung) ergebenden ungleichmäßig großen Teilfelder.

Beispiel 7.5 Sortieren eines Felds mittels *Quicksort*

▶Abbildung 7.12 illustriert, wie der Algorithmus *QuickSort1* arbeitet, wenn dieser für das Sortieren eines Felds verwendet wird, das $n = 9$ Elemente (mit Indizes von 1 bis 9) umfasst, die Schlüsselwerte (die Zahlen von 0 bis 8 in zufälliger Reihenfolge) enthalten. Jenes Element, das den Schlüsselwert x enthält, der für den jeweiligen Teilungsschritt herangezogen wird, ist blau dargestellt.

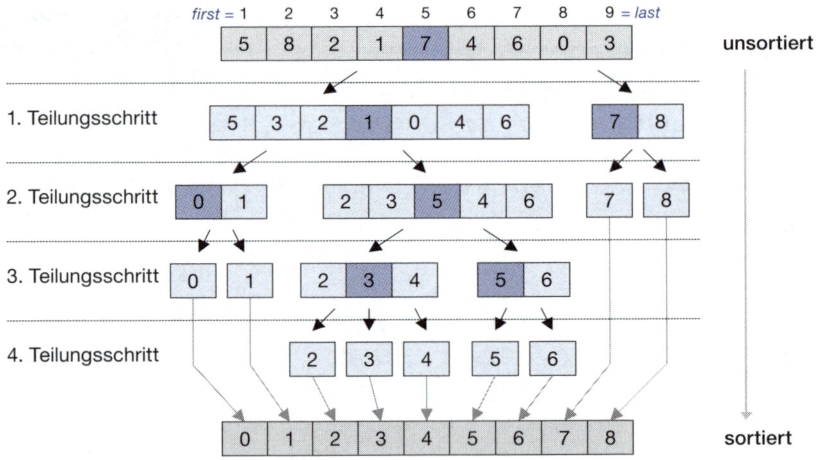

Abbildung 7.12: Funktionsweise von *QuickSort1*

Wie ▶Abbildung 7.12 zeigt, ergibt sich bereits beim ersten Teilungsschritt mit $x = 7$ eine sehr unausgewogene Aufteilung: das erste Teilfeld hat sieben, das zweite nur zwei Elemente. Auch beim zweiten Teilungsschritt setzt sich diese Unausgewogenheit fort, indem die sieben Elemente auf zwei und fünf aufgeteilt werden.

QuickSort1 benötigt für die Sortierung dieses Felds 38 Vergleiche und 27 Zuweisungen, also 65 Operationen insgesamt. *ShellSort* hatte für die Sortierung des gleichen Felds 80 Operationen benötigt (siehe Beispiel 7.3) und *CombSort* fand mit 58 Operationen das Auslangen (siehe Beispiel 7.4).

Das Beispiel zeigt auch, dass *QuickSort* bei kleinen Feldern keine besondere Effizienz aufweist. Deshalb würde in der verbesserten Algorithmenversion *QuickSort3* bei Wahl von *lowerBound* = 9 das Feld auch auf Anhieb mit dem für kleine Felder besser geeigneten Einfügeverfahren sortiert werden.

Die optimale Wahl für den Schlüsselwert *x*, nach dem das Feld geteilt wird, wäre der Median (= Wert des mittleren Elements in der sortierten Folge) aller Schlüsselwerte. Diesen zu ermitteln ist aber zu aufwändig. Es wurden u. a. zwei effizientere und doch einfache Möglichkeiten für die Wahl des Schlüsselwerts, der zur Teilung herangezogen wird, vorgeschlagen:

1. Hoare selbst schlägt in [Hoare 1962] vor, die Ermittlung der Position jenes Elements im Feld, dessen Schlüsselwert *x* für die Aufteilung herangezogen werden soll, einem Zufallszahlengenerator (siehe dazu Kapitel 8) zu überlassen. Durch die zufällige Wahl sinkt die Wahrscheinlichkeit einer ungünstigen Teilung unter der Voraussetzung, dass die Schlüsselwerte im Feld annähernd gleichverteilt angeordnet sind. In diesem Fall bezeichnen wir den *Quicksort*-Algorithmus als *zufallsgesteuert, randomisiert* (*randomized*) oder *probabilistisch* (*probabilistic*).

2. Richard C. Singleton empfiehlt in [Singleton 1969], das erste, mittlere und letzte Element zu betrachten, diese drei Elemente zu sortieren und dann den Schlüsselwert des daraus resultierenden mittleren Elements zur Teilung heranzuziehen. Dieser Median aus drei Werten (*median of three*) kann effizient mit ein bis zwei Vergleichen (im Durchschnitt 8 / 3) ermittelt werden und seine Verwendung reicht aus, um die Gefahr des Auftretens einer Degeneration beinahe auszuschließen.

Diese beiden Möglichkeiten können auch kombiniert werden, indem die Position jener drei Elemente, deren Median bestimmt wird, um den für die Teilung verwendeten Schlüsselwert zu gewinnen, mittels Zufallszahlengenerator ausgewählt wird. Das daraus resultierende Verfahren wird in der Literatur auch als *Clever Quicksort* bezeichnet (vgl. [Wegener 1990]).

Hinweis: Diese Vorschläge zur Verminderung der Wahrscheinlichkeit der Degeneration des Teilungsprozesses führen nicht notwendigerweise dazu, dass der *Quicksort*-Algorithmus im durchschnittlichen Fall ein besseres Laufzeitverhalten zeigt, sie können in Einzelfällen sogar zu einer Verschlechterung führen.

7.7 *Heap*-Datenstruktur und *Heap*-Sortieren

Welches Verfahren zur Auswahl des Schlüsselwerts *x* für die Aufteilung des Felds im *Quicksort*-Algorithmus auch verwendet wird, es bleibt das Restrisiko, dass der Teilungsprozess „degeneriert". Das Risiko der quadratischen Laufzeitkomplexität kann für den *Quicksort*-Algorithmus also nicht vollständig eliminiert werden.

Es existieren jedoch zwei beinahe so effiziente Sortierverfahren, für die dieses Risiko einer Degeneration nicht besteht:

1. das wegen der Verwendung der *Heap-Datenstruktur* als *Heap-Sortieren* (*heap sort*) bezeichnete Verfahren und

2. das *Mischsortierverfahren* (*merge sort*).

Jedes dieser beiden Verfahren hat im durchschnittlichen Fall zwar eine etwas schlechtere Laufzeitqualität als der *Quicksort*, kann dafür aber nicht mehr degenerieren.

Im Folgenden behandeln wir nur die *Heap*-Datenstruktur und das darauf basierende *Heap*-Sortieren im Detail, weil die *Heap*-Datenstruktur auch für andere Anwendungsfälle nützlich ist, z.B. für die Realisierung von *Vorrangwarteschlangen* (*priority queues*). In Abschnitt 7.8 wird die Lösungsidee, die dem Mischsortieren zugrunde liegt, soweit erläutert, dass dessen Funktionsweise klar wird und ein Algorithmus dafür ohne große Probleme vom Leser selbst im Detail ausgearbeitet werden kann.

7.7.1 *Heap*-Datenstruktur

Ein *Heap*[6] ist eine Datenstruktur, die einen speziellen Behälter für Datenobjekte mit Schlüsselattributen vom Datentyp *KeyType* realisiert. In einem *Heap* (Definition s. u.), der *n* Elemente enthält, ist es möglich, auf das Element mit dem größten Schlüsselwert (das „größte Element") in konstanter Zeit, also unabhängig von der Anzahl der Elemente, mit der asymptotischen Laufzeitkomplexität $O(1)$ zuzugreifen. Darüber hinaus erlaubt ein *Heap*,

- das größte Element mit der asymptotischen Laufzeitkomplexität $O(\log n)$ so zu entfernen, dass ein *Heap* mit $n - 1$ Elementen übrig bleibt und
- ein neues Element mit der asymptotischen Laufzeitkomplexität $O(\log n)$ so einzufügen, dass ein *Heap* mit $n + 1$ Elementen entsteht.

▸Abbildung 7.13 zeigt eine mögliche Datenstruktur zur Realisierung eines *Heaps*: einen Binärbaum (vgl. Abschnitt 3.5.2), dessen Wurzel einen Wert enthält, der größer oder gleich ist als alle Werte, die in den Knoten des linken und des rechten Teilbaums vorkommen. Wenn diese Eigenschaft nicht nur auf die Wurzel des Baums, sondern

6 Es gibt für die engl. Bezeichnung *heap* keine gute dt. Übersetzung. Auch ist dieser Begriff mehrdeutig, denn die *Heap*-Datenstruktur darf nicht mit dem dynamischen Speicherbereich (auch *heap*) verwechselt werden (vgl. Abschnitt 3.3.2), der zum Allokieren und Freigeben von Speicherblöcken für dynamische oder vernetzte Datenstrukturen (z.B. verkettete Listen und Binärbäume) dient.

auch auf die Wurzeln aller Teilbäume zutrifft, dann ist der Baum ein (*binärer*) *Heap*, der die oben geschilderten Effizienzeigenschaften für die drei speziellen Operationen (Zugriff auf das größte Element, Einfügen und Löschen) aufweist.

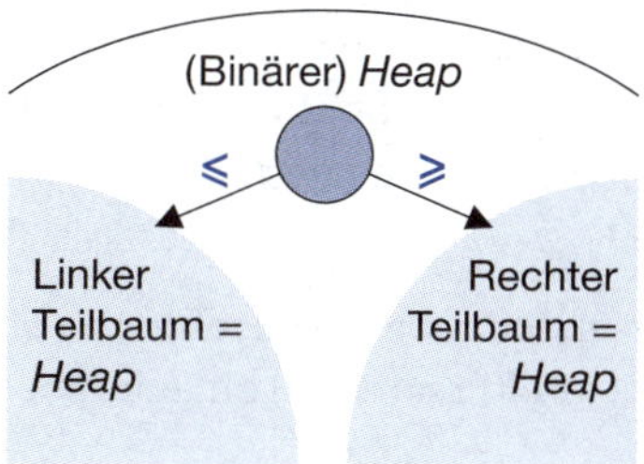

Abbildung 7.13: (Binärer) Heap

Der Vergleich der Abbildung 7.13 für den *Heap* mit der ▶Abbildung 3.26 für einen binären Suchbaum in Kapitel 3 zeigt, wie ähnlich diese beiden Konzepte sind. (Mehr zu dieser Verwandtschaft s. u.)

Die Knoten von Binärbäumen werden üblicherweise dynamisch allokiert und mittels Zeigern vernetzt. Weil die dafür notwendige dynamische Speicherverwaltung aber aufwändig ist, hat man nach einer effizienteren Möglichkeit gesucht, Elemente in Form von *Heaps* zu repräsentieren. Wenn die Knoten in einem Binärbaum-*Heap* gemäß Abbildung 7.13 so angeordnet werden, dass ein *kompletter Binärbaum* (*complete binary tree*) entsteht, ist das auch möglich.

Ein *kompletter Binärbaum* ist in allen Ebenen bis auf die letzte *vollständig* (vgl. Definition in Abschnitt 3.5.2), hat also in der k-ten Ebene (von $k = 0$ bis zur vorletzten) 2^k Knoten, nur in der untersten Ebene dürfen „rechts" Knoten fehlen.

Solch ein kompletter Binärbaum kann nicht nur als dynamische oder vernetzte Datenstruktur, sondern auch in Form eines Felds – auf einfache Art und Weise sowie ohne dynamische Speicherverwaltung – realisiert werden. Diese Realisierungsform lässt sich durch die folgende Definition beschreiben.

Definition: Heap *in der Realisierungsform Feld*

Datenobjekte mit dem Schlüsselattribut *key* in einem Feld $h[1{:}n]$ bilden einen *Heap*, wenn $h[1]$ die Wurzel ist und für jedes Element des Felds h an der Stelle i gilt, dass

- sich sein linker Nachfolger an der Position $2 \cdot i$ befindet, also $\mathit{Left}(\downarrow i) = 2 \cdot i$ gilt,
- sich sein rechter Nachfolger an der Position $2 \cdot i + 1$ befindet, also $\mathit{Right}(\downarrow i) = 2 \cdot i + 1$ gilt,
- sein Vorgänger an der Position $i / 2$ zu finden ist, also $\mathit{Parent}(\downarrow i) = i / 2$ gilt und
- für $i \neq 1$ (also mit Ausnahme der Wurzel) gilt: $h[\mathit{Parent}(\downarrow i)].\mathit{key} \geq h[i].\mathit{key}$.

Der Vergleich der obigen Definition eines *Heaps* mit jener eines binären Suchbaums (in Abschnitt 3.5.3) fördert ihre nahe Verwandtschaft zutage: Während die Wurzel in einem binären Suchbaum einen solchen Schlüsselwert aufweist, dass die Schlüsselwerte aller linken Nachfolger kleiner und die Schlüsselwerte aller rechten Nachfolger größer oder gleich jener des Wurzelknotens sind, hat die Wurzel in einem *Heap* einen Schlüsselwert, der größer[7] ist als die Schlüsselwerte aller ihrer Nachfolger. Binärbäume mit dieser Eigenschaft werden *partiell geordnete Binärbäume* (*partially-ordered binary trees*) genannt.

Beispiel 7.6 (a) zeigt, wie die ersten sechs Primzahlen in einem *Heap* (sowohl als kompletter Binärbaum als auch als Feld realisiert) angeordnet werden können.

Beispiel 7.6 (a) Primzahlen in einem *Heap*

Die ersten sechs Primzahlen (2, 3, 5, 7, 11 und 13) können auf mehrfache Art und Weise in einem *Heap* angeordnet werden. ▶Abbildung 7.14 zeigt eine dieser Möglichkeiten: (a) in Form eines kompletten Binärbaums und (b) in Form eines Felds gemäß der obigen *Heap*-Definition. Die *left*- und *right*-Zeiger der Binärbaumform sind im Bild für das Feld auch andeutungsweise dargestellt.

Hinweis: Wie in Abbildung 7.14 (b) dargestellt, bietet das Feld *h* die Möglichkeit, an der Position 0 ein Datenobjekt oder zumindest einen Schlüsselwert unterzubringen; das erleichtert die Formulierung der Algorithmen, weil an dieser Stelle ein *Wächter* (*sentinel*) untergebracht werden kann.

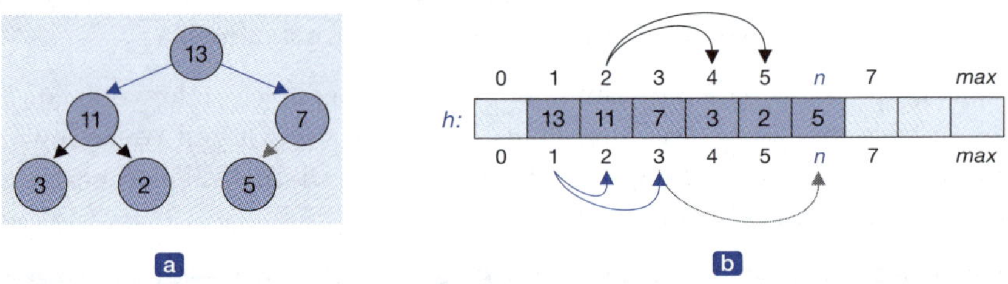

Abbildung 7.14: Primzahlen-*Heap* als kompletter Binärbaum und als Feld

Da bei der Realisierung eines *Heaps* in Form eines Felds *h* gemäß der Definition die Wurzel an der Position 1 im Feld zu finden ist, kann der größte Schlüsselwert durch den Zugriff auf *h*[1] unmittelbar ermittelt werden.

7 Nachdem die Wurzel den größten Schlüsselwert enthält, bezeichnet man diese Art von *Heap* auch als *Max-Heap*. Analog dazu gibt es auch einen *Min-Heap*, dessen Wurzel den kleinsten Schlüsselwert enthält.

Für das Einfügen eines neuen Elements (siehe Algorithmus *Insert* unten) kann der Hilfsalgorithmus *UpHeap* (in Anlehnung an [Sedgewick 2002]) herangezogen werden.

Der Algorithmus *UpHeap* hat folgende Aufgabe zu lösen: Das Feld $h[1{:}n - 1]$ enthält einen (korrekten) *Heap* und in ihm muss ein neues Element *e*, das in *h* bereits an der Stelle *n* eingetragen ist, richtig eingeordnet werden. Die Lösungsidee dazu lautet wie folgt: Das neue Element wird so lange mit seinem Vorgänger (im durch das Feld repräsentierten kompletten Binärbaum) vertauscht, bis es einen Vorgänger mit einem größeren Schlüsselwert hat oder selbst die Wurzelposition (= 1) einnimmt. Um die Abbruchbedingung der Schleife im Algorithmus zu vereinfachen, wird zu Beginn der größtmögliche Schlüsselwert als *Wächter* (*sentinel*) in *h*[0].*key* und weil *Parent*(1) = 1 / 2 = 0, also „über der Wurzelposition", eingetragen.

Da das Feld einen balancierten Binärbaum repräsentiert[8] und das neue Element von der untersten Ebene (seiner Blattposition) höchstens bis zur Ebene 0 (der Wurzelposition mit Index 1) wandern kann, ist offensichtlich, dass dieser Algorithmus die asymptotische Laufzeitkomplexität *O*(*log n*) hat.

```
UpHeap(↕h: ArrayType  ↓n: int)
  var e: ElementType
      k: int
begin
  e := h[n]  -- new element to move up
  h[0].key := Max(↓KeyType)  -- set sentinel
  k := n
  while h[k / 2].key ≤ e.key do
    h[k] := h[k / 2]
    k := k / 2
  end -- while
  h[k] := e
end UpHeap
```

Unter Verwendung des Hilfsalgorithmus *UpHeap* lässt sich der Algorithmus *Insert* zum Einfügen eines neuen Elements *e* in einen *Heap* im Feld *h* mit *n* Elementen auf einfache Art und Weise realisieren:

```
Insert(↕h: ArrayType  ↕n: int  ↓e: ElementType)
begin
  n := n + 1
  h[n] := e
  UpHeap(↕h  ↓n)
end Insert
```

Beispiel 7.6 (b) zeigt, wie in den Primzahlen-*Heap* aus Beispiel 7.6 (a) mittels *Insert* und *UpHeap* ein neues Element eingefügt wird.

Für das Entfernen des Elements mit dem größten Schlüsselwert (siehe Algorithmus *RemoveMax* nächste Seite) kann der Hilfsalgorithmus *DownHeap* (wiederum in Anlehnung an [Sedgewick 2002]) herangezogen werden.

8 Ein kompletter Binärbaum ist per Definition balanciert, da sich die Länge der Wege von der Wurzel bis zu jedem Blatt höchstens um 1 unterscheidet.

Beispiel 7.6 (b) Einfügen eines neuen Elements in den Primzahlen-*Heap*

▶Abbildung 7.15 zeigt im linken Bildteil den Zustand, nachdem durch den Algorithmus *Insert* die Anzahl n der Elemente im *Heap* um 1 erhöht und das neue Element $e = 17$ in $h[n]$ eingetragen wurde. Der rechte Bildteil zeigt das Ergebnis nach der Ausführung von *UpHeap*: e ist an die richtige Stelle (in diesem Fall die Wurzelposition) gewandert.

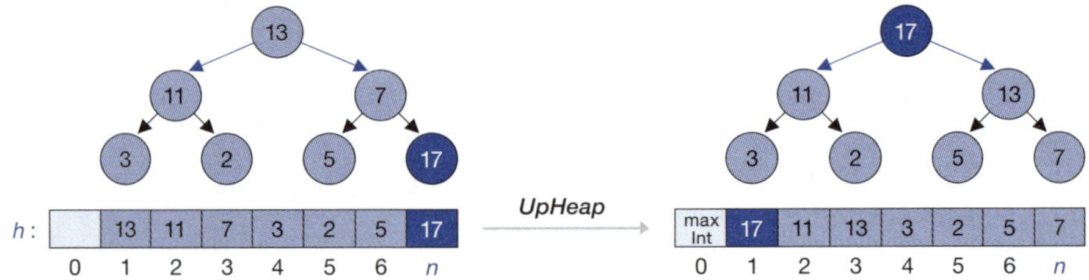

Abbildung 7.15: Einfügen eines Elements mit dem Schlüsselwert 17 in den Primzahlen-*Heap* aus Abbildung 7.14

Der Algorithmus *DownHeap* hat folgende Aufgabe zu lösen: Das Feld $h[1{:}n]$ enthält einen (korrekten) *Heap* und in ihm soll das „kleine Element“ e an der Stelle $1 \leq k \leq n$ (meist $k = 1$) an die richtige Position (weiter „unten“) im *Heap* gebracht werden. Die Lösungsidee dazu lautet: Das Element wird solange mit jenem seiner beiden Nachfolger („Söhne“, engl. *sons*) vertauscht, der den größeren Schlüsselwert enthält, bis kein Sohn mit einem größeren Schlüsselwert mehr existiert oder das Element eine Blattposition einnimmt.

Wiederum ist leicht zu erkennen, weil es sich um eine analoge Vorgehensweise wie bei *UpHeap* handelt, dass dieser Algorithmus wegen der Balancierung die asymptotische Laufzeitkomplexität $O(log\ n)$ hat.

```
DownHeap(⇕h: ArrayType  ↓n: int  ↓k: int)
  var e: ElementType
      j: int  -- position of greater son of element in k
begin
  e := h[k]  -- element to move down
  while k ≤ n / 2 do
    j := 2 * k     -- left son
    if (j < n) and (h[j].key < h[j + 1].key) then  -- right son is greater
      j := j + 1
    end -- if
    if e.key ≥ h[j].key then  -- no more greater son
      break  -- exit while loop
    end -- if
    h[k] := h[j]  -- move up greater son
    k := j
  end -- while
  h[k] := e
end DownHeap
```

Unter Verwendung des Hilfsalgorithmus *DownHeap* lässt sich der Algorithmus *RemoveMax* zum Entfernen des Elements *max*, das den größten Schlüsselwert in einem *Heap* im Feld *h* mit ursprünglich *n* Elementen enthält, auf einfache Art und Weise realisieren:

```
RemoveMax(↕h: ArrayType  ↕n: int  ↑max: ElementType)
  var m: ElementType
begin
  m := h[1]
  h[1] := h[n]
  n := n - 1
  DownHeap(↕h  ↓n  ↓1)
  max := m
end RemoveMax
```

Beispiel 7.6 (c) zeigt, wie nach dem Entfernen des Elements mit dem größten Schlüsselwert im Primzahlen-*Heap* aus Beispiel 7.6 (b) ein Element mittels *RemoveMax* und *DownHeap* neu positioniert wird.

Beispiel 7.6 (c)

Entfernen des größten Elements aus dem Primzahlen-*Heap*

▶Abbildung 7.16 zeigt im linken Bildteil den Zustand eines *Heaps*, nachdem durch den Algorithmus *RemoveMax* das Element mit dem größten Schlüsselwert (= 17) aus *h*[1] entfernt, dort das letzte Element des Felds aus *h*[*n*] (mit dem Schlüsselwert 7) eingetragen und die Anzahl der Elemente *n* um 1 vermindert wurde. Der rechte Bildteil zeigt das Ergebnis nach der Ausführung von *DownHeap*: Die neue Wurzel ist das Element mit dem (nunmehr größten) Schlüsselwert 13 und das Element mit dem Schlüsselwert 7 ist an die richtige Stelle gewandert.

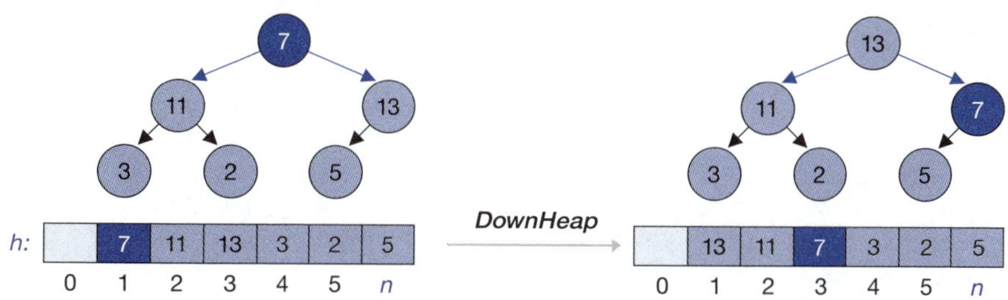

Abbildung 7.16: Entfernung der Wurzel und Umordnung des Primzahlen-*Heaps* aus ▶Abbildung 7.15

Die *Heap*-Datenstruktur in der hier vorgestellten Form findet neben dem Sortieren (siehe nächster Abschnitt) vor allem Anwendung bei der effizienten Realisierung von *Vorrangwarteschlangen* (*priority queues*). Die beiden zentralen Operationen, das Eintragen (mittels *Enqueue*) und das Entfernen (mittels *Dequeue*) von Elementen der Vorrangwarteschlange, können unter Zuhilfenahme einer *Heap*-Datenstruktur und den beiden oben erläuterten Algorithmen *Insert* und *RemoveMax* mit logarithmischem Laufzeitverhalten erfolgen (vgl. Abschnitt 3.7.1), wobei als Schlüsselwert die Priorität (der Vorrang) der Elemente dient.

7.7.2 *Heap*-Sortieren

John W. J. Williams in [Williams 1964] und Robert W. Floyd in [Floyd 1964] haben mit ihren Ideen gemeinsam dazu beigetragen, dass auf Basis der oben erläuterten *Heap*-Datenstruktur ein effizientes Sortierverfahren entwickelt werden konnte, dessen Laufzeitverhalten zwar dem von *Quicksort* nur nahe kommt, aber dafür nicht mehr mit dem Risiko einer quadratischen Laufzeitkomplexität (Degeneration), wie beim *Quicksort* der Fall, behaftet ist. Wir stellen im Folgenden zwei Varianten des *Heap*-Sortierens vor.

Das (*Top-down-*)*Heap*-Sortieren läuft in zwei Phasen ab, die in ▶Abbildung 7.17 jeweils mit einem Schnappschuss des Zustands illustriert werden:

1. In der ersten, der „Aufbauphase", werden alle Elemente des zu sortierenden Felds mittels *Insert* (s. o.) der Reihe nach in einen ursprünglich leeren ($n = 0$), schrittweise anwachsenden *Heap* eingetragen, so wie in Bildteil (a) gezeigt.

2. In der zweiten Phase, der „Abbauphase", werden mittels *RemoveMax* (s. o.) die Elemente des *Heaps* wieder schrittweise entnommen und von hinten her in das dann sortierte Feld eingetragen, so wie in Bildteil (b) gezeigt.

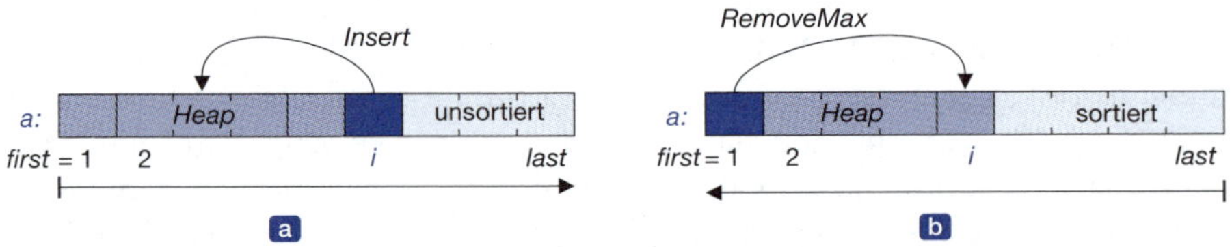

Abbildung 7.17: Schnappschüsse des Zustands beim *Top-Down-Heap*-Sortieren in Phase 1 (a) und Phase 2 (b)

Der folgende Algorithmus *HeapSort* implementiert diese Lösungsidee. Jede der beiden Phasen wird dabei durch eine eigene Schleife realisiert.

```
HeapSort(↕a: ArrayType  ↓first: int  ↓last: int)
  var n, i: int
begin
  -- assertion: first = 1, heap needs position 1 for root element
  n := 0
  -- phase 1: construction of heap
  for i := 1 to last do
    Insert(↕a  ↕n ↓a[i])
  end -- for
  -- phase 2: destruction of heap
  for i := last downto 1 do
    RemoveMax(↕a  ↕n  ↑a[i])
  end -- for
end HeapSort
```

Eine Variante des *Heap*-Sortierens, die etwas weniger Vergleiche und wesentlich weniger Zuweisungen benötigt, baut den *Heap* „von unten her" auf. Diese Variante wird deshalb auch als *Bottom-up-Heap*-Sortieren bezeichnet, und sie läuft ebenfalls in zwei Phasen ab, die in ▶Abbildung 7.18 jeweils mit einem Schnappschuss des Zustands illustriert werden:

1. Zu Beginn der ersten, der „Aufbauphase“, wird jedes Element in der hinteren Hälfte des Felds als *Heap* betrachtet, der nur aus einem Element besteht. Dann werden, so wie in Bildteil (a) gezeigt, schrittweise die Elemente in der vorderen Hälfte mittels *DownHeap* (s. o.) in die *Heaps* am hinteren Ende eingefügt. Dabei wächst die Größe der *Heaps* und es verringert sich gleichzeitig ihre Anzahl. Zum Schluss dieser Phase bleibt ein einziger *Heap* übrig, der alle n Elemente enthält. Das größte Element befindet sich damit in der Wurzel (an der Position 1) des *Heaps*.

2. In der zweiten Phase, der „Abbauphase“, wird von hinten her ein sortiertes Feld erstellt. Dazu läuft der Index i von n bis 2. Es werden, so wie in Bildteil (b) illustriert, jeweils die Elemente an den Positionen 1 und i mittels *Swap* vertauscht. Dadurch gelangt das größte Element an der Wurzel des *Heaps* mit aktuell i Elementen „nach hinten“ an die Position i. Das bisher letzte Element des *Heaps* gelangt nach vorne an die Wurzelposition, von wo aus es sofort mittels *DownHeap* (s. o.) in den um ein Element verkleinerten *Heap* eingereiht wird. Nachdem das für alle Elemente so durchgeführt wurde, ergibt sich eine sortierte Reihenfolge der Elemente im Feld.

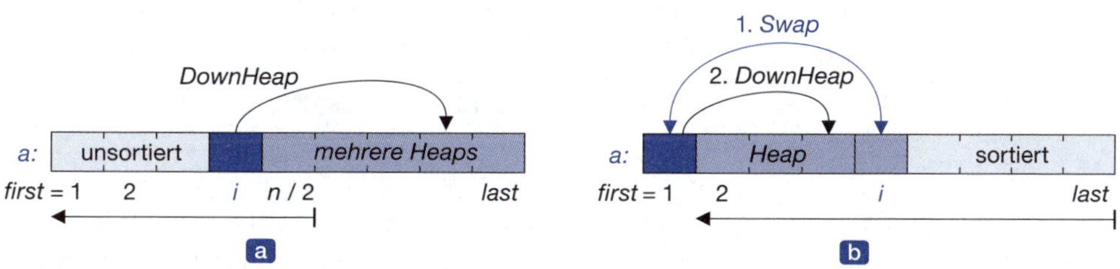

Abbildung 7.18: Schnappschüsse des Zustands beim *Bottom-Up-Heap*-Sortieren in Phase 1 (a) und Phase 2 (b)

Der folgende Algorithmus *HeapSortBU* implementiert diese Lösungsidee. Jede der beiden Phasen wird dabei wieder durch eine eigene Schleife realisiert.

```
HeapSortBU(↕a: ArrayType  ↓first: int  ↓last: int)
  var n, i: int
begin
  -- assertion: first = 1, heap needs position 1 for root element
  n := last
  -- phase 1: construction of heap
  for i := n / 2 downto 1 do
    DownHeap(↕a  ↓n  ↓ i)
  end -- while
  -- phase 2: destruction of heap
  i := n
  while i > 1 do
    Swap(↕a[1] ↕a[i])
    i := i - 1
    DownHeap(↕a  ↓i  ↓1)
  end -- while
end HeapSortBU
```

In beiden Algorithmen (*HeapSort* und *HeapSortBU*) kommen direkt oder indirekt die Hilfsalgorithmen *UpHeap* und/oder *DownHeap* zur Anwendung. Ihre asymptotische Laufzeitkomplexität ist $O(log\ n)$. Deshalb ergibt sich für die beiden oben angeführten *HeapSort*-Algorithmen jeweils die asymptotische Laufzeitkomplexität $O(2 \cdot n \cdot log\ n)$, also $O(n \cdot log\ n)$.

Tabelle 7.4 zeigt einen Vergleich von *ShellSort*, *CombSort*, *QuickSort*, *HeapSort* und *HeapSortBU*. Angegeben ist die Anzahl der Operationen (Summe aus der Anzahl der Vergleiche und der Anzahl der Zuweisungen), die sich ergeben, wenn Felder der Länge *n* sortiert werden, die zufällig angeordnete Schlüsselwerte enthalten. Das Minimum in jeder Zeile ist hervorgehoben.

Tabelle 7.4

Anzahl der Operationen (Vergleiche + Zuweisungen) für das Sortieren von Feldern, mit zufällig angeordneten Schlüsselwerten

n	*ShellSort*	*CombSort*	*QuickSort1*	*HeapSort*	*HeapSortBU*
10	91	80	**76**	137	103
100	2267	1960	**1521**	2325	2070
1000	38612	36206	**20312**	337629	30912
10000	637679	508219	**280910**	438949	409754

Tabelle 7.4 zeigt, dass der Algorithmus *QuickSort1* im durchschnittlichen Fall (der hier wegen der Zufälligkeit der Elemente vorliegt) effizienter ist als alle anderen Algorithmen. Während für Feldlängen $n < 100$ *ShellSort* und *CombSort* noch eine bessere Laufzeiteffizienz aufweisen als die *HeapSort*-Algorithmen, sind für Werte von $n \geq 1000$ die *HeapSort*-Algorithmen (besonders *HeapSortBU*) wesentlich effizienter.

Das *Heap*-Sortieren ist wie das im nächsten Abschnitt vorgestellte Mischsortieren zwar aufgrund seiner günstigen asymptotischen Laufzeitkomplexität von theoretischer Bedeutung, für die Praxis aber kaum relevant, weil es mit dem *Quicksort* nicht konkurrieren kann. In der Praxis kommt daher hauptsächlich der *Quicksort* zum Einsatz.

Hinweise zur Optimierung: Neben der Möglichkeit, die Aufrufe der Hilfsalgorithmen zur *Heap*-Verwaltung durch ihre Implementierung zu ersetzen, um den „Aufruf-Overhead“ zu vermeiden, gibt es weitere Optimierungsvorschläge für das *Heap*-Sortieren, insbesondere einen für die *Bottom-Up*-Variante von Ingo Wegener, den er in [Wegener 1990] publiziert hat: das so modifizierte *Heap*-Sortieren kann für große *n* sogar die Effizienz von *Clever Quicksort* (vgl. vorigen Abschnitt) übertreffen. Darauf näher einzugehen, würde den Rahmen dieses Buchs allerdings sprengen.

7.8 Weitere Sortierverfahren

Um die Auseinandersetzung mit Sortierverfahren abzurunden, skizzieren wir in diesem Abschnitt noch drei weitere Verfahren: das *Mischsortieren* (*merge sort*), das *indirekte Sortieren* (*indirect sorting*) und das *Fächersortieren* (*bucket sort*).

Mischsortieren

Das *Mischsortieren* (*merge sort*) ist wie *Quicksort* ein Verfahren, das sich die Strategie *Teile und Herrsche* (*divide and conquer*) zunutze macht.

Wie die Gegenüberstellung der algorithmischen Grobstruktur der beiden Sortierverfahren in Tabelle 7.5 zeigt, arbeitet *Quicksort* aber in einem gewissen Sinn gegensätzlich zum Mischsortieren. Während beim *Quicksort* die eigentliche Sortierarbeit bereits im Zuge der Teilung des Felds durch Umordnen der Elemente (unter Zuhilfenahme des Hilfsalgorithmus *Partition*[9]) erledigt wird und danach nur mehr die beiden rekursiven Aufrufe erfolgen, wird beim Mischsortieren im Zuge der Teilung des Felds noch keine Sortierarbeit geleistet. Es wird zunächst nur die Teilungsposition (*mid*) ermittelt und erst nach den beiden rekursiven Aufrufen, die jeweils eine Hälfte des Felds sortieren, wird die eigentliche Sortierarbeit geleistet: die beiden sortierten Hälften des Felds werden (unter Zuhilfenahme des Hilfsalgorithmus *Merge*) zu einem sortierten Gesamtfeld zusammengemischt ▶Abbildung 7.19.

Tabelle 7.5

Gegenüberstellung der Grobstruktur von *Quicksort* und *Mergesort*

```
QuickSort(↕a  ↓first  ↓last)
  …
begin
  if first < last then
    x := …
    Partition(↓a ↓x ↓first ↓last  ↑i ↑j)
    QuickSort(↕a  ↓first  ↓j)
    QuickSort(↕a  ↓i      ↓last)

  end -- if
end QuickSort
```

```
MergeSort(↕a  ↓first  ↓last)
  …
begin
  if first < last then
    mid := (last - first + 1) / 2

    MergeSort(↕a  ↓first     ↓mid)
    MergeSort(↕a  ↓mid + 1   ↓last)
    Merge(↕a  ↓first  ↓mid   ↓last)
  end -- if
end MergeSort
```

9 Für den Teilungsprozess ist in der in Tabelle 7.5 angegebenen *Quicksort*-Version – im Unterschied zu den oben angegebenen Versionen, in denen wir die Feldteilung direkt codiert haben – zum besseren Vergleich mit dem Mischsortieren ein eigener Hilfsalgorithmus *Partition* vorgesehen.

Wie der *Quicksort* hat das Mischsortieren eine asymptotische Laufzeitkomplexität von $O(n \cdot log\ n)$. Im Vergleich zu *Quicksort* kann das Mischsortieren aber – wie das oben dargestellte *Heap*-Sortieren – nicht degenerieren, also nicht quadratisch werden. Es kommt zwar (für den durchschnittlichen Fall) im Vergleich zu *Quicksort* mit weniger Vergleichen aus, benötig aber, wie Abbildung 7.19 zeigt, ein Hilfsfeld[10], wobei der in (a) dargestellte naive Ansatz ein Hilfsfeld der Länge *n* erfordert, der in (b) illustrierte Ansatz jedoch mit einem Hilfsfeld der Länge *n* / 2 und mit weniger Zuweisungen auskommt. Unabhängig vom gewählten Ansatz ist das Mischsortieren sowohl im Hinblick auf die Speicherplatzeffizienz, als auch im Hinblick auf die Laufzeiteffizienz im durchschnittlichen Fall schlechter als der *Quicksort*. Allerdings ist das Mischsortieren bei entsprechender Implementierung der Mischoperation ein stabiles Sortierverfahren.

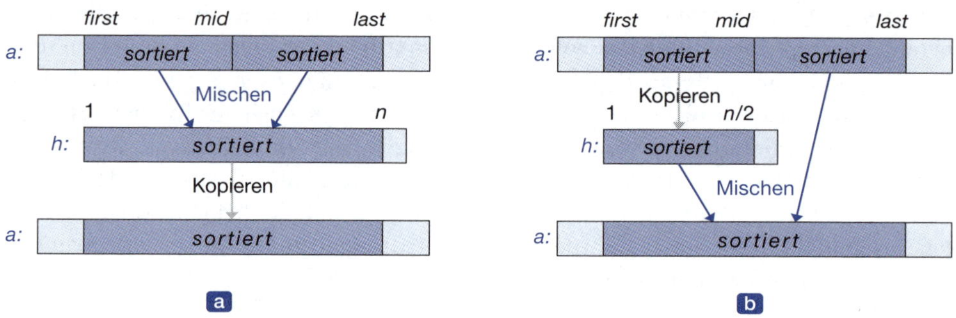

Abbildung 7.19: Zwei Ansätze für das Zusammenmischen zweier sortierter Teilfelder mittels Hilfsfeld

Das Mischsortieren ist attraktiv, wenn es um die Sortierung von Datenbeständen auf externen Speichermedien (z.B. Festplatten) geht, da hierfür in der Regel genügend zusätzlicher Speicherplatz zur Verfügung steht.

Indirektes Sortieren

Wir haben bei der Komplexitätsanalyse der Sortierverfahren darauf hingewiesen, dass neben der Anzahl der Schlüsselvergleiche auch die Anzahl der Zuweisungen von Datenobjekten in der Regel eine nicht zu vernachlässigende Auswirkung auf das Laufzeitverhalten hat. Sind die zu sortierenden Datenobjekte sehr groß, ist es zweckmäßig, den Aufwand für das Verschieben der Datenobjekte zu minimieren. Das kann man durch *indirektes Sortieren* (*indirect sorting*) erreichen. Dabei wird nicht der Datenbestand selbst sortiert, sondern ein Feld von Zeigern, die auf die entsprechenden Datenobjekte verweisen.

10 Eine Implementierung des Teilalgorithmus *Merge*, die anstelle eines Hilfsfelds mit einer Länge proportional zu *n* ein wesentlich kürzeres Hilfsfeld mit einer konstanten Länge verwendet (*in-place merging*) ist möglich, damit erreicht Mischsortieren aber bei weitem nicht mehr die Effizienz des *Quicksort*.

Für das indirekte Sortieren ist, wie in ▶Abbildung 7.20 illustriert, ein Hilfsfeld *h* notwendig, das mit Zeigern auf die zu sortierenden Datenobjekte initialisiert wird. Nach der Initialisierung kann ein beliebiges Sortierverfahren auf das Hilfsfeld *h* so angewandt werden, dass durch indirekte Schlüsselvergleiche (z.B. $h[i]\to key < h[j]\to key$) die Adressen der Datenobjekte in *h* so umgereiht werden, dass nach dem Sortieren $h[i]\to key \leq h[i+1]\to key$ für alle Indizes $first \leq i < last$ gilt.

▶Abbildung 7.20 veranschaulicht auch, dass durch indirektes Sortieren nicht nur Datenobjekte umgereiht werden können, die in Feldern gespeichert sind, sondern Datenbestände beliebiger Ausprägung. Beispielsweise können damit jegliche Sortierungen von Elementen verketteter Listen oder von (Binär-)Bäumen effizient erstellt werden. Die einzige Voraussetzung für die Anwendung des indirekten Sortierens ist, dass man an die Adressen der Elemente des Datenbestands herankommt.

Abbildung 7.20: Indirektes Sortieren mittels Hilfsfeld

Indirektes Sortieren verketteter Listen kann ebenso effizient realisiert werden wie eigens für Listen entwickelte Sortierverfahren, etwa der Algorithmus von Gordon Sorber (siehe dazu [Sorber 1991]). Und je nach Behälter – für Listen ist das auf jeden Fall möglich – kann die Reihenfolge der Adressen im sortierten Hilfsfeld auch dazu verwendet werden, die Reihenfolge der Elemente im Behälter entsprechend der Reihenfolge ihrer Zeiger im Zeigerfeld *h* anzupassen.

Fächersortieren

Unter gewissen Voraussetzungen (Einschränkungen) ist das Sortieren sogar in linearer Zeit, also mit einer asymptotischen Laufzeitkomplexität $O(n)$ möglich.

Wenn z.B. die Schlüsselwerte aus einem relativ kleinen numerischen Bereich [1 .. *max*] stammen, kann man ein Hilfsfeld *h* mit *max* Elementen verwenden, in dem verkettete Listen aus Datenobjekten so verankert werden, dass jedes Datenobjekt unter Heranziehung seines Schlüsselwerts *x* als Index im Feld *h* in die entsprechende Liste *h*[*x*] eingefügt wird – analog der Kollisionsbehandlung durch Verkettung bei der *Hashing*-basierten Suche (vgl. Abschnitt 6.4.3).

►Abbildung 7.21 zeigt einen Schnappschuss des Zustands beim Fächersortieren, nachdem vier Elemente (nur die Schlüsselwerte sind angegeben) eingetragen wurden.

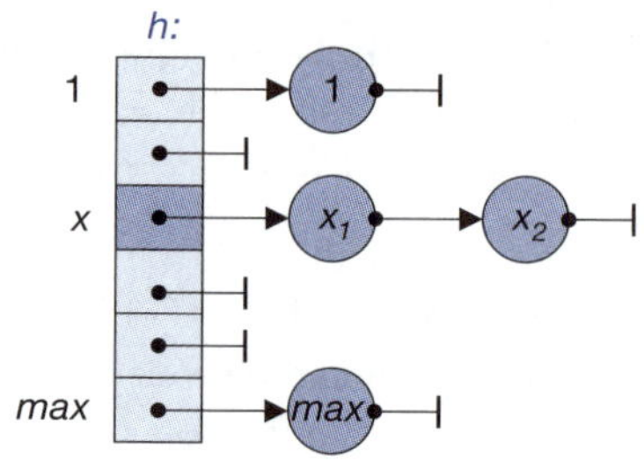

Abbildung 7.21: Schnappschuss des Zustands beim Fächersortieren

Ein abschließender Durchlauf durch das Feld h und durch die darin verankerten Listen ermöglicht es, die Datenobjekte in eine sortierte Reihenfolge zu bringen. Das Feld h kann als „Schrank mit Fächern" aufgefasst werden, in welche die entsprechenden Datenobjekte einsortiert werden. Deshalb wird dieses Verfahren auch als *Fächersortieren* (*bucket sort*) bezeichnet.

7.9 Problemkomplexität

Nach der Diskussion der unterschiedlichen Sortierverfahren wollen wir uns noch der Frage nach der Problemkomplexität (*problem complexity*) des Sortierens zuwenden: Wie viel unvermeidbarer Aufwand ist für die Lösung dieses Problems erforderlich? Mit anderen Worten: Wie schnell kann man prinzipiell sortieren?

Wie zu Beginn dieses Kapitels erwähnt, kann man die Aufgabe des Sortierens auch so interpretieren, dass für eine gegebene Folge von (Schlüssel-)Werten jene Permutation ihrer Elemente zu finden ist, bei der die Elemente in Bezug auf einen Operator < richtig angeordnet sind. Letztendlich basieren (bis auf das Fächersortieren) alle in diesem Kapitel behandelten Sortieralgorithmen auf einer Abfolge von Vergleichen jeweils zweier Schlüsselwerte. Obwohl die Laufzeiteffizienz eines Sortieralgorithmus nicht ausschließlich von der Anzahl dieser Schlüsselvergleiche bestimmt wird, weil darüber hinaus Daten bewegt werden müssen und „Verwaltungsarbeit" zu leisten ist, ist die Anzahl der erforderlichen Vergleiche dennoch entscheidend für die Laufzeiteffizienz eines Sortieralgorithmus.

Wenn man für eine zu sortierende Folge mit n (der Einfachheit halber unterschiedlichen) Elementen die erforderlichen Vergleiche in einem *binären Entscheidungsbaum* (*binary descision tree*) darstellt, der alle $n!$ Permutationen als Blattknoten enthält, besteht das Suchen einer sortierten Permutation darin, in diesem Baum von der Wurzel bis zu einem Blatt, das die passende Permutationen repräsentiert, abzusteigen. Die Anzahl der notwendigen Vergleiche entspricht somit der Höhe des Baums.

Beispiel 7.7 zeigt einen binären Entscheidungsbaum für eine Folge mit drei Elementen.

Beispiel 7.7

Binärer Entscheidungsbaum zum Sortieren einer dreielementigen Folge

Für eine gegebene Folge mit $n = 3$ unterschiedlichen Elementen (x, y, z) wird durch den in ▶Abbildung 7.22 dargestellten binären Entscheidungsbaum beschrieben, wie man zu jener von den $n! = 6$ Permutationen findet, welche die drei Werte in aufsteigend sortierter Reihenfolge repräsentiert.

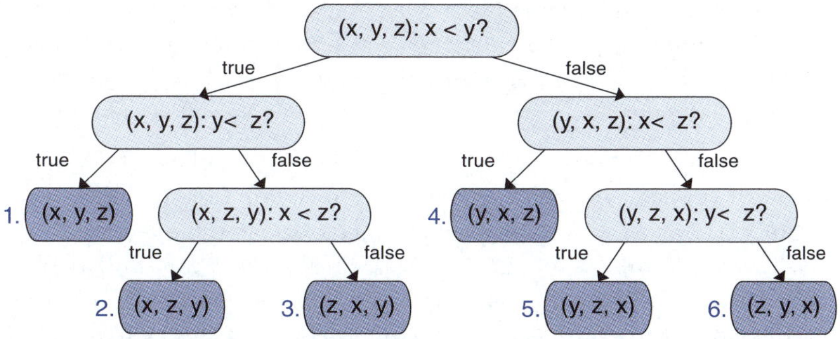

Abbildung 7.22: Entscheidungsbaum für das Auffinden einer sortierten Permutation einer dreielementigen Folge

Aus ▶Abbildung 7.22 ist ersichtlich, dass mindestens zwei und maximal drei, im Durchschnitt 16 / 6 = 2.67 Vergleiche notwendig sind, um für eine dreielementige Folge die sortierte Permutation aufzufinden.

Aus der bereits in Abschnitt 4.1.1 erwähnten Stirling-Formel für die näherungsweise Berechnung von $n!$ (für $n > 1000$ ist der Fehler dabei kleiner als 1 %), nämlich $ln\ n! \approx n \cdot ln\ n - n$ folgt, dass die untere Schranke (vgl. Abschnitt 5.5) für die Höhe eines Binärbaums mit $n!$ Blättern $\Omega(n \cdot log\ n)$ ist. Damit ist auch die untere Schranke für die Anzahl der erforderlichen Vergleiche beim Sortieren gefunden. Die guten Sortierverfahren mit der asymptotischen Laufzeitkomplexität $O(n \cdot log\ n)$ liegen somit nur um einen konstanten Faktor von der unteren Schranke entfernt. Es kann also keine in ihrer asymptotischen Laufzeitkomplexität besseren Sortierverfahren geben, die auf dem Vergleich von Schlüsselwerten basieren.

Bessere Sortierverfahren, deren asymptotische Laufzeitkomplexität sogar $O(n)$ sein kann, sind aber möglich, beispielweise das im vorigen Abschnitt skizzierte Fächersortieren oder ein anderes Verfahren, das als *Zählsortieren* (*counting sort*) bezeichnet wird (siehe dazu z.B. [Cormen und weitere 2007]), allerdings nur dann, wenn spezielle Rahmenbedingungen gegeben sind.

Zusammenfassung

In diesem Kapitel haben wir uns mit elementaren und optimierten Sortieralgorithmen auseinandergesetzt. Ziel des Kapitels war es, den Leser mit den Problemen, mit denen man bei der Entwicklung von Sortieralgorithmen konfrontiert ist, vertraut zu machen, unterschiedliche Lösungsansätze dafür und ihre algorithmische Umsetzung so vorzustellen, dass er die Qualität der Algorithmen beurteilen sowie Problemstellungen, bei denen Sortieraufgaben gelöst werden müssen, bearbeiten kann.

Ausgehend von typischen Anwendungsbereichen, in denen man der Notwendigkeit der Sortierung von Datenbeständen begegnet, sind wir darauf eingegangen, welche Anforderungen die Datenobjekte eines zu sortierenden Datenbestands erfüllen müssen, in welche Kategorien wir die Sortierverfahren einteilen können und was man unter der Stabilität eines Sortierverfahrens versteht. (Abschnitt 7.1)

In den Abschnitten 7.2 und 7.3 haben wir ausgehend von auf der Hand liegenden Lösungsideen gezeigt, wie man das Sortierproblem grundsätzlich algorithmisch lösen kann. Wir haben dazu die beiden elementaren Sortieralgorithmen Auswahlsortieren (*selection sort*) und Einfügesortieren (*insertion sort*) entwickelt. Ausgehend von der Tatsache, dass die Analyse dieser Sortieralgorithmen eine unbefriedigende Laufzeiteffizienz zutage gefördert hat, haben wir in Abschnitt 7.4 die von Donald L. Shell vorgeschlagene Lösungsidee zur Verbesserung der Laufzeiteffizienz des Einfügesortierens vorgestellt, das Shell-Sortieren.

Danach sind wir in Abschnitt 7.5 zunächst auf ein weiteres einfaches Sortierverfahren, das so genannte Austauschsortieren (auch *Bubblesort* genannt) eingegangen, um basierend darauf den so genannten *Combsort*-Algorithmus zu entwickeln, dessen Laufzeiteffizienz in bestimmten Fällen die des vorher diskutierten, von Shell vorgeschlagenen Sortieralgorithmus, übersteigt.

In Abschnitt 7.6 haben wir das wohl wichtigste, weil in den meisten Fällen (laufzeit-)effizienteste, Sortierverfahren nach der Lösungsidee von Charles Antony Richard Hoare behandelt, den so genannten *Quicksort*-Algorithmus. Wir haben zunächst die Lösungsidee von Hoare vorgestellt, danach die von ihm angegebene Standardversion des Algorithmus und die daraus resultierende Laufzeitkomplexität erörtert. Schließlich haben wir noch unterschiedliche Verbesserungsvorschläge zur Standardvariante diskutiert und ihre Auswirkungen einander gegenübergestellt.

Da der *Quicksort*-Algorithmus von Hoare im Extremfall degenerieren kann und in diesem Falle eine unbefriedigende Laufzeiteffizienz aufweist, haben wir in Abschnitt 7.7 einen Sortieralgorithmus – den so genannten *Heapsort*-Algorithmus – vorgestellt, der zwar im Durchschnitt eine schlechtere Laufzeiteffizienz aufweist als der *Quicksort*-Algorithmus, dafür aber den Vorteil hat, dass es nicht zu einer quadratischen Laufzeitkomplexität kommen, er also nicht degenerieren kann.

Zur Abrundung und um den Leser auf die Vielfalt der Lösungsansätze für das Sortierproblem hinzuweisen, wurden in Abschnitt 7.8 die Lösungsideen für drei weitere Sortierverfahren soweit erläutert, dass der Leser imstande sein sollte, die entsprechenden Algorithmen dazu selbst zu formulieren.

Mit einem Abschnitt, in dem der Frage nachgegangen wird, welche minimale asymptotische Laufzeitkomplexität bei vergleichsbasierten Sortieralgorithmen überhaupt erreicht werden kann (Abschnitt 7.9), wurde der Leser in die Lage versetzt, die Laufzeitqualität und die noch unausgeschöpften Optimierungspotenziale der zuvor diskutierten Algorithmen einzuschätzen.

Aufgaben

Aufgabe 7.1 (Mischsortieren)
Gegeben ist ein Feld *a* auf Basis der Deklarationen aus Abschnitt 7.1. Gesucht ist ein Sortieralgorithmus nach der Strategie des Mischsortierens (siehe Abschnitt 7.8), der die Datenobjekte im Feld *a* im Bereich [*first* .. *last*] aufsteigend sortiert.

Aufgabe 7.2 (Duplikate entfernen)
Gegeben ist ein Feld *a* auf Basis der Deklarationen aus Abschnitt 7.1. Gesucht sind folgende Algorithmen, die alle Duplikate aus dem Feld *a* entfernen:

1. *DeleteDuplicates*(↕*a*: *ArrayType* ↓*first*: *int* ↕*last*: *int*) entfernt Duplikate ohne die Reihenfolge der Elemente im Feld *a* zu verändern.

2. *SortedDeleteDuplicates*(↕*a*: *ArrayType* ↓*first*: *int* ↕*last*: *int*) entfernt Duplikate und sortiert zudem das Feld *a*. Wählen Sie eine geeignete, möglichst effiziente Sortierstrategie.

Welche asymptotische Laufzeitkomplexität haben diese Algorithmen?

Aufgabe 7.3 (Indirektes Sortieren)
Gegeben ist ein Feld *students* mit Datenobjekten vom Typ *Student* auf Basis der Deklarationen aus Abschnitt 3.2.3, Beispiel 3.10, und folgende Typ-Deklarationen:

```
type Students = array [1:maxStudents] of Student
type Index = array [1:maxStudents] of →Student
```

Gesucht ist ein Algorithmus *SortByName*, der das Feld *students*, in dem Datenobjekte vom Typ *Student* unsortiert abgelegt sind, indirekt sortiert, ohne das Feld *students* zu verändern.

Aufgabe 7.4 (Bubblesort auf einfach-verketteten Listen)
Gegeben ist eine einfach-verkettete Liste *list* auf Basis der Deklarationen aus Abschnitt 6.2.2. Gesucht ist ein Algorithmus *BubbleSortSL1*(↕*list*: *ListPtr*), der die Liste *list* mittels der bei der Algorithmenfassung *BubbleSort1* (Abschnitt 7.5) benutzten Strategie sortiert.

Aufgabe 7.5 (Bubblesort auf doppelt-verketteten Listen)
Gegeben ist eine doppelt-verkettete Liste *list* auf Basis der Deklarationen aus Abschnitt 6.2.2. Gesucht ist ein Algorithmus *BubbleSortDL1*(↕*list*: *ListPtr*), der die Liste *list* mittels der bei der Algorithmenfassung *BubbleSort1* (Abschnitt 7.5) benutzten Strategie sortiert.

Algorithmen zur Erzeugung von Zufallszahlen

8

ÜBERBLICK

Motivation

» *Schon vor dem Computerzeitalter wurden für wissenschaftliche Berechnungen, für die Lösung von statistischen Aufgabenstellungen, aber auch in der betrieblichen Praxis (z.B. für die Planung der Entnahme von Stichproben zur Qualitätssicherung von Produktionsprozessen) Zufallszahlen benötigt. Diese wurden ursprünglich von Menschen händisch ermittelt und später von eigens dafür konstruierten mechanischen Maschinen „produziert": durch das Ziehen nummerierter Zettel oder Kugeln aus Urnen, durch Würfeln oder durch das Werfen von Münzen. Maurice G. Kendall und Bernard Babington-Smith berichten in [Kendall u. Babington-Smith 1938] z.B. darüber, wie sie mit einer solchen Maschine 100000 zufällige Dezimalziffern erzeugt haben; und solche Maschinen sind auch heute noch im Einsatz, etwa für die Ermittlung der Gewinnzahlen im Lottospiel 6 aus 45.*

Computer sind, wenn sie keinen technischen Defekt aufweisen, deterministische[1] Maschinen. Das bedeutet, dass es in ihrem Verhalten einen kausalen Zusammenhang zwischen Ursache und Wirkung gibt. Somit ist ihr Verhalten vorhersehbar und mithilfe von Software sogar programmierbar. Auch das Verhalten von (korrekten) Algorithmen, die in fehlerfreier Weise in entsprechende Programme transformiert und schließlich auf einem Computer ausgeführt werden, ist in dem Sinn deterministisch, dass solche Algorithmen für gleiche Eingaben die gleichen Ergebnisse liefern. Für gewisse Aufgabenstellungen ist aber gerade das Gegenteil eines deterministischen Verhaltens erwünscht oder gar notwendig. Zunächst wurde versucht, mit spezieller Hardware zufällig erzeugte Muster bereitzustellen, z.B. durch das Erzeugen von „Rauschen" mittels elektronischer Bauelemente und durch das Umsetzen dieses Rauschens in zufällige Bitmuster (vgl. [Lavington 1987]). Damit waren aber keine reproduzierbaren Berechnungen möglich und das Testen darauf basierender Software war entsprechend schwierig.

In diesem Kapitel beschäftigen wir uns damit, wie man mit deterministischen Mitteln (Algorithmen) „Zufall erzeugen" kann. Es versteht sich von selbst, dass es sich dabei nicht um „echten" oder „reinen" Zufall handelt, den wir aus dem täglichen Leben kennen, wenn Ereignisse völlig unvorhersehbar (kausal nicht erklärbar) eintreten. Es handelt sich dabei um eine spezielle Art von berechnetem, also mittels Algorithmen erzeugtem Zufall, der sich in Form von Zahlen manifestiert. Man kann deshalb in diesem Zusammenhang auch von „künstlichem", „quasi" oder „Pseudo-Zufall" sprechen.

Ausgehend von Beispielen für Problemstellungen, zu deren Lösung (Pseudo-)Zufallszahlen erforderlich sind, werden Begriffe wie Zufallszahlenfolge und Zufallszahlengenerator erläutert und wesentliche Anforderungen an Zufallszahlenfolgen diskutiert.

1 Determinismus (von lat. *determinare*, zu dt. etwa *bestimmen*) steht sowohl für eine philosophische Denkrichtung als auch für ein Konzept in den Naturwissenschaften und der Technik, insbesondere der Informatik.

Bevor wir uns der algorithmischen Konstruktion von Generatoren zur Erzeugung von Zufallszahlenfolgen zuwenden, stellen wir eine besondere Art von Algorithmen vor: Algorithmen mit Gedächtnis. Sie bilden die konzeptuelle Basis für die Realisierung von Zufallszahlengeneratoren und können auch sonst nutzbringend in der Algorithmik und Programmierung eingesetzt werden.

Danach wird erörtert, mit welchen Methoden bzw. Verfahren man überhaupt Zufallszahlen erzeugen kann. Wir konzentrieren uns dabei auf ein einfaches und effizientes Verfahren zur Erzeugung von Zufallszahlen, das auf der von Derrick H. Lehmer entwickelten und von Donald E. Knuth verfeinerten linearen Kongruenzmethode beruht. Die lineare Kongruenzmethode ist zwar einfach, aber für den Praxiseinsatz nicht immer ausreichend, insbesondere dann, wenn man besonders lange Zufallszahlenfolgen benötigt. Deshalb gehen wir im folgenden Abschnitt auf Methoden zur Periodenverlängerung von Zufallszahlenfolgen ein.

In vielen Anwendungsbereichen werden Gleitkomma-Zufallszahlen aus dem halboffenen[2] *Intervall [0 .. 1) benötigt, beispielweise für die näherungsweise Berechnung von π mit der Monte-Carlo-Methode. Ebenso benötigt man Zufallszahlen aus bestimmten Intervallen, z.B. aus dem geschlossenen*[3] *Intervall [1 .. 6], um einen Würfel zu simulieren. In einem eigenen Abschnitt wird deshalb gezeigt, wie man Generatoren zur Erzeugung intervallbezogener Zufallszahlen in einfacher Art und Weise auf Basis der zuvor behandelten Generatoren bilden kann.*

Da für den praktischen Einsatz von Zufallszahlenfolgen oft sicherzustellen ist, dass die erzeugten Zahlenfolgen eine dem Einsatzkontext entsprechende Güte aufweisen, werden auch Methoden und Verfahren zur Analyse der Qualität von Zufallszahlenfolgen (wie z.B. der so genannte χ^2-Test) behandelt. «

2 Das *halboffene* Intervall $[a\,..\,b)$ enthält alle x für die gilt $a \leq x < b$.
3 Das *geschlossene* Intervall $[a\,..\,b]$ enthält alle x für die gilt $a \leq x \leq b$.

Ziele

Nach dem Lesen dieses Kapitels haben Sie Folgendes erreicht:

- Sie wissen, was man unter einer (Pseudo-)Zufallszahl, einer Zufallszahlenfolge und einem Zufallszahlengenerator im Sinne der Informatik versteht.
- Sie kennen typische Anwendungsbereiche, in denen Zufallszahlen benötigt werden, und wissen, welche Anforderungen typischerweise an algorithmisch erzeugte Zufallszahlenfolgen gestellt werden.
- Sie kennen Methoden und Verfahren zur algorithmischen Konstruktion von Zufallszahlengeneratoren und zur Periodenverlängerung von Zufallszahlenfolgen.
- Sie wissen, wie man Generatoren zur Erzeugung beliebiger, intervallbezogener Zufallszahlenfolgen unter Verwendung vorhandener, elementarer Generatoren bilden kann.
- Sie kennen eine Reihe von Tests zur Prüfung der Güte von Zufallszahlenfolgen.

8.1 Anwendungsgebiete, Begriffe und Anforderungen

Wenn in einem bestimmten Anwendungsbereich, z.B. in der Simulation, (Pseudo-)Zufallszahlen benötigt werden, dann ist man meist nicht an einer einzigen (Zufalls-)Zahl interessiert, sondern benötigt in der Regel eine (lange) Folge von Zahlen, die als zufällig gebildet erscheinen. Damit ist gemeint, dass das Bildungsgesetz für eine solche Zahlenfolge im Dunkeln bleibt und man daher nicht vorhersagen kann, durch welche Zahl das nächste Glied einer solchen Folge gebildet wird. Die Elemente einer solchen Folge sollen zwar aus einem bestimmten Wertebereich (Intervall) stammen und einer bestimmten (statistischen) Verteilung folgen, aber unabhängig voneinander sein. Wir nennen eine solche Folge (Pseudo-)*Zufallszahlenfolge* (*random number sequence*) und Algorithmen, die sie erzeugen *Zufallszahlengeneratoren* (*random number generators*).

Wie zu Beginn dieses Kapitels erwähnt, gab es bereits vor der Verfügbarkeit von Computern Bedarf an Zufallszahlenfolgen. Ihre Bildung war allerdings mühsam. Durch die Möglichkeiten, die sich durch die Nutzung von Computersystemen eröffnet haben, ist sowohl der Bedarf an Zufallszahlen gestiegen als auch der Anwendungsbereich wesentlich breiter geworden. Die Bildung von Zufallszahlenfolgen ist heute auf einfache und effiziente Weise möglich.

Beispiel 8.1 zeigt einige typische Anwendungsbereiche, in denen insbesondere Zufallszahlenfolgen benötigt werden.

Beispiel 8.1

Typische Anwendungsbereiche für Zufallszahlen

Die folgenden Aufgabenstellungen sind willkürlich ausgewählt und illustrieren unterschiedliche Anwendungsbereiche, in denen Zufallszahlen benötigt werden:

- *Testfallgenerierung*: Für das Testen von Algorithmen, aber auch für das Messen ihrer Effizienz ist es in vielen Fällen hilfreich, die dafür erforderlichen Testdaten automatisch und so erzeugen zu können, dass sie keinem bestimmten „Muster" entsprechen, aber eine bestimmte Verteilung (meist Gleichverteilung) aufweisen. In Kapitel 7 haben wir z.B. zur Ermittlung der Anzahl der erforderlichen Operationen von Sortieralgorithmen die zu sortierenden Felder mit gleich verteilten Zufallszahlenfolgen befüllt.
- *Simulationsaufgaben*: In der Simulation von Verkehrssituationen (z.B. des Straßenverkehrs an Kreuzungen oder des Datenverkehrs in so genannten Netzwerkroutern) ist es notwendig, den Zeitpunkt des Auftretens und die Eigenschaften (etwa Größe, Richtung oder Geschwindigkeit/Priorität) von Verkehrsteilnehmern (z.B. Fahrzeuge oder Datenpakete) möglichst realistisch und daher zufällig, aber auf Basis von zuvor in der Realität ermittelten oder geschätzten (Verteilungs-)Parametern zu gewährleisten.
- *Computer-* und *Glücksspiele*: Bei manchen Computerspielen, insbesondere bei solchen, bei denen ein menschlicher Spieler gegen einen virtuellen, von einem Computer simulierten Spieler antritt, ist es erwünscht, wenn nicht gar – um dem menschlichen Spieler die Lust nicht zu verderben – notwendig, dass sich der virtuelle Spielgegner in gewissen Situationen jedes Mal anders und in einer möglichst nicht vorhersehbaren Art und Weise verhält. Solches Verhalten kann mithilfe von Zufallszahlen erreicht werden. Ein einfaches Beispiel für ein solches Spiel ist Tic-Tac-Toe; aber auch beim Kartenspiel Solitär, in dem es nur einen Spieler gibt, ist eine Zufallskomponente notwendig, um die Karten zu Beginn jedes Mal anders und in zufälliger Reihenfolge anzuordnen. Viele der heute verfügbaren Glücksspielautomaten sind Computer, die mit Zufallszahlen arbeiten.

Die wesentlichen Anforderungen, die man an eine Zufallszahlenfolge stellt, sind:

- *Wertebereich* (*Intervall*): Die Elemente einer Zufallszahlenfolge müssen einem bestimmten Wertebereich entstammen. Zur Vereinfachung und ohne Beschränkung der Allgemeinheit betrachten wir in der Folge Generatoren, die ganze Zahlen aus dem Intervall $[0 \ldots m - 1]$ liefern.
- *Verteilung*: Die Elemente der Zufallszahlenfolge müssen eine bestimmte statistische Verteilung aufweisen, z.B. Gleich- oder Normalverteilung (*union* oder *normal distribution*). Wir beschränken uns in der Folge auf *gleich verteilte* Zufallszahlenfolgen. Gleichverteilung bedeutet, dass jedes Element des Wertebereichs mit der gleichen Wahrscheinlichkeit auftritt, was aber nicht heißt, dass eine Zufallszahlenfolge der

Länge m aus einem Wertebereich mit m Elementen jedes Element genau einmal enthalten muss. Das muss nur im „Durchschnitt" gelten, d.h. wenn wir viele solcher Zahlenfolgen betrachten.

- *Unabhängigkeit*: Ein Element der Folge darf nicht nachvollziehbar von seinen Vorgängern abhängen. Das bedeutet, dass das nächste Element einer bestehenden Zahlenfolge nicht (jedenfalls nicht offensichtlich) vorhersehbar ist.

Die Güte einer Zufallszahlenfolge kann mit unterschiedlichen Tests (z.B. Häufigkeitstest, Serientest, Lückentest, Läufetest und χ^2-Test) geprüft werden. Wir behandeln die wichtigsten dieser Tests in Abschnitt 8.6.

Da wir zur Realisierung von Zufallszahlengeneratoren eine spezielle Art von Algorithmen, nämlich „Algorithmen mit Gedächtnis" verwenden wollen, gehen wir in Abschnitt 8.2 darauf ein, was man darunter versteht und wie man solche Algorithmen realisiert.

8.2 Algorithmen mit Gedächtnis

Wenn i die Eingangsparameter eines Algorithmus *A1* und o seine Ausgangsparameter repräsentieren, kann seine Schnittstelle wie folgt beschrieben werden:

```
A1(↓i: … ↑o: …)
```

Die Funktionalität von *A1*, also die Ermittlung der Werte der Ausgangsparameter aus den Werten der Eingangsparameter, kann im Sinne der Mathematik durch eine Funktion f wie folgt beschrieben werden:

$$o = f(i)$$

▸Abbildung 8.1 (a) zeigt den Datenfluss eines solchen Algorithmus *A1*.

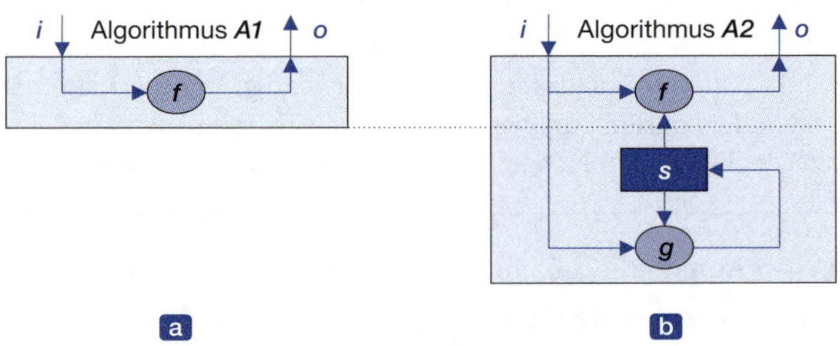

Abbildung 8.1: Algorithmus *A1* (ohne) und Algorithmus *A2* mit Gedächtnis

Nicht immer haben wir es mit dem einfachen Sachverhalt zu tun, dass die Werte der Ausgangsparameter ausschließlich aus den Werten der Eingangsparameter ermittelt werden können. So ist es leicht vorstellbar, dass zur Ermittlung der Werte der Ausgangsparameter neben den Werten der Eingangsparameter auch die Werte von Variablen, die z.B. von der Anzahl und dem Ergebnis früherer Aufrufe des Algorithmus abhängen, benötigt werden. Ein Beispiel dafür wäre ein Algorithmus, der bei Vorliegen eines neuen Messwerts *v* (Eingangsparameter) den Mittelwert *m* aus allen bis zu diesem Zeitpunkt vorliegenden Messwerten (Ausgangsparameter) ermitteln soll (siehe dazu Beispiel 8.2).

Viele Algorithmen benötigen daher einen „inneren“ *Zustand* (*state*), um ihre Aufgabe erfüllen zu können. Wenn, wie oben, *i* und *o* die Eingangs- und Ausgangsparameter eines Algorithmus *A2* repräsentieren, der über einen inneren Zustand *s* verfügt, so ist dieser Zustand nicht in der Schnittstelle ersichtlich:

```
A2(↓i: ... ↑o: ...)
```

Erst durch die Beschreibung der Funktionalität von *A2* in Form der so genannten ***Automatengleichungen*** (siehe dazu z.B. [Hering u. weitere 2000])

$$o = f(i, s_n) \qquad \text{(Ausgabefunktion)}$$

$$s_{n+1} = g(i, s_n) \qquad \text{(Zustandsüberführungsfunktion)}$$

wird deutlich, dass dieser innere Zustand ein Argument der Ausgabefunktion f ist und jede Ausführung des Algorithmus durch die Zustandsüberführungsfunktion g auch eine Änderung (Aktualisierung) des inneren Zustands bewirkt: s_n ist der Zustand vor und s_{n+1} nach dem n-ten Aufruf. Abbildung 8.1 (b) zeigt den Datenfluss für diesen Fall. Damit auch bei der ersten Ausführung des Algorithmus ein korrektes Ergebnis geliefert wird, muss der innere Zustand entsprechend initialisiert sein.

Den inneren Zustand eines Algorithmus können wir als sein „Gedächtnis“ auffassen, weil dieser Zustand jene Datenobjekte repräsentiert, deren Werte sich der Algorithmus von Aufruf zu Aufruf „merken“ muss. Dementsprechend nennen wir Algorithmen, die mit solchen inneren Zustandsobjekten ausgestattet sind, *Algorithmen mit Gedächtnis*.

Zur Realisierung des inneren Zustands (des Gedächtnisses) eines Algorithmus führen wir ein neues Konzept ein, das Konzept der *statischen Variablen*, und deklarieren beispielsweise eine statische Variable *s* in Pseudocode wie folgt:

```
static var s: AnyType [ := initialValue ]
```

Das Schlüsselwort *static* drückt aus, dass es sich bei der Variablen *s* um keine temporäre, sondern um eine statische Variable handelt. Während die Existenz der temporären Variablen eines Algorithmus auf seine Ausführungszeit beschränkt ist, werden statische Variablen (d.h. ihr Speicherplatz) schon vor dem ersten Aufruf ihres Algorithmus angelegt und existieren unbegrenzt, d.h. solange das Algorithmenuniversum, in das der Algorithmus eingebettet ist, existiert. Um sicherzustellen, dass statische Variablen stets einen definierten Wert enthalten, legen wir fest, dass im Zuge der Deklaration auch eine Initialisierung (mit *initialValue*) vorgenommen werden kann. Die Initialisierung der statischen Variablen *s* mit dem Startwert *initialValue* erfolgt nur einmal, nämlich schon vor dem ersten Aufruf jenes Algorithmus, dessen Gedächtnis sie realisiert.

Beispiel 8.2 zeigt, wie die Berechung gleitender Durchschnittswerte mit einem Algorithmus mit Gedächtnis realisiert werden kann.

Beispiel 8.2 **Berechnung des gleitenden Durchschnitts**

Der gleitende Durchschnitt einer Zahlenfolge, z.B. einer Folge von Messwerten, lässt sich mit einem Algorithmus *FloatingMean* so ermitteln, dass der jeweils aktuelle Messwert *v* als Eingangsparameter übergeben und der neue Durchschnitt *m* als Ausgangsparameter geliefert wird. Dadurch ergeben sich z.B. für die Zahlenfolge 17, 4 und 21 durch drei Aufrufe die gleitenden Durchschnittswerte 17.0, 10.5 und 14.0.

Als Zustands- oder Gedächtnisobjekte werden die Anzahl *n* und die Summe *sum* der bereits verarbeiteten Messwerte benötigt. Wenn wir den Algorithmus *FloatingMean* so formulieren, dass sich die Automatengleichungen im Code unmittelbar widerspiegeln, erhalten wir folgende Fassung:

```
FloatingMean(↓v: real  ↑m: real)
  static var sum: int := 0
             n:   int := 0
begin
  m   := (Real(↓sum) + v) / Real(↓n + 1) -- m   = f (v, n, sum)
  n   := n   + 1                          -- n   = g1(v, n, sum)
  sum := sum + v                          -- sum = g2(v, n, sum)
end FloatingMean
```

Eine einfachere Formulierung der Berechnungen in diesem Algorithmus ergibt sich durch den Verzicht auf die Korrespondenz zu den Automatengleichungen wie folgt:

```
  n   := n   + 1
  sum := sum + v
  m   := Real(↓sum) / Real(↓n)
```

8.3 Methoden zur Erzeugung von Zufallszahlenfolgen

Es ist durchaus nicht selbstverständlich, dass es überhaupt Methoden gibt, mit denen man auf arithmetischem Wege (scheinbar) regellose Zahlenfolgen, die also dem Betrachter als Zufallszahlenfolge erscheinen, erzeugen kann. Dieser Frage ist man erst nach dem zweiten Weltkrieg näher getreten, als man solche Zahlenfolgen im Zuge der Untersuchung atomarer Prozesse benötigte. John von Neumann erfand 1946 die so genannte Quadrierungsmethode, bei der eine gegebene Zahl *x*, bestehend aus *n* Bit, quadriert und von dem $2 \cdot n$ Bit langen Ergebnis die mittleren *n* Bit als Zufallszahl genommen wird (vgl. [Knuth 1997]). Diese Methode ist später unter dem Namen *Mittquadratmethode* (*middle square method*) bekannt geworden. Startet man z.B. mit $x = 42$ (dezimal), so ergibt sich aus

$$\mathbf{42}, \mathbf{42}^2 \rightarrow 1764, \mathbf{76}^2 \rightarrow 5775, \mathbf{77}^2 \rightarrow 5929, \mathbf{92}^2 \rightarrow 8464, \mathbf{46}^2 \rightarrow \ldots$$

die Folge (42,) 76, 77, 92, 46, …

Diese Ermittlungsweise scheint jede Regelmäßigkeit auszuschließen. Es zeigte sich aber, dass die so erzeugten Zufallszahlen nach einiger Zeit in einen kleinen Zyklus laufen und manchmal zu einer Folge von Nullen degeneriert (wenn die mittleren Ziffern den Wert 0 annehmen, werden nur mehr Nullen produziert).

Lineare Kongruenzmethode

Derrick H. Lehmer stellte schon kurze Zeit später in [Lehmer 1949] und vor allem in [Lehmer 1951] eine Methode vor, die nicht aufwändiger ist, aber viel bessere Ergebnisse als von Neumanns Mittquadratmethode liefern kann. Sie wird bis heute als Basis für die meisten Zufallszahlengeneratoren herangezogen.

Lehmers *lineare Kongruenzmethode* (*linear congruential method*) ist verblüffend einfach und der darauf basierende Zufallszahlengenerator wird im Wesentlichen durch die Gleichung

$$y = (a \cdot x + c) \ mod \ m$$

beschrieben, mit

- m, dem Modul mit $0 < m$ und möglichst groß,
- a, dem Multiplikator mit $0 \leq a < m$ und
- c, dem Inkrement, mit $0 \leq c < m$.

Wählt man mit x_0 einen Startwert (auch *seed* für dt. Saat oder Keim), mit $0 \leq x_0 < m$, so liefert ein auf der linearen Kongruenzmethode basierender Zufallszahlengenerator mittels einfacher Arithmetik eine Zufallszahlenfolge aus dem Wertebereich $[0 .. m - 1]$, indem das $(n + 1)$-te Element (für $n > 0$) mittels $x_{n+1} = (a \cdot x_n + c) \ mod \ m$ aus dem n-ten Element berechnet wird.

Ein Zufallszahlengenerator *IntRandLinCon*, der die lineare Kongruenzmethode von Lehmer implementiert, kann als Algorithmus mit Gedächtnis wie folgt formuliert werden:

```
IntRandLinCon(): int  -- results in range [0 .. m - 1]
  const m = ...; a = ...; c = ...
  static var x: int := x0
begin
  x := (a * x + c) mod m
  return x
end IntRandLinCon
```

Wie in Beispiel 8.3 anhand unterschiedlicher Parameterkonstellationen gezeigt wird, tritt nach einer gewissen Anzahl von *IntRandLinCon*-Aufrufen jedenfalls die Situation ein, dass als Ergebnis der Startwert x_0 geliefert wird. Weil eine Zufallszahl, die nach dieser Methode gebildet wird, nur von der unmittelbar vorhergehenden abhängt, entsteht durch weitere Aufrufe wieder dieselbe Zufallszahlenfolge. Man spricht vom Zyklus oder ***Periode*** und die Anzahl der Elemente eines solchen Zyklus nennt man die *Periodenlänge*.

Beispiel 8.3

Zufallszahlenfolgen auf Basis unterschiedlicher Parameter für die lineare Kongruenzmethode

1. Für die Parameter $m = 8$, $a = 5$, $c = 3$ und $x_0 = \mathbf{0}$, liefert der Generator *IntRandLinCon* auf Basis der linearen Kongruenzmethode mit der Formel $x_{n+1} = (5 \cdot x_n + 3)\ mod\ 8$ die Folge
   (**0**,) 3, 2, 5, 4, 7, 6, 1, **0**, 3, 2, 5, 4, 7, 6, 1, **0**, 3, … mit Periodenlänge = 8 = m.

2. Für die Parameter $m = 16$, $a = 5$, $c = 1$ und $x_0 = \mathbf{0}$ ergibt sich die Folge:
   (**0**,) 1, 6, 15, 12, 13, 2, 11, 8, 9, 14, 7, 4, 5, 10, 3, **0**, …
   mit Periodenlänge = 16 = m.

3. Für die Parameter $m = 381$, $a = 19$, $c = 1$ und $x_0 = \mathbf{0}$ ergibt sich die Folge:
   (**0**,) 1, 20, **0**, … mit der extrem kurzen Periodenlänge von 3, so dass weniger als 1 % des Wertebereichs mit der Kardinalität m als „Zufallszahlen" genützt wird.

Donald E. Knuth hat – wie viele andere auch – die lineare Kongruenzmethode und den Einfluss der Parameter auf sie mit verschiedensten Mitteln der Mathematik untersucht und in [Knuth 1997] folgenden Satz aufgestellt und bewiesen: Die Periodenlänge nimmt genau dann den maximalen Wert m an, wenn c relativ prim zu m ist, $a - 1$ ein Vielfaches jeder Primzahl p ist, die als Faktor in m enthalten ist und $a - 1$ ein Vielfaches von 4 ist, wenn auch m ein Vielfaches von 4 ist. Daraus folgt: Wenn m eine Primzahl ist, muss $a - 1$ ein Vielfaches von m sein, also $a = m + 1, 2 \cdot m + 1, \ldots$ Da jedoch $a < m$ sein muss, heißt das weiter, dass es keine Generatoren auf Basis der linearen Kongruenzmethode mit maximaler Periodenlänge gibt, wenn m eine Primzahl ist.

Robert Sedgewick gibt auf Basis der Erkenntnisse von Knuth und anderen in [Sedgewick 2002] folgende Regeln für die Wahl von m, a und c an, um mit der linearen Kongruenzmethode gute Ergebnisse (insbesondere mit großer Periodenlänge) zu erzielen:

- Der Modul m soll möglichst groß sein, am besten eine Zweierpotenz, also $m = 2^k$ für $k = 16, 32, \ldots$ je nach dem maximalen Wert des *integer*-Datentyps (damit die Modulo-Operation effizient zu berechnen ist).
- Der Multiplikator a sollte rund eine Zehnerpotenz kleiner als m sein, also $a \approx m / 10$, wobei sich das dezimale Ziffernmuster …g21 mit einer geraden Ziffer g als günstig erwiesen hat. Das Bitmuster sollte möglichst unregelmäßig sein (z.B. $1101010111101_2 = 6845_{10}$).
- Für das Inkrement c kann der Wert 1 genommen werden.

Auf Basis dieser Regeln lassen sich z.B. mit $m = 32768$, $a = 3421$, $c = 1$ und einem beliebigen Wert für x_0 gute Ergebnisse mit einer Periodenlänge von m erzielen.

Wenn der Startwert x_0 bekannt ist, dann lässt sich eine nach der linearen Kongruenzmethode erzeugte Zufallszahlenfolge klarerweise rekonstruieren. Wir sprechen deshalb auch von einer *Pseudo-Zufallszahlenfolge*. Wenn bei jeder neuen Verwendung des Generators unterschiedliche Zufallszahlenfolgen erzeugt werden sollen, lässt sich das z.B. dadurch erreichen, dass ein aus der aktuellen Uhrzeit gebildeter Startwert für x_0 herangezogen wird:

```
static var x: int := Int(↓CurrentTime())
```

8.4 Methoden zur Periodenverlängerung

Für manche Anwendungen (z.B. für Simulationsaufgaben in der Physik) sind Zufallszahlenfolgen mit größeren Periodenlängen erforderlich, als sie die lineare Kongruenzmethode liefern kann. Es existiert eine Vielzahl von Vorschlägen, um die Periodenlängen zu vergrößern. Um zu illustrieren, wie man dabei vorgehen kann, greifen wir zwei solcher Vorschläge, die sich besonders bewährt haben, heraus: die *Schieberegistermethode* von Tausworthe und die *Tabellenmethode* von MacLaren und Marsaglia. Durch diese beiden Methoden kann die Periodenlänge vorhandener Generatoren deutlich erhöht werden, bzw. können sie sogar dazu führen, dass keine fixe Periodenlänge mehr existiert, dieser Begriff also gar nicht mehr in seinem ursprünglichen Sinne anwendbar ist (vgl. [Knuth 1997]).

Schieberegistermethode von Tausworthe

Robert C. Tausworthe hat in [Tausworthe 1965] einen Algorithmus für die Erzeugung von Zufallszahlen vorgestellt, der – wie in ▶Abbildung 8.2 dargestellt – ein Feld $t[1:r]$ verwendet, das zu Beginn mit einer Zufallszahlenfolge gefüllt wird, die ein Generator auf Basis der linearen Kongruenzmethode liefert (z.B. *IntRandLinCon* aus dem vorigen Abschnitt). Der Tausworthe-Generator berechnet dann eine neue Zufallszahl, indem er zwei Elemente des Felds (an unterschiedlichen Stellen p und q) mit *Exklusivem Oder* bitweise verknüpft. Anschließend wird der Inhalt des Felds um eine Position nach rechts verschoben (daher die Bezeichnung *Schieberegister* für das Feld) und das Verknüpfungsergebnis (die neue Zufallszahl) wird an der ersten Position im Feld eingetragen. Nachdem, wie Robert Sedgewick in [Sedgewick 2002]) feststellt, für die Erzeugung von Zufallszahlen anstelle des exklusiven Oders auch die Addition verwendet werden, also die Summe von $t[p]$ und $t[q]$ gebildet werden kann, wird dieses Verfahren auch als *additive Kongruenzmethode* (*additive congruential method*) bezeichnet.

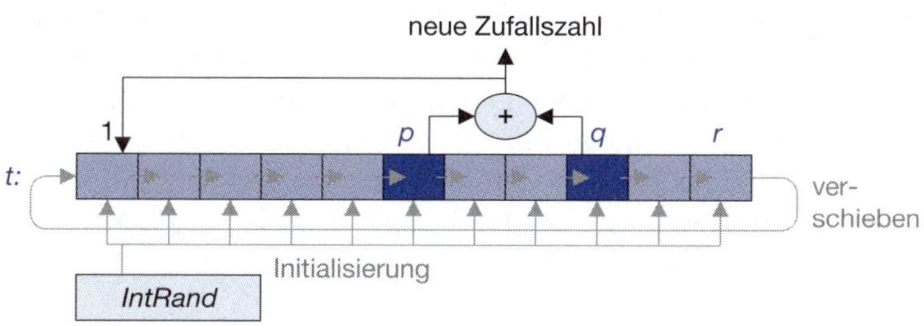

Abbildung 8.2: Zufallszahlengenerator von Tausworthe mit Schieberegister

Der unten angegebene Algorithmus *IntRandTausworthe* ist wieder ein Algorithmus mit Gedächtnis, der eine boolesche Zustandsvariable *firstCall* benutzt, um beim ersten Aufruf die weiteren Gedächtnisvariablen (insbesondere das Schieberegister t) zu initialisieren, weshalb für diese auch keine Startwerte in der Deklaration angegeben sind. Um (bei großem r) den Aufwand des Verschiebens der Elemente im Schieberegister um eine Position nach rechts zu vermeiden, werden die relevanten Indizes (p, q und i) jeweils um 1 verringert bzw. auf den Wert r gesetzt, wenn sie 0 erreichen. Dazu wird in *IntRandTausworthe* der Hilfsalgorithmus *Decrease* verwendet.

```
IntRandTausworthe(): int  -- results in range [0 .. m - 1]
  const r = …
  static var p, q, i: int
             t: array [1:r] of int
             firstCall: bool := true
  var x: int
begin
  if firstCall then
    p := … ; q := …  -- 1 ≤ p < q ≤ r
    for i := 1 to r do
      t[i] := IntRandLinCon()
    end -- for
    i := 1
    firstCall := false
  end -- if
  x := (t[p] + t[q]) mod m
  Decrease(↕i  ↓r)
  Decrease(↕p  ↓r)
  Decrease(↕q  ↓r)
  t[i] := x
  return x
end IntRandTausworthe
```

```
Decrease(↕v: int  ↓r: int)
begin
  v := v - 1
  if v = 0 then
    v := r
  end -- if
end Decrease
```

Donald E. Knuth beschreibt in [Knuth 1997], dass der Generator von Tausworthe mit $r = 55$, $p = 31$ und $q = 55$ ($= r$) gute Ergebnisse liefert.

Tabellenmethode von MacLaren und Marsaglia

Malcom D. MacLaren und George Marsaglia haben in [MacLaren u. Marsaglia 1965] einen Algorithmus vorgestellt, der auf Basis von zwei vorhandenen einfachen Generatoren arbeitet, die keine besondere Qualität aufweisen müssen. So wie in ▶Abbildung 8.3 dargestellt, verwendet dieser Algorithmus ein Feld $t[0{:}r - 1]$, das von MacLaren und Marsaglia als „Tabelle" bezeichnet wird. Diese Tabelle wird zu Beginn mit einer Zufallszahlenfolge initialisiert, die der erste Generator liefert (z.B. *IntRandLinCon* aus dem vorhergehenden Abschnitt). Der MacLaren-Marsaglia-Generator erzeugt eine neue Zufallszahl, indem er mit dem zweiten Generator (z.B. wieder *IntRandLinCon*, aber mit $m = r$ und anderen Parametern) einen Index $0 \le i \le r - 1$ der Tabelle t berechnet, das Element an der Position i als die neue Zufallszahl herausnimmt und den nun frei gewordenen Platz in der Tabelle mit einer Zufallszahl des ersten Generator auffüllt.

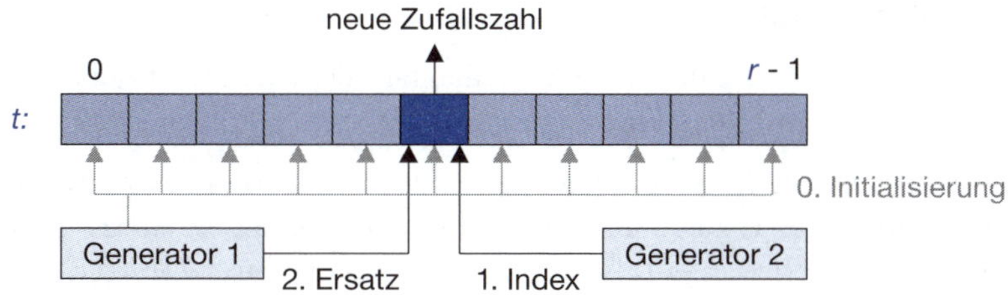

Abbildung 8.3: Zufallszahlengenerator von MacLaren und Marsaglia mit Tabelle

Der unten angegebene Algorithmus *IntRandMacLarenAndMarsaglia* ist wieder ein Algorithmus mit Gedächtnis, der eine boolesche Zustandsvariable *firstCall* benutzt, um beim ersten Aufruf die zweite Gedächtnisvariable (die Tabelle t) zu initialisieren, weshalb für diese auch keine Startwerte in der Deklaration angegeben sind. Die Generierung einer neuen Zufallszahl x erfolgt nach dem oben geschilderten Verfahren.

```
IntRandMacLarenAndMarsaglia(): int  -- results in range [0 .. m - 1]
  const r = …
  static var t: array [0:r - 1] of int
             firstCall: bool := true
  var x, i: int
begin
  if firstCall then
    for i := 0 to r - 1 do
      t[i] := IntRand1()
    end -- for
    firstCall := false
  end -- if
  i := IntRand2()  -- results in range [0 .. r - 1]
  x := t[i]
  t[i] := IntRand1()
  return x
end IntRandMacLarenAndMarsaglia
```

Donald E. Knuth stellt in [Knuth 1997] fest, dass der Generator von MacLaren und Marsaglia mit einer Tabellenlänge $r \approx 100$ bereits gute Ergebnisse liefert und zwar auch dann, wenn die beiden Basisgeneratoren nicht „besonders gut" sind.

8.5 Abgeleitete Generatoren

Die bisher vorgestellten Generatoren liefern gleich verteilte Zufallszahlenfolgen, deren Elemente ganze Zahlen aus dem Intervall [0 .. m – 1] sind, wobei man m möglichst groß wählen wird.

Für viele Aufgabenstellungen werden aber Zufallszahlenfolgen aus anderen Wertebereichen oder mit einer anderen Verteilung, vor allem der Normalverteilung, benötigt. Im Folgenden zeigen wir, wie aus den in den vorhergehenden Abschnitten vorgestellten Generatoren solche Generatoren abgeleitet werden können, die Zufallszahlenfolgen mit den gewünschten Eigenschaften (spezielle Wertebereiche und Verteilungen) liefern.

Gleitkomma-Zufallszahlenfolgen

Neben ganzzahligen Zufallszahlenfolgen werden häufig reellwertige Zufallszahlen aus dem halboffenen Intervall [0 .. 1) benötigt.

Der unten angegebene, einfache und leicht zu findende Algorithmus *RealRand* erzeugt, unter Verwendung eines Generators *IntRand*, der ganzzahlige Zufallszahlen aus dem geschlossenen Intervall [0 .. $m - 1$] liefert, mittels Division dieser Zahlen durch m reellwertige Zufallszahlen aus im halboffenen Intervall [0 .. 1). Im Sinne der Mathematik umfasst das Intervall zwar unendlich viele reelle Zahlen, *RealRand* kann aber nur m davon liefern, weshalb m – wie schon oben erwähnt – möglichst groß sein sollte.

```
RealRand(): real  -- results in range [0 .. 1)
begin
  return IntRand() / Real(↓m)
end RealRand
```

Beispiel 8.4 zeigt, wie unter Heranziehung der sogenannten *Monte-Carlo-Methode* auf Basis einer reellwertigen Zufallszahlenfolge ein Näherungswert für π berechnet werden kann.

Beispiel 8.4

Anwendung von Zufallszahlengeneratoren zur näherungsweisen Berechnung von π mit der Monte-Carlo-Methode

Mit der *Monte-Carlo-Methode* können z.B. Lösungen für komplexe numerische Aufgabenstellungen näherungsweise ermittelt werden, indem auf Basis eines stochastischen Modells und einer Zufallszahlenfolge Methoden der Wahrscheinlichkeitsrechnung und Statistik zum Einsatz kommen.

Eine einfache Anwendung der Monte-Carlo-Methode besteht darin, die Zahl π (Archimedeskonstante oder Ludolphsche Zahl) näherungsweise zu berechnen, indem – wie in ▶Abbildung 8.4 dargestellt – dem Einheitsquadrat ein Viertelkreis (mit Radius $r = 1$) eingeschrieben wird. Mit einem Zufallszahlengenerator (z.B. *RealRand*) werden Zufallszahlen aus [0 .. 1) erzeugt und jeweils zwei solcher Zufallszahlen als Koordinaten (x, y) eines Punkts im Einheitsquadrat interpretiert. Für jeden dieser Punkte wird ermittelt, ob er innerhalb (wenn $x^2 + y^2 \leq 1$ gilt) oder außerhalb des Viertelkreises liegt; abschließend kann aus der Flächenformel für den Kreis ($A = r^2 \cdot \pi = \pi$) und dem Verhältnis der Anzahl der innerhalb liegenden Punkte (*nInside*) zur Gesamtzahl der erzeugten Punkte (*nTotal*) ein Näherungswert für π berechnet werden: $\pi \approx 4 * nInside / nTotal$.

Wird ein guter Zufallszahlengenerator verwendet, erhält man mit *nTotal* = 100 Punkte eine Näherungslösung, die einen Fehler von ca. 5 % aufweist, mit *nTotal* = 1000 verringert sich der Fehler auf etwa 1 % und mit *nTotal* = 10000 beträgt der Fehler nur mehr etwa 0.5 %.

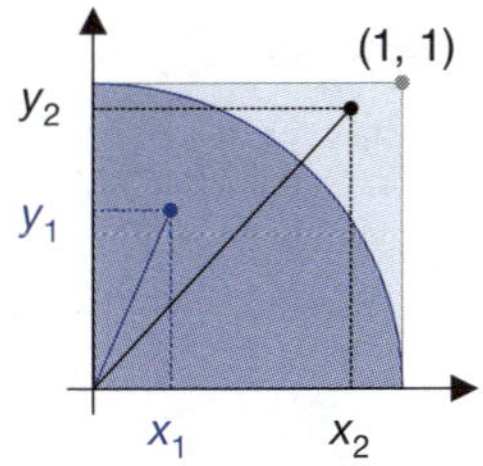

Abbildung 8.4: Punkte im Einheitsquadrat innerhalb und außerhalb des Viertelkreises

Hinweis: Es gibt viele, wesentlich effizientere Verfahren, die noch dazu bessere Näherungswerte für π liefern, wie durch die Bildung der Summe unendlicher, konvergenter Zahlenreihen (vgl. [Bartsch 2003]). Beispielsweise hat Gottfried W. Leibniz im Jahr 1682 die Summenformel

$$\sum_{i=0}^{\infty} \frac{(-1)^i}{2i+1} = \frac{\pi}{4}$$

und Leonhard Euler im Jahr 1748 die Summenformel

$$\sum_{i=1}^{\infty} \frac{1}{i^2} = \frac{\pi^2}{6}$$

gefunden.

Intervallbezogene ganzzahlige Zufallszahlenfolgen

Oft benötigt man Zufallszahlenfolgen, die ganzzahlig sind und aus einem bestimmten (oftmals kleinen) Wertebereich (*range*) stammen, von einer Untergrenze (*lower bound*) $lb \geq 0$ bis zu einer Obergrenze (*upper bound*) $ub < m$. Beispiele dafür sind die Simulation eines Münzwurfs oder eines Würfels. Man kann solche Zufallszahlen auf einfache Weise z.B. über einen „Umweg" aus reellwertigen Zufallszahlen erzeugen.

Der unten angegebene Algorithmus *RangeRandReal* verwendet den im vorhergehenden Abschnitt angegebenen Algorithmus *RealRand*, der reellwertige Zufallszahlen aus dem halboffenen Intervall [0 .. 1) liefert. Diese werden in das geschlossene Intervall [*lb* .. *ub*] transformiert und als Ergebnis geliefert.

```
RangeRandReal(↓lb: int  ↓ub: int): int   -- results in range [lb .. ub]
  var n: int
begin
    n := ub - lb + 1
    return lb + Floor( ↓(RealRand() * Real(↓n)) )
end RangeRandReal
```

Hinweis: Die Funktion *Floor* konvertiert eine *real*-Zahl x in den Datentyp *integer*, indem sie die größte ganze Zahl liefert die kleiner oder gleich x ist (in der Mathematik mit $\lfloor x \rfloor$ notiert).

Eine andere Möglichkeit, intervallbezogene ganzzahlige Zufallszahlen zu erzeugen, illustriert der Algorithmus *RangeRandInt1*:

```
RangeRandInt1(↓lb: int  ↓ub: int): int  -- results in range [lb .. ub]
  var n: int
begin
  n := ub - lb + 1
  return lb + (IntRand() mod n)
end RangeRandInt1
```

Der Algorithmus *RangeRandInt1* liefert zwar Zufallszahlen aus dem gewünschten Intervall [0 .. $n - 1$], diese sind u. U. aber nicht gleich verteilt, selbst wenn *IntRand*, der Zufallszahlen aus dem Intervall [0 .. $m - 1$] liefert, diese Eigenschaft für seine Ergebnisse garantiert. ▶Abbildung 8.5 zeigt in (a) beispielhaft das Größenverhältnis der beiden Intervalle. Wenn n kein Teiler von m ist, kommt es zu der in Abbildung 8.5 (b) dargestellten Situation: Durch die Modulo-Operation werden alle Elemente des größeren Intervalls [0 .. $m - 1$] in das kleinere Intervall [0 .. $n - 1$] abgebildet und nachdem der Bereich ab k nicht mehr die Länge n erreicht, ergibt sich eine unterschiedliche Wahrscheinlichkeit für die von *RangeRandInt1* gelieferten Zufallszahlen, kleine kommen etwas häufiger vor als große.

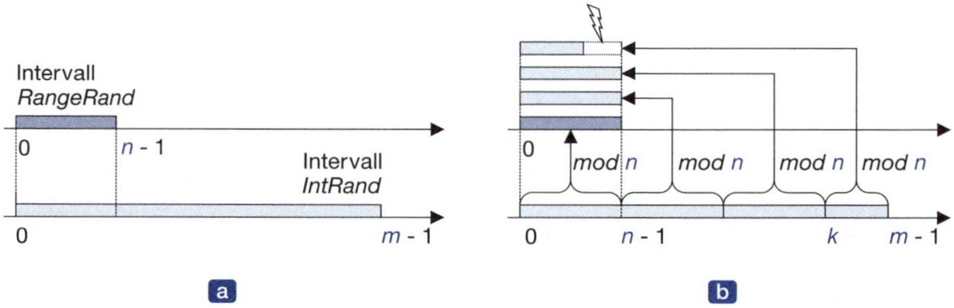

Abbildung 8.5: Abbildung der Elemente eines großen in einen kleinen Bereich mittels Modulo-Operation

Um dieses Problem zu vermeiden und somit eine Gleichverteilung der Zufallszahlen auch im kleinen Intervall zu garantieren, muss zuerst die Schranke k (vgl. Abbildung 8.5) berechnet werden, bis zu der hin die Zufallszahlen direkt in den kleineren Bereich transformiert werden können. Dann muss eine Zufallszahl aus dem großen Bereich ermittelt werden, die unter dieser Schranke liegt. Diese Zufallszahl darf dann mit der Modulo-Operation in das kleinere Intervall transformiert werden. Der unten angegebene Algorithmus *RangeRandInt2* implementiert dieses Verfahren:

```
RangeRandInt2(↓lb: int  ↓ub: int): int  -- results in range [lb .. ub]
  var n, k, ir: int
begin
  n := ub - lb + 1
  k := m / n
  k := k * n
  repeat
    ir := IntRand()
  until ir < k
  return lb + (ir mod n)
end RangeRandInt2
```

Obwohl der Algorithmus *RangeRandInt2* eine Schleife enthält, ist seine asymptotische Laufzeitkomplexität $O(1)$, denn im ungünstigsten Fall, wenn $k = (m / 2) - 1$ ist, kommt es im Durchschnitt zu nur zwei Schleifendurchläufen, bis eine geeignete Zahl für die Transformation gefunden wurde.

Normal verteilte Zufallszahlenfolgen

Neben gleich verteilten Zufallszahlenfolgen kommt solchen, die der Normal- oder Gauß-verteilung (nach Carl Friedrich Gauß) folgen, eine wichtige Rolle zu, da viele Eigenschaften in der Praxis, z.B. der Durchschnitt einer großen Stichprobe oder Phänomene in der Natur, z.B. die Körpergröße von Menschen, (annähernd) normal verteilt sind.

Der *zentrale Grenzwertsatz* der Statistik (vgl. z.B. [Kreyszig 1975]) besagt im Wesentlichen, dass die standardisierte Summe von n unabhängigen Zufallsvariablen, die alle dieselbe Verteilung (z.B. die Gleichverteilung) aufweisen, für n gegen unendlich zur Normalverteilung konvergiert. Daher lässt sich eine normal verteilte Zufallszahlenfolge durch einen Zufallszahlengenerator erzeugen, der eine gleich verteilte Zufallszahlenfolge als Basis verwendet, indem ein neues Element der normal verteilten Folge aus dem Durchschnitt der nächsten n Elemente der gleich verteilten Folge gebildet wird.

Der unten angegebene Algorithmus *RangeRandGauss* liefert eine normal verteilte Zufallszahlenfolge, deren Elemente dem Intervall [*lb* .. *ub*] entstammen. Als Basis wird dabei einer der oben erläuterten *RangeRand*-Algorithmen herangezogen. Wie im Kommentar zur Konstanten n angeführt, haben Untersuchungen ergeben, dass es ausreicht, für n einen Wert zwischen 6 und 10 zu wählen (siehe dazu z.B. [Knuth 1997]).

```
RangeRandGauss(↓lb: int ↓ub: int): int  -- results in range [lb .. ub]
  const n = …  -- any value in range [6 .. 10]
  var sum: int
      i: int
begin
  sum := 0
  for i := 1 to n do
    sum := sum + RangeRand(↓lb ↓ub)
  end -- for
  return sum / n
end -- RangeRandGauss
```

Beispiel 8.5 zeigt exemplarisch die Häufigkeit des Auftretens der Elemente in gleich und normal verteilten Zufallszahlenfolgen.

Beispiel 8.5 Gleich und normal verteilte Zufallszahlenfolgen

▶Abbildung 8.6 (a) zeigt in Form eines Balkendiagramms die Häufigkeit des Auftretens der einzelnen Zufallszahlen in einer mit *RangeRandReal* erzeugten Zufallszahlenfolge mit 1000 Elementen aus dem Intervall [1 .. 10]. Wie aus dem Diagramm ersichtlich, liefert hier *RangeRandReal* eine recht gute Gleichverteilung.

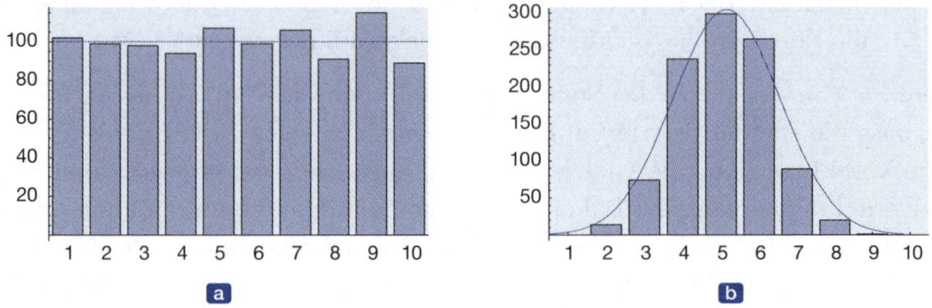

Abbildung 8.6: Häufigkeiten von Zufallszahlen in einer (a) gleich und einer (b) normal verteilten Folge

Abbildung 8.6 (b) zeigt auch in Form eines Balkendiagramms die Häufigkeit des Auftretens der einzelnen Zufallszahlen in einer mit *RangeRandGauss* auf Basis von *RangeRandReal* mit $n = 6$ erzeugten Zufallszahlenfolge mit 1000 Elementen, wieder aus dem Intervall [1 .. 10]. Wie aus dem Diagramm (durch Überlagerung des Balkendiagramms mit der *Gaußschen Glockenkurve*) ersichtlich ist, liefert hier *RangeRandGauss* eine recht gute Normalverteilung.

8.6 Tests zur Prüfung der Güte von Zufallszahlenfolgen

Die Güte von Zufallszahlenfolgen kann mit einer Reihe von Tests überprüft werden. In [Knuth 1997] finden wir eine Vielzahl solcher Zufälligkeitstests mit all ihren mathematischen Einzelheiten.

Wir beschränken uns hier darauf, einige einfache und für die Praxis wichtige Tests kurz, aber so zu skizzieren, dass der Leser in der Lage ist, sie bei Bedarf anzuwenden:

- *Häufigkeitstest*: Dieser Test dient dazu, die Auftrittshäufigkeiten der von einem Generator gelieferten Zufallszahlen zu ermitteln (vgl. Beispiel 8.5).
- *Serientest*: Dieser Test dient – im Unterschied zum Häufigkeitstest – dazu, die Auftrittshäufigkeit von Zahlenpaaren zu ermitteln.
- *Lückentest*: Der Lückentest untersucht, in welchen Abständen sich eine bestimmte Zufallszahl in der Folge wiederholt (für die lineare Kongruenzmethode ist das für alle Zahlen die Periodenlänge).

- *Läufetest*: Ein Lauf (*run*) ist eine Teilfolge von auf- oder absteigenden Elementen in einer größeren Folge. Der Läufetest untersucht, wie viele solcher auf- oder absteigenden Teilfolgen (also Läufe) einer bestimmten Länge in der Zahlenfolge enthalten sind.

Zwei weitere, für den praktischen Einsatz wichtige Tests von Zufallszahlenfolgen, den so genannten χ^2-Test und den so genannten Himmelstest behandeln wir im Folgenden ausführlicher.

χ^2-Test

Mithilfe des χ^2-Tests kann überprüft werden, ob „Messwerte", die sich bei einem Experiment ergeben haben, einer bestimmten Verteilung entsprechen. Die dabei getestete Hypothese lautet: Die Ist-Verteilung f entspricht der Soll-Verteilung s.

Um mittels χ^2-Test beispielsweise zu überprüfen, ob eine Zufallszahlenfolge gleich verteilt ist, werden die n Zufallszahlen aus dem Intervall $[0 .. m - 1]$ in r Teilintervalle eingeteilt, wobei $r = m$ oder r ein Teiler von m sein muss. Dann werden die tatsächlichen Häufigkeiten f_i für $1 \leq i \leq$ r ermittelt und im Anschluss daran wird nach der Formel (mit den gemäß der angestrebten Verteilung erforderlichen Häufigkeiten $s_i = n / r$ für alle i)

$$\chi^2 = \sum_{i=1}^{r} \frac{(f_i - s_i)^2}{s_i}$$

der χ^2-Wert berechnet. Er ist ein Maß für die Abweichungen der tatsächlichen Häufigkeiten f_i von den erforderlichen Häufigkeiten s_i. Wenn die Abweichungen groß sind, ist der χ^2-Wert groß, und dann ist die Wahrscheinlichkeit, dass die ermittelten Zahlen gleich verteilt sind, gering.

Es gibt Tabellen, z.B. von Donald E. Knuth in [Knuth 1997], die für verschiedene Werte von r die Grenzwerte für χ^2 angeben. Robert Sedgewick gibt in [Sedgewick 2002] eine einfache Formel dafür an:

$$r - 2 \cdot \sqrt{r} < \chi^2 < r + 2 \cdot \sqrt{r}$$

Wenn χ^2 in diesem Bereich liegt, kann man laut Sedgewick davon ausgehen, dass die Zufallszahlenfolge gleich verteilt ist.

Damit der χ^2-Test ein signifikantes Ergebnis liefert, müssen die einzelnen Versuche unabhängig voneinander sein und in jedem der r Teilintervalle müssen mindestens 5 (nach Knuth) bzw. sogar mindestens 10 (nach Sedgewick) Werte liegen (also $5 \leq f_i \leq 10$).

Himmelstest

Das menschliche Auge ist sehr gut in der Lage, Muster oder ihre Abwesenheit (z.B. Sternbilder oder Chaos im nächtlichen Sternenhimmel) zu erkennen. Deshalb kann das menschliche Auge auch dazu verwendet werden, Muster in Zufallszahlenfolgen aufzuspüren („visueller Test").

Wie in Beispiel 8.4 werden die von einem Generator gelieferten Zufallszahlen als *x*- und *y*-Koordinaten eines Punkts („Stern“) gedeutet und diese in großer Zahl in einer quadratischen Fläche („Himmel“) dargestellt.

Beispiel 8.6 zeigt für die lineare Kongruenzmethode, welche gravierenden Auswirkungen schon kleinste Änderungen an den Parametern auf die Qualität der erzeugten Zufallszahlenfolge haben können.

Beispiel 8.6 Himmelstest von Zufallszahlenfolgen linearer Kongruenzgeneratoren

▶Abbildung 8.7 zeigt in (a) einen „Sternenhimmel“, der aus 1000 Punkten besteht, deren Koordinaten mittels linearer Kongruenzmethode (Algorithmus *IntRandLinCon* aus Abschnitt 8.3) mit den Parametern $a = 3421$, $k = 1$ und $m = 32768$ ermittelt und mit *RangeRandReal* in das Intervall [0 .. 100] transformiert wurden. Darin sind keine (offensichtlichen) Muster zu entdecken.

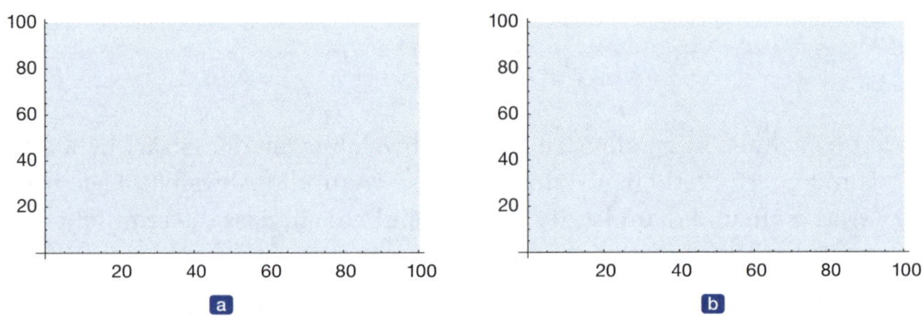

Abbildung 8.7: Himmelstest für (a) guten und (b) schlechten Zufallszahlengenerator

Der in Abbildung 8.7 (b) dargestellte „Sternenhimmel“ hingegen weist ein Muster auf und das deutet darauf hin, dass die Zufälligkeit der Zahlenfolge nicht mehr gegeben ist. Der einzige Unterschied in der Erstellung von (b) im Vergleich zu (a) liegt im Parameter a: anstelle von 3421 wurde der Wert 3423 verwendet. Das zeigt die Sensibilität der linearen Kongruenzmethode im Hinblick auf die Wahl der Parameter.

Zusammenfassung

In diesem Kapitel haben wir uns mit der algorithmischen Erzeugung von Zufallszahlen auseinander gesetzt. Ziel dieses Kapitels war es, anhand von Beispielen aus verschiedenen Anwendungsbereichen den praktischen Bedarf an Zufallszahlenfolgen sowie wesentliche Anforderungen an derartige Zahlenfolgen aufzuzeigen und darauf aufbauend Lösungsansätze zur algorithmischen Erzeugung von Zufallszahlen so vorzustellen, dass damit in der Praxis auftretende Problemstellungen, bei denen Zufallszahlen benötigt werden, bearbeitet werden können.

Ausgehend von einer Erörterung der Begriffe Zufallszahlenfolge und Zufallszahlengenerator sowie typischer Anwendungsbereiche, in denen man Aufgabenstellungen begegnet, zu deren Lösung sich Zufallszahlen als nützlich oder erforderlich herausstellen, sind wir darauf eingegangen, welche Anforderungen an die Güte von Zufallszahlenfolgen in der Praxis gestellt werden. (Abschnitt 8.1)

Danach haben wir einen Abschnitt 8.2 eingeschoben, in dem wir eine besondere Art von Algorithmen erörtert haben, nämlich Algorithmen mit Gedächtnis. Sie stehen zwar nicht in direktem Zusammenhang mit der Problematik der Erzeugung von Zufallszahlen, bilden aber die konzeptuelle Basis für die Realisierung von Zufallszahlengeneratoren. Wir haben damit eine Algorithmenform und die dazu erforderlichen Konzepte kennen gelernt, die auch außerhalb des Gebiets der Erzeugung von Zufallszahlen nutzbringend eingesetzt werden können.

In Abschnitt 8.3 haben wir uns mit der Frage auseinander gesetzt, mit welchen Methoden und Verfahren wir überhaupt auf algorithmische Art und Weise Zufallszahlen produzieren können und wie man darauf aufbauend einen Zufallszahlengenerator konstruieren kann. Das Ergebnis war ein allgemein einsetzbarer Zufallszahlengenerator, der auf der linearen Kongruenzmethode von Derrick H. Lehmer beruht.

Da es viele Anwendungsbereiche gibt, in denen man besonders lange Zufallszahlenfolgen benötigt, d.h. Folgen, die keine periodischen Wiederholungen aufweisen, haben wir uns im nächsten Abschnitt mit Methoden und algorithmischen Lösungsansätzen zur Periodenverlängerung von Zufallszahlenfolgen auseinander gesetzt und dazu zwei unterschiedliche Vorschläge, die sich in der Praxis bewährt haben, im Detail erörtert. (Abschnitt 8.4)

In Abschnitt 8.5 sind wir darauf eingegangen, wie man auf Basis der in Abschnitt 8.3 entwickelten elementaren Zufallszahlengeneratoren spezielle Generatoren, mit denen man Zufallszahlenfolgen für beliebige Intervalle und mit verschiedenen Verteilungen erzeugen kann, ableitet.

Im letzten Abschnitt 8.6 haben wir uns schließlich mit Tests zur Prüfung der Güte von Zufallszahlenfolgen auseinander gesetzt und eine Auswahl solcher Tests mit dem Ziel vorgestellt, dass der Leser weiß, was sich dahinter verbirgt und wie man sie zu eigenen Zwecken einsetzen kann.

Aufgaben

Aufgabe 8.1 (Algorithmus mit Gedächtnis: Plausibilitätsprüfung von Messwerten)
Bei einem Hochofen werden in unregelmäßigen Zeitabständen (alle paar Minuten) Temperaturen gemessen. Dabei werden der Zeitpunkt der Messung (Stunde und Minute) sowie die Temperatur (Grad Celsius, auf 0.1 Grad genau) aufgezeichnet. Gesucht ist ein Funktionsalgorithmus, der prüft, ob ein Temperaturmesswert plausibel ist. Ein Messwert ist dann plausibel, wenn die Minimaltemperatur von 987.6 Grad Celsius nicht unter-, die Maximaltemperatur von 1234.5 Grad Celsius nicht überschritten wird und die Veränderung des Messwerts seit der letzten Messung +/– 11.1 Grad Celsius pro Minute nicht übersteigt.

Aufgabe 8.2 (Zufallszahlen: Poker-Test)
Bei einem „Poker-Test“ werden jeweils fünf aufeinanderfolgende Zufallszahlen betrachtet. Gesucht ist die Zahl p, die angibt, wie viele der fünf Zahlen gleich (oder verschieden) sind. Der Wert für p sei wie folgt definiert:

p	Bedeutung
1	alle fünf sind verschieden
2	zwei sind gleich (ein Paar)
3	je zwei sind gleich (zwei Paare)
4	drei sind gleich (ein Tripel)
5	ein Paar und ein Tripel
6	vier sind gleich
7	fünf sind gleich

Gesucht ist ein (statisch) möglichst kurzer und trotzdem verständlicher Algorithmus *PokerTest*, der für fünf als Parameter (z.B. in einem Feld) übergebene Zufallszahlen den Wert p ermittelt und die Häufigkeiten für p in einer Gedächtnisvariablen akkumuliert, sodass am Ende einer Testreihe die Häufigkeiten in Form einer Tabelle ausgegeben werden können.

Aufgaben

Aufgabe 8.3 (Zufallszahlen: Monte-Carlo-Methode)
Das Volumen eines durch die *x*-, *y*- und *z*-Koordinaten der beiden Brennpunkte *f1* und *f2* gegebenen Rotationsellipsoids kann wie folgt näherungsweise berechnet werden: Man generiert zufällige, gleichverteilte Punkte in einem quaderförmig das Rotationsellipsoid umgebenden Teil im dreidimensionalen Raum. Bei jedem Punkt testet man, ob der Punkt auch innerhalb des Rotationsellipsoids liegt („Treffer") oder nicht. (Die Summe der Entfernungen jedes Punkts innerhalb des Rotationsellipsoids von den beiden Brennpunkten ist kleiner oder gleich der ebenfalls gegebenen Größe *distSum*.) Aus dem Verhältnis der Treffer zur Anzahl der generierten Punkte (= *x* %) kann man dann einen Näherungswert für das Volumen berechnen, indem man das Volumen des Quaders berechnet, dieses als 100 % ansetzt, dann sind *x* % davon die Näherungslösung für das Volumen des Rotationsellipsoids. Gesucht ist der Funktionsalgorithmus *Volume*(↓*f1*: *Point* ↓*f2*: *Point* ↓*distSum*: *real*): *real*, der das Volumen des Körpers auf diese Art und Weise näherungsweise berechnet.

Aufgabe 8.4 (Zufallszahlen: χ^2-Test)
In Abschnitt 8.6 ist die Formel für die Berechnung von χ^2 beschrieben. Gegeben ist ein Feld *rn* (*random numbers*), das *n* Zufallszahlen aus dem Intervall [0 .. $m - 1$] enthält. Gesucht ist ein Funktionsalgorithmus *ChiSquareTest*, der für die Zufallszahlen aus *rn* den Wert von χ^2 liefert.

Aufgabe 8.5 (Zufallszahlen: Himmelstest)
In Abschnitt 8.6 ist die Strategie für die Durchführung des Himmelstests beschrieben. Gegeben ist folgende Deklaration zur Beschreibung des Rechtecks, in das die Grafik eingebettet werden soll:

```
type Rectangle = compound
       left, right: int
       top, bottom: int
     end -- compound
```

Des Weiteren sind folgende Algorithmen gegeben: *MoveTo*(↓*x*: *int* ↓*y*: *int*), um die aktuelle Position auf die Koordinaten *x* und *y* zu setzen und *LineTo*(↓*x*: *int* ↓*y*: *int*), um eine Linie von der aktuellen Position zur durch die Parameter *x* und *y* beschriebenen Position zu ziehen. Gesucht ist ein Algorithmus *DrawSky*, der den Himmelstest für *n* zufällig generierte „Sterne" (Positionen *x* und *y* durch „Sterne" gekennzeichnet) durchführt.

Exhaustionsalgorithmen

9

ÜBERBLICK

Motivation

» *Wir haben uns bisher vorwiegend mit Aufgabenstellungen aus Problemklassen befasst, für die man entweder die Lösungen mittels Formeln beschreiben kann (z.B. die Berechnung des arithmetischen Mittels einer Messwertfolge) oder die man algorithmisch so löst, dass das Ergebnis schrittweise, indem jeder Schritt näher zum Ziel führt und mit ausreichender Effizienz ermittelt werden kann (z.B. das Sortieren eines Datenbestands). Für die Lösung von Aufgaben aus diesen Problemklassen gibt es oft zwar unterschiedliche Algorithmen mit verschiedenen Eigenschaften, insbesondere mit unterschiedlicher Laufzeitkomplexität, aber diese Algorithmen liefern in der Regel auch bei großen Ausprägungen der jeweiligen Problemgröße das Ergebnis in vertretbarer Zeit.*

In der Praxis begegnen wir mitunter aber auch Aufgabenstellungen, für die Lösungen nicht auf die (einfache) Art und Weise, wie wir das bisher gezeigt haben, gefunden werden können. Lösungen für solche Aufgabenstellungen können nur durch systematisches Ausprobieren aller Möglichkeiten, also durch vollständiges oder erschöpfendes Absuchen (exhaustive search) des gesamten „Lösungsraums“ gefunden werden. Solche Algorithmen werden deshalb Exhaustionsalgorithmen genannt. Ein Problem dabei ist, dass es für große Ausprägungen der Problemgrößen meist nicht mehr möglich ist, mittels Exhaustion „exakte“ Lösungen in vertretbarer Zeit zu finden.

Zur Einstimmung beginnt das Kapitel mit einer Aufgabenstellung, die nicht nur für Schachspieler eine interessante Herausforderung, sondern auch gut dafür geeignet ist, die grundsätzliche Problemstellung solcher Aufgaben und die Vorgehensweise für ihre Lösung zu diskutieren. Es handelt sich dabei um das so genannte Acht-Damen-Problem (eight queens problem), bei dem es darum geht, acht Damen so auf einem Schachbrett zu platzieren, dass sie sich nicht gegenseitig bedrohen.

Der nächste Abschnitt ist der Verallgemeinerung solcher Problemstellungen sowie der Erläuterung eines allgemeinen algorithmischen Vorgehens für ihre Lösung gewidmet. Dieses Vorgehen basiert auf der Strategie, dass eine bereits ermittelte Teillösung systematisch zu einer Gesamtlösung ausgebaut wird, indem durch Versuch (trial) weitere Schritte in Richtung des Ziels gesetzt werden und, wenn dabei ein Problem auftritt, man also in eine „Sackgasse“ gelaufen ist, dieser Irrtum (error) durch das Zurücknehmen eines oder mehrerer Schritte korrigiert wird, man anschließend aber neuerlich Versuche unternimmt, das Ziel (eine Gesamtlösung) auf anderem Weg zu erreichen. Dieses Vorgehen trägt daher die Bezeichnung Versuch-und-Irrtum- (trial and error) oder Rücksetzverfahren (backtracking). Wir gehen dabei auch auf die Problemkomplexität ein und behandeln für das Backtracking relevante Begriffe und Konzepte aus der theoretischen Informatik.

Danach wird systematisch herausgearbeitet, welche algorithmischen Variationen der grundsätzlichen Lösungsidee erforderlich sind, um eine oder alle Lösungen zu einer gegebenen Problemstellung zu finden. Da bei vielen Aufgabenstellungen nicht alle möglichen Lösungen, sondern nur die im Hinblick auf ein bestimmtes Zielkriterium beste Lösung gesucht wird, wird auch darauf eingegangen, wie man aus dem grundsätzlichen Lösungsansatz für das Backtracking-Verfahren eine Optimierungsvariante herleiten kann, so dass im Zuge der Ergebnisermittlung bereits eine Menge von Teillösungen ausgeschieden werden kann, bevor diese vollständig berechnet sind, weil bereits anhand der Teillösungen feststellbar ist, dass sie nicht mehr zu einem Ergebnis führen können, das besser ist als eine bereits gefundene Lösung.

Zum Schluss des Kapitels gehen wir noch auf wichtige (Standard-)Problemstellungen, die mittels Backtracking (zumindest theoretisch) gelöst werden können (wie z.B. auf das Rundreise- und das Rucksackproblem), näher ein. In der Praxis scheitert die Anwendung von Backtracking-Algorithmen oft an den damit verbundenen exorbitanten Laufzeiten. In solchen Fällen muss auf Verfahren zurückgegriffen werden, bei denen so genannte Heuristiken zum Einsatz kommen, die dann zwar keine „exakten“ Lösungen mehr liefern, dafür aber akzeptable „Näherungslösungen“ (Approximationen) in relativ kurzer Zeit. Deshalb gehen wir am Ende dieses Kapitels auch auf heuristische Algorithmen kurz ein. «

Ziele

Nach dem Lesen dieses Kapitels haben Sie Folgendes erreicht:

- Sie wissen, was man unter dem Begriff Exhaustionsalgorithmus versteht und bei welchen Problemstellungen solche Exhaustionsalgorithmen zur Aufgabenlösung herangezogen werden können.
- Sie kennen ein allgemein verwendbares Spezifikationsschema für so genannte Backtracking-Aufgaben und ein allgemeines Algorithmenschema für den grundsätzlichen Lösungsansatz.
- Sie wissen, was man unter den Problemklassen P, NP und NP-*vollständig* versteht und welche Auswirkungen damit auf die Laufzeitkomplexität von Algorithmen zur Bearbeitung von Aufgabenstellungen aus diesen Problemklassen verbunden sind.
- Sie wissen über das grundsätzliche Laufzeitverhalten von Exhaustions-/Backtracking-Algorithmen Bescheid.
- Sie kennen typische Aufgabenstellungen, die man durch eine Strategie von Versuch-und-Irrtum lösen kann, und wissen, wie man diese Lösungsstrategie in so genannte Backtracking-Algorithmen transformieren kann.
- Sie sind mit Standardproblemstellungen, die man durch Backtracking-Verfahren lösen kann, vertraut und kennen die für den praktischen Gebrauch relevanten Varianten von Backtracking-Algorithmen.
- Sie wissen, was man unter dem Begriff Heuristik versteht, wann man heuristische Algorithmen einsetzt, und haben einen Überblick über verschiedene Klassen heuristischer Algorithmen.

9.1 Acht- bzw. n-Damen-Problem

Das *Acht-Damen-Problem* (*eight queens problem*) ist eine Schachaufgabe, die sich von unzähligen anderen (siehe z.B. *www.die-schachaufgabe.de*) dadurch unterscheidet, dass sie sich mit den zu einem Schachspiel gehörenden Figuren gar nicht lösen lässt, da normalerweise nur zwei Damen (eine weiße und eine schwarze) als Spielfiguren existieren. Die Aufgabe des Acht-Damen-Problems besteht darin, *acht* Damen so auf einem (regulären 8×8-)Schachbrett anzuordnen, dass sie sich gegenseitig nicht bedrohen und somit nicht schlagen können.

Walter Kosters verwaltet auf der Webseite *www.liacs.nl/~kosters/nqueens.html* eine umfangreiche Liste mit Literaturreferenzen zu diesem Problem. Der älteste Eintrag darin geht auf das Jahr 1848 zurück: In der von der Berliner Schachgesellschaft herausgegebenen Schachzeitung tauchte im Revolutionsjahr folgende Frage des bayrischen Schachmeisters Max Bezzel auf: „Wie viele Steine mit der Wirksamkeit der Dame können auf das im Übrigen leere Brett ...?“ Und 1850 nannte Franz Nauck in der Leipziger Illustrierten Zeitung die Anzahl der korrekten Lösungen: 92.

Wie Kosters' weit über 100 Einträge in seiner Literaturliste belegen, haben sich seither nicht nur Schachspieler, sondern – wegen ähnlicher Problemstellungen in anderen Bereichen, z.B. für die bidirektionale Signalübertragung zwischen mehreren Sendern/Empfängern – auch Mathematiker (siehe z.B. George Polyas Beitrag in [Polya 1918] oder Walter Ahrens Abhandlung in [Ahrens 1921]) und seit Beginn des Computerzeitalters auch Informatiker intensiv mit dieser Aufgabenstellung beschäftigt.

Die Informatiker interessiert vor allem die möglichst effiziente Lösung dieser Aufgabenstellung. Dabei wird in der Regel eine schon von Nauck vorgeschlagene Verallgemeinerung des Problems betrachtet: das so genannte n-Damen-Problem, bei dem es darum geht, $n \geq 4$ Damen auf einem $n \times n$-„Schachbrett" anzuordnen (für $n = 1$ ist die Lösung trivial und für $n = 2$ bzw. 3 gibt es keine Lösungen). So entwickelte z.B. Niklaus Wirth in [Wirth 1971b] eine strukturierte Lösung mittels schrittweiser Verfeinerung (siehe Abschnitt 2.6.1) und James R. Bitner beschreibt mit Edward M. Reingold in [Bitner u. Reingold 1975] eine auf besondere Effizienz getrimmte Implementierung eines Lösungsverfahrens, die es gestattete, auf einem IBM-Großrechner System/360-75 die Lösungen für $n = 16$ in 168 Minuten zu ermitteln.

Bevor wir eine Strategie für die systematische Lösung des Acht-Damen-Problems beschreiben, müssen wir dem nicht schachkundigen Leser die „Schlagkraft" der Spielfigur *Dame* erläutern: Wie in ▶Abbildung 9.1 dargestellt, kann eine Dame alle Figuren (also insbesondere auch eine andere Dame) schlagen, die sich in derselben Zeile oder Spalte befinden, aber auch all jene, die in derselben Hauptdiagonale (von links oben nach rechts unten) oder Nebendiagonale (von links unten nach rechts oben) anzutreffen sind.

Abbildung 9.1: Schlagkraft einer Dame im Schachspiel

Abweichend von der in der Schachwelt üblichen Bezeichnung der Spielfelder nummerieren wir zur nun folgenden Beschreibung der Strategie des Lösungsverfahrens die Zeilen und Spalten des Schachbretts wie in ▶Abbildung 9.2 dargestellt jeweils von 1 bis 8. Wir beginnen mit dem leeren Schachbrett und stellen die erste Dame in der ersten Zeile in Spalte 1 auf. Die zweite Dame muss in die zweite Zeile und man findet dort, von links her betrachtet, erst in der dritten Spalte ein von der ersten Dame noch nicht bedrohtes (Spiel-)Feld. Für die dritte Dame findet man in der dritten Zeile das erste, nicht bedrohte, also „freie" Feld in Spalte 5, während die vierte Dame in Zeile 4, Spalte 2 und die fünfte Dame in Zeile 5, Spalte 4 ohne Bedrohung aufgestellt werden können.

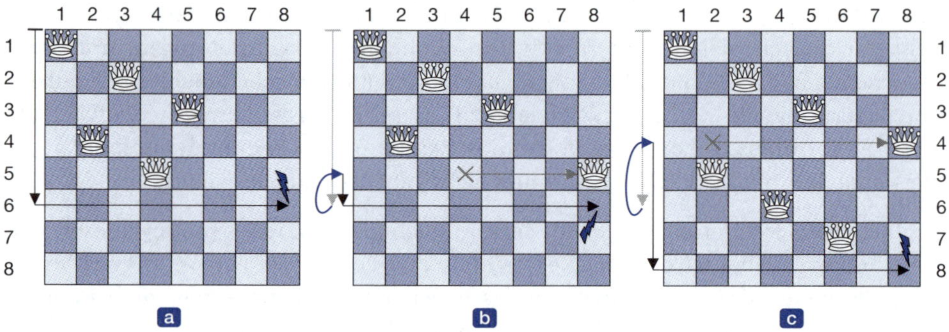

Abbildung 9.2: Strategie des Lösungsverfahrens für das Acht-Damen-Problem

Wie Abbildung 9.2 (a) zeigt, tritt nun aber ein Problem auf: Für die sechste Dame findet sich in der sechsten Zeile kein Feld mehr, das noch nicht durch eine der fünf zuvor aufgestellten Damen bedroht wird. Das bedeutet aber nicht, dass keine Lösung existiert, sondern dass wir die bisher getroffene Aufstellung verändern müssen. Abbildung 9.2 (b) zeigt, dass wir zur Zeile 5 zurückgehen können und die Dame dort von Spalte 4 in die nächste freie Spalte, d.h. in die Spalte 8 rücken können, um dann erneut für die sechste Dame in Zeile 6 einen Platz zu suchen. Nachdem das wieder nicht gelingt, müssen wir, wie Abbildung 9.2 (c) zeigt, und weil Dame 5 bereits in Spalte 8 steht, zurück in Zeile 4 gehen und die Dame dort von Spalte 2 in die nächste freie Spalte, d.h. nach Spalte 8 verschieben. Nun geht es wieder vorwärts und für die fünfte, sechste und siebte Dame finden wir in „ihren" Zeilen jeweils freie Spalten (2, 4 und 6). Erst in Zeile 8 stoßen wir wieder auf das Problem, dass kein passender Platz gefunden wird. Wiederum, durch mehrmaliges Zurück- und wieder Vorwärtsgehen nach der oben geschilderten Strategie, finden wir schließlich die in ▶Abbildung 9.3 dargestellte (erste) Lösung des Acht-Damen-Problems.

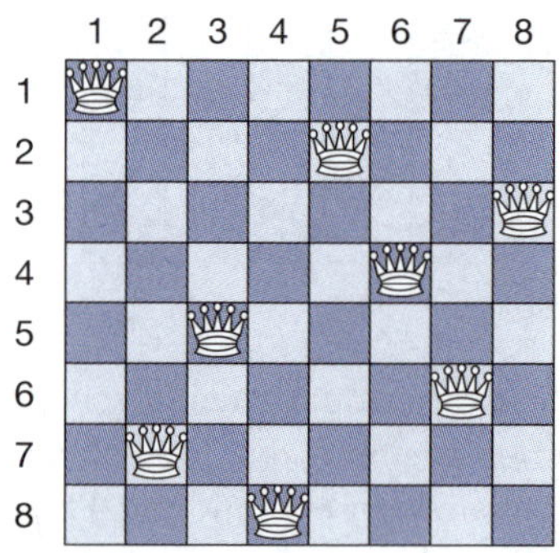

Abbildung 9.3: Erste Lösung für das Acht-Damen-Problem

Für die algorithmische Umsetzung dieser Lösungsstrategie benötigen wird eine adäquate Repräsentation des „Schachbretts" mit den darauf platzierten Damen. Nachdem in jeder Zeile nur eine Dame platziert wird, reicht es aus, für jede Zeile bzw. für jede Dame die Nummer der belegten Spalte (*column*) zu speichern. Dazu verwenden wir das Feld (*array*) *col* gemäß folgender Deklarationen, die bereits auf die Verallgemeinerung des Acht-Damen-Problems auf *n* Damen mit $4 \le n \le max$ ausgelegt sind:

```
const max = ...
type IntArray = array [1:max] of int
var  n: int               -- problem size (4 ≤ n ≤ max)
     col: IntArray        -- col[i] holds column number
                          -- for queen i in line i (1 ≤ i ≤ n)
```

▶Abbildung 9.4 zeigt beispielhaft an einem Ausschnitt eines $n \times n$-„Schachbretts" den Zusammenhang zwischen dem Inhalt des Felds *col* und zwei Damen, die bereits auf dem Schachbrett platziert wurden. Außerdem deutet die Abbildung an, wie in den folgenden Algorithmen die beiden Indizes *i* und *j* verwendet werden, um über die Zeilen (mittels *i*) und die Spalten (mittels *j*) zu iterieren.

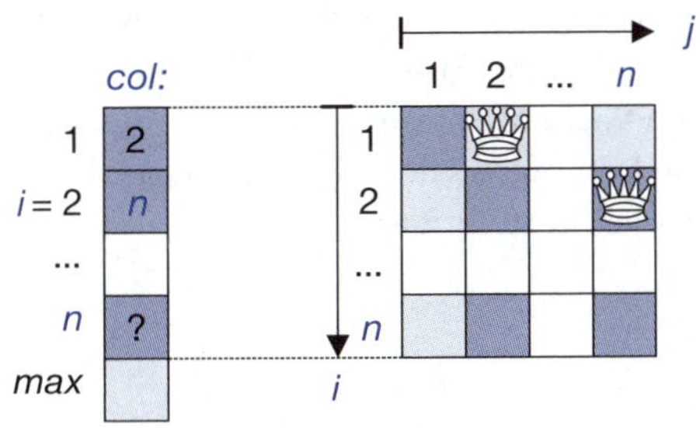

Abbildung 9.4: Repräsentation der Damen auf dem „Schachbrett" im Feld *col*

Der unten angegebene rekursive Algorithmus *PlaceQueens* repräsentiert eine algorithmische Umsetzung der oben geschilderten Strategie zur Lösung des *n*-Damen-Problems. Dieser Algorithmus erhält über die Schnittstelle neben dem Feld *col* und der Größe des „Schachbretts" *n* eine Zeilennummer *i* (≥ 1) und soll nicht nur die Dame *i* in Zeile *i* korrekt platzieren, sondern dies auch für die restlichen Damen in den Zeilen $i + 1$, $i + 2$, … *n* erledigen und das Ergebnis ausgeben:

```
PlaceQueens(↕col: IntArray  ↓n: int  ↓i: int)
  var j: int
begin
  for j := 1 to n do
    if QueenFits(↓col  ↓i  ↓j) then
      col[i] := j  -- place queen i in column j
      if i = n then
        WriteSolution(↓col  ↓n)
        halt
      end -- if
      PlaceQueens(↕col ↓n  ↓i + 1)
      col[i] = 0  -- remove queen i
    end -- if
  end -- for
end PlaceQueens
```

In der *for*-Schleife des Algorithmus *PlaceQueens* werden mit 1 beginnend alle Spaltennummern *j* ausprobiert: Wenn es möglich ist, die *i*-te Dame (in Zeile *i*) in die Spalte *j* zu platzieren, was durch den Aufruf des Hilfsalgorithmus *QueenFits* (s. u.) entschieden wird, kann die Dame dort aufgestellt werden. Ist die letzte Zeile erreicht ($i = n$), dann sind alle Damen aufgestellt und die Lösung kann ausgegeben werden, bevor der Algorithmus mit *halt* beendet wird. Ist das noch nicht der Fall ($i < n$), müssen die restlichen Damen aufgestellt werden, was durch einen rekursiven Aufruf mit $i + 1$ versucht wird. Gelingt das nicht, muss die Dame i aus Spalte j entfernt und eine neue Spalte für sie gesucht werden. Kann in der aktuellen Zeile i keine passende Spalte gefunden werden, endet der Algorithmus ohne Erfolg, indem er zu seinem Rufer (in der Regel ist er das selbst) zurückkehrt.

Der unten angegebene Hilfsalgorithmus *QueenFits* stellt fest, ob die Dame i (in Zeile i) in der Spalte j aufgestellt werden kann. Das ist der Fall, wenn für jede bereits platzierte Dame k mit $1 \leq k \leq i - 1$ (in Zeile k) in der Spalte $col[k]$ festgestellt wird, dass es zu keiner Bedrohung durch die „neue" Dame i kommt, also die entsprechende Spalte, Hauptdiagonale und Nebendiagonale noch nicht bedroht sind. Nachdem alle Felder in derselben Hauptdiagonale dieselbe Summe aus Zeilen und Spaltennummer und alle Felder in derselben Nebendiagonale dieselbe Differenz aus Zeilen und Spaltennummer aufweisen, kann eine Bedrohung in den beiden Diagonalen durch Vergleich dieser Summen bzw. Differenzen festgestellt werden.

```
QueenFits(↓col : IntArray  ↓i: int  ↓j: int): bool
  var k: int
begin
  for k := 1 to i - 1 do
    if (    col[k] =     j) or    -- queen k in same column
       (k + col[k] = i + j) or    -- queen k in same main/primary diagonale
       (k - col[k] = i - j)       -- queen k in same secondary    diagonale
      return false
    end -- if
  end -- for
  return true
end QueenFits
```

Für den Aufruf des Algorithmus *PlaceQueens* verwenden wir den unten angegebenen Algorithmus *SolveNQueensProblem*, der die Größe n des Schachbretts festlegt, das Feld *col* entsprechend initialisiert und *PlaceQueens* so aufruft (mit dem Wert 1 für den Formalparameter i), dass versucht wird, alle Damen von 1 bis n zu platzieren:

```
SolveNQueensProblem()
  var  col: IntArray
       n, i: int
begin
  n := ...
  for i := 1 to n do
    col[i] := 0
  end -- for
  PlaceQueens(↕col  ↓n  ↓1)
  Write(↓"no solution found")
end SolveNQueensProblem
```

Wird im Algorithmus *PlaceQueens* die *halt*-Anweisung hinter dem Aufruf von *WriteSolution* entfernt, an ihrer Stelle eine außerhalb des Algorithmus deklarierte (so genannte globale) und mit 0 initialisierte Zählvariable *nrOfSolutions* um 1 erhöht und der rekursive Aufruf in den *else*-Zweig der *if*-Anweisung verpackt, werden alle Lösungen sowie ihre Anzahl ermittelt:

```
...
if i = n then
  WriteSolution(↓col  ↓n)
  nrOfSolutions := nrOfSolutions + 1   -- replacement for halt
else
  PlaceQueens(↕col ↓n  ↓i + 1)
end -- if
...
```

Wie Tabelle 9.1 zeigt, steigt mit der Größe *n* des „Schachbretts" nicht nur die Anzahl der möglichen Lösungen exponentiell, sondern es wachsen auch die Laufzeiten eines C-Programms (gemessen auf einem PC mit Intel-Prozessor Pentium 4, 2 GHz Taktfrequenz), das auf Basis des Algorithmus *SolveNQueensProblem* die erste bzw. alle Lösungen ermittelt, entsprechend an.

Tabelle 9.1

Anzahl der Lösungen für das *n*-Damen-Problem und Laufzeiten zu deren Ermittlung

n	Anzahl der Lösungen	Laufzeit in Sekunden für die Berechnung …	
		… der ersten Lösung	… aller Lösungen
4	2	0.00	0.00
5	10	0.00	0.00
6	4	0.00	0.00
7	40	0.00	0.00
8	92	0.00	0.00
9	352	0.00	0.00
10	724	0.00	0.02
11	2680	0.00	0.11
12	14200	0.00	0.66
13	73712	0.00	4.08
14	365596	0.00	28.86
15	2279184	0.00	193.22
16	14772512	0.02	1467.89

Bezüglich der in Tabelle 9.1 aufgelisteten Laufzeiten sind die beiden folgenden Aspekte interessant:

- Das Finden der *ersten* Lösung geht schnell, die Laufzeit dafür ist erst ab $n = 16$ messbar (für $n = 26$ benötigt der Algorithmus schon etwa eine Sekunde und für $n = 30$ über drei Minuten, bis die erste Lösung vorliegt).
- Die Ermittlung *aller* Lösungen für $n = 16$ ist heutzutage (2008) auf einem handelsüblichen PC in knapp unter 25 Minuten erledigt und mit einigen Optimierungen (wie Ersetzen des Aufrufs von *QueenFits* durch seine Implementierung und Verwendung von drei Hilfsfeldern anstelle der Schleife) in etwa fünf Minuten, während – wie eingangs erwähnt – der hoch optimierte Algorithmus von Bitner und Reingold 1975 auf einem IBM-Großrechner noch 168 Minuten dafür benötigte. Das zeigt den enormen Fortschritt in der Computerentwicklung.

Hinweise: Seit 1918 sind mehrere Lösungen des n-Damen-Problems in geschlossener Form publiziert worden (siehe z.B. [Bernhardson 1991]). Diese Lösungsansätze haben in der Regel Einschränkungen, z.B. dass nur eine Lösung ermittelt wird (vgl. [Ahrens 1921]). Unter Verwendung von Heuristiken (siehe Abschnitt 9.4) ist es Harold S. und Janice M. Stone gelungen, alle Lösungen für $4 \leq n \leq 96$ zu ermitteln (vgl. [Stone u. Stone 1987]). Rok Sosic und Jun Gu hingegen haben ein spezielles Verfahren entwickelt, das zwar nur einzelne Lösungen, dafür aber auch für sehr große n finden kann (z.B. für $n = 3 \cdot 10^6$ in 55 Sekunden auf einer IBM RS 6000/530), da die asymptotische Laufzeitkomplexität dieses Verfahrens linear ist (siehe [Sosic u. Gu 1994]).

9.2 Allgemeine Problemformulierung und grundlegender Lösungsansatz

Im vorhergehenden Abschnitt haben wir uns zur Illustration, um welchen Sachverhalt es uns geht, mit einem speziellen Problem (dem Acht- bzw. n-Damen-Problem) und dessen algorithmischer Lösung im Detail auseinander gesetzt. In diesem Abschnitt geben wir ein allgemeines Spezifikationsmuster für Problemstellungen an, die sich aus Fragestellungen der Art

- „Gibt es eine Möglichkeit für ...?",
- „Wie viele Möglichkeiten gibt es, um ...?" oder
- „Wie sieht die beste Möglichkeit aus, um damit ...?"

herleiten und skizzieren den grundlegenden Lösungsansatz für solche Aufgabenstellungen.

Allgemeine Problemformulierung (Spezifikationsmuster)

In Anlehnung an Solomon W. Golomb und Leonardo D. Baumert, die in [Golomb u. Baumert 1965] unter anderem feststellen, dass viele Such- und Optimierungsprobleme auf Basis eines einheitlichen *Formulierungsrahmenwerks* (*formulational framework*) beschrieben bzw. spezifiziert werden können, geben wir dafür die folgende allgemeine Problemformulierung an:

Gegeben sind n Variablen x_1 bis x_n, die diskrete Werte aus einem endlichen Wertebereich D (als Abkürzung für engl. *domain*) annehmen können und die im Sinne der Mathematik zu einem n-Tupel $x = (x_1, x_2, \dots x_n)$ zusammengefasst werden können. Außerdem sind eine oder mehrere Bedingung(en) gegeben, die zu Einschränkungen bei den möglichen Werten der Variablen dieses Tupels führen.

Gesucht ist eine bzw. sind alle mögliche(n) Belegung(en) der Variablen x_1 bis x_n des Tupels x mit Werten aus dem Wertebereich D, so dass die gegebene(n) Bedingung(en) erfüllt sind, also die Einschränkungen nicht verletzt werden.

Hinweis zur Terminologie: Nachdem das n-Tupel x Wertekombinationen der Lösung(en) aufnehmen wird, bezeichnet man es auch als *Lösungstupel*, und weil Tupel in Algorithmen meist durch Felder (*arrays*) repräsentiert werden, spricht man auch von einem *Lösungsfeld* oder *-vektor* (*solution vector*). Gesucht sind also „zu den Bedingungen passende" Werte für die Elemente 1 bis n des Lösungsvektors x.

Beispiel 9.1 gibt eine Problemformulierung für das n-Damen-Problem als formale Spezifikation (vgl. Abschnitt 1.5) nach obigem Spezifikationsmuster an, wobei der Lösungsvektor x im Wesentlichen dem Feld *col* aus dem ersten Abschnitt entspricht.

Beispiel 9.1

Spezifikation des n-Damen-Problems

Gegeben sind eine ganze Zahl $n \geq 4$, ein n-Tupel $x = (x_1, x_2, \dots x_n)$ mit $x_i \in \{1, 2, \dots n\}$ und die folgenden drei Bedingungen (mit ihrer jeweiligen Interpretation):

1. $x_i \neq x_j$ (Damen i und j stehen nicht in der gleichen Spalte),
2. $i + x_i \neq j + x_j$ (Damen i und j stehen nicht in der gleichen Hauptdiagonale) und
3. $i - x_i \neq j - x_j$ (Damen i und j stehen nicht in der gleichen Nebendiagonale)

jeweils für alle $1 \leq i \neq j \leq n$.

Gesucht ist eine bzw. sind alle möglichen Wertekombination(en) des Lösungsvektors x_1 bis x_n, so dass die Bedingungen 1 bis 3 erfüllt sind.

Allgemeiner Problemlösungsansatz

Kann man eine Problemstellung auf Basis des oben angegebenen Formulierungsrahmenwerks (Spezifikationsmusters) beschreiben, lässt sich ein allgemeiner Lösungsansatz dafür wie folgt herleiten.

Wenn k die Anzahl der Werte im Wertebereich D ist (also $k = |D|$), so gibt es für die n Variablen x_i des Lösungsvektors, wenn ihnen unabhängig voneinander Werte zugewiesen werden können,

$$k \cdot k \cdot \dots \cdot k = \prod_{i=1}^{n} k = k^n$$

mögliche Wertekombinationen ohne Berücksichtigung der zu erfüllenden Bedingung(en). Das Finden zulässiger Lösungen besteht dann im Wesentlichen darin, aus diesen k^n Wertekombinationen jene herauszusuchen, die alle in der Problemspezifikation aufgeführten Bedingung(en) erfüllen, also die dadurch definierten Einschränkung(en) nicht verletzen. Deshalb spricht man im Zusammenhang mit dieser Problemklasse auch von *kombinatorischen Suchproblemen* (*combinatorial search problems*), und weil die gesuchten Lösungen eben gewisse Einschränkung(en) nicht verletzen dürfen, im Engl. auch von *constraint satisfaction problems*, kurz *CSP*.

Grundsätzlich kann man die gesuchte(n) Lösung(en) finden bzw. feststellen, dass keine Lösung existiert, indem man mittels Exhaustion systematisch alle möglichen Wertekombinationen für den Lösungsvektor erzeugt und für jede Kombination prüft, ob sie die gegebenen Bedingung(en) erfüllt. Dieses Vorgehen wird als *Anwendung von roher Gewalt* betrachtet und im Engl. mit *brute force approach* bezeichnet.

Ein Algorithmus, der auf diese Art und Weise arbeitet, ist zwar einfach, aber sehr ineffizient, denn die Prüfung der Bedingung(en) wird erst mit dem vollständigen Lösungsvektor durchgeführt und das ist ungünstig, weil für viele Bedingungen schon anhand der ersten Elemente des Lösungsvektors feststellbar wäre, dass sie damit nicht erfüllbar sind und somit jede Wertekombination mit diesem Anfang als Lösung verworfen werden kann. (z.B. kann für das n-Damen-Problem eine Belegung des Lösungsvektors mit $x = (1, 1, \ldots)$ schon als ungültig ausgeschieden werden, da sie die erste Bedingung der Spezifikation aus Beispiel 9.1 verletzt.)

Es ist wesentlich effizienter, den Lösungsvektor elementweise aufzubauen, indem man mit dem ersten Element beginnt und sich dann dem zweiten, dem dritten usw. widmet, bis der Lösungsvektor vollständig ist, dabei aber immer die Erfüllung der spezifizierten Bedingung(en) überprüft. Um dem jeweils nächsten Element des Lösungsvektors einen Wert zuzuweisen, beginnt man mit dem ersten möglichen Wert aus D und prüft auf Basis der spezifizierten Bedingung(en) oder Einschränkung(en), ob dieser Wert zur bisherigen „Teillösung" (den bereits belegten Elementen des Lösungsvektors) passt:

- Wenn der Wert passt, fügt man ihn als neues Element an den Lösungsvektor an. Wenn dadurch der Lösungsvektor vollständig wird, hat man eine Lösung gefunden, kann sie ausgeben und evtl. abbrechen. Wenn der Lösungsvektor noch nicht vollständig ist, verfährt man mit dem nächsten Element des Lösungsvektors in analoger Art und Weise.
- Wenn der Wert nicht passt, zieht man den nächsten Wert aus D heran und prüft, ob dieser zulässig ist. Sollte kein Wert aus D mehr existieren, mit dem das nächste Element im Lösungsvektor passend belegt werden kann, muss man „zurückziehen" (*to backtrack*), d.h. bereits vorgenommene Belegung(en) des Lösungsvektors zurücknehmen und es statt dessen mit neuen Werten aus D probieren, bis man schließlich einen vollständigen Lösungsvektor gebildet hat bzw. feststellt, dass man keinen vollständigen Lösungsvektor bilden kann.

Dieser allgemeine Lösungsansatz wurde von mehreren Personen unabhängig voneinander propagiert und erhielt (gemäß [Glomb u. Baumert 1965]) in den 1950-er Jahren von Derrick H. Lehmer die Bezeichnung *Backtracking*, wofür die dt. Bezeichnung

Rücksetzverfahren in Frage käme, aber nicht gebräuchlich ist. Eine gute Übersicht über das allgemeine Backtracking-Prinzip und seine potenziellen Anwendungsmöglichkeiten findet sich z.B. in [Walker 1960].

Interpretation: Tiefensuche im Lösungsbaum

Wie oben erläutert, gibt es für ein n-Tupel, dessen Variablen x_i unabhängig voneinander Werte aus dem Wertebereich D mit der Kardinalität k annehmen können, k^n mögliche Wertebelegungen. Alle diese Wertekombinationen kann man auch in Form eines (allgemeinen) Baums (vgl. Abschnitt 3.5) darstellen, in dem jeder Weg von der Wurzel zu einem Blatt eine mögliche Wertekombination repräsentiert. Von diesen vielen Kombinationen sind in der Regel jedoch nur wenige auch zulässige Lösungen der jeweiligen Problemstellung – erfüllen also die gegebenen Bedingung(en) oder Einschränkung(en).

Somit kann ein Backtracking-Verfahren zur Ermittlung einer zulässigen Belegung des Lösungsvektors x auch als Suche in einem „Lösungsbaum" interpretiert werden. ▶Abbildung 9.5 illustriert beispielhaft den Zusammenhang zwischen einem mit drei Werten teilweise gefüllten Lösungsvektor und dem entsprechenden (blau eingefärbten) Weg im Lösungsbaum.

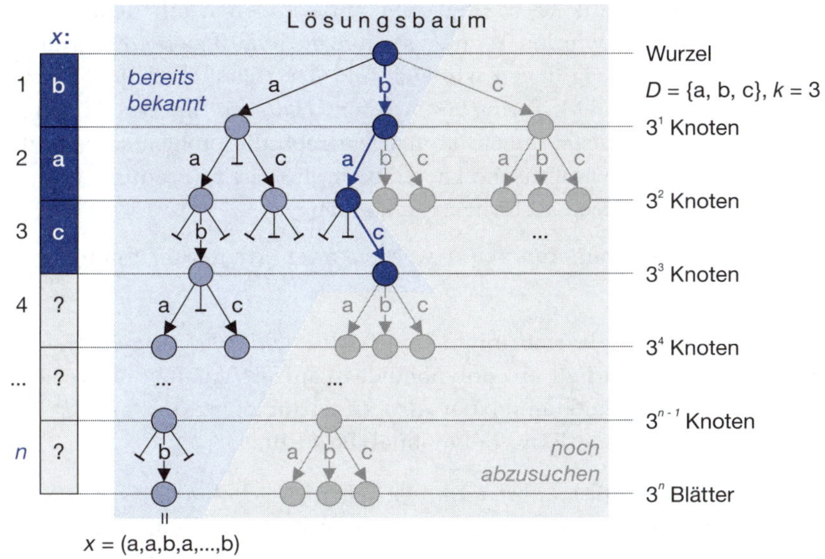

Abbildung 9.5: Zusammenhang zwischen Lösungsvektor x und Tiefensuche im Lösungsbaum

Nachdem die Suche im Lösungsbaum ausgehend von der Wurzel zuerst nach „unten" vor sich geht, wird diese Strategie auch als *Tiefensuche* (*depth-first search*) bezeichnet, wobei nur solche Pfade betreten werden, die Bestandteile von Teillösungen repräsentieren. Die Reihenfolge, in der die Knoten des Baums besucht werden, entspricht im Wesentlichen einem *Pre-Order*-Baumdurchlauf (siehe Abschnitt 4.5.2), bei dem allerdings nicht alle Knoten besucht werden, weil ein „Abschneiden der Äste" des Baums (*pruning*) erfolgt, sobald auf einem Weg keine zulässige Lösung erzielt werden kann (in ▶Abbildung 9.5 mit dem Symbol $\perp$ dargestellt).

Komplexität, Problemklassen *P*, *NP* und *NP-vollständig*

In diesem Abschnitt beschäftigen wir uns allgemein mit der Komplexität von Backtracking-Verfahren und gehen kurz auf Begriffe und Konzepte ein, die zwar der Theoretischen Informatik zuzuordnen, aber eng mit jenen Problemen verknüpft sind, die mittels Backtracking gelöst werden können.

Wir haben oben festgestellt, dass die Anzahl der möglichen Wertekombinationen eines n-Tupels, dessen Elemente voneinander unabhängige Werte aus einer Wertemenge D mit der Kardinalität k annehmen können, k^n ist. Damit Backtracking-Verfahren (eine) mögliche Lösung(en) identifizieren können, müssen sie zumindest potenziell alle k^n Blätter im entsprechenden Lösungsbaum (vgl. Abbildung 9.5) besuchen und können somit zu einer (vollständigen) Exhaustion ausarten. Deshalb ist die asymptotische Laufzeitkomplexität (vgl. Abschnitt 5.5) dieser Verfahren $O(k^n)$. Dieses *exponentielle* Laufzeitverhalten wirkt sich katastrophal aus: Eine Vergrößerung der Problemgröße n um 1 bedeutet, dass die Laufzeit um den Faktor k ansteigt, und eine Verdoppelung der Problemgröße führt zu einer Quadrierung der Laufzeit. Deshalb sind Backtracking- und Exhaustionsalgorithmen nur für kleine Ausprägungen der jeweiligen Problemklasse anwendbar.

Die Theoretische Informatik beschäftigt sich unter anderem mit dem Problem der ***Berechenbarkeit***. Dabei wurden Problemstellungen identifiziert, die grundsätzlich von Computern, unabhängig davon wie viel Zeit man ihnen gibt, *nicht berechenbar* sind, wie z.B. das von Alan M. Turing beschriebene *Halteproblem* (vgl. [Turing 1937]). Für *berechenbare* Problemstellungen ist man bestrebt, die Problemkomplexität (d.h. die minimal mögliche asymptotische Laufzeitkomplexität) zu ermitteln, z.B. um das Potenzial von Optimierungen abschätzen zu können.

In Bezug auf die ***Problemkomplexität*** werden zwei Arten von Problemstellungen unterschieden:

1. Problemstellungen, die sich mit *deterministischen*[1] Algorithmen lösen lassen, die im schlechtesten Fall ein polynomiales Laufzeitverhalten aufweisen, deren asymptotische Laufzeitkomplexität also $O(n^k)$ für eine Konstante k ist. Diese Problemklasse wird mit P (für polynomial) bezeichnet.

2. Probleme, die sich mit *nicht-deterministischen*[2] Algorithmen lösen lassen, deren Laufzeitverhalten auch polynomial ist. Diese Problemklasse wird mit NP (für nicht-deterministisch polynomial) bezeichnet. Für Probleme dieser Art kann aber

---

1 Ein Algorithmus ist *deterministisch*, wenn zu jedem Zeitpunkt seiner Ausführung jeweils nur eine Möglichkeit für seine Fortsetzung besteht. (Auch Verzweigungen sind deterministisch, wenn die Auswertung der Verzweigungsbedingung klar ergibt, welcher Zweig zu wählen ist.)

2 Ein *nicht-deterministischer* Algorithmus ist dadurch gekennzeichnet, dass er während seiner Ausführung in Zustände gelangt, von denen aus er mehrere Möglichkeiten zur Fortsetzung hat und dann „intuitiv die richtige auswählt". Nicht-deterministische können mittels deterministischer Algorithmen z.B. dadurch simuliert werden, dass der deterministische die unterschiedlichen Fortsetzungsmöglichkeiten des nicht-deterministischen Algorithmus mittels Backtracking (!) nacheinander „ausprobiert": gerät er in eine Sackgasse, wählt er die nächste; erreicht er das Ziel, beendet er die Ausführung.

in polynomialer Zeit mit einem deterministischen Algorithmus geprüft werden, ob eine (vermutete) Lösung korrekt ist.

Klarerweise ist jede Problemstellung aus *P* auch in *NP* enthalten. Bis heute ist allerdings nicht geklärt, ob *P* = *NP* ist. Die in Abschnitt 9.4 aufgezählten Standardproblemstellungen gehören jedenfalls zur Klasse *NP*, ob sie auch zu *P* gehören, ist ungewiss. Für diese Problemstellungen gibt es zwar einfache und effiziente Lösungen auf nicht-deterministischen Maschinen, so genannten *Automaten* (*automata*), aber trotz intensiver Anstrengungen wurden noch keine effizienten (polynomialen) deterministischen Algorithmen für sie gefunden. Bemerkenswert an diesen Standardproblemstellungen ist auch, dass, falls es gelänge, auch nur eines von ihnen in polynomialer Zeit deterministisch zu lösen, sich alle in polynomialer Zeit lösen ließen, da man diese Probleme und damit ihre Lösungen ineinander transformieren kann. Die Klasse dieser Standardproblemstellungen wird deshalb als *NP-vollständig* (*NP complete*) bezeichnet und sie bilden den Kern der Klasse *NP*.

Da eine detailliertere Behandlung dieser Aspekte und ihrer Konsequenzen den Rahmen des vorliegenden Buchs sprengen würde, verweisen wir den interessierten Leser auf [Hopcroft u. weitere 2003] oder [Asteroth u. Baier 2002].

9.3 Varianten von Backtracking-Aufgaben und -Lösungen

Hinsichtlich des Ziels – und passend zu den drei Fragestellungen, die wir zu Beginn des vorhergehenden Abschnitts erwähnt haben – kann man drei Varianten von Backtracking-Aufgaben unterscheiden:

1. Aufgaben, bei denen (irgend-)*eine* der möglichen Lösungen gesucht ist,
2. Aufgaben, bei denen *alle* möglichen Lösungen gesucht sind und
3. Aufgaben, bei denen sich die Lösungen qualitativ (aufgrund eines bestimmten Kriteriums) unterscheiden und deshalb nur die *beste* der möglichen Lösungen gesucht ist.

Für jede dieser drei Aufgabenvarianten kann man ein allgemeines Algorithmenschema angeben, aus dem sich auf einfache Art und Weise Algorithmen zur Lösung spezieller Backtracking-Aufgaben herleiten lassen.

Für diese Algorithmenschemata bietet es sich an, den Lösungsvektor *x* in Form eines teilweise gefüllten Felds zu realisieren. Wir verwenden dazu folgende Deklarationen:

```
const max = ...
type D = ...
     SolutionVector = array [1:max] of D
var  n: int  -- problem size, 1 ≤ n ≤ max
     x: SolutionVector
```

Alle drei in der Folge angegebenen Algorithmenschemata basieren auf obigen Deklarationen.

Algorithmenschema für den Fall, dass eine der möglichen Lösungen gesucht ist

Das Schema für einen einfachen Backtracking-Algorithmus, der nur eine der möglichen Lösungen liefern soll, lässt sich am besten rekursiv formulieren. Das unten angegebene Algorithmenschema *FindOneSolution* implementiert den im vorhergehenden Abschnitt skizzierten grundsätzlichen Lösungsansatz.

```
FindOneSolution(↕x: SolutionVector  ↓n: int  ↓i: int)
begin
  -- assertion: x[1:i - 1] holds consistent partial solution
  for all v ∈ D do
    if v fits to partial solution in x[1:i - 1] then
      add v to partial solution: x[i] := v
      if i = n then
        WriteSolution(↓x  ↓n)  -- first solution
        halt
      end -- if
      FindOneSolution(↕x  ↓n  ↓i + 1)
      -- assertion: partial solution in x[1:i] is invalid
      remove v from partial solution: x[i] := undefined
    end -- if
  end -- for
  -- assertion: partial solution in x[1:i - 1] is invalid
end FindOneSolution
```

Der Aufruf (einer konkreten Ausprägung) des Algorithmus *FindOnSolution* wird in einen Algorithmus *BacktrackingForOneSolution* eingebettet, der (zumindest) die Variablen *x* und *n* deklariert:

```
BacktrackingForOneSolution()
  var x: SolutionVector
      n: int
begin
  n := ...  -- problem size
  FindOneSolution(↕x ↓n  ↓1)  -- build one solution vector for i = 1 .. n
  Write(↓"no solution found")
end BacktrackingForOneSolution
```

Wie wir in Kapitel 4 gezeigt haben, kann jeder rekursive Algorithmus in einen iterativen transformiert werden (siehe dazu Abschnitt 4.2.2). Das rekursive Algorithmenschema *FindOneSolution* kann also auch in ein iteratives Schema transformiert werden. Man findet dafür eine einfache iterative Lösung, die ohne Kellerspeicher auskommt, da die relevanten Daten im Lösungsvektor enthalten sind und dieser als Kellerersatz dienen kann. Wir gehen nicht näher auf iterative Fassungen des Schemas ein, da sie keine gravierenden Vorteile aufweisen und komplizierter zu entwickeln und zu verstehen sind.

Ein Beispiel für die Anwendung dieses Algorithmenschemas findet sich in Abschnitt 9.1: Der dort angegebene Algorithmus *PlaceQueens* zur Lösung des *n*-Damen-Problems wurde durch problemspezifische Konkretisierung aus obigem Algorithmenschema *FindOneSolution* entwickelt. Der Algorithmus *SolveNQueensProblem* entspricht im Wesentlichen dem obigen Algorithmenschema *BacktrackingForOneSolution*, wobei das Feld *cols* in *SolveNQueensProblem* die Rolle des Lösungsvektors *x* einnimmt.

Algorithmenschema für den Fall, dass alle möglichen Lösungen gesucht sind

Ist bei einer Backtracking-Aufgabe nicht nur (irgend-)eine Lösung gesucht, sondern sind alle möglichen Lösungen gefragt, können wir dies durch eine kleine Änderung im Algorithmenschema *FindOneSolution* erreichen. Es muss nur die *halt*-Anweisung hinter dem Aufruf von *WriteSolution* entfernt und der rekursive Aufruf in den *else*-Zweig der *if*-Anweisung gelegt werden. Dadurch entsteht das folgende Algorithmenschema *FindAllSolutions*:

```
FindAllSolutions(↕x: SolutionVector  ↓n: int  ↓i: int)
begin
  -- assertion: x[1:i - 1] holds consistent partial solution
  for all v ∈ D do
    if v fits to partial solution in x[1:i - 1] then
      add v to partial solution: x[i] := v
      if i = n then
        WriteSolution(↓x  ↓n)
        -- halt removed
      else  -- i < n
        FindAllSolutions(↕x  ↓n  ↓i + 1)
      end -- if
      -- assertion: partial solution in x[1:i] is invalid
      remove v from partial solution: x[i] := undefined
    end -- if
  end -- for
  -- assertion: partial solution in x[1:i - 1] is invalid
end FindAllSolutions
```

Hinweis: Eine analoge Anpassung haben wir beispielsweise in Abschnitt 9.1 im Algorithms *PlaceQueens* zur Lösung des *n*-Damen-Problems vorgenommen, um nicht nur eine, sondern alle möglichen Lösungen zu ermitteln.

Der Aufruf (einer konkreten Ausprägung) des Algorithmus *FindAllSolutions* wird in einen Algorithmus *BacktrackingForAllSolutions* eingebettet, der (zumindest) die Variablen *x* und *n* deklariert:

```
BacktrackingForAllSolutions()
  var x: SolutionVector
      n: int
begin
  n := … -- problem size
  FindAllSolutions(↕x  ↓n  ↓1)  -- build all solution vectors for i = 1 .. n
  -- assertion: all solutions have been written
end BacktrackingForAllSolutions
```

Aus der Tatsache, dass nach dem Aufruf von *FindAllSolutions* zum Rufer zurückgekehrt wird, kann nun aber nicht mehr gefolgert werden, dass keine Lösungen existieren. Das kann man aber auf einfache Art und Weise an dieser Stelle (also nach dem Aufruf) anhand des Werts einer außerhalb des Algorithmus deklarierten (sogenannten globalen) und mit 0 initialisierten Zählvariablen *nrOfSolutions* feststellen, wenn deren Wert in *FindAllSolutions* nach dem Finden einer Lösung jeweils um 1 erhöht wird:

```
...
nrOfSolutions := 0
FindAllSolutions(↕x  ↓n  ↓1)  -- counts solutions in nrOfSolutions
if nrOfSolutions > 0 then
  ...
```

Beispiel 9.2 zeigt eine einfache Anwendung des Algorithmenschemas *FindAllSolutions*: sie repräsentiert einen Permutationsgenerator für die Zahlen 1 bis n.

Beispiel 9.2 Permutationsgenerator

Gesucht ist ein Algorithmus, der alle möglichen Anordnungen der Zahlen 1 bis n liefert.

Alle $n!$ Permutationen der Zahlen von 1 bis n können auf Basis des Algorithmenschemas *FindAllSolutions* in Form einer Wertekombination des Lösungsvektors x erzeugt werden, indem man während seines Aufbaus prüft, ob ein Wert (*value*) v, der an der Position i in den Lösungsvektor aufgenommen werden soll, „neu" ist, also in $x[1 : i - 1]$ noch nicht vorkommt. Der entsprechende Algorithmus *ComputeAllPermutations* lautet somit:

```
type SolutionVector = array [1:max] of int
ComputeAllPermutations(↕x: SolutionVector  ↓n: int  ↓i: int)
  var v: int
begin
  for v := 1 to n do
    if IsNewVal(↓x  ↓i  ↓v) then
      x[i] := v
      if i = n then
        WriteSolution(↓x  ↓n)
      else  -- i < n
        ComputeAllPermutations(↕x  ↓n  ↓i + 1)
      end -- if
    end -- if
  end -- for
end ComputeAllPermutations
```

Für die Prüfung, ob ein in den Lösungsvektor aufzunehmender Wert v „neu" ist, wird der Funktionsalgorithmus *IsNewVal* herangezogen. Man beachte, dass dieser Algorithmus in seiner Struktur dem Algorithmus *QueenFits* aus Abschnitt 9.1 sehr ähnlich ist:

```
IsNewVal(↓x: SolutionVector  ↓i: int  ↓v: int): bool
  var k: int
begin
  k = 1
  for k := 1 to i - 1 do
    if x[k] = v then
      return false
    end -- if
  end -- for
  return true
end IsNewVal
```

Hinweis: Die Laufzeit eines auf diesem Algorithmus basierenden C-Programms (gemessen auf einem PC mit Intel-Prozessor Pentium 4, 2 GHz Taktfrequenz) für $n = 10$ (das ergibt 3628800 Permutationen) beträgt 2.93 Sekunden. Eine effizientere Lösung, die nur ca. 20 % der Laufzeit benötigt (das sind 0.53 Sekunden), ist möglich, wenn man für die Prüfung anstelle des Funktionsalgorithmus *IsNewVal* ein boolesches Hilfsfeld *isNewVal* verwendet, das zu Beginn vollständig mit *true* initialisiert wird und in dem vermerkt ist, ob ein Wert *v* bereits in die Permutation aufgenommen (*isNewVal*[*v*] := *false*) bzw. wieder daraus entfernt (*isNewVal*[*v*] := *true*) wurde. Dann besteht die Prüfung nur mehr aus dem (indexbasierten) Zugriff auf das entsprechende Feldelement (*if isNewVal*[*v*] *then* ...). Dies wirkt sich – wie oben angegeben – signifikant auf die Laufzeit aus. Robert Sedgewick gibt in [Sedgewick 1977] eine Übersicht über weitere, z. T. auch effizientere Methoden zur Erzeugung von Permutationen.

Algorithmenschema für den Fall, dass die optimale Lösung gesucht wird

Wenn es für eine Backtracking-Aufgabe mehrere Lösungen gibt und sich diese im Hinblick auf eine bestimmte Eigenschaft qualitativ unterscheiden, kann das Ziel darin bestehen, die „qualitativ beste" Lösung aus der Menge der möglichen Lösungen zu extrahieren. Die theoretischen Grundlagen für die Behandlung solcher Aufgabenstellungen stammen z. T. aus einem Teilgebiet der diskreten Mathematik, welches als *kombinatorische Optimierung* bezeichnet wird (siehe z.B. [Cook u. weitere 1998]).

Zur Ermittlung der Ausprägung der Qualitätseigenschaft einer Lösung wird eine Funktion in Form eines Funktionsalgorithmus *F* herangezogen, welche die Qualität der Lösung (gegeben in Form des Lösungsvektors *x*) als Ergebnis (z.B. vom Datentyp *int* oder *real*) liefert:

```
F(↓x: SolutionVector ↓n: int): …
  var fx: …
begin
  … -- compute fx = F(↓x)
  return fx
end F
```

Die durch obigen Algorithmus implementierte Funktion *F* wird bei Optimierungsaufgaben in der Mathematik auch als *Zielfunktion* (*goal function*) bezeichnet. In Bezug auf die Zielfunktion ist bei dieser Art von Aufgabenstellung die *optimale* Lösung gesucht, jene Lösung also, die einen optimalen (je nach Aufgabenstellung minimalen oder maximalen) Wert der Zielfunktion, das so genannte *Optimum*, liefert.

Gegebenenfalls kann die qualitativ beste Lösung ermittelt werden, ohne dass dazu alle möglichen Lösungen berechnet werden müssen (nähere Erläuterung s. u.), im ungünstigsten Fall sind aber alle Lösungen zu suchen, weshalb das Algorithmenschema *FindAllSolutions* als Ausgangsbasis dient und für jede Lösung *x* mittels *F* ihr „Qualitätswert" *fx* berechnet werden muss.

Um die optimale Lösung zu ermitteln, geht man dann so vor, dass zu Beginn eine Variable *fxOpt* mit dem schlechtesten möglichen Wert der Zielfunktion *F* initialisiert wird. Sobald eine neue Lösung in *x* vorliegt, wird ihr Qualitätswert *fx* = *F*(↓*x*) ermittelt. Wenn dieser besser ist als der bisherige Wert in *fxOpt,* hat man eine bessere Lösung gefunden und es müssen sowohl ihr Wert (in *fxOpt* als neues „vorläufiges Optimum") als auch die Ausprägung des Lösungsvektors (in *xOpt*) gespeichert werden; wenn die Lösung nicht besser ist, kann sie verworfen werden. Wurden alle Lösungen erzeugt und auf die hier geschilderte Art und Weise untersucht, enthält *fxOpt* das Optimum und *xOpt* die Ausprägung des Lösungsvektors, die diesen Qualitätswert liefert, es gilt also *fxOpt* = *F*(↓*xOpt*).

Dafür lässt sich das folgende Algorithmenschema *FindOptimalSolution* angeben:

```
FindOptimalSolution(⇕x:    SolutionVector  ↓n: int  ↓i:  int
                    ⇕xOpt: SolutionVector  ⇕fxOpt: …)
begin
  -- assertions: x    [1:i - 1] consistent partial solution
  --             xOpt[1:n    ] best solution computed so far
  --             fxOpt           value of xOpt, fxOpt = F(↓xOpt ↓n)
  for all v ∈ D do
    if v fits to partial solution then
      add v to partial solution: x[i] := v
      if i = n then
        fx := F(↓x  ↓n)
        if fx is better than fxOpt then
          fxOpt := fx
           xOpt :=  x
        end -- if
      else  -- i < n
        FindOptimalSolution(⇕x  ↓n  ↓i + 1  ⇕xOpt  ⇕fxOpt)
      end -- if
      remove v from partial solution: x[i] := undefined
    end -- if
  end -- for
end FindOptimalSolution
```

Wie im Algorithmenschema *FindAllSolutions* wird in *FindOptimalSolution* als Kriterium für das nicht mehr Weiterverfolgen einer Teillösung, für das „Abschneiden von Ästen im Suchbaum" (*pruning*), die Bedingung herangezogen, dass ein neuer Wert *v* für den Lösungsvektor zur bisherigen Gesamtlösung passen muss.

Bei manchen Aufgabenstellungen ist es möglich, weitere Teillösungen auszuscheiden: solche, bei denen der Wert *v* zwar aufgrund der gegebenen Bedingung(en) zur Teillösung passen würde, bei denen aber mit Berücksichtigung des Werts *v* schon abzusehen ist, dass sie keinen besseren Qualitätswert im Hinblick auf die Gesamtlösung erzielen können als die bisher gefundene beste Lösung (ausgedrückt durch *fxOpt*). Für die Lösung solcher Aufgaben kann obiges Algorithmenschema wie folgt erweitert werden:

```
    …
    if v fits to partial solution and
       v can yield a better F value than fxOpt then
      …
```

Diese Technik wird in der engl. Literatur als *branch-and-bound* bzw. in verallgemeinerter Form als *branch-and-cut* bezeichnet und kann die Effizienz des Verfahrens drastisch steigern.

Der Aufruf (einer konkreten Ausprägung) des Algorithmus *FindOptimalSolution* wird in einen Algorithmus *Optimization* eingebettet, der (zumindest) die Variablen *x*, *xOpt*, *fxOpt* und *n* deklariert und entsprechend initialisiert:

```
Optimization()
  var  x, xOpt: SolutionVector
       fxOpt: …
       n: int
begin
  n := …   -- actual problem size
  fxOpt := worst value  -- e. g., - ∞ for max. and + ∞ for min. problems
  FindOptimalSolution(↕x  ↓n  ↓1  ↕xOpt  ↕fxOpt)
  if fxOpt is better than worst value then
    WriteSolution(↓xOpt  ↓fxOpt  ↓n)
  else
    Write(↓"no solution found")
  end -- if
end Optimization
```

Diese Variante des Backtracking-Algorithmenschemas ist die in der Praxis am häufigsten zum Einsatz kommende. Ein Beispiel für seine Anwendung, die Lösung des Rundreiseproblems, enthält der folgende Abschnitt.

9.4 Standardproblemstellungen und heuristische Algorithmen

Neben dem zu Beginn dieses Kapitels ausführlich behandelten Acht-Damen-Problem bzw. seiner Verallgemeinerung, dem *n*-Damen-Problem und dem Problem der Erzeugung aller Permutationen der Zahlen von 1 bis *n*, das wir in Beispiel 9.2 gelöst haben, gibt es eine Fülle von Aufgaben, für die mittels Backtracking-Algorithmen Lösungen gefunden werden können. Beispiele dafür sind: die Konstruktion aller Teilmengen einer gegebenen Menge, das Finden eines Auswegs aus einem Labyrinth, das Füllen, Einfärben oder Erzeugen komplexer geometrischer Figuren, die optimale Belegung von Maschinen mit Aufträgen, die Ermittlung von Lösungen für ein Sudoku-Rätsel oder die Bewältigung des 15-er-Zahlenpuzzles, bei dem 15 verschiebbare Zahlenquadrate auf einem 4×4-Feld so umzuordnen sind, dass die Zahlen in sortierter Reihenfolge aufscheinen.

Zur weiteren Vertiefung gehen wir auf drei Standardproblemstellungen für Backtracking-Algorithmen, das Erfüllbarkeitsproblem, das Rundreise- und das Rucksackproblem, näher ein und weisen danach den Leser noch auf weitere Lösungsstrategien für diese Problemklasse hin.

Erfüllbarkeitsproblem

Das Erfüllbarkeitsproblem der Aussagenlogik (*satisfiability problem*, kurz *SAT*) ist zwar ein einfaches, durch seine intensive Erforschung aber „klassisches" und nach dem Satz von Stephen A. Cook bewiesenermaßen *NP-vollständiges* Problem (vgl. [Cook 1971]).

Gegeben sind n Variablen x_i vom Datentyp *boolean* und ein oder mehrere logische Ausdrücke (mit den Operatoren *and*, *or* und *not*), in denen nur die Variablen x_i vorkommen.

Gesucht ist eine Belegung der Variablen x_i mit den Werten *true* oder *false*, so dass der oder die gegebenen logischen Ausdrücke (alle) wahr sind.

Trotz der Einfachheit dieser Problemstellung ist keine bessere Lösungsstrategie bekannt, als alle 2^n möglichen Wertekombinationen zu erzeugen und diese der Reihe nach im Hinblick auf den oder die gegebenen Ausdrücke zu testen.

Rundreiseproblem

Das *Rundreiseproblem* oder *Problem des Handlungsreisenden* (*traveling salesman problem*, kurz *TSP*) ist eine Problemstellung, die mittels Backtracking-Algorithmen prinzipiell gelöst werden kann. Anwendungsbereiche, in denen wir dieser Problemstellung begegnen, sind beispielsweise die Routenplanung (Speditionen), in der Bioinformatik (Genom-Sequenzierung), beim VLSI-Design (Bohrprobleme). Es ist deshalb nicht verwunderlich, dass diese Problemstellung (aus der Klasse der NP-vollständigen Probleme) und ihre algorithmische Bearbeitung in vielen Abhandlungen über Algorithmen zu finden ist.

Gegeben ist eine Menge von n „Städten" mit ihren Abständen zueinander (*distances*), wobei $d(i, j) > 0$ die Distanz zwischen den beiden Städten i und j ist und falls keine direkte Verbindung zwischen i und j existiert, $d(i, j) = \infty$ ist.

Gesucht ist die kürzeste „Rundreise", die alle Städte so miteinander verbindet, dass die Rundreise (z.B.) in der Stadt 1 beginnt, genau einmal durch jede andere Stadt führt und wieder in der Stadt 1 endet.

Es handelt sich also um ein Optimierungsproblem, bei dem für den Lösungsvektor $x = (x_1, x_2, \ldots x_n)$ mit $D = \{1, 2, \ldots n\}$ gelten muss:

$$x_1 = 1 \text{ und } x_i \neq x_j \text{ für alle } 1 \leq i \neq j \leq n \quad \text{und}$$

$$d(x_1, x_2) + d(x_2, x_3) + \ldots + d(x_n, x_1) \text{ ist minimal}$$

also die Summe der auf der Rundreise zurückzulegenden Distanzen ist ein Minimum.

Aufgrund der Einschränkungen ergibt sich die Anzahl der möglichen Rundreiserouten wie folgt: Die Stadt, in der die Rundreise startet, ist fix. Die restlichen $n - 1$ Städte können in beliebiger Reihenfolge besucht werden (alle Permutationen). Die Anzahl der möglichen Routen ist also durch die Anzahl der möglichen Permutationen bestimmt und weil die Richtung keine Rolle spielt, muss dieser Wert halbiert werden. Somit können $(n - 1)! / 2$ Rundreisenrouten unterschieden werden.

Beispiel 9.3 zeigt eine einfache Implementierung eines Lösungsalgorithmus für das Rundreiseproblem auf Basis des Algorithmenschemas *FindOptimalSolution* aus dem vorhergehenden Abschnitt.

Beispiel 9.3

Algorithmus zur Lösung des Rundreiseproblems

Auf Basis der oben angegebenen Spezifikation für das Rundreiseproblem und des Algorithmenschemas *FindOptimalSolution* lässt sich folgender Algorithmus *FindOptimalTour* für die Lösung des Rundreiseproblems ableiten (die *for*-Schleife startet mit $v = 2$, da Stadt 1 Ausgangs- und Zielpunkt ist, weshalb $x[1]$ mit 1 initialisiert wird und der Algorithmus „von außen" mit $i = 2$ aufgerufen wird):

```
FindOptimalTour(↕x:    SolutionVector  ↓n: int  ↓i:  int
                ↕xOpt: SolutionVector  ↕fxOpt: real)
  var v: int
begin
  for v := 2 to n do
    if isNewVal[v] then
      x[i] := v
      isNewVal[v] := false
      if i = n then
        fx := TourDist(↓x  ↓n)
        if fx < fxOpt then
          fxOpt := fx
          xOpt :=  x
        end -- if
      else  -- i < n
        FindOptimalTour(↕x  ↓n  ↓i + 1  ↕xOpt  ↕fxOpt)
      end -- if
      isNewVal[v] := true
    end -- if
  end -- for
end FindOptimalTour
```

Da es im Wesentlichen darum geht, Permutationen der zu besuchenden Städte zu erzeugen, verwendet der Algorithmus *FindOptimalTour* – wie für den Permutationsgenerator in Beispiel 9.2 erläutert – ein mit *true* initialisiertes boolesches Feld *isNewVal*, um entscheiden zu können, ob der Wert *v* in die Teillösung aufgenommen werden kann. Ist eine Lösung vollständig, wird mit dem unten angegebenen Funktionsalgorithmus *TourDist* die Länge der Rundreisestrecke ermittelt, wobei auch die Distanz von der letzten besuchten Stadt zur ersten berücksichtigt werden muss. Falls sich ein kürzerer Wert ergibt, wird dieser zusammen mit der aktuellen Belegung des Lösungsvektors gespeichert.

```
TourDist(↓x: SolutionVector  ↓n: int): real
  var td: real
      i: int
begin
  td := 0
  for i := 1 to n - 1 do
    td := td + d[x[i], x[i + 1]]
  end -- for
  td := td + d[x[n], x[1]]
  return td
end TourDist
```

▶Abbildung 9.6 zeigt acht in einem *x*/*y*-Koordinatensystem angeordnete „Städte", deren Positionen mit einem Zufallszahlengenerator (vgl. Kapitel 8) erzeugt wurden. Der Abstand zwischen zwei Städten *i* und *j* ist die Euklidsche Distanz

$$d[i,j] = \sqrt{(x[i]-x[j])^2 + (y[i]-y[j])^2}$$

so wie in Abbildung 9.6 (a) beispielhaft für die Städte 2 und 5 veranschaulicht. Abbildung 9.6 (b) zeigt die kürzeste (optimale) Rundreisestrecke, nämlich 1-5-4-6-8-3-2-7-1 mit einer Länge von ungefähr 30.02 Einheiten.

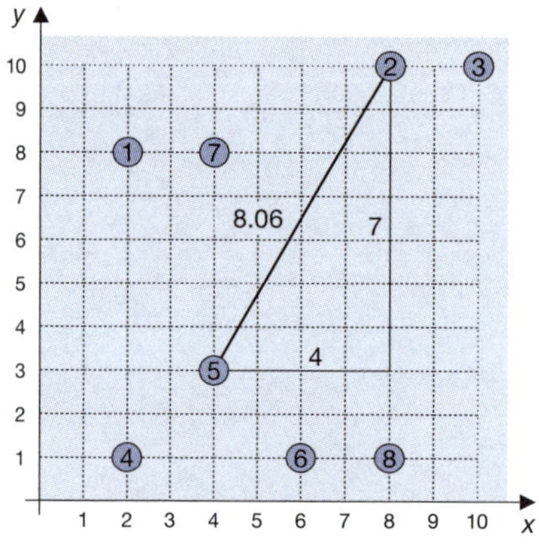

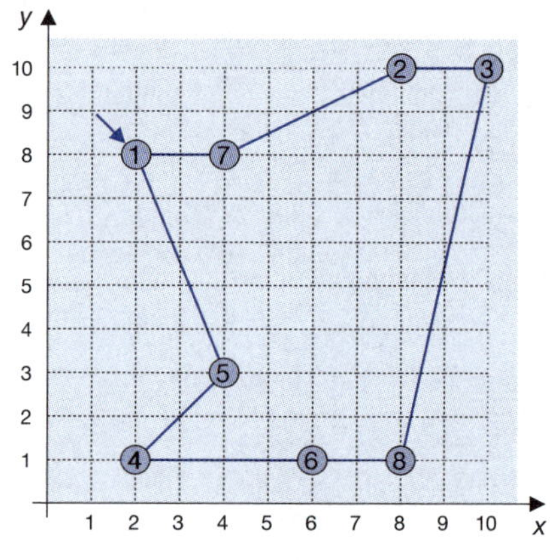

Abbildung 9.6: Acht Städte mit der optimalen Rundreise

Der oben angegebene Algorithmus *FindOptimalTour* erzeugt alle 7! = 5040 Permutationen für die Verbindung der sieben Städte 2 bis 8 und prüft für jede, ob es sich dabei um eine kürzere Reiseroute als die bislang betrachteten handelt (was nur für 8 zutrifft).

Nachdem aus Teillösungen, deren Routenlänge trotz Unvollständigkeit bereits länger ist als jene der bislang besten Lösung, kein Optimum mehr resultieren kann, wird dieses Kriterium verwendet, um solche Teillösungen auszuscheiden. Das lässt sich wie folgt durch Erweiterung der *if*-Bedingung in obigem Algorithmus *FindOptimalTour* implementieren:

```
...
if isNewVal[v] and
   (TourDist(↓x  ↓i - 1)      -- tour distance for x[1:i - 1]
    - d[x[i - 1], x[1]]       -- subtract dist. from town x[i - 1] to start
    + d[x[i - 1], v   ] + d[v, x[1]]  -- add dist. to new town v and back
                                      -- to start
    < fxOpt) then
  ...
```

Mit dieser Erweiterung werden für die Ermittlung der optimalen Rundreiseroute siehe Abbildung 9.6 (b) nur noch jene acht Permutationen vollständig erzeugt, die jeweils zu einer Verkürzung der vorher ermittelten Rundreiserouten führen.

Eine weitere Steigerung der Effizienz kann erreicht werden, indem anstelle des Aufrufs von *TourDist* die aktuelle Länge der (Teil-)Route in x in einer Variablen mitgeführt und ständig aktualisiert wird.

Wie in Beispiel 9.3 gezeigt, kann mit dem vorgestellten Algorithmenschema das Rundreiseproblem prinzipiell gelöst werden. Praktisch sind aber auf diese Art und Weise, selbst wenn man dafür sehr leistungsfähige Rechner zur Verfügung hat, nur kleine Ausprägungen des Rundreiseproblems lösbar. Wenn man einen (hypothetischen) Computer mit einem Spezialprozessor voraussetzt, der mit 4 GHz getaktet ist, der in jedem Takt eine Rundreiseroute erzeugen und auf Minimalität prüfen kann, also über eine Milliarde Reiserouten in einer Sekunde behandelt, benötigt dieser bei nur 15 Städten schon elf Sekunden, für 20 etwa ein halbes Jahr und für 30 unvorstellbare $3.75 \cdot 10^{13}$ Jahre, um die Lösung zu ermitteln.

Daher sind für größere n die bisher betrachteten Backtracking-Algorithmen ungeeignet und andere Lösungsansätze erforderlich (s. u. heuristische Algorithmen). Es werden sogar „Weltmeisterschaften" mit dem Ziel ausgetragen, jedes Jahr größere Ausprägungen der Problemgrößen zu bewältigen. David L. Applegate ist mit Kollegen (insbesondere Robert E. Bixby) einer von jenen, die sich schon jahrelang mit dem TSP beschäftigen, mehrmals die oben erwähnten Weltmeisterschaften gewonnen haben (2004 etwa mit einer Lösung für $n = 24978$ Städten) und mit [Applegate u. weitere 2006] dem Thema TSP ein ganzes Buch gewidmet hat. Gerhard Reinelt verwaltet auf *www.iwr.uni-heidelberg.de/groups/comopt/software/TSPLIB95* eine Bibliothek (*TSPLIB*) (siehe [Reinelt 1991]) mit TSP-Beispielen aus unterschiedlichen Kategorien und Pablo Moscato betreibt die *TSPBIB*-Seite *www.densis.fee.unicamp.br/~moscato/TSPBIB_home.html*, auf der man eine umfangreiche Übersicht über Artikel, Programme und technische Berichte zu diesem Thema findet.

Rucksackproblem

Das Rucksackproblem (*knapsack problem*) ist eine Ausprägung der so genannten Verpackungsprobleme, die nicht nur (und naheliegenderweise) im Speditionsbereich auftreten, sondern auch in der Industrie (z.B. bei der Zuschnittoptimierung), im Finanzbereich (z.B. bei der Optimierung von Anlage-Entscheidungen) oder in der Kryptografie (z.B. bei der Datenverschlüsselung).

Gegeben sind n „Gegenstände" mit ihren jeweiligen Gewichten (*weights*) $w_i > 0$ und Werten (*values*) $v_i > 0$ für $1 \leq i \leq n$.

Gesucht ist eine Auswahl von Gegenständen, die in einen „Rucksack" zu packen sind, so dass ein Maximalgewicht $wMax > 0$ nicht überschritten wird und die Summe der Werte der Gegenstände ein Maximum erreicht.

Es handelt sich also wiederum um ein Optimierungsproblem, bei dem für den Lösungsvektor $x = (x_1, x_2, \ldots x_n)$ mit $D = \{0, 1\}$ gelten muss:

$$x_1 \cdot w_1 + x_2 \cdot w_2 + \ldots + x_n \cdot w_n \leq wMax$$

und

$$x_1 \cdot v_1 + x_2 \cdot v_2 + \ldots + x_n \cdot v_n \text{ ist minimal}$$

also die Summe der Gegenstandswerte ist ein Maximum.

Wie für das Rundreiseproblem gilt auch hier, dass diese Aufgabenstellung zwar prinzipiell unter Heranziehung der in Abschnitt 9.3 vorgestellten Algorithmenschemata lösbar ist, jedoch nur eine kleine Menge von Gegenständen in vertretbarer Zeit behandelt werden kann und für größere Problemgrößen andere Lösungsansätze wie heuristische Algorithmen erforderlich sind. In [Kellerer u. weitere 2005] findet sich eine gute Übersicht über Methoden und Techniken zur Lösung unterschiedlicher Ausprägungen des Rucksackproblems.

Heuristische Algorithmen

Wie schon mehrfach in diesem Kapitel angemerkt, lassen sich die präsentierten (Standard-)Problemstellungen mit den vorgestellten Backtracking-Lösungsansätzen wegen deren exponentieller asymptotischer Laufzeitkomplexität nur für kleine Ausprägungen der Problemgröße n in vertretbarer Zeit lösen. Es gibt aber andere Strategien, die es erlauben, solche Aufgaben auch mit (sehr) großen Ausprägungen der Problemgröße n in angemessener Zeit zu bewältigen. Beispielsweise lassen sich durch die Anwendung so genannter *heuristischer Verfahren* ausreichend genaue Näherungslösungen (Approximationen) oft sehr viel effizienter ermitteln als exakte Lösungen mittels Backtracking.

Der Begriff ***Heuristik*** stammt aus dem Griechischen; *heurískein* bedeutet so viel wie Finden oder Entdecken[3] und bezeichnet allgemein die „Lehre, Wissenschaft von den Verfahren, Probleme zu lösen; methodische Anleitung, Anweisung zur Gewinnung neuer Erkenntnisse“ (vgl. [Duden Bd. 5 2006]). Im Sinne der Informatik ist Heuristik wie folgt definiert: „Eine Methode, die mit der Hoffnung auf Erfolg, nicht mit der Garantie für Erfolg zur Lösung einer komplexen, nicht oder schlecht strukturierten Aufgabe eingesetzt wird.“ (vgl. [Rechenberg u. Pomberger 2006]).

Unter *heuristischen Algorithmen* (*heuristic algorithms*) versteht man die algorithmische Umsetzung von Heuristiken. Dabei kommen Annahmen, Faustregeln, Schätzungen, Probieren, Raten oder Zufall und immer öfter auch auf Phänomene in der Natur zurückgehende Lösungsansätze zum Einsatz. Letztendlich geht es darum, mit heuristischen Algorithmen einen Kompromiss zwischen dem Rechenaufwand und der Güte der gefundenen Lösung einzugehen.

3 Gemäß einer überlieferten Anekdote ist Archimedes von Syrakrus vor über 2000 Jahren nach der Entdeckung des hydrostatischen Grundgesetzes (Auftrieb, auch Archimedisches Prinzip genannt) nackt durch die Stadt gelaufen und hat laut gerufen: „Heureka!“ (Ich hab's gefunden!)

Im Allgemeinen können heuristische Algorithmen in zwei Gruppen eingeteilt werden: problemspezifische und generische Heuristiken. *Problemspezifische Heuristiken* sind Algorithmen, die für die Lösung eines spezifischen Problems entwickelt wurden (z.B. jener von Shen Lin und Brian W. Kernighan, der so genannte Lin-Kernighan-Algorithmus zur Lösung des symmetrischen Rundreiseproblems; vgl. [Lin u. Kernighan 1973]). Im Gegensatz dazu sind *generische Heuristiken* (auch *Meta-Heuristiken* genannt) so allgemein formuliert, dass sie zur Lösung unterschiedlicher Probleme herangezogen werden können.

Wir geben im Folgenden eine Übersicht über generische heuristische Algorithmen, also Meta-Heuristiken, und verweisen auf weiterführende Literatur dazu. Eine detaillierte Behandlung des Themenkomplexes würde den Rahmen des Buchs sprengen.

- *Evolutionäre Algorithmen* (*evolutionary algorithms*, kurz *EA*) haben als Vorbild die biologische Evolution und bilden die drei wesentlichen biologischen Prinzipien Mutation, Rekombination und Selektion (die am besten angepassten Individuen überleben, engl. *survival of the fittest*) nach, um auch schwierigste Optimierungsprobleme lösen zu können (siehe beispielsweise [Dumitrescu u. weitere 2000]). Sie werden in die vier Unterkategorien genetische Algorithmen, Evolutionsstrategien, genetische Programmierung und evolutionäre Programmierung unterteilt.
- *Ameisenalgorithmen* (*ant colony optimization*, kurz *ACO*) verwenden eine Strategie, die das komplexe Sozialverhalten von Ameisen, das sie z.B. bei der Futtersuche mittels Pheromonen zeigen, nachbilden (siehe beispielweise [Dorigo u. Stützle 2004]).
- *Schwarmalgorithmen* (*particle swarm optimization*, kurz *PSO*) lösen Optimierungsprobleme durch Simulation des Futtersuchverhaltens von Vogel- oder Fischschwärmen (siehe beispielsweise [Eberhardt u. weitere 2001]).
- *Simulierte Abkühlung* oder *Härtung* (*simulated annealing*, kurz *SA*) basiert auf einer Analogie zur thermischen Werkstoffphysik und zwar der Kristallbildung in Metallen, die gerade aus der Schmelze kommen und kontrolliert abgekühlt werden (siehe beispielsweise [Kirkpatrick u. weitere 1983]).
- *Tabu-Suche* (*tabu search*, kurz *TS*), sind Verfahren zur Verbesserung der „Navigation" bei der lokalen Suche nach besseren Lösungen im Lösungsraum durch Tabuisierung von Teillösungen oder vollständigen Lösungen (siehe beispielsweise [Glover u. Laguna 1997]).

Es gibt eine Vielzahl von Implementierungen heuristischer Algorithmen (auch in Form von *open source*) im Internet. Mittlerweile wurden auch Plattformen entwickelt, die es gestatten, verschiedenste heuristische Verfahren zu integrieren. Eine davon ist *HeuristicLab*, eine paradigmen-unabhängige und erweiterbare Umgebung für heuristische Optimierungen (siehe *www.heuristiclab.com* und vgl. [Wagner u. Affenzeller 2004]).

Zusammenfassung

In diesem Kapitel haben wir uns mit Exhaustionsalgorithmen auseinander gesetzt. Ziel dieses Kapitels war es, den Leser mit allgemeinen Verfahren und nützlichen Abwandlungen derselben vertraut zu machen, mit deren Hilfe Problemstellungen bearbeitet werden können, für die es notwendig ist, eine Menge potenzieller Lösungen exhaustiv zu ermitteln und zu untersuchen, ob darin eine brauchbare Lösung vorkommt.

Ausgehend vom so genannten Acht-Damen-Problem, einer Aufgabenstellung, die nicht nur für Schachspieler eine interessante Herausforderung ist, sondern sich gut dafür eignet, eine Klasse besonderer Problemstellungen zu erörtern, haben wir die besonderen Merkmale solcher Problemstellungen herausgearbeitet und gezeigt, wie man eine algorithmische Lösung dazu konzipieren kann (Abschnitt 9.1). Wir haben dazu den Weg von der Lösungsidee zu einem Algorithmus für die Lösung des n-Damen-Problems ausführlich erörtert. Die Lösungsidee beruhte auf einer Strategie, mit der man sich durch Ausprobieren (Versuch und Irrtum) sukzessive an eine Lösung herantastet und immer dann, wenn man bei einem Versuch nicht mehr weiterkommt, jene Schritte, die in die Sackgasse geführt haben, wieder zurücknimmt. Deshalb haben wir die auf dieser Lösungsstrategie beruhenden Algorithmen Backtracking-Algorithmen genannt.

Darauf aufbauend haben wir im Abschnitt 9.2 ein allgemeines Schema zur Problemformulierung von Backtracking-Aufgaben sowie einen grundlegenden Lösungsansatz dafür angegeben und uns mit Fragen der Laufzeitkomplexität daraus abgeleiteter Algorithmen auseinander gesetzt. Wir haben festgestellt, dass wegen der exponentiellen Laufzeitkomplexität die Art der eingeführten Algorithmen nur bei kleinen Ausprägungen der jeweiligen Problemklasse anwendbar ist.

Nachdem wir einen grundlegenden Lösungsansatz für Backtracking-Aufgaben vorgestellt haben, sind wir auf spezielle Varianten solcher Aufgabenstellungen und die dafür erforderlichen Algorithmen eingegangen. (Abschnitt 9.3) Wir haben Aufgabenstellungen, bei denen eine der möglichen Lösungen gesucht ist, solche, bei denen alle möglichen Lösungen gesucht sind und solche, bei denen sich diese Lösungen qualitativ unterscheiden und deshalb nur die beste der möglichen Lösungen, die optimale Lösung, gesucht ist, behandelt und zu jeder dieser drei Aufgabenvarianten ein allgemeines Algorithmenschema angegeben.

Danach sind wir in Abschnitt 9.4 auf Standardproblemstellungen wie das Erfüllbarkeits-, das Rundreise- und das Rucksackproblem eingegangen und haben erörtert, dass wegen der exponentiellen Laufzeitkomplexität mit Backtracking-Algorithmen alleine nicht das Auslangen gefunden wird, weil damit bei entsprechender Ausprägung der Problemgröße eine (exakte) Lösung nicht in akzeptabler Zeit ermittelt werden kann. Wir haben in diesem Zusammenhang darauf hingewiesen, dass bei solchen Problemstellungen deshalb oft heuristische Algorithmen, mit denen eine ausreichend genaue Näherungslösung, diese dafür in akzeptabler Zeit ermittelt werden kann, das Mittel der Wahl sind. Das Feld der heuristischen Algorithmen haben wir aus Platzgründen nur gestreift und dem Leser soweit näher gebracht, dass er weiß, was man darunter versteht.

Aufgaben

Aufgabe 9.1 (Backtracking: Labyrinth)
Gegeben ist eine $m \times n$-Matrix *lab* (für *labyrinth*) zur Darstellung von Mauern und Wegen in einem Labyrinth. Jede 1 in der Matrix *lab* stellt einen Teil einer Mauer, jede 0 einen Teil eines Wegs dar. Ausgehend von einer gegebenen Startposition (i, j) mit $lab[i, j] = 0$ soll versucht werden, einen Weg aus dem Labyrinth (d.h. zum Rand der Matrix) zu finden. Dabei darf nur horizontal oder vertikal gegangen werden. Gesucht ist ein Funktionsalgorithmus *WayOut*(↓*lab*: *Labyrinth*): *bool*, der mittels Backtracking feststellt, ob es einen Weg aus dem Labyrinth gibt. *Hinweis*: Achten Sie darauf, dass Sie nicht „im Kreis laufen".

Aufgabe 9.2 (Exhaustion mit Optimierung)
Der Student Max Optimum wird gegen Semesterende wieder einmal vom Stress geplagt. Max hat noch *n* Aufgaben für verschiedene Lehrveranstaltungen zu erledigen, wovon jede eine geschätzte Bearbeitungszeit von d_i (*duration*) Stunden $(1 \le i \le n)$ hat und einen erwarteten Nutzen von v_i (*value*) $(1 \le i \le n)$ bringt. Insgesamt stehen Max aber nur *t* Stunden für die Bearbeitung der Aufgaben zur Verfügung, wobei er sicher nicht alle Aufgaben in dieser Zeit bearbeiten kann. Welche Aufgaben soll Max lösen, um in der verfügbaren Zeit den maximalen Nutzen zu erzielen? Gesucht ist ein Optimierungsalgorithmus *OptimalExamples*(↓*n*: *int* ↓*t*: *real* ↓*d*: *Durations* ↓*v*: *Values* ↑*e*: *Examples*), der ermittelt, welche der *n* Aufgaben in der Zeit *t* von Max gelöst werden sollen, um den maximalen Nutzen zu erzielen. Das Ergebnis soll in einem Feld *e* geliefert werden. Die Elemente e_i $(1 \le i \le n)$ des Felds *e* haben den Datentyp *boolean*.

Aufgabe 9.3 (Zerlegung)
Gegeben ist ein Rohr der Länge *fl* (*full length*). Gesucht ist ein rekursiver Funktionsalgorithmus *CutPipeWithoutRest*(↓*fl*: *real* ↓*l1*: *real* ↓*l2*: *real* ↓*l3*: *real*): *bool*, der prüft, ob dieses Rohr in (beliebig viele) Teilstücke der Längen *l1*, *l2* und/oder *l3* zerlegt werden kann, ohne dass ein Rest übrig bleibt.

Aufgabe 9.4 (Schildos für Schilda)
Nachdem die Einführung des Euro in der EU so gut geklappt hat, will man in Schilda auch eine neue Währung. Man weiß schon, wie sie heißen soll: Schildo, aber noch nicht, wie es mit der Stückelung aussehen wird. Im Rathaus zu Schilda einigt man sich schließlich darauf, die Werte der Münzen (Scheine sind überflüssig) so zu wählen, dass alle Werte ganzzahlige Schildobeträge sind und diese so festzulegen, dass man z. B. nur $n = 5$ unterschiedliche Münzen hat, jeder Schilda-Bürger aber mit z.B. maximal $s = 10$ Münzen in seinem Geldbeutel auskommt und durch geeignete Kombination damit alle Beträge von 1 .. *max* bilden kann, wobei *max* möglichst groß sein soll. Entwickeln Sie einen Algorithmus *Schildos*(↓*n*: *int* ↓*s*: *int*) mit $n > 0$ und $s > n$, der das Maximum *max*, die entsprechende Stückelung und die Anzahl der jeweiligen Münzen als Ergebnis auf ein Ausgabegerät ausgibt.

Aufgaben

Aufgabe 9.5 (*Team Building* einmal anders)
Derwisch Mayar ist zu Semesterbeginn wieder einmal im Stress: Derwisch ist verantwortlich für die Zusammenstellung der Teams für die diesjährigen Reiterfestspiele an der Hochschule in Konstantinopel. Er muss aus 45 Studierenden fünf Teams zu je neun Personen bilden – und zwar so, dass die Siegeschancen für alle Teams etwa gleich hoch sind. Um das zu gewährleisten, kommt er auf die Idee, sich für jeden Studierenden die Durchschnittsnote aus den relevanten Lehrveranstaltungen (Galoppieren, Bogenschießen und Säbelfechten) zu berechnen und diese als Basis des Team-Building-Prozesses, wie das heute genannt wird, heranzuziehen. Sein Bestreben ist es, die Teams so zusammenzusetzen, dass die Standardabweichung der Durchschnittsnoten der Teams (= arithmetisches Mittel der Durchschnittsnoten aller Teammitglieder) möglichst klein wird. Gesucht ist ein Optimierungsalgorithmus *Teams*(↓*students*: *int* ↓*marks*: *Marks* ↓*teamSize*: *int*), der für eine gegebene Anzahl *students* ≥ 1 von Studierenden, ein Feld *marks* der Länge *students* mit deren Durchschnittsnoten ($1.0 \leq marks_i \leq 5.0$) und einer Teamgröße *teamSize* ≥ 1 (mit *students* modulo *teamSize* = 0) eine Anzahl *teams* = *students* / *teamSize* Teams mit möglichst gleichen Siegeschancen bildet und die Team-Nummern (1 .. *teams*) für alle Studierenden auf einem Ausgabegerät ausgibt.

Algorithmen auf Zeichenketten

10

ÜBERBLICK

Motivation

» *Zeichenketten, das sind Datenobjekte vom Typ string, spielen eine wichtige Rolle in der Datenverarbeitung, und bei fast jeder Art von Software finden wir Algorithmen zur Analyse bzw. zur Manipulation von Zeichenketten. Eine Auseinandersetzung mit Fragen zur Repräsentation von Zeichenketten und mit Algorithmen zur Manipulation solcher Datenobjekte ist daher von grundlegender Bedeutung.*

Das Kapitel beginnt mit der Diskussion verschiedener Möglichkeiten der Repräsentation von Zeichenketten und von elementaren Operationen auf Zeichenketten, wie das Zuweisen von Zeichenketten an Variablen, das Extrahieren oder das Löschen eines Teils einer Zeichenkette, das Einfügen einer Zeichenkette in eine andere, das Anfügen einer Zeichenkette an eine andere und schließlich das Vergleichen zweier Zeichenketten miteinander.

Danach wird die in vielen Anwendungsbereichen auftretende Problemstellung der (exakten) Zeichenketten-Suche, auch als Mustersuche (string searching, string oder pattern matching) bezeichnet, erörtert und ausgehend von einem einfachen aber ineffizienten Lösungsansatz auf wichtige, effizientere Lösungsansätze (von Knuth, Morris und Pratt, von Boyer und Moore sowie von Rabin und Karp), ihre algorithmische Umsetzung und ihre Laufzeitqualität detailliert eingegangen.

Ein Ausblick auf eine weitere Möglichkeit zur Lösung typischer Problemstellungen im Zusammenhang mit Zeichenketten, nämlich den Einsatz regulärer Ausdrücke (regular expressions) und darauf aufbauender endlicher Automaten (finite state machines), rundet das Kapitel ab. «

Ziele

Nach dem Lesen dieses Kapitels haben Sie Folgendes erreicht:

- Sie kennen unterschiedliche Arten der Repräsentation von Zeichenketten und wissen über ihre Vor- und Nachteile Bescheid.
- Sie kennen die elementaren Operationen auf Zeichenketten und wissen, welche Algorithmen dazu notwendig sind.
- Sie wissen, was man unter der exakten Mustersuche in Zeichenketten versteht, sind mit verschiedenen Lösungsideen dazu vertraut und kennen die auf diesen Lösungsideen beruhenden (Standard-)Algorithmen zur Mustersuche.
- Sie wissen über die Laufzeiteffizienz wichtiger (Standard-)Algorithmen für die Mustersuche Bescheid.
- Sie haben eine Vorstellung von regulären Ausdrücken und endlichen Automaten und kennen deren Bezug zum Problem der Mustersuche.

10.1 Repräsentation von und elementare Operationen auf Zeichenketten

In Kapitel 1 haben wir uns im Zuge der Auseinandersetzung mit elementaren Bestandteilen von Algorithmen insbesondere mit Datenobjekten und ihren Datentypen beschäftigt. Neben Zahlen (Datentypen *integer* und *real*) und Wahrheitswerten (Datentyp *boolean*) sind wir auch auf Zeichen (Elemente eines bestimmten Zeichensatzes vom Datentyp *character*) und Zeichenketten (Folgen von Zeichen, Datentyp *string*) gestoßen. Dabei sind wir aber noch nicht näher auf die Möglichkeiten der Repräsentation von Zeichenketten und ihrer Verarbeitung eingegangen.

Erst im Rahmen der Behandlung strukturierter Datenobjekte in Kapitel 3, im Zuge der Auseinandersetzung mit Feldern (*arrays*) in Abschnitt 3.2.1, sind wir darauf eingegangen, dass sich eine Zeichenkette grundsätzlich als (teilweise gefülltes) eindimensionales Feld von Zeichen (*array of characters*) darstellen lässt. Dabei sind wir auch auf das Problem der Repräsentation der aktuellen Länge einer Zeichenkette eingegangen und haben die beiden wichtigsten, programmiersprachen-spezifischen Möglichkeiten dafür erläutert:

1. Bei den so genannten *Pascal-Zeichenketten* wird die aktuelle Länge durch das *Längenbyte* an der Position 0 der Zeichenkette angegeben (das erste Zeichen steht an der Position 1). Dadurch kann die aktuelle Länge effizient ermittelt werden, aber die maximale Länge ist auf 255 Zeichen beschränkt (vgl. [Wirth 1971a]).
2. Bei den so genannten *C-Zeichenketten* wird nicht die aktuelle Länge festgehalten, sondern das Ende durch das *Terminierungszeichen* mit dem Code 0 markiert. Dadurch gibt es keine (relevante) Einschränkung bei der maximalen Länge, aber

die Ermittlung der aktuellen Länge ist aufwändig, weil ab Position 0 das Terminierungszeichen gesucht und die Zeichen bis dahin gezählt werden müssen (vgl. [Kernighan u. Ritchie 1988]).

Für beide Zeichenketten-Repräsentationen haben wir Beispiele (3.4 und 3.5) mit entsprechenden Abbildungen (3.5 und 3.6) angegeben sowie die Implementierungen des jeweiligen *Length*-Algorithmus vorgestellt. Wir haben auch darauf hingewiesen, dass die beiden Möglichkeiten der Zeichenketten-Repräsentation in gewissem Sinn gegensätzlich sind. Der Vorteil der einen ist der Nachteil der anderen Repräsentation und umgekehrt. Bei beiden Repräsentationsformen ist das Problem allerdings, dass die Anzahl der Elemente des Zeichenfelds (und damit die maximale Länge der Zeichenkette) nach dem Anlegen des Felds (was auch zur Laufzeit geschehen kann, vgl. dynamische Felder in Abschnitt 3.3.2) fix ist. Das schränkt die Manipulationsmöglichkeiten ein, denn durch das Einfügen und Anhängen weiterer Zeichenketten kann es insbesondere dazu kommen, dass die maximale Länge der Zeichenkette nicht ausreicht.

In einem Hinweis sind wir auch darauf eingegangen, wie in objektorientierten Programmiersprachen (z.B. in C++, Java und C#) Zeichenketten so repräsentiert werden, dass einerseits die aktuelle Länge effizient ermittelt werden kann und es andererseits keine Einschränkung bei der maximalen Länge gibt: durch Objekte entsprechender *String*-Klassen[1]. Die Details der Repräsentation der Zeichenketten durch diese *String*-Objekte bleiben dem Benutzer zwar verborgen, zur Implementierung werden aber auch hier Zeichenfelder verwendet und mittels dynamischer Speicherverwaltung sorgen die *String*-Objekte automatisch dafür, dass bei Bedarf ein größeres Feld allokiert, der Inhalt des zu klein gewordenen Felds umkopiert und der Speicher des kleinen Felds wieder freigegeben wird (siehe für C++ z.B. [Stroustrup 2000], für Java z.B. [Arnold u. weitere 2005] und für C# z.B. [Hejlsberg u. weitere 2006]).

Sprachunabhängige Zeichenketten-Repräsentation

Um die Zeichenketten-Algorithmen, die wir im Rahmen dieses Kapitels vorstellen, möglichst universell einsetzbar zu halten, basieren diese auf einer programmiersprachen-unabhängigen Zeichenketten-Repräsentation. Diese ist in einem gewissen Sinn der „gemeinsame Nenner" aller drei oben beschriebenen Repräsentationsformen (in den imperativen Programmiersprachen Pascal und C sowie den objektorientierten Sprachen C++, Java und C#).

Gemäß den unten angegebenen Deklarationen verwenden wir als Datentyp für Zeichenketten (z.B. für die Zeichenketten-Variable *s*) ein Zeichenfeld (*CharArray*) mit der Angabe, an welcher Position das erste Zeichen steht (ausgedrückt durch die Konstante *first*), an welcher Position das letzte Zeichen steht (für das Beispiel *s* die Variable *sLast*) und/oder wie lang die Zeichenkette ist (für das Beispiel *s* die Variable *sLen*).

1 Im Fall von C++ handelt es sich z.B. um die Klasse *std::string* aus der C++-Standardbibliothek, bei Java um die Klasse *java.lang.String* aus der Java-Standardbibliothek und bei C# um die Klasse *System.String* aus der .NET-Standardbibliothek.

```
const first = …   -- e.g., 0 for C strings and 1 for Pascal strings
      max = …
type CharArray = array [first:max] of char
var s: CharArray
    sLast, sLen: int
```

▶Abbildung 10.1 zeigt beispielhaft für die mit 13 Zeichen befüllte Zeichenketten-Variable *s* die Zusammenhänge zwischen den einzelnen Komponenten der sprachunabhängigen Zeichenketten-Repräsentation. Zu jedem Zeitpunkt muss gelten:

$first \leq sLast \leq max$, $sLen = sLast - first + 1$ und $sLast = first + sLen - 1$. Außerdem gehen wir davon aus, dass mittels $s[i]$ auf das Zeichen an der Position *i* (für alle $first \leq i \leq sLast$) in *s* zugegriffen werden kann.

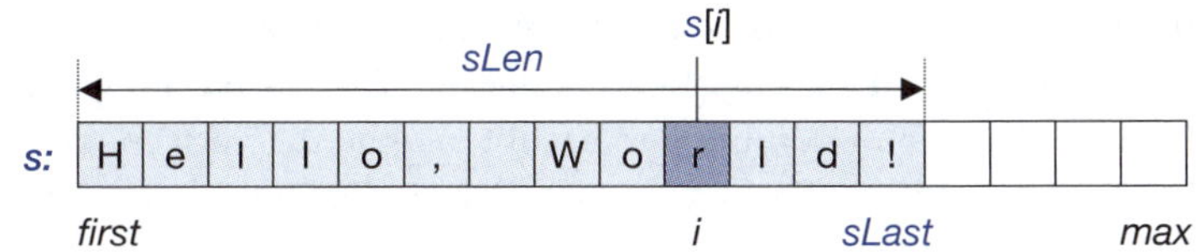

Abbildung 10.1: Sprachunabhängige Zeichenketten-Repräsentation

Hinweis: Für Pascal-Zeichenketten gilt $first = 1$, für C-Zeichenketten $first = 0$. Der Wert für *sLen* kann mit der jeweiligen *Length*-Funktion (siehe Abschnitt 3.2.1) ermittelt und der Wert für *sLast* kann mit der oben angegebenen Formel aus *sLen* berechnet werden.

Elementare Operationen auf Zeichenketten

Die wichtigsten elementaren Operationen sind:

- das *Zuweisen* einer Zeichenkette an eine Zeichenketten-Variable,
- das *Extrahieren* eines bestimmten Teils aus einer Zeichenkette,
- das *Entfernen* eines bestimmten Teils in einer Zeichenkette,
- das *Einfügen* einer Zeichenkette an einer bestimmten Stelle in eine andere Zeichenkette und
- das *Anhängen* einer Zeichenkette an eine andere, diese Operation wird auch als *Konkatenation* (*concatenation*) bezeichnet.

Moderne Programmiersprachen stellen die oben genannten elementaren Operationen entweder direkt zur Verfügung oder in der mit der jeweiligen Programmiersprache verbundenen (Klassen-)Bibliothek finden sich dazu Algorithmen in Form so genannter Standardprozeduren und/oder -funktionen bzw. Methoden der *String*-Klasse. Einheitliche Bezeichnungen und Schnittstellen für diese Operationen existieren allerdings nicht (die Operation zum Konkatenieren heißt z.B. in der Pascal-Bibliothek *Concat*, während sie in der C-Bibliothek *strcat* und in den *String*-Klassen der Bibliotheken von C++ bzw. Java *append* heißt). Wir gehen jedenfalls davon aus, dass diese elementaren Operationen von der verwendeten Programmiersprache oder einer dazugehörenden Bibliothek zur Verfügung gestellt werden.

Bei den Operationen Zuweisung, Einfügen und Anhängen ist zu beachten, was passiert oder passieren soll, wenn die maximale Länge überschritten wird: kommt es zum Abschneiden der Zeichenkette (wie in Pascal üblich) oder läuft das Zeichenketten-Feld über (was in C passieren kann, wenn das Feld zu klein dimensioniert wurde), wodurch Speicherbereiche überschrieben werden können, die anderen Variablen zugewiesen sind.

Was das Laufzeitverhalten dieser elementaren Operationen betrifft, können wir voraussetzen, dass es linear bezogen auf die aktuelle Länge der jeweils betrachteten Zeichenkette ist.

Algorithmus zum Vergleich von Zeichenketten

Eine elementare Operation fehlt noch: der Vergleich zweier Zeichenketten. Auf diese wichtige Operation gehen wir im Folgenden näher ein. Sie basiert auf einer speziellen, auf Zeichenketten definierten Ordnung und es gibt eine häufig verwendete Generalisierung dieser Vergleichsoperation, für die wir eine vollständige Implementierung angeben.

Unter der ***lexikografischen Ordnung*** (*lexicographical order*) versteht man jene Ordnung von Zeichenketten, also z.B. von Begriffen, unter der man diese in einem Lexikon (oder Wörterbuch) findet. Wörter werden in einem Lexikon zunächst nach ihren Anfangsbuchstaben sortiert und bei gleichem Anfangsbuchstaben nach dem jeweils zweiten Buchstaben usw. Die folgende Definition verallgemeinert diesen Sachverhalt für Zeichenketten, die nicht nur Buchstaben enthalten.

Definition: *Lexikografische Ordnung von Zeichenketten*

Eine Zeichenkette a wird lexikografisch kleiner als eine Zeichenkette b bewertet, anders formuliert, a liegt bei lexikografischer Sortierung vor b, notiert mit $a < b$, wenn die ersten $k \geq 0$ Zeichen in beiden Zeichenketten identisch sind und

- entweder das $(k + 1)$-te Zeichen in a, bezogen auf seinen Zeichencode, einen kleineren Wert aufweist, als das entsprechende Zeichen in b
- oder die Zeichenkette a nur k und die Zeichenkette b mehr als k Zeichen hat.

(Damit wird auf Basis der Ordnung von Zeichen eine Ordnung von Zeichenketten definiert.)

Auf Basis der oben angegebenen Definition der lexikografischen Ordnung wären alle sechs Vergleichsoperatoren ($=$, $\neq$, $<$, $\leq$, $>$ und $\geq$) zulässig und in manchen Programmiersprachen, z.B. in Pascal, stehen diese auch zur Verfügung. In vielen Programmiersprachen/Bibliotheken finden wir aber eine Verallgemeinerung in Form einer Operation, nennen wir sie *StringRelation*[2], die mehr Information liefert als nach einer Vergleichsoperation üblicherweise verfügbar ist. Wenn man z.B. weiß, dass $a \neq b$ ist, weiß man noch nicht, ob $a < b$ oder $a > b$ ist und man benötigt einen zweiten Vergleich, um dies festzustellen. Die Operation *StringRelation* schafft hier Abhilfe, denn angewandt auf zwei Zeichenketten *a* und *b* liefert sie nicht ein Ergebnis vom Datentyp *boolean*, sondern ein Ergebnis vom Datentyp *integer* gemäß folgender Spezifikation:

- $a < b \Rightarrow StringRelation(\downarrow a \ldots\ \downarrow b \ldots) < 0$,
- $a = b \Rightarrow StringRelation(\downarrow a \ldots\ \downarrow b \ldots) = 0$ und
- $a > b \Rightarrow StringRelation(\downarrow a \ldots\ \downarrow b \ldots) > 0$.

Die Schnittstelle des unten angegebenen Algorithmus *StringRelation* basiert auf der oben eingeführten sprachunabhängigen Zeichenketten-Repräsentation und seine Implementierung auf der oben angegebenen Definition der lexikografischen Ordnung.

```
StringRelation(↓a: CharArray  ↓aLast: int  ↓b: CharArray  ↓bLast: int): int
    var k, delta: int
begin
  k := first
  while (k ≤ aLast) and (k ≤ bLast) do
    delta := Int(↓a[k]) - Int(↓b[k])
    if delta ≠ 0 then
      return delta
    end -- if
    k := k + 1
  end -- while
  -- assertion: (k > aLast) or (k > bLast)
  if (k > aLast) and (k > bLast) then
    return 0     -- a = b
  else
    if k > aLast then
      return -1  -- a < b
    else -- k > bLast
      return +1  -- a > b
    end -- if
  end -- if
end StringRelation
```

Hinweis: Die *if*-Anweisung am Ende des Algorithmus *StringRelation* kann durch die unten angegebene *return*-Anweisung ersetzt werden. Sie macht davon Gebrauch, dass $Int(\downarrow false) = 0$ und $Int(\downarrow true) = 1$ ist. Der Algorithmus wird dadurch kürzer und effizienter.

```
return Int( ↓(k > bLast) )  -  Int( ↓(k > aLast) )
```

Damit haben wir einen Satz elementarer Operationen zur Verfügung, den wir bei der Entwicklung von Algorithmen auf Zeichenketten heranziehen können.

2 Im Fall von C/C++ handelt es sich z.B. um die Funktion [*std*::]*strcmp*, bei Java um die *String*-Methode *compareTo* und bei .NET um die *String*-Klassenmethode *Compare* bzw. die *String*-(Objekt-)Methode *Compare*.

10.2 Problem der Mustersuche in Zeichenketten (*Pattern Matching*)

In der klassischen Textverarbeitung, etwa beim Suchen und Ersetzen von Textstellen (*find and replace*), bei der Textkompression, für Anwendungen in der Bioinformatik oder für die Informationsgewinnung aus unterschiedlichsten Datenbeständen, die letztendlich Text enthalten, etwa bei der Suche in Dokumenten-Datenbanken oder im Web, begegnen wir der Problemstellung der (exakten) Zeichenkettensuche bzw. der *Mustersuche*[3] in Zeichenketten (*string searching*, *string* oder *pattern matching*).

Bei der Mustersuche geht es um die algorithmische Lösung folgender Aufgabenstellung:

Gegeben sind zwei nicht leere Zeichenketten, eine Zeichenkette s (für *string*) und eine Musterkette p (für *pattern*), beide in der im vorhergehenden Abschnitt eingeführten programmiersprachen-unabhängigen Zeichenketten-Repräsentation, und es gilt:

$$0 < pLen \leq sLen \leq max.$$

Gesucht ist die Startposition pos des ersten vollständigen Auftretens von p in s, so dass gilt: $s[pos : pos + pLen - 1] = p[first : pLast]$. Kommt p nicht in s vor, soll für pos der Wert $first - 1$ geliefert werden.

▶Abbildung 10.2 illustriert das Mustersuch-Problem. Das Muster p ist ab der Stelle pos in s enthalten (die Zeichen in den dunkelblauen Feldbereichen von s und p sind identisch).

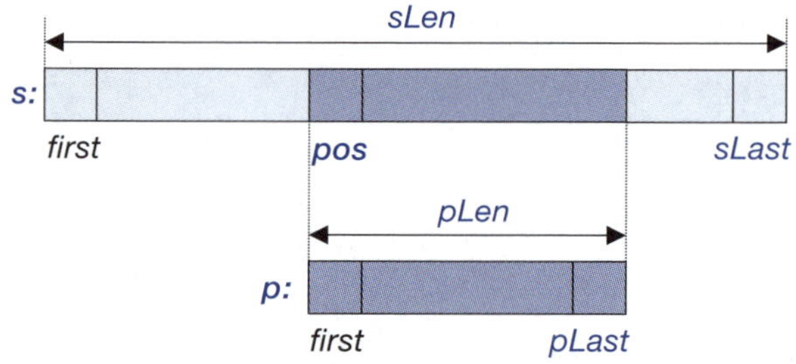

Abbildung 10.2: Problemstellung der Mustersuche

Alle in den folgenden Abschnitten präsentierten Algorithmen für das *Pattern Matching* weisen folgende einheitliche Schnittstelle auf:

```
PatternMatching(↓s: CharArray  ↓sLen: int  ↓sLast: int
                ↓p: CharArray  ↓pLen: int  ↓pLast: int
                ↑pos: int)
```

3 Die Verwendung des Begriffs *Muster* (*pattern*) zur Bezeichnung dieser Aufgabenstellung ist eigentlich eine Übertreibung, denn eine Musterkette beschreibt üblicherweise eine Menge von Ketten, so dass mit einer auf einem Muster basierenden Suche im strengen Sinn des Worts die Suche nach solchen Ketten gemeint ist, die dem Muster entsprechen bzw. ihm ähnlich sind (Ähnlichkeitssuche). Es hat sich aber eingebürgert, auch bei der exakten Zeichenkettensuche von Mustersuche zu sprechen, weshalb wir diesen Begriff auch verwenden.

Jeweils einer der beiden Parameter *xLen* bzw. *xLast* ist überflüssig, weil er aus dem anderen berechnet werden kann. Um die Algorithmen kürzer halten zu können, haben wir die Schnittstelle jedoch so gestaltet, dass beide Werte zur Verfügung stehen. Der Übersichtlichkeit halber wird die Schnittstelle der konkreten Mustersuch-Algorithmen nur mehr vereinfacht dargestellt (auf die relevanten Parameter reduziert):

```
PatternMatching(↓s: CharArray …  ↓p: CharArray …  ↑pos: int)
```

Im Folgenden behandeln wir zuerst elementare Verfahren der Mustersuche, bevor wir auf die darauf aufbauenden, effizienteren Verfahren eingehen.

10.3 Elementare Mustersuch-Verfahren

Obwohl es sich beim *Pattern Matching* um ein Suchproblem handelt, bei dem man die Musterkette als „Schlüssel" (*key*) und die Zeichenkette als zu durchsuchenden „Behälter" interpretieren kann, eigenen sich die in Kapitel 6 behandelten Suchverfahren (sequenzielle, binäre und hashing-basierte Suche) nicht direkt zur Lösung dieses Problems, da sich das Muster über mehrere Elemente in der zu durchsuchenden Zeichenkette erstreckt.

Für den Spezialfall, dass das Muster nur aus einem Zeichen besteht, könnte selbstverständlich – wie im unten angegebenen Algorithmus *CharMatching* gezeigt – die sequenzielle Suche direkt herangezogen werden (vgl. Abschnitt 6.2.1; binäre Suche scheidet aus, weil die Zeichen in der Zeichenkette in der Regel nicht sortiert sind, und zu hashing-basierter Mustersuche siehe Abschnitt 10.6):

```
CharMatching(↓s: CharArray …  ↓p: char  ↑pos: int)
begin
  pos := first
  while (pos ≤ sLast) and (s[pos] ≠ p) do
    pos := pos + 1
  end -- while
  if pos > sLast then
    pos := first - 1
  end -- if
end CharMatching
```

Für die Suche von Mustern mit mehr als einem Zeichen benötigen wir neue Verfahren. Wir beginnen die Diskussion der Lösungsideen dazu, indem wir uns zuerst einer elementaren, auf der Hand liegenden Lösungsidee und Variationen davon zuwenden. Danach gehen wir auf ausgeklügelte und vor allem auf Laufzeiteffizienz ausgerichtete Lösungsideen und ihre algorithmische Umsetzung ein.

Es ist nahe liegend, bei der Mustersuche auf ähnliche Weise vorzugehen, wie bei der sequenziellen Suche: Es wird, beginnend mit *pos = first,* untersucht, ob das Muster ab der Stelle *pos* in *s* vorkommt. Dazu werden maximal *pLen* Zeichen von *p* mit den Zeichen in *s* beginnend an der Stelle *pos* verglichen. Wenn alle *pLen* Zeichen übereinstimmen (*match*), hat man das erste Auftreten von *p* in *s* gefunden und kann den Suchvorgang beenden. Wenn beim Vergleich aber festgestellt wird, dass zwei Zeichen nicht übereinstimmen (*mismatch*), wendet man sich der nächsten möglichen Startposition *pos* + 1 zu, prüft ab dieser Stelle erneut auf Übereinstimmung und fährt damit solange fort, bis sich Erfolg einstellt oder die Musterkette aufgrund ihrer Länge nicht mehr im Rest von *s* vorkommen kann, also *pos* + *pLen* − 1 > *sLast* ist. Dann ist das Ergebnis *pos* = *first* − 1.

Robert Sedgewick bezeichnet dieses Vorgehen in [Sedgewick 2002] als „Anwendung roher Gewalt" (*brute force*) und dementsprechend nennt er seinen, auf dieser Strategie basierenden Algorithmus *BruteSearch*.

Wir übernehmen diese Bezeichnung als Präfix zur Benennung der im Folgenden dargelegten Variationen dieses elementaren Mustersuch-Verfahrens und beginnen mit der Variante, die wie in ▶Abbildung 10.3 dargestellt, exakt das oben geschilderte Verfahren umsetzt, *p* mit *s* von *links nach rechts* (kurz *LR*) vergleicht und dazu zwei ineinander geschachtelte Schleifen (*two loops*, kurz *2L*) verwendet. Die äußere *while*-Schleife „verschiebt"[4] das Muster *p* mit *pos* = *first* beginnend über die Zeichenkette *s* und die innere *while*-Schleife vergleicht jeweils die Zeichen von *p* mit *s* ab der Position *pos*.

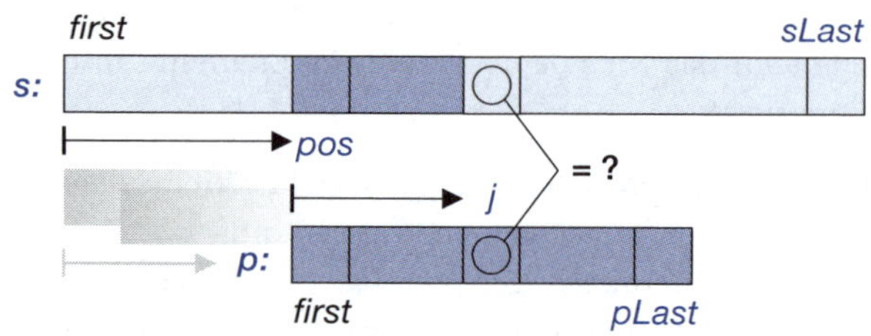

Abbildung 10.3: Lösungsidee zu Algorithmus *BruteSearchLR2L*

Der Algorithmus *BruteSearchLR2L* implementiert die oben geschilderte und in Abbildung 10.3 illustrierte Lösungsidee:

```
BruteSearchLR2L(↓s: CharArray …  ↓p: CharArray …  ↑pos: int)
  var j: int
begin
  pos := first
  while pos + pLen - 1 ≤ sLast do
    j := first
    while (j ≤ pLast) and (s[pos + j - first] = p[j]) do
      j := j + 1
    end -- while
    if j > pLast then
      return  -- success: p starts at pos in s
    end -- if
    pos := pos + 1
  end -- while
  pos := first - 1
end BruteSearchLR2L
```

4 Die Musterkette verbleibt selbstverständlich an ihrem Platz im Hauptspeicher, nur gedanklich (und zur einfacheren Illustration in den Abbildungen) wird die Musterkette verschoben. In den Algorithmen werden unterschiedliche Indizes verwendet, um die „Verschiebung" zu realisieren.

Weil in der Algorithmenfassung *BruteSearchLR2L* die Startposition *pos* während des Vergleichs von *p* mit *s* unverändert bleibt, sind bei jedem Vergleich Indexberechnungen für den Zugriff auf das entsprechende Element in *s* notwendig. Man kann diese Berechnungen eliminieren und mit einer Schleife (*one loop*, kurz *1L*) auskommen, wenn man so wie in ▶Abbildung 10.4 dargestellt, während des Vergleichs von *p* mit *s* einen Index *i* über *s* laufen lässt. In dieser Algorithmenfassung muss allerdings nach dem Auffinden des Musters seine Startposition aus *i* berechnet werden.

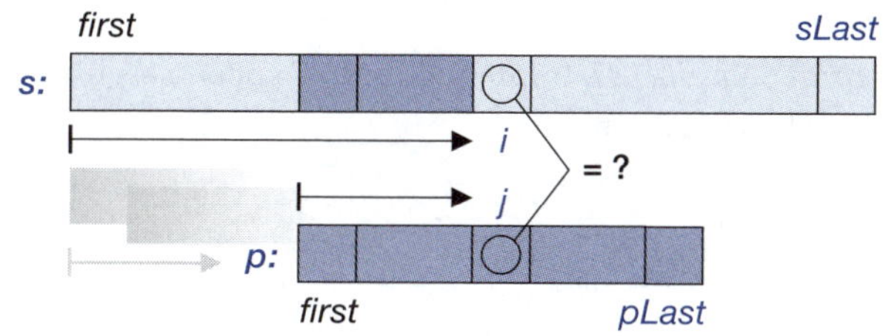

Abbildung 10.4: Lösungsidee zu Algorithmus *BruteSearchLR1L*

Der Algorithmus *BruteSearchLR1L* implementiert die oben geschilderte und in Abbildung 10.4 illustrierte Lösungsidee (er entspricht im Wesentlichen Sedgewicks Algorithmus *BruteSearch* in [Sedgewick 2002]):

```
BruteSearchLR1L(↓s: CharArray … ↓p: CharArray … ↑pos: int)
  var i, j: int
begin
  i := first
  j := first
  repeat
    if s[i] = p[j] then
      i := i + 1
      j := j + 1
    else -- mismatch
      i := i - j + (1 + first)
      j := first
    end -- if
  until (i > sLast) or (j > pLast)
  if j > pLast then
    pos := i - pLen
  else
    pos := first - 1
  end -- if
end BruteSearchLR1L
```

Eine zu *BruteSearchLR1L* sehr ähnliche Variante (auch mit einer Schleife) erhält man, indem man den Vergleich des Musters *p* mit der Zeichenkette *s* von *rechts nach links* (kurz *RL*) durchführt (siehe ▶Abbildung 10.5). Das bringt zwar hier noch keinen Vorteil, aber diese Lösungsidee stellt die Ausgangsbasis für ein effizienteres Verfahren dar, auf das wir in Abschnitt 10.5 näher eingehen werden.

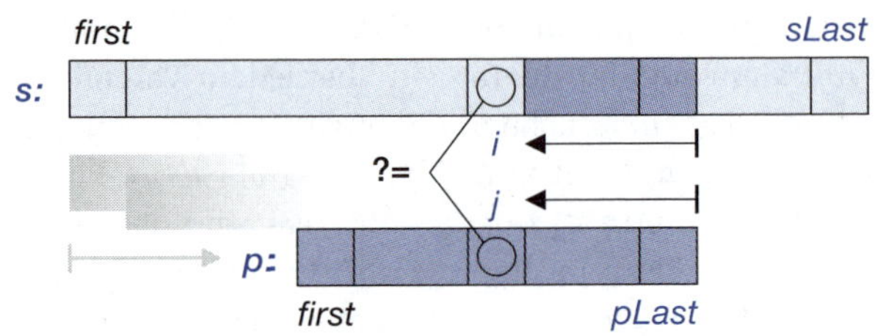

Abbildung 10.5: Lösungsidee für Algorithmus *BruteSearchRL1L*

Der Algorithmus *BruteSearchRL1L* implementiert die oben geschilderte und in Abbildung 10.5 illustrierte Lösungsidee:

```
BruteSearchRL1L(↓s: CharArray … ↓p: CharArray … ↑pos: int)
  var i, j: int
begin
  i := pLast
  j := pLast
  repeat
    if s[i] = p[j] then
      i := i - 1
      j := j - 1
    else -- mismatch
      i := i + pLen - j + first
      j := pLast
    end -- if
  until (i > sLast) or (j < first)
  if j < first then
    pos := i + 1
  else
    pos := first - 1
  end -- if
end BruteSearchRL1L
```

Das Laufzeitverhalten von Algorithmen zur exakten Mustersuche hängt im Wesentlichen von zwei Problemgrößen ab: der Länge *sLen* der Zeichenkette *s* und der Länge *pLen* der Musterkette *p*. Um die einzelnen Verfahren miteinander vergleichen zu können, betrachten wir die Anzahl der notwendigen Vergleiche von Zeichen aus *p* mit Zeichen aus *s*.

Für die drei oben angeführten Varianten des elementaren Suchverfahrens gilt:

- Im *günstigsten Fall*, wenn die Musterkette am Anfang der Zeichenkette vorkommt, benötigen die elementaren Verfahren *pLen* Vergleiche.
- Im *ungünstigsten Fall*, wenn die Musterkette nicht oder erst am Ende der Zeichenkette vorkommt (z.B. wenn mit einem der beiden *LR*-Verfahren das Muster “a…ab“ in der Zeichenkette “aaa...aaab“ gesucht wird), benötigen sie $pLen \cdot (sLen - pLen + 1)$ Vergleiche.

- Nachdem die Anzahl von Vergleichen für den *durchschnittlichen Fall* nicht nur von *pLen* und *sLen*, sondern auch von der Größe des Zeichensatzes und der Verteilung der Zeichen in *p* und *s* abhängt, ist eine exakte Berechnung für diesen Fall schwierig. Durch umfangreiche Messungen an typischen Beispielen (siehe z.B. [Pirklbauer 1992]) wurde ermittelt, dass bei typischen Anwendungen aus dem Bereich der Textverarbeitung (also mit großen Zeichensätzen und im Vergleich zu *sLen* kleinem *pLen*) die Laufzeit der elementaren Verfahren proportional zu *pLen* + *sLen* ist.

Die asymptotische Laufzeitkomplexität der elementaren Verfahren beträgt, weil wir den ungünstigsten Fall dafür heranziehen müssen, *O*(*pLen* · *sLen*). Sie ist also quadratisch, wenn man annimmt, dass beide Längen von der gleichen Größenordnung sind.

Da die Laufzeitkomplexität der elementaren Verfahren unbefriedigend ist, besteht Bedarf an besseren Lösungsideen.

10.4 Mustersuch-Verfahren nach Knuth, Morris und Pratt

Schon im Jahr 1970 hat Stephen A. Cook unter Verwendung spezieller „mathematischer Maschinen" (Automaten) gezeigt, dass Aufgaben einer bestimmten Klasse von Problemstellungen auf Computern mit linearem Zeitverhalten der entsprechenden Algorithmen gelöst werden können. Das sollte – so Cooks Folgerung – auch für die Mustersuche gelten. Er hat aber kein Verfahren dafür angegeben (vgl. [Cook 1973]). Donald E. Knuth und Vaughan R. Pratt gelang es, nach dem Studium von Cooks Beweis einen entsprechenden Algorithmus zu entwickeln. Auch James H. Morris ist etwa zur gleichen Zeit bei der Lösung eines Problems im Rahmen der Entwicklung eines Texteditors auf eine ähnliche Lösungsidee wie Knuth und Pratt gekommen. Alle drei gemeinsam haben dann in [Knuth u. weitere 1977] einen auf dieser Lösungsidee beruhenden Algorithmus publiziert, der deshalb den Namen Knuth-Morris-Pratt-Algorithmus (kurz KMP-Algorithmus) trägt.

Das Verfahren von Knuth, Morris und Pratt basiert im Wesentlichen auf dem im vorhergehenden Abschnitt erläuterten Verfahren, in dem die Musterkette in einer Schleife von links nach rechts mit der Zeichenkette verglichen wird (vgl. Algorithmus *BruteSearchLR1L*). Es macht sich aber die Tatsache zunutze, dass beim Vergleich von Muster- und Zeichenkette im Falle einer Nichtübereinstimmung eines Zeichens der Muster- mit dem entsprechenden Zeichen der Zeichenkette (wir bezeichnen diese Situation im Folgenden als *mismatch*), der schon verglichene Teil des Musters (sowie der entsprechende Teil der Zeichenkette) bekannt sind und aufgrund dieses Inhalts entschieden werden kann, wie weit für den neuerlichen Vergleich das Muster relativ zur *mismatch*-Position verschoben werden kann (vgl. den in ▶Abbildung 10.4 dunkelblau dargestellten Bereich der Zeichenkette).

Beispiel 10.1 illustriert, wie das Wissen um den Musterinhalt genutzt werden kann, um das Muster um mehr als eine Position nach rechts zu verschieben und dadurch eine Effizienzsteigerung gegenüber dem elementaren Verfahren zu erreichen.

Beispiel 10.1

KMP-Idee für das Verschieben des Musters um mehr als eine Position

Wenn so wie in ▸Abbildung 10.6 (a) dargestellt die Musterkette p = "abcde" in der Zeichenkette s gesucht wird und beim Vergleich von links nach rechts das letzte Zeichen der Musterkette (hier 'e') nicht mit dem entsprechenden Zeichen in der Zeichenkette übereinstimmt (*mismatch*), kann die Musterkette gleich um vier Positionen nach rechts verschoben werden, bevor wieder mit dem Vergleich von Einzelzeichen begonnen wird. Nachdem das Muster bis zur *mismatch*-Position an keiner Stelle (in Teilen) zu sich selbst passt, würde ein Verschieben um nur eine, zwei oder drei Positionen sofort wieder zu einem *mismatch* führen.

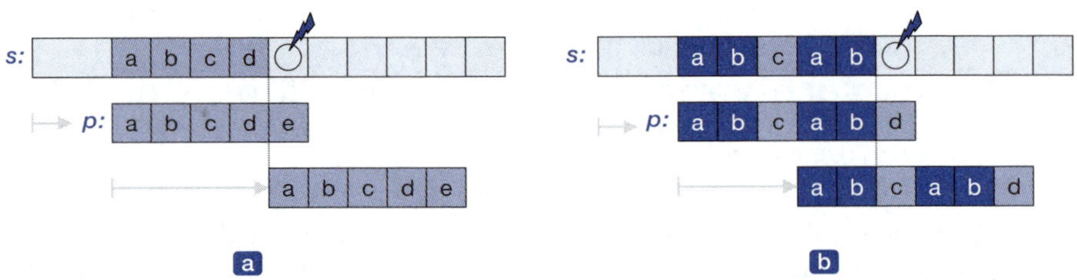

Abbildung 10.6: KMP-Lösungsidee zum Verschieben des Musters um mehr als eine Stelle in Abhängigkeit von der *mismatch*-Position

Wie Abbildung 10.6 (b) für die Musterkette p = "abcabd" zeigt, ist es nach der Feststellung einer Nichtübereinstimmung (*mismatch*) aber nicht in jedem Fall möglich, die Musterkette so weit nach rechts zu verschieben, dass das erste Zeichen des Musters p an der *mismatch*-Position in s zu liegen kommt, wie das in Abbildung 10.6 (a) der Fall ist. Wenn nämlich vor der *mismatch*-Position eine Teilkette steht, die auch am Beginn der Musterkette zu finden ist (hier "ab"), dann darf die Musterkette nur so weit nach rechts verschoben werden, dass die Teilkette vom Anfang des Musters über der entsprechenden Teilkette unmittelbar vor der *mismatch*-Position in s zu liegen kommt. Die Prüfung auf Übereinstimmung kann dann an der *mismatch*-Position fortgesetzt werden. Bezogen auf den Sachverhalt in Abbildung 10.6 (b) bedeutet das, dass sofort geprüft werden kann, ob das Zeichen 'c' in p mit dem entsprechenden Zeichen in s übereinstimmt.

Um das in Beispiel 10.1 erläuterte Verschieben der Musterkette in Abhängigkeit von der *mismatch*-Position bewerkstelligen zu können, bedarf es einer Datenstruktur, die für jede mögliche *mismatch*-Position j, mit $first \le j \le pLast$, in der Musterkette angibt, wie weit das Muster verschoben werden darf. Dazu verwenden wir ein *integer*-Feld *next* gemäß folgender Deklarationen:

```
type IntArray = array [first:max] of int
var next: IntArray
```

So wie in ▶Abbildung 10.7 dargestellt, nutzt das Knuth-Morris-Pratt-Verfahren die Einträge im Feld *next*, um bei einer entdeckten Nichtübereinstimmung (*mismatch*) an der Stelle *j* im Muster *p* denjenigen Wert für den Index *j* zu ermitteln (*j* = *next*[*j*]), der sich ergibt, wenn man das Muster so weit wie möglich nach rechts verschiebt. Der so ermittelte Indexwert *j* kann dann für den nächsten Zeichenvergleich (*s*[*i*] = *p*[*j*]?) unmittelbar verwendet werden.

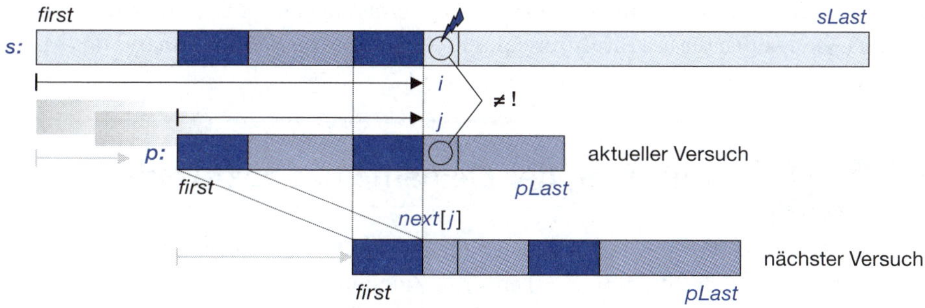

Abbildung 10.7: Schnappschuss eines Zustands des Algorithmus *KnuthMorrisPrattMatching*

Der unten angegebene Algorithmus *KnuthMorrisPrattMatching* benutzt zu Beginn den Hilfsalgorithmus *InitNext* (seine Implementierung geben wir weiter unten an), um das *next*-Feld auf Basis des Musters *p* zu füllen, und arbeitet dann im Wesentlichen so, wie der im vorhergehenden Abschnitt vorgestellte Algorithmus *BruteSearchLR1L* (Abweichungen sind hervorgehoben).

```
KnuthMorrisPrattMatching(↓s: CharArray …  ↓p: CharArray …  ↑pos: int)
  var next: IntArray
      i, j: int
begin
  InitNext(↓p  ↓pLast  ↑next)
  i := first
  j := first
  repeat
    if (j = first - 1) or (s[i] = p[j]) then
      i := i + 1
      j := j + 1
    else -- mismatch
      -- no more reset of i
      j := next[j]
    end -- if
  until (i > sLast) or (j > pLast)
  if j > pLast then
    pos := i - pLen
  else
    pos := first - 1
end KnuthMorrisPrattMatching
```

Wenn das gerade inspizierte Zeichen in *s* mit dem entsprechenden Zeichen in *p* nicht übereinstimmt, also ein *mismatch* vorliegt, braucht der Index *i* nicht vermindert zu werden, sondern bleibt unverändert. Der erforderliche neue Wert für den Index *j* wird aus dem Feld *next* besorgt. Damit bei einem *mismatch* an der ersten Stelle des Musters (also bei *j* = *first*) das Muster hinter die *mismatch*-Position verschoben wird, bedarf es einer

Sonderbehandlung: Dazu wird im Feld *next* im ersten Element der Wert *first* − 1 abgelegt. Das bewirkt, dass im nächsten Schleifendurchlauf (weil dann j = *first* − 1 ist) sowohl i um 1 erhöht als auch j auf (*first* − 1) + 1 (= *first*) gesetzt wird und damit im nächsten Schritt das erste Zeichen des Musters mit jenem Zeichen in s, das sich hinter der *mismatch*-Position befindet, verglichen wird.

Die Essenz der Lösungsidee für das Verfahren von Knuth, Morris und Pratt steckt allerdings im Hilfsalgorithmus *InitNext*. Bevor wir diesen angeben, erläutern wir in Beispiel 10.2 die Lösungsidee für die Ermittlung der Elemente des *next*-Felds anhand des Musters “abcabd“.

Beispiel 10.2 Ermittlung der Elemente des *next*-Felds

Für die Musterkette “abcabd“ ergeben sich aufgrund ihrer Länge (*pLen* = 6) sechs mögliche *mismatch*-Situationen. Wenn die Zeichen des Musters mit den Indizes 1 bis 6 indiziert sind (*first* also wie bei Pascal-Zeichenketten den Wert 1 hat), so ist die erste mögliche *mismatch*-Situation an der Position j = 1 in p. Diese ist in ▸Abbildung 10.8 aber nicht illustriert, denn sie erfordert – wie oben erläutert – eine Sonderbehandlung. Die restlichen fünf *mismatch*-Situationen (ab j = 2) sind in (a) bis (e) dargestellt: Für diese, z.B. mit der *mismatch*-Position j = 2 in (a), ist der neue Wert für j (also der Wert in *next*[j]) jeweils dunkelblau dargestellt.

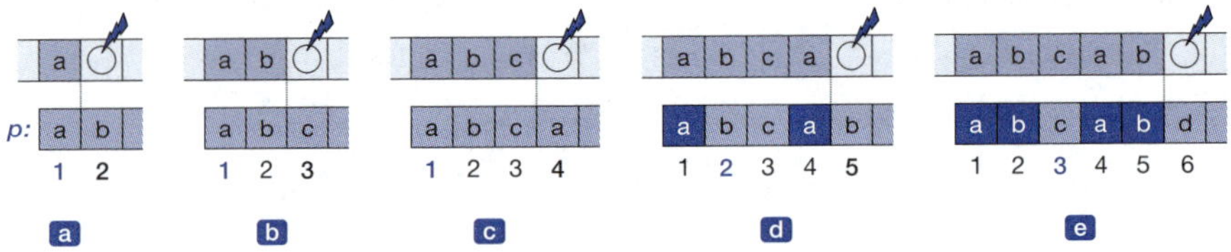

Abbildung 10.8: Mögliche *mismatch*-Situationen und resultierende Werte für das *next*-Feld

▸Abbildung 10.9 zeigt den Zusammenhang zwischen der Musterkette “abcabd“ und dem Inhalt des Felds *next*: Man sieht, wie die in Abbildung 10.8 dunkelblau dargestellten Indexwerte an der jeweiligen Position im Feld *next* eingetragen sind. An der Position *first* (hier 1) steht immer der Wert *first* − 1 (hier also 0), damit im Algorithmus *KnuthMorrisPrattMatching* die oben erläuterte Sonderbehandlung ausgelöst wird.

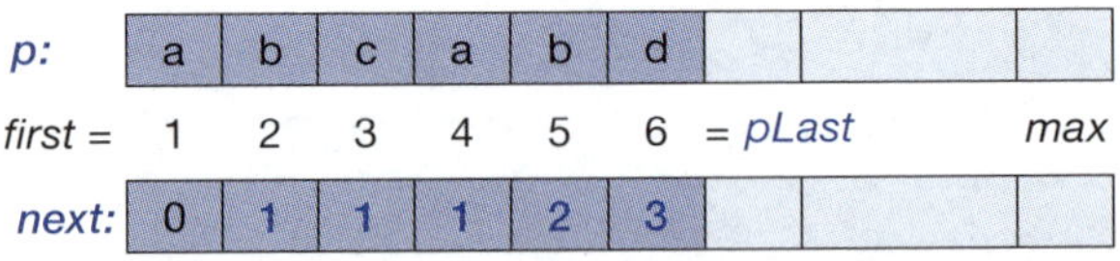

Abbildung 10.9: Zusammenhang zwischen Musterkette p und Inhalt des Felds *next*

Hinweis: Für Musterketten, deren Indizierung mit 0 (*first* = 0) beginnt (wie beispielsweise bei C-Zeichenketten der Fall), hätten im Feld *next* Werte eingetragen werden müssen, die jeweils um 1 kleiner sind, also *next* = (–1, 0, 0, 0, 1, 2).

Der unten angegebene kurze (und trickreiche) Algorithmus *InitNext* implementiert die oben dargestellte Lösungsidee zur Berechnung der Elemente des *next*-Felds. Es handelt sich im Kern um das gleiche Verfahren wie im Algorithmus *KnuthMorrisPrattMatching*, allerdings wird dieses hier dazu verwendet, um Teile des Musters *p* mit sich selbst zu vergleichen. Dabei werden bereits ermittelte Elemente des *next*-Felds herangezogen, um Werte noch fehlender Elemente zu berechnen. Nach der Erhöhung von *i* und *j* um 1 im *then*-Zweig der *if*-Anweisung gilt, dass für die *mismatch*-Position *i* im Muster

- die ersten $j - 1$ Zeichen des Musters, also $p[first : first + j - 2]$ mit
- den letzten $j - 1$ Zeichen der ersten $i - 1$ Zeichen, also mit $p[first + i - j : first + i - 2]$

übereinstimmen. Und nachdem es keinen größeren Wert für *j* gibt, der über diese Eigenschaft verfügt (sonst wäre er schon früher gefunden worden), kann der aktuelle Wert von *j* an der Position *i* in *next* eingetragen werden (vgl. [Sedgewick 2002]). Im Vergleich zum Algorithmus *KnuthMorrisPrattMatching* kann die *repeat-until*-Schleife schon abgebrochen werden, wenn $i \geq pLast$ ist, da dann für alle *pLen* Elemente in *next* ein Wert berechnet wurde. (Die Bedingung $i = pLast$ genügt nicht für den Abbruch, denn für $pLen = 1$ hat *i* nach dem ersten Schleifendurchlauf schon den Wert $first + 1 = pLast + 1$, ist also größer als *pLast*).

```
InitNext(↓p: CharArray  ↓pLast: int  ↑next: IntArray)
  var i, j: int
begin
  i := first
  j := first - 1
  next[first] := first - 1
  repeat
    if (j = first - 1) or (p[i] = p[j]) then
      i := i + 1
      j := j + 1
      next[i] := j
    else
      j := next[j]
    end -- if
  until i ≥ pLast
end InitNext
```

Wie leicht zu erkennen ist, lässt sich die *repeat-until*-Schleife in obigem Algorithmus durch folgende *while*-Schleife ersetzen, womit für den Fall $pLen = 1$ kein Schleifendurchlauf mehr erfolgt:

```
...
while i < pLast do
  ...
end -- while
...
```

Hinweis: Die Arbeitsweise des Algorithmus *InitNext* ist eventuell nicht auf den ersten Blick zu durchschauen. Wir empfehlen dem Leser daher, sich die Arbeitsweise durch eine *Handsimulation* (auch *Schreibtischtest* genannt, vgl. Abschnitt 2.6.3) z.B. für die Musterkette "abcabd" (aus Beispiel 10.2) klar zu machen.

Eine kleine Verbesserung lässt sich noch anbringen: Betrachtet man die beiden Fälle (c) und (d) in Abbildung 10.8 (Beispiel 10.2) genauer, so erkennt man, dass die dort angegebenen neuen Werte für *j*, nämlich 1 bei (c) und 2 bei (d), sofort wieder zu einem Fehler (*mismatch*) an derselben Stelle in *s* führen werden, weil durch die neuen *j*-Werte das gleiche Zeichen, nämlich 'a' in (c) und 'b' in (d) mit dem entsprechenden Zeichen in *s* verglichen wird, das zuvor schon einen *mismatch* verursacht hat. Man kann das vermeiden und damit an Effizienz gewinnen (einen Schleifendurchlauf und einen Zeichenvergleich im Algorithmus *KnuthMorrisPrattMatching* einsparen), indem man im Algorithmus *InitNext* die Zuweisung

```
...
next[i] := j
...
```

am Ende des *then*-Zweigs der *if*-Anweisung durch folgende *if*-Anweisung

```
...
if p[j] ≠ p[i] then
  next[i] := j          -- standard, as above
else
  next[i] := next[j]    -- improvement
end -- if
...
```

ersetzt. Diese Änderung führt dazu, dass für das Muster "abcabd" aus Beispiel 10.2 (mit *first* = 1) anstelle der Werte (0, 1, 1, **1**, **2**, 3) die Werte (0, 1, 1, **0**, **1**, 3) für das *next*-Feld berechnet werden und damit bei den *mismatch*-Situationen mit $j = 2$ bzw. 3 jeweils eine Iteration und ein Vergleich eingespart werden.

Der Aufwand für die Berechnung der *pLen* Elemente des Felds *next* – die asymptotische Laufzeitkomplexität von *InitNext* ist $O(pLen)$ – und der zusätzliche Speicher, der für dieses Feld benötigt wird, ist (für lange Zeichenketten) gut investiert, denn das Verfahren von Knuth, Morris und Pratt benötigt höchstens $pLen + sLen$ Vergleiche und hat somit die asymptotische Laufzeitkomplexität $O(pLen + sLen)$, ist also linear.

10.5 Mustersuch-Verfahren nach Boyer und Moore

Im Jahr 1974 entwickelten Robert S. Boyer und J. Strother Moore den später nach ihnen benannten Boyer-Moore-Algorithmus (kurz BM-Algorithmus). Die Lösungsidee für diesen Algorithmus ist verblüffend einfach und er ist in vielen Fällen schneller als der KMP-Algorithmus. Publiziert wurde das Boyer-Moore-Verfahren erst im Jahr 1977 (vgl. [Boyer und Moore 1977]).

Das Verfahren von Boyer und Moore basiert im Wesentlichen auf der Lösungsidee für das in Abschnitt 10.3 vorgestellte Verfahren, bei dem das Muster von rechts nach links (d. h. von hinten) mit der Zeichenkette verglichen wird (vgl. Algorithmus *BruteSearchRL1L*). Es macht sich aber die Erkenntnis zunutze, dass man bei einem *mismatch* aufgrund des Zeichens in der Zeichenkette und mit dem Wissen, welche Zeichen überhaupt und wo im Muster vorkommen, das Muster häufig um eine größere Distanz als nur um eine Position nach rechts verschieben kann, wie dies bei dem elementaren Verfahren, das der Algorithmus *BruteSearchRL1L* implementiert, der Fall ist.

In Beispiel 10.3 illustrieren wir die Lösungsidee von Boyer und Moore.

Beispiel 10.3 **BM-Idee für das Verschieben des Musters**

Wenn, wie in ▶Abbildung 10.10 (a) dargestellt, die Musterkette p = "abcdef" in einer Zeichenkette s gesucht wird und es beispielsweise durch das Zeichen 'x' in s, das in der Musterkette nicht vorkommt, zu einem *mismatch* kommt, kann der Anfang der Musterkette gegenüber der Zeichenkette s um vier Positionen nach rechts verschoben werden (das ist hier hinter die *mismatch*-Position), bevor wieder mit dem Mustervergleich (von hinten her) begonnen wird.

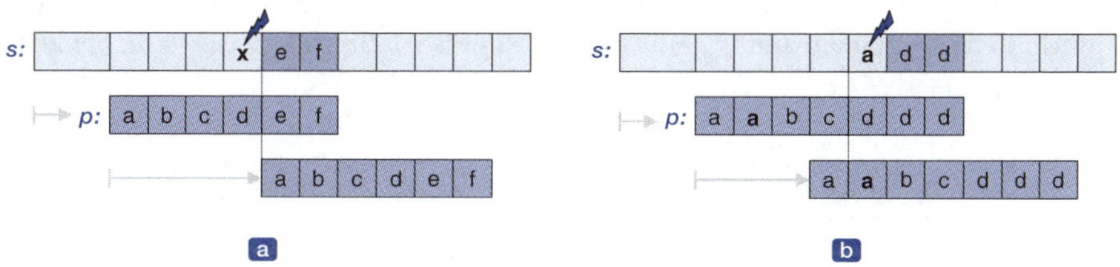

Abbildung 10.10: Lösungsidee von Boyer und Moore für das Verschieben des Musters im *mismatch*-Fall

Wie Abbildung 10.10 (b) für die Musterkette p = "aabcddd" zeigt, ist es nach einem *mismatch* jedoch nicht in jedem Fall möglich, den Anfang der Musterkette so weit nach rechts zu verschieben, dass das erste Zeichen der Musterkette hinter der *mismatch*-Position in s zu liegen kommt. Wenn nämlich das den *mismatch* auslösende Zeichen in s (hier das Zeichen 'a') auch in der Musterkette vorkommt, müssen in Abhängigkeit davon, an welcher Position das den *mismatch* auslösende Zeichen (hier 'a') in der Musterkette das letzte Mal (von links nach rechts betrachtet) auftritt, zwei Fälle unterschieden werden:

1. Wenn die Stelle des letzten Auftretens dieses Zeichens noch vor der *mismatch*-Position liegt, kann die Musterkette so weit nach rechts verschoben werden, dass dieses den *mismatch* auslösende Zeichen in s und das letzte Auftreten dieses Zeichens in p „übereinander" zu liegen kommen, so wie in Abbildung 10.10 (b) illustriert.
2. Wenn die Stelle des letzten Auftretens dieses Zeichens jedoch hinter der *mismatch*-Position liegt, darf die Musterkette nur um eine Position verschoben werden – so wie im elementaren Verfahren.

Um das in Beispiel 10.3 erläuterte Verschieben der Musterkette in Abhängigkeit von jenem Zeichen in s, das den *mismatch* verursacht hat, bewerkstelligen zu können, bedarf es einer Datenstruktur, die für jedes mögliche Zeichen in s (also für jedes Zeichen $ch \in character$) angibt, wie weit bei einem *mismatch* die Musterkette nach rechts verschoben werden kann. Dazu verwenden wir ein mit Zeichen indiziertes *integer*-Feld *skip* gemäß folgender Deklarationen:

```
type SkipArray = array [char] of int
var skip: SkipArray
```

Bevor wir den Algorithmus *InitSkip* angeben, der auf Basis der Musterkette das Feld *skip* befüllt, erläutern wir in Beispiel 10.4 anhand des Musters “aabcddd“ die Ermittlung der im Feld *skip* abzulegenden Verschiebungsdistanzen.

Beispiel 10.4 Ermittlung der Elemente des *skip*-Felds

▶Abbildung 10.11(a) zeigt die Musterkette p = “aabcddd“ aus Abbildung 10.10 (b) in Beispiel 10.3. Die oberhalb des Zeichenfelds angegebenen Indexwerte gelten für eine Repräsentation des Musters als C-Zeichenkette (mit *first* = 0), die unterhalb angegebenen Indexwerte für die Repräsentation als Pascal-Zeichenkette (mit *first* = 1).

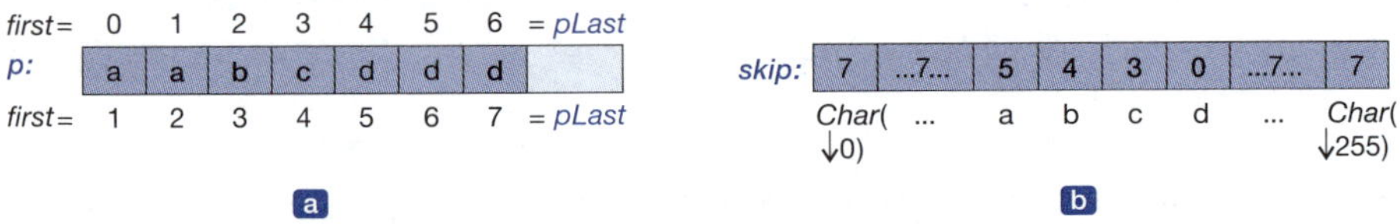

Abbildung 10.11: Zusammenhang zwischen Musterkette p und Inhalt des Felds *skip*

Abbildung 10.11 (b) zeigt, wie das Feld *skip* befüllt werden muss, wenn die in Abbildung 10.11 (a) angegebene Musterkette gesucht werden soll. Für jedes Zeichen x, das im Muster vorkommt, muss *skip*[x] den Abstand des letzten Auftretens von x zum Ende der Musterkette, also die Differenz zwischen *pLast* und dem Index des letzten Auftretens, enthalten. Für alle anderen Zeichen (jene, die nicht im Muster vorkommen) muss *skip* die Länge der Musterkette (hier *pLen* = 7) enthalten.

Der Lösungsidee von Boyer und Moore folgend kann damit die Musterkette, wenn an der *mismatch*-Position in s das Zeichen ‘a’ angetroffen wird und die *mismatch*-Position hinter dem letzten Auftreten von ‘a’ in p liegt, das Muster um fünf Positionen verschoben werden. Analog gilt das für das Zeichen ‘b’ mit einer Verschiebung um vier und für das Zeichen ‘c’ mit einer Verschiebung um drei Positionen. Wenn in s das Zeichen ‘d’ den *mismatch* verursacht, steht in *next* an der entsprechenden Position zwar der Wert 0, aber in diesem Fall kommt das Standardverhalten des Basisalgorithmus *BruteSearchRL1L* zum Tragen, und das Muster wird um eine Position nach rechts verschoben, genauso wie in jenen Fällen, in denen die *mismatch*-Position vor dem letzten Auftreten des jeweiligen Zeichens in p liegt. Bei den übrigen Zeichen, die in der Musterkette nicht vorkommen, kann das Muster um die maximal mögliche Distanz, d.h. um die Länge des Musters verschoben werden.

Der unten angegebene Algorithmus *InitSkip* erledigt die Aufgabe des Befüllens des Felds *skip* auf Basis der Musterkette p in zwei Phasen: zuerst wird das gesamte Feld mit der Länge *pLen* der Musterkette initialisiert und dann wird die Musterkette elementweise von vorne beginnend abgearbeitet, d.h. für jedes Zeichen der Musterkette wird sein Abstand zum Ende der Kette eingetragen. Kommt ein Zeichen mehrmals vor, wird der bereits eingetragene Wert überschrieben, also letztendlich der Abstand des letzten Auftretens des Zeichens (von links nach rechts) zum Kettenende eingetragen.

```
InitSkip (↓p: CharArray … ↑skip: SkipArray)
  var ch: char
      j: int
begin
  for ch := Char(↓0) to Char(↓255) do
    skip[ch] := pLen
  end -- for
  for j := first to pLast do
    skip[p[j]] := pLast - j
  end -- for
end InitSkip
```

So wie in ▶Abbildung 10.12 dargestellt, nutzt das Boyer-Moore-Verfahren die zuvor ermittelten Einträge des Felds *skip*, um bei einem *mismatch* an der Stelle *i* in *s* mittels *s*[*i*] einen neuen Wert für den Index $i = i + skip[s[i]]$ zu ermitteln. Die Musterkette wird dadurch relativ zur Zeichenkette *s* um die maximal zulässige Distanz nach rechts verschoben. Danach beginnt ein neuer Suchschritt mit $s[i] = p[j]$ und $j = pLast$. (Nicht visualisiert ist in Abbildung 10.12 jene Situation, in der das Muster nur um eine Position nach rechts verschoben werden kann, weil das letzte Auftreten des Zeichens an der *mismatch*-Position in *s* in der Musterkette hinter der *mismatch*-Position liegt – das entspricht dem Vorgehen des elementaren Verfahrens.)

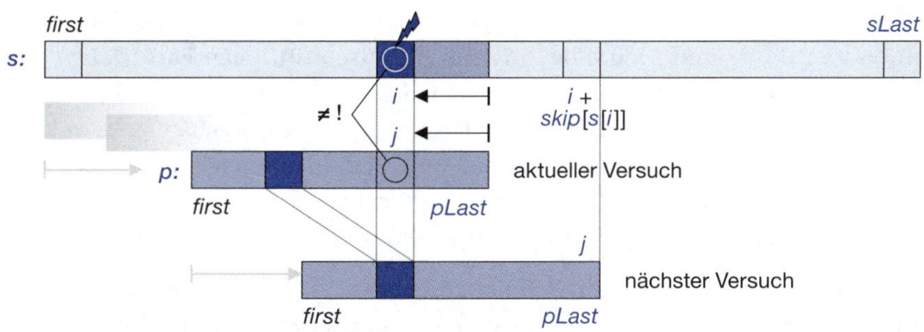

Abbildung 10.12: Schnappschuss des Zustands des Algorithmus *BoyerMooreMatching* bei einem *mismatch*

Der unten angegebene Algorithmus *BoyerMooreMatching* benutzt zu Beginn den oben angegebenen Hilfsalgorithmus *InitSkip*, um das Feld *skip* auf Basis des Musters *p* zu füllen und arbeitet dann im Wesentlichen so, wie *BruteSearchRL1L* aus Abschnitt 10.3 (Abweichungen sind hervorgehoben). Wenn das aktuell inspizierte Zeichen in *s* ungleich dem entsprechenden Zeichen in *p* ist, also ein *mismatch* vorliegt, wird das Zeichen aus *s* verwendet, um anhand des entsprechenden Eintrags im *skip*-Feld festzustellen, ob die Musterkette nur um eine Position nach rechts verschoben werden kann (wie im elementaren Verfahren) oder ob eine Verschiebung um mehr als eine Position (entsprechend dem Eintrag im Feld *skip*) zulässig ist.

```
BoyerMooreMatching(↓s: CharArray … ↓p: CharArray … ↑pos: int)
  var skip: SkipArray
      i, j: int
begin
  InitSkip(↓p … ↑skip)
  i := pLast
  j := pLast
  repeat
    if s[i] = p[j] then
      i := i - 1
      j := j - 1
    else -- mismatch
      if pLen - j + first > skip[s[i]] then
        i := i + pLen - j + first
      else
        i := i + skip[s[i]]
      end -- if
      j := pLast
    end -- if
  until (i > sLast) or (j < first)
  if j < first then
    pos := i + 1
  else
    pos := first - 1
  end -- if
end BoyerMooreMatching
```

Der Aufwand für die Berechnung der Elemente des *skip*-Felds – die asymptotische Laufzeitkomplexität von *InitSkip* ist *O*(*pLen*) – und der zusätzliche Speicher, der für dieses Feld benötigt wird, sind (für längere Zeichenketten) gut investiert, denn das Verfahren von Boyer und Moore benötigt im durchschnittlichen Fall *O*(*sLen* + *pLen*) Zeichenvergleiche, ist also linear wie schon das Verfahren von Knuth, Morris und Pratt. Für große Zeichensätze und nicht allzu lange Muster ergeben sich im günstigsten Fall nur *O*(*sLen* / *pLen*) Zeichenvergleiche (siehe [Sedgewick 2002]), weshalb der BM-Algorithmus unter diesen, durchaus realistischen Voraussetzungen schneller ist als der KMP-Algorithmus (vgl. [Pirklbauer 1992]).

Im schlechtesten Fall (z.B. für die Zeichenkette "aaa…a" und das Muster "xaaa") sind allerdings (*sLen* − *pLen* + 1) · *pLen* Zeichenvergleiche notwendig; das Verfahren ist dann quadratisch. Aber auch bei kleinen Zeichensätzen (z.B. nur 0 und 1) ist die Effizienz des Boyer-Moore-Verfahrens schlecht, denn das Muster kann nach einem Mismatch nur um wenige Stellen nach rechts verschoben werden. Man kann jedoch eine Verbesserung anbringen, indem neben der bisher geschilderten Idee (im Engl. auch als *bad character heuristic* bezeichnet) auch die Idee von Knuth, Morris und Pratt in einer Form angewendet wird, die für den Vergleich von rechts nach links adaptiert ist (im Engl. als *good suffix heuristic* bezeichnet): Dann ist garantiert, dass es höchstens zu *pLen* + *sLen* Zeichenvergleichen kommt (siehe [Sedgewick 2002]).

10.6 Mustersuch-Verfahren nach Rabin und Karp

Im Jahr 1980 haben Michael O. Rabin und Richard M. Karp durch Rückführung des Problems der Mustersuche auf das Standardsuchproblem (vgl. Abschnitt 6.1) ein Verfahren für die Mustersuche entwickelt, das auf der Anwendung der Idee des Hashing basiert (vgl. Abschnitt 6.4 sowie [Karp u. Rabin 1977]).

Den bisher vorgestellten Verfahren ist gemeinsam, dass ihre Laufzeiteffizienz in erster Linie vom Aufwand für den zeichenweisen Vergleich der Musterkette mit der Zeichenkette abhängt. Rabin und Karp hatten die Idee, diesen Aufwand durch Anwendung der Idee des Hashings zu verringern. Wie ▶Abbildung 10.13 illustriert, wird dazu für die Musterkette *p* (deren Länge *pLen* ist) mit einer Hash-Funktion ein Hash-Code *hp* und von vorne weg für alle Teilketten der Länge *pLen* in *s* (z.B. für jene, die an der Position *i* startet) mit derselben Hash-Funktion ein Hash-Code *hs* berechnet. Nur wenn $hp = hs$ ist (der Vergleich zweier Zahlen ist auf sehr effiziente Weise möglich), besteht die Chance, dass das Muster *p* ab der Position *i* in der Zeichenkette *s* vorkommt. Und nur dann, wenn das festgestellt wurde, muss durch zeichenweisen Vergleich der beiden Ketten geprüft werden, ob das tatsächlich der Fall ist.

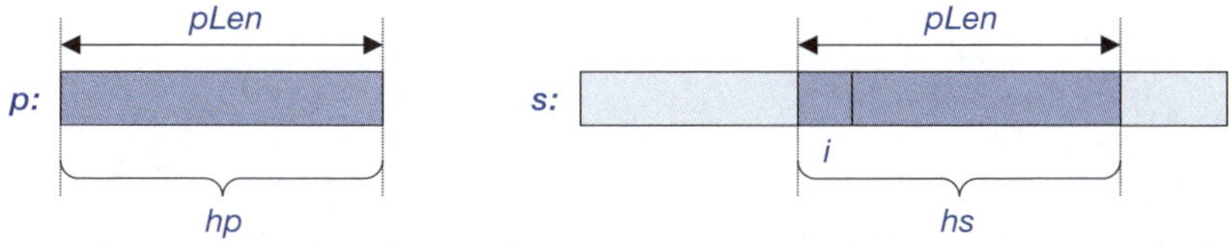

Abbildung 10.13: Hash-Codes für die Musterkette und einer Teilkette der Zeichenkette

Für die Umsetzung dieser Idee könnte prinzipiell jede Hash-Funktion, die wir in Abschnitt 6.4.2 behandelt haben, herangezogen werden. Allerdings würde die Verwendung „üblicher" Hash-Funktionen zu einem sehr ineffizienten Verfahren führen, denn sie müssten auf jede (vollständige) Teilkette aus *s* erneut angewandt werden. Deshalb verwenden Rabin und Karp eine spezielle Hash-Funktion, die eine Zeichenkette als Zahl zur Basis *d* interpretiert, wobei *d* die Anzahl der Elemente des verwendeten Zeichensatzes (z.B. $d = 256$ für ISO/IEC 8859) ist. Eine solche Hash-Funktion ermöglicht es – wie wir unten zeigen werden – auf effiziente Art und Weise nur durch arithmetische Operationen, ganz ohne Schleife, den Hash-Code für die Teilkette beginnend an der Position $i + 1$ in *s*, aus dem Hash-Code der Teilkette beginnend an der Position *i* zu berechnen.

Beispiel 10.5 zeigt, wie die Zeichenkette "RuK" (als Abkürzung für Rabin und Karp) als Zahl zur Basis $d = 256$ interpretiert werden kann.

Beispiel 10.5 Interpretation einer Zeichenkette als Zahl

Für die Zeichenkette "RuK" ergibt sich mit $d = 256$ für den Zeichensatz ISO/IEC 8859 und mit den entsprechenden Zeichencodes (z.B. ist der Code von 'R' = 82) durch Anwendung des Horner-Schemas folgender numerischer Wert:

$$(((Int(\downarrow\text{'R'}) * 256\ ) + Int(\downarrow\text{'u'})) * 256) + Int(\downarrow\text{'K'}) =$$

$$((82 * 256 + 117) * 256) + 75 = 5403979$$

Damit es bei der in Beispiel 10.5 gezeigten Berechnung des Hash-Codes bei längeren Zeichenketten zu keinem Überlauf kommt, wird während der Berechnung die Modulo-Operation mit einer geeigneten Konstanten q angewandt. Damit kann der Hash-Code für eine Musterkette p der Länge *pLen* beispielsweise wie folgt korrekt (also ohne Überlauf) ermittelt werden:

```
  var hp, i: int
begin
  hp := 0
  for i := first to pLast do
    hp := (hp * d + Int(↓p[i])) mod q
  end -- for
```

Als Wert für q ist z.B. 8355967 gut geeignet, denn es handelt sich dabei um eine Primzahl, und es gilt, dass $(q \cdot d + d) < 2^{31}$ ist. Es kann somit für 32-Bit lange *integer*-Datenobjekte zu keinem Überlauf kommen.

Es bleibt noch die Frage zu beantworten, wie aus dem Hash-Code *hs* für eine Teilkette der Länge *pLen*, die in s an der Position i beginnt, effizient der Hash-Code für die nächste Teilkette derselben Länge, die an der Position $i + 1$ beginnt, berechnet werden kann. Wie in ▶Abbildung 10.14 illustriert, kann der neue Hash-Code dadurch berechnet werden, dass der Anteil des Zeichens $s[i]$ aus *hs* herausgenommen und der Code des neuen Zeichens $s[i + pLen]$ hinzugenommen wird. Dabei gilt es allerdings zu berücksichtigen, dass der „Stellenwert" der dazwischen liegenden Zeichen jeweils um 1 zu erhöhen ist.

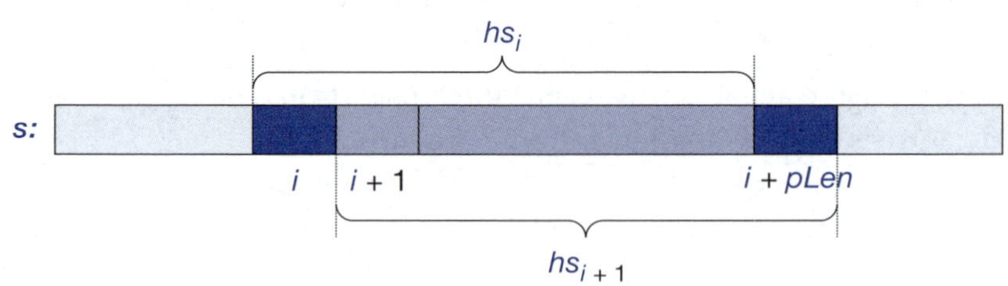

Abbildung 10.14: Hash-Codes *hs* für Teilketten der Länge *pLen*, die in *s* an den Positionen *i* und *i* + 1 beginnen

Wenn $Num(s[i:i + pLen - 1])$ der numerische Wert (ohne Restbildung) der Teilkette der Länge *pLen* ist, die in *s* an der Position *i* beginnt, dann lässt sich dieser Wert wie folgt als Polynom darstellen:

$$Num(s[i:i + pLen - 1]) = \\ s[i] \cdot d^{pLen-1} + s[i+1] \cdot d^{pLen-2} + \ldots + s[i + pLen - 1]. \quad (1)$$

Es gilt $hs = Num(s[i:i + pLen - 1]) \text{ mod } q$, denn im Sinne der Restklassenartihmetik ist es irrelevant, ob die Modulo-Operation – wie in obigem Codestück mit der *for*-Schleife gezeigt – schon im Laufe der Berechnung (zur Vermeidung von Überläufen) oder erst zum Schluss auf das Endergebnis angewandt wird.

Dann lässt sich $Num(s[i + 1: i + pLen])$ durch das Herausnehmen des Zeichens $s[i]$ und das Hinzunehmen des Zeichens $s[i + pLen]$ (siehe ▶Abbildung 10.14) mit Veränderung des „Stellenwerts" der dazwischen liegenden Zeichen wie folgt aus (1) ermitteln:

$$Num(s[i + 1: i + pLen]) = \\ (Num(s[i:i + pLen - 1]) - s[i] \cdot d^{pLen-1}) \cdot d + s[i + pLen] \quad (2)$$

Weil man an $hs' = Num(s[i + 1: i + pLen]) \text{ mod } q$ interessiert ist, kann man – aufgrund der Eigenschaften der Modulo-Operation – *hs'* für die Teilkette ab der Position $i + 1$ mit den folgenden beiden Anweisungen effizient berechnen, wobei *dp* (kurz für engl. *d power*) für den Wert $d^{pLen-1} \text{ mod } q$ steht:

```
-- assertion: hs is the hashcode for s[i:i + pLen - 1]
hs := (hs + d * q - Int(↓s[i]) * dp) mod q  -- trick: explanation see below
hs := (hs * d + Int(↓s[i + pLen])) mod q
-- assertion: hs is the hashcode for s[i + 1:i + pLen]
```

Der Ausdruck auf der rechten Seite der ersten Zuweisungsanweisung berechnet aus Formel (2) die Differenz

$$\ldots = (Num(s[i:i + pLen - 1]) - s[i] \cdot d^{pLen-1}) \ldots$$

mittels Restklassenarithmetik, also *mod q*, wobei allerdings zu berücksichtigen ist, dass eine direkte Umsetzung mittels

```
... := (hs - Int(↓s[i]) * dp ) mod q
```

ein negatives Ergebnis liefern könnte, wenn *hs* klein ist (z.B. den Wert 1 hat). Deshalb wird ein „Trick" angewandt: zu *hs* wird vor der Subtraktion ein Wert addiert, der ein Vielfaches von *q* (somit durch *mod q* wieder getilgt wird) und sicher größer als $Int(\downarrow s[i]) \cdot dp$ ist, was für $d \cdot q$ auf jeden Fall gilt. Damit ergibt sich folgende Umsetzung des ersten Teils von (2):

```
... := (hs + d * q - Int(↓s[i]) * dp) mod q
```

Der Ausdruck auf der rechten Seite der zweiten Zuweisungsanweisung sorgt dafür, dass die Formel aus (2) zu Ende berechnet wird, allerdings wieder *mod q*.

Im unten angegebenen Algorithmus *RabinKarpMatching* sind nun die oben erläuterten einzelnen Teile zusammengefügt. Zuerst wird *dp* berechnet und dann wird (in *einer* Schleife) der Hash-Code *hp* für das Muster *p* sowie der Hash-Code *hs* für die erste Teilkette der Länge *pLen* in *s* (ab der Position *first*) ermittelt. Die eigentliche

Mustersuche erfolgt in zwei ineinander geschachtelten Schleifen: Die (äußere) *for*-Schleife verschiebt das Muster mit $i = first$ beginnend schrittweise über die Zeichenkette. Innerhalb dieser Schleife werden die beiden Hash-Codes verglichen. Wenn sie gleich sind, wird durch die (innere) *while*-Schleife mittels zeichenweiser Vergleiche geprüft, ob p tatsächlich in s ab der Position i vorkommt. Wenn das der Fall ist, wird der Ausgangsparameter *pos* entsprechend eingestellt und die Ausführung des Algorithmus erfolgreich beendet. Wenn nicht, wird der Hash-Code für die Teilkette an der Position $i + 1$ in s berechnet, der dann im nächsten Schleifendurchlauf wieder für den Vergleich mit *hp* herangezogen wird.

```
RabinKarpMatching(↓s: CharArray … ↓p: CharArray … ↑pos: int)
  const q = 8355967 -- prime, cf. size of the hash table
        d = 256     -- size of alphabet, number of characters in char
  var hp, hs: int   -- hash codes
      dp: int       -- auxiliary value for incremental hash value computation
      i, j, k: int
begin
  -- compute d to the power of pLen - 1
  dp := 1
  for i := 1 to pLen - 1 do
    dp := (d * dp) mod q
  end -- for
  -- compute hash codes hp for p and hs for first substring of s
  hp := 0
  hs := 0
  for i := first to pLast do
    hp := (hp * d + Int(↓p[i])) mod q
    hs := (hs * d + Int(↓s[i])) mod q
  end -- for
  -- search for pattern
  for i := first to sLast - pLen + 1 do
    if hp = hs then
      j := first
      k := i
      while (j ≤ pLast) and (p[j] = s[k]) do
        j := j + 1
        k := k + 1
      end -- while
      if j > pLast then
        pos := i
        return
      end -- if
    end -- if
    hs := (hs + d * q - Int(↓s[i]) * dp) mod q
    hs := (hs * d + Int(↓s[i + pLen])) mod q
  end -- for
  pos := first - 1
end RabinKarpMatching
```

Eine genaue Analyse des Laufzeitverhaltens des Algorithmus *RabinKarpMatching* ist schwierig und bis heute noch nicht abgeschlossen. Es muss dabei berücksichtigt werden, dass trotz gleicher Hash-Codes das Muster an der entsprechenden Stelle nicht vorkommt (was zwar relativ unwahrscheinlich ist, aber …). Theoretisch hat der Algorithmus eine asymptotische Laufzeitkomplexität von $O(pLen \cdot (sLen - pLen + 1))$. In der Praxis hat sich jedoch herausgestellt (vgl. [Sedgewick 2002]), dass der Algorithmus im Durchschnitt nur *pLen* + *sLen* Schritte benötigt. Messungen der tatsächlichen Laufzeit (siehe [Pirklbauer 1992]) haben ergeben, dass die Berechnungen der Hash-Codes aber so aufwändig sind, dass alle bisher vorgestellten Algorithmen schneller sind. Trotzdem ist das Verfahren von Rabin und Karp wertvoll, denn es kann auf den zweidimensionalen Fall (z.B. für die Mustersuche in Bildern) erweitert werden und es zeigt die Nützlichkeit der Idee der Hash-Funktionen.

10.7 Ausblick: Echte Muster, reguläre Ausdrücke und endliche Automaten

Die in den Abschnitten 10.3 bis 10.6 diskutierten Verfahren zur Suche einer Zeichenkette in einer anderen werden zwar üblicherweise als Mustersuch-Verfahren bezeichnet – wir haben diese Bezeichnung deshalb in diesem Kapitel auch verwendet – doch wird unter einem *Muster* (*pattern*) im strengen Sinn des Worts und in Bezug auf Zeichenketten die Beschreibung einer Menge von Zeichenketten verstanden. Als Mustersuche in diesem strengen Sinn versteht man deshalb, dass in einer Zeichenkette nach (dem ersten Auftreten) einer Teilkette gesucht wird, zu der die Beschreibung eines Musters passt.

Für die Beschreibung einer Menge von Zeichenketten können ***reguläre Ausdrücke*** (*regular expressions*) herangezogen werden. Diese werden gebildet, indem reguläre (Teil-) Ausdrücke mittels spezieller Operatoren zu größeren regulären Ausdrücken kombiniert werden. Wenn p und q reguläre Teilausdrücke sind, dann sind auch folgende Ausdrücke reguläre Ausdrücke:

- $p \cdot q$: die Sequenz oder Konkatenation von p und q, wobei der Operator $\cdot$ oft nicht notiert wird (stattdessen also $p\ q$ geschrieben wird),
- $p + q$: eine der beiden Alternativen von p und q, also p oder q und
- $p*$ bzw. $q*$: die Null oder mehrmalige Wiederholung von p bzw. q, auch *Kleenesche Hülle* (*closure*) genannt.

In regulären Ausdrücken können runde Klammern (wie in arithmetischen Ausdrücken) zur Zusammenfassung von Teilausdrücken verwendet werden.

Beispiel 10.6 zeigt einen regulären Ausdruck für eine Menge von Zeichenketten.

Beispiel 10.6 **Regulärer Ausdruck**

Die (unendlich große) Menge aller Zeichenketten, die mit ‘a’ beginnen, mit ‘c’ oder ‘d’ enden und bei denen zwischen dem ersten und dem letzten Zeichen beliebig viele ‘b’ stehen dürfen, lässt sich kurz und prägnant durch den folgenden regulären Ausdruck beschreiben:

$$\mathrm{a\ b{*}\ (c + d)}$$

Dieser reguläre Ausdruck beschreibt die Mengen {“ac“, “ad“, “abc“, “abd“, “abbc“, “abbd“, ...}.

Auf Basis eines regulären Ausdrucks kann ein ***endlicher Automat*** (*finite state machine*) konstruiert werden, der den regulären Ausdruck implementiert und wie ein Algorithmus zur Mustersuche in einer Zeichenkette herangezogen werden kann.

Ein endlicher Automat in diesem Sinne besteht aus einer endlichen Menge von *Zuständen* (*states*) und der Automat geht von einem Startzustand aus, gesteuert vom jeweils nächsten Zeichen der Zeichenkette, in einen Folgezustand über. Wenn der Automat in einen so genannten Endzustand übergeht, ist das Muster erkannt. Wenn hingegen kein Zustandsübergang, keine so genannte *Transition* (*transition*) mehr möglich ist, steht fest, dass das Muster nicht in der Zeichenkette vorkommt.

Beispiel 10.7 zeigt einen endlichen Automaten für den regulären Ausdruck aus Beispiel 10.6.

Beispiel 10.7

Endlicher Automat

Für den regulären Ausdruck a b∗ (c + d) aus Beispiel 10.6 kann der in ▶Abbildung 10.15 in Form eines Zustandsübergangsdiagramms dargestellte endliche Automat konstruiert werden.

Der Zustand mit der Nummer 1 bildet den Startzustand und die Zustände mit den Nummern 3 und 4 sind die Endzustände. Die Zustandsübergänge sind durch Pfeile dargestellt, die mit dem Zeichen versehen sind, das die jeweilige Transition auslöst.

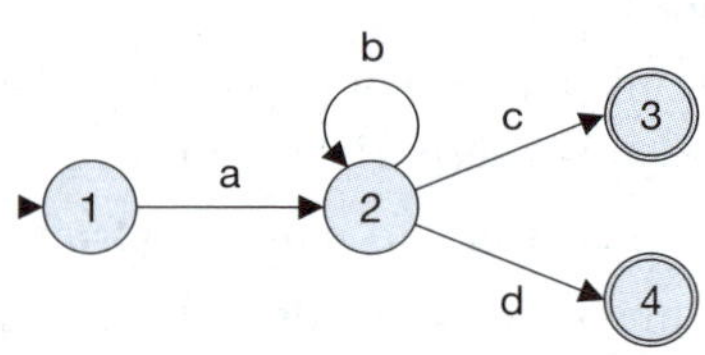

Abbildung 10.15: Zustandsübergangsdiagramm eines endlichen Automaten

Aus Platzgründen wird auf eine detaillierte Behandlung von Verfahren zur Konstruktion endlicher Automaten aus regulären Ausdrücken, ihre Transformation in Algorithmen und ihre Verwendung zur Mustersuche verzichtet. Der Leser sollte aber zumindest auf diese Technik aufmerksam gemacht werden. Zur Vertiefung des Wissenstands darüber verweisen wir den interessierten Leser z.B. auf [Asteroth u. Baier 2002].

Zusammenfassung

In diesem Kapitel haben wir uns mit Algorithmen auf Zeichenketten auseinander gesetzt. Ziel dieses Kapitels war es, den Leser mit grundsätzlichen Problemen der und Lösungsansätzen für die Repräsentation und Manipulation von Zeichenketten vertraut zu machen und ihm wichtige (Standard-)Algorithmen zur Mustersuche in Zeichenketten an die Hand zu geben.

Wir haben zunächst unterschiedliche Arten der Repräsentation von Zeichenketten vorgestellt, sind auf damit verbundene Vor- und Nachteile eingegangen und haben uns dann den elementaren Operationen auf Zeichenketten und den dafür erforderlichen Algorithmen zugewandt. (Abschnitt 10.1)

In Abschnitt 10.2 haben wir beschrieben, was sich hinter dem Problem der Mustersuche in Zeichenketten verbirgt, und festgelegt, wie die Schnittstelle von Algorithmen zur Behandlung dieser Problemstellung ausgeprägt sein soll.

In Abschnitt 10.3 haben wir gezeigt, wie man das Problem der Mustersuche in Zeichenketten mittels einer nahe liegenden einfachen Idee lösen kann. Wir haben unterschiedliche Varianten der algorithmischen Umsetzung dieser Lösungsidee vorgestellt, sind darauf eingegangen, welche Laufzeitqualität mit diesem Lösungsansatz verbunden ist, und haben argumentiert, dass wegen der unbefriedigenden Laufzeitqualität Bedarf an besseren Verfahren besteht.

In den Abschnitten 10.4 bis 10.6 haben wir dann drei verschiedene Lösungsideen zur Verbesserung der Laufzeiteffizienz bei der Mustersuche und ihre algorithmische Umsetzung vorgestellt: die Lösungsidee von Knuth, Morris und Pratt, die von Boyer und Moore und schließlich die Lösungsidee von Rabin und Karp.

Zur Abrundung des Kapitels haben wir im letzten Abschnitt (Abschnitt 10.7) noch auf eine weitere Möglichkeit zur Lösung typischer Problemstellungen im Zusammenhang mit Zeichenketten, nämlich den Einsatz regulärer Ausdrücke und darauf aufbauender endlicher Automaten, hingewiesen.

COMPANION WEBSITE

Aufgaben

Aufgabe 10.1 (Weitere Algorithmen auf Zeichenketten)
Gesucht sind Algorithmen auf Zeichenketten. Nutzen Sie für deren Entwicklung die in Abschnitt 10.1 beschriebenen Deklarationen sowie die elementaren Operationen aus Abschnitt 10.1. Gesucht sind:

1. ein Funktionsalgorithmus *DeleteLastChar*, der das letzte Zeichen aus einer Zeichenkette *s* entfernt und das Ergebnis als Funktionswert liefert;
2. ein Funktionsalgorithmus *DeleteSubstring*, der eine Zeichenkette *subStr* aus einer Zeichenkette *s* entfernt und das Ergebnis als Funktionswert liefert. Ist *subStr* nicht in *s* enthalten, soll *s* unverändert als Ergebnis geliefert werden;
3. ein Funktionsalgorithmus *Trim*, der alle Leerzeichen in der als Parameter übergebenen Zeichenkette *s* entfernt und das Ergebnis als Funktionswert liefert;
4. ein Algorithmus *ReplaceAll*, der in einer Zeichenkette *s* alle Zeichenketten *old* durch die Zeichenkette *new* ersetzt; *s* soll dabei ein Übergangsparameter sein. Ist *old* nicht in *s* enthalten, bleibt *s* unverändert.

Aufgabe 10.2 (Flexibler Zeichenkettenvergleich)
Gegeben sind zwei Zeichenketten auf Basis der Deklarationen aus Abschnitt 10.1. Es soll geprüft werden, ob die beiden Zeichenketten gleich sind. Dabei sollen Leerzeichen (im Beispiel durch '_' angedeutet) ignoriert werden. *Beispiel*: Die beiden Zeichenketten "_FERNSEHEN" und "FERN_SEHEN_" gelten in diesem Sinne als gleich.

Entwickeln Sie einen Funktionsalgorithmus *EqualWithoutSpaces*, der *true* liefert, wenn zwei Zeichenketten *s1* und *s2* (im oben angegebenen Sinne) gleich sind und *false*, wenn dies nicht der Fall ist. Welche asymptotische Laufzeitkomplexität hat Ihr Algorithmus, wenn man davon ausgeht, dass die Längen der beiden Zeichenketten etwa gleich sind? Begründen Sie Ihre Antwort.

Aufgabe 10.3 (Letztes Auftreten einer Muster- in einer Zeichenkette)
Gegeben sind eine Zeichenkette *s* und eine Musterkette *p* auf Basis der Deklarationen aus Abschnitt 10.1. Gesucht ist ein Algorithmus *LastIndex*, der in *s* das letzte Auftreten von *p* ermittelt und als Ergebnis die Position *pos* des ersten Zeichens von *p* in *s* zu diesem Auftreten liefert. Wenn *p* nicht in *s* vorkommt, soll *pos* den Wert *first* − 1 erhalten.

Beispiele:

FirstIndex(↓"Hundert" ↓"Hund") ⇒ *pos* = 1,
FirstIndex(↓"Abracadabra" ↓"bra") ⇒ *pos* = 9 und
FirstIndex(↓"kommt nicht" ↓"vor") ⇒ *pos* = *first* − 1 = z.B. 0

Aufgaben

Aufgabe 10.4 (Längste überdeckende Teilkette)
Gegeben sind zwei Zeichenketten *s1* und *s2* auf Basis der Deklarationen aus Abschnitt 10.1. Gesucht ist ein Algorithmus *LongestMatch*, der die längste Teilkette ermittelt, die sowohl in *s1* als auch in *s2* vorkommt. Die jeweiligen Anfangs- und Endpositionen der Teilkette sollen als Ergebnis geliefert werden, und zwar *ps1First* und *ps1Last* für das Auftreten in *s1* und *ps2First* und *ps2Last* für das Auftreten in *s2*. Gibt es mehrere längste Teilketten, sollen für eine dieser Teilketten die entsprechenden Resultatindizes als Ergebnis geliefert werden.

Der Algorithmus soll folgende Schnittstelle aufweisen:

```
LongestMatch(↓s1: CharArray  ↓s1Len: int  ↓s1Last: int
             ↓s2: CharArray  ↓s2Len: int  ↓s2Last: int
             ↑ps1First: int ↑ps1Last: int)
             ↑ps2First: int ↑ps2Last: int)
```

Aufgabe 10.5 (*m*-Ketten-Problem)
Eine *m*-Kette ist eine Zeichenkette, die höchstens *m* unterschiedliche Zeichen enthält. *Beispiele*: Die Zeichenketten “a“, “ab“ und “abcbaac“ sind u. a. 3-Ketten, die Zeichenkette „abcd“ allerdings ist keine 3-Kette mehr, sondern eine 4-Kette. Gegeben ist eine Zeichenkette *s* auf Basis der Deklarationen aus Abschnitt 10.2 und eine Zahl *m* mit $1 \leq m \leq sLen$. Gesucht ist ein Funktionsalgorithmus *MChain*(↓*s*: *CharArray* … ↓*m*: *int*): *int*, der die Länge der längsten *m*-Kette, die in *s* enthalten ist, ermittelt.

Aufgabe 10.6 (Zweidimensionale Mustersuche)
In Kapitel 10 sind Verfahren für die Mustersuche in Zeichenketten (d.h. in einer Folge von Zeichen) beschrieben. Computergrafiken sind zweidimensionale Anordnungen von Pixel (Bildschirmpunkten). Sehr einfache Computergrafiken kann man auch aus ASCII-Zeichen (vom Datentyp *character*) erzeugen, nennen wir diese Grafiken *ASCII-Grafiken*. Gesucht ist ein Algorithmus *Match2D* für die zweidimensionale Mustersuche, der in einer ASCII-Grafik *s* ein ASCII-Muster *p* sucht und die Startposition (*posX*, *posY*) von *p* in *s* liefert; falls *p* in *s* nicht vorkommt, soll als Ergebnis (0, 0) geliefert werden. Gehen Sie von folgenden Deklarationen aus:

```
const maxX = ...; maxY = ...
type  AsciiPicture = compound
        sizeX, sizeY: int   -- 1 ≤ sizeX ≤ maxX and 1 ≤ sizeY ≤ maxY
        pict:  array [1:maxX, 1:maxY] of char
      end -- compound
```

Der gesuchte Algorithmus (basierend auf einem der in Kapitel 10 behandelten Verfahren) soll folgende Schnittstelle aufweisen:

```
Match2D(↓s: AsciiPicture  ↓p: AsciiPicture  ↑posX: int  ↑posY: int)
```

Aufgaben

Beispiel: Bild *s* Muster *p*

```
  1234567890123456789
1 +-----------------+ 1
2 |     *******     | 2
3 |   *  0   0  *   | 3
4 |  *     |     *  | 4
5 |   *   - -   *   | 5
6 |     *******     | 6
7 +-----------------+ 7
  1234567890123456789
```

```
  12345
1 0   0 1
2   |   2
3  - -  3
  12345
```

`s.sizeX = 19, s.sizeY = 7`   `p.sizeX = 5, p.sizeY = 3`

Für obiges Beispiel soll *Match2D* das Ergebnis $posX = 3$ und $posY = 8$ liefern. Welche asymptotische Laufzeitkomplexität hat Ihre Lösung? Begründen Sie Ihre Antwort.

TEIL III

Elementare Programmierparadigmen

Aufgaben- und modul-orientierte Programmierung

11

ÜBERBLICK

Motivation

» *Sowohl der Entwicklungsprozess als auch die Architektur eines Programmsystems werden entscheidend davon geprägt, welche Design- oder Entwurfsstrategie angewendet wird, d.h. welchen Aspekt man im Zuge des Systementwurfs in den Vordergrund rückt. Wir können beispielsweise den aufgabenorientierten Aspekt, also die Aufgaben, die es zu erledigen gilt, in den Mittelpunkt des Entwurfsprozesses rücken oder den datenbezogenen Aspekt, also die Daten, die das Programmsystem verarbeiten bzw. liefern muss, und selbstverständlich sind auch noch weitere Aspekte denkbar, um den Entwurf daran auszurichten. In diesem Kapitel wenden wir uns dem aufgabenorientierten Aspekt zu und sprechen deshalb von aufgabenorientierter Programmierung oder anders ausgedrückt von aufgabenorientierter Systemzerlegung.*

Das Kapitel beginnt mit einer grundsätzlichen Erörterung des Begriffs der Systemarchitektur (systems architecture) und der Idee der aufgabenorientierten Strukturierung bzw. Zerlegung einer Systemarchitektur, wobei auch diskutiert wird, welche Konsequenzen eine solche Strukturierung nach sich zieht. Danach wird die aus dem Denkmodell der aufgabenorientierten Zerlegung resultierende Vorgehensweise bei aufgabenorientierter Systementwicklung anhand eines Beispiels gezeigt. Dabei geht es insbesondere darum, dass der Leser nachvollziehen kann, aufgrund welcher Überlegungen und Entscheidungen man beim aufgabenorientierten Systementwurf zu den einzelnen Systemkomponenten und ihrem Zusammenwirken kommt.

Danach wird das Konstrukt Modul (module) als Grundbaustein modulorientierter Systemarchitekturen eingeführt. Nach der Definition des Modulbegriffs und der Erläuterung der beiden Bestandteile eines Moduls, der Schnittstelle (interface) und der Implementierung (implementation), werden die wichtigsten Eigenschaften von Modulen diskutiert, um Klarheit darüber zu schaffen, was mit ihrem Einsatz erreicht werden soll bzw. kann.

Nachdem das grundlegende Konstrukt zur Gestaltung von modulorientierten Systemarchitekturen eingeführt ist, wird abschließend jenes Beispiel, an dem zuvor schon die Vorgehensweise bei aufgabenorientiertem Systementwurf illustriert wurde, erneut herangezogen, um nun die Anwendung des Modulkonstrukts zur Qualitätsverbesserung der Systemarchitektur zu demonstrieren. Damit wird dem Leser gezeigt, wie man auf systematische und nachvollziehbare Art und Weise bei der aufgabenorientierten Programmierung zu einer klaren und modular aufgebauten Systemarchitektur gelangt. «

Ziele

Nach dem Lesen dieses Kapitels haben Sie Folgendes erreicht:

- Sie wissen, dass man beim Entwurf und bei der Strukturierung von Programmsystemen unterschiedliche Aspekte in den Mittelpunkt stellen kann und dass damit auch eine bestimmte Ausprägung der Systemarchitektur verbunden ist.
- Sie wissen, was man unter aufgabenorientierter Programmierung, aufgabenorientierter Systemzerlegung, aufgaben- und modulorientierter Systemarchitektur versteht.
- Sie wissen, wie man ausgehend von einer Systemspezifikation auf systematische Art und Weise eine modulorientierte Systemarchitektur entwirft.
- Sie kennen Richtlinien zur Modulbildung.
- Sie können das Modulkonstrukt zur Strukturierung von Programmsystemen einsetzen.

11.1 Entwurf und Eigenschaften aufgabenorientierter Systemarchitekturen

Programmieren im Sinne der Informatik heißt, ein Lösungsverfahren für eine bestimmte Problemstellung so zu formulieren, dass es auf einem Computer ausgeführt werden kann. Bei komplexen Problemstellungen stellt sich nicht nur die Frage, wie wir die Komplexität des Lösungsprozesses meistern können, d.h. wie wir systematisch von der Problemstellung zur algorithmischen Lösung gelangen, sondern auch, wie wir das Ergebnis so strukturieren können, dass es überschaubar ist und gewissen Qualitätsanforderungen im Hinblick auf Sicherheit, Testbarkeit, Änderbarkeit und Erweiterbarkeit genügt. Ein wichtiger Aspekt der Systementwicklung im Sinne der ***Softwaretechnik*** (*software engineering*) besteht darin, die Systemarchitektur auf die möglichst gute Erfüllung dieser Qualitätsanforderungen hin auszurichten.

Unter der ***Architektur*** *eines Software- bzw. Programmsystems*[1], auch *Systemarchitektur* genannt, verstehen wir den Aufbau des Systems aus Komponenten und deren Schnittstellen, welche die bereitgestellte Funktionalität der Komponenten, die Wechselwirkungen zwischen ihnen sowie sonstige benötigte Ressourcen spezifizieren. Eine Definition von Helmut Balzert (entnommen aus [Balzert 2001]) beschreibt den Architekturbegriff mit „strukturierte oder hierarchische Anordnung der Systemkomponenten sowie Beschreibung ihrer Beziehungen“. Die Komponenten bilden eine Zerlegung des Gesamtsystems, in der jedes Softwareelement einer Architekturkomponente eindeutig zugeordnet ist.

---

1 Die beiden Begriffe *Softwaresystem* und *Programmsystem* sind im Kontext dieses Buchs Synonyme. Wir werden hauptsächlich den Begriff Programmsystem benutzen, weil das Buch eine systematische Einführung in die Programmierung ist (im Unterschied zu einer Einführung in die Softwaretechnik).

Sowohl der Entwicklungsprozess als auch die Architektur eines Programmsystems werden entscheidend davon geprägt, welche Entwurfsstrategie angewendet wird, d.h., welchen Aspekt man in den Vordergrund rückt:

- den *aufgabenorientierten* oder *funktionalen Aspekt*: Im Mittelpunkt stehen die funktionalen Eigenschaften des Programmsystems, also die Aufgaben, die es zu erledigen gilt, um die geforderten Eigenschaften bereitzustellen. In diesem Fall sprechen wir von *aufgabenorientierter Programmierung;*
- den *datenbezogenen Aspekt*: Im Mittelpunkt stehen die datenbezogenen Eigenschaften des Programmsystems, also die Daten, die das Programmsystem verarbeiten bzw. liefern muss. In diesem Fall sprechen wir von *daten-* oder *transformationsorientierter Programmierung* (Eingabedaten werden in Ausgaben transformiert; siehe dazu Kapitel 12);
- den *objektbezogenen Aspekt*: Im Mittelpunkt stehen so genannte *Objekte* (*objects*), die Daten, die mit diesen verbundene Eigenschaften und die auf ihnen ausführbaren Operationen kapseln und die über Nachrichten miteinander kommunizieren. In diesem Fall sprechen wir von *objektorientierter Programmierung* (*OOP*, siehe dazu Kapitel 13).

Wir erläutern im Folgenden die Idee der aufgabenorientierten Programmierung im Detail und gehen auch auf die Eigenschaften der dabei entstehenden Systemarchitekturen ein. Die daten- und transformationsorientierte und die objektorientierte Programmierung sind Gegenstand der beiden folgenden Kapitel.

Das Denkmodell der aufgabenorientierten Programmierung beruht auf der fortgesetzten Zerlegung von Aufgaben in Teilaufgaben. Niklaus Wirth nennt diese Vorgehensweise das *Prinzip der schrittweisen Verfeinerung* (*principle of stepwise refinement*, vgl. [Wirth 1971b]). Wir haben dieses Entwurfs- bzw. Zerlegungsprinzip bereits in Abschnitt 2.6.1 eingeführt und ein Beispiel dafür angegeben, ohne jedoch darauf einzugehen, welche Konsequenzen die Anwendung dieses Entwurfsprinzips auf die resultierende Systemarchitektur hat.

Die Idee, die hinter der schrittweisen Verfeinerung steckt, kann durch zwei einfache Regeln beschrieben werden:

1. Zerlege eine Aufgabe in Teilaufgaben.

2. Betrachte jede Teilaufgabe für sich, d.h. möglichst unabhängig von den anderen Teilaufgaben, und zerlege sie weiter in Teilaufgaben, bis diese so einfach geworden sind, dass dafür eine algorithmische Systemkomponente gebildet werden kann.

Die erste Phase der Entwicklung der Systemarchitektur ist bei aufgabenorientierter Zerlegung durch folgende Vorgehensweise charakterisiert:

- Man beginnt damit, die Gesamtaufgabe (und später jede Teilaufgabe) in ihre wesentlichen Bestandteile zu zerlegen. Dabei geht es nicht bloß darum, die (Teil-) Aufgaben zu spezifizieren, sondern vielmehr ist festzulegen, in welcher Art und Weise die Lösungen dieser (Teil-)Aufgaben im Sinne eines Algorithmus zu einer Gesamtlösung zusammengefügt werden können. Das bedeutet, dass die erste entworfene Architekturkomponente, die Wurzel der hierarchischen Struktur der Architektur des Programmsystems, bereits in Form eines Algorithmus vorliegen kann (und in den meisten Fällen auch so vorliegen wird). Wir spezifizieren also die Architekturkomponenten in algorithmischer Form.

- Bei diesem Zerlegungsprozess ist es wichtig, sich auf die wesentlichen Bestandteile einer Aufgabe zu konzentrieren und Auseinandersetzungen mit Einzelheiten so lange wie möglich zurückzustellen. Das bedeutet insbesondere, dass man sich im Zuge der Zerlegung einer Aufgabe in angemessene Teilaufgaben noch keine Gedanken darüber machen soll, wie die Lösungen der identifizierten Teilaufgaben aussehen könnten. Zuerst muss klar werden, in welcher Art und Weise die Lösungen der identifizierten Teilaufgaben zusammenwirken. Wir spezifizieren daher eine Teilaufgabe in Form einer Algorithmenschnittstelle, die festlegt, was der Algorithmus für die Lösung seiner Teilaufgabe benötigt und was er liefert. Das Zusammenwirken der Lösungen der identifizierten Teilaufgaben wird dann in Form eines Algorithmus beschrieben. Erst danach sollen die Lösungen der in einem Entwurfsschritt identifizierten Teilaufgaben, gegebenenfalls ihre weitere Zerlegung, in Angriff genommen werden. Dadurch wird einerseits sichergestellt, dass wichtige Entwurfsentscheidungen erst gefällt werden, wenn bereits viele bzw. alle Informationen über den Zusammenhang der Teilaufgaben vorliegen, andererseits hilft diese Vorgehensweise, die Komplexität des Gestaltungsprozesses der Systemarchitektur zu meistern.
- Durch diese sukzessive Dekomposition kommt es zu einer ständigen Komplexitätsverminderung bei den zu lösenden (Teil-)Aufgaben und einem stetigen, aber überschaubaren Wachstum der Systemarchitektur. Wenn z.B. eine Aufgabe *A* durch die Hintereinanderausführung dreier Teilaufgaben *a1*, *a2* und *a3* gelöst werden kann, ist man zwar geneigt, diese Zerlegung als trivial und deshalb wenig nutzbringend anzusehen. Tatsache ist aber, dass die Lösung jeder dieser drei Teilaufgaben einfacher ist als die Lösung der Gesamtaufgabe, die daraus resultierenden Systembausteine „klein und verständlich" und die Systemarchitektur (vor allem die Wechselwirkungen zwischen den Bausteinen) übersichtlich bleibt.
- Die identifizierten Teilaufgaben werden im Verlauf des so organisierten Entwurfsprozesses zunehmend konkreter und es wird klarer, welche algorithmischen Konstrukte und Datenobjekte zu ihrer Lösung erforderlich sind. Das bedeutet, dass auch die Datenobjekte, die zur Lösung einer (Teil-)Aufgabe erforderlich sind, sukzessive von einem abstrakten Gebilde in eine konkrete Ausprägung transformiert werden. Die Konkretisierung der Datenobjekte wirkt sich auch auf die Konkretisierung der Schnittstellen der Teillösungen aus. Während man zu Beginn mit benutzerdefinierten und abstrakten Datenstrukturen sowie -typen arbeitet – deren konkrete Implementierung zum Zeitpunkt der Einführung noch offen bleibt – wird in den letzten Entwurfsschritten, wenn alle Details bekannt sind, eine adäquate und endgültige Konkretisierung vorgenommen.
- Während dieses aufgabenorientierten Zerlegungsprozesses muss ständig geprüft werden, ob der bisherige Weg im Lichte der weiteren Zerlegung zielführend ist, d.h. ohne Schwierigkeiten oder gar Sackgassen fortgesetzt werden kann, oder verworfen werden muss.

So einfach und logisch diese Vorgehensweise auf den ersten Blick erscheinen mag, so lehrt uns doch die Erfahrung, dass damit auch einige Hürden und Nachteile verbunden sind. Wichtige Zerlegungsentscheidungen müssen gleich zu Beginn des Entwurfsprozesses getroffen werden, wenn man noch wenig weiß und es schwierig ist, die Konsequenzen abzuschätzen. Man ist deshalb oft nicht in der Lage, den Prozess konsequent und ohne Sackgassen durchzuziehen. Wenn der Entwurfsprozess ins Stocken gerät, erliegt man mitunter der Versuchung, die Situation durch eine Sonderfallbehandlung in den bereits entworfenen Komponenten zu retten, anstatt Entwurfsschritte und Entscheidungen, die dazu geführt haben, wieder zurückzunehmen. Auf diese Weise entsteht eine Systemarchitektur, deren Unzulänglichkeit sich später (im Zuge eines Systemausbaus oder bereits beim Testen des Systems) als hinderlich, mitunter sogar als katastrophal herausstellen kann.

Immer dann, wenn der Entwurfsprozess ins Stocken gerät oder die Übersichtlichkeit und Strukturqualität der Systemarchitektur leidet, ist es ratsam, dass die einzelnen Entwurfsschritte bzw. die dazu herangezogenen Entwurfsentscheidungen nochmals überdacht werden und versucht wird, die Ursache für die Sackgasse bzw. die schlechte Architekturqualität ausfindig zu machen. Das bedeutet zwar, dass in einem solchen Fall Entwurfsschritte zurückgenommen und einige Teilprobleme neu und mit einem anderen Lösungsansatz gelöst werden müssen, führt aber in der Regel zu einer besseren und problemadäquateren Systemarchitektur. Der Korrekturaufwand sollte dabei nicht als verlorene Zeit, sondern als sinnvolle Qualitätssicherungsinvestition, die sich amortisieren wird, gesehen werden.

Ein weiterer Nachteil dieser Vorgehensweise ist, dass die Granularität der resultierenden Architekturkomponenten oft klein, gegebenenfalls zu klein, ist. Im Ergebnis führt dies bei (der Praxis entsprechenden) komplexen Aufgaben zu einem umfangreichen Geflecht von einzelnen Algorithmen, die z.B. als *Prozedur*[2] (*procedure*) realisiert werden. Die Prozedur ist jedoch nur bedingt als Architekturbaustein geeignet, weil damit lediglich eine spezielle Abstraktionsschicht möglich ist und die Systemarchitektur wegen der vielen Komponenten zu aufgebläht wird. Um das aufgabenorientierte Programmierparadigma auch für die Strukturierung der Architektur großer Programmsysteme heranziehen zu können, ist es sinnvoll, ein weiteres Abstraktionsmittel einzuführen. Wir werden uns dazu des Modulkonstrukts bedienen (siehe Abschnitt 11.3). Zuvor wollen wir aber im folgenden Abschnitt die geschilderte Vorgehensweise anhand eines Beispiels illustrieren.

2 Eine Prozedur besteht aus einer Menge von internen Datenobjekten und einer Folge von Anweisungen (Aktionen), die einen in sich abgeschlossenen Programmteil (einen Algorithmus) repräsentieren, der von anderen Programmteilen aus aufgerufen, d.h. ausgeführt werden kann. Eine Prozedur besitzt eine Schnittstelle, die ihren Namen, die Eingangs- und Ausgangsparameter, also die nach der Ausführung verfügbaren Resultate, spezifiziert.

11.2 Beispiel zur Vorgehensweise bei aufgabenorientierter Systementwicklung

Naturgemäß wäre es interessant, den Entwurf der gesamten Systemarchitektur, der durch sie definierten Komponenten und der dahinterliegenden Algorithmen für ein der Praxissituation entsprechend komplexes Programmsystem zu illustrieren. Dies würde aber, im Hinblick auf den dafür erforderlichen Platz, den Rahmen dieses Buchs sprengen, und es ist auch nicht notwendig, um das, worauf es ankommt, zu illustrieren. Wir zeigen deshalb die Vorgehensweise bei aufgabenorientierter Programmierung und die daraus resultierende Systemarchitektur anhand des Entwurfs eines (vereinfachten) Teilsystems eines Textverarbeitungswerkzeugs.

Wir nehmen an, dass im Rahmen der Entwicklung eines solchen Werkzeugs ein Teilsystem *Blocksatz-Ausgabe* (*justified output*) zu entwickeln ist, welches es gestattet, einen erfassten Text in die optisch ansprechende Form von Blocksatz (d.h. in Absätze mit Zeilen gleicher Länge, also mit ausgeglichenem Rand) zu transformieren und so auf einem Ausgabegerät auszugeben.

Aufgabenstellung für das zu entwickelnde Teilsystem *Blocksatz-Ausgabe*

Gegeben ist ein Text, der aus beliebig vielen Wörtern besteht und der von einem Eingabegerät (*input device*), auf dem er sich in Form einer Folge von Zeichen befindet, gelesen, in Blocksatz mit der Breite *width* (= Anzahl der Spalten pro Ausgabezeile) transformiert und auf einem Ausgabegerät (*output device*) ausgegeben werden soll. Die Wörter sind Zeichenfolgen, die durch mindestens ein Leerzeichen voneinander getrennt sind. Das Ende des einzulesenden Texts ist durch ein spezielles Zeichen (das $-Zeichen) markiert.

Blocksatz bedeutet, dass jede Ausgabezeile möglichst viele und nur vollständige Wörter enthält. Das erste Wort muss in der ersten Spalte beginnen, das letzte in der Spalte der Blocksatzbreite enden. Die Abstände zwischen den Wörtern sollen möglichst gleichmäßig sein. In der letzten Ausgabezeile sind die Wörter nur durch jeweils ein Leerzeichen voneinander getrennt.

Nebenbedingung: Es kann davon ausgegangen werden, dass der Text so geartet ist, dass jedes darin enthaltene Wort kürzer als die halbe Blocksatzbreite (*width* / 2) ist. Dadurch ist gewährleistet, dass jede Ausgabezeile, mit Ausnahme der letzten, mindestens zwei Wörter enthält. Um ein optisch ansprechendes Schriftbild zu erzielen, werden Texte zwar üblicherweise in Proportionalschrift gesetzt, so dass die einzelnen Zeichen unterschiedliche Breite haben. Der Einfachheit halber nehmen wir aber an, dass eine Nichtproportionalschrift verwendet wird, also alle Zeichen denselben Platzbedarf (nämlich eine Spaltenbreite) haben.

Gesucht ist die Architektur und die algorithmische Realisierung eines Programmsystems (als Teil eines Gesamtsystems), das die oben spezifizierte Funktionalität zur Verfügung stellt.

▶Abbildung 11.1 zeigt die beispielhafte Anwendung des gesuchten Programmsystems auf einen gekürzten Ausspruch aus einem Märchen der Gebrüder Grimm für die Blocksatzbreite 15.

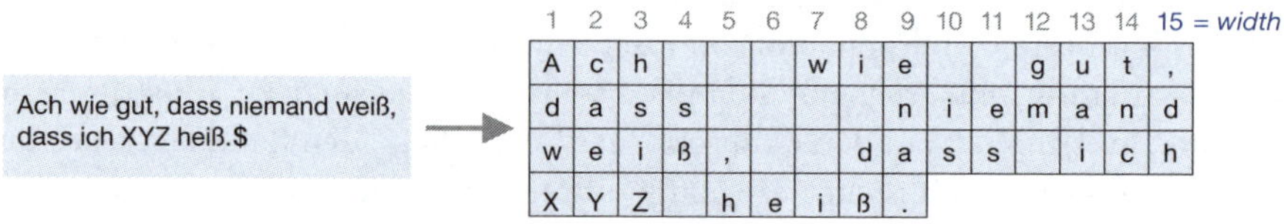

Abbildung 11.1: Blocksatz für einen Beispieltext mit Breite 15

Entwicklung einer Lösung für das Teilsystem *Blocksatz-Ausgabe*

Hinweis: Für jede (lösbare) Aufgabenstellung gibt es mehrere algorithmische Lösungen. In der Praxis würden wir jener Lösung den Vorzug geben, die das schönste Druckbild liefert und diese Arbeit möglichst effizient erledigt. Da es uns hier aber darum geht, dem Leser das Wesen der aufgabenorientierten Systementwicklung näher zu bringen, verzichten wir auf ausgeklügelte (im Hinblick auf das didaktische Ziel unwesentliche) Lösungsdetails und streben ein möglichst einfaches System an.

Wir beginnen – wie oben beschrieben – damit, die Gesamtaufgabe in Teilaufgaben zu zerlegen und das Zusammenspiel der für die Lösung der identifizierten Teilaufgaben erforderlichen Systemkomponenten in Form eines Algorithmus zu beschreiben. Die Lösungskomponenten für die identifizierten Teilaufgaben selbst fassen wir als algorithmische Aktionen (beschrieben nur durch ihre Schnittstelle, die festlegt, was der jeweilige Algorithmus leistet) auf.

Da der zu formatierende Text aus einer Folge von Wörtern besteht, bietet sich eine Lösung an, bei der jeweils ein Wort vom Eingabegerät gelesen und danach verarbeitet wird. Wir haben damit bereits zwei Teilaufgaben, nämlich das Lesen eines Worts (*ReadWord*) und das Verarbeiten des gelesenen Worts (*ProcessWord*) identifiziert. Die Verarbeitung eines Worts führt zur Bildung einer Ausgabezeile, die, wenn sie voll ist, auf die Blocksatzbreite gesteckt und ausgegeben werden muss.

Aus diesen Überlegungen leiten wir im ersten Entwurfsschritt die Systemkomponente *Justify* ab. Sie spezifiziert in algorithmischer Form das Zusammenspiel der Systemkomponenten (algorithmischer Aktionen) für die Lösung jener Teilaufgaben, in die wir die Gesamtaufgabe zerlegen.

```
Justify(↓width: int)
  type Line = …; Word = …   -- to be specified later on
  var line: Line   -- output line
      word: Word   -- word in text
      eot: bool    -- end of text?
begin
  EmptyLine(↑line)  -- start with an empty line
  repeat
    ReadWord(↑word ↑eot)
    ProcessWord(↓width ↓word ↕line)
  until eot
  WriteLine(↓line)  -- write last line
end Justify
```

In diesem ersten Entwurfsschritt haben wir vier Systemkomponenten zur Lösung der identifizierten Teilaufgaben eingeführt:

- *EmptyLine* liefert eine leere Ausgabezeile und übernimmt gegebenenfalls darüber hinaus erforderliche Initialisierungen.
- *ReadWord* hat die Aufgabe, ein Wort (*word*) vom Eingabegerät zu lesen und festzustellen, ob das Ende des zu formatierenden Texts bereits erreicht ist (*eot* = *true*).
- *ProcessWord* hat die Aufgabe, das von *ReadWord* gelieferte Wort (*word*) in die Ausgabezeile (*line*) einzufügen und, wenn dies nicht möglich ist, weil die Zeile sonst länger als die Blocksatzbreite (*width*) würde, die Streckung der Ausgabezeile auf Blocksatzbreite vorzunehmen, die Ausgabezeile auf dem Ausgabegerät auszugeben und den „Zeilenbehälter" (*line*) wieder zu leeren und somit für den weiteren Verarbeitungsprozess zur Verfügung zu stellen.
- *WriteLine* gibt die letzte Ausgabezeile auf dem Ausgabegerät aus.

Damit haben wir eine (aufgabenorientierte) Komponente für die Lösung der Gesamtaufgabe entwickelt und vier Teilaufgaben spezifiziert, die in jedem Fall weniger komplex als die Gesamtaufgabe sind und die wir nun möglichst unabhängig voneinander lösen wollen. Für die in der entworfenen Systemkomponente *Justify* verwendeten Datenobjekte *line* (Behälter für die Ausgabezeile) und *word* (Behälter für ein Wort des zu formatierenden Texts) haben wir bewusst noch keinen Datentyp festgelegt, weil das zum gegenwärtigen Zeitpunkt noch nicht erforderlich ist und wir den passenden Datentyp am besten erst dann festlegen, wenn wir wissen, welche Operationen wir letztendlich auf diesen Datenobjekten ausführen müssen.

Wir beginnen mit dem Entwurf der Systemkomponente *ProcessWord*, weil die durch sie zu lösende Teilaufgabe die komplexeste zu sein scheint, also dem Motto *hardest first* folgend, und formulieren dafür folgenden Algorithmus:

```
ProcessWord(↓width: int  ↓word: Word  ↕line: Line)
  var wordFits: bool
begin
  AppendWord(↓width ↓word ↕line ↑wordFits)
  if not wordFits then
    StretchLine(↓width ↕line)
    WriteLine(↓line)
    EmptyLine(↑line)
    AppendWord(↓width ↓word ↕line ↑wordFits)  -- this time word fits
  end -- if
end ProcessWord
```

Die obiger Lösung zugrunde liegende Lösungsidee kann wie folgt beschrieben werden: Die Lösung beginnt damit, dass versucht wird, das Wort *word* an die Ausgabezeile *line* anzufügen (neue Teilaufgabe *AppendWord*). Die Teilaufgabe *AppendWord* kann nur dann erfolgreich erledigt werden, wenn das Wort *word* noch in der Ausgabezeile *line* Platz findet. Wenn dies nicht der Fall ist, d.h. die Ausgabezeile dadurch länger als die Blocksatzbreite *width* würde, bleibt die Zeile unverändert und der boolesche Ausgangsparameter *wordFits* hat den Wert *false* – womit ausgedrückt wird, dass die

Aufgabenerledigung nicht möglich war. In diesem Fall muss die Ausgabezeile *line* durch Einfügen von Leerzeichen zwischen den Wörtern auf die Blocksatzbreite *width* gestreckt werden (neue Teilaufgabe *StretchLine*).

Neben diesen zwei neuen Teilaufgaben benötigen wir noch die beiden bereits im ersten Entwurfsschritt eingeführten Systemkomponenten *WriteLine*, um eine Ausgabezeile auszugeben, und *EmptyLine*, um nach einer Ausgabe einer Ausgabezeile wieder einen leeren Behälter für die Bildung einer weiteren Ausgabezeile bereitzustellen.

Als nächsten Entwurfsschritt nehmen wir uns wieder die komplexeste der bisher eingeführten Systemkomponenten vor. Dies ist die Komponente *StretchLine*.

In der Aufgabenstellung steckt die Forderung, dass im Blocksatz die Abstände zwischen den einzelnen Wörtern möglichst gleich groß sein sollen. Ein einfacher Lösungsansatz, der zwar nicht besonders effizient ist, aber darauf kommt es uns wie eingangs erwähnt nicht an, besteht darin, von links nach rechts fortschreitend die Wortzwischenräume um jeweils ein Leerzeichen (*blank*) zu vergrößern. Wenn die gewünschte Blocksatzbreite *width* erreicht ist, brechen wir den Vorgang ab, sonst (wenn bereits alle Zwischenräume vergrößert sind) beginnen wir den Vorgang aufs Neue.

```
StretchLine(↓width: int  ↕line: Line)
  var len: int   -- current line length
      pos: int   -- position of a blank in line
begin
  GetLineLength(↓line ↑len)
  pos := 1  -- first possible blank position
  while len < width do
    FindNextBlank(↓line ↕pos)
    -- assertion: there is a blank at column pos in line
    InsertBlank(↓pos ↕line)
    len := len + 1
  end -- while
end StretchLine
```

Im Zuge der Lösung der Aufgabe *StretchLine* haben wir drei neue Teilaufgaben identifiziert, für die wir folgende Systemkomponenten vorsehen:

- *GetLineLength* hat die Aufgabe, die aktuelle Länge *len* der Ausgabezeile *line* zu ermitteln.
- *FindNextBlank* hat die Aufgabe, ausgehend von der Wortzwischenraum-Position *pos* in der Ausgabezeile *line* die Position des nächsten Wortzwischenraums zu ermitteln (bei Erreichen des Zeilenendes muss wieder von vorne weg gesucht werden) und *pos* entsprechend einzustellen.
- *InsertBlank* muss den Wortzwischenraum an der Stelle *pos* in der Ausgabezeile *line* um ein Leerzeichen vergrößern.

Wir haben nunmehr bereits eine stattliche Zahl von Teilaufgaben identifiziert. Manche davon wirken so einfach, dass es aus praktischer Sicht nicht lohnenswert erscheint, eine eigene Systemkomponente (einen vollständigen Algorithmus also) dafür vorzusehen. Die Aktionen, die sich dahinter verbergen, könnten ebenso gut dort, wo die Komponente benutzt wird, direkt eingefügt werden, ohne dass sich an der prinzipiellen Systemstruktur etwas ändern würde. Dadurch würde aber die bei der aufgabenorientierten Entwurfsstrategie gewonnene Zerlegung teilweise wieder rückgängig gemacht und die daraus resultierenden Systemkomponenten würden umfangreicher und damit unter Umständen schwerer zu verstehen. Im Zweifelsfall (und wenn nicht andere Aspekte wie z.B. Laufzeit- oder Speichereffizienz es notwendig machen) sollte man den einfachen Komponenten den Vorzug geben – je einfacher, desto besser!

Nun fehlen also noch die Algorithmen für die Systemkomponenten zur Lösung der Teilaufgaben *EmptyLine, ReadWord, WriteLine, AppendWord, GetLineLength, FindNextBlank* und *InsertBlank*. Die Algorithmisierung jeder dieser Systemkomponenten setzt voraus, dass wir über den Aufbau der Datenobjekte *word* und *line* Bescheid wissen. Bisher konnten wir vom Aufbau dieser Datenobjekte abstrahieren, deshalb haben wir den Datentyp dafür auch nicht festgelegt.

Sowohl das Datenobjekt *word* als auch das Datenobjekt *line* können wir als Feld (*array*) von Zeichen realisieren. Darüber hinaus wissen wir aus den bisher entworfenen Komponenten, dass wir jeweils ihren Füllstand (*len*) benötigen, d.h. wir müssen feststellen können, wie viele Elemente des jeweiligen Felds belegt sind (die Wortlänge und die Ausgabezeilenlänge). Wir realisieren daher beide Datenobjekte als Verbunde (siehe dazu Abschnitt 3.2.2) und führen dazu folgende benutzerdefinierte Datentypen ein:

```
const maxWordLen = …; maxLineLen = …
type Word = compound
       chars: array [1:maxWordLen] of char
       len: int  -- current length: 0 ≤ len ≤ maxWordLen
     end -- compound
     Line = compound
       chars: array [1:maxLineLen] of char
       len: int  -- current length: 0 ≤ len ≤ maxLineLen
     end -- compound
```

Nun sind wir in der Lage, die noch nicht algorithmisierten Systemkomponenten zu entwerfen.

Die Komponente *EmptyLine* ist trivial:

```
EmptyLine(↑line: Line)
begin
  line.len := 0
end EmptyLine
```

Anmerkung: Die Komponente *EmptyLine* wäre im oben angesprochenen Sinne auf jeden Fall ein Kandidat dafür, die in ihr enthaltene einzige Anweisung an den entsprechenden Stellen im Code direkt einzufügen.

Die Komponente *ReadWord* hat drei Aktionen auszuführen: (1) einen Wortanfang zu suchen, d.h. Leerzeichen zu überlesen; (2) ein Wort zu bilden, d.h. solange Zeichen vom Eingabegerät zu lesen, bis entweder ein Wortende (Leerzeichen) oder das Textende ($-Zeichen) erkannt wird, und (3) den Wert des Ausgangsparameters *eot* (für *end of text*) entsprechend einzustellen und zwar auf *true*, wenn zuletzt ein $-Zeichen erkannt wurde, sonst auf *false*.

```
ReadWord(↑word: Word  ↑eot: bool)
  var ch: char
begin
  -- skip blanks and read first character of word
  repeat
    Read(↑ch)
  until ch ≠ ' '
  -- build word
  word.len := 0
  while (ch ≠ ' ') and (ch ≠ '$') do
    word.len := word.len + 1
    word.chars[word.len] := ch
    Read(↑ch)
  end -- while
  eot := (ch = '$')  -- end of text?
end ReadWord
```

Anmerkung: Die Situation nach dem Lesen des letzten Worts bedarf einer genaueren Analyse. Wir vergegenwärtigen uns anhand der zwei möglichen Ausprägungen des Texts, was bei der von uns gewählten Lösungsvariante geschieht:

1. Wenn die Textende-Markierung unmittelbar hinter dem letzten Wort auftritt (…*lastWord*$), endet das Lesen des letzten Worts mit dem $-Zeichen, welches aufgrund der Schleifenkonstruktion nicht nach *word.chars* übertragen wird, und der Ausgangsparameter *eot* liefert *true*.

2. Wenn die Textende-Markierung vom letzten Wort durch ein oder mehrere Leerzeichen getrennt ist (…*lastWord* $), wird nach dem Lesen des letzten Worts das Textende noch nicht erkannt und *eot* liefert *false*. Damit wird *ReadWord* von *Justify* ein weiteres Mal aufgerufen. Nun wird das $-Zeichen gelesen und das Textende erkannt, aber das von *ReadWord* gelieferte Wort hat die Länge 0, ist also leer. Da nach jedem gelesenen Wort die Teilaufgabe *ProcessWord* in Angriff genommen wird, muss dort dieser Sonderfall berücksichtigt werden: In *AppendWord* darf nichts geschehen, wenn *word.len* = 0 ist. Dieser Sachverhalt führt dazu, dass die einzelnen Teilaufgaben nicht mehr völlig unabhängig voneinander betrachtet und gelöst werden können. Das ist ein prinzipieller Makel dieser Vorgehensweise, der, wenn man diese Abhängigkeit übersieht, zu schwer zu findendem Fehlverhalten des Systems führen kann.

Diese Anmerkung berücksichtigend, können wir im Sinne der aufgabenorientierten Entwurfsstrategie für *AppendWord* folgende Lösung angeben:

```
AppendWord(↓width: int  ↓word: Word  ↕line: Line  ↑wordFits: bool)
  var lineLen: int
      i: int
begin
  if word.len = 0 then
    wordFits:= true
  else
    GetLineLength(↓line ↑lineLen)
    wordFits := (lineLen + 1 + word.len ≤ width)
    if wordFits then
```

```
      if lineLen > 0 then
        AppendChar(↓' ' ↕line)
      end -- if
      for i : = 1 to word.len do
        AppendChar(↓word.chars[i] ↕line)
      end -- for
    end -- if
  end -- if
end AppendWord
```

Im Zuge dieses Konkretisierungsschritts haben wir wieder eine neue Teilaufgabe für das Anfügen von Zeichen an die aktuelle Ausgabezeile identifiziert (*AppendChar*), für die wir folgende Lösung angeben können:

```
AppendChar(↓ch: char  ↕line: Line)
begin
  line.len := line.len + 1
  line.chars[line.len] := ch
end AppendChar
```

Zur Erledigung der Teilaufgabe *GetLineLength* kann auf Basis der von uns gewählten Realisierungsform für den Behälter *line* einer Ausgabezeile der folgende einfache Algorithmus herangezogen werden:

```
GetLineLength(↓line: Line  ↑len: int)
begin
  len := line.len
end GetLineLength
```

Die Lösung der Teilaufgabe *FindNextBlank* ist nicht mehr ganz so einfach. In der Komponente zur Lösung dieser Aufgabe muss, ausgehend vom aktuellen Wert von *pos*, in der Ausgabezeile das nächste Auftreten eines Wortzwischenraums (Leerzeichen, *blank*) gesucht und *pos* mit dem entsprechenden Wert versehen werden. Dazu muss zuerst sichergestellt werden, dass *pos* auf ein Wort innerhalb der Ausgabezeile zeigt, und dann muss das Ende dieses Worts (d.h. eine Leerzeichenfolge) gesucht werden. Da auf das letzte Wort in der Ausgabezeile keine Leerzeichen mehr folgen, muss der Suchvorgang wieder beim ersten Element des Ausgabezeilenbehälters beginnen, wenn das Ende der Ausgabezeile erreicht ist, d.h. $pos = line.len$ ist. Die Umsetzung dieser Lösungsidee führt uns zu folgendem Algorithmus:

```
FindNextBlank(↓line: Line  ↕pos: int)
begin
  while line.chars[pos] = ' ' do
    pos := pos + 1
  end -- while
  while line.chars[pos] ≠ ' ' do
    if pos = line.len then
      pos := 1
    else
      pos := pos + 1
    end -- if
  end -- while
end FindNextBlank
```

Bei der Erledigung der Teilaufgabe *InsertBlank* muss der gesamte Inhalt des Ausgabezeilenbehälters von der Position *pos* bis zum Ende um eine Position nach rechts verschoben werden. Die Ausgabezeile wird dadurch länger. Wir geben dafür folgenden Algorithmus an:

```
InsertBlank(↓pos: int  ↕line: Line)
  var i: int
begin
  for i := line.len downto pos do
    line.chars[i + 1] := line.chars[i]
  end -- for
  line.chars[pos] := ‘ ’
  line.len := line.len + 1
end InsertBlank
```

Bleibt noch die Teilaufgabe *WriteLine* zu lösen:

```
WriteLine(↓line: Line)
  const newLineChar = …
  var i: int
begin
  for i := 1 to line.len do
    Write(↓line.chars[i])
  end -- for
  Write(↓newLineChar)  -- start new line on output advice
end WriteLine
```

Damit haben wir für alle im Zuge des aufgabenorientierten Entwurfs identifizierten Teilaufgaben Systemkomponenten in Form aufgabenorientierter Algorithmen entwickelt. Jede dieser Systemkomponenten verfügt über eine Schnittstelle, die definiert, was die Komponente leistet und auf welche Weise andere Komponenten mit ihr kommunizieren können. ▶Abbildung 11.2 zeigt das Zusammenwirken der Systemkomponenten, d.h. die bisher entworfene Systemarchitektur.

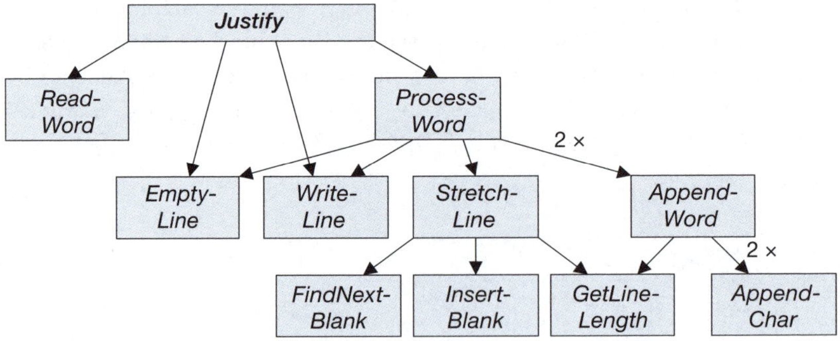

Abbildung 11.2: Architektur des Programmsystems *Blocksatz-Ausgabe* (Variante 1)

Zusammenfassung, Kritik und Motivation des Modulkonstrukts

Aus didaktischen Gründen, um die prinzipielle Vorgehensweise bei aufgabenorientierter Programmierung zu illustrieren, haben wir den Zerlegungsprozess in obigem Beispiel „auf die Spitze getrieben“. Dennoch bleibt es auch für die Praxis ein wichtiges

Ziel, Systemarchitekturen zu schaffen, deren Komponenten eine möglichst geringe Komplexität aufweisen und miteinander lose gekoppelt sind. Von einer ***losen Kopplung*** (*loose coupling*) von Systemkomponenten sprechen wir dann, wenn der Austausch einer Komponente nur lokale Auswirkungen hat, die Gesamtarchitektur also nur punktuell verändert und wenn die Kommunikationsbeziehungen zwischen den Komponenten einfach und transparent sind, ihre Auswirkungen auf das Systemverhalten also mit geringem Aufwand und einwandfrei feststellbar sind.

Im Ergebnis erhalten wir bei konsequenter Anwendung der Prinzipien der aufgabenorientierten Programmierung – wie zu Beginn dieses Kapitels bereits gesagt – eine hierarchische Anordnung von Systemkomponenten sowie eine Beschreibung ihrer Beziehungen. Die resultierenden Systemkomponenten repräsentieren Algorithmen, die üblicherweise in Form von Prozeduren realisiert werden.

Die aufgabenorientierte Zerlegung, wie wir sie bisher vorgenommen haben, unterstützt zwar die funktionale Abstraktion, ist aber für die Gestaltung der Architektur großer Programmsysteme nicht ausreichend geeignet. Es kommt dabei einerseits immer wieder dazu, dass ein oder mehrere Datenobjekte von vielen Systemkomponenten (Prozeduren) benutzt oder manipuliert werden und daher entweder als globale Datenobjekte realisiert werden müssen – wir haben dies als besonders gefährliche Entwurfsentscheidung verworfen (siehe dazu Abschnitt 3.6) – oder sie müssen als Parameter zwischen den Systemkomponenten „herumgereicht“ werden (ein Beispiel dafür ist das Datenobjekt *line* in der obigen Systemarchitektur). Beides führt zu erheblichen Wechselwirkungen zwischen den Systemkomponenten, die sich nachteilig auf die Änderungsflexibilität der Systemkomponenten und die Integrität der Datenobjekte auswirken. Zudem besteht die Gefahr unbeabsichtigter Nebenwirkungen. Ein weiterer Nachteil ist, dass die Granularität der Systemkomponenten zu fein ist – Prozeduren sind zu schwache Abstraktionsmittel – und deshalb „explodiert“ die Systemarchitektur. Durch die vielen (kleinen) Komponenten geht die Übersicht über das Gesamtsystem schnell verloren.

Zur Beseitigung dieser Nachteile benötigen wir ein zusätzliches Abstraktions- und Strukturierungsmittel. Dazu führen wir im folgenden Abschnitt das so genannte Modulkonstrukt ein.

11.3 Modulkonstrukt – Begriff und Eigenschaften

Die Nützlichkeit und Notwendigkeit eines Konstrukts, welches es gestattet, mehrere Algorithmen und Datenstrukturen, die von diesen Algorithmen manipuliert werden, zu einer logischen Einheit zusammenzufassen, haben wir bereits in Abschnitt 3.5 über Datenkapselung, abstrakte Datenstrukturen- und -typen argumentiert. In Ergänzung dazu führen wir nun explizit das Modulkonstrukt ein und in Anlehnung an jene Definition, die von einem der beiden Autoren im Informatik-Handbuch [Rechenberg u. Pomberger 2006] angeführt wird, definieren wir den Modulbegriff wie folgt.

Definition: *Modul*

Unter einem *Modul* (*module*) im Sinne der Informatik verstehen wir eine Sammlung von Algorithmen und Datenobjekten zur Bearbeitung einer in sich abgeschlossenen Aufgabe.

Die Verwendung des Moduls, d.h. seine Einbindung in ein Programmsystem, erfordert keine Kenntnis seines inneren Aufbaus bzw. der konkreten Realisierung der in ihm gekapselten Algorithmen und Datenobjekte, sondern lediglich die Kenntnis seiner Schnittstelle. Seine Korrektheit bzw. seine Funktionsfähigkeit ist ohne Kenntnis seiner Einbettung in ein bestimmtes Programmsystem nachprüfbar.

Der Definition entsprechend fasst also ein Modul mehrere Prozeduren (wenn wir Prozeduren als das Realisierungskonstrukt für Algorithmen heranziehen) und die von ihnen gemeinsam manipulierten Datenobjekte (Zustandsvariablen, siehe dazu Abschnitt 3.6 und Abschnitt 8.2) zu einer Einheit zusammen. Wir haben damit die Möglichkeit, Systemkomponenten mit wesentlich gröberer Granularität, als es Prozeduren sind, zu bilden und wir haben damit ein neues Abstraktionsmittel zur Gestaltung von Systemarchitekturen und zur Implementierung von Programmsystemen zur Hand. Die Idee dazu geht auf David L. Parnas zurück, der in [Parnas 1972] vorgeschlagen hat, zur Verbesserung der Änderungsfreundlichkeit von Systemkomponenten und des Schutzes von Datenobjekten vor unkontrollierbarer Manipulation globale Datenobjekte von ihrer Umgebung abzukapseln. Niklaus Wirth und Jean Ichbiah haben mit Modula-2 und Ada Anfang der 1980-er Jahre die ersten Programmiersprachen geschaffen, die das Modulkonstrukt als wesentliches Strukturierungsmittel angeboten haben (siehe dazu [Wirth 1991], [Ichbiah 1979] und [Ichbiah 1984]).

▶Abbildung 11.3 zeigt schematisch den Aufbau eines Moduls und die verschiedenen Arten von Modulschnittstellen.

Jedes Modul besteht aus einem Schnittstellenteil (*module interface*) und einem Implementierungsteil (*module implementation*). Die Schnittstelle nennen wir auch *Exportschnittstelle*, denn sie gibt an, was ein Modul anderen Systemkomponenten (z.B. anderen Modulen) zur Verfügung stellt, also exportiert. Die in einem Modul deklarierten Datenobjekte bleiben der „Außenwelt" (den Modulbenutzern) verborgen. Auf sie kann von außerhalb des Moduls nur über die in der Exportschnittstelle definierten Operationen (Prozeduren) zugegriffen werden – deshalb werden diese Prozeduren auch *Zugriffsprozeduren* genannt. Datenobjekte können also nicht exportiert werden.[3] Die Datenobjekte eines Moduls sind allen Algorithmen, die im Modul enthalten sind, bekannt und zugänglich. Die zu einem Modul gehörenden Prozeduren, die nicht in der Exportschnittstelle aufgeführt sind, bleiben den Modulbenutzern ebenso verborgen wie die im

3 Es existieren Programmiersprachen, die den Export von Datenobjekten erlauben. Damit ist es allerdings möglich, das Prinzip der Datenkapselung (*information hiding*) von David L. Parnas zu verletzen. Dies widerspricht einem qualitätsorientierten Systemdesign, daher verzichten wir darauf.

Modul gekapselten Datenobjekte und dienen nur der internen Strukturierung der Implementierung – deshalb werden diese auch *interne Prozeduren* genannt. Klarerweise können sowohl in der Schnittstelle als auch in der Implementierung eines Moduls Datentypen definiert werden, jene der Schnittstelle werden exportiert und stehen Benutzern zur Verfügung.

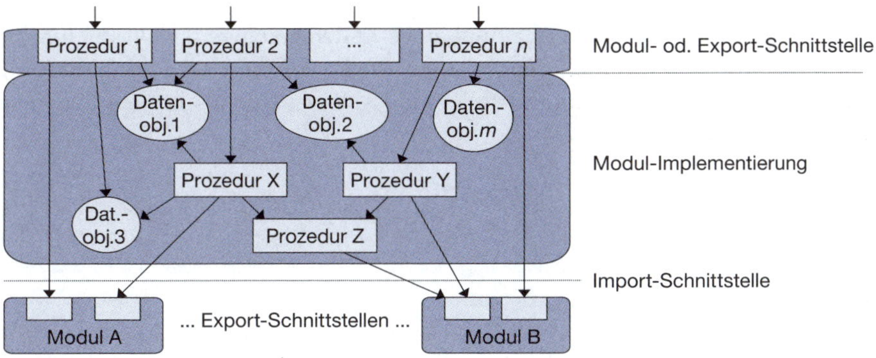

Abbildung 11.3: Modulaufbau und Modulschnittstellen

Die Datenobjekte eines Moduls werden beim Laden des Programmsystems, zu dem ein Modul gehört, angelegt und ihre Lebensdauer ist identisch mit der Lebensdauer des Programmsystems (im Unterschied zu temporären Datenobjekten, die in Prozeduren deklariert sind und deren Lebensdauer an die Ausführungszeit der Prozedur gebunden ist). Module können auch eine *Importschnittstelle* haben. Eine solche ist dann erforderlich, wenn die zu einem Modul gehörenden Operationen (Zugriffsprozeduren und/oder internen Prozeduren) Operationen oder Datentypen benötigen, die von anderen Modulen zur Verfügung gestellt werden.

Module sind im Gegensatz zu Prozeduren keine Programmeinheiten, die von anderen Programmeinheiten aufgerufen (d.h. aktiviert) werden. Sie dienen der Strukturierung der Systemarchitektur und bewirken, wenn sie richtig verwendet werden – wie bereits erwähnt – eine Verbesserung der Qualitätsmerkmale Änderbarkeit, Korrektheit und Datenintegrität. Wenn eine Systemkomponente, z.B. ein Modul, die von einem anderen Modul angebotenen Operationen (Zugriffsprozeduren) benutzen will, dann muss diese Systemkomponente das Modul als Ganzes oder die gewünschte Operation „importieren“.

Zur Beschreibung von Modulen verwenden wir im Pseudocode folgende, bereits in Abschnitt 3.5 eingeführten Konstrukte (dabei sei *M* ein Modul, *T* ein von *M* exportierter Datentyp und *P* eine von *M* exportierte Zugriffsprozedur):

- zur Definition der *Modulschnittstelle* schreiben wir: *interface of M*,
- zur Beschreibung der *Modulimplementierung* schreiben wir: *implementation of M*,
- zur Beschreibung des *Initialisierungsteils* des Moduls: *init …*,
- zum *Import* aller von einem Modul exportierten Komponenten schreiben wir: *import M* und
- zum *Import* einzelner Modulkomponenten schreiben wir: *from M import T, P.*

Beispiel 11.1 zeigt die Verwendung der Konstrukte anhand eines Moduls zur Verwaltung eines Kellerspeichers für *integer*-Datenobjekte.

Beispiel 11.1 Kellerspeicher (*stack*) als Modul

Gesucht ist ein Modul zur Verwaltung eines Kellerspeichers (*stack*) für *integer*-Werte, der die üblichen Kelleroperationen *Push*, *Pop* und *IsEmpty* bereitstellt (vgl. Abschnitt 3.6.1). Die Schnittstelle eines solchen Moduls könnte folgendes Aussehen haben:

```
interface of IntStack
  Push(↓e: int)
  Pop(↑e: int)
  IsEmpty(): bool
end IntStack
```

Eine dazu passende Implementierung, die auf Basis verketteter Listen (zur Verfügung gestellt von einem Modul *List*) realisiert wurde, könnte wie folgt aussehen:

```
implementation of IntStack

  from List import ListNodePtr, ListPtr, NewNode, EmptyList

  var stack: ListPtr

  Push(↓e: int)
    var n: ListNodePtr
  begin -- create node n and prepend it to list
    n := NewNode(↓e)
    n→next := stack
    stack := n
  end Push

  Pop(↑e: int)
    var n: ListNodePtr
  begin
    if IsEmpty() then
      Write(↓"Error: stack is empty")
      halt
    else
      n := stack
      e := n→data
      stack := n→next
      Dispose(↓n)
    end -- if
  end Pop

  IsEmpty(): bool
  begin
    return stack = EmptyList()
  end IsEmpty

init
  stack := EmptyList()
end IntStack
```

Die folgenden beiden, nebeneinander angeordneten Codestücke zeigen die zwei alternativen Möglichkeiten zur Verwendung des Moduls *IntStack*:

```
-- alternative 1:                 -- alternative 2:
import IntStack                   from IntStack import Push, Pop, IsEmpty
...                               ...
IntStack.Push(↓17)                 Push(↓17)
...                               ...
```

Man beachte, dass dem benutzenden Programmsystem verborgen bleibt, dass der Behälter für den Kellerspeicher in Form einer verketteten Liste implementiert wurde.

11.4 Anwendung des Modulkonstrukts

Im Zuge der Reflexion über die Ergebnisqualität des in Abschnitt 11.2 entworfenen Programmsystems zur Textausgabe im Blocksatz stellt man fest, dass einige Systemkomponenten nur an einer einzigen Stelle benutzt werden (z.B. *StretchLine*), andere so einfach sind, dass sie nur aus wenigen Aktionen bestehen (z.B. *EmptyLine* und *GetLineLength*) und die Zerlegung des Systems in Komponenten recht feingranular ausgefallen ist. Das ist kein Zufall, sondern ein typisches Ergebnis bei konsequenter aufgabenorientierter Zerlegung.

Wie wir bereits angemerkt haben, hat das durchaus Vorteile, denn Systeme, die sich aus „kleinen" Komponenten mit nur geringer Wechselwirkung zusammensetzen, sind wesentlich einfacher zu verstehen, zu testen und zu beherrschen, als Systeme mit hoch komplexen Komponenten und vielfältigen Beziehungen untereinander. Es ist daher naheliegend, dass wir diesen Vorteil erhalten und den Nachteil, dass durch die große Zahl an Systemkomponenten der Abstraktionsgrad zu gering ist, beseitigen wollen. Wenn der Aufbau und die Funktionalität hinreichend vieler Systemkomponenten bekannt sind, können wir das erreichen, indem wir in einem Syntheseprozess durch Nutzung des Modulkonstrukts eine oder mehrere Abstraktionsschichten in die Systemarchitektur einziehen. Was damit gemeint ist und wie man dabei vorgeht, zeigen wir anhand einer Überarbeitung des Entwurfsergebnisses aus Abschnitt 11.2.

Bei der Analyse der in Abschnitt 11.2 entwickelten aufgabenorientierten Systemarchitektur fällt auf, dass sechs Komponenten (*EmptyLine*, *WriteLine*, *GetLineLength*, *FindNextBlank* und *AppendChar*) alle ein und dasselbe Datenobjekt (*line*) manipulieren, d.h. direkt auf dieses Datenobjekt zugreifen müssen. Darüber hinaus finden wir zwei Komponenten (*StretchLine* und *AppendWord*), die das Datenobjekt *line* indirekt manipulieren, indem sie einige der oben genannten Komponenten benutzen. Auch das ist kein zufällig bei diesem Beispiel auftretender Sonderfall, sondern tritt bei aufgabenorientierter Zerlegung häufig auf. ▶Abbildung 11.4 illustriert den Sachverhalt.

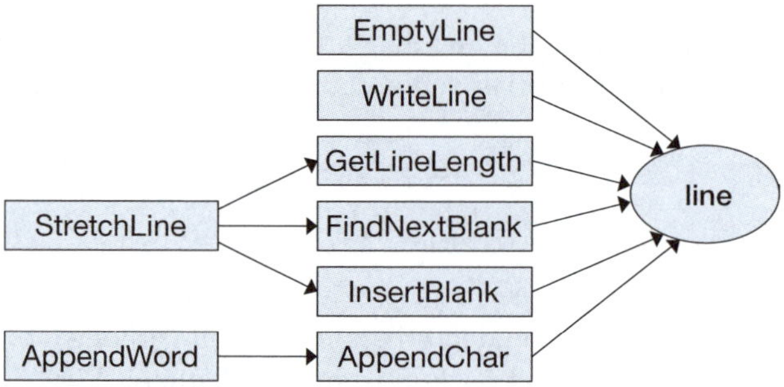

Abbildung 11.4: Gemeinsam von mehreren Komponenten benutztes Datenobjekt

Bei der im Abschnitt 11.2 entwickelten Lösung haben wir den Zugriff auf das Datenobjekt *line* dadurch ermöglicht, dass es den Algorithmen als Übergangsparameter mitgegeben wurde. Die Folge davon ist, dass das Datenobjekt in all diesen Algorithmen deklariert sein muss und daher alle Algorithmen die konkrete Realisierung dieses Datenobjektes „kennen". Dies trifft sogar auf die Wurzelkomponente *Justify* unserer Systemarchitektur zu, denn diese muss das Datenobjekt *line* zwischen den betroffenen Komponenten herumreichen. Die Konsequenzen davon sind:

- Die Komponentenschnittstellen (Parameterlisten) sind wegen der Notwendigkeit des Herumreichens des Datenobjekts *line* unnötig groß.
- Das Datenobjekt *line* muss in vielen Komponenten beschrieben werden, auch in jenen, die nicht direkt damit arbeiten (*ProcessWord, StretchLine* und *AppendWord*). Dies steht im Widerspruch zum Prinzip der Datenabstraktion.
- Die Entscheidung, das Datenobjekt *line* als Verbund mit den beiden Komponenten *chars* und *len* zu realisieren, war eine willkürliche, und sollte sich später herausstellen, dass eine andere Realisierungsform zweckmäßiger wäre (z.B. Datentyp *string*), würde sich eine entsprechende Änderung auf alle Komponenten auswirken.

Durch die Verfügbarkeit des Modulkonzepts lassen sich diese Qualitätsmängel auf elegante Weise beseitigen und zudem wird erreicht, dass wir eine zusätzliche Abstraktionsschicht in die Systemarchitektur einziehen können. Wir bilden für die Verwaltung des Datenobjekts *line* eine abstrakte Datenstruktur (siehe Abschnitt 3.6), wir nennen sie *LineManagement*, und verwenden das Modulkonstrukt zu ihrer Realisierung.

Das Modul *LineManagement* soll also das Datenobjekt *line* und alle zu seiner Manipulation erforderlichen Algorithmen kapseln – also die konkrete Ausprägung der Implementierung des Datenobjekts und der erforderlichen Algorithmen vor der „Außenwelt" (den Benutzern) verbergen – und über die Exportschnittstelle soll das Modul den Benutzern jene Operationen (Algorithmen), die zur aufgabenspezifischen Manipulation von *line* erforderlich sind, zur Verfügung stellen.

Darüber hinaus könnten wir auch die beiden Komponenten *ReadWord* und *ProcessWord* zu einem Modul *WordProcessing* zusammenfassen, welches die Algorithmen dieser beiden Komponenten und den Datentyp *Word* definiert und exportiert. Da *ProcessWord* die Ausgabezeile manipuliert und wir dieses Datenobjekt durch die Entscheidung der Bildung der Datenkapsel *LineManagement* nicht mehr für einen direkten Zugriff verfügbar haben, müssen wir die dafür erforderlichen Zugriffsalgorithmen im Modul *WordProcessing* vom Modul *LineManagement* importieren.

Wie oben ausgeführt, bestehen Module stets aus einem Schnittstellen- und einem Implementierungsteil. Aus unserer nunmehrigen Entwurfsentscheidung ergibt sich die im Folgenden aufgeführte Ausprägung der beiden Module.

Die Schnittstelle des Moduls *WordProcessing* hat folgendes Aussehen:

```
interface of WordProcessing

  const maxWordLen = ...
  type Word = compound
         chars: array [1:maxWordLen] of char
         len: int
       end -- compound
  ReadWord(↑word: Word  ↑eot: bool)
  ProcessWord(↓width: int  ↓word: Word)

end WordProcessing
```

Im Folgenden geben wir die Implementierung des Moduls *WordProcessing* an:

```
implementation of WordProcessing

  from LineManagement import AppendWord, StretchLine, WriteLine, EmptyLine

  ReadWord(↑word: Word  ↑eot: bool)
    var ch: char
  begin
    repeat
      Read(↑ch)
    until ch ≠ ' '
    word.len := 0
    while (ch ≠ ' ') and (ch ≠ '$') do
      word.len := word.len + 1
      word.chars[word.len] := ch
      Read(↑ch)
    end -- while
    eot := (ch = '$')  -- end of text?
  end ReadWord

  ProcessWord(↓width: int  ↓word: Word)
    var wordFits: bool
  begin
    AppendWord(↓width ↓word ↑wordFits)
    if not wordFits then
      StretchLine(↓width)
      WriteLine()
      EmptyLine()
      AppendWord(↓width ↓word ↑wordFits)  -- this time word fits
    end -- if
  end ProcessWord

  -- module has no data, so no initialization necessary

end WordProcessing
```

Die Schnittstelle des Moduls *LineManagement* hat folgendes Aussehen:

```
interface of LineManagement

  from WordProcessing import Word

  EmptyLine()
  StretchLine(↓width: int)
  AppendWord(↓width: int  ↓word: Word  ↑wordFits: bool)
  WriteLine()

end LineManagement
```

Im Folgenden geben wir die Implementierung des Moduls *LineManagement* an:

```
implementation of LineManagement

  const maxLineLen = …
  type Line = compound
         chars: array [1:maxLineLen] of char
         len: int
       end -- compound

  var line : Line  -- encapsulated data object

  -- implementation of access algorithms (exported operations)

  EmptyLine()
    line.len := 0
  end EmptyLine

  StretchLine(↓width: int)
    var len: int  -- current line length
        pos: int  -- position of a blank in line
  begin
    len := line.len
    pos := 1  -- first possible blank position
    while len < width do
      FindNextBlank(↓line ↕pos)
      -- assertion: there is a blank at column pos in line
      InsertBlank(↓pos)
      len := len + 1
    end -- while
  end StretchLine

  AppendWord(↓width: int  ↓word: Word  ↑wordFits: bool)
    var i: int
  begin
    if word.len = 0 then
      wordFits := true
      -- nothing else to do
    else
      wordFits := (line.len + 1 + word.len ≤ width)
      if wordFits then
        if line.len > 0 then
          AppendChar(↓' ')
        end -- if
        for i : = 1 to word.len do
          AppendChar(↓word.chars[i])
        end -- for
```

```
      end -- if
    end -- if
  end AppendWord

  WriteLine()
    const newLineChar = ...
    var i: int
  begin
    for i := 1 to line.len do
      Write(↓line.chars[i])
    end -- for
    Write(↓newLineChar)  -- start new line on output advice
  end WriteLine

  -- implementation of local auxiliary algorithms

  FindNextBlank(↕pos: int)
  begin
    while line.chars[pos] = ' ' do
      pos := pos + 1
    end -- while
    while line.chars[pos] ≠ ' ' do
      if pos = line.len then
        pos := 1
      else
        pos := pos + 1
      end -- if
    end -- while
  end FindNextBlank

  InsertBlank(↓pos: int)
    var i: int
  begin
    for i := line.len downto pos do
      line.chars[i + 1] := line.chars[i]
    end -- for
    line.chars[pos] := ' '
    line.len := line.len + 1
  end InsertBlank

  AppendChar(↓ch: char)
  begin
    line.len := line.len + 1
    line.chars[line.len] := ch
  end AppendChar

init
  line.len := 0
end LineManagement
```

Wir haben somit die Algorithmen jener Komponenten, welche die Ausgabezeile (*line*) unmittelbar bearbeiten, zu einer Datenkapsel zusammengefasst. Man beachte, dass wir auch die Algorithmen *StretchLine* und *AppendWord*, die auf das Datenobjekt *line* indirekt zugreifen, in die Datenkapsel aufgenommen haben, weil diese logisch zum Aufgabenkomplex der Zeilenverwaltung (*LineManagement*) gehören. Die Schnittstellen der in die Datenkapsel aufgenommenen Algorithmen sind im Vergleich zum ursprünglichen Entwurf schmäler geworden und da das gekapselte Objekt *line* allen zum Modul gehörenden Algorithmen zugänglich ist, wurde die Komponente *GetLine-Length* überflüssig.

Die Entscheidung zur Bildung der Datenkapsel *LineManagement* hat zur Folge, dass auch jene Systemkomponenten, welche die Zugriffsprozeduren der Datenkapsel benutzen, entsprechend angepasst werden müssen (weil die Schnittstellen der Zugriffsprozeduren gegenüber dem ursprünglichen Entwurf geändert und einfacher geworden sind). Gemäß unserem Entwurf der Systemarchitektur aus Abschnitt 11.2 sind das die Komponenten *Justify* (Wurzel der Systemarchitektur) und *ProcessWord*. Die Anpassung des Algorithmus für die Komponente *ProcessWord* haben wir bereits im Zuge der Bildung des Moduls *WordProcessing* erledigt (siehe oben).

Die Wurzel unserer Systemarchitektur *Justify* müssen wir noch entsprechend anpassen und erhalten dadurch den folgenden Code:

```
from WordProcessing import Word, ReadWord, ProcessWord
from LineManagement import EmptyLine, WriteLine

Justify(↓width: int)
  var word: Word   -- word in text
      eot: bool    -- end of text?
begin
  EmptyLine()  -- start with an empty line
  repeat
    ReadWord(↑word ↑eot)
    ProcessWord(↓width ↓word)
  until eot
  WriteLine()  -- write last line
end Justify
```

Das so entworfene Programmsystem umfasst die drei Komponenten *Justify*, *Word-Processing* und *LineManagement*: Seine Architektur weist im Wesentlichen zwei Abstraktionsschichten auf. ►Abbildung 11.5 illustriert die Systemarchitektur, die sich bei aufgabenorientierter Zerlegung unter der Verwendung von Modulen und Prozeduren als Implementierungskonstrukte ergeben hat.

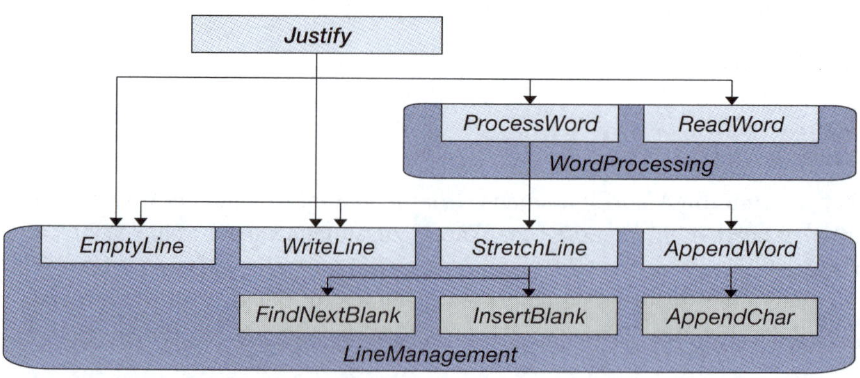

Abbildung 11.5: Architektur des Programmsystems *Blocksatz-Ausgabe* (Variante 2)

Richtlinien zur Modulbildung

Eines der manchmal schwierig zu lösenden Probleme bei der Modularisierung ist, zu entscheiden, welche Operationen mit welchen Datenobjekten zu einem Modul zusammengefasst werden sollen. Ein Algorithmus dafür lässt sich naturgemäß nicht angeben und die Güte der Modularisierungsergebnisse hängt nicht unwesentlich von der Erfahrung und der Qualifikation des Softwareentwicklers ab. Es lassen sich aber Richtlinien angeben, die, wenn sie entsprechend berücksichtigt werden, zu einer guten Modularisierung führen.

Sicherstellung der Modulgeschlossenheit Unter *Modulgeschlossenheit* (auch *Modulbindung* genannt) verstehen wir, dass ein Modul die Operationen und Datenobjekte einer in sich abgeschlossenen Aufgabe kapselt. Je nach Art des Moduls können bei der Modularisierung die Operationen oder die Daten im Vordergrund stehen. Ein *funktional zusammenhängendes Modul* fasst die zur Lösung einer (Teil-)Aufgabe erforderlichen Operationen zu einer Einheit zusammen. Ein *datenorientiert zusammenhängendes Modul* stellt die Datenobjekte in den Mittelpunkt des Interesses. Die Schnittstelle des Moduls ergibt sich aus der Überlegung, welche Operationen mit diesen Daten möglich sein sollen. Sowohl bei einem funktional als auch bei einem datenorientiert zusammenhängenden Modul soll die Bindung zwischen den einzelnen Operationen und Daten möglichst stark sein. Das heißt, es soll keine Operationen und Daten geben, die in keinem Zusammenhang zueinander stehen.

Sicherstellung einer geringen Modulkopplung Die *Modulkopplung* drückt aus, wie stark verschiedene Module untereinander verbunden sind. Je größer die Modulkopplung ist, desto umfangreicher sind die Schnittstellen, die es zu verstehen und zu beherrschen gilt. Eine geringe Modulkopplung kann daher als Maß für die Unabhängigkeit der Module voneinander angesehen werden. Eine hohe Modulkopplung deutet oft darauf hin, dass logisch zusammengehörende Operationen über mehrere Module verteilt sind. Sie ist damit ein Indiz für eine zu gering ausgeprägte Modulgeschlossenheit (geringe Modulbindung). Eine besonders gefährliche Ausprägung einer hohen Modulkopplung sind globale (exportierte) Datenobjekte. Schon das Vorhandensein globaler Datenobjekte alleine verleitet zu einer undisziplinierten Verwendung von Modulschnittstellen. Je weniger Module ein Programmsystem enthält, desto geringer ist im Allgemeinen die Modulkopplung. Im Extremfall (nämlich dann, wenn es nur ein einziges Modul gibt, das alle Operationen enthält) ist zwar die Modulkopplung Null, aber die Systemzerlegung nicht adäquat (zu wenig strukturiert und modular). Wenn hingegen jede Operation in ein eigenes Modul verpackt wird, gibt es keine Modulbindung und die Modulkopplung ist dann in der Regel groß, was dazu führt, dass die Wechselwirkungen zwischen den (zu feingranularen Komponenten) nicht mehr überschaubar sind.

Sicherstellung beherrschbarer Schnittstellen Die „Größe“ der *Schnittstelle* steht in engem Zusammenhang mit der Modulkopplung. Je kleiner (schmaler) die Schnittstelle eines Moduls ist, desto geringer ist die Gefahr einer hohen Modulkopplung. Eine adäquate Schnittstelle erkennt man daran, dass die Anzahl der Parameter angemessen und möglichst gering ist, dass sie möglichst wenige (am besten gar keine) globale Datenobjekte aufweist und auch die Anzahl der exportierten Prozeduren überschaubar bleibt. Bei einer guten (hohen) Modulbindung stehen alle Prozeduren eines Moduls in Beziehung zueinander. Je größer die Anzahl der exportierten Prozeduren ist, desto größer ist auch die Gefahr einer falschen Verwendung des Moduls (z.B. durch falsche Aufrufreihenfolge oder Fehlinterpretation von Wechselwirkungen). Je mehr Parameter eine Prozedur hat, desto schwieriger ist es, sie zu verwenden. In einem solchen Fall kann eine Zerlegung in mehrere Prozeduren oft Abhilfe schaffen.

Sicherstellung der Testbarkeit Eine gute *Testbarkeit* eines Moduls ist dann gegeben, wenn seine Korrektheit ohne Kenntnis seiner Einbettung in ein Gesamtsystem überprüft werden kann (was in der Definition des Modulbegriffs explizit gefordert wird). Das bedeutet, dass sich eine hohe Modulkopplung (wenn ein Modul also mit vielen anderen Modulen in Beziehung steht) negativ auf die Testbarkeit auswirkt. Ein Modul kann auch umso einfacher getestet werden, je kleiner seine Schnittstelle ist.

Sicherstellung von Interferenzfreiheit *Interferenzfreiheit* bedeutet, dass ein Modul keine unerwünschten Nebenwirkungen auf andere Module hat. Nur wenn solche Nebenwirkungen vermieden werden, ist gewährleistet, dass ein Modul durch ein anderes Modul mit derselben Schnittstelle ersetzt werden kann, ohne dass sich am Gesamtsystem etwas ändert. Die Interferenzfreiheit ist also ein wichtiges Kriterium für die Änderbarkeit und Erweiterbarkeit eines Programmsystems. Sie ist nicht gegeben, wenn ein Modul mehrere Aufgaben bearbeitet oder eine Aufgabe auf mehrere Module verteilt ist.

Wahl einer angemessenen Importzahl Die *Importzahl* eines Moduls gibt an, wie viele weitere Module für seine Implementierung benutzt werden. Eine hohe Importzahl kann ein Indiz für eine hohe Modulkopplung sein und damit auf mögliche Interferenzen hinweisen. Zu einer niedrigen Importzahl kommt es bei sehr großen Modulen, die sämtliche zur Lösung einer zu gering zerlegten (Teil-)Aufgabe erforderlichen Operationen zusammenfassen. Das kommt häufig vor, wenn ein Modul im Projektverlauf immer wieder erweitert wird. In einem solchen Fall sollten stark zusammenhängende Operationen innerhalb des Moduls gesucht und in einem neuen Modul zusammengefasst werden.

Sicherstellung einer ausgewogenen Verwendungszahl Die *Verwendungszahl* eines Moduls gibt an, von wie vielen anderen Modulen es benutzt wird. Eine hohe durchschnittliche Verwendungszahl der Module eines Programmsystems ist ein Indiz für Allgemeinheit und eine hohe Wiederverwendbarkeit. Umgekehrt tritt eine hohe Verwendungszahl eines Moduls auch dann auf, wenn dieses Modul nur eine Sammlung beliebiger, unzusammenhängender Operationen enthält. Die hohe Verwendungszahl eines Moduls ist dann ein Gütemerkmal, wenn das Modul auch eine starke Modulbindung aufweist. Eine niedrige Verwendungszahl kann (besonders bei sehr kleinen Modulen) auf eine übertriebene Zerlegung des Gesamtsystems hinweisen. In solchen Fällen kann die Komplexität des Gesamtsystems oft durch die Zusammenlegung kleinerer Module reduziert werden.

Fehler bei der Modularisierung

Ein häufiger Fehler beim Programmentwurf besteht darin, dass von Anfang an Eigenschaften der verwendeten Programmiersprache, des Betriebssystems oder gar der zugrunde liegenden Hardware in die Modularisierung einfließen. Als Folge davon werden unnötig viele Details beim Grobentwurf mitberücksichtigt, die dann auch ihren Niederschlag in den Modulschnittstellen finden. Es entsteht eine starke Modulkopplung, die sich besonders bei der Fehlersuche und bei der Wartung negativ auswirkt. Im Sinne der Sicherstellung der Korrektheit und Wartbarkeit eines Programmsystems lohnt es sich daher, die oben angeführten Richtlinien bei der Modularisierung im Kopf zu behalten.

Die *Modulgröße* wird manchmal auch als ein (einfaches) Kriterium für die Modularisierung herangezogen. Oft wird dabei eine Maximalgröße in Zeilen oder Seiten angegeben. Es ist richtig, dass ein kleines Modul leichter zu überschauen und dadurch leichter zu verwenden und zu testen ist. Allerdings ist die Komplexität eines Moduls nicht durch seinen Umfang bestimmt. Vor allem datenorientiert zusammenhängende Module können oft einen großen Umfang aufweisen. Sie sind aber trotzdem meist leicht zu verstehen, insbesondere dann, wenn die die Datenobjekte manipulierenden Operationen kurz sind – was bei konsequenter aufgabenorientierter Zerlegung meist der Fall ist. Es wäre daher ein Fehler, bei Erreichen eines bestimmten textuellen Umfangs eine Zerlegung in mehrere Module anzustreben und damit die (durch die Datenorientierung gegebene) starke Modulbindung aufzugeben. Für die Modulgröße lässt sich keine allgemein gültige Aussage treffen; ihre Bedeutung im Zusammenhang mit der Modularisierung wird in der Regel überschätzt.

Zusammenfassung

In diesem Kapitel haben wir uns mit aufgabenorientierter Programmierung auseinander gesetzt. Ziel dieses Kapitels war es, dem Leser aufbauend auf der im zweiten Kapitel dargestellten Algorithmen-Entwurfstechnik der schrittweisen Verfeinerung zu zeigen, wie man ausgehend von einer Systemspezifikation auf systematische Art und Weise eine in Module gegliederte aufgabenorientierte Systemarchitektur entwirft.

Wir haben zuerst erörtert, was wir unter der Architektur eines Software- bzw. Programmsystems verstehen und darauf hingewiesen, dass sowohl der Entwicklungsprozess als auch die Architektur eines Programmsystems entscheidend davon geprägt werden, welche Entwurfsstrategie angewendet wird. Wir haben danach die Grundprinzipien der aufgabenorientierten Entwurfsstrategie vorgestellt und auf damit verbundene Vor- und Nachteile hingewiesen (Abschnitt 11.1)

In Abschnitt 11.2 haben wir dann die Vorgehensweise bei aufgabenorientierter Systementwicklung anhand eines Beispiels im Detail erläutert und illustriert, wie die dabei entstehende Systemarchitektur ausgeprägt ist und welche Eigenschaften diese aufweist bzw. nicht aufweist.

Danach haben wir, ausgehend von den Nachteilen der im vorangegangenen Kapitel durch aufgabenorientierte Zerlegung entwickelten Systemarchitektur, auf die Notwendigkeit und Nützlichkeit eines Konstrukts hingewiesen, das es gestattet, eine Sammlung von Algorithmen und Datenstrukturen im Sinne einer logischen Einheit zu bilden, und das so genannte Modulkonstrukt eingeführt. Wir haben definiert, was man unter einem Modul versteht und welche Eigenschaften damit verbunden sind. Wir haben eine Notation zur Beschreibung von Modulen eingeführt und in dieser Notation ein Beispiel für eine Modulbeschreibung und die Verwendung eines Moduls gegeben. (Abschnitt 11.3)

In Abschnitt 11.4 haben wir die Anwendung des Modulkonstrukts zur besseren Strukturierung einer Systemarchitektur gezeigt und dazu die Architektur, die wir im Zuge der Illustration der Vorgehensweise bei aufgabenorientierter Zerlegung in Abschnitt 11.2 entwickelt haben, herangezogen. Damit haben wir dem Leser sowohl die Prinzipien der aufgabenorientierten Programmierung als auch die der Komposition modulorientierter Systemarchitekturen vorgestellt.

Aufgaben

Aufgabe 11.1 (*DequeADS*)
Eine *Deque* (***d**ouble **e**nded **que**ue*) ist eine spezielle Datenstruktur zur Realisierung einer „Warteschlange“, die das Einbringen und Entfernen von Datenobjekten an beiden Enden (am „Kopf“ und am „Schwanz“) der Schlange erlaubt. Entwickeln Sie ein Modul *DequeADS*, das eine abstrakte Datenstruktur *Deque* für ganze Zahlen (Datentyp *integer*) als Datenobjekte realisiert. Die abstrakte Datenstruktur soll mittels einer verketteten Liste realisiert werden und die Operationen *IsEmpty*, *InsertHead*, *InsertTail*, *RemoveHead* und *RemoveTail* zur Verfügung stellt.

Aufgabe 11.2 (*QueueADS*)
Eine *Queue* (Warteschlange) ist eine spezielle Datenstruktur, die dadurch gekennzeichnet ist, dass Elemente an einem Ende („hinten“) angefügt und am anderen Ende („vorne“) wieder entfernt werden können (*first in/first out*, *FIFO*). Entwickeln Sie auf Basis des Moduls *DequeADS* ein Modul *QueueADS*, das eine abstrakte Datenstruktur *Queue* realisiert, deren Elemente ganze Zahlen sind, und das die Operationen *IsEmpty*, *Enqueue* (zum Anfügen von Elementen) und *Dequeue* (zum Entfernen von Elementen) zur Verfügung stellt.

Aufgabe 11.3 (*StackADS*)
Ein *Stack* (Kellerspeicher) ist eine spezielle Datenstruktur, die dadurch gekennzeichnet ist, dass Elemente nur an einem Ende („oben“) eingebracht und nur von dort wieder entfernt werden können (*last in/first out*, *LIFO*). Entwickeln Sie auf Basis des Moduls *DequeADS* ein Modul *StackADS*, das eine abstrakte Datenstruktur *Stack* realisiert, deren Elemente ganze Zahlen sind und das die Operationen *IsEmpty*, *Push* und *Pop* zur Verfügung stellt.

Aufgabe 11.4 (*DequeADT*)
Entwickeln Sie aus dem Modul *DequeADS* (siehe Aufgabe 11.1) ein Modul *DequeADT*, das einen abstrakten Datentyp *Deque* zur Aufnahme von Datenobjekten, die ganze Zahlen sind, realisiert und das die Operationen *NewDeque*, *IsEmpty*, *InsertHead*, *InsertTail*, *RemoveHead* und *RemoveTail* zur Verfügung stellt.

Aufgabe 11.5 (*QueueADT*)
Entwickeln Sie aus dem Modul *QueueADS* (siehe Aufgabe 11.2) ein Modul *QueueADT*, das einen abstrakten Datentyp *Queue* zur Aufnahme von Datenobjekten, die ganze Zahlen sind, realisiert und das die Operationen *NewQueue*, *IsEmpty*, *Enqueue* und *Dequeue* zur Verfügung stellt.

Aufgabe 11.6 (*StackADT*)
Entwickeln Sie aus dem Modul *StackADS* (siehe Aufgabe 11.3) ein Modul *StackADT*, das einen abstrakten Datentyp *Stack* zur Aufnahme von Datenobjekten, die ganze Zahlen sind, realisiert und das die Operationen *NewStack*, *IsEmpty*, *Push* und *Pop* zur Verfügung stellt.

Aufgaben

Aufgabe 11.7 (Vergleiche)
Vergleichen Sie Ihre Lösungen, die abstrakte Datenstrukturen realisieren, mit jenen, die abstrakte Datentypen realisieren: Was sind die Unterschiede, was die Gemeinsamkeiten und welche Auswirkungen haben die Unterschiede für die Anwendung dieser Module in der Software-Entwicklung?

Aufgabe 11.8 (Telefonverzeichnis)
Ein Text, der die Vor- und Zunamen von Personen mit ihren Telefonnummern enthält, ist zeichenweise von einem Eingabegerät einzulesen. Jede Zeile hat folgenden Aufbau:

```
Vorname Zuname Telefonnummer …
```

Jede Person hat eine oder mehrere Telefonnummern. Die einzelnen Bestandteile einer Zeile (Vor- und Zuname sowie Nummern) sind durch beliebig viele Leerzeichen voneinander getrennt. Auch am Anfang und am Ende einer Zeile dürfen Leerzeichen stehen.

Da für die Erstellung des Texts verschiedene Quellen zusammengeführt worden sind, können Personen auch mehrfach vorkommen. Bei der Erstellung des Telefonverzeichnisses muss somit sichergestellt werden, dass eine Person (durch Vor- und Zunamen eindeutig identifiziert) nur einmal im Telefonverzeichnis vorkommt und alle (unterschiedlichen) Telefonnummern (keine Duplikate) enthalten sind. Die Telefonnummern müssen nicht sortiert sein.

Gesucht ist ein Algorithmus, der einen entsprechenden Text liest und das Telefonverzeichnis auf einem Ausgabegerät ausgibt. Das Telefonverzeichnis soll nach den Zunamen sortiert sein. Wenn es mehrere Personen mit demselben Zunamen gibt, soll dieser nur einmal gedruckt und die Vornamen sortiert und eingerückt in jeweils einer eigenen Zeile angeführt werden.

Entwerfen Sie eine modulbasierte Lösung nach der aufgabenorientierten Vorgehensweise.

Beispiel:

Eingabe:

```
Petra    Bauer 12345
  Josef Huber 232323   231233
Maria Meier  212121   32123
 Helmut  Bauer    213 31232132
Maria    Meier 212121    124333
```

Ausgabe:

```
Bauer
  Helmut 213 31232132
  Petra 12345
 Huber Josef 232323 231233
 Meier Maria 212121 32123 124333
```

Hinweis: Sie können davon ausgehen, dass der Eingabetext korrekt aufgebaut ist.

Daten- und transformations-orientierte Programmierung

12

ÜBERBLICK

Motivation

» *In der Praxis begegnen wir häufig Aufgabenstellungen, die dadurch charakterisiert sind, dass ein Strom mehr oder weniger strukturierter Daten zu verarbeiten, d.h. meist in eine andere Form zu transformieren ist. Beispiele dafür wären die Verarbeitung von Bewegungsdaten in einer Materialverwaltung und ihre Verbuchung in einem Lagerverwaltungsdatenbestand und in der Finanzbuchhaltung oder die Übersetzung eines Quellprogramms einer bestimmten Programmiersprache in ein spezielles Maschinenprogramm. Wenn ein solcher strukturierter Eingabedatenstrom zu lesen, zu analysieren und unter Berücksichtigung seiner Struktur und seiner Inhalte in eine andere Form zu bringen ist, also transformiert werden soll, können für die Entwicklung der dafür erforderlichen Programmsysteme spezielle und bewährte Konzepte und Techniken aus dem Compilerbau herangezogen werden. Im Mittelpunkt des Systementwurfs steht dabei die Struktur des zu transformierenden Eingabedatenstroms. Deshalb sprechen wir von daten- und transformationsorientierter Programmierung bzw. von datenorientierter Systemzerlegung.*

Das Kapitel beginnt mit einer Erörterung des Lösungsansatzes für und des Aufbaus von datenorientierten Systemarchitekturen. Es wird insbesondere darauf eingegangen, welches Denkmodell hinter diesem Programmieransatz steckt, welche Ziele damit erreicht werden sollen und welche Qualitätseigenschaften damit verbunden werden.

Danach wird darauf eingegangen, wie man die Struktur, also die Syntax von Datenströmen mithilfe von (kontextfreien) Grammatiken auf elegante und eindeutige Art und Weise formal beschreiben kann.

Die Konstruktion datenorientierter Systemarchitekturen erfordert die Entwicklung von Analysatoren, mit deren Hilfe die syntaktische Korrektheit der zu verarbeitenden Eingabedatenströme geprüft werden kann. In einem eigenen Abschnitt wird gezeigt, wie die Analysekomponenten solcher Systemarchitekturen, der so genannte lexikalische Analysator (lexical analyzer oder scanner) und der so genannte Syntaxanalysator (syntax analyzer oder parser), aufgebaut sind, wie sie arbeiten und wie man bei ihrer Konstruktion prinzipiell vorgeht.

Mit den Analysatoren wird geprüft, ob ein Eingabedatenstrom in seinem Aufbau (also syntaktisch) korrekt ist. Um einen Datenstrom verarbeiten zu können, d.h. die gewünschten Ergebnisse aus ihm ermitteln bzw. diesen in eine andere Gestalt transformieren zu können, ist es notwendig, auch die semantischen Aspekte des Eingabedatenstroms zu berücksichtigen und den Transformationsprozess durch so genannte semantische Aktionen (semantic actions) zu beschreiben. Zu diesem Zweck muss die Grammatik, welche die syntaktische Struktur des Eingabedatenstroms definiert, mit semantischen Attributen (semantic attributes) und semantischen Aktionen angereichert werden. Das Ergebnis dieses Prozesses ist eine attributierte Grammatik (attribute grammar). Was man darunter versteht und wie man dazu kommt, wird in einem eigenen Abschnitt erörtert. Danach wird auf die algorithmische Interpretation attributierter Grammatiken eingegangen und gezeigt, wie man die Kernkomponenten einer datenorientierten Systemarchitektur auf systematische Art und Weise ableiten kann.

Eine Besonderheit der datenorientierten Systementwicklung besteht darin, dass im Unterschied zur aufgabenorientierten Systementwicklung die algorithmische Implementierung der Systemkomponenten (der Quelltext) aus der Entwurfsbeschreibung (in Form einer attributierten Grammatik) nicht nur manuell durch systematisches Vorgehen abgeleitet, sondern auch automatisch generiert werden kann. Die Werkzeuge zur Generierung der Implementierung heißen Compiler-Generatoren (oder Compiler-Compiler). Zur Abrundung wird daher auch darauf eingegangen, was ein Compiler-Generator ist und wie man vorgeht, um damit aus einer attributierten Grammatik ihre algorithmische Implementierung automatisch zu generieren.

Nachdem alle grundlegenden Konzepte zur Gestaltung (und Generierung) von datenorientierten Systemarchitekturen eingeführt sind, wird abschließend zusammengefasst, wie man auf systematische und nachvollziehbare Art und Weise bei dieser Art des Systementwurfs vorgeht. «

Ziele

Nach dem Lesen dieses Kapitels haben Sie Folgendes erreicht:

- Sie wissen, was man unter daten- und transformationsorientierter Programmierung, datenorientierter Systemzerlegung und einer entsprechenden Systemarchitektur versteht.
- Sie wissen, wie man auf systematische Art und Weise für Aufgabenstellungen, die dadurch gekennzeichnet sind, dass ein strukturierter Eingabedatenstrom zu verarbeiten ist, eine datenorientierte Systemarchitektur entwirft.
- Sie kennen das aus dem Compilerbau stammende Konzept der attributierten Grammatiken und können dieses zum Entwurf und zur Beschreibung von Programmsystemen einsetzen.
- Sie wissen, was ein Compiler-Generator ist, kennen in der Praxis eingesetzte Compiler-Compiler und wissen, wie man einen solchen zur Generierung der Implementierung von datenorientierten Programmsystemen verwenden kann.

12.1 Lösungsansatz für und Aufbau von datenorientierten Systemarchitekturen

Wie in der Einleitung bereits dargelegt, beschäftigen wir uns in diesem Kapitel mit dem Entwurf der Systemarchitektur von Programmsystemen, deren wesentliches Merkmal darin besteht, dass sie einen komplexen Eingabedatenstrom zu verarbeiten bzw. in eine andere Form zu transformieren haben. Wenn es einen komplex strukturierten linearen Eingabedatenstrom zu verarbeiten gilt, dann ist es in der Regel sinnvoll, eine daten- oder transformationsorientierte Systemarchitektur anzustreben, weil wir dazu auf eine Fülle ausgereifter Methoden und Werkzeuge aus dem Compilerbau zurückgreifen können. Das ist durchaus auch dann möglich und sinnvoll, wenn wir Problemstellungen lösen wollen, die nicht im Geringsten etwas mit einem Compiler (im engeren Sinn) zu tun haben und bei denen der Eingabedatenstrom aus problemorientierter Sicht nichts mit dem Quelltext eines Programms gemeinsam hat.

Compiler und Interpretierer (vgl. Abschnitt 1.7) sind Beispiele für Programmsysteme, die komplexe Eingabedatenströme (im Falle von Compilern sind das Quelltexte, formuliert in einer Programmiersprache) analysieren, verarbeiten und in eine andere Form transformieren (im Falle von Compilern z.B. in Maschinensprache). Seit dem Ende der 1950-er Jahre wurden dafür umfangreiche Grundlagen entwickelt, insbesondere die formalen Sprachen, die dem Bereich der Theoretischen Informatik zuzuordnen sind, sowie Techniken und Werkzeuge, die mittlerweile einen hohen Reifegrad erreicht haben. Sie können auch in anderen Bereichen zur Problemlösung herangezogen werden.

Das Denkmodell für die Anwendung von Compilerbauprinzipien und -techniken in der Softwareentwicklung postuliert, dass aufbauend auf der *Struktur* (*Syntax*) des Eingabedatenstroms seine *Bedeutung* (*Semantik*) und der Transformationsprozess definiert und daraus die Systemarchitektur abgeleitet wird. Damit kommt der Syntaxanalyse des Eingabedatenstroms eine zentrale Bedeutung im Rahmen des Transformationsprozesses zu, weshalb wir in diesem Zusammenhang auch von *syntaxgesteuerter Übersetzung* (*syntax-directed translation*) sprechen.

▶Abbildung 12.1 illustriert grob die Architektur eines Programmsystems, das nach diesem Denkmodell strukturiert ist. Weil die Systemarchitektur von der Struktur der Eingabedaten maßgeblich geprägt wird, nennen wir solche Systeme *datenorientierte Programmsysteme*. Den Kern der Systemarchitektur bilden die drei Komponenten lexikalischer Analysator, Syntaxanalysator und Semantikauswerter:

- Der *Syntaxanalysator* (*syntax analyzer*) prüft, ob die Struktur (Syntax) des Eingabedatenstroms die in der Problemstellung beschriebene Form tatsächlich aufweist, d.h. ob die Folge der Terminalsymbole (die er vom lexikalischen Analysator erhält) vollständig ist und die richtige Reihenfolge aufweist. Er basiert auf einer formalen Beschreibung der Syntax des Eingabedatenstroms in Form einer (kontextfreien) Grammatik (siehe nächster Abschnitt).
- Der *Semantikauswerter* (*semantic evaluator*) extrahiert aus der Struktur der Terminalsymbolfolge und dem „Wert" der Terminalsymbole die Bedeutung (Semantik) eines vorliegenden Eingabedatenstroms und erzeugt die gemäß der Problemstellung geforderten (Teil-) Ergebnisse entweder direkt oder befüllt eine oder mehrere Datenstrukturen, die in der Folge weiterbearbeitet (transformiert) werden, bis alle geforderten Ergebnisse vorliegen.

  Im Englischen werden Syntaxanalysator und Semantikauswerter meist unter dem Begriff *parser* zusammengefasst.

Neben diesen Kernkomponenten benötigen wir noch einen Koordinationsrahmen, d. h. Code für den Start des Verarbeitungsprozesses und zur Koordination des Zusammenspiels der einzelnen Komponenten. Wie in Abbildung 12.1 durch weiße Rechtecke angedeutet, können je nach Aufgabenstellung auch noch weitere Komponenten erforderlich sein, beispielsweise Komponenten zur Verwaltung von Datenstrukturen, um aus dem Eingabedatenstrom gewonnene Informationen und deren Zusammenhänge speichern, abfragen und manipulieren zu können.

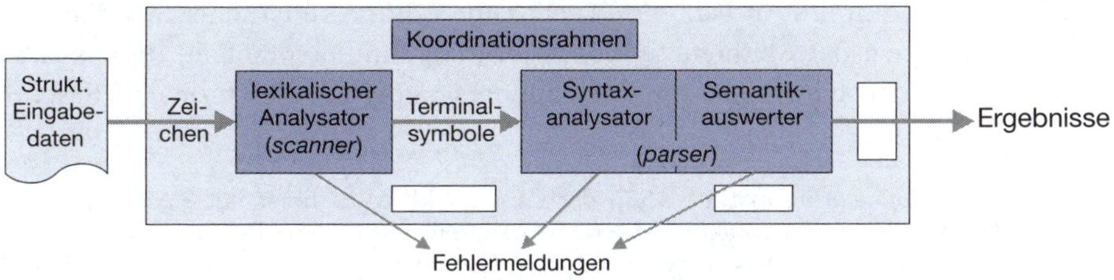

Abbildung 12.1: Grobarchitektur von und Datenfluss in datenorientierten Programmsystemen

Ein wichtiges Ziel bei der Entwicklung von Softwaresystemen besteht darin, eine möglichst einfache, klare und der Problemstellung angemessene Architektur zu finden. Die in Abbildung 12.1 skizzierte Systemarchitektur für datenorientierte Programmsysteme weist diese Eigenschaften auf. Zudem bleibt die Grundstruktur der Systemarchitektur bei jedem nach dem oben erläuterten Denkmodell entworfenen datenorientierten Programmsystem gleich. Wir können daher von einer *Referenzarchitektur* (*reference architecture*) sprechen. Bei dieser Referenzarchitektur handelt es sich um eine Ausprägung des Architekturmusters *Pipes & Filters*[1], bei dem die Daten nicht in ihrer Gesamtheit („en bloc") durch das System fließen und bearbeitet, sondern in kleinere Einheiten zerlegt und dann einzeln bearbeitet werden.

Die drei wesentlichen Komponenten der Systemarchitektur (der lexikalische Analysator, der Syntaxanalysator und der Semantikauswerter) lassen sich formal spezifizieren und es gibt Methoden und Techniken, um daraus die Algorithmen zur Realisierung dieser Systemkomponenten „händisch" auf völlig systematische Art und Weise abzuleiten oder, wenn man über entsprechende Werkzeuge verfügt, so genannte Compiler-Generatoren oder Compiler-Compiler, können die erforderlichen Algorithmen auch „automatisch" generiert werden.

Wir können uns beim Entwurf also darauf beschränken, formal zu beschreiben, was das Programmsystem leisten soll und brauchen uns dabei nicht um algorithmische Details zu kümmern. Aus den formalen Beschreibungen können dann die wesentlichen Teile eines auf diese Weise konzipierten datenorientierten Programmsystems automatisch erzeugt werden (siehe Abschnitt 12.6). Damit können nicht nur der Abstraktionsgrad und die Entwicklungsproduktivität gesteigert werden, es resultiert daraus auch eine hohe Architekturqualität und – gute Werkzeuge vorausgesetzt – gute Codequalität.

Im folgenden Abschnitt erläutern wir die formalen Beschreibungsmittel, die wir zur Umsetzung dieses Lösungsansatzes benötigen.

12.2 Grammatiken zur Beschreibung der syntaktischen Struktur von Datenströmen

Für die Beschreibung des Aufbaus natürlicher Sprachen, z.B. Deutsch oder Englisch, werden besondere Regelwerke verwendet, die wir als ***Grammatiken*** (*grammars*) bezeichnen. Erste Ansätze dazu reichen bis in die Antike zurück[2]. Es ist naheliegend, dass auch der strukturelle Aufbau, die so genannte ***Syntax***, künstlicher Sprachen (z.B. von Formelsprachen der Mathematik oder von Programmiersprachen) mittels Grammatiken beschrieben wird. Aus der Auseinandersetzung mit der formalen Beschrei-

---

1 Das *Software Engineering Institute* (*SEI*) der Carnegie-Mellon Universität (CMU) hat in den 1990-er Jahren mehrere Architekturmuster zur Beschreibung der Architektur von Softwaresystemen vorgeschlagen (vgl. [Bass u. weitere 2003]). Eines davon ist das Muster *Pipes & Filters*.

2 Schon über 300 Jahre v. Chr. hat sich Aristoteles mit dem Aufbau und der Bedeutung von Sprache, dem Unterschied zwischen Gesprochenem und Geschriebenem sowie den Möglichkeiten zur Beschreibung von Sprachen auseinandergesetzt.

bung von (künstlichen) Sprachen und mit Techniken zur Analyse und Erkennung von Sätzen solcher Sprachen hat sich ein eigenes Teilgebiet der Theoretischen Informatik entwickelt, das dem Forschungsgegenstand entsprechend als das Gebiet der *Formalen Sprachen* und *Automatentheorie* bezeichnet wird (siehe z.B. [Asteroth u. Baier 2002]).

Mit einer Grammatik kann man aber nicht nur den syntaktischen Aufbau einer Sprache, sondern auch die Struktur anderer Gebilde wie z.B. die eines Eingabedatenstroms beschreiben. Das Konzept der Grammatiken ist daher für die Ziele, die wir in diesem Kapitel verfolgen, etwas Grundsätzliches. Es ist allerdings nicht notwendig, dass wir uns dazu mit dem umfangreichen Gebiet der Formalen Sprachen umfassend auseinandersetzen. Wir erörtern nur jene Aspekte, die zur Entwicklung datenorientierter Systemarchitekturen im Sinne dieses Kapitels notwendig sind.

Um eine bestimmte ***Sprache***, also eine in der Regel unendlich große Menge von Sätzen, beschreiben zu können, muss zuerst ein *Alphabet* (*vocabulary*) festgelegt werden. Ein Alphabet in dem hier gebrauchten Sinne ist die (endliche, nicht leere) Menge jener Elemente, aus denen die Sätze der Sprache gebildet werden. Diese Elemente werden als *Terminalsymbole* (*terminal symbols* oder *tokens*, nähere Erläuterung dieses Begriffs siehe unten) bezeichnet. Auf Basis des Alphabets der Terminalsymbole können durch Konkatenation, also durch Hintereinanderschreiben (wie bei der Bildung von Zeichenketten aus Zeichen) beliebig lange und daher unendlich viele Terminalsymbol-Ketten gebildet werden. Aber nicht jede dieser Ketten repräsentiert einen korrekten Satz der Sprache, für die das Alphabet definiert wurde. Neben dem Alphabet benötigt man ein Regelwerk, das festlegt, wie ein korrekter Satz der Sprache aufgebaut sein muss. Ein solches Regelwerk wird – im Hinblick auf unsere Ziele gemäß der unten angegebenen Definition – in Form einer (kontextfreien[3]) Grammatik gebildet. Sie gestattet es zu prüfen, ob eine Kette von Terminalsymbolen „gültig", also ein Satz der durch die Grammatik definierten Sprache ist oder nicht.

Definition: *(Kontextfreie) Grammatik, Ersetzungsregel, Ableitung und Sprache*

Eine (kontextfreie) *Grammatik* (*grammar*) G mit dem *Satzsymbol* (*root symbol*) S, geschrieben $G(S)$, ist eine endliche, nicht leere Menge von Ersetzungsregeln, die zwei Arten von Symbolen enthalten: Terminalsymbole, die in Sätzen vorkommen, und Nonterminalsymbole, die der Strukturbeschreibung dienen. Das Satzsymbol S ist ein ausgezeichnetes Nonterminalsymbol, das auf mindestens einer linken Seite der Ersetzungsregeln vorkommt.

3 Der Linguistiker Noam Chomsky hat in [Chomsky 1959] eine Sprachtypologie, die nach ihm benannte *Chomsky-Hierarchie* der Sprachen, definiert und die Grammatiken dieser Sprachen in vier Typen eingeteilt, die er von 0 bis 3 durchnummeriert hat. Nur die beiden einfachsten Sprach- bzw. Grammatikklassen – jene vom Typ 3, die so genannten *regulären*, und jene vom Typ 2, die so genannten *kontextfreien* – sind für die datenorientierte Programmierung relevant. Eine detaillierte Behandlung der Chomsky-Hierarchie würde den Rahmen dieses Buchs sprengen, dafür verweisen wir den interessierten Leser z.B. auf [Asteroth u. Baier 2002].

Eine *Ersetzungsregel* (*production rule*) besteht aus einem Nonterminalsymbol A und einer Symbolkette α, einer Folge aus Terminal- und/oder Nonterminalsymbolen. Eine Regel wird geschrieben als $A \rightarrow \alpha$ und gelesen als „A ist definiert als α" oder „A kann ersetzt werden durch α". Dabei heißt A „linke Seite" und α „rechte Seite" der Regel. Gibt es mehrere Möglichkeiten für die Ersetzung von A, kann anstelle von z.B. zwei Regeln $A \rightarrow \alpha$ und $A \rightarrow \beta$ auch $A \rightarrow \alpha \mid \beta$ geschrieben werden; das wird gelesen als „α oder β", dabei werden α und β als *Alternativen* (*alternatives*) von A bezeichnet.

Aus dem Satzsymbol S kann man durch *Ableitungen* (fortgesetzte Anwendung der Ersetzungsregeln) Symbolketten, so genannte *Satzformen* bilden. Eine Satzform, die nur mehr Terminalsymbole enthält, ist ein *Satz*.

Die *Sprache* (*language*) $L(G)$ einer Grammatik $G(S)$ repräsentiert die Menge aller Sätze, die sich mithilfe ihrer Ersetzungsregeln aus dem Satzsymbol S erzeugen oder ableiten lassen.

Hinweis zu obiger Definition: Die Bezeichnung *kontextfrei* (*context-free*) für eine Grammatik drückt aus, dass in allen Symbolketten, die aus dem Satzsymbol durch Anwendung der Ersetzungsregeln abgeleitet werden können, jedes darin vorkommende Nonterminalsymbol unabhängig von den Symbolen links oder rechts davon, also unabhängig von seiner Umgebung, dem Kontext, durch eine seiner Alternativen ersetzt werden kann.

Zu einer Grammatik gemäß obiger Definition gehören also zwei Arten von Symbolen, die noch einer näheren Erläuterung bedürfen:

- *Nonterminalsymbole* (*non-terminal symbols*), das sind jene Symbole, die auf den linken Seiten der Ersetzungsregeln einer Grammatik (kurz Grammatikregeln) stehen und als Abstraktionsmittel zur Gliederung der Sätze verwendet werden (das wichtigste Nonterminalsymbol ist das Satzsymbol), sowie
- *Terminalsymbole* (*terminal symbols* oder *tokens*), das sind jene Symbole, die nur auf rechten Seiten von Grammatikregeln und somit als Elemente in den Sätzen der Sprache der Grammatik vorkommen. Die Menge der Terminalsymbole bildet das (Terminalsymbol-)Alphabet der Sprache.

Die in der Definition des Grammatikbegriffs angesprochenen Ketten (bezeichnet mit α) sind Symbolfolgen, die sowohl Terminal- als auch Nonterminalsymbole enthalten können. Die Symbole werden ohne expliziten Verkettungsoperator hintereinander geschrieben. In manchen Fällen ist es hilfreich oder notwendig, auch eine *leere Kette* (*empty string*), also eine Kette, die keine Symbole enthält, explizit notieren zu können. Wir verwenden dafür das Symbol ε.

Zur Illustration des bisher Gesagten zeigt Beispiel 12.1 eine Grammatik für eine einfache Sprache, deren Sätze aus den Terminalsymbolen a, b, c und d bestehen.

Beispiel 12.1

Grammatik einer einfachen Sprache

Folgende, aus drei Ersetzungsregeln bestehende Grammatik $G_1(S)$ beschreibt die Menge aller (bedeutungslosen) Sätze, die mit a beginnen, mit c oder d enden und bei denen zwischen dem ersten und letzten Zeichen beliebig viele b vorkommen dürfen.

$G_1(S) = \{ S \rightarrow a\ B\ E,\ B \rightarrow \varepsilon \mid b\ B,\ E \rightarrow c \mid d \}$

Die oben verwendete Mengenschreibweise wird in der Praxis selten verwendet, man notiert eine Grammatik meist wie folgt:

$S \rightarrow a\ B\ E$
$B \rightarrow \varepsilon \mid b\ B$
$E \rightarrow c \mid d$

Auf Basis dieser Grammatik können aus dem Satzsymbol S z.B. die folgenden zwei Sätze (fett gedruckt) erzeugt oder anders ausgedrückt, abgeleitet werden (wir schreiben $\Rightarrow$ für den Ableitungsoperator und setzen das jeweils abgeleitete Nonterminalsymbol kursiv)[4]:

$S \Rightarrow a\ B\ E \Rightarrow a\ \varepsilon\ E \Rightarrow a\ \varepsilon\ c = \mathbf{a\ c}$
$S \Rightarrow a\ B\ E \Rightarrow a\ b\ B\ E \Rightarrow a\ b\ \varepsilon\ E \Rightarrow a\ b\ \varepsilon\ d = \mathbf{a\ b\ d}$

Hinweis: In Abschnitt 10.7 haben wir diese Sprache bereits durch den regulären Ausdruck a b* (c + d) sowie durch einen endlichen Automaten beschrieben.

In der oben angegebenen Definition des Begriffs Grammatik haben wir eine einfache Notation zur Beschreibung von Grammatiken verwendet. Diese Notation kennt nur zwei *Metasymbole* (Symbole der Grammatikschreibweise): den Pfeil zur Trennung der beiden Seiten der Ersetzungsregel und den senkrechten Strich zur Trennung von Alternativen. Damit kann die Syntax von umfangreichen und komplexen Sprachen nur umständlich beschrieben werden.

Deshalb wurden für die Formulierung von Grammatiken zweckmäßigere Schreibweisen entwickelt. Neben einer grafischen Form, den so genannten Syntaxdiagrammen, haben sich vor allem textuelle Notationen bewährt. Die Syntax der um 1960 unter Mitwirkung von John Backus und Peter Naur entwickelten Programmiersprache Algol 60 wurde mit einer solchen textuellen Notation, der so genannten *Backus-Naur-Notation* (*Backus-Naur form*, kurz *BNF*), beschrieben (vgl. [Naur 1960]). Diese Notation wurde in der Folge zur Beschreibung der Syntax weiterer Programmiersprachen in unterschiedlicher Art und Weise abgeändert und erweitert (z.B. von IBM für die Programmiersprache PL/I), was zu einem „Wildwuchs“ von Syntaxnotationen geführt hat. Niklaus Wirth hat das in [Wirth 1977] beklagt und einen Vorschlag für eine ein-

4 Die Symbolketten, die sich bei der Ableitung eines Satzes aus dem Satzsymbol ergeben, werden als Ableitungsfolge bezeichnet. Wenn in einer Ableitungsfolge jeweils das erste, das am weitesten *links* stehende Nonterminalsymbol ersetzt wird, spricht man von einer *linkskanonischen*, wenn jeweils das letzte, das am weitesten *rechts* stehende Nonterminalsymbol ersetzt wird, von einer *rechtskanonischen* Ableitungsfolge.

fache und klare Erweiterung der BNF präsentiert. Dieser Vorschlag wurde später von den Normungsgremien *International Organization for Standards* (*ISO*) und *International Electronical Commission* (*IEC*) aufgegriffen und zu einem ISO/IEC-Standard für eine *erweiterte BNF* (*extended BNF*, kurz *EBNF*) ausgearbeitet (vgl. [ISO/IEC 1996]).

Diese Notation, die auch unter der Bezeichnung ***Wirthsche EBNF*** bekannt geworden ist, verwenden wir im Folgenden auch in diesem Buch. Ihre wesentlichen Konventionen sind:

- Die beiden Seiten der Ersetzungsregeln (das Nonterminalsymbol auf der linken Seite und die Symbolkette auf der rechten Seite) werden durch ein Gleichheitszeichen voneinander getrennt und das Ende einer Ersetzungsregel wird durch einen Punkt markiert.
- Nonterminalsymbole werden mit großem, Terminalsymbole mit kleinem Anfangsbuchstaben geschrieben. Terminalsymbole, die nur aus einem Zeichen oder einer fixen Zeichenfolge bestehen, werden in Anführungszeichen gesetzt und direkt angeschrieben.
- Ein senkrechter Strich wird verwendet, um Alternativen voneinander zu trennen.
- Eckige Klammern werden verwendet, um Optionen zu beschreiben, z.B. bedeutet [α], dass an der entsprechenden Stelle entweder α oder ε vorkommen darf ($\alpha \mid \varepsilon$).
- Geschwungene Klammern werden verwendet, um eine Wiederholung zu beschreiben, z.B. bedeutet { α }, dass α null-mal oder mehrmals, d.h. beliebig oft an der entsprechenden Stelle vorkommen darf ($\varepsilon \mid \alpha \mid \alpha\,\alpha \mid \alpha\,\alpha\,\alpha \mid \ldots$).
- Runde Klammen werden zur Zusammenfassung verwendet oder um den Vorrang der Operatoren (Verkettung vor Alternative) abzuändern, z.B. bedeutet $\alpha\ (\beta \mid \gamma)\ \delta$, dass an der entsprechenden Stelle entweder $\alpha\,\beta\,\delta$ oder $\alpha\,\gamma\,\delta$ auftreten darf ($\alpha\,\beta\,\delta \mid \alpha\,\gamma\,\delta$).

Die Wirthsche EBNF verfügt über einen ausreichenden Satz von Metasymbolen zur Beschreibung der Grammatiken umfangreicher und komplexer Sprachen.

In Beispiel 12.2 geben wir für die Sprache aus Beispiel 12.1 eine Grammatik in Wirthsche EBNF an.

Beispiel 12.2

Grammatik einer einfachen Sprache in Wirthscher EBNF

Eine Grammatik $G_2(S)$ für die Sprache aus Beispiel 12.1 (alle Ketten, die mit a beginnen, mit c oder d enden und bei denen zwischen dem ersten und letzten Zeichen beliebig viele b stehen dürfen) lässt sich mittels Wirthscher EBNF in kompakter Art und Weise wie folgt beschreiben:

```
S = 'a' { 'b' } ( 'c' | 'd' ) .
```

Während wir in Beispiel 12.1 für die Beschreibung der Grammatik noch drei Nonterminalsymbole verwendet haben (eines für das Satzsymbol, eines für die Wiederholung von b und eines für die Alternative c oder d), sind wir bei Verwendung der Wirthschen EBNF mit einem Nonterminalsymbol und daher mit einer Regel ausgekommen.

Wir werden im Folgenden zur Illustration des datenorientierten Systementwurfs eine typische, aber einfach zu verstehende Aufgabenstellung heranziehen: die Auswertung einfacher *arithmetischer Ausdrücke* (*arithmetic expressions*), die in Form eines Eingabedatenstroms vorliegen. Wir verwenden diese Aufgabenstellung, um die benötigten Konzepte und Techniken der datenorientierten Programmierung zu erläutern, weil sie häufig und in unterschiedlichen Bereichen vorkommt, z.B. in Tabellenkalkulationsprogrammen und in Mathematikprogrammen (wie Mathematica von Wolfram Research).

In Beispiel 12.3 zeigen wir, wie eine Grammatik für einfache arithmetische Ausdrücke aufgebaut sein kann.

Beispiel 12.3

Grammatiken für einfache arithmetische Ausdrücke und Syntaxbaum

Für die Bildung von einfachen *arithmetischen Ausdrücken* (*arithmetic expressions*), die als Operanden ganze Zahlen (*numbers*) sowie Bezeichner (*identifier*) von Variablen enthalten dürfen und bei denen die Operanden durch die vier Grundrechenoperatoren (+, −, ∗ und /, mit den in der Mathematik üblichen Vorrangregeln) verknüpft werden können, soll eine Grammatik angegeben werden. Wie üblich können runde Klammern zur Zusammenfassung oder um den Vorrang zu ändern verwendet werden. Ein solcherart geklammerter Ausdruck repräsentiert wieder einen Operanden. Beispiele für zu bildende Ausdrücke sind: −4, 0, +1, 17 + 4, $(i + 1) * n$.

Bevor wir zwei Möglichkeiten für die Beschreibung der Syntax arithmetischer Ausdrücke angeben, beschreiben wir den Aufbau der beiden elementaren Arten von Operanden, ebenfalls durch Grammatikregeln:

```
Number = Digit { Digit } .
Ident  = Letter { Letter | Digit } .
Digit  = '0' | '1' | ... | '9' .
Letter = 'a' | 'b' | ... | 'z' | 'A' | 'B' | ... | 'Z' .
```

Es gibt viele Möglichkeiten, die Syntax arithmetischer Ausdrücke mittels Grammatiken zu beschreiben. Eine einfache Grammatik $G_1(Expr)$ könnte wie folgt lauten:

```
Expr     = [ '+' | '-' ] Operand { Operator Operand } .
Operand  = Number | Ident | '(' Expr ')' .
Operator = '+' | '-' | '*' | '/' .
```

Wenn wir später ein Programmsystem zur Auswertung der Ausdrücke entwickeln wollen, ist es von Vorteil, den Vorrang der Operatoren bereits in der Syntax auszudrücken. Dazu müssen die vier Operatoren auf zwei Regeln aufgeteilt werden: auf die Regel *Expr*, in der die Addition und Subtraktion von Termen (*terms*) beschrieben wird, und auf die Regel *Term*, in der die Multiplikation und Division von Faktoren (*factors*) beschrieben wird. Dadurch ergibt sich folgende Grammatik $G_2(Expr)$:

```
Expr = [ '+' | '-' ] Term { ( '+' | '-' ) Term } .
Term = Fact { ( '*' | '/' ) Fact } .
Fact = Number | Ident | '(' Expr ')' .
```

▶Abbildung 12.2 zeigt auf Basis der Grammatik G_2(*Expr*) die syntaktische Struktur des Ausdrucks 17 + *max* * 4 in Form des so genannten *Syntaxbaums* (*syntax tree*).

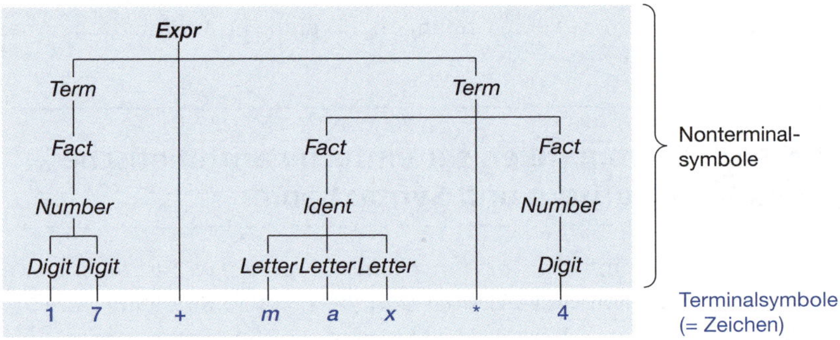

Abbildung 12.2: Syntaxbaum für einen arithmetischen Ausdruck

Durch den Aufbau der Grammatik ergibt sich ein Syntaxbaum, in dem auch die Vorrangregeln der Operatoren berücksichtigt sind: zuerst müssen die beiden Operanden *max* und 4 multipliziert werden, bevor ihr Produkt zum Operanden 17 addiert werden kann.

Wie in Beispiel 12.3 gezeigt, sind in einem Syntaxbaum die im Zuge der Ableitung eines Satzes (hier des Ausdrucks 17 + *max* * 4) aus dem Satzsymbol (hier *Expr*) beteiligten Nonterminalsymbole und die sich ergebende Kette von Terminalsymbolen ersichtlich: Die Terminalsymbole bilden die Blätter des Syntaxbaums, sie liegen am Ende eines Wegs vom Satzsymbol zum Satz. Die Nonterminalsymbole bilden sowohl die Wurzel als auch die inneren Knoten des Syntaxbaums, sie liegen also nicht am Ende eines Wegs vom Satzsymbol zum Satz, sie repräsentieren Abstraktionen und noch nicht konkrete Elemente des Ergebnisses des Ableitungsprozesses, daher die aus dem Lateinischen stammende Bezeichnung *non terminal*.

12.3 Konstruktion der Analysatorkomponenten

Mit Grammatiken können wir durch Ersetzungsregeln nicht nur die Struktur von Sätzen einer Sprache oder den syntaktischen Aufbau eines Eingabedatenstroms beschreiben, wir können Grammatiken durch eine „algorithmische Interpretation" auch als Basis für die Konstruktion von Algorithmen heranziehen, mit denen wir einen Eingabedatenstrom auf syntaktische Korrektheit prüfen. Solche Algorithmen werden *Analysatoren* (*analyzer*) genannt.

Wenn man solche Grammatiken verwendet, wie sie in Beispiel 12.3 angegeben sind, bei denen die Terminalsymbole der Grammatik gleich den einzelnen Zeichen sind, aus denen die Sätze bestehen, kommt man zwar mit einem Analysator aus, stößt dabei aber auf Probleme (z.B. beim Umgang mit bedeutungslosen Zeichen) und muss sich mit einer schlechten Effizienz begnügen.

Eine Verbesserung bringt ein zweistufiges Vorgehen, indem man zuerst die lexikalische Struktur (s. u.) mit einer Grammatik beschreibt und auf dieser Basis die Syntax definiert. Dann können wir daraus (durch algorithmische Interpretation dieser beiden Grammatiken) die beiden Systemkomponenten *lexikalischer Analysator* und *Syntaxanalysator* der in ▶Abbildung 12.1 angegebenen Referenzarchitektur des zu entwickelnden Programmsystems ableiten. Wir gehen dazu wie folgt vor:

1. Zuerst definieren wir die *lexikalische Struktur* (*lexical structure*) des zu verarbeitenden Eingabedatenstroms. Dabei ist festzulegen, wie aus den den Eingabedatenstrom bildenden Elementen (in der Regel sind das Zeichen) die Terminalsymbole für den nachfolgenden Syntaxanalyseschritt gebildet werden können und welche Elemente (Zeichen) bedeutungslos sind. Die Beschreibung der lexikalischen Struktur können wir zwar mit kontextfreien Grammatiken vornehmen, weil der Aufbau der Terminalsymbole meist aber sehr einfach ist, genügen dafür auch reguläre Grammatiken bzw. reguläre Ausdrücke (vgl. Abschnitt 10.7). Neben *einfachen Terminalsymbolen*, die aus einem oder mehreren fixen Zeichen bestehen, benötigt man häufig auch so genannte *Terminalklassen* (*terminal classes*). Das sind Mengen von im Aufbau identischen und in ihrer Bedeutung vergleichbaren Terminalsymbolen (z.B. Zahlen und Bezeichner). Aus der Beschreibung der lexikalischen Struktur des zu verarbeitenden Datenstroms kann dann der lexikalische Analysator direkt abgeleitet werden.

2. Danach beschreiben wir den „eigentlichen" syntaktischen Aufbau, die *Syntax* des Eingabedatenstroms durch eine kontextfreie Grammatik. Die Terminalsymbole für diese Grammatik haben wir bereits im ersten Schritt festgelegt und die Grammatik darf darüber hinausgehend keine weiteren Terminalsymbole enthalten. Wir unterscheiden hier nicht mehr zwischen einfachen Terminalsymbolen und Terminalklassen. Aus der Beschreibung der syntaktischen Struktur des zu verarbeitenden Datenstroms in Form einer Grammatik kann dann der Syntaxanalysator direkt abgeleitet werden.

Wir demonstrieren im Folgenden im Rahmen weiterer Beispiele die Konstruktion der beiden Analysatorkomponenten für die Verarbeitung eines Eingabedatenstroms, der einfache arithmetische Ausdrücke (wie in Beispiel 12.3 angegeben) repräsentiert.

Lexikalischer Analysator (*scanner*)

Die Aufgabe eines lexikalischen Analysators besteht – wie oben bereits indirekt erläutert – darin, auf Basis der Beschreibung der lexikalischen Struktur den Eingabedatenstrom sukzessive (zeichenweise) zu lesen, bedeutungslose Elemente (z.B. Leerzeichen) zu ignorieren, aus den anderen (Bedeutung tragenden) Elementen Terminalsymbole zu bilden und diese gemäß dem Architekturmuster *Pipes & Filters* der Reihe nach der Syntaxanalysatorkomponente zur Verfügung zu stellen.

Bevor wir den oben angegebenen Schritt zur Konstruktion des lexikalischen Analysators durchführen können, wollen wir uns für eine Realisierungsform der Systemkomponenten entscheiden und wählen dafür das in Kapitel 11 eingeführte Modulkonstrukt, weil wir es auch hier mit einer Sammlung von Algorithmen und den Datenobjekten, die von ihnen manipuliert werden, zu tun haben. Wir legen für den lexikalischen Analysator (*Scanner*) folgende Schnittstelle fest und begründen ihren Aufbau im Anschluss daran:

```
interface of Scanner
  const …  -- symbol codes according to lexical structure
  const eos = …; error = …
  type Position = …  -- e. g., line and column number in a text file
  InitScanner(↓dataSource: Device)  -- init scanner to read data from
                                    -- dataSource
  GetNextSy(↑sy: int)  -- provide code sy for next terminal symbol
  GetSyPos(↑pos: Position)  -- provide start position of current symbol
end Scanner
```

Das *Scanner*-Modul stellt folgende Konstanten, Datentypen und Operationen zur Verfügung:

- eine Menge von Konstanten, denn wir ordnen jedem Terminalsymbol einen (eindeutigen) ganzzahligen Code zu und benötigen daher Konstanten für alle Terminalsymbol-Codes, zusätzlich eine Konstante für den Code des Endes des Eingabedatenstroms (*end of stream*, *eos*) und eine weitere für den Code fehlerhafter Elemente im Eingabedatenstrom (*error*);
- einen Datentyp *Position*, der verwendet wird, um die Lage eines Terminalsymbols im Eingabedatenstrom festzuhalten (für Textdateien eignet sich z.B. die Zeilen- und Spaltennummer);
- eine Operation *InitScanner*, die gegebenenfalls erforderliche Initialisierungen vornimmt und dem lexikalischen Analysator bekannt macht, von welchem Eingabegerät (*device*) der Datenstrom, der die zu verarbeitenden Daten enthält, zu lesen ist;
- eine Operation *GetNextSy*, die dem Syntaxanalysator (mittels Ausgangsparameter *sy*) das jeweils als Nächstes zu verarbeitende Terminalsymbol (d.h. den Code, den wir dafür festgelegt haben) liefert;
- eine Operation *GetSyPos*, die dem Syntaxanalysator im Bedarfsfall die Position (mittels Ausgangsparameter *syPos*) des aktuellen Terminalsymbols liefert (um z.B. bei einem fehlerhaften Eingabedatenstrom die Fehlerstellen kenntlich machen zu können).

Den Implementierungsrahmen für das *Scanner*-Modul legen wir wie folgt fest:

```
implementation of Scanner

  const eosCh = ...  -- indicator for end of data stream
  var source: Device  -- source of data stream
      ch: char  -- current character
      chPos: Position  -- position of current character
      syPos: Position  -- position of current symbol

  NextCh()  -- provide next character ch and its position chPos
  begin
    if (end of source) then
      ch := eosCh
    else
      read next character ch from source
      and store its position in chPos
    end -- if
  end NextCh

  InitScanner(↓dataSource: Device)
  begin
    source := dataSource
    open source for reading
    NextCh()  -- read first character ch from source and set chPos
  end InitScanner

  GetNextSy(↑sy: int)  -- provide code sy for next terminal symbol
  begin
    -- assertion: ch contains next character of source
    skip white space
    case ch of
      set sy, assign its start position syPos to chPos, and
      if necessary read further characters from source via NextCh
    end -- case
  end GetNextSy

  GetSyPos(↑pos: Position)  -- provide start position of current symbol
  begin
    pos := syPos
  end GetSyPos

end Scanner
```

Das oben angegebene Implementierungsschema von *GetNextSy* basiert auf der Annahme, dass nach dem Überlesen bedeutungsloser Zeichen (*white space*) anhand des ersten bedeutsamen Zeichens (*ch*), das gelesen wurde, entschieden werden kann, welches Terminalsymbol an dieser Stelle (*chPos*) beginnt. Je nach Aufbau des erkannten Terminalsymbols (bzw. des erkannten Elements einer Terminalklasse) müssen solange weitere Zeichen gelesen werden, bis das Terminalsymbol vollständig gelesen ist. Die Zeichenvariable *ch* des Scanners enthält danach das erste Zeichen des Eingabedatenstroms, das nicht mehr zu dem aktuell erkannten Terminalsymbol gehört. Die Operation *GetNextSy* arbeitet also wie ein endlicher Automat (*finite state machine*, vgl. Abschnitt 10.7), der bei jedem Aufruf von *GetNextSy* in seinem Startzustand beginnt und bei Erreichen eines Endzustands das jeweilige Terminalsymbol liefert.

Um die zentrale Komponente *GetNextSy* unseres Scanners weiter präzisieren zu können, müssen wir (wie oben angegeben) die lexikalischen Elemente des zu verarbeitenden Eingabedatenstroms festlegen. In Beispiel 12.4 definieren wir deshalb die lexikalische Struktur der arithmetischen Ausdrücke, die wir verarbeiten wollen, und leiten daraus die Implementierung für den Algorithmus *GetNextSy* unseres *Scanner*-Moduls ab.

Beispiel 12.4 Lexikalische Struktur und lexikalischer Analysator für einfache arithmetische Ausdrücke

Die lexikalische Struktur (und damit die Menge der Terminalsymbole) arithmetischer Ausdrücke legen wir wie folgt fest:

- Die Operatoren (die Zeichen '+', '−', '*', '/') und runden Klammern (die Zeichen '(' und ')') sind (einfache) Terminalsymbole. Sie werden durch die Symbolcodes *plus*, *minus*, *times*, *div*, *leftPar* und *rightPar* repräsentiert.
- Für Zahlen sehen wir eine Terminalklasse *number* (mit diesem Symbolcode) vor und wenn *digit* für eine Dezimalziffer steht, wird ihr Aufbau durch den regulären Ausdruck (vgl. Abschnitt 10.7) *digit* digit* beschrieben.
- Für Bezeichner sehen wir eine Terminalklasse *ident* (mit diesem Symbolcode) vor und wenn *letter* für einen Buchstaben steht, wird ihr Aufbau durch den regulären Ausdruck *letter* (*letter* + *digit*)* beschrieben.
- Wir erlauben, dass Leerzeichen vor und nach einem Ausdruck sowie zwischen Operanden und Operatoren vorkommen dürfen. Leerzeichen sind bedeutungslos und bei der lexikalischen Analyse zu ignorieren.
- Wenn im Eingabedatenstrom Zeichen vorkommen, die keines der bisher festgelegten Terminalsymbole repräsentieren, dann ist dies durch den Symbolcode *error*, und wenn das Ende des Eingabedatenstroms auftritt, durch den Symbolcode *eos* (für *end of source*) anzuzeigen.

▶Abbildung 12.3 illustriert, welche Folge von Terminalsymbolen der lexikalische Analysator (sein Algorithmus *GetNextSy*) liefert, wenn der Eingabedatenstrom den Ausdruck 17 + *max* * 4 enthält.

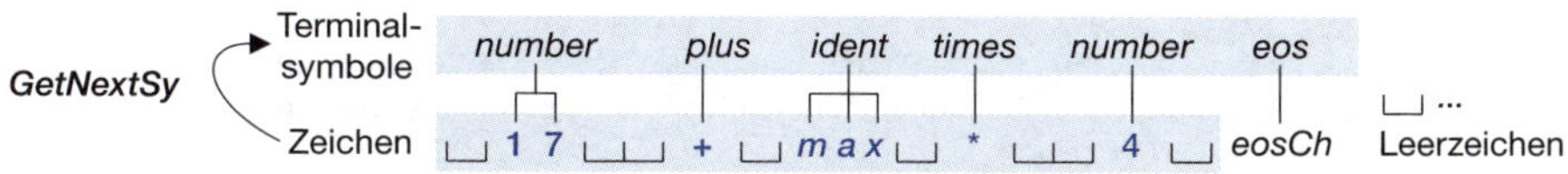

Abbildung 12.3: Eingabedatenstrom und Ergebnis der lexikalischen Analyse

Nun kann das oben angegebene allgemeine Implementierungsschema für den Algorithmus *GetNextSy* unserer Aufgabenstellung entsprechend konkretisiert werden:

```
GetNextSy(↑sy: int)
begin
  while ch = ' ' do  -- skip white space (blanks)
    NextCh()
  end -- while
  syPos := chPos
  case ch of
  | '+': sy := plus; NextCh()
  | '-': sy := minus; NextCh()
  | '*': sy := times; NextCh()
  | '/': sy := div; NextCh()
  | '(': sy := leftPar; NextCh()
  | ')': sy := rightPar; NextCh()
  | '0'..'9':  -- start of number
         sy := number
         while (ch ≥ '0') and (ch ≤ '9') do
           NextCh()
         end -- while
  | 'a'..'z', 'A'..'Z':  -- start of identifier
         sy := ident
         while ((ch ≥ 'a') and (ch ≤ 'z')) or
               ((ch ≥ 'A') and (ch ≤ 'Z')) or
               ((ch ≥ '0') and (ch ≤ '9')) do
           NextCh()
         end -- while
  | eosCh:  -- end of source
         sy := eos
  | otherwise  -- invalid character in source
         sy := error
         NextCh()
  end -- case
end GetNextSy
```

▶Abbildung 12.4 stellt die Funktionsweise von *GetNextSy* in Form eines endlichen Automaten (gegeben durch sein Zustandsdiagramm) dar.

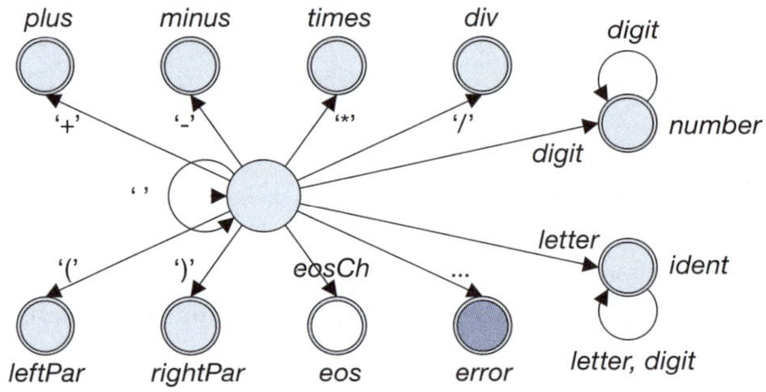

Abbildung 12.4: Lexikalischer Analysator für arithmetische Ausdrücke als endlicher Automat

Syntaxanalysator (*syntax analyzer*)

Die Aufgabe der Syntaxanalysatorkomponente (gemäß unserer Referenzarchitektur) besteht darin, die syntaktische Korrektheit des Eingabedatenstroms zu prüfen. Dazu ist eine Grammatik erforderlich, die beschreibt, nach welchen Syntaxregeln der zu verarbeitende Datenstrom gebildet sein muss.

Bevor wir auf die Entwurfsproblematik einer Grammatik für die Beschreibung des syntaktischen Aufbaus eines zu verarbeitenden Eingabedatenstroms und darauf aufbauend auf die Konstruktion der Syntaxanalysatorkomponente eingehen, ist es notwendig, dass wir noch einige grundsätzliche Aspekte der Syntaxanalyse erörtern.

Wenn der zu analysierende Datenstrom n Terminalsymbole umfasst, erfordert die Syntaxanalyse (mindestens) n Schritte, weil jedes von ihnen betrachtet werden muss. Nicht für jede kontextfreie Grammatik kann ein Syntaxanalysator konstruiert werden, dessen asymptotische Laufzeitkomplexität linear, also $O(n)$ ist. Nachdem dies für die Praxis aber wünschenswert, wenn nicht aufgrund des Umfangs des zu analysierenden Datenstroms gar notwendig ist, beschränkt man sich auf solche Sprachen, deren Syntax mit geeigneten, so genannten ***deterministischen Grammatiken***, beschrieben werden kann[5].

Für die Syntaxanalyse bei deterministischen Grammatiken kennen wir unterschiedliche Verfahren, die so genannten *Bottom-up-* und die so genannten *Top-down*-Verfahren (siehe ▶Abbildung 12.5): Für alle deterministischen Grammatiken können Bottom-up-

5 Für nicht deterministische Grammatiken sind aufwändige Syntaxanalyse-Verfahren notwendig, die z.B. mittels Backtracking (vgl. Kapitel 10) arbeiten.

Verfahren benutzt werden; diese Grammatiken werden *LR*-Grammatiken genannt[6]. Für eine Teilmenge der deterministischen Grammatiken können auch Top-down-Verfahren benutzt werden; diese Grammatiken werden *LL*-Grammatiken genannt[7].

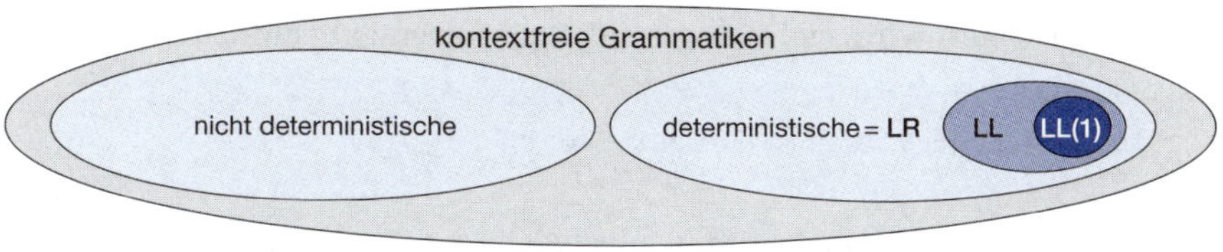

Abbildung 12.5: Einteilung kontextfreier Grammatiken

Es würde den Rahmen dieses Buchs sprengen, wollten wir auf alle Möglichkeiten zur Konstruktion von Syntaxanalysatoren eingehen. Weil die Bottom-up-Syntaxanalyse schwierig ist und ohne Werkzeugunterstützung, also „von Hand", für größere Grammatiken nicht umgesetzt werden kann, beschränken wir uns im Folgenden auf Grammatiken, die einer Top-down-Syntaxanalyse (also einer absteigenden Syntaxanalyse) zugänglich sind, nämlich die ***LL-Grammatiken***. Und wir legen fest, dass die Grammatiken folgende Eigenschaften aufweisen: jedes ihrer Nonterminalsymbole kann vom Satzsymbol aus erreicht werden, jede ihrer Ableitungsfolgen mündet in einen Satz und die Grammatik enthält keine zyklischen Ableitungsfolgen.

Bei der Top-down-Syntaxanalyse starten wir den Analyseprozess mit dem Satzsymbol der Grammatik und versuchen, gesteuert durch die vom lexikalischen Analysator gelieferten Terminalsymbole, die Ersetzungsregeln der Grammatik so anzuwenden, dass wir genau bei dem Satz enden, den es zu erkennen gilt. Wenn bei diesem Vorgehen in jeder Situation das aktuelle Terminalsymbol (genannt *Vorgriffssymbol, look-ahead symbol*) ausreicht, um in der aktuellen Ersetzungsregel die richtige Alternative auszuwählen, erfüllt die Grammatik die so genannte ***LL(1)-Bedingung.*** Das bedeutet im Wesentlichen, dass in jeder Ersetzungsregel der Grammatik alle Alternativen mit unterschiedlichen Terminalsymbolen beginnen. Auch bei Optionen und Wiederholungen muss mit einem Vorgriffssymbol die richtige Entscheidung getroffen werden können.

---

6 Ein *Bottom-up*-Syntaxanalyse-Verfahren versucht, den Syntaxbaum von „unten nach oben", also von den Terminalsymbolen ausgehend zu konstruieren, indem immer wieder ein passender Teil der Symbolfolge durch das richtige Nonterminalsymbol ersetzt wird (Reduktion), solange, bis nur mehr das Satzsymbol übrig ist. Dabei wird die Folge von Terminalsymbolen von *L*inks nach rechts verarbeitet und es entsteht eine *R*echtskanonische Ableitungsfolge (allerdings verkehrt herum), daher die Bezeichnung *LR*. Wir sprechen in diesem Fall von *aufsteigender Syntaxanalyse* (siehe dazu z.B. [Rechenberg u. Pomberger 2006]).

7 Ein *Top-down*-Syntaxanalyse-Verfahren versucht, den Syntaxbaum von „oben nach unten", also vom Satzsymbol ausgehend zu konstruieren, indem in jeder Symbolfolge das am weitesten links stehende Nonterminalsymbol durch die richtige Alternative ersetzt wird (Ableitung), solange, bis der zu erkennende Satz vorliegt. Dabei wird die Folge von Terminalsymbolen von *L*inks nach rechts gelesen und es entsteht eine *L*inkskanonische Ableitungsfolge, daher die Bezeichnung *LL*. Wir sprechen in diesem Fall von *absteigender Syntaxanalyse* (siehe dazu z.B. [Rechenberg u. Pomberger 2006])

Nun können wir uns mit der Konstruktion des Syntaxanalysators auseinandersetzen. Wir beginnen wieder damit, dass wir uns für eine Realisierungsform entscheiden und wählen wiederum das Modulkonstrukt (vgl. Kapitel 11). Wir legen für den Syntaxanalysator (wir nennen diesen *Parser*, weil der Syntaxanalysator später um Semantikauswertung erweitert wird, siehe Abschnitt 12.5) folgende Schnittstelle fest:

```
interface of Parser
  Parse(↓dataSource: Device  ↑correct: bool)
end Parser
```

Die Operation *Parse* wird als Algorithmus realisiert, der die Syntaxanalyse des Eingabedatenstroms *dataSource* vornimmt und im booleschen Ausgangsparameter *correct* die Information liefert, ob der Datenstrom (im Sinne einer Grammatik) syntaktisch korrekt ist.

Wenn die Struktur eines Eingabedatenstroms durch eine *LL*(1)-Grammatik beschrieben ist, kann ein einfaches und sehr effizientes Syntaxanalyseverfahren verwendet werden: der ***rekursive Abstieg*** (*recursive descent*). Ein Syntaxanalysator, der nach dem Prinzip des rekursiven Abstiegs (siehe dazu z.B. [Aho u. weitere 2008]) arbeitet und dem eine Operation *First*(↓α) zur Verfügung steht, welche die terminalen Anfänge einer Symbolkette α liefert, kann auf die im Folgenden erläuterte (mechanische und deshalb automatisierbare) Weise entwickelt werden (dazu setzen wir voraus, dass es eine *integer*-Variable *sy* gibt, welche den Symbolcode des aktuellen Terminalsymbols enthält):

1. Für jedes Nonterminalsymbol *A* (und somit für jede Ersetzungsregel) der Grammatik wird ein Erkennungsalgorithmus benötigt, der folgende Grundstruktur aufweist:

```
A(): bool
begin
  -- assertion: sy represents first terminal symbol of rule A
  ... -- statements to recognize right hand side of rule, the alternatives
      -- of rule A
  -- assertion: sy represents first terminal symbol that does not match
  -- to rule A
end A
```

   Die Anweisungen im Rumpf des Erkennungsalgorithmus können unmittelbar und auf völlig systematische Weise aus der rechten Seite der entsprechenden Ersetzungsregel wie folgt abgeleitet werden:

2. Für ein zu erkennendes Terminalsymbol *a* ist eine (einseitige) binäre Verzweigung vorzusehen und danach muss das nächste Terminalsymbol im Eingabedatenstrom ermittelt werden:

```
if sy ≠ a then
  return false
end -- if
GetNextSy(↑sy)
```

3. Für ein zu erkennendes Nonterminalsymbol A ist ein Aufruf des entsprechenden Erkennungsalgorithmus vorzusehen:

```
if not A() then
  return false
end -- if
```

4. Für eine zu erkennende Alternative $\alpha \mid \beta$ ist eine (zweiseitige) binäre Verzweigung vorzusehen (*Anmerkung*: Wegen der *LL*(1)-Eigenschaft der Grammatik müssen die terminalen Anfänge der Alternativen paarweise disjunkt sein, also muss $First(\downarrow\alpha) \neq First(\downarrow\beta)$ gelten.):

```
if sy ∈ First(↓α) then
  recognize α
else
  recognize β
end -- if
```

Stehen mehrere Alternativen zur Auswahl, ist an Stelle der binären Verzweigung eine Mehrfachverzweigung (*case sy of ...*) vorzusehen.

5. Für eine zu erkennende Option [α] ist eine (einseitige) binäre Verzweigung vorzusehen:

```
if sy ∈ First(↓α) then
  recognize α
end -- if
```

6. Für eine zu erkennende Wiederholung { α } ist eine (Abweis-)Schleife vorzusehen:

```
while sy ∈ First(↓α) do
  recognize α
end -- while
```

Die Syntaxanalyse des zu verarbeitenden Datenstroms läuft dann nach folgendem Muster ab: Nach der Initialisierung des lexikalischen Analysators wird der Erkennungsalgorithmus für das Satzsymbol aufgerufen. Die Syntaxanalyse erfolgt dann durch fortgesetzte, absteigende – je nach Grammatik auch rekursive – Aufrufe der Erkennungsalgorithmen (deshalb auch die Bezeichnung rekursiver Abstieg). Die Auffolge (d.h. der Aufrufgraph) entspricht exakt dem Syntaxbaum, der von oben nach unten (also *top-down*) aufgebaut wird. Die Syntaxanalyse läuft solange, bis alle Terminalsymbole des Eingabedatenstroms korrekt erkannt sind (erfolgreiche Erkennung) oder ein Fehler entdeckt wird (ein Element aus dem zu verarbeitenden Datenstrom passt nicht zu dem nach der Grammatikregel erwarteten Symbol); dann wird der Analyseprozess mit einer entsprechenden Fehlermeldung abgebrochen. Dieses einfache Fehlerbehandlungsverfahren wird als *Panikmodus* (*panic mode*) bezeichnet, ist aber für viele Anwendungen in der Praxis ausreichend[8].

8 Selbstverständlich existieren bessere Verfahren zur Fehlerbehandlung, insbesondere solche, bei denen nach einem Fehler eine Fehlermeldung ausgegeben und die Analyse fortgesetzt wird, um mehrere (im Idealfall alle) den Grammatikregeln nicht entsprechenden Elemente des zu verarbeitenden Datenstroms möglichst auf Anhieb zu erkennen (siehe dazu z.B. [Aho u. weitere 2008]).

```
implementation of Parser

  from Scanner import constants for all symbol codes, InitScanner, GetNextSy

  var sy: int  -- code of current symbol

  S(): bool  -- recognizer for root production

  …  -- recognizers for all other productions

  Parse(↓dataSource: Stream  ↑correct: bool)
  begin
    InitScanner(↓dataSource)
    GetNewSy(↑sy)  -- get first terminal symbol
    if S() then
      -- check if end of data source has been reached
      correct := sy = eos
    else
      correct := false
    end -- if
  end Parse

end Parser
```

Das folgende Codestück zeigt die Verwendung des Parsers:

```
  from Scanner import Position, GetSyPos
  from Parser import Parse
…
  var correct: bool
      syPos: Position
begin
  …
  Parse(↓"input.txt"  ↑correct)
  if correct then
    …  -- syntax of input is correct
  else
    GetSyPos(↑syPos)
    Write(↓"syntax error in position "  ↓syPos)
  end -- if
  …
```

Um die zentrale Operation *Parse* unserer Parserkomponente weiter präzisieren zu können, müssen wir die syntaktische Struktur des zu verarbeitenden Eingabedatenstroms festlegen. In Beispiel 12.5 definieren wir deshalb die syntaktische Struktur eines Eingabedatenstroms, der jene arithmetischen Ausdrücke enthält, die wir verarbeiten wollen, und leiten die daraus resultierende Implementierung für den Algorithmus *Parse* unseres *Parser*-Moduls ab.

Beispiel 12.5 Syntaktische Struktur (Grammatik) und Syntaxanalysator für einfache arithmetische Ausdrücke

Auf Basis der in Beispiel 12.4 festgelegten lexikalischen Struktur für einfache arithmetische Ausdrücke definieren wir ihren syntaktischen Aufbau durch folgende Grammatik (wir verwenden anstelle der textuellen Ausprägung der Terminalsymbole die gewählten Symbolcodes, um die Korrespondenz zwischen Grammatik und den Erkennungsprozeduren zu zeigen):

```
Expr = [ plus | minus ] Term { ( plus | minus ) Term } .
Term = Fact { ( times | div ) Fact } .
Fact = number | ident | leftPar Expr rightPar .
```

Aus obiger Grammatik können wir die erforderlichen Erkennungsalgorithmen eines Syntaxanalysators ableiten, der nach dem Prinzip des rekursiven Abstiegs arbeitet, und wir erhalten damit die (unserer Aufgabenstellung entsprechende) konkrete Ausprägung des Implementierungsteils des Parsermoduls:

```
Expr(): bool
begin
  if (sy = plus) or (sy = minus) then
    GetNextSy(↑sy)
  end -- if
  if not Term() then return false end
  while (sy = plus) or (sy = minus) do
    GetNextSy(↑sy)
    if not Term() then return false end
  end -- while
end Expr
Term(): bool
begin
  if not Fact() then return false end
  while (sy = times) or (sy = div) do
    GetNextSy(↑sy)
    if not Fact() then return false end
  end -- while
end Term

Fact(): bool
begin
  case sy of
  | number, ident: GetNextSy(↑sy)
  | leftPar:       GetNextSy(↑sy)
                   if not Expr() then return false end
                   if sy ≠ rightPar then return false end
                   GetNextSy(↑sy)
  | otherwise:     return false
  end -- case
end Fact
```

Zur Illustration der Arbeitsweise des Syntaxanalysators zeigt ▶Abbildung 12.6 (a) bis (c) jeweils den Syntaxbaum(-teil), der im Zuge der Analyse des Ausdrucks 17 + *max* * 4 bereits erzeugt worden ist, wenn die Analyse bis zum jeweils fett dargestellten Terminalsymbol fortgeschritten ist. Der Syntaxbaum entspricht zu jedem Zeitpunkt dem Aufrufgraphen der Erkennungsalgorithmen.

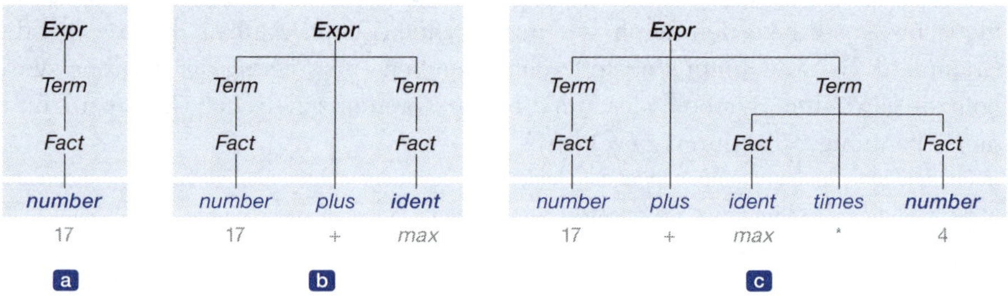

Abbildung 12.6: Syntaxbaum(teile) während der Analyse mittels rekursivem Abstieg

12.4 Attributierte Grammatiken zur Beschreibung von Transformationsprozessen

Bisher haben wir uns „nur" mit der strukturellen Analyse eines zu verarbeitenden Eingabedatenstroms beschäftigt: Mit der Syntaxanalysekomponente (auf Basis der Grammatik) kann in Kombination mit der Komponente für die lexikalische Analyse (auf Basis der Beschreibung der lexikalischen Struktur) festgestellt werden, ob der Eingabedatenstrom „syntaktisch korrekt" ist. Die beiden Analysatorkomponenten führen keine Verarbeitung im eigentlichen Sinne durch.

Wenn man einen Eingabedatenstrom *verarbeiten* (d.h. Ergebnisse aus ihm ermitteln) will, sind dafür entsprechende (algorithmische) Aktionen erforderlich. Solche Aktionen können immer dann ausgeführt werden, wenn ein ausreichender Teil des Eingabedatenstroms erkannt und seine Bedeutung (Semantik) soweit klar ist, dass man daraus ein der Aufgabenstellung entsprechendes (Zwischen-)Ergebnis bilden kann, d.h. die bereits erkannte Eingabe in die gewünschte Ausgabe (oder eine Vorversion davon) transformieren kann. Diese Aktionen können im Zuge der Syntaxanalyse dann ausgeführt werden, wenn die dem Syntaxanalysator zugrunde liegende Grammatik nicht nur den syntaktischen Aufbau des zu verarbeitenden Datenstroms, sondern auch die semantischen Aspekte für den Transformationsprozess beschreibt. Dann kann die aufgabengerechte Verarbeitung bzw. Transformation des Eingabedatenstroms, also seine „Übersetzung" in das gewünschte Ergebnis, durch die Syntaxanalyse gesteuert werden. Man spricht deshalb in diesem Zusammenhang von ***syntaxgesteuerter Übersetzung*** (*syntax-directed translation*). Im weitesten Sinne kann jedes Programmsystem, das aus Eingabedaten Ausgabedaten erzeugt, als ein *Übersetzer* (*Compiler*) angesehen werden.

Eine Notation zur Beschreibung der syntaxgesteuerten Übersetzung stammt von Donald E. Knuth, der sie zur Beschreibung der Semantik von Programmiersprachen eingeführt und als ***attributierte Grammatiken*** (*attribute grammars*) bezeichnet hat (siehe [Knuth 1968]). Eine attributierte Grammatik ist eine (kontextfreie) Grammatik, die mit *semantischen Aktionen* (*semantic actions*) und *Attributen* (*attributes*) so angereichert ist, dass damit der Übersetzungsprozess vollständig beschrieben ist. *Semantische Aktionen* beschreiben Operationen, die während der Erkennung des Eingabedatenstroms ausgeführt werden sollen. *Attribute* beschreiben Eigenschaften von Grammatiksymbolen in Form von Datenobjekten, die den Grammatiksymbolen zugeordnet werden (z.B. den konkreten Wert des Elements einer Terminalklasse).

Semantische Aktionen werden direkt an den passenden Stellen in die kontextfreie Grammatik eingefügt. Eine semantische Aktion unmittelbar nach einem Grammatiksymbol bedeutet, dass sie nach der Erkennung dieses Symbols (im Zuge der Syntaxanalyse) ausgeführt werden soll. Mit semantischen Aktionen können also Ausführungen beliebiger Aktionen von der Struktur des Eingabedatenstroms abhängig gemacht werden. In den meisten Fällen kommt man damit alleine aber nicht aus, weil ein Datenaustausch zwischen semantischen Aktionen verschiedener Grammatikregeln nicht möglich ist. Um einen solchen zu ermöglichen, können wir Attribute heranziehen.

Hinweis: Neben semantischen Aktionen und Attributen können Grammatiken auch mit so genannten *Kontextbedingung* (*context conditions*) versehen werden. Sie erlauben es, über die Syntaxregeln hinausgehende Anforderungen an den Eingabedatenstrom zu formulieren (z.B. dass eine bestimmte Zahl im Eingabedatenstrom einen bestimmten Schwellwert nicht überschreiten darf – dies lässt sich auf syntaktischer Ebene nicht beschreiben). Wir verzichten hier auf die Verwendung von Kontextbedingungen, weil man sie mittels semantischer Aktionen nachbilden kann.

Bei den Attributen unterscheiden wir nach ihrer Art zwischen

- *semantischen Attributen*, die mit Nonterminalsymbolen der Grammatik verknüpft sind und deren Werte mittels semantischer Aktionen im Zuge des Erkennungsprozesses ermittelt werden und
- *lexikalischen Attributen* (*lexical attribute*), die mit Terminalklassen verknüpft sind und deren Werte vom lexikalischen Analysator ermittelt und zur Verfügung gestellt werden.

Attribute können mit den Parametern von Algorithmen verglichen werden und wir unterscheiden je nach ihrer Art weiter:

- *Eingangsattribute* (*inherited attributes*) übermitteln dem mit diesem Attribut verbundenen Erkennungsalgorithmus Datenobjekte, die er benötigt (und die in anderen Erkennungsalgorithmen ermittelt oder dem System von außen bereitgestellt wurden).
- *Ausgangsattribute* (*derived attributes*) beschreiben Eigenschaften von Terminalklassen- oder Nonterminalsymbolen, die im Zuge ihrer Erkennung ermittelt wurden und die im Zuge der weiteren Erkennung bzw. Transformation benötigt werden (lexikalische Attribute sind stets Ausgangsattribute).

- *Übergangsattribute* (*transient attributes*) werden verwendet, wenn dem mit einem Grammatiksymbol verbundenen Erkennungsalgorithmus Datenobjekte übergeben werden, deren Werte im Zuge der Erkennung verändert und danach noch gebraucht werden.

In Analogie zu Parametern von Algorithmen unterscheiden wir zwischen *Formalattributen*, die mit dem Nonterminalsymbol auf der linken Seite einer Regel verbunden sind, wie z.B.

```
A↓i ↕io ↑o = ... .
```

und *Aktualattributen*, die auf der rechten Seite von Regeln vorkommen, z.B.

```
... = ... A↓x ↕y ↑z ... .
```

Die Aktualattribute müssen in Anzahl und Datentyp mit den Formalattributen des jeweiligen Nonterminalsymbols übereinstimmen.

Um die Ermittlung der Werte der semantischen Attribute durch die semantischen Aktionen schritthaltend mit der Syntaxanalyse vornehmen zu können, ohne dass in semantischen Aktionen auf Attribute zugegriffen wird, deren Wert noch nicht ermittelt ist, muss die Grammatik *L-attributiert* sein. Was darunter zu verstehen ist, drückt die folgende Definition aus.

Definition: *L-attributierte Grammatik*

Eine attributierte Grammatik ist links- oder *L-attributiert*, wenn für jede ihrer Regeln $A \rightarrow X_1 \ldots X_n$ gilt, dass die Eingangsattribute von X_i für alle $1 \leq i \leq n$ nur von den Eingangsattributen von A und den Ausgangsattributen von $X_1, \ldots X_{i-1}$ abhängen.

Mit den nunmehr eingeführten Konzepten haben wir die Grundlage geschaffen, um den aufgabengemäßen Verarbeitungs- bzw. Transformationsprozess für einen gegebenen Datenstrom mittels attributierter Grammatiken knapp und elegant formulieren zu können. Um dies zu illustrieren, beschreiben wir den Prozess der Auswertung einfacher arithmetischer Ausdrücke, die in Form eines Datenstroms vorliegen, dessen syntaktischen Aufbau wir in Beispiel 12.5 durch eine Grammatik bereits definiert haben. Beispiel 12.6 gibt eine attributierte Grammatik dafür an. Zur Trennung der syntaktischen und semantischen Aspekte klammern wir die semantischen Aktionen mit *sem* und *endsem* und setzen sie der besseren Lesbarkeit wegen von der Syntaxbeschreibung ab.

Beispiel 12.6 Attributierte Grammatik für die Auswertung arithmetischer Ausdrücke

Soll ein arithmetischer Ausdruck (gemäß der Grammatik aus Beispiel 12.5) ausgewertet, also sein Wert berechnet werden, können wir diesen Auswertungs- bzw. Transformationsprozess (Ausdruck → Wert) durch die weiter unten stehende attributierte Grammatik beschreiben.

Um die semantischen Aktionen möglichst einfach halten zu können, ist es günstig, die Grammatik aus Beispiel 12.5 umzuformen und z.B. die Regel

```
Expr = [ plus | minus ] Term { ( plus | minus ) Term } .
```

in die Form

```
Expr = [ plus | minus ] Term { plus Term | minus Term } .
```

zu bringen (analog dazu formen wir auch die Regel für *Fact* um).

Dadurch ergibt sich (wenn wir annehmen, dass es eine Operation *ValueOf* gibt, die für eine durch einen Bezeichner definierte Variable deren aktuellen Wert liefert) folgende attributierte Grammatik:

```
Expr↑e =
                          sem sign := +1 endsem
  [ plus
  | minus                 sem sign := -1 endsem
  ]
  Term↑e                  sem e := sign * e endsem
  { plus  Term↑t          sem e := e + t endsem
  | minus Term↑t          sem e := e - t endsem
  } .

Term↑t =
  Fact↑t
  { times Fact↑f          sem t := t * f endsem
  | div   Fact↑f          sem t := t / f endsem
  } .

Fact↑f =
    number↑numberVal      sem f := numberVal endsem
  | ident↑identStr        sem f := ValueOf(↓identStr) endsem
  | leftPar Expr↑f
    rightPar .
```

▶Abbildung 12.7 zeigt den auf Basis der oben angegebenen attributierten Grammatik mit Attributen „dekorierten“ Syntaxbaum für den Beispielausdruck 17 + *max* * 4, wobei angenommen wird, dass der aktuelle Wert der Variablen *max* = 21 ist.

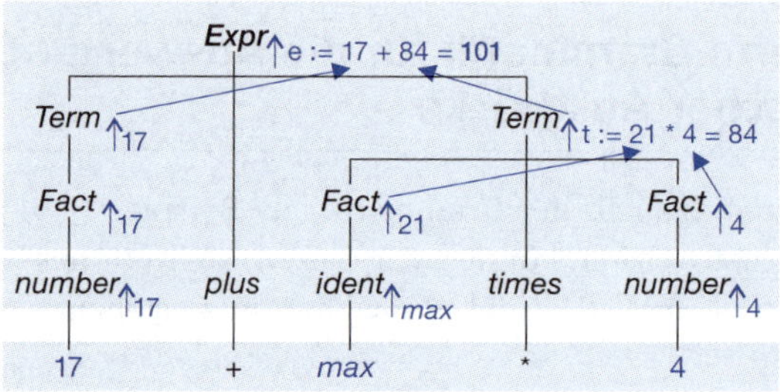

Terminalsymbole bzw.-klassen

Zeichen

Abbildung 12.7: Mit Attributen „dekorierter" Syntaxbaum

In diesem Beispiel sind die notwendigen semantischen Aktionen sehr kurz und einfach. Selbstverständlich können diese (in Abhängigkeit von der Aufgabenstellung) auch wesentlich umfangreicher und komplexer ausfallen.

Eine attributierte Grammatik in der Form, wie wir sie in diesem Abschnitt vorgestellt haben, kann dazu verwendet werden, ein Programmsystem, das einen Datenstrom einliest, auf syntaktische Korrektheit prüft und in ein Ergebnis transformiert, vollständig formal zu beschreiben. Aus dieser formalen Spezifikation können dann durch algorithmische Interpretation (auf die wir im folgenden Abschnitt eingehen) die erforderlichen Algorithmen für die Realisierung des Programmsystems nahezu vollständig automatisch (siehe dazu Abschnitt 12.6) gewonnen werden. Auch die (softwaretechnisch saubere und üblichen Qualitätsanforderungen entsprechende) Zusammenfassung der Algorithmen zu Architekturkomponenten ist durch die attributierte Grammatik implizit festgelegt. Die attributierte Grammatik repräsentiert somit die Beschreibung des Entwurfs der Systemarchitektur und aller dazu gehörenden Komponenten (Algorithmen).

Da im Mittelpunkt des Entwurfsprozesses die Struktur des zu verarbeitenden Datenstroms steht und sich diese auch im Entwurfsergebnis widerspiegelt, sprechen wir von *datenorientierter Programmierung, datenorientierter Systemzerlegung* und *datenorientierter Systemarchitektur.* Sowohl der Systementwurfsprozess als auch die daraus resultierende Systemarchitektur unterscheiden sich wesentlich, wenn man sie mit der aufgabenorientierten Entwurfsstrategie (die wir im vorhergehenden Abschnitt behandelt haben) vergleicht.

12.5 Algorithmische Interpretation attributierter Grammatiken

Attributierte Grammatiken, wie wir sie im vorhergehenden Abschnitt eingeführt haben, kann man durch algorithmische Interpretation auch als Transformationsalgorithmen auffassen, die in einer abstrakten, *anwendungsspezifischen Programmiersprache* (*domain-specific language,* kurz *DSL*) formuliert sind.

Wenn die kontextfreie Grammatik, welche die Basis für die attributierte Grammatik bildet, die LL(1)-Bedingung erfüllt und ihre Attribute und semantischen Aktionen dergestalt sind, dass sie die Definition einer L-attributierten Grammatik erfüllen, können für die kontextfreie Grammatik ein lexikalischer Analysator sowie ein Syntaxanalysator, der nach dem Prinzip des rekursiven Abstiegs arbeitet, erstellt werden (vgl. Abschnitte 12.3. und 12.4) und die Attribute und semantischen Aktionen der attributierten Grammatik können in diese Analysatoren wie folgt integriert werden:

- Der lexikalische Analysator ist so zu erweitern, dass nach der Erkennung eines Elements einer Terminalklasse dessen Wert in Form eines lexikalischen Attributs zur Verfügung steht.
- Die Schnittstellen der Erkennungsalgorithmen im Syntaxanalysator sind so zu erweitern, dass die semantischen Attribute des dazugehörigen Nonterminalsymbols dort als Parameter vorkommen (wobei ihre Art übernommen wird, also z.B. aus Eingangsattributen Eingangsparameter werden).
- Die Erkennungsalgorithmen sind so zu erweitern, dass die in der attributierten Grammatik enthaltenen semantischen Aktionen an jenen Stellen in die Erkennungsalgorithmen eingefügt werden, die ihrem Auftreten in der Grammatik entsprechen.

Dieses Vorgehen wird als ***Semantikanschluss*** bezeichnet, weil an die Syntaxanalyse noch die Behandlung der Semantik „angeschlossen“ wird. Nun sind wir in der Lage, den in Form einer attributierten Grammatik beschriebenen Systementwurf in eine algorithmische Implementierung zu transformieren, d.h. die Kernkomponenten der datenorientierten Referenzarchitektur (siehe ▶Abbildung 12.1) vollständig anzugeben.

Beispiel 12.7 zeigt die gemäß der attributierten Grammatik aus Beispiel 12.6 adaptierten Implementierungen der beiden zentralen Systemkomponenten *Scanner* und *Parser*.

Beispiel 12.7

Scanner- und Parser-Komponente zur Auswertung arithmetischer Ausdrücke

Scanner: Da wir im Zuge der Attributierung der Grammatik festgelegt haben, dass wir nach der Erkennung eines Elements einer Terminalklasse dessen Wert benötigen, müssen wir die Schnittstelle des *Scanner*-Moduls (aus Beispiel 12.4) so erweitern, dass wir uns die lexikalischen Attribute für die beiden Terminalklassen Zahlen (*number*) und Bezeichner (*ident*) besorgen können; dazu führen wir entsprechende Operationen, die vom Scanner exportiert werden, ein:

```
interface of Scanner
  ...
  GetNextSy(↑sy :int)        -- provide code sy for next terminal symbol
  GetNumberVal(↑val: int)    -- provide value for current number
  GetIdentStr(↑str: string)  -- provide string for current ident
  ...
```

Der Implementierungsteil des Scanner-Moduls bedarf ebenfalls einer Anpassung. Zuerst sind die zwei Variablen *numberVal* und *identStr* zu deklarieren, sie werden die lexikalischen Attribute der entsprechenden Terminalklassen aufnehmen:

```
implementation of Scanner
  ...
  var numberVal: int
      identStr: string
  ...
```

Dann muss die Implementierung des Algorithmus *GetNextSy* so erweitert werden, dass bei der Erkennung auch die Ermittlung der Werte der lexikalischen Attribute *numberVal* für die Terminalklasse *number* (mittels Horner-Schema) und *identStr* für die Terminalklasse *ident* (durch Verketten der einzelnen Zeichen zu einer Zeichenkette) durchgeführt wird:

```
GetNextSy(↑sy :int)
begin
  ...
  | '0'..'9':  -- start of number
         sy := number
         numberVal := Int(↓ch) - Int(↓'0')
         while (ch ≥ '0') and (ch ≤ '9') do
           numberVal := numberVal * 10 + (Int(↓ch) - Int(↓'0'))
           NextCh()
         end -- while
  | 'a'..'z', 'A'..'Z':  -- start of identifier
         sy := ident
         identStr := ch
         while ((ch ≥ 'a') and (ch ≤ 'z')) or
               ((ch ≥ 'A') and (ch ≤ 'Z')) or
               ((ch ≥ '0') and (ch ≤ '9')) do
           Append(↓ch ↕identStr)
           NextCh()
         end -- while
  ...
end GetNextSy
```

Schließlich sind die beiden *Get*-Operationen zur Beschaffung der Werte der lexikalischen Attribute zu implementieren:

```
GetNumberVal(↑val: int)
begin
  val := numberVal
end GetNumberVal

GetIdentStr(↑str: string)
begin
  str := identStr
end GetIdentStr
```

Parser: Die im Zuge der Erstellung der attributierten Grammatik eingeführten semantischen Attribute müssen (in Form von Parametern) in die Schnittstellen der Erkennungsalgorithmen des *Parser*-Moduls integriert und die semantischen Aktionen an den entsprechenden Stellen eingefügt werden. Die Operationen zur Beschaffung der Werte der lexikalischen Attribute müssen vom *Scanner*-Modul importiert werden und damit der berechnete Wert des erkannten Ausdrucks, der vom Erkennungsalgorithmus *Expr* geliefert wird, auch ausgegeben wird, muss der Algorithmus *Parse* erweitert werden.

Der Implementierungsteil des *Parser*-Moduls lautet daher:

```
Expr(↑e: int): bool
  var sign, t: int
begin
  sign := +1
  case sy of
  | plus:  GetNextSy(↑sy)
  | minus: sign := -1; GetNextSy(↑sy)
  end -- case
  if not Term(↑e) then return false end
  e := sign * e
  while (sy = plus) or (sy = minus) do
    case sy of
    | plus:  GetNextSy(↑sy)
             if not Term(↑t) then return false end
             e := e + t
    | minus: GetNextSy(↑sy)
             if not Term(↑t) then return false end
             e := e - t
    end -- case
  end -- while
end Expr

Term(↑t: int): bool
  var f: int
begin
  if not Fact(↑t) then return false end
  while (sy = times) or (sy = div) do
    case sy of
    | times: GetNextSy(↑sy)
             if not Fact(↑f) then return false end
             t := t * f
    | div:   GetNextSy(↑sy)
             if not Fact(↑f) then return false end
             t := t / f
    end -- case
  end -- while
end Term
```

```
Fact(↑f: int): bool
  var identStr: string
begin
  case sy of
  | number:     GetNumberVal(↑f)
                GetNextSy(↑sy)
  | ident:      GetIdentStr(↑identStr)
                f := ValueOf(↓identStr)
                GetNextSy(↑sy)
  | leftPar:    GetNextSy(↑sy)
                if not Expr(↑f) then return false end
                if sy ≠ rightPar then return false end
                GetNextSy(↑sy)
  | otherwise: return false
  end -- case
end Fact

Parse(↓dataSource: Stream  ↑correct: bool)
  var e: int
begin
  InitScanner(↓dataSource)
  GetNewSy(↑sy)  -- get first terminal symbol
  if Expr(↑e) then
    -- check if end of data source has been reached
    if sy = eos then
      correct := true
      Write(↓"value of expression ="  ↓e)
    else
      correct := false
    end -- if
  else
    correct := false
  end -- if
end Parse
```

Ein auf diese Weise entworfenes Programmsystem hat eine Architektur, die im Wesentlichen (wie auch bei aufgabenorientiertem Entwurf) zwei Abstraktionsschichten aufweist, die beiden als Module realisierten Komponenten *Scanner* und *Parser* und ihre weitere Zerlegung in Erkennungsalgorithmen (Prozeduren). Das Besondere daran ist, dass im Unterschied zur aufgabenorientierten Systementwicklung die algorithmische Implementierung der Systemkomponenten (der Quellcode) aus der Entwurfsbeschreibung (in Form einer attributierten Grammatik) nicht nur manuell auf systematische Art und Weise (wie wir es oben gemacht haben) abgeleitet, sondern auch automatisch generiert werden kann. Die Werkzeuge zur Generierung des Implementierungscodes heißen *Compiler-Generatoren* (auch *Compiler-Compiler* genannt). Was ein Compiler-Generator ist und wie man vorgeht, um damit aus einer attributierten Grammatik ihre algorithmische Implementierung zu generieren, das beschreiben wir im folgenden Abschnitt.

12.6 Einsatz von Compiler-Generatoren

Schon in den 1970-er Jahren wurden Softwarewerkzeuge entwickelt, die den Compilerbauer bei der Herstellung wesentlicher Teile eines Compilers unterstützen, indem sie aus formalen Beschreibungen Quelltext für die dadurch spezifizierten Teile erzeugen. Bekannte und verbreitete Compilerbau-Werkzeuge, auch *Compiler-Generatoren* oder *Compiler-Compiler* genannt, sind

- *Lex* (siehe [Lesk u. Schmidt 1975]) zur Generierung lexikalischer Analysatoren aus der Beschreibung lexikalischer Strukturen in Form von regulären Ausdrücken und
- *Yacc* (siehe [Johnson 1975]) zur Generierung von Bottom-up-Syntaxanalysatoren aus attributierten Grammatiken (kontextfreie *LALR*(1)-Grammatiken)[9].

Da Lex und Yacc einige Nachteile aufweisen, wurden seither viele weitere Compiler-Generatoren entwickelt, beispielsweise in den 1980-er Jahren von Peter Rechenberg und Hanspeter Mössenböck der Scanner-Generator *Alex* und der Parser-Generator *Coco*, zur Herstellung von *Top-down*-Syntaxanalysatoren aus attributierten Grammatiken auf Basis kontextfreier LL(1)-Grammatiken (siehe dazu [Rechenberg u. Mössenböck 1985]). Mössenböck entwickelte später auf Basis von Alex und Coco den Compiler-Generator *Coco/R*, der als Syntaxanalyseverfahren den rekursiven Abstieg nutzt und daher sehr effizient ist (siehe dazu [Mössenböck 1990]). Von einem der beiden Autoren stammt der Compiler-Generator *Coco-2*, der die Syntaxanalyse (ähnlich wie sein Vorgänger Coco) mittels Interpretation eines speziellen Grammatikcodes (vergleichbar mit Bytecode von Java oder .NET) durchführt und damit zwar langsamer ist als Coco/R, aber ein besseres Fehlerbehandlungsverfahren verwenden kann (siehe dazu [Dobler u. Pirklbauer 1990]).

Um die Anwendung von Compiler-Generatoren dem Leser näherzubringen, zeigen wir anhand des Compiler-Generators Coco-2, wie man einen solchen Generator bei der Entwicklung eines Programmsystems zur Auswertung einfacher arithmetischer Ausdrücke einsetzen kann. Die Anwendung von Coco-2 erfordert die Beschreibung der lexikalischen Struktur, der Syntax und der Semantik (in Form von Attributen und semantischen Aktionen) einer zu übersetzenden Sprache (beispielsweise einer Sprache *X*) bzw. eines zu verarbeitenden Datenstroms in Form einer erweiterten attributierten Grammatik (*atg*), formuliert in einer speziellen Eingabesprache.

9 LALR(1)-Grammatiken sind LR-Grammatiken, die mit einem Vorgriffssymbol bottom-up, d. h. durch aufsteigende Syntaxanalyse, erkannt werden können (siehe dazu z.B. [Rechenberg u. Pomberger 2006]). Eine Besonderheit dabei ist, dass im Erkennungsautomaten Zustände, die dem Grunde nach identisch sind, zusammengeführt werden können, was zu wesentlich kleineren Automaten führt.

Nachdem es Coco-2 für unterschiedliche Programmiersprachen und in diesen (z.B. Pascal, C/C++ und C#) gibt, kann für die Formulierung der semantischen Aktionen eine dieser Programmiersprachen gewählt werden. Mit Coco-2 können aus der in einer Eingabedatei *X.atg* abgelegten attributierten Grammatik, wie in ▶Abbildung 12.8 illustriert, mit der Scanner-Generator-Komponente (*SG*) der lexikalische Analysator (*XLex*) und mit der Parser-Generator-Komponente (*PG*) der Syntaxanalysator (*XSyn*) sowie der Semantikauswerter (*XSem*) erzeugt werden. Ein Koordinationsrahmen (*XMain*) und eventuell notwendige weitere Module (z.B. zur Verwaltung einer internen Repräsentation des Eingabedatenstroms in Form einer so genannten Zwischensprache) komplettieren die Implementierung des *X*-Compilers, so dass dieser übersetzt und in eine ausführbare Form gebracht werden kann. Es können somit *X*-Programme (z.B. *Any.X*) übersetzt bzw. *X*-Datenströme verarbeitet werden.

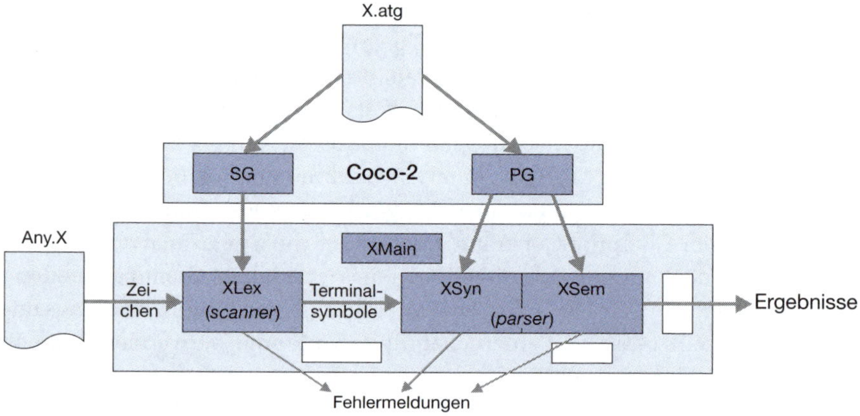

Abbildung 12.8: Anwendung von Coco-2 zur Erzeugung eines Programmsystems zur Transformation eines Datenstroms X

Es würde den Rahmen dieses Buchs sprengen, den Compiler-Generator Coco-2 und insbesondere seine Eingabesprache Cocol-2 im Detail zu erläutern. Um dem Leser die Anwendung von Coco-2 zu illustrieren, zeigt Beispiel 12.8, wie die attributierte Grammatik zur Lösung unserer Aufgaben, der Auswertung einfacher arithmetischer Ausdrücke aus Beispiel 12.6 in Cocol-2 formuliert werden muss, um die Scanner- und Parser-Komponenten automatisch zu generieren.

Beispiel 12.8

Attributierte Grammatik für Coco-2 zur Auswertung arithmetischer Ausdrücke

Wir nehmen an, dass der Quellcode der zu generierenden Systemkomponenten (lexikalischer Analysator, Syntaxanalysator und Semantikauswertemodul) in der Programmiersprache C zur Verfügung stehen soll. Deshalb werden auch die semantischen Aktionen (zwischen << und >>) in C formuliert. Die Beschreibung der attributierten Grammatik (analog zu Beispiel 12.6) sieht dann in der Eingabesprache Cocol-2 wie folgt aus (durch Vergleich mit der ursprünglichen Fassung der Grammatik in Beispiel 12.6 kann sich der Leser die Einzelheiten der Beschreibung erschließen):

```
COMPILER Calc

CHARACTER SETS
  digit  = '0' .. '9'.
  letter = 'a' .. 'z' + 'A' .. 'Z'.

TOKENS
  '+'.  '-'.  '*'.  '/'.  '('.  ')'.

TOKEN CLASSES
  number<<int *numberVal>> =
    digit { digit }         LEX<<*numberVal = atoi(tokenStr);>>
    .
  ident<<char *identStr>> =
    letter
    { letter | digit }      LEX<<identStr = tokenStr;>>
    .

NONTERMINALS
  Calc.
  Expr<<int *e>>.
  Term<<int *t>>.
  Fact<<int *f>>.

RULES
  Calc =                    LOCAL<<int e;>>
    Expr<<&e>>              SEM<<printf("value of expr. = %d\n", e);>>
    .
  Expr<<int *e>> =          LOCAL<<int sign, t;>>
                            SEM<<sign = +1;>>
    [ '+'
    | '-'                   SEM<<sign = -1;>>
    ]
    Term<<e>>               SEM<<*e = sign * (*e);>>
    { '+' Term<<&t>>        SEM<<*e = *e + t;>>
    | '-' Term<<&t>>        SEM<<*e = *e - t;>>
    }
    .
```

```
  Term<<int *t>> =                LOCAL<<int f;>>
    Fact<<t>>
    { '*' Fact<<&f>>              SEM<<*t = *t * f;>>
    | '/' Fact<<&f>>              SEM<<*t = *t / f;>>
    }
    .
  Fact<<int *f>> =                LOCAL<<char* identStr;>>
      number<<f>>
    | ident<<identStr>>           SEM<<*f = ValueOf(identStr);>>
    | '(' Expr<<f>> ')'
    .

END Calc.
```

Das ist alles, was wir entwerfen müssen, um ein Programmsystem zur Auswertung einfacher arithmetischer Ausdrücke zu implementieren. Den Rest besorgt Coco-2.

Damit sollten für den Leser die Vorteile der datenorientierten Programmierung abschätzbar sein. Wir programmieren nicht mehr im bisherigen Sinne, indem wir Algorithmen entwickeln, sondern konzentrieren uns darauf, in Form einer attributierten Grammatik zu beschreiben, was das Programmsystem leisten soll. Den Rest, die Generierung des dafür erforderlichen Quellcodes, überlassen wir einem Werkzeug.

12.7 Vorgehensweise zur systematischen Entwicklung datenorientierter Programmsysteme

Aus dem bisher Gesagten und dem durch Beispiele untermauerten Lösungsansatz lässt sich folgende schrittweise Vorgehensweise für die Entwicklung eines daten- bzw. transformationsorientierten Programmsystems (mit dem Ziel, mit möglichst geringem Aufwand zu einer klaren und einfachen Systemarchitektur zu gelangen) ableiten:

1. Beschreiben der *lexikalischen Struktur* des Eingabedatenstroms (vorzugsweise mit regulären Grammatiken oder regulären Ausdrücken).
2. Generierung eines lexikalischen Analysators und Bereitstellung eines rudimentären Koordinationsrahmens, damit der lexikalische Analysator getestet werden kann.
3. Beschreiben der *syntaktischen Struktur* des Eingabedatenstroms mit einer *kontextfreien Grammatik*; welche die LL(1)-Bedingung erfüllt.
4. Generierung eines Syntaxanalysators und Erweiterung des Koordinationsrahmens, damit der Syntaxanalysator getestet werden kann.

5. Festlegen der lexikalischen und der semantischen Attribute und Erweiterung der kontextfreien Grammatik mit den für den beabsichtigten Transformationsprozess notwendigen semantischen Aktionen (unter Beachtung, dass die Bedingung für eine L-attributierte Grammatik erfüllt wird). Das Ergebnis ist eine *attributierte Grammatik*.

   Hinweis: Unter Umständen müssen auch *semantische Algorithmen* entworfen werden, wenn man mit einfachen semantischen Aktionen nicht das Auslangen findet (es ist sinnvoll, diese in einem eigenen Modul zusammenzufassen). Dies ist bei komplexen Aufgabenstellungen der Regelfall, bedeutet aber keinerlei Änderung der prinzipiellen Vorgehensweise.

6. Erweiterung des lexikalischen Analysators, so dass auch die Werte der lexikalischen Attribute ermittelt werden können und Generierung der vollständigen Parserkomponente (d.h. inklusive Semantikauswerter). Erweiterung des Koordinationsrahmens, so dass damit das gesamte Programmsystem getestet werden kann.

Dieses Vorgehensmodell geht davon aus, dass ein Compiler-Generator zur Verfügung steht, was auch schon bei kleineren Grammatiken sinnvoll ist. Selbstverständlich kann der Code des Programmsystems, wie oben gezeigt, auch „händisch" auf systematische Art und Weise erstellt werden (im obigen Vorgehensmodell braucht dazu nur das Wort „Generierung" durch „Ausprogrammierung" ersetzt zu werden).

Auch bei Anwendung von Generatoren hat es sich bewährt, zuerst den lexikalischen Analysator zu erzeugen und zu testen, dann den Syntaxanalysator zu generieren und zu testen und erst zum Schluss eine vollständige attributierte Grammatik für die Generierung des gesamten Parsers heranzuziehen.

Zusammenfassung

In diesem Kapitel haben wir uns mit daten- und transformationsorientierter Programmierung auseinandergesetzt. Ziel dieses Kapitels war es, dem Leser zu zeigen, dass für eine große Klasse von Problemstellungen, bei denen ein Strom strukturierter Eingabedaten zu verarbeiten ist, die Systemarchitektur elegant mithilfe von (aus dem Compilerbau bekannten) attributierten Grammatiken entworfen und auf besonders effiziente Art und Weise, weil weitgehend automatisiert, ihre Implementierung vorgenommen werden kann.

Wir haben das Kapitel damit begonnen, den prinzipiellen Lösungsansatz, der bei datenorientierter Programmierung verfolgt wird, vorzustellen und zu argumentieren, dass wir Problemstellungen, bei denen es darum geht, einen strukturierten Strom von Eingabedaten zu verarbeiten, mit Problemstellungen aus dem Compilerbau vergleichen und mit den dort verwendeten Methoden lösen können (Abschnitt 12.1). Wir sind in diesem Abschnitt auch darauf eingegangen, welche Systemarchitektur sich bei diesem Lösungsansatz ergibt (Referenzarchitektur) und was ihre zentralen Komponenten sind.

Danach haben wir in Abschnitt 12.2 das Grammatikkonzept zur Beschreibung des syntaktischen Aufbaus strukturierter Datenströme eingeführt und anhand von Beispielen gezeigt, wie man dieses Konzept im Rahmen der datenorientierten Programmierung verwendet.

Im darauf folgenden Abschnitt 12.3 haben wir gezeigt, dass und wie wir Grammatiken durch eine algorithmische Interpretation als Basis für die systematische Konstruktion von Algorithmen nutzen, um mit ihnen einen Eingabedatenstrom auf syntaktische Korrektheit prüfen zu können.

In Abschnitt 12.4 haben wir uns mit dem Konzept der attributierten Grammatiken auseinandergesetzt. Wir haben gezeigt, wie man mittels einer attributierten Grammatik nicht nur die Syntax eines zu verarbeitenden Datenstroms, sondern auch seine Semantik erfassen und die aufgabengemäße Transformation des zu verarbeitenden Datenstroms in ein gewünschtes Ergebnis beschreiben und damit ein Programmsystem vollständig formal spezifizieren kann.

Danach sind wir auf die algorithmische Interpretation von attributierten Grammatiken eingegangen und haben argumentiert, dass sich daraus folgern lässt, dass man den Code für ein auf solche Art beschriebenes Programmsystem (nahezu vollständig) automatisch generieren kann. (Abschnitt 12.5)

In Abschnitt 12.6. haben wir gängige Werkzeuge zur Code-Generierung, so genannte Compiler-Generatoren, vorgestellt und beispielhaft gezeigt, wie diese verwendet werden.

Zur Illustration der Vorgehensweise bei systematischer Entwicklung datenorientierter Programmsysteme haben wir als abschnittsübergreifendes Beispiel die Auswertung von in Form eines Eingabedatenstroms vorliegenden arithmetischen Ausdrücken herangezogen. Die dadurch erläuterte Vorgehensweise haben wir am Schluss des Kapitels zu einem schrittweisen Vorgehensmodell für die systematische Entwicklung datenorientierter Programmsysteme zusammengefasst. (Abschnitt 12.7)

Aufgaben

Aufgabe 12.1 (Transformation einfacher arithmetischer Ausdrücke von Infix nach Postfix)
Entwickeln Sie auf Basis der Grammatik aus Beispiel 12.5 eine attributierte Grammatik für die Transformation arithmetischer Ausdrücke von der Infix- in die Postfix-Notation.

Beispiel: infix: (17 + 4) * 21 ⇒ postfix: 17 4 + 21 *

Aufgabe 12.2 (Transformation einfacher arithmetischer Ausdrücke von Infix nach Präfix)
Entwickeln Sie auf Basis der Grammatik aus Beispiel 12.5 eine attributierte Grammatik für die Transformation arithmetischer Ausdrücke von der Infix- in die Präfix-Notation.

Beispiel: infix: (17 + 4) * 21 ⇒ präfix: * + 17 4 21

Aufgabe 12.3 (Studienerfolgsermittlung)
In Abschnitt 2.6.2 haben wir zur Illustration der Anwendung des Prinzips der schrittweisen Verfeinerung eine algorithmische Lösung für die Aufgabe Ermittlung des Studienerfolgs entwickelt. Entwickeln Sie für diese Aufgabenstellung eine Lösung, die durch eine attributierte Grammatik beschrieben ist.

Aufgabe 12.4 (Erweiterung der Studienerfolgsermittlung)
Überarbeiten Sie Ihre attributierte Grammatik aus Aufgabe 12.3 so, dass auch die Anzahl der Studierenden je Studienerfolgskategorie („Mit Auszeichnung bestanden", „Mit gutem Erfolg bestanden" und „Mit Erfolg bestanden") ermittelt und am Schluss ausgegeben wird.

Aufgabe 12. 5 (Textanalyse)
Entwickeln Sie eine attributierte Grammatik, um einen in Form eines Zeichenstroms vorliegenden Text zu analysieren und zwar die Anzahl der Sätze, die Anzahl der Wörter, die durchschnittliche Anzahl der Wörter pro Satz und die durchschnittliche Wortlänge zu ermitteln. Der Text besteht aus ein oder mehreren Sätzen, die durch einen Punkt abgeschlossen sind. Ein Satz besteht aus ein oder mehreren Wörtern, die durch Beistriche voneinander getrennt sein können. Versuchen Sie, mit Coco-2 (siehe Webseite zum Buch) den Code für Ihren Systementwurf zu generieren, danach den Code zu übersetzen und zu überprüfen, ob Ihr System korrekt funktioniert.

Aufgabe 12.6 (Blocksatz-Ausgabe)
In Abschnitt 11.2 wird das Vorgehen bei aufgabenorientierter Systementwicklung anhand der Aufgabenstellung zur Blocksatz-Ausgabe veranschaulicht. Entwickeln Sie für diese Aufgabenstellung eine attributierte Grammatik.

Objektorientierte Programmierung

13

ÜBERBLICK

Motivation

» Die Wurzeln der objektorientierten Programmierung (OOP) reichen bis in die späten 1960-er Jahre zurück, als mit der Programmiersprache Simula (siehe [Dahl u. Nygaard 1966]) und später mit der Sprache Smalltalk (siehe z.B. [Goldberg u. Robson 1983]) die wesentlichen Konzepte dafür entwickelt wurden. Ihren Einsatz außerhalb der Universitäten fanden diese Konzepte allerdings erst eineinhalb Jahrzehnte später, als Bjarne Stroustrup zusammen mit anderen Mitte der 1980-er Jahre auf Basis der damals weit verbreiteten Programmiersprache C die objektorientierte Programmiersprache C++ (siehe z.B. [Stroustrup 2000]) entwickelte, die es den C-Programmierern erleichterte, in die „Welt der objektorientierten Programmierung" zu wechseln.

Wesentlich für den Siegeszug der objektorientierten Programmierung – davon kann man heute mit Fug und Recht sprechen – war aber neben der Verfügbarkeit geeigneter Programmiersprachen die gute methodische Unterstützung der Entwicklung objektorientierter Softwaresysteme über den gesamten Software-Entwicklungsprozess hinweg: beginnend bei der Problemanalyse, über den Entwurf der Systemarchitektur bzw. der Systemzerlegung, bis hin zur Implementierung und den Testprozess (siehe z.B. [Abbot 1983], [Meyer 1990], [Booch 1991], [Rumbaugh u. weitere 1991], [Jacobsen 1992], [Kruchten 2000] und [Fowler 2003]). Die Möglichkeit, das objektorientierte Denkmodell in allen Phasen der Software-Entwicklung anzuwenden, vermeidet konzeptuelle Brüche, die beim Einsatz anderer Entwicklungsparadigmen zwischen einzelnen Phasen immer wieder entstehen.

Während die der aufgabenorientierten Programmierung zugrunde liegenden Konzepte, Techniken und Methoden in erster Linie als Mittel zur strukturellen und qualitativen Verbesserung von Programmsystemen und zur Systematisierung ihrer Entwicklung angesehen werden können, ist die objektorientierte Programmierung (wie auch die im vorhergehenden Kapitel behandelte daten- und transformationsorientierte Programmierung) auch oder gerade ein Mittel zur Produktivitätssteigerung. Die Ursache dafür liegt in der verbesserten Erweiterbarkeit und Wiederverwendbarkeit objektorientierter Programmsysteme und ihrer Teile. Mithilfe objektorientierter Techniken können Programmsysteme oft in einem Bruchteil der sonst benötigten Zeit entwickelt werden und die dabei entstehenden Systemarchitekturen sind – bei richtiger Umsetzung des zugrunde liegenden Denkmodells – zudem wesentlich änderungsfreundlicher.

Das Kapitel beginnt damit, dass das Ziel der objektorientierten Programmierung dargelegt wird. Danach werden der Reihe nach und in eigenen Abschnitten die für die objektorientierte Programmierung grundlegenden Konzepte und Konstrukte erarbeitet. Begonnen wird mit der Erörterung der beiden Begriffe Objekt (object) und Klasse (class) sowie damit zusammenhängender Begriffe (wie z.B. Datenkomponente, Methode und Nachricht), bevor darauf eingegangen wird, welche Konzepte und Konstrukte zur Umsetzung der darauf aufbauenden Lösungsansätze erforderlich sind.

Eine besondere Behandlung erfährt das Konzept der Vererbung (inheritance), denn dieses bildet die Grundlage für viele positive Auswirkungen (wie z.B. Flexibilität, Erweiterbarkeit und Wartbarkeit), welche die Anwendung der objektorientierten Pro-

grammierung mit sich bringt. Ebenso von grundlegender Bedeutung für die Anwendung des objektorientierten Denkmodells sind zwei weitere Konzepte, die mit der Vererbung in engem Zusammenhang stehen: der Polymorphismus und die dynamische Bindung, die jeweils in eigenen Abschnitten behandelt werden. Weitere Konzepte zur Erhöhung der Flexibilität und der problemadäquaten Gestaltung objektorientierter Systeme sind Klassentest und Klassengarantie. Ihr Einsatz setzt den Zugriff auf Laufzeitinformation – so genannte Metainformation – voraus. All das wird zusammen mit dem Polymorphismus erläutert.

Die Abstraktion ist – wie wir vielfach argumentiert haben – eines der wesentlichen Hilfsmittel zur Meisterung der Komplexität (und zwar unabhängig vom gewählten Programmierparadigma). Deshalb gehen wir auch auf das Konzept der abstrakten Klassen näher ein.

Ein wesentliches Merkmal objektorientierter Programmierung ist die auf eine Wiederverwendung hin orientierte Systementwicklung. Sie wird durch das Vorhandensein von Klassenbibliotheken (class libraries) und Rahmenwerken für bereits lauffähige Programmsysteme, so genannte Application Frameworks, besonders begünstigt. Deshalb ist ein ausreichendes Verständnis wichtiger Aspekte der Gestaltung sowie der Nutzung von Klassenbibliotheken und Application Frameworks notwendig und diesen ein eigener Abschnitt gewidmet.

Ein Abschnitt, der ein Vorgehensmodell für den systematischen Entwurf objektorientierter Systemarchitekturen beschreibt, rundet das Kapitel ab.

Über objektorientierte Programmierung sind viele, teils sehr umfangreiche Bücher geschrieben worden und wenn man auf programmiersprachenspezifische Details und alle heute verfügbaren Konzepte und Konstrukte einigermaßen umfassend eingehen will, dann braucht man dafür wohl den Platz eines ganzen Buchs. Naturgemäß kann daher das vorliegende Buch den Anspruch einer umfassenden Darstellung nicht erfüllen. Wir behandeln aber alle für das Verstehen des Denkmodells zur objektorientierten Programmierung wesentlichen Aspekte und es wird auch auf die für seine grundsätzliche Umsetzung erforderlichen Konzepte und Konstrukte vertieft eingegangen. «

Ziele

Nach dem Lesen dieses Kapitels haben Sie Folgendes erreicht:

- Sie kennen das Denkmodell, welches der Entwicklung und Gestaltung objektorientierter Systemarchitekturen zugrunde liegt, und wissen, was man unter objektorientierter Programmierung, objektorientierter Systemzerlegung und einer objektorientierten Systemarchitektur versteht.
- Sie kennen die grundlegenden Konzepte und Konstrukte für die objektorientierte Programmierung, wissen, wie man diese einsetzt und welche Effekte sich damit erzielen lassen.
- Sie wissen, auf welche Weise sich objektorientierte Systemarchitekturen von anderen, z.B. aufgabenorientierten, Systemarchitekturen unterscheiden und welche Konsequenzen sich daraus ergeben.
- Sie wissen, was man unter erweiterbaren abstrakten Datentypen versteht, wie man solche schafft und wozu man sie einsetzen kann.
- Sie wissen, was man unter einer Klassenbibliothek und unter einem Application Framework versteht und welche Rolle ihnen im Prozess der Systementwicklung zukommt.
- Sie kennen ein Vorgehensmodell, welches Sie bei der Entwicklung objektorientierter Systemarchitekturen als Leitfaden heranziehen können.

13.1 Ziel der objektorientierten Programmierung

Im Zentrum des objektorientierten Programmierparadigmas stehen Objekte, die Eigenschaften, also Daten, und dazugehörige Funktionalität, also Operationen, in sich vereinen. Objekte im Sinne der objektorientierten Programmierung können, im Gegensatz zu „passiven" Datenobjekten, (auch) eine „aktive" Rolle einnehmen, indem sie selbst Aktionen ausführen und andere Objekte zu Aktionen veranlassen.

Das Ziel bei der Entwicklung objektorientierter Programmsysteme besteht darin, die Systemarchitektur möglichst realitätsgetreu mittels „Software-Objekten" so zu konstruieren, dass diese eine hohe Übereinstimmung mit den Objekten aus der Problemwelt aufweisen, um dadurch die ***semantische Lücke*** (*semantic gap*) zwischen der Problemwelt und der (Software-)Systemwelt möglichst gering zu halten. Das Resultat ist ein Programmsystem, das als Sammlung von miteinander kommunizierenden Objekten angesehen werden kann: Zur Laufzeit besteht ein solches Programmsystem aus einem Netzwerk von Objekten, die gemeinsam an der Lösung des Problems arbeiten.

In den folgenden Abschnitten erläutern wir die wesentlichen Konzepte der Objektorientierung anhand von Konstrukten typischer, klassenbasierter[1] objektorientierter Programmiersprachen wie Object Pascal, C++, Java oder C#. Auf Einzelheiten oder

1 Neben den *klassenbasierten* objektorientierten Programmiersprachen, die in der Tradition der „klassischen", statisch typisierten Programmiersprachen wie Pascal oder C stehen und Klassen als Datentypen für Objekte verwenden, gibt es *prototypbasierte* objektorientierte Programmiersprachen (vgl. [Noble u. weitere 2001]), die den „Umweg" über Klassen vermeiden und dem Programmierer Objekte direkt zur Verfügung stellen.

Spezialitäten, die nur in der einen oder anderen objektorientierten Programmiersprache zu finden sind, gehen wir bewusst nicht ein. Das Ziel besteht allerdings sehr wohl darin, dass der Leser das erworbene Wissen mit den in der Praxis gebräuchlichen Programmiersprachen auch umsetzen kann.

13.2 Objekte und Klassen

Im Mittelpunkt der *objektorientierten Programmierung* (*object-oriented programming, OOP*) steht – wie in der Einleitung zu diesem Kapitel schon festgehalten – die Konstruktion von Softwaresystemen, die aus miteinander kommunizierenden Objekten bestehen. In engem Zusammenhang mit Objekten stehen jene Konstrukte, die herangezogen werden, um Objekte zu bilden. In dem hier behandelten objektorientierten Ansatz sind dies Klassen. Wir beginnen daher unsere Einführung in die objektorientierte Programmierung mit einer Erörterung des Objekt- und Klassenbegriffs.

Ein ***Objekt*** (*object*) repräsentiert eine Laufzeitkomponente eines objektorientierten Softwaresystems und setzt sich aus zwei unterschiedlichen Arten von Bestandteilen zusammen:

- *Datenkomponenten* werden auch *Attribute* genannt und im Engl. oft als *members* bezeichnet. Sie repräsentieren die Eigenschaften eines Objekts und werden im Sinne der Datenkapselung vor der Außenwelt verborgen (*information hiding*). Die zu einem Objekt gehörenden Datenkomponenten sind vor dem direkten Zugriff von außen geschützt; sie können von außen nur mit entsprechenden Methoden (s. u.) manipuliert werden.
- *Methoden* (*methods*) repräsentieren Operationen, die ein Objekt z.B. auf „seinen" Datenkomponenten (s. o.) ausführen kann. Methoden werden in Form von Algorithmen realisiert. Im Zuge der Ausführung einer Methode eines Objekts können auch andere Objekte erzeugt und benutzt werden – durch Aufruf ihrer Methoden. Eine besondere Methode, der *Konstruktor*[2] (*constructor*), dient dazu, bei der Objekterzeugung die Datenkomponenten zu initialisieren.

Ein Objekt ist dadurch charakterisiert, dass es einen Zustand hat (dieser manifestiert sich in den aktuellen Werten der Datenkomponenten), bestimmte Aufträge erledigen kann (welche das sind, manifestiert sich in den Methoden, die einem Objekt zugeordnet sind) und zu einer bestimmten (Objekt-)Klasse gehört.

Eine (*Objekt-*)***Klasse*** (*class*) ist ein benutzerdefinierter Datentyp, der als Schablone zur Bildung von Objekten, die alle über die gleichen Eigenschaften (Datenkomponenten) und Methoden verfügen, verwendet wird. In dieser Hinsicht ist eine Klasse ein abstrakter Datentyp (ADT, siehe dazu Kapitel 3): Wie ein abstrakter Datentyp stellt sie abstrakte Operationen (Methoden) zum Zugriff auf die Daten(komponenten) zur Verfügung und ermöglicht es, beliebig viele Exemplare (Objekte) davon zu erzeugen.

2 Wir verzichten darauf, auch auf das Konzept des *Destruktors* (*destructor*) einzugehen, weil wir dieses nicht in allen Programmiersprachen (z.B. *Java*) vorfinden.

Im Unterschied zu den bisher eingeführten abstrakten Datentypen können Klassen (-Typen) hierarchisch angeordnet und „erweitert", d.h. mit zusätzlichen Eigenschaften und Methoden ausgerüstet werden. Klassen sind also ***erweiterbare abstrakte Datentypen***. Die Objekte einer erweiterten Klasse besitzen neben den durch die Erweiterung festgelegten Eigenschaften und Methoden auch die Eigenschaften und Methoden aller anderen, in der Klassenhierarchie vor ihnen liegenden Klassen (Basisklassen genannt). Eine Klasse kann also von einer anderen Klasse (der Basisklasse) Eigenschaften und Methoden „erben" (siehe dazu Abschnitt 13.3).

Hinweis: Da Klassen in dem von uns verwendeten Sinne nichts anderes als eine besondere Form von Datentypen sind, werden wir im Folgenden die Begriffe Klasse und Datentyp, Klassenhierarchie und Typhierarchie synonym verwenden.

Zur Deklaration einer Klasse *C* verwenden wir folgende Schreibweise:

```
type C = class
        data1: T1
        ...
        dataN: TN
        C(↓data1: T1  ...  ↓dataN: TN)  -- constructor
        GetData1(): T1
        SetData1(↓data1: T1)
        ...
        GetDataN(): TN
        SetDataN(↓dataN: TN)
        M1(...)
        ...
        MM(...)
    end -- class
```

In der oben deklarierten Klasse[3] *C* sind *data1* ... *dataN* die Datenkomponenten der Objekte vom Typ *C*, die durch den Konstruktor *C* (der per Konvention immer den Namen der Klasse trägt) beim Erzeugen (siehe weiter unten) jeweils die Werte der Eingangsparameter *data1* ... *dataN* des Konstruktors zugewiesen bekommen und die mit den entsprechenden Zugriffsmethoden (*Get...* bzw. *Set...*) abgefragt bzw. verändert werden können. Die Methoden *M1* bis *MM* realisieren spezielle Operationen auf *C*-Objekten. Auf die Datenkomponenten haben (in Analogie zu einem Modul) alle Methoden der Klasse Zugriff.

In der Klassendeklaration finden wir, wie das obige Beispiel zeigt, nur die Schnittstellen der Operationen (Methoden), nicht aber ihre algorithmische Implementierung. Die Methodenimplementierung wird getrennt vorgenommen, indem ein Algorithmus im klassischen Sinne dafür erstellt wird. Um eindeutig feststellen zu können, um welche Methodenimplementierung es sich handelt, wird dem Methodennamen (durch einen Punkt getrennt) der Klassenname vorangestellt, z.B. *C.C*, *C.GetData1* oder *C.M1*.

3 Im Kontext dieses Buchs wird nicht davon ausgegangen, dass jede benutzerdefinierte Klasse eine direkte oder indirekte Erweiterung einer bestimmten Wurzelklasse (wie *java.lang.Object* in Java) ist. Diese Festlegung wäre eine unnötige Einschränkung.

Hinweis: Eine Unschönheit des Typkonstrukts in der hier verwendeten Art ist, dass der konkrete Aufbau der in einem Objekt gekapselten Datenobjekte sichtbar ist. Das ist im Sinne des Geheimnisprinzips (*information hiding*) nicht ideal, auch wenn man auf die Datenkomponenten nicht direkt zugreifen kann. Da die Klassendeklaration jedoch bei den meisten in der Praxis eingesetzten Programmiersprachen so oder ähnlich aufgebaut ist, haben auch wir uns für diese Ausprägung des Typkonstrukts entschieden.

Wir gehen – ohne Beschränkung der Allgemeinheit – davon aus, dass Objekte über *Zeigervariablen* (*pointer variables*, siehe Kapitel 3) referenziert werden[4]. Wenn wir also einen Klassentyp deklariert haben, können Variablen dieses Typs deklariert und Objekte dieses Typs erzeugt, verwendet und schließlich wieder (aus dem Speicher) entfernt werden. Das folgende Codestück illustriert den „Lebenszyklus" eines Objekts:

```
  var objPtr: →C
begin
  -- 1. create object: allocate memory for object and initialize it
  objPtr := New(↓C ↓expr1 … ↓exprN)
  if objPtr = null then … -- heap overflow
  -- 2. use object via message passing
  Write(↓objPtr→GetDataI())
  objPtr→SetDataI(↓tIVal)
  objPtr→MI(…)
  …
  -- 3. dispose object
  Dispose(↓objPtr)
  objPtr := null
```

Die drei in obigem Codestück mit Kommentaren angezeigten Schritte im Lebenszyklus eines Objekts bedürfen noch einer ausführlicheren Erläuterung:

1. Für das Anlegen eines Objekts verwenden wir (in Analogie zu Abschnitt 3.3.2) einen Funktionsalgorithmus *New*. Wenn für den Aufruf von *New* zusätzlich zu dem ersten Parameter (hier *C*), der den Datentyp des Objekts spezifiziert, das erzeugt werden soll, noch weitere Parameter angeführt sind (hier *expr1* bis *exprN*), dann wird der Konstruktor damit versorgt und dann erledigt *New* nicht nur das Allokieren von Speicherplatz, sondern im Anschluss auch den Aufruf des Konstruktors, so dass als Ergebnis die Startadresse eines initialisierten Objekts geliefert wird oder *null*, falls im dynamischen Speicherbereich (Halde, *heap*) kein ausreichend großer Speicherplatz mehr frei ist.

2. Ein in Schritt 1 angelegtes Objekt kann man in der Folge verwenden, indem man über eine Zeigervariable, die seine Adresse repräsentiert (hier *objPtr*), Methoden aufruft. Im objektorientierten Sinne bezeichnet man den Aufruf einer Methode als das *Senden einer Nachricht* (*message passing*) an das entsprechende Objekt und das Objekt nimmt dementsprechend die Rolle eines *Empfängerobjekts*

4 Wir verwenden im Rahmen dieses Buchs nur Zeiger, um mit Objekten zu arbeiten, doch damit können alle Möglichkeiten der objektorientierten Programmierung genutzt werden. Diese Zeiger werden in manchen Programmiersprachen auch als *Objektreferenzen* (*object references*) bezeichnet und in manchen Programmiersprachen (z.B. Java) gibt es auch nur diese (indirekte) Möglichkeit, um mit Objekten zu arbeiten.

(*receiver*) für diese Nachricht ein. Das Empfängerobjekt selbst wird als impliziter Parameter mit der Bezeichnung *this* (hier vom Datentyp →*C*) an die Methode übergeben, so dass in der Methodenimplementierung mittels *this*→... auf Komponenten (Daten und Methoden) des Empfängerobjekts zugegriffen werden kann. Die Qualifikation mit *this*→ kann entfallen, wenn aus dem Kontext klar hervorgeht, ob eine Komponente des Objekts oder etwas anderes (z.B. ein Parameter) gemeint ist (siehe untenstehende, beispielhafte Implementierung eines Konstruktors und einer *Get*-Methode).

3. Wenn ein Objekt nicht mehr benötigt wird, muss es – weil es explizit angelegt wurde – auch wieder explizit entfernt (d.h. sein Speicher freigegeben) werden. Das erfolgt durch Aufruf des Algorithmus *Dispose* (vgl. Abschnitt 3.3.2).

Eine Implementierung des Konstruktors und einer *Get*-Methode für die oben angegebene Klasse *C* kann folgendermaßen vorgenommen werden (dabei ist zu beachten, dass Methodennamen jeweils mit dem Klassennamen zu qualifizieren sind, denn es können auch andere Klassen Methoden mit gleichem Namen deklarieren):

```
C.C(↓data1: T1 .... ↓dataN: TN)  -- constructor for class C
begin
  this→data1 := data1  -- this→ is necessary
                       -- to distinguish component and parameter
  ...
  this→dataN := dataN
end C.C

C.GetData1(): T1  -- Get method for component data1 in objects of class C
begin
  return data1  -- no this→ necessary,
                -- data1 is a component of receiver object
end C.GetData1
```

Im Folgenden verwenden wir neben Pseudocode auch die *Unified Modeling Language* (*UML*, siehe z.B. [Störrle 2005]), um Klassen und Objekte sowie deren Beziehungen darzustellen. UML ist eine von der *Object Management Group* (*OMG*) entwickelte und mittlerweile standardisierte Notation (Sprache) für den Entwurf, die Dokumentation und, bei Verfügbarkeit entsprechender Werkzeuge, auch für die Implementierung von (Software-)Systemen. Sie basiert auf Erfahrungen, die aus der Anwendung älterer Methoden und Notationen für objektorientierte Analyse und objektorientierten Entwurf (*OOA&D*) gewonnen wurden, vor allem auf den Ansätzen von Grady Booch (*Booch method*), James Rumbaugh (*object modeling technique, OMT*) und Ivar Jacobsen (*object-oriented software engineering, OOSE*). Zur UML gehören Begriffsdefinitionen und eine grafische Notation für über ein Dutzend unterschiedlicher Diagramme, die zur Beschreibung des Aufbaus (der statischen Struktur) sowie des Ablaufs (der Dynamik) verwendet werden können. Für unsere Ziele benötigen wir nur ***Klassen***- und ***Objektdiagramme*** und gehen daher auf Einzelheiten von UML-Darstellungen nicht weiter ein; der Leser sei dazu neben [Störrle 2005] auch auf folgende Literatur verwiesen: [Fowler 2003] sowie [Booch u. weitere 2007].

Zur Illustration der von uns verwendeten UML-Elemente zeigt ▶Abbildung 13.1 in (a) ein grobes, in (b) ein detailliertes UML-Klassendiagramm jener Klasse *C*, die wir oben in Pseudocode beschrieben haben, und in (c) ein UML-Objektdiagramm eines Objekts der Klasse *C*. Wir verwenden dazu UML in der Version 2.0.

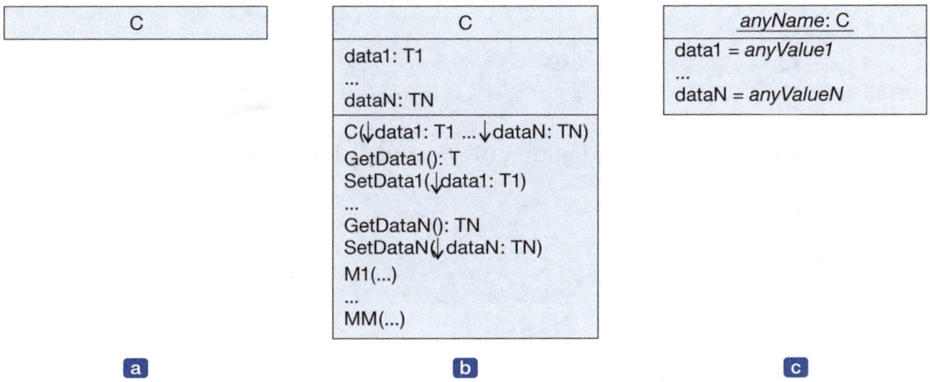

Abbildung 13.1: Zwei UML-Klassendiagramme (a) und (b) und ein UML-Objektdiagramm (c)

Um die bisher eingeführten Konzepte zu vertiefen, entwickeln wir in Beispiel 13.1 eine Klasse *Rectangle* zur Darstellung von Rechtecken (als grafische Elemente), die im Rahmen eines Softwarewerkzeugs für die Erstellung von Grafiken (eines Grafikeditors also) verwendet werden soll.

Beispiel 13.1

Klasse *Rectangle*

Im Zuge der Entwicklung eines Grafikeditors sollen unterschiedliche grafische Elemente objektorientiert modelliert werden. Dabei gilt es – wie immer – zu berücksichtigen, welche Datenstrukturen und Operationen mit dem zu modellierenden Element verbunden sind.

Wir nehmen an, dass im gegebenen Einsatzkontext Rechtecke (*rectangles*) dargestellt werden sollen, deren Seiten wie in ▶Abbildung 13.2 (a) immer parallel zu den Achsen des Ausgabegeräts (*device*, z.B. Bildschirm) verlaufen. Solch ein Rechteck ist durch die *x*- und *y*-Koordinaten des linken/oberen und des rechten/unteren Eckpunkts vollständig definiert, weshalb wir in dem in Abbildung 13.2 (b) dargestellten Klassendiagramm für die Klasse *Rectangle* vier Datenkomponenten vorgesehen haben. Darüber hinaus soll die Klasse *Rectangle* über einen Konstruktor verfügen und eine Methode *Draw* bereitstellen, die es gestattet, das Rechteck auf dem Ausgabegerät darzustellen. (In der Praxis müsste eine Klasse *Rectangle* naturgemäß wesentlich mehr Methoden bereitstellen, eine *Erase*-, eine *Move*-Methode und viele andere mehr.) Abbildung 13.2 (c) zeigt ein konkretes Rechteck und Abbildung 13.2 (d) dessen Objektdiagramm.

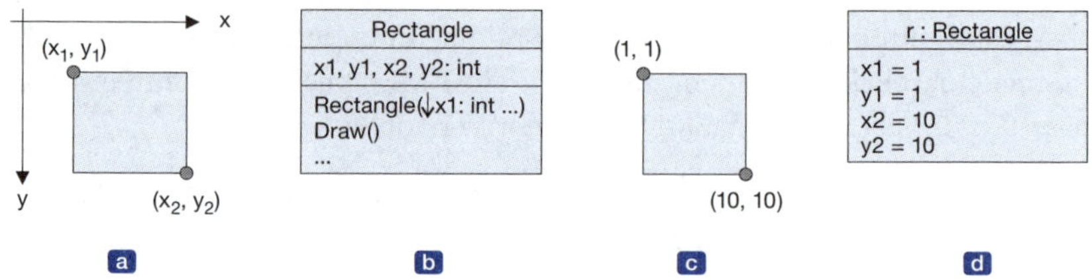

Abbildung 13.2: Klassen- und Objektdiagramm für *Rectangle*

Die benötigte Klassentyp-Deklaration für *Rectangle* lautet somit:

```
type Rectangle = class
       x1, y1, x2, y2: int
       Rectangle(↓x1: int  ↓y1: int  ↓x2: int  ↓y2: int)
       Draw()
       ...
     end -- class
```

Die Implementierung des Konstruktors ist trivial, weshalb wir sie nicht anzuführen brauchen. Die Methode *Draw* hat die Aufgabe, das durch die vier Koordinaten definierte Rechteck auf einem grafikfähigen Ausgabegerät darzustellen (zu zeichnen). Da es uns hier nicht um algorithmische Details geht, sondern lediglich darum, zu illustrieren, wie eine Klasse entwickelt und verwendet wird, skizzieren wir den Algorithmus für die Methode *Draw* nur in Form von Kommentaren:

```
Rectangle.Draw()
begin
  -- get information abaut output device
  -- draw rectangle with (x1, y1) as top/left and
  -- (x2, y2) as bottom/rigth corner on output device
end Rectangle.Draw
```

Das folgende Codestück zeigt eine zu Abbildung 13.2 (c) und (d) passende Verwendung der Klasse *Rectangle*:

```
  var r: →Rectangle
begin
  r := New(↓Rectangle ↓1 ↓1 ↓10 ↓10)
  r→Draw()
  ...
```

Wir haben nunmehr ein neues Typkonstrukt zur Verfügung, mit dem es möglich ist, benutzerdefinierte Datentypen festzulegen, die neben dem konkreten Aufbau der Datenobjekte auch die erlaubten Operationen darauf spezifizieren. Wir haben oben hervorgehoben, dass im objektorientierten Sinne Klassen(-Typen) hierarchisch angeordnet und erweitert, d.h. mit zusätzlichen Eigenschaften und Methoden ausgerüstet werden können. In welcher Weise dies erfolgen kann, darauf gehen wir in den folgenden Abschnitten ein.

13.3 Vererbung

All das, was wir bisher mit Klassen und daraus erzeugten Objekten ermöglicht haben, lässt sich auch mit den schon in Kapitel 3 eingeführten abstrakten Datentypen (zwar nicht ganz so elegant, aber dennoch) erreichen. Nun führen wir ein für die objektorientierte Programmierung zentrales Konzept, den so genannten *Vererbungsmechanismus,* ein, der es gestattet, erweiterbare abstrakte Datentypen zu realisieren.

Vererbung (*inheritance*) im objektorientierten Sinne bedeutet, dass auf Basis einer[5] Klasse, der so genannten *Basisklasse* (*base class* oder *super class*), eine neue Klasse, die so genannte *abgeleitete Klasse* (*derived class* oder *sub class*), gebildet werden kann, die mindestens alle Eigenschaften und Methoden der Basisklasse besitzt – man kann sagen, diese von ihr erbt[6]. Objekte der abgeleiteten Klasse weisen also zunächst die gleiche Struktur auf wie Objekte der Basisklasse, weshalb die Vererbungsbeziehung zwischen Basis- und abgeleiteter Klasse auch als *ist-eine-Beziehung* (*is-a relation*) bezeichnet wird: ein Objekt der abgeleiteten Klasse ist wie ein Objekt der Basisklasse, kann also genauso verwendet werden.

Die Vererbungsbeziehung zwischen zwei Klassen können wir beispielsweise in UML beschreiben. ▶Abbildung 13.3 (a) zeigt ein UML-Diagramm, das ausdrückt, dass die Klasse *Derived* von der Klasse *Base* abgeleitet wird. *Derived* erbt also alle Komponenten (Datenobjekte und Methoden) von *Base*. Der Pfeil zeigt von der abgeleiteten Klasse zur Basisklasse und drückt aus, dass sich *Derived* alle Komponenten von *Base* holt. Die ist-eine-Beziehung drückt aus, dass ein *Derived*-Objekt auch ein *Base*-Objekt ist.

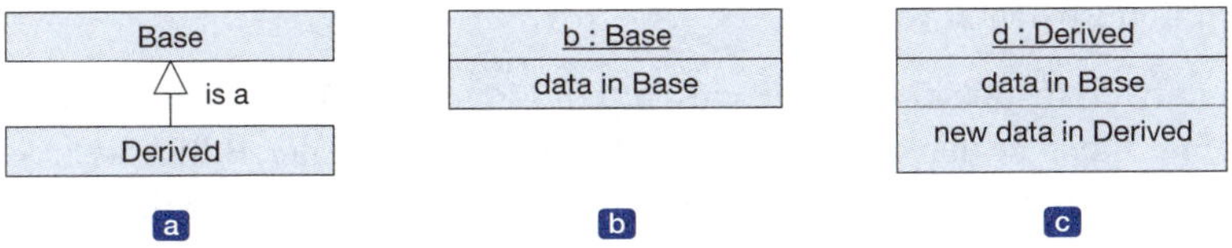

Abbildung 13.3: Vererbung im Klassendiagramm (a) und Objektdiagramme

Die abgeleitete Klasse *Derived* kann nun gegenüber ihrer Basisklasse *Base* erweitert bzw. adaptiert werden:

- *neue Datenkomponenten* können hinzugefügt werden (damit kann das Eigenschaftsspektrum verbreitert werden),

5 Das objektorientierte Programmierparadigma unterscheidet zwischen *einfacher Vererbung* (*single inheritance*), bei der auf Basis einer Klasse neue Klassen gebildet werden, und *mehrfacher Vererbung* (*multiple inheritance*), bei der auf Basis mehrerer Klassen neue Klassen gebildet werden. Es gibt zwar in der Realität Sachverhalte, welche die Verfügbarkeit mehrfacher Vererbung durchaus als zweckmäßig erscheinen lassen, es sind aber auch große Probleme mit diesem Konzept verbunden. Wir beschränken uns hier auf einfache Vererbung, zumal die mehrfache Vererbung mit einfacher Vererbung nachgebildet werden kann.

6 Im Hinblick auf den Vererbungsmechanismus lässt sich zwischen *Schnittstellenvererbung* und *Implementierungsvererbung* unterscheiden. Im hier verwendeten Sinne ist mit Vererbung stets beides gemeint.

- *neue Methoden* können hinzugefügt werden (damit kann das Funktionsspektrum verbreitert werden) und
- *geerbte Methoden* können an die speziellen Bedürfnisse, für welche die abgeleitete Klasse vorgesehen ist, angepasst werden. Damit ist gemeint, dass die geerbte Methodenimplementierung zum Zweck der Anpassung der Funktionalität unter Beibehaltung der Schnittstelle[7] durch eine andere Implementierung ersetzt werden kann – dies wird daher als das *Überschreiben* (*overriding*) von Methoden bezeichnet (dabei kann auch die überschriebene Methode der Basisklasse aufgerufen werden).

Im Pseudocode notieren wir die Vererbungsbeziehung und die Typerweiterung wie folgt:

```
type Derived = class based on Base
       newData: T
       NewMethod(...)
       override M(...)
     end -- class
```

Abbildung 13.3 (b) zeigt das Objektdiagramm eines Objekts der Basisklasse *Base* aus Abbildung 13.3 (a) und Abbildung 13.3 (c) zeigt das Objektdiagramm eines Objekts der von *Base* abgeleiteten Klasse *Derived*, woraus ersichtlich ist, dass im Typ *Derived* neue Datenkomponenten (hier *newData*) hinzugekommen sind.

Ein wesentlicher Aspekt, den es hervorzuheben gilt, besteht darin, dass auf diese Weise ein Datentyp (die Basisklasse) erweitert bzw. angepasst (d.h. spezialisiert) werden kann, ohne die Implementierung der Basisklasse ändern oder Codestücke daraus kopieren zu müssen. Die Implementierung muss nicht einmal vorliegen und braucht auch nicht neu übersetzt werden.

Eine aus softwaretechnischer Sicht wesentliche Eigenschaft des Vererbungsmechanismus ist, dass Objekte der abgeleiteten Klasse wie Objekte der Basisklasse verwendet werden können (*is-a relation*). Somit können alle Programmteile (z.B. Methoden), die mit Objekten der Basisklasse arbeiten, auch mit Objekten der abgeleiteten Klasse arbeiten, wodurch eine kontinuierliche, inkrementelle Systementwicklung möglich wird. Das wird auch durch das *Substitutionsprinzip* (*substitution principle*) von Barbara H. Liskov und Jeannette M. Wing zum Ausdruck gebracht (siehe [Liskov u. Wing 1994]):

> *„Wenn es für jedes Objekt o1 vom Typ S ein Objekt o2 vom Typ T gibt, so dass für alle Programme P, die auf Basis von T entwickelt wurden, das Verhalten unverändert bleibt, wenn o1 durch o2 ersetzt wird, dann ist S ein Untertyp (subtype) von T."*

Nachdem von einer Basisklasse mehrere Klassen abgeleitet und diese abgeleiteten Klassen selbst wieder als Basisklassen für weitere *Ableitungen* (*subclassing*) herangezogen werden können, kann sich aus einer Basisklasse eine Hierarchie von Klassen, eine so genannte *Klassenhierarchie* (*class hierarchy*), ein *Klassenbaum* (*class tree*) entwickeln.

7 Wir gehen davon aus, dass beim Überschreiben von Methoden die Anzahl und die Datentypen der Formalparameter unverändert (*invariant*) bleiben müssen. Die Konzepte der Ko- und Kontravarianz (*co- and contravariance*), die eine Abweichung von dieser Regel erlauben, werden nicht behandelt (siehe dazu z.B. [Cardelli 1988]).

In Beispiel 13.2 illustrieren wir den Typerweiterungsprozess (oder anders ausgedrückt, die Ableitung einer Klasse), indem von der in Beispiel 13.1 angegebenen Klasse *Rectangle* eine neue Klasse *FilledRectangle* abgeleitet wird.

Beispiel 13.2

Klasse *FilledRectangle*

Angenommen, in einem zu entwickelnden Grafikeditor soll es unter anderem möglich sein, Rechtecke, die mit Mustern (z.B. Schraffierungen) gefüllt sind, darzustellen. Des Weiteren wird angenommen, dass für die Bildung von Rechteck-Objekten bereits die in Beispiel 13.1 beschriebene Klasse *Rectangle* existiert.

Es ist naheliegend, dass man zur Bildung von Muster-Objekten eine Klasse *Pattern* voraussetzt oder, wenn keine solche vorhanden ist, eine entwirft. Wenn wir über einen Typ (eine Klasse) *Pattern* verfügen, können wir die in Beispiel 13.1 definierte Klasse *Rectangle*, die bereits alle zur Darstellung von Rechtecken notwendigen Datenkomponenten und Operationen zur Verfügung stellt, heranziehen, um eine neue Klasse *FilledRectangle* abzuleiten, in der die zusätzlich benötigten Komponenten festgelegt werden. Wir benötigen in *FilledRectangle* zumindest eine Datenkomponente *pat* für das Muster und eine Methode *SetPat*, um das Muster festlegen bzw. verändern zu können. Die Operation (*Draw*) für die Darstellung eines Rechtecks erbt die neue Klasse zwar von der Basisklasse, diese Operation müssen wir allerdings anpassen (d.h. überschreiben), damit auch ein mit einem Muster gefülltes Rechteck auf dem Ausgabegerät dargestellt werden kann.

▶Abbildung 13.4 zeigt in (a) das UML-Klassendiagramm für die neue Klasse *FilledRectangle*, in (b) eine reales, mit einem Karomuster gefülltes, Rechteck-Objekt und in (c) das entsprechende Objektdiagramm.

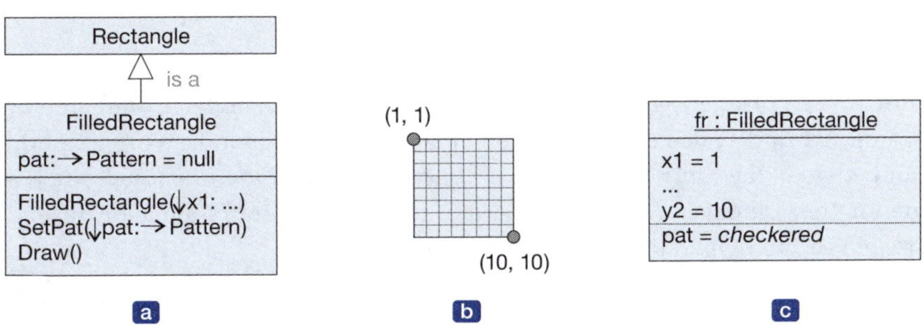

Abbildung 13.4: Klassendiagramm und Objektdiagramm für *FilledRectangle*

Das folgende Pseudocodestück zeigt die Deklaration der (von der Klasse *Rectangle* abgeleiteten) Klasse *FilledRectangle* und die Implementierung der zu adaptierenden, geerbten Methode *Draw*. Wie aus dem Code ersichtlich ist, haben wir beim Überschreiben der Methode *Draw* auf die entsprechende Methode der Basisklasse zurückgegriffen, um den Rahmen des Rechtecks zu zeichnen, bevor die Fläche mit dem Muster gefüllt wird. Das vereinfacht nicht nur die Implementierung der Methode *Draw* für mit Mustern gefüllte Rechtecke, sondern hat auch den Vorteil, dass eine Änderung der Methode *Draw* der Klasse *Rectangle* (z.B. eine Effizienzverbesserung) sich auch in der in *FilledRectangle* überschriebenen Methode auswirkt.

```
type FilledRectangle = class based on Rectangle
       pat: →Pattern = null
       FilledRectangle(↓x1: int  ↓y1: int  ↓x2: int  ↓y2: int)
       SetPat(↓pat: →Pattern)
       override Draw()
     end -- class

FilledRectangle.Draw()
begin
  Rectangle.Draw()
  if pat ≠ null then
    -- fill area within rectangle with pattern pat
  end -- if
end FilledRectangle.Draw
```

Das folgende Codestück zeigt eine zu Abbildung 13.4 (b) und (c) passende Verwendung der Klasse *FilledRectangle*:

```
  var fr: →FilledRectangle
begin
  fr := New(↓FilledRectangle ↓1 ↓1 ↓10 ↓10)
  fr→SetPat(↓New(↓Pattern ↓checkered)) -- assume Patterns constr.
                                        -- accepts checkered
  fr→Draw()
  ...
```

Damit war es mit geringem Aufwand und auf softwaretechnisch saubere sowie elegante Art und Weise möglich, einen „mächtigeren" neuen Datentyp zu bilden (man bedenke, dass mit Objekten vom neuen Datentyp *FilledRectangle* auch alle anderen vom Datentyp *Rectangle* und den in der Typhierarchie davor liegenden Klassen geerbten Operationen möglich sind).

13.4 Polymorphismus, Klassengarantie und -test

Der Begriff *Polymorphie* kommt aus dem Griechischen und bedeutet *Vielgestaltigkeit*. Er wird in unterschiedlichen Bereichen (z.B. in der Chemie und in der Genetik) zur Beschreibung verschiedenster Phänomene verwendet. In der objektorientierten Programmierung bedeutet ***Polymorphismus*** (*polymorphism*), dass mit (Zeiger-)Variablen vom Typ einer (Basis-)Klasse nicht nur Objekte dieser, sondern auch Objekte aller direkt oder indirekt davon abgeleiteten Klassen referenziert werden können. Damit können solche (Zeiger-)Variablen auf Objekte unterschiedlicher Gestalt verweisen, weshalb wir in dieser Situation von Polymorphismus sprechen. Diese Objekte haben allerdings eine Gemeinsamkeit: ihre Klassen stammen von derselben Basisklasse ab. Welche Möglichkeiten sich damit für den Systementwickler erschließen, darauf gehen wir weiter unten ein.

▶Abbildung 13.5 (a) zeigt noch einmal mittels eines UML-Klassendiagramms die Vererbungsbeziehung aus ▶Abbildung 13.3 und in Abbildung 13.5 (b) die daraus resultierende Speicherstruktur. Daran lässt sich erklären, wie Polymorphismus „technisch funktioniert": Die Datenkomponenten eines Objekts einer abgeleiteten Klasse (hier *Derived*) sind so angeordnet, dass ab der Startadresse die Datenkomponenten der Basisklasse (hier *Base*) und dahinter die in der abgeleiteten Klasse neu hinzugekommenen Datenkomponenten abgelegt sind. Ein Objekt der abgeleiteten Klasse verfügt damit über dieselben Eigenschaften (Datenkomponenten, abgelegt ab seiner Startadresse) wie ein Objekt der Basisklasse und darüber hinaus über weitere Eigenschaften. Das Objekt der abgeleiteten Klasse kann daher auf jeden Fall verwendet werden wie ein Objekt der Basisklasse (es hat mindestens dieselben Eigenschaften).

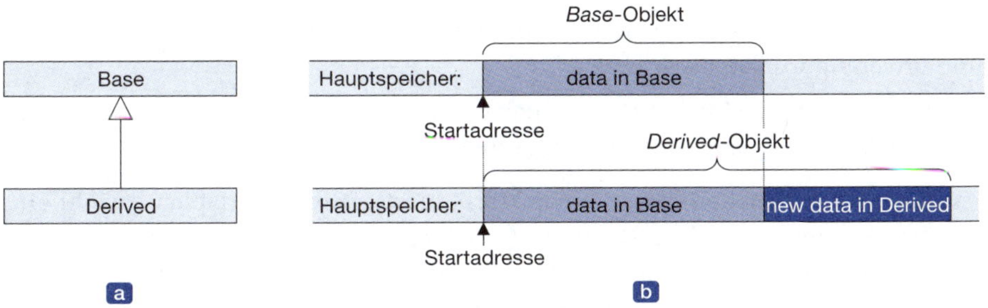

Abbildung 13.5: Vererbungsbeziehung und Speicherorganisation von Objekten der Basis- und der abgeleiteten Klasse

Das folgende Pseudocodestück zeigt anhand der beiden Klassen *Base* und *Derived* aus Abbildung 13.5 (a) eine der Möglichkeiten, die sich aus dem Polymorphismus ergeben:

```
  var bp: →Base
      dp: →Derived
begin
  bp := New(↓Base …)
  …  -- use Base object via bp
  Dispose(↓bp)
  dp := New(↓Derived …)
  …  -- use Derived object via dp
  bp := dp  -- allowed as Derived is based on Base
  …  -- use Derived object (additionally) via bp
  …
```

Die ersten beiden Zuweisungsanweisungen in obigem Codestück sorgen dafür, dass die beiden Zeigervariablen vom Typ →*X* (für *X* = *Base* oder *Derived*) jeweils auf ein Objekt der Klasse *X* verweisen. In ▶Abbildung 13.6 ist die Situation nach der letzten Zuweisung dargestellt.

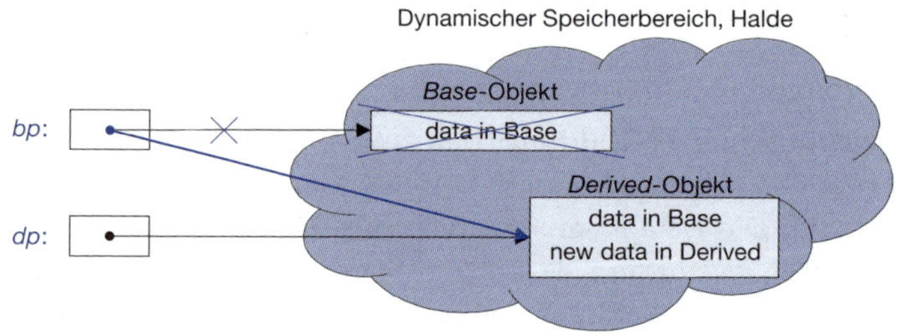

Abbildung 13.6: Polymorphismus

Durch die Zuweisung *bp* := *dp* in obigem Codestück tritt die Situation ein, dass die Zeigervariable *bp* vom Typ →*Base* auf ein Objekt der abgeleiteten Klasse *Derived* verweist (illustriert durch den blauen Pfeil in Abbildung 13.6). Mit der Zeigervariablen *bp* sind dadurch gewissermaßen zwei unterschiedliche Datentypen verbunden:

- ihr *statischer Typ* (*static type*), der in der Deklaration festgelegt wurde (hier →*Base*) und unveränderlich ist sowie
- ihr *dynamischer Typ* (*dynamic type*), der sich durch die Zuweisung ergeben hat (hier →*Derived*) und der sich durch eine neuerliche Zuweisung wieder ändern kann.

Wir können also festhalten, dass im objektorientierten Sinne Variablen sowohl einen (unveränderlichen) statischen Datentyp (festgelegt durch die Deklaration) als auch einen (veränderlichen) dynamischen Datentyp (der sich zur Laufzeit durch Zuweisungen ergibt) besitzen. Der (veränderliche) dynamische Datentyp kann allerdings nicht beliebig verändert werden, er muss selbstverständlich kompatibel mit dem statischen Datentyp sein, d.h. mindestens die Eigenschaften des statischen Datentyps aufweisen. Eine Zuweisung der beiden Zeigervariablen in der „umgekehrten Richtung“, nämlich

```
dp := bp  -- not allowed
```

ist daher nicht erlaubt[8].

Der Polymorphismus ist eine der wesentlichen Grundlagen für die Flexibilität, die wir durch das objektorientierte Programmierparadigma erreichen. Die Lockerung der statischen Typkompatibilitätsregeln hat unter anderem zur Folge, dass ein bereits vollständig entwickeltes Programmsystem später auch mit Objekten arbeiten kann, für die es gar nicht vorgesehen war.

8 Dies gilt nur für *statisch* typisierte objektorientierte Programmiersprachen und wir ziehen hier nur solche in Betracht. Es gibt auch nicht statisch typisierte objektorientierte Programmiersprachen, z.B. Smalltalk (siehe z.B. dazu [Goldberg u. Robson 1983]), bei denen diese für uns sinnvolle Einschränkung nicht gilt.

Wenn eine typkompatible Zuweisung vorliegen würde, d.h. man sicher sein könnte, dass die dynamischen Datentypen der beiden Seiten einer Zuweisung zum Zeitpunkt der Zuweisung kompatibel sind (wie das bei obiger Zuweisung *dp* := *bp* durch die Tatsache, dass wegen der vorhergehenden Aktionen beide Variablen auf das gleiche Objekt zeigen, der Fall ist), kann eine entsprechende Zusicherung, ***Klassengarantie*** genannt, abgegeben werden und wir können, um dies auszudrücken, die Zuweisung wie folgt formulieren:

```
dp := Derived(bp)
```

Diese Formulierung der Zuweisung drückt aus, dass zur Laufzeit sichergestellt ist, dass das Objekt *bp* vom Datentyp *Derived* oder einem davon abgeleiteten Datentyp ist – womit die Typkompatibilität garantiert ist (wäre das zur Laufzeit nicht der Fall, würde beim Versuch, die Zuweisung auszuführen, eine Fehlermeldung ausgelöst).

Da es Situationen gibt, in denen man feststellen möchte oder muss, ob ein Objekt von einer bestimmten Klasse ist, ist es sinnvoll, auch einen so genannten ***Klassentest*** zu ermöglichen. Wir verwenden dazu den Operator *isA*, mit dem man – wie in folgendem Codestück gezeigt – zur Laufzeit überprüfen kann, ob ein Objekt einen bestimmten Datentyp (oder einen davon abgeleiteten) tatsächlich aufweist:

```
if bp→ isA Derived then ...
```

Diese Abfrage stellt sicher, dass im *then*-Zweig der *if*-Anweisung davon ausgegangen werden kann, dass das mit *bp* verbundene Objekt mindestens vom Datentyp *Derived* ist.

Um eine Klassengarantie abgeben bzw. einen Klassentest durchführen zu können, ist so genannte ***Metainformation*** (*meta-information*) erforderlich. Darunter versteht man Information, die ein Programm zur Laufzeit „über sich selbst" (*reflection*) hat. Zumindest muss jedes Objekt „wissen", von welcher Klasse es ist und wie die Vererbungsbeziehungen zwischen den Klassen ausgeprägt sind. Das wird durch objektorientierte Programmiersprachen in der Regel so realisiert, dass jedes Objekt eine (versteckte) Datenkomponente hat, die einen Zeiger auf die Beschreibung der jeweiligen Klasse enthält, und dass die Klassenbeschreibungen gemäß der Klassenhierarchie so als Baum organisiert sind, dass eine abgeleitete Klasse einen Zeiger auf ihre Basisklasse hat.

Bevor wir uns wieder dem Beispiel der Entwicklung von Teilen eines Grafikeditors zuwenden, müssen wir uns noch Klarheit über das Konzept der dynamischen Bindung von Methoden verschaffen. Wir erläutern dies im folgenden Abschnitt.

13.5 Statische und dynamische Bindung

Unter *Bindung* (*binding*) versteht man im Kontext von Programmiersprachen die Verknüpfung des Aufrufs einer Operation (einer Prozedur, Funktion oder Methode) mit der auszuführenden Folge von Anweisungen. In Abhängigkeit vom Zeitpunkt, wann die Bindung stattfindet, kann man zwei Ausprägungen unterscheiden:

- Bei nicht objektorientierten Programmiersprachen kann die Verknüpfung für Prozedur- und Funktionsaufrufe entweder der Compiler zur Übersetzungszeit (wenn das gesamte Programm in einer Übersetzungseinheit vorliegt) oder der Binder (*linker*) zur Bindezeit herstellen (vgl. Kapitel 1). In beiden Fällen erfolgt die Bindung vor der Programmausführung, weshalb diese Art von Bindung als *statische Bindung* (*static binding*) bezeichnet wird.
- Bei objektorientierten Programmiersprachen gibt es (wegen des objektorientierten Paradigmas) auch Situationen, in denen die Bindung von Methodenaufrufen mit einem bestimmten Codestück erst zur Laufzeit durchgeführt werden kann, weshalb diese Art von Bindung als *dynamische Bindung* (*dynamic binding*) bezeichnet wird.

Das folgende Codestück zeigt eine solche Situation beispielhaft. Gegeben sei eine Klasse *Base* mit einer Methode *M* und eine davon abgeleitete Klasse *Derived*, in der die Methode *M* der Basisklasse überschrieben, d.h. mit einer geänderten Funktionalität versehen wird:

```
  type  Base = class
          M(…)
        end -- class
        Derived = class based on Base
          override M(…)
        end -- class
  var bp: →Base
      dp: →Derived
begin
  bp := New(↓Base …)
  bp→M(…)  -- calls Base.M
  dp := New(↓Derived …)
  dp→M(…)  -- calls Derived.M
  Dispose(↓bp)
  bp := dp
  bp→M(…)  -- calls Derived.M !!!
  …
```

Nach der Erzeugung des *Base*- und des *Derived*-Objekts werden bei den ersten beiden Aufrufen jeweils jene Methoden aufgerufen, die dem statischen Typ der Zeigervariablen entsprechen. Nach der letzten Zuweisung (*bp* := *dp*) unterscheidet sich – wie im vorigen Abschnitt erläutert – der dynamische Typ von *bp* (hier →*Derived*) vom statischen (→*Base*) und in dieser Situation wird mittels dynamischer Bindung die Methode jener Klasse aufgerufen, die dem dynamischen Typ entspricht, also die Methode *M* der Klasse *Derived*.

Nachdem in komplexeren Situationen als der oben dargestellten (bei vorhergegangenen Verzweigungen etwa) wie im nachfolgend angeführten Codestück illustriert, ein Compiler zur Übersetzungszeit nicht feststellen kann, welche Methode zur Laufzeit aufgerufen wird, muss die Aktualparameterliste des Aufrufs zu allen in Frage kommenden Methodenschnittstellen passen. Das erklärt auch, weshalb beim Überschreiben einer Methode die Schnittstelle (Formalparameterliste) nicht verändert werden darf (Konzept der Invarianz).

```
if … then
  bp := New(↓ADerivedFromBase …)
else
  bp := New(↓BDerivedFromBase …)
end -- if
bp→M(…)   -- method M has identical interface in A… and B…
…
```

Hinweis: Dynamische Bindung wird bei objektorientierten Programmiersprachen mit statischer Typisierung in der Regel durch so genannte Methodentabellen implementiert. Jede Klassenbeschreibung (im Rahmen der Metainformation) verfügt zusätzlich über ein Feld von Zeigern auf seine Methodenimplementierungen, so dass die dynamische Bindung durch eine Indizierung der Methodentabelle und einen indirekten Methodenaufruf effizient realisiert werden kann (Details dazu siehe z.B. in [Rechenberg u. Pomberger 2006]).

13.6 Abstrakte Klassen, abstrakte Methoden und Klassenbibliotheken

Das große Potenzial der objektorientierten Programmierung ist der Idee des Vererbungsmechanismus (und der damit einhergehenden Möglichkeit, polymorphe Objektreferenzen und Operationen realisieren zu können) zu verdanken. Es besteht damit die Möglichkeit, dass Klassen (abstrakt Datentypen), deren Implementierung nicht verfügbar sein muss, herangezogen werden können, um durch Ableitung neue Klassen bilden zu können, mit deren Objekten (aufgrund des Polymorphismus und der dynamischen Bindung) die gesamte bereits bestehende Funktionalität genutzt werden kann, ohne den bestehenden Code antasten zu müssen. Dadurch werden die Qualitätsmerkmale Änderbarkeit, Erweiterbarkeit, Sicherheit und Wiederverwendbarkeit positiv beeinflusst und die Produktivität bei der Systementwicklung kann gesteigert werden.

Es ist naheliegend, dass es nicht nur sinnvoll, sondern (auf relativ einfache Art und Weise) auch möglich ist, eine Menge vorgefertigter Klassen (abstrakten Datentypen) und ihr Beziehungsgeflecht, eine so genannte ***Klassenbibliothek*** (*class library*), zur Verfügung zu stellen. Wenn eine solche Klassenbibliothek verfügbar ist (und das ist der Regelfall), dann beginnt man bei der objektorientierten Software-Entwicklung nicht „auf der grünen Wiese", sondern hat von vornherein Zugriff auf umfangreiche Funktionalität, die nicht nur direkt genutzt werden kann, sondern gleichzeitig auch eine solide Basis für einen sukzessiven und auf Wiederverwendung hin orientierten Systementwicklungsprozess bildet. Wenn die (Basis-)Klassenbibliothek von guten Designern entwickelt wurde, enthält sie in der Regel *Typ-* oder ***Entwurfsmuster*** (*design patterns*, siehe [Gamma u. weitere 1995]), die es oftmals dem „Durchschnittsprogrammierer" ermöglichen, Lösungen zu entwickeln, auf die er ohne diese Muster nie gekommen wäre.

Um gut strukturierte und die Wiederverwendbarkeit unterstützende Klassenbibliotheken realisieren zu können, bietet das objektorientierte Programmierparadigma zwei weitere Konzepte, die wir im Folgenden erläutern: ***abstrakte Klassen*** und *abstrakte Methoden*.

Abstrakte Klassen und abstrakte Methoden

So wie eine Klasse die Gemeinsamkeiten ihrer Objekte repräsentiert, repräsentiert eine Basisklasse die Gemeinsamkeiten der von ihr abgeleiteten Klassen. Nun begegnen wir oft der Situation, dass wir Klassen haben, die eine Reihe von Gemeinsamkeiten aufweisen, aber nicht sinnvoll hierarchisch angeordnet werden können (z.B. für grafische Objekte wie Kreis, Rechteck, Quadrat, Dreieck in einem Grafikeditor, für die man die Operationen Anzeigen, Rotieren, Verschieben, Füllen etc. vorsehen möchte). Um dies alles dennoch in einer gemeinsamen Basisklasse zu modellieren, von der alle anderen abgeleitet werden und damit diese Gemeinsamkeiten erben können, hebt man die gemeinsamen Eigenschaften und Operationen heraus und fasst diese zu einer „abstrakten“ Klasse zusammen – man faktorisiert also.

Für diese Art der *Faktorisierung* (*factoring*) wird das Konzept der *abstrakten Klasse* (*abstract class*) herangezogen. Abstrakte Klassen dienen lediglich dazu, Datenkomponenten (Eigenschaften) und Methoden für davon abgeleitete Klassen zur Verfügung zu stellen und – im Gegensatz zum bisherigen Hauptzweck von Klassen – nicht zur Erzeugung von (konkreten) Objekten. Für die in abstrakten Klassen deklarierten Methoden muss es – im Gegensatz zu „konkreten“ Klassen – keine Implementierung geben. Sollen oder müssen alle abgeleiteten Klassen eine Methode mit einer bestimmten Schnittstelle bereitstellen, so wird diese Methode in der abstrakten Basisklasse deklariert, aber es wird (noch) keine Implementierung für sie angegeben. Denn dabei handelt es sich um eine ***abstrakte Methode*** (*abstract method*), deren konkrete Realisierung erst in den von der abstrakten Klasse abgeleiteten (konkreten) Klassen sinnvoll vorgenommen werden kann. Es werden auch nur Objekte der abgeleiteten Klassen gebildet, denn ein Objekt der abstrakten Klasse kann es in der Realität ja auch nicht geben.

Das folgende Codestück zeigt ein Muster der Deklaration einer abstrakten Basisklasse *AC*, die neben einer Datenkomponente *data* sowohl eine „konkrete“ Methode *M* (mit Implementierung) als auch eine abstrakte Methode *AM* (ohne Implementierung) deklariert, und einer davon abgeleiteten konkreten Klasse *CC*, welche die abstrakte Methode der Basisklasse überschreibt und somit implementiert:

```
  type AC = abstract class
         data: T
         M(…)  -- normal method with implementation
         abstract AM(…)  -- abstract method
       end -- class
       CC = class based on AC  -- concret class
         override AM(…)  -- implementation of abstract method
       end -- class
  var p: →AC
begin
  -- p := New(↓AC …)  not allowed: there are no abstract objects
  p := New(↓CC …)
  p→M(..)    -- calls AC.M
  p→AM(..)  -- calls CC.AM
 …
```

Wie in obigem Codestück gezeigt, kann eine abstrakte Klasse dazu verwendet werden, eine Zeigervariable (hier *p*) von diesem Datentyp zu deklarieren (obwohl es keine Objekte einer abstrakten Klasse gibt), denn der Polymorphismus gestattet es, über eine solche Zeigervariable Objekte von abgeleiteten (konkreten) Klassen zu referenzieren und diese mittels der Methoden bzw. Methodenschnittstellen, die von der abstrakten Klasse bereitgestellt werden, sogar zu nutzen.

Ein Beispiel in Form einer Klassenhierarchie für grafische Objekte, welche die Anwendung dieser beiden Konzepte (abstrakte Klasse und Methode) zeigt, findet sich im nächsten Abschnitt.

Klassenbibliotheken

In Klassenbibliotheken kann das Konzept der abstrakten Klassen auch dazu eingesetzt werden, eine abstrakte Wurzelklasse (eine solche trägt in der Praxis meist die Bezeichnung *Object*) für alle ihre Klassen vorzugeben. Dadurch ist es möglich, allen Objekten, egal von welcher Klasse sie sind, einen gemeinsamen Basistyp zu verpassen. Alle Objekte verfügen somit über eine gemeinsame Schnittstelle und gemeinsame (Basis-) Funktionalität, z.B. über Operationen für den Vergleich von Objekten, den Zugriff auf Metainformation oder für die Berechnung eines Hash-Codes, damit alle Objekte in Hash-Tabellen eingetragen werden können (siehe Kapitel 6).

Zur Erläuterung der in diesem Abschnitt eingeführten Konzepte und Konstrukte stellen wir in Beispiel 13.3 den Ausschnitt einer Klassenbibliothek für grafische Objekte vor und ergänzen damit Beispiel 13.1 und Beispiel 13.2.

Beispiel 13.3

Klassenbibliothek für grafische Objekte (Ausschnitt)

Um den in Beispiel 13.1 und Beispiel 13.2 angenommenen Grafikeditor mit adäquater Funktionalität auszustatten, ist es notwendig, dem Benutzer zu ermöglichen, über (mit Mustern gefüllte) Rechtecke hinaus weitere grafische Elemente erstellen und manipulieren zu können. In ▶Abbildung 13.7 sind neben zwei weiteren grundlegenden grafischen Elementen (Line und Ellipse bzw. Oval) auch eine Zusammenfassung einer Menge grafischer Elemente zu einem Bild (*picture*) zu sehen. Wie eine Line und ein Rechteck ist auch ein Oval mittels zweier Punkte zu definieren: Ein Bild (als Ganzes, Ausdehnung und Inhalt) lässt sich jedoch nicht bloß über zwei Punkte definieren, diese spannen aber ein umschließendes Rechteck (*bounding box*) auf und dieses können wir wieder mittels zweier Punkte definieren.

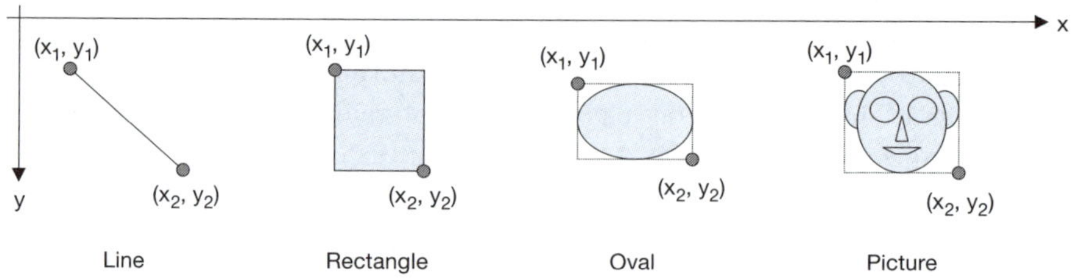

Abbildung 13.7: Grafische Elemente

Um die Gemeinsamkeiten (= zwei Punkte, beschrieben durch vier Koordinaten) der grafischen Elemente aus ▶Abbildung 13.7 zusammenzufassen und eine gemeinsame Schnittstelle für ihre Darstellung auf einem Ausgabegerät vorzusehen, ist es sinnvoll, eine gemeinsame abstrakte Basisklasse (z.B. mit der Bezeichnung *Shape*) vorzusehen und davon vier konkrete Klassen abzuleiten. In ▶Abbildung 13.8 ist das entsprechende UML-Klassendiagramm angegeben.

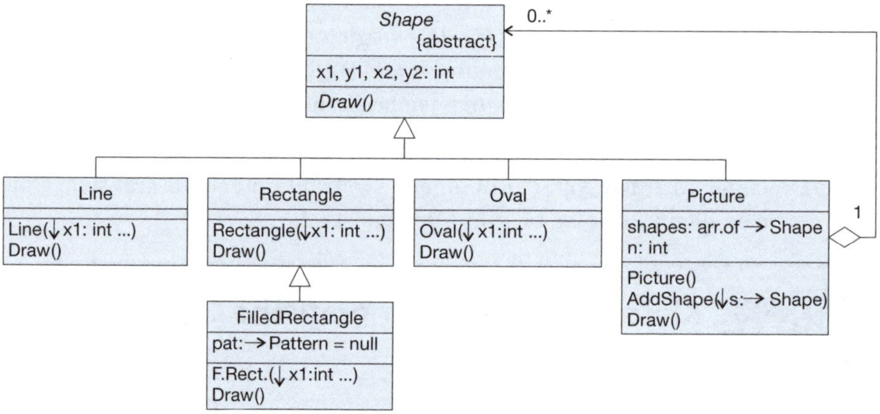

Abbildung 13.8: Klassenbibliothek für grafische Elemente (Objekte)

Wie in Abbildung 13.8 dargestellt und aus den Klassendeklarationen unten ersichtlich, überschreibt jede von *Shape* abgeleitete Klasse die abstrakte Methode *Draw*, um sie mit einer speziellen Implementierung zu versehen (für *Line* und *Oval* wird diese analog zur *Draw*-Methode für *Rectangle* aus Beispiel 13.1 entwickelt). *Picture*-Objekte repräsentieren einen Behälter für (beliebige) *Shape*-Objekte, die mit einer Methode *AddShape* in ein Bild eingefügt werden können und deren Adressen in einem teilweise gefüllten Feld (*shapes*) verwaltet werden.

```
const max = …   -- max. number of shapes in a picture
type Shape = abstract class
       x1, y1, x2, y2: int
       Shape(↓x1: int  ↓y1: int  ↓x2: int  ↓y2: int)
       abstract Draw()
     end -- shape
     Rectangle = class based on Shape
       Rectangle(↓x1: int  ↓y1: int  ↓x2: int  ↓y2: int)
       override Draw()  -- implementation of abstract method
     end -- class
     Picture = class based on Shape
       shapes: array [1:max] of →Shape
       n: int  -- current number of shapes in picture: 0 ≤ n ≤ max
       Picture()
       AddShape(↓s: →Shape)
       override Draw()  -- implementation of abstract method
     end -- class
```

Im Folgenden gehen wir auf die Implementierungen der drei Methoden der Klasse *Picture* ein.

Der Konstruktor für *Picture*-Objekte benötigt keine Parameterliste, denn er legt ein leeres Bild an, dessen umschließendes Rechteck so initialisiert wird, dass beim Einfügen des ersten grafischen Elements (mittels *AddShape*, s. u.), die Eckpunkte dieses Elements das umschließende Rechteck des Bilds ergeben.

```
Picture.Picture()
begin
  Shape(↓maxInt  ↓maxInt  ↓minInt  ↓minInt)  -- bounding box is "empty"
  n := 0
end Shape.Shape()
```

Aufgabe der *AddShape*-Methode ist es, ein grafisches Objekt zu einem Bild hinzuzufügen und das umschließende Rechteck anzupassen:

```
Picture.AddShape(↓s: →Shape)
begin
  if n < max then
    n := n + 1
    shapes[n] := s
    -- adjust bounding box
    x1 := Min(↓x1  ↓s→GetX1())
    y1 := Min(↓y1  ↓s→GetY1())
    x2 := Max(↓x2  ↓s→GetX2())
    y2 := Max(↓y2  ↓s→GetY2())
  end -- if
end Picture.AddShape
```

Die *Draw*-Methode verwendet den Mechanismus der *Delegation* (*delegation*), indem sie für alle in einem Bild enthaltenen grafischen Objekte deren *Draw*-Methode aufruft (und dabei von der dynamischen Bindung Gebrauch macht):

```
Picture.Draw()
  var i: int
begin
  for i := 1 to n do
    shapes[i]→Draw()  -- delegation: Picture.Draw calls appropriate Draw
                      -- method
  end -- for
end Picture.Draw
```

Ein Objekt der Klasse *Picture* ist ein so genannter *polymorpher Behälter* (*polymorphic container* oder *collection*), denn es kann Objekte unterschiedlicher Klassen enthalten, deren Gemeinsamkeit lediglich durch die Basisklasse *Shape* ausgedrückt ist. Somit können auch *Picture*-Objekte in andere(!) *Picture*-Objekte als Elemente eingefügt werden[9]. Diese Eigenschaft wird als *rekursive Aggregation* (*aggregation*) oder *Komposition*[10] (*composition*) bezeichnet und in UML mit einem Rautesymbol dargestellt (wie aus Abbildung 13.8 ersichtlich; die Zahlenangaben bei der Aggregationsbeziehung in dieser Abbildung bedeuten, dass ein Bild aus 0 oder mehreren grafischen Elementen zusammengesetzt sein kann).

Hinweis: Die (wie in Abbildung 13.8 dargestellte) Klassenhierarchie mit *Shape* und *Picture* repräsentiert eine Ausprägung eines wichtigen objektorientierten *Entwurfsmusters* (*design pattern*), das unter der engl. Bezeichnung *Composite* (zu dt. auch *Kompositum*) bekannt ist (siehe [Gamma u. weitere 1995]).

Wie bereits in der Beispiel-Überschrift zum Ausdruck gebracht wurde, ist die hier vorgestellte Klassenbibliothek für grafische Elemente unvollständig und repräsentiert nur einen kleinen Ausschnitt einer praxisadäquaten Klassenbibliothek für die Entwicklung von Grafiksystemen. Es fehlen Methoden in den angegebenen Klassen (z.B. für das Abfragen und Ändern der Datenkomponenten, für das Selektieren, Rotieren, Verschieben und Löschen von Grafikobjekten) und es fehlen Klassen für weitere grafische Elemente (wie es mit Mustern gefüllte Rechtecke gibt, sollte eine Füllung auch für andere Objekte wie *Oval* möglich sein und es sollte Polygone, Freihandlinien etc. geben).

Das oben angegebene Beispiel 13.3 enthält naturgemäß nur einen kleinen Ausschnitt einer Klassenbibliothek für einen eng gefassten Anwendungsbereich (Grafikeditoren). Typische, in der Praxis verwendete Klassenbibliotheken, haben einen wesentlich größeren Umfang (oft mehr als tausend Klassen) und sind in der Regel auch für einen breiten Einsatz in verschiedensten Anwendungsbereichen konzipiert.

9 Das Einfügen eines Bilds „in sich selbst" ist zwar vom Datentyp her möglich, führt aber bei der Ausführung der *Draw*-Methode zu einer Endlosrekursion, vgl. Kapitel 4.

10 Wir gehen nicht auf die Unterscheidung zwischen Aggregation und Komposition ein und verweisen den interessierten Leser dazu auf die UML-Literatur, z.B. [Störrle 2005].

Gut strukturierte Klassenbibliotheken sind in Bereiche gegliedert, die für bestimmte Aufgaben zuständig sind. ▶Abbildung 13.9 zeigt ein Gliederungsbeispiel einer größeren Klassenbibliothek.

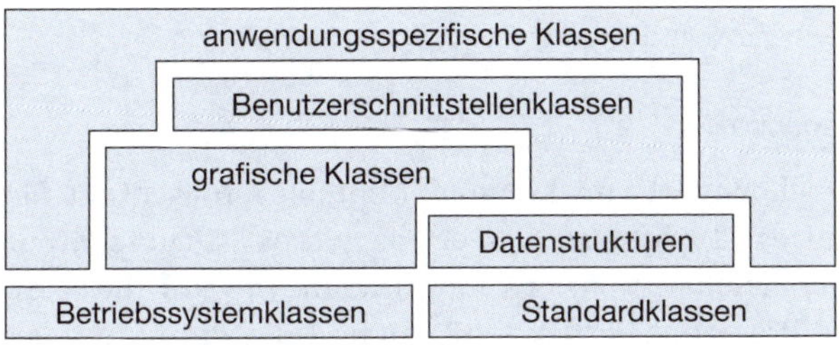

Abbildung 13.9: Gliederung einer Klassenbibliothek (aus [Pomberger u. Blaschek 1996])

Die in Abbildung 13.9 dargestellte Klassenbibliothek ist in typische Bereiche gegliedert, von denen in der Regel folgende Klassen (Beispiele) zur Verfügung gestellt werden:

- Im Bereich der *Betriebssystemklassen* finden wir Klassen, welche die Funktionalität des Betriebssystems in objektorientierter Art und Weise zur Verfügung stellen (z.B. Klassen wie *Process* und *Thread*, Klassen zum Zugriff auf das Dateisystem wie *File* und *Directory* sowie Klassen für Netzwerkdienste wie *Socket*).
- Zu den *Standardklassen* gehören solche, die einfache Funktionalität, über die Standard-Datentypen in nicht objektorientierten Programmiersprachen (z.B. *int*, *char* und *string*) verfügen, in Form von Klassen bieten (z.B. *Integer*, *Character* und *String*). Objekte dieser Klasse „umhüllen" oft Werte von Standardtypen (weshalb diese Klassen im Engl. auch als *wrapper classes* bezeichnet werden) und machen diese (zum Zwecke der Verallgemeinerung) zu Objekten (z.B. *int* → *Integer*), die dann z.B. in Behälter (s. u.) eingetragen werden können.
- Der Bereich der *Datenstrukturen* umfasst Klassen, die Behälter für Objekte und entsprechende Operationen darauf (z.B. Einfügen, Löschen, Suchen und Sortieren) zur Verfügung stellen, deshalb wird für sie oft auch der Begriff *Behälterklassen* (*container* oder *collection classes*) verwendet. Typische Beispiele dafür sind Klassen wie *Vector*, *List*, *Set*, *Dictionary* oder *Map*.
- *Grafische Klassen* unterstützen die Verwendung grafischer Elemente (die wir nicht nur zur Entwicklung von Grafiksystemen benötigen, sondern z.B. auch für die Bildung der Steuerelemente grafischer Benutzerschnittstellen oder für Planungswerkzeuge). Dazu zählen Klassen wie *Shape* (abstrakte Klasse), *Point*, *Line*, *Circle* und *Polygon*.
- Die *Benutzerschnittstellenklassen* umfassen Klassen, mit denen interaktive, ereignisgesteuerte grafische Benutzerschnittstellen (*graphical user interfaces*, *GUI*) – typischerweise auf Basis des *Model-View-Controller*-Konzepts (*MVC*, siehe z.B. [Gamma u. weitere 1995]) – realisiert werden können. Dazu zählen Klassen wie *Window*, *Dialog*, *Menu*, *Button*, *TextField* und *Event*.

- Die *anwendungsspezifischen Klassen* als Teil einer vorgegebenen Klassenbibliothek enthalten vorgefertigte Lösungen für bestimmte Anwendungsbereiche oder Aufgabengebiete wie die Verarbeitung von XML-Dokumenten oder den Einsatz relationaler Datenbanken bzw. für die Unterstützung spezieller Arten von Anwendungen wie Web-Anwendungen.

Application Frameworks

Die bisher besprochene Art von Klassenbibliothek repräsentiert für den Entwickler ein (meist mächtiges) Typsystem, das er so, wie es ist, nutzen oder zur Ableitung neuer Klassen heranziehen (d.h. erweitern) kann, um auf diese Art und Weise ein objektorientiertes Programmsystem – oft auch *Anwendung* (*application*) genannt – effizient entwickeln zu können. Große und komplexe Programmsysteme können somit – eine entsprechend umfangreiche und ausgereifte Klassenbibliothek vorausgesetzt – oft in einem Bruchteil der Zeit, beispielsweise im Vergleich zu konventioneller, aufgabenorientierter Programmierung, entwickelt werden. Es ist evident, dass gerade bei interaktiven Anwendungen mit grafischer Benutzerschnittstelle oder bei Web-Anwendungen viele Teile zu identifizieren sind, die man in anderen Anwendungen ohne große Änderungen nutzen kann und die nicht selten so verallgemeinert werden können, dass man eine einheitliche Grundstruktur (objektorientierte Referenzarchitektur) für solche Anwendungen schaffen kann.

Aus dieser Erkenntnis sind so genannte ***Application Frameworks*** (die dt. Bezeichnung *Anwendungsrahmenwerk* hat sich nicht durchgesetzt) entstanden (siehe dazu z.B. [Fayad u. Schmidt 1997]). Sie sind eine spezielle Ausprägung von Klassenbibliotheken, die typischerweise eine Klasse mit der Bezeichnung *Application* enthalten, über die quasi eine „leere", aber bereits ausführbare Anwendung zur Verfügung gestellt wird, die vom Entwickler problemspezifisch an seine speziellen Bedürfnisse angepasst und darüber hinaus auch mit neuen Klassen (abgeleitet von der Klasse *Application* und anderen Klassen des Application Frameworks wie *Window*) angereichert werden kann.

Ein einfaches, aber schon vollständiges Programmsystem auf Basis eines solchen Application Frameworks könnte (wenn die Klasse *SpecificApplication* von *Application* abgeleitet ist) folgendes Aussehen haben:

```
...
  var app: →Application
begin
  app := New(↓SpecificApplication ...)
  app→Run()  -- run specific applicaiton until user wants to quit
  Dispose(↓app)
  app := null
end ...
```

Noch einen Schritt weiter als Application Frameworks gehen so genannte ***Anwendungsplattformen*** (*application platforms*) wie die *Rich Client Platform* (*RCP*) von Eclipse (siehe *www.eclipse.org*). Dabei handelt es sich nicht „nur" um ein Application Framework, sondern diese Plattformen bieten zusätzlich ein so genanntes Plug-In-Konzept – bei Eclipse RCP ist dieses auf Basis der *Open Services Gateway initiative* (*OSGi*, siehe *www.osgi.org*) realisiert –, so dass derartige Anwendungen nicht nur zur Entwicklungszeit mit neuen Klassen, sondern sogar noch zur Laufzeit um neue Funktionalität erweitert werden können, indem spezielle Bausteine (so genannte *Plug-Ins*) nachgeladen werden.

13.7 Systematischer Entwurf objektorientierter Systemarchitekturen

Für die systematische Entwicklung qualitativ hochwertiger objektorientierter Softwarearchitekturen ist es von Vorteil, wenn der objektorientierte Denkansatz auch schon in den frühen Phasen eines Software-Entwicklungsprojekts (Problemanalyse und Spezifikation) konsequent eingesetzt wird. Bereits im Rahmen der Analysephase können Objekte identifiziert und die zu ihrer Bildung erforderlichen Klassen spezifiziert werden. Spätestens in der Entwurfsphase (beim Architekturdesign) gilt es, konsequent nach dem objektorientierten Denkmodell vorzugehen. Der objektorientierte Systementwurf erfordert, wie wir dem Leser hoffentlich klar machen konnten, eine andere Denk- und Vorgehensweise als beim aufgaben- oder datenorientierten Systementwurf. Alle drei behandelten Programmierparadigmen unterscheiden sich beträchtlich, sowohl in der Vorgehensweise als auch im Ergebnis (der resultierenden Systemarchitektur).

In der Literatur findet man zahlreiche, oft sehr unterschiedliche Ansätze und Empfehlungen für eine systematische Vorgehensweise beim objektorientierten Systementwurf. Einige Autoren empfehlen die Anwendung des *Entity-Relationship*-Modells zur Modellierung der Objekte und ihres Zusammenspiels oder des *Model-View-Controller*-Konzepts, andere benutzen semantische Netze. Wieder andere, wie Kent Beck und Ward Cunningham, empfehlen die Verwendung von Papierkärtchen, die für jede Klasse (*class*) ihre Zuständigkeit (*responsibility*) und ihre Partner (*collaborator*) enthalten, die so genannten *Class-Responsibility-Collaboration*-Karten (*CRC cards*, vgl. [Beck u. Cunningham 1989]); die Liste ließe sich nahezu beliebig lang fortsetzen. Keine der empfohlenen Entwurfstechniken konnte sich bisher signifikant durchsetzen. Die vorgeschlagenen Techniken und Verfahren erwecken oft den Eindruck, dass sich alles andere von selbst findet, wenn man nur die richtige Notation benutzt. Das ist aber leider nicht so. Der Entwurf großer Softwaresysteme ist und bleibt eine schwierige Angelegenheit – auch bei Anwendung des objektorientierten Programmierparadigmas.

Auch wir können kein rundum befriedigendes Verfahren angeben und schlagen statt dessen ein einfaches und in der Praxis erprobtes grobes Vorgehensmodell vor, das den Prozess der Identifikation der für die Lösung einer bestimmten Aufgabestellung sinnvollen Klassen, Datenkomponenten und Methoden systematisiert und damit den Entwurfsprozess unterstützt.

Das Vorgehensmodell umfasst die folgenden fünf Schritte:

1. Analysiere die Spezifikation für das zu entwickelnde Programmsystem und verschaffe dir Klarheit über die Aufgabenstellung im Großen.

2. Analysiere die Spezifikation im Detail zur Identifikation der benötigten Klassen, Methoden und Datenkomponenten und lasse dich dabei von folgender Erfahrung leiten (vgl. *Methode von Abbott* in [Abbot 1983]):
   - *Hauptwörter* in der Aufgabenbeschreibung sind mögliche Kandidaten für Klassen,
   - *Zeitwörter* in der Aufgabenbeschreibung sind mögliche Kandidaten für Methoden und
   - *Eigenschaftswörter* sowie *Hauptwörter im Genitiv* sind mögliche Kandidaten für Datenkomponenten.

3. Analysiere die zur Verwendung vorgesehene Klassenbibliothek und suche darin für die in Schritt 2 identifizierten Klassenkandidaten nach geeigneten *Basisklassen* bzw. bereits dafür vorhandenen Klassen und faktorisiere Gemeinsamkeiten der identifizierten Klassenkandidaten (d.h. bilde abstrakte Klassen).

4. Spezifiziere die Klassen vollständig und versuche dabei stets, sinnvolle Verallgemeinerungen vorzunehmen, um die Wiederverwendbarkeit der neu entworfenen Klassen zu verbessern.

5. Entwirf und implementiere die Methoden(-algorithmen).

Eine hervorhebenswerte Besonderheit dieser Vorgehensweise (im Vergleich mit anderen Empfehlungen) ist, dass die Klassen-, Methoden- und Datenkomponenten-Kandidaten getrennt identifiziert werden und erst später, im Schritt 4, wenn mehr Informationen vorliegen, entschieden wird, welche Methode bzw. Datenkomponente welcher Klasse zugeordnet wird. Ein weiterer Unterschied zu anderen Empfehlungen ist, dass die Analyse der Klassenbibliothek, und zwar bevor die Klassen vollständig spezifiziert werden, ein fest eingebauter Schritt im Vorgehensmodell ist. Dies ist wichtig, weil die Erfahrung lehrt, dass sich beispielsweise durch Vorbilder aus der bestehenden Klassenbibliothek die Feinspezifikation der neu zu entwickelnden Klassen signifikant verändern kann.

Naturgemäß stellen die empfohlenen Schritte kein allgemein gültiges Rezept dar, das bei strikter Befolgung einen guten Architekturentwurf garantiert. Vor allem die Entscheidung, welche Hauptwörter in einer (gegebenenfalls sehr umfangreichen) Systemspezifikation tatsächlich auf Klassenkandidaten hinweisen und das Problem der richtigen Zuordnung von Methoden und Datenkomponenten zu Klassen bereitet bei dieser Vorgehensweise gerade Anfängern oft Schwierigkeiten. Und: Der Umfang sowie die Qualität der vorliegenden Systemspezifikation haben großen Einfluss auf den Entwurf.

Wenn man (mit etwas Übung und Erfahrung) nach diesem Vorgehensmodell vorgeht, kommt man auf natürliche Art und Weise zu einer objektorientierten Zerlegung des Gesamtproblems und damit zu einer qualitativ guten objektorientierten Systemarchitektur. Es entstehen Klassen mit klaren Schnittstellen, die weitgehend unabhängig voneinander behandelt werden können. Beim algorithmischen Entwurf der Methoden wird man in der Regel darauf stoßen, dass man zusätzliche Klassen benötigt, die mit der ursprünglichen Problemstellung nur am Rande zu tun haben. Die anfangs identifizierten Klassen haben noch direkt mit der Problemwelt zu tun, während die zuletzt identifizierten Klassen nur für die Implementierung von Bedeutung sind. Diese Vorgehensweise trägt damit zur Verminderung der bereits erwähnten semantischen Lücke bei, die oft zwischen der Denkwelt der Aufgabensteller (Auftraggeber) und der Welt der Implementierer klafft.

Noch ein Aspekt kann den objektorientierten Entwurf günstig beeinflussen. Es existieren bereits elegante und flexible Lösungen für häufig wiederkehrende Teilaufgaben, die von hervorragenden Softwaretechnikern vorgeschlagen wurden und die in Form objektorientierter *Entwurfsmuster* (*design patterns*) dokumentiert sind. Erich Gamma hat mit drei Kollegen einen „Katalog" mit 23 allgemeinen Entwurfsmustern entwickelt (siehe [Gamma u. weitere 1995]), die in drei Bereiche eingeteilt sind: in *Erzeugungs-* (*creational*), *Struktur-* (*structural*) und *Verhaltensmuster* (*behavioral patterns*) und die mittlerweile auch Einzug in viele Klassenbibliotheken gehalten haben. Der Einsatz von Entwurfsmustern hat sich so bewährt, dass eine Vielzahl weiterer Muster, auch für spezifische Anwendungsbereiche (z.B. für unternehmensweite Anwendungen, so genannte *Enterprise Applications*, vgl. [Fowler 2002]) entwickelt wurden. Und auch das Gegenteil eines guten Entwurfsmusters, also typische fehlerhafte oder qualitativ höchst bedenkliche objektorientierte Strukturen, wurden mittlerweile in Form von so genannten *Negativ-Mustern* (*anti patterns*, siehe z.B. [Brown u. weitere 1998]) dokumentiert.

Zusammenfassung

In diesem Kapitel haben wir uns mit objektorientierter Programmierung auseinandergesetzt. Ziel dieses Kapitels war es, den Leser mit der aus softwaretechnischer Sicht wohl wichtigsten der heute verfügbaren Programmiertechniken so weit vertraut zu machen, dass er das Denkmodell, welches diesem Programmierparadigma zugrunde liegt, und die zu seiner Anwendung erforderlichen Konzepte und Konstrukte kennt und nachvollziehen kann, wie objektorientierte Systemarchitekturen auf systematische Weise entworfen werden können.

Wir haben damit begonnen, das Ziel der objektorientierten Programmierung zu skizzieren (Abschnitt 13.1) und sind dann auf die für das Verständnis des der objektorientierten Programmierung zugrunde liegenden Denkmodells wichtigsten Begriffe Objekt und Klasse eingegangen, haben darauf aufbauend Konstrukte zur Beschreibung von Klassen und zur Bildung von Objekten eingeführt sowie deren Verwendung anhand eines Beispiels illustriert (Abschnitt 13.2).

In Abschnitt 13.3. haben wir das für die objektorientierte Programmierung zentrale Konzept der Vererbung ausführlich erörtert und erklärt, was man darunter versteht, was man damit erreichen kann und wie man dieses Konzept verwendet, um ein erweiterbares Beziehungsgeflecht von abstrakten Datentypen zu realisieren.

Danach sind wir auf einen weiteren zentralen Aspekt der objektorientierten Programmierung (der sich aus der Vererbung ergibt) eingegangen, nämlich den der Bildung polymorpher (vielgestaltiger) Objektreferenzen. Dazu sind wir auch auf die in diesem Zusammenhang erforderlichen Voraussetzungen, die (neben der statischen) nun auch eine dynamische Typisierung von Variablen vorsehen, eingegangen und haben erörtert, was man damit erreichen kann (Abschnitt 13.4).

In Abschnitt 13.5 haben wir erklärt, was man unter statischer und dynamischer Bindung versteht und welche Effekte sich durch die Möglichkeit der dynamischen Bindung erzielen lassen. Im Anschluss daran sind wir darauf eingegangen, dass und wie man gemeinsame Eigenschaften unterschiedlicher Objektklassen faktorisieren und in einer abstrakten Basisklasse zusammenfassen kann und dass man damit ein weiteres Strukturierungsmittel zur Gestaltung einfach zu erweiternder Systemarchitekturen an der Hand hat (Abschnitt 13.6). In diesem Abschnitt sind wir auch, nachdem die Grundlagen ausreichend behandelt waren, auf wichtige Merkmale der Architektur von objektorientierten Softwaresystemen eingegangen und haben erörtert, was man unter einer Klassenbibliothek und unter einem Application Framework versteht und wozu man diese einsetzen kann.

Im letzten Abschnitt haben wir uns dann der Frage nach der Vorgehensweise beim systematischen Entwurf von Softwaresystemen zugewandt und ein Vorgehensmodell beschrieben, welches vom Programmierer als Leitfaden beim Entwurf objektorientierter Softwaresysteme herangezogen werden kann.

Aufgaben

Aufgabe 13.1 (*Deque*-Klasse)
Eine *Deque* (***d**ouble **e**nded **que**ue*) ist eine spezielle Datenstruktur zur Realisierung einer „Warteschlange", die das Einbringen und Entfernen von Datenobjekten an beiden Enden (am „Kopf" und am „Schwanz") der Schlange erlaubt. Entwickeln Sie eine Klasse *Deque*, mittels der *Deque*-Objekte, die ganze Zahlen (Datentyp *integer*) als Datenobjekte enthalten, gebildet werden können. Die Datenstruktur soll mittels einer verketteten Liste realisiert werden und die Klasse soll die Operationen (Methoden) *IsEmpty*, *InsertHead*, *InsertTail*, *RemoveHead* und *RemoveTail* zur Verfügung stellen.

Aufgabe 13.2 (*Queue*-Klasse unter Verwendung der *Deque*-Klasse)
Eine *Queue* (Warteschlange) ist eine spezielle Datenstruktur, die dadurch gekennzeichnet ist, dass Elemente an einem Ende („hinten") angefügt und am anderen Ende („vorne") wieder entfernt werden können (*first in/first out*, *FIFO*). Entwickeln Sie unter Verwendung der Klasse *Deque* aus Aufgabe 13.1 eine Klasse *Queue*, die eine Datenstruktur realisiert, deren Elemente ganze Zahlen sind und welche die Operationen (Methoden) *IsEmpty*, *Enqueue* (zum Anfügen von Elementen) und *Dequeue* (zum Entfernen von Elementen) zur Verfügung stellt.

Aufgabe 13.3 (*Stack*-Klasse unter Verwendung der *Deque*-Klasse)
Ein *Stack* (Kellerspeicher) ist eine spezielle Datenstruktur, die dadurch gekennzeichnet ist, dass Elemente nur an einem Ende („oben") eingebracht und nur von dort wieder entfernt werden können (*last in/first out*, *LIFO*). Entwickeln Sie unter Verwendung der Klasse *Deque* aus Aufgabe 13.1 eine Klasse *Stack*, die eine abstrakte Datenstruktur realisiert, deren Elemente ganze Zahlen sind und welche die Operationen (Methoden) *IsEmpty*, *Push* und *Pop* zur Verfügung stellt.

Aufgabe 13.4 (Grammatik objektorientiert modelliert)
Gegeben ist folgende Grammatik für einfache arithmetische Ausdrücke:

```
Expr   =   Term { '+' Term } .
Term   =   Fact { '*' Fact } .
Fact   =   number | '(' Expr ')' .
```

Elemente dieser Ausdrücke sind *Operanden* (Zahlen und geklammerte Ausdrücke) sowie *binäre Operatoren* (die auf jeweils zwei *Operanden* angewandt werden). Entwickeln Sie eine Hierarchie von Klassen, deren Objekte es gestatten, arithmetische Ausdrücke in Form von Binärbäumen darzustellen und auszuwerten. Geben Sie zumindest die Klassendeklarationen an, und versuchen Sie dann, die Methodenimplementierungen auszuarbeiten.

COMPANION WEBSITE

Aufgaben

Aufgabe 13.5 (*Vector* objektorientiert modelliert)
Implementieren Sie eine Klasse *Vector*, welche die Verwaltung einer Folge von ganzen Zahlen (in einem Feld fixer Länge) ermöglicht.

1. Entwerfen Sie die Typdeklaration für die Klasse *Vector* so, dass 3. und 4. möglich ist.
2. Implementieren Sie den Konstruktor, der einen leeren Vektor erzeugt.
3. Implementieren Sie die Methode *Append*(↓*e*: *int*), die ein Element *e* an den Vektor anfügt. Falls dies nicht mehr möglich ist (weil das Feld, das den Vektor realisiert bereits voll ist), soll eine entsprechende Fehlermeldung ausgeben werden.
4. Implementieren Sie die Methode *ElementAt*(↓*i*: *int*): *int*, die das *i*-te Element des Vektors liefert. Falls *i* ein ungültiger Index ist, soll eine entsprechende Fehlermeldung ausgegeben werden.

Die Klasse *Vector* soll wie folgt verwendet werden können:

```
  var v: →Vector
begin
  v := New(↓Vector)
  v→Append(1)
  v→Append(2)
  v→Append(3)
  Write(↓v→ElementAt(↓2)) -- output: 2
  Dispose(↓v)
end ...
```

Aufgabe 13.6 (objektorientierte Modellierung)
Für jeden Beschäftigten eines Produktionsbetriebs werden in der Personalabteilung folgende Daten gehalten: Sozialversicherungsnummer, Vor- und Familienname, Geschlecht und Geburtsdatum. Je nach Art seiner Tätigkeit werden zu einem Beschäftigten noch „speziellere" Daten gehalten, und zwar für die Beschäftigten der Abteilungen

- *Einkauf* die Zahl der von einem (im Einkauf) Beschäftigten eingekauften Artikel (in einem bestimmten Zeitintervall) und der Einsparungsbetrag, der durch Verhandlungen erzielt werden konnte,
- *Produktion* die Bezeichnung des Produkts, an dessen Herstellung der Beschäftigte beteiligt ist und die Zahl der (in einem bestimmten Zeitintervall) produzierten Stücke,
- *Verkauf* die Zahl der von einem (im Verkauf) Beschäftigten verkauften Produkte, die Bezeichnung des zuletzt verkauften Produkts sowie die Anzahl der betreuten Kunden.

Modellieren Sie eine *abstrakte* Klasse *Employee*, mit einer Methode *Description* die alle zu einem Beschäftigten verfügbaren Daten liefern soll. Geben sie dann die Deklarationen der *konkreten*, von *Employee* abgeleiteten Klassen *SalesEmployee*, *ProductionEmployee* und *PurchaseEmployee* an, überschreiben und implementieren Sie jeweils die Methode *Description*.

Aufgaben

Aufgabe 13.7 (objektorientierte Modellierung)
Ein *Index* enthält zu einem Text dessen Wörter und die Zeilennummern, in denen ein Wort jeweils vorkommt. Beispiel:

Text	Index
Erste Zeile.	Erste 1
Zweite Zeile.	Zeile 1, 2
	Zweite 2

Modellieren Sie eine Klasse *Index* und zeigen Sie ihre Verwendung.

Aufgabe 13.8 (Telefonverzeichnis)
Aufgabe 11.8 beschreibt detailliert, wie aus einem Text mit Personendaten ein Telefonverzeichnis aufgebaut werden soll. Entwerfen Sie eine objektorientierte Lösung für das Problem aus Aufgabe 11.8.

Literaturverzeichnis

[Abbot 1983] Abbott, R. J.: *Program Design by Informal English Descriptions*; Communications of the ACM, Vol. 26, No. 11, 1983

[Ackermann 1928] Ackermann, W.: *Zum Hilbertschen Aufbau der reellen Zahlen*; Mathematische Annalen 99, 1928

[Adelson-Velsky u. Landis 1962] Adelson-Velsky, G. M.; Landis, E. M.: *An Algorithm for the Organization of Information*; Doklady Akademii Nauk, SSSR, 1962 (Übersetzung ins Engl. von Ricci, M. J.: Soviet Math; Doklady, 1992)

[Aho u. weitere 2008] Aho, A. V.; Lam, M. S.; Sethi, R.; Ullman J. D.: *Compiler Prinzipien, Techniken und Werkzeuge, 2. überarbeitete Auflage*; Pearson Studium, 2008

[Ahrens 1921] Ahrens, W.: *Das Achtköniginnenproblem*; in: *Mathematische Unterhaltungen und Spiele*; B. G. Teubner, 1921

[Applegate u. weitere 2006] Applegate, D. L.; Bixby, R. E.; Chvátal, V.; Cook, W. J.: *The Traveling Salesman Problem – A Computational Study*; Princeton University Press, 2006

[Arnold u. weitere 2005] Arnold, K.; Gosling, J.; Holmes, D.: *The Java Programming Language*; Addison-Wesley, 2005

[Asteroth u. Baier 2002] Asteroth, A.; Baier, C.: *Theoretische Informatik, Eine Einführung in die Berechenbarkeit, Komplexität und formale Sprachen mit 101 Beispielen*; Person Studium, 2002

[Austrian 1982] Austrian, G. D.: *Hermann Hollerith: Forgotten Giant of Information Processing*; Columbia Press, 1982

[Balzert 2001] Balzert, H.: *Lehrbuch der Software-Technik*; Spektrum Akademischer Verlag, 2001

[Bartsch 2003] Bartsch, H.-J.: *Kleine Formelsammlung der Mathematik*; Hanser, 2003

[Bass u. weitere 2003] Bass, L.; Clements, P.; Kazman, R.: *Software Architecture in Practice*; Addison-Wesley, 2003

[Beck u. Cunningham 1989] Beck, K.; Cunningham, W.: *A laboratory for teaching object oriented thinking*; Proceedings of the Conference on Object Oriented Programming Systems Languages and Applications (OOPSLA), 1989

[Bellin u. Suchman Simone 1997] Bellin, D.; Suchman Simone, S.: *The CRC Card Book*; Addison-Wesley, 1997

[Bentley 1993] Bentley, J.: *Engineering a Sort Function*; Software – Practice and Experience, Vol. 23, No. 11, 1993

[Bentley 2000] Bentley, J.: *Programming Pearls*; Addison-Wesley, 2000

[Bernhardson 1991] Bernhardson, B.: *Explicit solutions to the N-queens problem for all N*; ACM SIGART Bulletin, Vol. 2, No. 2, 1991

[Bitner u. Reingold 1975] Bitner, J. R.; Reingold, E. M.: *Backtrack Programming Techniques*; Communications of the ACM, Vol. 18, No. 11, 1975

[Böhm u. Jacopini 1966] Böhm, C.; Jacopini, G.: *Flow Diagrams, Turing Machines, and Languages with only Two Formation Rules*; Communications of the ACM, Vol. 9, No. 5, 1966

[Booch 1991] Booch, G.: *Object-oriented design with applications*; Benjamin/Cummings, 1981

[Booch u. weitere 2007] Booch, G.; Rumbaugh, J.; Jacobsen, I.: *Das UML-Benutzerhandbuch. Aktuell zur Version 2.0*; Addison-Wesley, 2007

[Boyer u. Moore 1977] Boyer, R. S.; Moore, J S.: *A Fast String Searching Algorithm*; Communications of the ACM, Vol. 20, No. 10, 1977

[Brown u. weitere 1998] Brown, W. J.; Malveau, R. C.; McCormick, H.: *Anti-patterns. Refactoring Software, Architecture and Projects in Crisis*; John Wiley & Sons, 1998

[Cardelli 1988] Cardelli, L.: *A semantics of multiple inheritance*; Information and Computation, Vol. 76, 1988

[Chomsky 1959] Chomsky, N.: *On certain formal properties of grammars*; Information and Control, Vol. 2, 1959

[Cook 1971] Cook, S. A.: *The complexity of theorem-proving procedures*; Proceedings of the ACM, Symposium on Theory of Compu-ting, 1971

[Cook 1973] Cook, S. A.: *Linear time simulation of deterministic two-way pushdown automata*; Information Processing 71, North-Holland, 1973

[Cook u. weitere 1998] Cook, W. J.; Cunningham, W. H.; Pulleyblank, W. R.; Schrijver, A.: *Combinatorial Optimization*; John Wiley and Sons, 1998

[Cormen u. weitere 2007] Cormen, T. H.; Leiserson, C. E.; Rivest, R. L.: *Algorithmen, Eine Einführung*; Oldenburg 2007

[Dahl u. Nygaard 1966] Dahl, O.-J.; Nygaard, K.: *Simula – An Algol-based Simulation Language*; Communications of the ACM, Vol. 9, No. 9, 1966

[Dahl u. weitere 1972] Dahl, O.-J.; Dijkstra, E. W.; Hoare, C. A. R.: *Structured Programming*; Academic Press, 1972

[Dijkstra 1968] Dijkstra, E. W.: *Go To Statement Considered Harmful*; Communications of the ACM, Vol. 11, No. 3, 1968

[Dobler u. Pirklbauer 1990] Dobler, H.; Pirklbauer, K.: *Coco-2 – A new compiler compiler*; ACM SIGPLAN Notices, Vol. 25, No. 5, 1990

[Dobler u. Huber 1991] Dobler, H.; Huber, G.: *Dynamic Program Analysis for Modula-2*; Proceedings of Modula-2 And Beyond, Loughborough, 1991

[Dobosiewicz 1980] Dobosiewicz, W.: *An efficient variation of bubble sort*; Information Processing Letters, Vol. 11, No. 1, 1980

[Dorigo u. Stützle 2004] Dorigo, M.; Stützle, T.: *Ant Colony Optimization*; The MIT Press, 2004

[Duden Bd. 5 2006] Duden, Band 5: *Das Fremdwörterbuch*; Dudenverlag, 2006

[Dumitrescu u. weitere 2000] Dumitrescu, D.; Lazzerini, B.; Jain, L. C.; Dumitrescu, A.: *Evolutionary Computation*; CRC Press, 2000

[Eberhardt u. weitere 2001] Eberhardt, R. C.; Shi, Y.; Kennedy, J.: *Swarm Intelligence*; Morgan Kaufmann, 2001

[Fayad u. Schmidt 1997] Fayad, M.; Schmidt, D. C.: *Object-Oriented Application Frameworks*; Communications of the ACM, Vol. 40, No. 10, 1997

[Flanagan 2006] Flanagan, D.: *JavaScript: The Definitive Guide*; O'Reilly, 2006

[Floyd 1964] Floyd, R. W.: *Algorithm 245, treesort 3*; Communications of the ACM, Vol. 7, No. 12, 1964

[Fowler 2002] Fowler, M.: *Patterns of Enterprise Application Architecture*; Addison-Wesley, 2002

[Fowler 2003] Fowler, M.: *UML Konzentriert*; Addison Wesley, 2003

[Friend 1956] Friend, E. H.: *Sorting on electronic computers*; Journal of the ACM, Vol. 3, No. 2, 1956

[Gamma u. weitere 1995] Gamma, E.; Helm, R.; Johnson, R. E., Vlissides, J.: *Design Patterns. Elements of Reusable Object-Oriented Software*; Addison-Wesley, 1995

[Glover u. Laguna 1997] Glover, F.; Laguna, M.: *Tabu Search*; Kluwer, 1997

[Gödl 1931] Gödl, K.: *Über formal unentscheidbare Sätze der Principia Mathematica und verwandter Systeme I*; Monatshefte für Mathematik und Physik 38, 1931

[Goldberg u. Robson 1983] Goldberg, A.; Robson, D.: *Smalltalk-80 – The Language and its Implementation*; Addison-Wesley, 1983

[Golomb u. Baumert 1965] Golomb, S. W.; Baumert, L. D.: *Backtrack Programming*; Journal of the ACM, Vol. 12, No. 4, 1965

[Grenander 2007] Grenander, U.: *Persönliche Kommunikation mit den Autoren*; 2007

[Gumbel 2000] Gumbel, M.: *Java Standard Libraries*; Addison-Wesley, 2000

[Halstead 1977] Halstead, M. H.: *Elements of Software Science, Operating, and Programming Systems Series*; Vol. 7, Elsevier, 1977

[Hejlsberg u. weitere 2006] Hejlsberg, A.; Wiltamuth, S.; Golde, P.: *The C# Programming Language*; Addison-Wesley, 2006

[Hennessy u. Patterson 2006] Hennessy, J. L.; Patterson, D. A.: *Computer Architecture – A Quantitative Approach*; Academic Press, 2006

[Hering u. weitere 2000] Hering, E.; Gutekunst, J.; Dyllong, U.: *Handbuch der praktischen und technischen Informatik*; Springer, 2000

[Hibbard 1963] Hibbard, T. N.: *An Empirical Study of Minimal Storage Sorting*; Communications of the ACM, Vol. 6, No. 5, 1963

[Hoare 1962] Hoare, C. A. R.: *Quicksort*; The Computer Journal, Vol. 5, No. 1, 1962

[Hofstadter 2006] Hofstadter, D. R.: *Gödl, Escher, Bach – Ein Endloses Geflochtenes Band*; Klett-Kotta, 2006

[Hopcroft u. weitere 2003] Hopcroft, J. E.; Motwani, R.; Ullman, J. D.: *Einführung in die Automatentheorie, Formale Sprachen und Komplexität*; Pearson Studium, 2003

[Ichbiah u. weitere 1979] Ichbiah, J.; Barnes, J.; Firth, R.; Woodger, M.: *Rational for the Design of the Ada Programming Language*; ACM SIGPLAN Notices, No. 14, 1979

[Ichbiah 1984] Ichbiah, J.: *Ada: Past, Present, Future – An Interview with Jean Ichbiah, the Principal Designer of Ada*; Communications of the ACM, Vol. 27, No. 10, October 1984

[Incerpi u. Sedgewick 1983] Incerpi, J.; Sedgewick, R.: *Improved upper bounds on Shellsort*; Proceedings of the Annual Symposion on Foundations of Computer Science, 1983

[Incerpi u. Sedgewick 1987/88] Incerpi, J.; Sedgewick, R.: *Practical Variations on Shellsort*; Information Processing Letters, No. 26, 1987/88

[ISO/IEC 1996] ISO/IEC 149977: *Information technology – Syntactic metalanguage–Extended BNF*; 1996

[Jacobsen 1992] Jacobsen, I.: *Object-Oriented Software Engineering: A Use Case Driven Approach*; Addison-Wesley, 1992

[Johnson 1961] Johnson, L. R.: *An indirect chaining method for addressing on secondary keys*; Communications of the ACM, Vol. 4, No. 5, 1961

[Johnson 1975] Johnson, S. C.: *Yacc – Yet Another Compiler Compiler*; Computing Science Technical Report, No. 32, Bell Laboratories, 1975

[Karp u. Rabin 1987] Karp, R. M.; Rabin, M. O.: *Efficient randomized pattern-matching algorithms*; IBM Journal of Research and Development, Vol. 31, No. 2, 1987

[Kellerer u. weitere 2005] Kellerer, H.; Pferschy, U.; Pisinger , D.: *Knapsack Problems*; Springer Verlag, 2005

[Kendall u. Babington-Smith 1938] Kendall, M.; Babington-Smith, B.: *Randomness and random sampling numbers*; Journal of the Royal Statistical Society CI, 1938

[Kernighan u. Ritchie 1988] Kernighan, B. W.; Ritchie, D.: *The C Programming Language*; Prentice Hall, 1988

[Kirkpatrick u. weitere 1983] Kirkpatrick, S.; Gelatt, C. D. Jr.; Vecchi, M. P.: *Optimization by Simulated Annealing*; Science, Vol. 220, No. 4598, 1983

[Knuth 1968] Knuth, D. E.: *Semantics of context-free languages*; Mathematical Systems Theory, Vol. 2, 1968

[Knuth 1974] Knuth, D. E.: *Structured Programming with Goto Statements*; Computing Surveys, Vol. 6, No. 4, 1974

[Knuth 1976] Knuth, D. E.: *Big omicron and big omega and big theta*; ACM SIGACT News, Vol. 8, No. 2, 1976

[Knuth u. weitere 1977] Knuth, D. E.; Morris, J. H.; Pratt, V. R.: *Fast Pattern Matching in Strings*; SIAM Journal of Computing, 6, 2, 1977

[Knuth 1997] Knuth, D. E.: *The Art of Computer Programming, Volumes 1 – 3*; Addison-Wesley, 1997

[Kreyszig 1975] Kreyszig, E.: *Statistische Methoden und ihre Anwendung*; Vandenhoeck & Ruprecht, 1975

[Kruchten 2000] Kruchten, P.: *The Rational Unified Process. An Introduction*; Addison-Wesley, 2000

[Kuhlins u. Schader 2005] Kuhlins, S.; Schader, M.: *Die C++-Standardbibliothek*; Springer, 2005

[Lacey u. Box 1991] Lacey, S.; Box, R.: *A Fast, Easy Sort*; Byte Magazine, No. 16, 1991

[Lavington 1978] Lavington, S. H.: *The Manchester Mark I and Atlas: A Historical Perspective*; Communications of the ACM, Vol. 21, No. 1, 1978

[Lehmer 1949] Lehmer, D. H.: *Mathematical methods in large-scale computing units*; in *Proceedings of the 2nd Symposium on Large-Scale Digital Calculating Machinery*; Harvard University Press, 1949

[Lehmer 1951] Lehmer, D. H.: *Good parameters and implementations for combined multiple recursive random number generators*; Operations Research, 47-1, 1951

[Lesk u. Schmidt 1975] Lesk, M. E.; Schmidt, E.: *Lex – A Lexical Analyzer Generator*; Computing Science Technical Report, No. 39, Bell Laboratories, 1975

[Lin u. Kernighan 1973] Lin, S.; Kernighan, B. W.: *An Effective Heuristic Algorithm for the Traveling-Salesman Problem*; Operations Research, Vol. 21, 1973

[Liskov u. Wing 1994] Liskov, B. H.; Wing, J. M.: *Family Values; A semantic notion of subtyping*; ACM Transactions on Programming Languages and Systems, Vol. 16, No. 6, 1994

[MacLaren u. Marsaglia 1965] MacLaren, M. D.; Marsaglia, G.: *Uniform random number generators*; Journal of the ACM, Vol. 12, No. 1, 1965

[Mandelbrot 1982] Mandelbrot, B. B.: *The Fractal Geometry of Nature*; Freeman & Co Ltd., 1982

[McCabe 1976] McCabe, T. J.: *A Complexity Measurement*; IEEE Transactions on Software Engineering, SE-2, 1976

[Meyer 1990] Meyer, B.: *Objektorientierte Softwareentwicklung*; Hanser, 1990

[Mössenböck 1990] Mössenböck, H.: *Coco/R – A Generator for Fast Compiler Front-Ends*; Report No. 127, Departement Informatik, ETH Zürich, 1990

[Mössenböck u. weitere 2006] Mössenböck, H.; Beer, W.; Birngruber, D.; Prähofer, H.; Wöß, A.: *Die .NET-Technologie. Grundlagen und Anwendungsprogrammierung*; dpunkt.Verlag, 2006

[Moore 1965] Moore, G.: *Cramming More Components Onto Integrated Circuits*; Electronics, April 19, 1965

[Morris 1968] Morris, R.: *Scatter Storage Techniques*; Communications of the ACM, Vol. 11, No. 1, 1968

[Müller 1997] Müller, B.: *Reengineering: eine Einführung*; Teubner, 1997

[Naur 1963] Naur, P. (Editor): *Revised Report on the Algorithmic Language ALGOL 60*; Computer Journal, Vol. 5, No. 4, 1963

[Noble u. weitere 2001] Noble, J.; Taivalsaari, A.; Moore, I.: *Prototype-Based Programming: Concepts, Languages and Applications*; Springer, 2001

[Oulsnam 1982] Oulsnam, G.: *Unravelling Unstructured Programs*; Computer Journal, Vol. 25, No. 3, 1982

[Papernov u. Stasevich 1965] Papernov, A. A.; Stasevich, G. V.: *A Method of Information Sorting in Computer Memories*; in *Problems of Information Transmission*; Vol. 1, No. 3, 1965

[Parnas 1972] Parnas, D. L.: *On the Criteria to be Used in Decomposing Systems into Modules*; Communications of the ACM, Vol. 14, No. 4, 1972

[Pirklbauer 1992] Pirklbauer, K.: *A Study of Pattern-Matching Algorithms;* Structured Programming, Vol. 13, 1992

[Polya 1918] Polya, G.: *Über die „doppelt-periodischen" Lösungen des n-Damen-Problems*; in: *Mathematische Unterhaltungen und Spiele, II. Band*; B. G. Teubner, 1918

[Polya 2004] Polya, G.: *How to Solve It: A New Aspect of Mathematical Method*; B&T, 2004

[Pomberger u. Blaschek 1996] Pomberger, G.; Blaschek, G.: *Software Engineering – Prototyping und objektorientierte Softwareentwicklung*; Hanser, 1996

[Pomberger u. Pree 2004] Pomberger, G.; Pree, W.: *Software Engineering – Architektur-Design und Prozessorientierung*; Hanser, 2004

[Rechenberg u. Mössenböck 1985] Rechenberg, P.; Mössenböck, H.: *Ein Compiler-Generator für Microcomputer*; Carl Hanser Verlag, 1985

[Rechenberg 2000] Rechenberg, P.: *Was ist Informatik? Eine allgemeinverständliche Einführung*; Hanser, 2000

[Rechenberg u. Pomberger 2006] Rechenberg, P.; Pomberger, G.: *Informatik-Handbuch*; Hanser, 2006

[Reinelt 1991] Reinelt, G.: *TSPLIB – A Traveling Salesman Problem Library*; ORSY Journal of Computing, Vol. 3, 1991

[Royce 1970] Royce, W.: *Managing the Development of Large Software Systems: Concepts*; WESCON Proceedings, 1970

[Rumbaugh u. weitere 1991] Rumbaugh, J.; Blaha, M.; Lorensen, W.; Eddy, F.; Premerlani, W.: *Object-Oriented Modeling and Design*; Prentice Hall, 1991

[Schiedermeier 2005] Schiedermeier, R.: *Programmieren mit Java. Eine methodische Einführung*; Pearson Studium, 2005

[Sedgewick 1975] Sedgewick, R.: *Quicksort*; Dissertation (*PhD Thesis*), Stanford University, 1975 und *ACM Outstanding Dissertations in Computer Science* (Stanford, 1975), Garland Publishing, 1980

[Sedgewick 1977] Sedgewick, R.: *Permutation generation methods*; Computing Surveys, Vol. 9, 1977

[Sedgewick 1986] Sedgewick, R.: *A New Upper Bound for Shellsort*; Journal of Algorithms, Vol. 7, 1986

[Sedgewick 2005] Sedgewick, R.: *Algorithmen*; Pearson Studium, 2005

[Shell 1959] Shell, D. L.: *A high-speed sorting procedure*; Communications of the ACM, Vol. 2, No. 7, 1959

[Sigler 2002] Sigler, L. E.: *Fibonacci's Liber Abaci – A Translation into Modern English of Leonardo Pisano's Book of Calculation*; Springer, 2002

[Singleton 1969] Singleton, R. C.: *Algorithm 347: Efficient sorting in minimal storage*; Communications of the ACM, Vol. 12, No. 3, 1969

[Sorber 1991] Sorber, G.: *Optimal List Sorting*; Software Development International, 1991

[Sosic u. Gu 1994] Sosic, R.; Gu, J.: *Efficient Local Search with Conflict Minimization: A Case Study of the N-Queens-Problem*; IEEE Transactions on Knowledge and Data Engineering, Vol. 6, No. 5, 1994

[Steinhaus 1958] Steinhaus, H. D.: *One hundred problems in elementary mathematics*; Pergamon Press, 1958

[Stone u. Stone 1987] Stone, H. S.; Stone J. M.: *Efficient search techniques – an empirical study of the n-queens problem*; IBM Journal of Research and Development, Vol. 31, No. 4, 1987

[Störrle 2005] Störrle, H.: *UML 2 für Studenten*; Pearson Studium, 2005

[Stroustrup 2000] Stroustrup, B.: *The C++ Programming Language*; Addison-Wesley, 2000

[Tausworthe 1965] Tausworthe, R. C.: *Random numbers generated by linear recurrence modulo two*; Mathematics of Computation, Vol. 19, 1965

[Turing 1937] Turing, A.: *On computable numbers, with an application to the Entscheidungsproblem*; Proceedings of the London Mathematical Society, Ser. 2, Vol. 42, 1937

[Von Freitag-Löringhoff 1958] Von Freitag-Löringhoff, B.: *Über die erste Rechenmaschine*; Physikalische Blätter 14, 1958

[Von Neumann 1963] Von Neumann, J.: *Collected Works*; Macmillan, 1963

[Wagner u. Affenzeller 2004] Wagner, S.; Affenzeller, M.: *HeuristicLab Grid – A Flexible and Extensible Environment for Parallel Heuristic Optimization*; Proceedings of the International Conference on Systems Science, Vol. 1, 2004

[Walker 1960] Walker, P. L.: *An emmerative technique for a class of combinatorial problems*; American Mathematical Society Proceedings Syrup. Applied Mathematics 10, 1960

[Wegener 1990] Wegener, I.: *Bekannte Sortierverfahren und eine HEAPSORT-Variante, die QUICKSORT schlägt*; Informatik-Spektrum, 13, 1990

[Wegener 2005] Wegener, I.: *Theoretische Informatik. Eine algorithmenorientierte Einführung*; B. G. Teubner, 2005

[Williams 1964] Williams, J. W. J.: *Algorithm 232: Heapsort*; Communications of the ACM, Vol. 7, No. 6, 1964

[Wirth 1971a] Wirth, N.: *The Programming Language Pascal*; Acta Informatica, Vol. 1, No. 1, 1971

[Wirth 1971b] Wirth, N.: *Program Development by Stepwise Refinement*; Communications of the ACM, Vol. 4, No. 4, 1971

[Wirth 1975] Wirth, N.: *Algorithmen und Datenstrukturen*; B. G. Teubner, 1975

[Wirth 1977] Wirth, N.: *What can we do about the unnecessary diversity of notation for syntactic definitions?*; Communications of the ACM, Vol. 20, No. 11, 1977

[Wirth 1991] Wirth, N.: *Programming in Modula-2*; Springer, 1991

Namensregister

L

M

N

O

P

R

S

T

V

W

Register

!

Numerisch

A

B

C

D

E

F

G

H

I

J

K

L

M

N

O

P

Q

R

S

T

U

V

W

Y

Z